10.8.10

Lieber Gerhard,
vielen Dank für die
inspirierenden Gespräche!

Alexandra

Eckert. Die Schriftenreihe

Studien des Georg-Eckert-Instituts
zur internationalen Bildungsmedienforschung

(in Fortsetzung der bisherigen Reihe
»Studien zur internationalen Schulbuchforschung«)

Band 127

Herausgegeben von Simone Lässig

Redaktion
Susanne Grindel, Roderich Henrÿ und Verena Radkau

Alexandra Budke

Und der Zukunft abgewandt – Ideologische Erziehung im Geographieunterricht der DDR

Mit 40 Abbildungen

V&R unipress

Gedruckt mit freundlicher Unterstützung der Westermann Verlagsgruppe, der Bundesstiftung zur Aufarbeitung der SED-Diktatur und des Georg-Eckert-Instituts für internationale Schulbuchforschung (GEI).

Die Arbeit wurde mit dem Forschungspreis des GEI ausgezeichnet.

„Dieses Softcover wurde auf FSC-zertifiziertem Papier gedruckt. FSC (Forest Stewardship Council) ist eine nichtstaatliche, gemeinnützige Organisation, die sich für eine ökologische und sozialverantwortliche Nutzung der Wälder unserer Erde einsetzt."

FSC
Mix
Produktgruppe aus vorbildlich bewirtschafteten Wäldern, kontrollierten Herkünften und Recycl ngholz oder -fasern
Zert.-Nr. GFA-COC-1229
www.fsc.org
© 1996 Forest Stewardship Council

Bibliografische Information der Deutschen Nationalbibliothek

Die Deutsche Nationalbibliothek verzeichnet diese Publikation in der Deutschen Nationalbibliografie; detaillierte bibliografische Daten sind im Internet über http://dnb.d-nb.de abrufbar.

ISBN 978-3-89971-627-6

Gedruckt auf alterungsbeständigem Papier.

Inhalt

Abbildungsverzeichnis

Tabellenverzeichnis

Dank

Zunächst möchte ich Herrn Prof. Dr. Schultz danken, der den Anstoß für diese Arbeit gab und mich in jeder Hinsicht hervorragend unterstützte. Herrn Prof. Dr. Hard möchte ich für die vielen interessanten wissenschaftlichen Diskussionen danken, die mich anregten, mich nicht mit zu einfachen Interpretationen zufrieden zu geben. Auch Herrn Prof. Dr. Rhode-Jüchtern gebührt mein Dank für die Bereitschaft, die Arbeit zu lesen und zu begutachten.

Ein zentraler Bestandteil der Arbeit sind Interviews mit GeographielehrerInnen, ehemaligen SchülerInnen und Experten, die mir halfen, Einsichten in den Geographieunterricht der DDR zu gewinnen. Allen Interviewpartnern, die in der Arbeit nicht mit ihrem richtigen Namen genannt werden, möchte ich für die investierte Zeit und Mühe danken. Die Durchführung und Transkription der Interviews wären ohne die tatkräftige Mithilfe von Madlen Kunath, Kai Gembalies und Valentin Schlegelmilch nicht möglich gewesen, wofür ich mich herzlich bedanken möchte. Besonderer Dank gilt auch Maik Wienecke, der mit sehr großem Engagement die Planung, Durchführung und Auswertung der Interviews kompetent begleitet hat. Martin Siebenhüner und Anja Strehmann haben produktiv zu den Endkorrekturen der Arbeit beigetragen und Ute Dolezal war eine unverzichtbare Hilfe bei der Erstellung der Abbildungen. *Last but not least* möchte ich Dr. Wolfdietrich Meyer danken, der mich bestärkte, motivierte und von vielen privaten Aufgaben entlastete.

1 Einleitung

Die objektiven Fakten sind klar, die DDR wurde am 7. 10. 1949 auf dem Gebiet der ehemaligen der Sowjetischen Besatzungszone gegründet und löste sich in einem Prozess der friedlichen Revolution auf, der in ihrem Beitritt zur Bundesrepublik Deutschland am 3. 10. 1990 mündete.

Verstärkt seit dem Ende der DDR, das den Zusammenbruch des Ostblocks und damit die Beendigung des »Kalten Kriegs« einleitete, wird versucht, das Wesen dieses Staates zu definieren und damit seine Folgen auf wirtschaftlicher, sozialer, psychologischer und bildungspolitischer Ebene zu verstehen und einzuordnen.

Während die DDR sich selbst als »Volksdemokratie«, »Arbeiter- und Bauernstaat« und als »realsozialistischer Staat« beschrieben hat, wird sie in heutigen politischen Analysen häufig als »totalitär«, »ideologisch« und als »Diktatur« bezeichnet:

»Der SED-Staat war eine Diktatur. Er war dies nicht nur durch Fehlentwicklungen oder individuellen Machtmissbrauch – der kam im Einzelnen dazu -, sondern von seinen historischen und ideologischen Grundlangen her. In der Substanz blieb der SED-Staat das, als was er angelegt war: ein totalitäres System, in dem der Machtanspruch der führenden Partei bzw. ihrer Führungsgruppe auf alle Bereiche des politischen, gesellschaftlichen und wirtschaftlichen Lebens erstreckt und...durchgesetzt wurde« (Enquête-Kommission des Deutschen Bundestags »Aufarbeitung von Geschichte und Folgen der SED-Diktatur in Deutschland« zit. nach Kanther, 1996, S. 5).

Den politischen Analysen entsprechend, wurde das Bildungssystem der DDR direkt nach der Wiedervereinigung als ineffizient und ideologisch verurteilt.

»So dominierte über historisch-kritisches Forschungsbedürfnis die politische »Aufarbeitung«, interessiert am Wegräumen des Alten, seiner Institutionen, seiner Ideologie und sozialen Alltäglichkeiten, sicher in der Bewertung. Die Legitimierung des Neuen kam ohne die Delegitimierung insbesondere auch des DDR-Bildungswesens nicht aus« (Geißler und Wiegmann, 1998, S. 398).

Aktuell existiert kein wissenschaftlich einheitliches Bild der damaligen Bildungsrealität, sondern eine Vielfalt konkurrierender Beschreibungen. Es wird immer noch darüber gestritten, ob das Bildungssystem der DDR gescheitert ist oder erfolgreich war (u. a. Häder und Tenorth, 1997).

Während man in den Politik- und Erziehungswissenschaften eine detaillierte Aufarbeitung der DDR-Zeit unter fachspezifischen Fragestellungen beobachten kann, wurde dem Geographieunterricht in der DDR nach 1990 nur sehr geringes Interesse von der Geographiedidaktik entgegengebracht. Dies erstaunt in vielerlei Hinsicht:

Die Analyse des Schulfachs Geographie, das neben der Staatsbürgerkunde und der Geschichte ein zentrales Fach war, in dem die in den Lehrplänen definierte »staatsbürgerliche, weltanschauliche oder ideologische Erziehung[1]« auf der Grundlage des Marxismus-Leninismus stattfinden sollte, kann die Frage klären, inwiefern Geographieunterricht in der DDR dazu genutzt wurde, geopolitische Interessen des Staates zu kommunizieren und zu verbreiten. Damit lässt sich durch die detaillierte Analyse des Fachunterrichts auch die Frage beantworten, ob SchülerInnen im Unterricht politisch manipuliert wurden und welche Handlungsmöglichkeiten die zentralen Akteure des Unterrichts, die LehrerInnen und die SchülerInnen, im Rahmen der durch die Bildungspolitik gesetzten curricularen Vorgaben wahrgenommen haben.

Auf der Grundlage von erziehungswissenschaftlichen und geschichtsdidaktischen Publikationen (u. a. Döbert, 2003, Benrath, 2005) ist zudem anzunehmen, dass zwischen dem heutigen Geographieunterricht und demjenigen zu DDR-Zeiten große Kontinuitäten bestehen, was darin begründet sein könnte, dass GeographielehrerInnen auf professionelle Handlungsmuster, die sie sich während ihrer Ausbildung und Berufstätigkeit in der DDR angeeignet haben, im aktuellen Geographieunterricht zurückgreifen. Die vor 1989 erworbenen didaktischen Ressourcen der Lehrkräfte beeinflussen damit, was, unabhängig von neuen Richtlinien, heute im Geographieunterricht vermittelt wird und wie die Inhalte didaktisch-methodisch aufbereitet werden.

Des Weiteren kann ebenfalls vermutet werden, dass das in der ostdeutschen Bevölkerung verbreitete Bild von Geographie und Geographieunterricht noch wesentlich von den eigenen Schulerfahrungen mit diesem Unterrichtsfach

---

1 Im weiteren Verlauf der Arbeit werden die Bezeichnungen »ideologische« oder »politisch-ideologische« Erziehung in neutralem Sinne als Verweis auf die Vermittlung der Weltanschauung des Marxismus-Leninismus im Unterricht gebraucht, wie diese durch die Lehrpläne definiert wurde (siehe 3.2.1.1). Die theoretische Fundierung des Ideologie-Begriffs findet sich unter 2.2.1.

während der DDR und den Erfahrungen in der späteren Anwendung der erworbenen Kenntnisse und Fähigkeiten geprägt ist. Dies beeinflusst zentral die Wertschätzung, die unserem Fach entgegengebracht wird, und die gesellschaftlichen Erwartungen, die an den Geographieunterricht gerichtet werden.

Die Untersuchung des DDR-Geographieunterrichts ist letztlich auch insofern interessant, da er, wie unsere Interviews zeigen, den heutigen GeographielehrerInnen als Kontrastfolie für die Beschreibung und Bewertung ihrer aktuellen Tätigkeit dient. Vor dem Hintergrund der in der DDR gemachten professionellen Erfahrungen werden aktuelle Entwicklungen des Fachs, der Richtlinien, der Unterrichtsmedien, des Berufsumfeldes und das Verhältnis zu den SchülerInnen bewertet. Möchte man also aktuelle Probleme und Unzufriedenheiten der GeographielehrerInnen in den neuen Bundesländern verstehen, an die u. a. Fortbildungsangebote anknüpfen können, ist es notwendig, ihren spezifischen Erfahrungshorizont zu kennen.

Vor dem Hintergrund dieser verschiedenen Begründungszusammenhänge scheint es auch 18 Jahre nach dem politischen Ende der DDR gerechtfertigt, den damaligen Geographieunterricht zu untersuchen.

Die vorliegende Arbeit beginnt mit einer »Weitwinkelaufnahme« der politischen Selbstdefinition der DDR und entscheidenden bildungspolitischen Entscheidungen zum Schulsystem, dem Fächerkanon, der politischen Erziehung in den einzelnen Fächern und den staatlichen Rollenerwartungen an die Lehrkräfte und SchülerInnen. Fokussiert wird, nach dieser Darstellung der strukturellen Rahmenbedingungen, auf den Geographieunterricht als bildungspolitische Konstruktion einerseits, die sich durch Lehrplan-, Schulbuch- und Unterrichtshilfenanalyse erkennen lässt, und andererseits auf den Geographieunterricht als Handlungsresultat von befragten LehrerInnen und SchülerInnen. Der Untersuchungszeitraum des DDR-Geographieunterrichts wird von 1966 bis 1990 festgelegt, da man für diese Zeit von einem in den Lehrplänen relativ einheitlich konzipierten Geographieunterricht sprechen kann (Sperling, 1981). Diese Zeit stimmt mit der letzten Phase der DDR-Bildungsgeschichte überein, die von 1965[2] bis 1989 reichte und nach Geißler (1995, S. 4) als »Kontinuität trotz Veränderung« beschrieben werden kann, da grundlegende schulstrukturelle Entscheidungen bereits getroffen worden waren. Die letzte Periode der Entwicklung des DDR-Geographieunterrichts wird auch aus dem Grunde gewählt,

---

2 Mit dem Gesetz von 1965 über das »einheitliche sozialistische Bildungssystem« wurde in der DDR-Schulgeschichtsschreibung der Beginn der Schule der »entwickelten sozialistischen Gesellschaft« gesehen. Geißler (1995, S. 2–3) weist jedoch darauf hin, dass diese Periodisierung umstritten ist, da viele perspektivische Strukturentscheidungen, die dem Gesetz von 1965 zugerechnet wurden, schon Ende der 1959er Jahre getroffen wurden. Einen guten Überblick über die Geschichte des Schulwesens in der Sowjetischen Besatzungszone und in der DDR von 1945 bis 1962 bietet Geißler (2000).

da, um Kontinuitäten und Veränderungen des Lehrerhandelns nach der politischen Wende analysieren zu können, nur LehrerInnen befragt wurden, die heute immer noch unterrichten und deren Erinnerungen sich auf diese Zeit beziehen.

Im letzten Teil der Arbeit wird der Versuch unternommen, die unterschiedlichen Entwicklungen und Bewertungen des Geographieunterrichts von 1989 bis heute aus Lehrer- und Schülerperspektive aufzunehmen und zur Frage nach den Auswirkungen des DDR-Geographieunterrichts auf der Grundlage der empirischen Untersuchung erste Antworten zu finden, welche Grundlage für weitere Studien in diesem Bereich sein können.

Zur besseren Orientierung der Leser werden die einzelnen Kapitel nun detailliert mit den jeweils relevanten Forschungsfragen vorgestellt:

Bevor wir den Blick direkt auf den Geographieunterricht richten und den Stellenwert der politischen Erziehung in diesem Fach untersuchen, wenden wir uns in *Kapitel 2* zunächst der DDR als Staat und ihren bildungspolitischen Interessen zu, die entscheidend die Ausgestaltung des Bildungssystems, die Schulorganisation, die Unterrichtsfächer und die hier interessierende Konzeption der Geographielehrpläne beeinflussten und damit den strukturellen und pädagogischen Rahmen festlegten, in dem Geographieunterricht stattfinden konnte.

Wichtig ist in diesem Zusammenhang, dass der Unterricht von der DDR-Führung als Hauptinstrument begriffen wurde, um die SchülerInnen zu »allseitig entwickelten sozialistischen Persönlichkeiten« zu erziehen. Diese sollten einen klaren »Klassenstandpunkt« einnehmen lernen, vom Sozialismus überzeugt werden sowie dem »Klassenfeind« und dem »Kapitalismus« ablehnend gegenüberstehen. Entsprechend der »spezifischen stofflichen Möglichkeiten« jedes Faches sollte sein jeweiliger Beitrag zur »ideologischen Erziehung« definiert werden. Im »Zusammenwirken aller Unterrichtsfächer« sollten dann die »komplexen ideologisch-erzieherischen Zielorientierungen« erreicht werden (Neuner, 1968, S. 1501).

»In der Tat, welche bedeutsamen Möglichkeiten zielstrebiger ideologischer Erziehung erschließen sich uns, wenn wir das ganze System moderner, sozialistischer Allgemeinbildung, die Macht, den Reiz, die Romantik moderner Wissenschaft und Technik, den weltverändernden und mobilisierenden Charakter marxistisch-leninistischer Gesellschaftswissenschaften und die menschenformende Kraft der Kunst und Literatur für die Ausbildung des sozialistischen Bewusstseins und Verhaltens voll nutzen« (Neuner, 1968, S. 1499). Die Frage, inwiefern an die Stelle der Vermittlung von Fach-, Methoden- und Medienkompetenz im Unterricht die politische Indoktrinierung der SchülerInnen getreten ist, kann demnach nicht allgemein, sondern nur durch die Analyse des Unterrichts in den verschiedenen Fächern beantwortet werden, was bisher jedoch nur ansatzweise geschehen ist. »Ob den volkspädagogischen Intentionen der Politiker und Pädagogen, die eine neue Gesellschaft und ein neues Geschlecht erziehen wollten, irgendeine Wirklichkeit jenseits der Programme und der notgedrungen geduldigen Hinnahme des Unausweichlichen entsprach, das ist noch keineswegs geklärt« (Häder und Tenorth 1997, S. 14).

Zentrale Fragen, denen in diesem Kapitel durch die Darstellung von erziehungs- und politikwissenschaftlichen Analysen nachgegangen wird, lauten:
- Wie wirkten sich die Charakteristika des politischen Systems der DDR und seine Selbstbeschreibungen als »Volksdemokratie«, »Arbeiter- und Bauernstaat« und als »realsozialistischer Staat« auf die Bildungspolitik aus?
- Inwiefern ist es gerechtfertigt, von einem umfassenden politischen Zugriff auf das Erziehungssystem der DDR im Sinne einer »Erziehungsdiktatur« zu sprechen, in der die Handlungsfähigkeit der Subjekte vollständig beschnitten wurde?
- Welchen Einfluss hatte die Orientierung des Staates am Marxismus-Leninismus für bildungspolitische Entscheidungen? Inwiefern kann man von einer »Ideologisierung der Bildung« sprechen?

In *Kapitel 3* wird die bildungspolitische Konzeption des Geographieunterrichts in der DDR vorgestellt. Zu denen in der DDR als »Gesellschaftswissenschaften« definierten Fächern gehörte neben der Staatsbürgerkunde und der Geschichte auch die Geographie. Dieser wurde, wie auch den beiden anderen Fächern, eine besonders große Bedeutung für die Herausbildung »sozialistischer Persönlichkeiten« zugesprochen, was man u. a. an dem Stellenwert ablesen kann, der ihr in der Stundentafel zugewiesen wurde (Sperling, 1977). Geographieunterricht wurde ab dem Schuljahr 1971/72 bis 1989 von der 5. bis zur 11. Klasse zweistündig erteilt, mit Ausnahme der 9. Klasse, in der nur eine Stunde stattfand (Baske, 1998a, S. 188–189).

Im letzten Lehrplanwerk[3], welches zwischen 1966 und 1972 in Kraft trat, versuchte die Bildungspolitik durch detaillierte Angaben zu den fachspezifischen Anteilen an der »ideologischen Erziehung« Einfluss auf die Unterrichtsrealität zu nehmen. *»Das neue Lehrplanwerk beruht in seiner Gesamtheit auf dem Marxismus-Leninismus«* (Neuner, 1968, S. 1500). Jetzt stellt sich die Frage, wie genau die »ideologischen Potenzen« der Geographie im Lehrplan, welcher unter der Federführung der Akademie der Pädagogischen Wissenschaften der DDR erarbeitet und mit dem Ministerium für Volksbildung abgestimmt wurde, definiert wurden und welche curricularen Entscheidungen man hieraus ableitete. Bei dieser Frage lassen sich Ansätze der Vertreter der »critical geopolitics« fruchtbar machen, die davon

---

3 1989 wurden neue Lehrpläne für die 5.–7. Klassen herausgegeben, die jedoch aufgrund der Wiedervereinigung so gut wie keine Verwendung fanden und daher nicht in die Analyse einbezogen werden.

ausgehen, dass Geopolitik neben einer politischen Raum-Ordnung immer auch eine Form der Beschreibung geographischer Räume ist, die als hochselektiv und interessengesteuert angesehen wird (Redepenning, 2006, Blacksell, 2006, Tuathail, 1998a). »*Dagegen öffnet der konstruktivistische, relationale Blick die Möglichkeit, die Rolle physisch-materieller Strukturen als bewertete Ressource und als Zeichen und Symbol sozialen und politischen Handelns zu verstehen. Räumliche Strukturen werden aus dieser Perspektive zu Geographien der Macht, zu Codes politischer und sozialer Kommunikation*« (Reuber und Wolkersdorfer, 2001, S. 5). Die Aufgabe der sich als »critical geopolitics« verstehenden Politischen Geographie wird dann u. a. in der Dekonstruktion der geopolitischen Erzählungen und strategischen Raumbilder gesehen (Reuber und Wolkersdorfer, 2001). Dabei richtet sich die Kritik vor allem auf die komplexitätsunterdrückenden Darstellungen geographischer Gebiete durch die staatlichen Akteure zum Ziel ihres Machterhalts bzw. Machtausbaus. Ausgehend von den Grundpositionen des Sozialkonstruktivismus werden die sich als objektive Fakten und getreue Wirklichkeitsdarstellungen präsentierenden staatlichen Weltbilder in ihrer Konstruiertheit und Abhängigkeit von Machtinteressen entlarvt.

Relevant sind die Fragestellungen der »critical geopolitics« in unserem Zusammenhang insofern, da geopolitische Beschreibungen generell sowohl in Reden von Politikern, durch Filme, Zeitungen, Fernsehen etc. verbreitet werden, als auch durch die Darstellung anderer Länder und Regionen im Geographieunterricht. Hier lassen sich geographische Verortungen, Grenzziehungen, Charakterisierungen von Staaten und Erklärungen der Beziehungen zwischen Mensch und Raum leicht als Mittel zur Stabilisierung politischer Macht einsetzen. Der Geographieunterricht kann generell durch die Definitionen von Regionen und Landschaften auch dazu dienen, politische Allianzen zu stärken sowie politische Gegner zu identifizieren und den »Kampf« gegen sie zu rechtfertigen.

Zentrale Forschungsfragen dieses Kapitels, die durch die Analyse von Lehrplänen, Geographieschulbüchern und Unterrichtshilfen beantwortet werden sollen, lauten:

– Welche Länderbilder wurden in den Geographielehrplänen, in den Geographieschulbüchern der DDR, als dem wichtigsten Unterrichtsmittel, und in den Unterrichtshilfen, die den Lehrkräften zur didaktisch-methodischen Unterrichtvorbereitung dienen sollten, entworfen und inwiefern sind diese als selektive und interessengeleitete geopolitische Weltbilder aufzufassen?
– Inwiefern beeinflussten die Ziele der »ideologischen Erziehung« die inhaltlichen Schwerpunktsetzungen (Lehrpläne), die Konzeption von Unterrichtsmedien (Schulbücher) sowie die didaktisch-methodische Unterrichtsplanungen (Unterrichtshilfen)?

- Welchen Stellenwert hatte die »ideologische Erziehung« in den Geographielehrplänen, den Schulbüchern und den Unterrichtshilfen?

Da die Analyse der bildungspolitischen Konzeption des Geographieunterrichts in der DDR jedoch noch keine Aussagen über das tatsächliche Unterrichtsgeschehen zulässt, wird der Blick im 4. *Kapitel* auf die LehrerInnen und SchülerInnen gerichtet, die durch ihr Handeln den »Erfolg« oder »Misserfolg« der staatlich verordneten »sozialistischen Erziehung« bestimmten. Es werden die Perspektiven der SchülerInnen und der LehrerInnen, die anhand von qualitativen Interviews erhoben wurden, gegenübergestellt und aufeinander bezogen, um somit Übereinstimmungen und Unterschiede in ihren Darstellungen zu erkennen und anschließend zu erklären.

Begonnen hat die wissenschaftliche Aufarbeitung des Verhaltens der LehrerInnen in der DDR mit dem Artikel »Das haben wir nicht gelernt« von Christa Wolf (1989), in dem sie die Schule und damit auch die LehrerInnen anklagt, die SchülerInnen entmündigt, entmutigt und zur Unwahrheit erzogen zu haben. Dieser Wahrnehmung folgend, wird in anschließenden erziehungswissenschaftlichen Analysen teilweise die politische Funktionalisierung der LehrerInnen in der DDR betont (u. a. Klier, 1990, Tenorth u. a., 1996, Mietzner, 1998, Wätzig, 2002, Pätzold, 2004). Diskutiert wird in diesem Zusammenhang, ob die LehrerInnen »Opfer« eines »totalitären« Regimes waren und/oder als verantwortliche Systemträger und »Täter« zu bezeichnen sind. »*Und die meisten von ihnen (LehrerInnen) sind in den Erziehungsapparat als Täter und Opfer zugleich verstrickt*« (Flier, 1990, S. 170).

Andererseits belegen empirische Studien, dass die LehrerInnen Handlungsspielräume auch im Bereich der politischen Erziehung wahrgenommen haben (u. a. Schreiner, 1992, Waterkamp, 1992, Händle, 1998 a/b und 2003).

»Entgegen dem Stereotyp vom »systemnahen Lehrer« werden in Erinnerungen, Erkundungsberichten und künstlerischen Produktionen Bilder von Lehrerinnen der DDR deutlich, die sich durch pädagogische Kompetenz und liebevolle Einfühlung in Kinder und Jugendliche auszeichnet« (Händle, 1998a, S. 303).

Die Einschätzung, dass nicht alle GeographielehrerInnen der DDR ihr Leben einer »*der schönsten Aufgaben widmeten: das sozialistische Bewusstsein in die Jugend zu tragen*«, wie dies von ihrer Bildungsministerin gefordert wurde (Margot Honecker, 1968, S. 764), scheint durch empirische Arbeiten gestützt zu werden, die in der DDR zum Thema der »ideologischen Erziehung« im Geographieunterricht durchgeführt wurden und welche die verschiedensten »Defizite« in der Vermittlung der ideologischen Lehrplanziele belegen, aus denen in der Regel »Optimierungsvorschläge« für die »Unterrichtsmittelgestaltung« und/

oder Unterrichtsvorschläge für die LehrerInnen abgeleitet wurden (u. a. Kohlmann, 1966, Filipiak, 1971, Herzog und Krebs, 1976, Meincke, 1981, Glanz, 1988).

Auf der Grundlage dieser Ergebnisse ist es gerechtfertigt anzunehmen, dass die Pädagogen zumindest einen geringen professionellen Spielraum hatten, und es lässt sich ein individuell unterschiedlicher Umgang der GeographielehrerInnen mit den auf ihr Fach bezogenen politischen Erziehungszielen vermuten. Die Identifizierung verschiedener Handlungsmuster wird auf der Analyse qualitativer Interviews beruhen, in denen LehrerInnen ihre Handlungen im Geographieunterricht der DDR beschreiben und begründen.

Zur Erklärung der Darstellungen von LehrerInnen und SchülerInnen bietet sich die Handlungstheorie an (Esser, 1999, 2000a, b), bei der durch die dialektische Einbeziehung von strukturellen Kontextbedingungen des Geographieunterrichts in der DDR und individuellen Situationswahrnehmungen, kreativen Ableitungen von Handlungsalternativen, rationalen Entscheidungen und individuellen Handlungsausgestaltungen durch die zentralen Akteure, das Verständnis unterschiedlicher Handlungsmuster in objektiv ähnlichen Kontexten möglich wird. Geographieunterricht wird als Handlungsresultat, als »Geographie-Machen« verstanden, das vor allem in seiner normativ-politischen Dimension untersucht wird (Werlen, 1997, S. 273 ff.)

Ähnlich wie in Bezug auf die LehrerInnen lassen sich in heutigen erziehungswissenschaftlichen Publikationen völlig widersprüchliche Beurteilungen der Auswirkungen der politischen Erziehung im Unterricht auf die SchülerInnen finden. Zum Teil werden die SchülerInnen als entmündigt und politisch manipuliert beschrieben.

»Allen Beteiligten war bewusst, dass DDR-Schule zu keiner Zeit als politisch abstinent galt, sondern Schüler entgegen ihren eigenen subjektiven Interessen als Objekte der politisch-ideologischen Macht der SED bewusst missbraucht worden waren« (Schulz, 2003, S. 30). Auf der anderen Seite belegen empirische Studien, die nach der politischen Wende angefertigt wurden, dass SchülerInnen aus der ehemaligen DDR ähnlich großes Interesse an demokratischer Mitbestimmung in Schule und Unterricht zeigen wie die SchülerInnen aus der ehemaligen BRD, was darauf hindeuten würde, dass sie vielleicht doch nicht alle erfolgreich zu »sozialistischen Persönlichkeiten« erzogen wurden (u. a. Schreiner, 1992).

Zentrale Forschungsfragen des Kapitels lauten:
- Inwiefern handelten LehrerInnen entsprechend der politischen Rollenerwartungen und setzten die »ideologische Erziehung« gemäß der Geographielehrpläne im Unterricht um?
- Welche unterschiedlichen Handlungsmuster oder Handlungsstrategien der LehrerInnen lassen sich erkennen?

- Wie lassen sich unterschiedliche Strategien im Umgang mit den curricularen Vorgaben durch die Lehrkräfte erklären? Mit welchen negativen Handlungsfolgen, z. B. Sanktionen durch Vorgesetzte, rechneten sie bei vom Lehrplan abweichendem Unterricht? Welchen persönlichen Nutzen sahen sie in der Erfüllung der Vorgaben zur »ideologischen Erziehung« bzw. in ihrer Umgehung?
- Inwiefern haben die SchülerInnen wahrgenommen, dass sie im Geographieunterricht zu »sozialistischen Persönlichkeiten« mit einem klaren »Klassenstandpunkt« erzogen werden sollten?
- Wie beurteilten sie die eventuell wahrgenommene politische Beeinflussung?
- Welche unterschiedlichen Handlungsentscheidungen leiteten sie unter Abwägung von möglichen negativen Handlungsfolgen und persönlichem Nutzen ab?

In *Kapitel 5* werden die Veränderungen und Kontinuitäten des Geographieunterrichts in der politischen Wendezeit[4] untersucht. Auch hier wird mit qualitativen Interviews der GeographielehrerInnen und der ehemaligen SchülerInnen gearbeitet.

Mit dem Ende der DDR erschienen die bisherigen Unterrichtsinhalte des Geographieunterrichts, die bisher relevanten didaktischen Prinzipien, die eingesetzten Medien und die favorisierten Unterrichtsmethoden, die alle auch unter dem Gesichtspunkt der »ideologischen Erziehung« der SchülerInnen ausgewählt worden waren, plötzlich nicht mehr zeitgemäß. Bis zum Inkrafttreten der in aller Eile in den neuen Bundesländern erarbeiteten Rahmenlehrpläne zum Schuljahr 1991/92 unterrichteten die GeographielehrerInnen weitgehend ohne staatliche Vorgaben.

»Von einer völligen Reglementierung ihrer Tätigkeit verkehrte sich innerhalb weniger Wochen die Situation in eine extreme Handlungsoffenheit, gepaart mit dem Infragestellen der bisherigen Arbeit durch den weitgehenden Verlust der gesellschaftlichen Anerkennung« (Hoffmann und Chalupsky, 1991, S. 117).

---

4 Als zentrale Zeitspanne der »politischen Wende« wird die Zeit von der Öffnung der Berliner Mauer am 9. 11. 1989 bis zum Beitritt der DDR zur Bundesrepublik Deutschland am 3. 10. 1990 angesehen. Der hier relevante Zeitraum essentieller Veränderungen in der Schule muss jedoch nach der Einschätzung der Befragten noch bis zum Schuljahr 1991/1992 ausgedehnt werden, da erst dann die unterschiedliche administrative Umgestaltung des Schulsystems in den neuen Bundesländern weitgehend abgeschlossen war und neue Rahmenpläne eingeführt wurden.

Es stellen sich folgende Fragen:

- Wie erlebten LehrerInnen und SchülerInnen die politische Umbruchszeit? Wie positiv standen sie ihr gegenüber?
- Inwiefern stellten sich die GeographielehrerInnen in ihrem Unterricht auf die neuen politischen Rahmenbedingungen ein? Wie gingen sie mit Unterrichtsthemen und Medien um, die bisher vorrangig der »ideologischen Erziehung« gedient hatten?
- Welche Veränderungen nahmen die SchülerInnen im Geographieunterricht wahr und wie bewerteten sie diese?
- Wie nutzen sie ihre erweiterten Mitgestaltungsmöglichkeiten des Unterrichts? Welche Bedeutung hatte für sie die bisherige politische Erziehung?

In *Kapitel 6* werden mögliche Auswirkungen des DDR-Geographieunterrichts untersucht. In der Geographiedidaktik gibt es zu diesem Thema nur zwei Untersuchungen, die eine von Heinecken und Ollesch (1992), die belegt, dass Ostberliner SchülerInnen kurz nach der politischen Wende bessere topographische Kenntnisse zur DDR als zur BRD hatten, und die andere von Kanwischer u. a. (2004), in der das aktuelle Fachverständnis Thüringer GeographielehrerInnen, ihre inhaltlichen Schwerpunktsetzungen im Unterricht und beliebte Unterrichtsmethoden u. a. auf die spezifische Bildungssozialisation der Lehrkräfte im DDR-Schulwesen zurückgeführt wird. Da so wenige Ergebnisse vorliegen, nimmt die vorliegende Studie hier explorativen Charakter auf der Grundlage von qualitativen Interviews an.

Es stellen sich folgende Forschungsfragen:

- Welche Bedeutung haben die in der DDR erworbenen professionellen Routinen für das heutige Lehrerhandeln?
- Wie beurteilen die LehrerInnen ihren heutigen Unterricht vor dem Hintergrund der in der DDR erworbenen Erfahrungen?
- Inwiefern nutzen die ehemaligen SchülerInnen heute das im Geographieunterricht Erlernte bzw. distanzieren sich von ihm?
- Welches Bild von Geographie und Geographieunterricht haben die LehrerInnen und die ehemaligen SchülerInnen und inwiefern ist dieses durch den Unterricht in der DDR geprägt?

2 Politisierung und Ideologisierung der Bildung in der DDR?

Geographieunterricht findet in der Schule und damit in einer staatlichen Institution statt, die man als Teil des »Erziehungssystems der Gesellschaft« (Luhmann, 2002a) ansehen kann. Dieses steht wiederum mit dem »politischen System der Gesellschaft« in Verbindung und wird von diesem beeinflusst (siehe Abbildung 1).

In diesem Kapitel werden das politische System sowie das Erziehungs- und Bildungssystem der DDR vorgestellt und in ihren Beziehungen untersucht, um so die relevanten institutionellen und politischen Rahmenbedingungen zu identifizieren, die einen Einfluss auf den Geographieunterricht hatten.

Bevor direkt auf die Charakteristika des »politischen Systems« und des »Erziehungssystems« der DDR eingegangen werden kann, müssen zunächst die Begriffe geklärt und die diesbezügliche theoretische Diskussion in wesentlichen Punkten dargestellt werden.

Ausgehend von einer »makrosoziologischen« Theorie der Gesellschaft, sieht Niklas Luhmann (2002a) das Erziehungssystem[1] als ein Funktionssystem neben anderen wie dem des Rechts, der Politik und der Wissenschaft, das durch funktionale Differenzierung im 18. Jahrhundert entstanden ist. Alle Funktionssysteme würden ihren eigenen Logiken folgen und kein Verständnis für Vorgänge und Probleme anderer Funktionssysteme aufbringen, solange diese sie nicht zentral betreffen würden. Jedes Teilsystem gehört zur Umwelt der anderen Teilsysteme und wird von diesen Teilsystemen aus deren jeweiligen Perspektiven gesehen. Das Erziehungssystem hat das Ziel, durch die Vermittlung von als wichtig erachtetem Wissen, Können und Werten, das gesellschaftliche Zusammenleben zu ermöglichen und den einzelnen Schüler auf sein späteres Leben einschließlich seiner Berufstätigkeit vorzubereiten.

---

1 Ein System wird von Luhmann als eine von der Umwelt abgrenzbare Menge von Elementen und Relationen mit einem bestimmten Grad von Komplexität definiert.

»Diese Lehren kulminieren in der Idee der Bildung, die besagt, dass diese Teil-
nahmemöglichkeit an Gesellschaft, ja an der Welt, dem Einzelnen als Individuum
vermittelt werden müsse und dass die Individualität des Einzelnen so entwickelt
werden müsse, dass er frei darüber verfügen und Teilnahme als eigene verwirli-
chen könne« (Luhmann, 2006, S. 11).

Wichtige Kennzeichen der Erziehung sind, dass sie im Gegensatz zur Sozialisation absichtsvoll geschieht, dass es eine »Rollenasymmetrie« zwischen Erzieher und Schüler gibt und dass Erziehungsziele festgelegt werden, anhand
derer man den Erfolg/Misserfolg der Erziehung ablesen kann. Durch die sich
daraus ergebende Selektion der Erfolgreichen, wurde die Schule seit dem
18. Jahrhundert eine zentrale Instanz bei der Vergabe von Berufschancen im
späteren Leben. Damit spricht Luhmann (2002a) Funktionen der Bildungsin-
stitutionen für die Gesellschaft an, die in den Erziehungswissenschaften übli-
cherweise als *Qualifikationsfunktion*, als *Allokationsfuktion* (Zuweisung beruflicher und sozialer Positionen) und als *Erziehungs- und Sozialisationsfunk-
tion* (Entwicklung persönlicher Identität und Integration in die Gesellschaft)
bezeichnet werden (Anweiler, 1990a).

Ausgehend von der Vorstellung des unfertigen, noch formbaren Kindes wird
das »Kind« im 18. Jahrhundert Medium der Erziehung (Luhmann, 2002a). *»Das
Medium Kind ist kein Kind. Es ist eine soziale Konstruktion, die es dem Erzieher
ermöglicht, daran zu glauben, man könne Kinder erziehen«* (Luhmann, 2002a,
S. 91). Da die Erzieher ihre SchülerInnen als »psychische Systeme« nicht vollständig durchschauen und kontrollieren, können auch ihre Erziehungsbemü-
hungen nicht offensichtlich als sinnlos erkannt werden. *»Das Nichtkennenkön-
nen (…) macht den Erziehern Mut. Sie operieren in diesem fundamentalen Sinne
unwiderlegbar (…)«* (Luhmann, 2006, S. 37). Die Vorstellung des Kindes als
Medium der Erziehung wird nach Luhmann (2002a) im 20. Jahrhundert durch
seinen »Lebenslauf« ersetzt, da man auf der Basis des durch Erziehung gewon-
nenen Wissens Möglichkeiten gewinnt, sich in zukünftigen Situationen sinnvoll
und richtig zu verhalten und damit das eigene Leben zu gestalten.

Obwohl sich das Erziehungssystem durch seine speziellen Funktionen, seine
»Codes« und seine Selbstbeschreibungen von anderen Funktionssystemen unterscheidet und in diesem Sinne »Systemautonomie« beansprucht, ist es nicht
von diesen unabhängig. Rechtliche Grundlagen, finanzielle Abhängigkeiten,
Curricula und Ausstattungen der Schulen verweisen z.B. auf die Verbindung
zum politischen System. Dies ist seit dem 18. Jahrhundert der Fall, als von der
häuslichen Erziehung zur öffentlichen Erziehung in Schulen übergegangen
wurde, die damit vom Staate abhängig wurde.

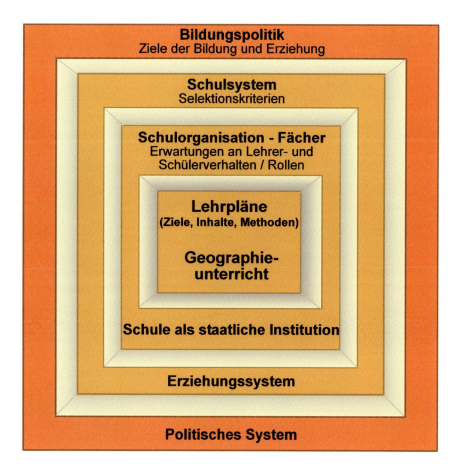

Abbildung 1: Institutionelle und politische Rahmenbedingungen des Geographieunterrichts in der DDR

»Das Erziehungssystem kann keine kollektiv bindenden Entscheidungen treffen, ist aber auf solche Entscheidungen angewiesen, wenn es um Lehrpläne, Prüfungsordnungen, Verteilung von Zeit auf Fächer und ähnliches geht« (Luhmann, 2002a, S. 130).

Damit ist das Erziehungssystem aus systemtheoretischer Sicht ein Beispiel für die Tatsache, dass mit der Differenzierung von unterschiedlichen gesellschaftlichen Funktionssystemen auch die Abhängigkeit der Systeme untereinander steigt, da die auf eine Funktion spezialisierten Systeme auf die Leistungen anderer Systeme angewiesen sind, um ihre Funktion erfüllen zu können.

Von Bildungseinrichtungen wird sowohl die Ermöglichung der individuellen Persönlichkeitsbildung als auch politische Sozialisation sowie die Weitergabe kultureller Werte erwartet. Auf der organisatorischen Ebene werden diejenigen Schulstrukturen geschaffen, mit denen sich die jeweiligen politischen Ziele und jeweiligen pädagogischen Konzeptionen am besten verwirklichen lassen. Auf der didaktischen Ebene werden diejenigen Lerninhalte vermittelt, die aus der Sicht der jeweiligen Gesellschaft notwenige Grundlagen für eine aktive Teilnahme am gesellschaftlichen Leben darstellen. Diese werden mit ihren Zielsetzungen und Methoden in Richtlinien oder Lehrplänen für die LehrerInnen verbindlich festgeschrieben und erlauben Rückschlüsse auf das vorherrschende Bildungsideal und die Bildungskonzeption. Dies bedeutet, dass sich die Unterrichtsinhalte und Vermittlungsziele jedes Schulfaches je nach dem politischen System und dem staatlichem Selbstverständnis unterscheiden. Dies lässt sich für den Geographieunterricht durch bildungshistorische Untersuchungen belegen. So war die Länderkunde zwar von ca. 1800 bis Ende der 60er Jahre des 20. Jahrhunderts[2] das Kernparadigma des Geographieunterrichts, welches aber entsprechend der jeweiligen Staatsordnungen so variiert wurde, dass es diese eher legitimierte als kritisch hinterfragte.

»So bleibt als Resümee nur, dass der Geographieunterricht kein Korrektiv des aggressiven Machtstaates war. Im Gegenteil: Mit seinem von der Gesellschaft abgekoppelten Staatsverständnis, seiner völkisch-nationalen Gemeinschaftsideologie und seinem geo-darwinistischen Welt- und Geschichtsbild hat er wesentlich mit dazu beigetragen, die realen Katastrophen mental auf den Weg zu bringen« (Schultz, 1999, S. 44).

Die Beziehung zwischen dem Erziehungssystem und dem politischen System als Teil seiner Umwelt beschreibt Luhmann (1996, S. 30) als Paradoxie, da das Erziehungssystem einerseits auf Selbstbestimmung und Autonomie Wert legt, andererseits aber politische Entscheidungen, die es zentral betreffen, wie Fragen

---

2 In der BRD.

der Schulorganisation, der Ressourcenzuweisung, des Gewichts von Fächern und Unterrichtsgegenständen, nicht selbst treffen kann. Der Begriff Paradoxie bezeichnet dabei die widersprüchliche Einheit beider Systeme, die von keinem der beiden aus beobachtet werden kann, da dazu eine Position außerhalb der beteiligten Systeme notwendig ist. Deshalb kann die Paradoxie auch von keinem der beiden Systeme aufgelöst werden, sondern nur auf jeweils systemspezifische Weise bearbeitet werden.

Im Erziehungssystem würde dieser Widerspruch durch die »Rettungsformel« »relative Autonomie« beschrieben, wodurch diejenigen Probleme identifiziert werden, die pädagogisch zu lösen sind, sowie diejenigen, die einer politische Lösung bedürfen. Während es sich für Luhmann (1996) nur um eine Rettungsformel handelt, die ausgehend von der systemtheoretischen Vorstellung operativer (autopoietischer) Geschlossenheit des Erziehungssystems wenig sinnvoll ist, nimmt man aus pädagogischer Perspektive die »Unabschließbarkeit« der Grenze zu anderen Systeme wahr, die sich daraus ergibt, dass man durch pädagogisches Handeln sowohl individuelle Autonomie als auch soziale Einfügung der SchülerInnen in die Gesellschaft anstrebe (Schäfer, 1996). *»Pädagogische Qualifizierungsbemühungen gewinnen ihren Gegenstand durch die Positionierung im Spannungsfeld von Freiheit und Disziplinierung«* (Schäfer, 1996, S. 82 – 83). Durch die Fixierung von Luhmann (1996) auf die gesellschaftlichen Funktionen des Erziehungssystems sei seine Funktion für das Individuum im Sinne von ganzheitlicher Persönlichkeitsbildung zu wenig beachtet worden (Schäfer, 1996 und Ruhloff, 1996). Dagegen sieht Luhmann den Bildungsanspruch des Erziehungssystems als Idealisierung der Ziele des Erziehungssystems durch die Pädagogik, die dazu dient, die unlösbare Paradoxie zwischen Selbstbestimmung und Autonomie erträglich und handhabbar zu machen z. B. durch den Ruf nach Reformen und durch die Kommunikation von guten Absichten. *»Man lebt von dem Irrtum, unlösbare Probleme für lösbare zu halten«* (Luhmann, 1996, S. 42).

Es wurde die soziologische, systemtheoretische Perspektive auf die Beziehung zwischen Erziehungssystem und Politik (Luhmann) der pädagogischen (Schäfer) gegenübergestellt. Ein zentraler Unterschied scheint zu sein, dass die Pädagogik aus den divergierenden Ansprüchen der Sozialisation und Persönlichkeitsbildung die eigene Aufgabe zur bestmöglichen Integration und schulischen Umsetzung ableitet, während die Soziologie auf die Unvereinbarkeit von Autonomie und politischer Abhängigkeit aufmerksam macht.

Für den weiteren Zusammenhang dieser Arbeit ist entscheidend, wie genau die Beziehung zwischen Politik und schulischer Bildung in der DDR ausgesehen und wie das generelle Verhältnis von Abhängigkeit und Autonomie des Erziehungssystems vom politischen System in der DDR war. Die Frage, wie sich die Charakteristika des politischen Systems der DDR und seine Selbstbeschreibungen als »sozialistischer« Staat oder »Arbeiter- und Bauernstaat« auf die staatliche Bildungspolitik ausgewirkt haben, wird unter den Perspektiven »Politisierung der Bildung« und »Ideologisierung der Bildung« untersucht. Das Erziehungssystem ist nicht nur abhängig vom politischen System, sondern von vielen anderen Funktionssystemen wie der Wissenschaft, dem Recht und der Wirtschaft (Luhmann, 1996). Im Folgenden beschränken wir uns jedoch auf die Darstellung des Einflusses der Politik auf die Bildung in der DDR, da bisherige Analysen ergeben haben, dass dieses Funktionssystem aufgrund seines diktatorischen Charakters seine Ansprüche an das Erziehungssystem in ungleich höherem Maße geltend machen konnte als die anderen Funktionssysteme. Da es im Folgenden um die Analyse des schulorganisatorischen, strukturellen und weltanschaulichen »Rahmens« geht, in dem Geographieunterricht stattfinden konnte, wird nur nach der Stärke und der Art des Einflusses des politischen Systems auf das Erziehungssystem gefragt und der etwaige Einfluss des Erziehungssystems auf das politische System vernachlässigt.

Es kann auf umfangreiche Studien sowohl zum politischen System der DDR[3] als auch zu ihrem Bildungssystem[4] zurückgegriffen werden. Da die Untersuchungen zum politischen System vorwiegend von den Politik- und Geschichtswissenschaftlern durchgeführt wurden und die Darstellungen zum Bildungssystem vorwiegend von Erziehungswissenschaftlern, werden diese beiden Themen in der Regel in getrennten Veröffentlichungen behandelt. Dies scheint für diese Arbeit nicht sinnvoll zu sein, da der Geographieunterricht nur in seiner Einbettung in das Bildungs- und Erziehungssystem der DDR verstanden werden kann, das wiederum nur in direkter Abhängigkeit von dem politischen System und seiner Bildungspolitik zu fassen ist.

2.1 Totalitärer Staat und politisiertes Bildungssystem?

Zunächst werden zentrale Charakteristika des politischen Systems der DDR vorgestellt und anschließend wird untersucht, inwiefern das Bildungssystem zur Reproduktion der herrschenden politischen Klasse und zur Stabilisierung seiner Macht instrumentalisiert wurde.

---

3 Vgl. u. a. Eppelmann u. a., 1997a,b, Judt, 1998a,b,c,d, Kurth u. a., 1996, Neubert, 1998, Schroeder, 1998.

4 Vgl. u. a. Anweiler u. a., 1992, Anweiler, 1988, Geißler, 1995 und 2000, Häder und Tenorth, 1997, Hoffmann und Neumann, 1994, Tenorth u. a., 1996, Helwig, 1988.

2.1.1 »Arbeiter- und Bauernstaat« oder Diktatur der SED?

Nach dem Ende des »Dritten Reichs« wurde 1946 die »Sozialistische Einheitspartei Deutschlands« (SED) in der sowjetischen Besatzungszone gegründet. Sie
ging aus der Vereinigung von SPD und KPD hervor und war schon bis 1948 zu
einer sozialistischen Massenpartei mit rund 1,8 Mio. Mitgliedern angewachsen.
Der große Zuspruch begründete sich u. a. aus der Hoffnung der Menschen, in
einer antifaschistischen Partei einen sozial gerechteren Neuanfang in Deutschland mitgestalten zu können (Mählert, 1999). Die Ideale des Antifaschismus, der
Friedenspolitik, der Sozialpolitik, die Vision der Gleichheit aller Menschen und
die Utopie des Sozialismus wurden von vielen gutgeheißen. Zudem ließ die
sowjetische Besatzungsmacht keine Zweifel daran, dass die SED die zukünftig
führende politische Kraft sei und der anzugehören für das berufliche Fort-
kommen positiv war. Die SED verstand sich selbst als der

»bewusste und organisierte Vortrupp der Arbeiterklasse und des werktätigen
Volkes der DDR; die höchste Form der Klassenorganisation der Arbeiterklasse und
der von allen gesellschaftlichen Kräften anerkannte politische Führer im Kampf für
den Aufbau des Sozialismus und Kommunismus in der DDR und um den Frieden«
(zit. nach Holzweißig, 1996a, S. 29).

Trotz eines formal bestehenden Mehrparteiensystems war die DDR ein hierar-
chisch-zentralistischer Einheitsstaat, in dessen gesamter Existenz die SED die
führende politische Kraft darstellte. Sie legitimierte ihren Führungsanspruch,
der auch in der DDR-Verfassung festgeschrieben war, mit der marxistisch-leninistischen Weltanschauung. Sie sah sich als legitime Vertretung der Arbeiter
und Bauern:

»Die DDR ist ein sozialistischer Staat der Arbeiter und Bauern. Sie ist die politische
Organisation der Werktätigen in Stadt und Land unter Führung der Arbeiterklasse
und ihrer marxistisch-leninistischen Partei« (Verfassung der DDR von 1974,
Auszug aus dem ersten Artikel zit. nach Judt, 1998b, S. 509).

Der Führungsanspruch der SED stützte sich vor allem auf die Behauptung, dass
die Interessen der Bürger im »sozialistischen« Staat einheitlich seien und daher
von der sozialistischen Einheitspartei am besten erkannt und umgesetzt werden
könnten (Bachmann, 1993). Die Bevölkerung nahm tatsächlich zu über 90 % an
den Einheitswahlen teil, die die SED legitimierten.
    Aus heutiger Sicht scheinen die »Wähler« dadurch jedoch nicht ihre Über-
einstimmung mit der Politik der SED ausgedrückt zu haben, sondern die Teilnahme erscheint als »Freikaufpreis zur Sicherung privater Spielräume« (Neubert, 1998, S. 849).

In heutigen politischen Analysen wird die SED in der Regel nicht mehr als »legitime« Vertretung der Interessen großer Gesellschaftsgruppen (Arbeiter und Bauern) gesehen, die nach innerparteilichen Diskussionen demokratische Entscheidungen traf, wie sich die SED selbst sah, sondern als Partei, die diktatorisch den Machtanspruch der zahlenmäßig geringen Führungselite politisch durchsetzte. Unter Diktatur versteht man allgemein die Herrschaft einer Person oder Gruppe, die sich die Macht im Staat aneignet, monopolisiert und ohne Einschränkung ausübt. Die Bezeichnung »Diktatur« für die DDR begründet sich dementsprechend durch die Alleinherrschaft einer einzigen Partei, durch das Fehlen freier Wahlen und durch die politische Marginalisierung oppositioneller Parteien. Formal blieb es bei einer institutionellen Trennung von Partei und Staat. Die große politische Bedeutung der SED zeigte sich jedoch u. a. daran, dass das Zentralkomitee der SED direkten politischen Einfluss auf die staatlichen Organe und die personelle Besetzung aller einflussreichen öffentlichen Posten nahm (Holzweißig, 1996a). Der gesamte Staatsapparat wurde von der Partei geleitet. Das Ministerium für Staatssicherheit wurde offiziell auch als »Schild und Schwert der Partei« bezeichnet und ihr Führungsanspruch wurde auch in der Verfassung festgeschrieben (s. o.).

Das politische Ziel »Im Mittelpunkt steht der Mensch« wird heute vielfach in Frage gestellt und als Propaganda der Kommunisten gesehen, denen es in erster Linie um die Erhaltung ihrer Macht gegangen sei (Wätzig, 2002).

Neben dem Begriff der »Diktatur« wird die DDR seit 1945 häufig mit dem Adjektiv »totalitär« belegt, weil es den Führungskadern der SED gelungen sei, sich Staat, Wirtschaft und Gesellschaft völlig zu unterwerfen[5]. Der DDR-Sozialismus wird dann als eine aus dem Stalinismus abgeleitete Form totalitärer Herrschaft klassifiziert (u. a. Margedant, 1999, S. 69, Jesse, 1997, S. 857). Der Totalitarismusbegriff wurde erstmals 1923 von dem liberalen Journalisten Giovanni Amendola für den Faschismus Mussolinis verwendet. Dieser Begriff wurde dann aber vom italienischen Faschismus selbst zum politischen »Programm« ins Positive als »stato totalitario« stilisiert. Totalitäre Staaten streben die unbeschränkte Kontrolle und Ausübung aller Machtmittel sowie die totale Verfügung über die Individuen der Gesellschaft an. Heute werden in der Regel das »Dritte Reich« und die Sowjetunion Stalins als totalitär bezeichnet, da sie versuchten, die Bürger durch eine Ideologie zu formen und zu mobilisieren. Sie setzten dabei Kontrolle und Repression ein[6]. Vor dem Hintergrund kommunistischer »Säuberungen« und dem Holocaust erschien der Begriff »Diktatur«

---

5 Einen guten Überblick über Anwendungsmöglichkeiten und Grenzen der Totalitarismustheorie bieten Heydemann, Günter und Oberreuter, Heinrich (2003).

6 Besondere Bedeutung für die Entwicklung des Totalitarismuskonzepts haben die Arbeiten von Hannah Arendt. In ihrem Werk »Elemente und Ursprünge totaler Herrschaft« (1991) wird der Totalitarismus durch die Fusion von Ideologie und Terror gekennzeichnet.

nicht mehr stark genug, um die erfahrene Intensität von Tyrannei und Barbarei auszudrücken, und wurde in den 50er Jahren teilweise durch den Totalitarismusbegriff in wissenschaftlichen Analysen ersetzt (Heydemann und Schmiechen-Ackermann, 2003).

Die SED lehnte für die DDR den Begriff »totalitärer Staat« ab, da sie in ihm den Ausdruck der Propaganda des Antikommunismus sah. In Tabelle 1 werden grundlegende Elemente der »totalen Herrschaft« nach dem von Friedrich und Brzezinski (1957) entwickelten Sechspunktesyndrom auf die DDR bezogen:

Tabelle 1: Charakteristika der »totalen Herrschaft« nach Friedrich und Brzezinski (1957) mit Bezug zur DDR

Charakteristika der »totalen Herrschaft«	Ausprägung in der DDR
Ideologie	Marxismus-Leninismus
Massenpartei	SED
Terroristische Geheimpolizei	Ministerium für Staatssicherheit, in dem über etwa 4 von 16 Mio. DDR-Bürger Dossiers angelegt worden waren (Möller, 1997, S. 7)
Nachrichtenmonopol	Politische Kontrolle der Medien, Unterdrückung der freien Presse
Waffenmonopol	Zentrale militärische Organe waren mit Parteifunktionären besetzt
Zentral gelenkte Wirtschaft	Verstaatlichung der Betriebe und Planwirtschaft

Betrachtet man diese sechs Kriterien, scheint die DDR klar als »totalitärer« Staat definierbar zu sein. Wissenschaftlich kontrovers diskutiert wird diese Einordnung dennoch, da damit eine begriffliche Gleichsetzung der DDR mit dem Nationalsozialismus, der in der Regel als totalitär gilt, vorgenommen zu werden scheint (u.a. Tenorth, 1996, S. 30–36). Aufgrund der großen ideologischen Differenzen, der unterschiedlichen Herrschaftsdauer, des konträren Selbstverständnisses der beiden deutschen Diktaturen, der verschiedenen Entstehungsbedingungen und der unterschiedlichen Folgen ihrer Herrschaft (der SED-Staat hat keinen Genozid begangen und auch keinen Rassen- und Vernichtungskrieg geführt), wird die Möglichkeit einer Gleichsetzung angezweifelt. In der Gleichsetzung der DDR mit dem »Dritten Reich« wird die Gefahr der Verharmlosung des NS-Systems gesehen.

Nach gegensätzlichen Auffassungen erscheint ein Vergleich jedoch sinnvoll, der keine Gleichsetzung implizieren sollte, um Unterschiede und Gemeinsamkeiten zwischen der DDR und dem »Dritten Reich« erkennbar und analysierbar zu machen und nach den gemeinsamen Entstehungsbedingungen zu fragen.

Unterschiede und Ähnlichkeiten zwischen der NS- und SED-Diktatur können durch einen Vergleich strukturell erfasst werden.

»Der Totalitarismusbegriff bietet für die Forschung ein unentbehrliches Instrument zur Beschreibung und Analyse jener Systeme, die sich aufgrund ihres totalitären Herrschaftsanspruchs ebenso von demokratischen Verfassungsstaaten wie von autoritären Ordnungsformen unterscheiden« (Jesse, 1997, S. 857).

Eine Untersuchung zu individuellen Erinnerungen an den Nationalsozialismus zeigt, dass auch außerhalb wissenschaftlicher Analysen der Vergleich des »Dritten Reichs« mit der DDR durchaus üblich ist (Welzer u. a. 2002). Personen, die in der ehemaligen DDR aufgewachsen sind, greifen in der Regel auf ihre Erfahrungen aus der DDR zurück, um den Nationalsozialismus zu beschreiben und zu beurteilen (Welzer u. a. 2002). Es werden z. B. Kampagnen gegen das »Westfernsehen« in der DDR mit der eingeschränkten Informationsfreiheit im »Dritten Reich« verglichen. Es werden phänomenologische Ähnlichkeiten der Jugendorganisationen vor und nach 1945, die sich z. B. in Uniformierungen und Aufmärschen äußern, gesehen. Wird die nationalsozialistische Vergangenheit über Vergleiche mit der DDR ausgehandelt, sind besonders die Kategorien »Wissen und Nichtwissen« der Interviewten von Unrechtshandlungen entscheidend. Für die DDR betrifft dies vor allem das Wissen/Nichtwissen über die Arbeit der Staatssicherheit und für den Nationalsozialismus das Wissen/Nichtwissen über die Konzentrationslager (Welzer u. a. 2002, S. 170–186).

Die Totalitarismustheorie scheint sich demnach in Wissenschaft und Alltag dafür zu eignen, anhand einiger Kriterien das grundsätzliche Wesen von totalitären Diktaturen zu bestimmen und diese anhand dieser Kriterien vergleichbar zu machen. Kritisch scheint jedoch, dass in totalitarismustheoretischen Darstellungen häufig die utopischen totalitären Herrschaftsintentionen des politischen Systems mit der tatsächlichen gesellschaftlichen Realität gleichgesetzt werden. Der vermutlich unterschiedliche Grad »totaler« Durchherrschung der Gesellschaft durch die unterschiedlichen Diktaturen kann nur empirisch beantwortet werden.

»Anders gewendet, in welch konkretem Ausmaß es der NS- wie der SED-Diktatur realiter gelang, Staat, Wirtschaft und Gesellschaft zu »durchherrschen« (Alf Lüdtke), bedarf erst noch einer empirisch fundierten Antwort. Sicher wissen wir nur, quellenmäßig tausendfach belegt, dass die Machthaber in beiden Diktaturen die dezidierte Intention hatten, diese möglichst vollständig zu durchdringen« (Heydemann und Schmiechen-Ackermann, 2003, S. 11).

Dies ist auch genau der Grund, warum sich viele Menschen in den neuen Bundesländern nicht mit dem Gedanken anfreunden können, in einer Diktatur gelebt zu haben. Sie betonen eigene Handlungsspielräume sowie glückliche Lebensmomente und sehen sich nicht als entmündigte Objekte eines »Unrechtsstaats«. Viele sehen durch die radikale wissenschaftliche Kritik an der DDR ihre eigene Biographie in Zweifel gezogen und verurteilen die aktuelle »Vergangenheitsbewältigung« als Bestreben der neuen Herrschenden, durch die Diskreditierung der DDR ihre eigene Machtposition zu festigen (Wolle, 1998).

In dieser Arbeit kann sicherlich nicht umfassend geklärt werden, ob die DDR tatsächlich ein totalitärer Staat gewesen ist, der alle gesellschaftlichen Bereiche kontrollieren konnte, was jedoch im Weiteren dargestellt werden kann, ist, wie sich der staatliche Versuch der Kontrolle des Bildungswesens ausgestaltete.

2.1.2   Politisierung der Bildung

Eine Studie von Tenorth u. a. (1996) untersucht die Dimensionen und den Grad der Politisierung des Schulalltags in der DDR. Unter »Politisierung« wird die Übertragung der Mechanismen der Macht, die dem politischen System eigen sind, auf die Erziehung verstanden, die sich in der europäischen Moderne aus der Notwendigkeit des Lernens und den Eigenrechten des Kindes entwickelten. Während für alle modernen Gesellschaften seit dem frühen 19. Jahrhundert ein politischer Zugriff auf das Erziehungssystem zu beobachten ist, wird für die DDR der Begriff »Erziehungsdiktatur« im Sinne der vollständigen Beschneidung der Handlungsfähigkeit der Subjekte diskutiert.

Die politischen Ziele für alle Teile des Bildungswesens wurden in der DDR von den zentralen Parteiorganen der SED festgelegt. In der Bildungspolitik der DDR wird von Beginn an der Anspruch vertreten, ein antifaschistisches und gerechteres Land zu gestalten. Daher wurden rund 40 000 LehrerInnen, die Mitglieder der NSDAP waren, entlassen (Wätzig, 2002). Die Schule sollte ein Instrument zur Veränderung der Gesellschaft werden, das die Menschen zur aktiven Teilhabe an der »sozialistischen Revolution« befähigt und den Fortschritt fördert.

»Und stets hat unsere marxistisch-leninistische Partei Bildung, Wissen als Waffe im Klassenkampf, als wesentlichen Faktor bei der Gestaltung der neuen Gesellschaft aufgefasst (...)« (Margot Honecker, 1981, S. 3).

Das nationalsozialistische Schulwesen sollte so umgestaltet werden, dass anstelle von Militarismus, Imperialismus und Rassenhass friedliche und demokratische Werte vermittelt würden. Aus diesem Grund kam der Erneuerung des Lehrkörpers große Bedeutung zu und schon 1947 nahmen etwa 25 000 Neulehrer die Arbeit auf, von denen über 50 % Mitglieder der SED waren (Baske, 1998a). Man wollte auch nicht an die Schultradition der Weimarer Republik anknüpfen, da die deutsche Schule in dieser Zeit eine »Standesschule« gewesen sei, in der die Vermögenslage der Eltern über die Bildungswege der SchülerInnen entschieden habe (Baske, 1998a). Zentrale staatliche Bildungspolitik sollte dagegen vor allem dazu beitragen, die Benachteiligungen gesellschaftlicher Gruppen im Bildungsprozess zu überwinden.

Da öffentliche Erziehung ausschließlich als staatliche, laizistische Erziehung verstanden wurde, schloss man schon 1945 Privatschulen und einzelnen Gruppen, Kirchen oder anderen nichtstaatlichen Organisationen war es in der Regel nicht möglich, Träger von Schulen oder Hochschulen zu sein (Tenorth u. a., 1996).

»Weder finanziell noch legislativ oder pädagogisch-konzeptionell gab es eine lokal geprägte Pädagogik oder ein ungebrochenes Fortleben lokaler Traditionen in der Schule« (Tenorth u. a., 1996, S. 60).

Die SED vertrat die Ansicht, dass das Bildungswesen ein wichtiges Machtinstrument zur Durchsetzung der Interessen der herrschenden Klasse der »Arbeiter und Bauern« sei. In dem Bildungsgesetz über das »einheitliche sozialistische Bildungssystem«, das von 1965 bis zur Wiedervereinigung galt, wurden von der Vorschulerziehung bis zur Erwachsenenbildung die einzelnen Stufen und Einrichtungen mit ihren Aufgaben und Funktionen beschrieben. Da man entsprechend dem sozialistischen Selbstverständnis die gesellschaftlichen Unterschiede durch bildungspolitische Steuerung aufheben wollte, versuchte man, die Bildungsverhältnisse möglichst stark zu normieren, und führte aus diesem Grund ab 1959 die Einheitsschule, die allgemein bildende Polytechnische Oberschule (POS), von zunächst acht und später zehn Jahren als Pflichtschule für alle Kinder und Jugendlichen ein (Tenorth u. a., 1996). Damit ergab sich jedoch das Problem, wie Einheitlichkeit mit Differenzierung (nach Interessen, Begabung, Leistung der SchülerInnen usw.) zu vereinbaren sei. Bei dieser Frage befürwortete die politische Führung der DDR die Unterordnung der Differenzierung unter die »Einheitlichkeit von Zielstellung und Inhalt« (Anweiler, 1988). Um dennoch individuelle Begabungen fördern zu können, wurde ab 1965 das Angebot an freiwilligen Arbeitsgemeinschaften vergrößert und es wurden Spezialschulen eingerichtet.

Für die an die POS anschließende erweiterte Oberschule (EOS), deren Besuch und Abschluss mit dem Abitur nach 12 Schuljahren den »zukünftigen Führungskadern« vorbehalten war, wird folgende Hauptaufgabe definiert:

»den Jugendlichen eine hohe Allgemeinbildung zu vermitteln, sie zur Hochschulreife zu führen und sie so zu erziehen, dass sie sich mit ihrer ganzen Persönlichkeit, ihrem Wissen und Können für unsere Republik einsetzen und zu ihrer

Verteidigung bereit sind« (erste EOS-Instruktion vom 10.6.1966 zit. nach An-weiler, 1988, S. 97).

Alle Schulen der DDR wurden nach dem Prinzip der Einzelleitung von einem Direktor geleitet, dem alle LehrerInnen unterstellt waren. Dieses Prinzip beruhte auf dem »demokratischen Zentralismus«, dem sich auch die SED verpflichtet sah, und bedeutete die Institutionalisierung der Leitung des Lehrerkollektivs, was mit der vollen persönlichen Verantwortung des Direktors für alle Ent-scheidungen, für die er Weisungsrecht besaß, verbunden war. Die SED sicherte ihren politischen Einfluss in den Bildungseinrichtungen u. a. dadurch, dass nur Parteimitglieder auf den Posten des Direktors berufen werden konnten. Zudem war der Schuldirektor auch gesetzlich verpflichtet, sich politisch-ideologisch an die Vorgaben und Beschlüsse der SED zu halten. »*Die entscheidende politisch-ideologische Orientierung für die gesamte Tätigkeit der Schule und ihre Leitung geben die Beschlüsse der Partei der Arbeiterklasse*« (Tackmann und Wilms, Päd 31(1976), zit. nach Anweiler, 1988, S. 136). Eine direkte Einflussnahme der Partei auf die Schulen wurde durch die regelmäßig stattfindenden Zusammenkünfte zwischen Parteisekretär, Schuldirektor und Vorsitzenden der Schulgewerkschaft ermöglicht.

Die politischen Vorgaben konnte der Direktor anhand einer großen Anzahl an direktorialen Befugnissen gegenüber den LehrerInnen in seiner Schule um-setzen. Wichtig war u. a., dass der Direktor die Pflicht hatte, regelmäßige Hos-pitationen im Unterricht durchzuführen, um sich ein Bild von der »politischen Atmosphäre«, dem Leistungsstand der SchülerInnen und der Tüchtigkeit der LehrerInnen zu machen (Anweiler, 1988). Er hatte demnach das Recht, »seine« Lehrkräfte nicht nur pädagogisch-fachlich, sondern auch politisch-ideologisch zu beurteilen, und sicherte so die Umsetzung der Bildungspolitik der SED.

Das »sozialistische Elternrecht« wurde in der DDR im Hinblick auf die Schulerziehung lediglich als ein Mitwirkungsrecht verstanden, das der Staat gewährte und das inhaltlich mit den staatlichen Erziehungs- und Bildungszielen übereinstimmen musste (Anweiler, 1988). In »gemeinsamer Verantwortung« sollten Schule und Eltern zusammenarbeiten, um das Ziel der »kommunisti-schen Erziehung« zu verwirklichen. Die seit 1951 zugelassenen Elternbeiräte hatten neben der Aufgabe, die Schule in ihrer Arbeit zu unterstützen, die Funktion, die Eltern mit der sozialistischen Bildung und Erziehung vertraut zu machen und sie im Hinblick auf eine mit der Schulerziehung übereinstimmende Familienerziehung zu gewinnen (Baske, 1998a). Für die Zusammensetzung der Elternvertretung durch den Schuldirektor und das Kreisschulamt wurden die-jenigen Eltern ausgewählt, die als besonders staats- und ideologietreu galten, die die »sozialistische Schulpolitik« unterstützten und die selbst gut erzogene Kinder hatten (Anweiler, 1988).

Bei dem Übergang der SchülerInnen von der Polytechnischen Oberschule (POS) zur Erweiterten Oberschule (EOS) und von der EOS zur Hochschule wurden neben der fachlichen Kompetenz der SchülerInnen auch die politische Überzeugung, die beruflichen Pläne (z. B. Offizierslaufbahn in der NVA) und das gesellschaftspolitische Engagement als Selektionskriterium angewandt. In den Richtlinien über die Zulassungskriterien zur EOS von 1981 heißt es:

»Für die Erweiterte Oberschule und für die Berufsausbildung mit Abitur sind Schüler auszuwählen, die sich durch gute Leistungen im Unterricht, hohe Leistungsfähigkeit und -bereitschaft sowie politisch-moralische und charakterliche Reife auszeichnen und ihre Verbundenheit mit der Deutschen Demokratischen Republik durch ihre Haltung und gesellschaftliche Aktivität bewiesen haben...Hervorragende Leistungen der Eltern beim Aufbau des Sozialismus sind bei der Entscheidungsfindung zu berücksichtigen« (zit. nach Schroeder, 1998, S. 561–562).

Nur ca. 8,5 % eines Altersjahrgangs konnte in den achtziger Jahren die Erweiterte Oberschule besuchen, dies entsprach etwa zwei Schülern einer 10. Klasse der POS. Kriterien wie die verweigerte Jugendweihe oder die Zugehörigkeit und aktive Mitwirkung in einer Religionsgemeinschaft konnten für ein vorzeitiges Ende von Bildungskarrieren reichen. Zudem wurden Arbeiter- und Bauernkinder aufgrund ihrer »Klassenzugehörigkeit« gegenüber »Intelligenzkindern« aus Akademikerfamilien bevorzugt, was jedoch nicht dazu führte, dass die Chancen von Arbeiterkindern, eine Hochschule besuchen zu können, höher waren als in der Bundesrepublik (Margedant, 1997a). Auch bei der Zulassung zum Studium, die in den 80er Jahren nur ca. 12 % der Schüler eines Jahrganges erhielten, mussten neben der Hochschulreife auch die »aktive Mitwirkung an der Gestaltung der sozialistischen Gesellschaft und die Bereitschaft zur aktiven Verteidigung des Sozialismus« nachgewiesen werden. In einer Handreichung für LehrerInnen zur Schülerbeurteilung, aufgrund derer Ende der 70er über den Zugang zum Studium entschieden wurde, finden sich dann auch Kriterien wie *»Zugehörigkeit zu Organisationen«*[7] und *»weltanschaulich-politischer Standpunkt«* (Pätzold, 2004, S. 57–59).

In der DDR wurde die Selektion der SchülerInnen nach ihrer Klassenzugehörigkeit und politischen Überzeugung von einigen Pädagogen kritisiert, da sie im Widerspruch zu dem Ziel der Gleichbehandlung aller Kinder und ihrem verfassungsmäßig gesichertem Recht auf hohe Bildung stünde. Dem wurde entgegengehalten, dass es

---

7 Als Beispiele werden u. a. angeben: »DSF (Deutsch-Sowjetische Freundschaft), GST (Gesellschaft für Sport und Technik), Erfahrungen als Pionierleiter, Mitgliedschaft und Aktivität als Ausdruck der politisch-ideologischen Haltung« (zit. nach Pätzold, 2004, S. 59).

»nicht um einen abstrakten Gerechtigkeitsbegriff« gehe, »sondern konkret um die erweiterte Reproduktion der Macht der Arbeiter und Bauern und des Bedürfnisses der Arbeiterklasse mit allen Werktätigen. Es geht um die Sicherung der Zukunftsanforderungen an die führende Rolle der Arbeiterklasse und der Partei« (Kahra u. a. 1970, zit. nach Anweiler, 1988, S. 98).

Dieses Zitat zeigt deutlich, dass mit der Einführung des Selektionssystems der DDR, das das rigideste im Vergleich mit anderen »sozialistischen« Staaten war, das Ziel der Machtsicherung der SED verknüpft war.

Die Bildungspolitik der DDR wird mit ihrem Anspruch, möglichst sozial gerechte Bildungschancen zu vergeben, aus heutiger Sicht häufig als gescheitert beurteilt. Im Bildungswesen habe sich lediglich die staatstreue Klasse reproduziert, die für eine effektivere Gestaltung der Gesellschaft ungeeignet gewesen sei.

»Vielmehr trug die Bildungspolitik insofern zur »negativen Führungsauslese« (Max Weber) bei, als Bereitschaft zu ideologischen Anpassung, Einbindung in bürokratische Strukturen und diszipliniertes Sozialverhalten höher bewertet wurden als Individualität und Kritikfähigkeit« (Margedant, 1997a).

Nicht nur durch die Einführung einheitlicher Schulstrukturen, die unter staatlicher Leitung standen, sondern auch durch die inhaltliche Ausgestaltung der Bildungsprozesse, versuchte das politische System Einfluss auf die Bildung auszuüben. Alle Inhalte schulischer und außerschulischer Bildung waren nach dem staatlichen Verständnis Gegenstände gesellschaftlicher Entscheidung. Die Bildungsinhalte in der Schule wurden vom Ministerium für Volksbildung in detaillierten Lehrplänen, die im gesamten Staatsgebiet galten, maßgeblich festgelegt. Auch an der Hochschule wurden ab 1951 Studienpläne nach zentralen Vorgaben für alle Fächer aufgestellt und obligatorische Seminargruppen unter FDJ-Kontrolle eingerichtet (Anweiler u. a. 1992).

Bei der Konzeption des von 1965 bis 1972 für alle Fächer und Klassen eingeführten neuen Lehrplanwerks, das bis Ende der 80er Jahre galt, ging man ebenfalls von der didaktischen Grundposition aus, dass der Unterricht in der sozialistischen Schule ein »zentral geführter Prozess« sei, der durch detaillierte Vorgaben zu den Zielen, Inhalten, Medien und Unterrichtsmethoden staatlich zu regeln sei.

»Dieses von der Sowjetpädagogik übernommene Modell begünstigte ein rezeptives Schülerverhalten und eine Anhäufung von Wissen, dessen Wiedergabe durch gute Zensuren prämiert wurde« (Anweiler, 1988, S.112).

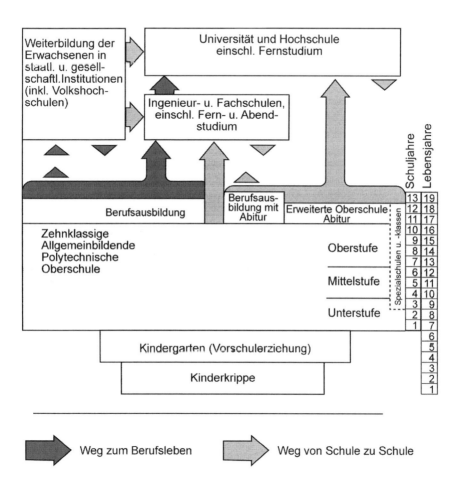

Abbildung 2: Bildungssystem der DDR in den achtziger Jahren (Anweiler, 1988, S. 128)

Für die außerschulische Bildung im Sinne der SED wurden quasi obligatorische Jugendorganisationen (Ernst-Thälmann und Freie Deutsche Jugend (FDJ)) gegründet, die ebenfalls die politische Führungsrolle der SED anerkannten und eine politisch-ideologische Erziehungsfunktion ausübten. Die FDJ war 1946 zunächst als parteienunabhängige Interessenvertretung der Jugendlichen gegründet worden. Sie entwickelte sich jedoch im Laufe der Zeit zu einem »staatsloyalen Organ politischer Sozialisation« (Giessmann, 1990, S. 91). Im Statut von 1976 heißt es dann, dass es die Hauptaufgabe der Organisation sei, der »*Sozialistischen Einheitspartei zu helfen, standhafte Kämpfer für die Errichtung der kommunistischen Gesellschaft zu erziehen, die im Geiste des Marxismus handeln*« (zit. nach Giessmann, 1990, S. 93). Private Vereine wurden dagegen nicht genehmigt. Die Tätigkeit der Kinder- und Jugendorganisation erstreckte sich vor allem auf die Freizeit- und Feriengestaltung. Die von den Jungen Pionieren oder der FDJ organisierten Geländeübungen, Spiele, sportlichen und kulturellen Veranstaltungen waren mit politisch-ideologischer Einflussnahme verbunden (Baske, 1998b). Nahezu alle Kinder gehörten von der 1. bis zur 7. Klasse den Ernst-Thälmann-Pionieren an und ab der 8. Klasse der FDJ. Die Klassenleiter hatten häufig die Aufgabe, die Thälmann-Pioniergruppen, die den Schulklassen entsprachen, oder FDJ-Gruppen nach festgelegtem Jahresplan zu leiten, Arbeitsgemeinschaften und Sportgruppen anzubieten sowie die Schüler in organisierten Ferienfreizeiten zu betreuen. Anweiler (1988) spricht von den Pionier- und FDJ-Organisationen als »zweitem Erziehungssystem«, das den Einfluss der Schule auf die Heranwachsenden verstärkte und durch das sich die politischen Interessen wirkungsvoll durchsetzen ließen. Mit Hilfe der Jungen Pioniere, denen mehr als 90 % eines Jahrgangs angehörten, wurden nicht nur die Einflussmöglichkeiten der Familien auf die Erziehung ihrer Kinder beschnitten, sondern auch die Berufsausübung der Lehrer und auch der Alltag der Kinder staatlich kontrolliert.

Betrachtet man das Bildungssystem der DDR unter dem Gesichtspunkt der »Politisierung«, fällt letztlich auch die Wehrerziehung auf, welche alle schulischen und außerschulischen Bildungseinrichtungen vom Kindergarten bis zur Universität umfasste. Ab 1978 wurde auch der Wehrunterricht in den Klassen 9 und 10 der POS eingeführt. Seine Ziele waren die vormilitärische Ausbildung und Vorbereitung auf den Wehrdienst. Die SchülerInnen sollten sich mit ihrem von der SED geführten Staat identifizieren und die Notwendigkeit der Verteidigung des »sozialistischen Vaterlandes« erkennen (Anweiler, 1988). Margot Honecker, von 1963 bis 1989 Volksbildungsministerin erklärte noch auf dem IX. Pädagogischen Kongress 1989:

»Unsere Zeit ist eine kämpferische Zeit. Sie braucht eine Jugend, die kämpfen kann, die den Sozialismus stärken hilft, die für ihn eintritt, die ihn verteidigt mit

Wort und Tat, und wenn nötig mit der Waffe in der Hand« (zit. nach Friedrich-Ebert-Stiftung, 1989, S. 12).

Abschließend ist zu sagen, dass man die DDR aufgrund der politischen Alleinherrschaft der SED als Diktatur bezeichnen kann, die Merkmale (Arendt, 1991) eines totalitären Staates aufweist. Die Instrumentalisierung und Funktionalisierung von Bildungsprozessen durch das politische System zur Sicherung seiner Macht und Herrschaft äußert sich vor allem in dem zentralistischen Charakter der Bildungspolitik, die sowohl schulorganisatorische als auch didaktische Auswirkungen hatte. Auf der Ebene der Schulorganisation ist die Einführung der staatlichen Gesamtschule unter der Leitung von Parteigenossen zu nennen, die Handhabung von politischen Überzeugungen der SchülerInnen als Selektionskriterien bei der Aufnahme in weiterführende Schulen, auf der didaktischen Ebene der Fächer die einheitlichen, vom Ministerium für Volksbildung herausgegebenen Lehrpläne, die aufgrund ihrer Detailliertheit erheblichen politischen Einfluss auf die Unterrichtsinhalte, Medien und Unterrichtsmethoden ausüben sollten, und auf der Ebene der außerschulischen Bildungsarbeit die quasi obligatorischen Jugendorganisationen Ernst-Thälmann und FDJ, die staats- und ideologietreue Überzeugungen vermitteln sollten, um so die erzieherische Arbeit der Schulen zu unterstützen.

Während die »Politisierung« der Bildung von den politischen Führungseliten der DDR gewollt war, um einen »neuen sozialistischen Menschen« zu kreieren, der sich im »Klassenkampf« engagiert und dazu beiträgt, eine gerechtere Gesellschaftsordnung zu schaffen, wird der Begriff »Politisierung« in heutigen Analysen dagegen negativ als Instrumentalisierung des Bildungssystems durch die SED zum Zwecke der Stabilisierung der eigenen Machtposition gesehen, der zu einer autoritären Pädagogik geführt habe:

»(...) im Alltag der Schularbeit verlor der Lernprozess damit zugleich seine (immer nur relative, deshalb prekäre und bedrohte) Autonomie, und parallel zu den Verhaltensmaximen eines totalitär-vormundschaftlichen Staates etablierte sich in den Vorgaben der Schule eine autoritär-obrigkeitliche Pädagogik des Bewahrens der Kontrolle und der Entmündigung des Subjekts« (Tenorth u. a., 1996, S. 96).

2.2   Ideologisierung von Staat und Bildung?

Im zweiten Teil dieses Kapitels wird untersucht, welchen Einfluss die Orientierung des Staates am Marxismus-Leninismus für bildungspolitische Entscheidungen hatte und inwiefern das Schulsystem, die Fächerzusammensetzung, die

Inhalte der Fächer als auch die Unterrichtsdurchführung entsprechend der Staatsideologie ausgerichtet werden sollten.

2.2.1 Staat des Realsozialismus oder ideologischer Zwangs- und Weltanschauungsstaat?

Der Marxismus-Leninismus war die Staatsideologie, Leitphilosophie und Basiswissenschaft der DDR mit dem Anspruch auf Interpretation und Handlungsanweisung für alle Lebensbereiche. Er war ein enzyklopädischer Fundus von gesellschaftstheoretischen Erkenntnissen, Behauptungen und politisch-moralischen Wertvorstellungen.

»Die ideologische Überlagerung der politischen und alltäglichen Lebensverhältnisse in der DDR erfolgte in einem solchen Umfang und mit einer solchen Intensität, dass darin bereits ein bestimmendes Kennzeichen der politischen Kultur in der DDR erkannt werden kann« (Bachmann, 1993, S. 19).

Der Marxismus-Leninismus entstand Ende der 30er Jahre in der Sowjetunion und wurde in der DDR als ein weitgehend in sich geschlossenes System wissenschaftlicher Theorien von Karl Marx (1818–1883), Friedrich Engels (1820–1895) und Wladimir Iljitsch Lenin (1870–1924) verstanden. Da die Aussagen dieser »Klassiker« jedoch teilweise vage sind bzw. sich sogar widersprechen, fanden unter den Führungskadern der SED häufig kontroverse Diskussionen um die richtige Auslegung der Lehren statt (Bachmann, 1993). Gleichzeitig konnten immer diejenigen ideologischen Aussagen ausgewählt werden, die den aktuellen politischen Zielsetzungen am besten entsprachen und sie rechtfertigen konnten.

Ziel der Lehren von Marx und Engels ist die Herbeiführung einer klassen-, eigentums- und herrschaftslosen kommunistischen Zukunftsgesellschaft, in der es keine Ausbeutung und Unterdrückung der Menschen mehr gibt und die Bedürfnisse jedes Einzelnen erfüllt werden können (Hornung, 1997).

Der geschichtlich determinierte Weg zu dieser utopischen, kommunistischen Gesellschaft führt nach Marx über Klassenkampf und soziale Revolution. In der Lehre des Wissenschaftlichen Kommunismus, wie sie in der DDR aus der Sowjetunion übernommen wurde, führt die Ausbeutung der Proletarier durch die Kapitalisten, die sich durch Eigentum an Produktionsmitteln von den ersteren unterscheiden, zwangsläufig zu Krisen und Massenelend. Durch die Revolution und den Klassenkampf der Proletarier, unter der Führung der kommunistischen Partei würde daraufhin die kapitalistische Ordnung gestürzt. Es folgt eine Epoche des Übergangs, der Sozialismus, in der die »Diktatur des Proletariats«, unter der Führung der marxistisch-leninistischen Partei, die klassenlose Gesellschaft des Kommunismus vorbereitet.

Die Sozialistische Einheitspartei Deutschlands (SED) begründete ihren Führungsanspruch u. a. mit dem anhaltenden Klassenkampf – nicht zuletzt gegenüber der »imperialistischen« Bundesrepublik und der Notwendigkeit, die Interessen der Arbeiter und Bauern zu vertreten (Scheuch, 1997). Sie begriff den Klassenkampf sowohl national als auch global. Auf globaler Ebene wurde die Allianz der »sozialistischen« Länder angestrebt und die finanzielle und militärische Unterstützung für sowjetisch orientierte Regime bzw. »Befreiungsbewegungen« in Entwicklungsländern galt als »antiimperialistische Solidarität«.

»Ob Revolution und gesellschaftliche Umwälzung oder militärischer Kampf, ob innere Stabilitätspolitik oder Entspannungspolitik nach außen, ob Verfolgung einzelner Kritiker oder Erziehungsmaßnahmen gegen Unbotmäßige, immer handelte es sich im kommunistischen Verständnis um den gleichen Klassenkampf« (Neubert, 1998, S. 846).

Die SED-Ideologen definierten die DDR als »sozialistisches« Land, das sich im Übergangsstadium zwischen Kapitalismus und Kommunismus befände. Die Anhänger der SED wurden, da der Kapitalismus als überwunden galt, zu »Siegern der Geschichte« erklärt.

»Durch die Behauptung, dass der Sozialismus die zwangsläufig noch mangelhafte Vorstufe zum Kommunismus darstelle, hatte die SED eine Handhabe, um den krassen Widerspruch zwischen dem Erwartungsdruck, den sie mit ihrer zukunftsbezogenen Ideologie erzeugte, und dem kläglichen DDR-Alltag zu rechtfertigen« (Goerner und Wilke, 1997, S. 733).

Der Begriff »Sozialismus« wurde nicht nur zur Definition des Gesellschaftszustandes eingesetzt, er diente auch als ein Synonym für die Lehre des Marxismus-Leninismus, die je nach Bedarf als praktische Handlungsanweisung oder als Doktrin zur Legitimierung der SED-Politik herangezogen wurde (Goerner und Wilke, 1997). Der Wechsel von Walter Ulbricht zu Erich Honecker an der Spitze der SED (Mai 1971) war der sichtbarste Übergang zum »real existierenden Sozialismus«. Diese Formel beschrieb das nun angestrebte Gleichgewicht zwischen Zukunft und Gegenwart und damit das Ziel, nicht nur Zukunftsentwürfe zu produzieren, sondern die unmittelbaren Bedürfnisse der Bevölkerung stärker zu berücksichtigen.

Als besonders wichtig auf dem Weg zur Verwirklichung der kommunistischen Gesellschaft wurde die Verstaatlichung der Produktionsmittel angesehen, um so die »Ausbeutung des Menschen durch den Menschen« aufzuheben, die Kontrolle und Beherrschung der »gestürzten Ausbeuterklassen« und die Erziehung eines neuen, kommunistischen Menschen. Persönliche Interessen sollten

mit kollektiven Interessen in Einklang gebracht werden, um so die Klassenge-
sellschaft aufzuheben.

»Indem der Marxismus-Leninismus Werte, Normen, Prinzipien und Kategorien
der Moral aus den objektiven Bedingungen des materiellen gesellschaftlichen
Lebens abgeleitet postulierte, erklärte er die marxistisch-leninistische Ethik zur
einzig objektiven Wissenschaft der Moral« (Schroeder, 1998, S. 554).

In diesem Sinne stellte Walter Ulbricht 1958 zehn »Gebote der neunen sozialistischen Sittlichkeit« auf:

»1. Du sollst Dich stets für die internationale Solidarität der Arbeiterklasse und
aller Werktätigen sowie für die unverbrüchliche Verbundenheit aller sozialistischen
Länder einsetzen.
2. Du sollst Dein Vaterland lieben und stets bereit sein, Deine ganze Kraft und
Fähigkeit für die Verteidigung der Arbeiter-und-Bauern-Macht einzusetzen.
3. Du sollst helfen, die Ausbeutung des Menschen durch den Menschen zu beseitigen.
4. Du sollst gute Taten für den Sozialismus vollbringen, denn der Sozialismus führt
zu einem besseren Leben aller Werktätigen.
5. Du sollst beim Aufbau des Sozialismus im Geiste der gegenseitigen Hilfe und
der kameradschaftlichen Zusammenarbeit handeln, das Kollektiv achten und
seine Kritik beherzigen.
6. Du sollst das Volkseigentum schützen und mehren.
7. Du sollst stets nach Verbesserungen Deiner Leistungen streben, sparsam sein
und die sozialistische Arbeitsdisziplin festigen.
8. Du sollst Deine Kinder im Geiste des Friedens und des Sozialismus zu allseitig
gebildeten, charakterfesten und körperlich gestählten Menschen erziehen.
9. Du sollst sauber und ordentlich leben und Deine Familie achten.
10. Du sollst Solidarität mit den um ihre nationale Befreiung kämpfenden und den
ihre nationale Unabhängigkeit verteidigenden Völkern üben«
(zit. nach Schroeder, 1998, S. 554–555).

Diese zehn Gebote wurden auch in das Parteiprogramm von 1963 aufgenommen
und von der SED in ihrem letzten Programm in modifizierter Weise in das
Konzept der »sozialistischen Lebensweise« überführt. Das ideologische Werte-
und Normensystem war für die SED eine Möglichkeit, die eigenen Parteimitglieder und die Bevölkerung zu disziplinieren. Alle Abweichungen zwischen
ideologischer Vorgabe und der Lebenspraxis wurden als ein Problem der »Be-
wusstseinsbildung« interpretiert. Das normative Leitbild des vorbildlichen
Staatsbürgers, der überzeugter Marxist, Parteimitglied der SED und Atheist ist,
die gesellschaftlichen Belange über seine persönlichen Interessen stellt, als Le-
bensziel den Aufbau des Kommunismus erkennt und seine staatsbürgerlichen

Pflichten treu erfüllt, wurde auch durch die Medien verbreitet. Dieses ange-strebte Idealbild eines DDR-Staatsbürgers wird heute teilweise kritisiert: »*Ins-gesamt ist das propagandistische Leitbild des homo politicus ein kollektivisti-scher, d.h. außengeleiteter und damit unmündiger Menschentyp*« (Brunner, 1977, S. 124 zit. nach Bachmann, 1993, S. 22).

Dass der Marxismus-Leninismus weltanschauliche Grundlage der DDR und Rechtfertigung des Herrschaftsanspruchs der SED war, darüber besteht kein Zweifel, inwiefern die DDR jedoch ein ideologischer Staat gewesen ist, darüber wird zwischen »linken« und »rechten« Wissenschaftlern, Politikern und Jour-nalisten gestritten.

Dies hat seinen Ursprung u.a. in der Tatsache, dass es keine allgemeingültige Definition des Begriffs »Ideologie« gibt (Eagleton, 1993). Grundlegend lassen sich deskriptive, positive und negative Definitionen von Ideologien unter-scheiden. Dem deskriptiven Ansatz folgend werden Ideologien neutral als Weltanschauungen bestimmter gesellschaftlicher Gruppen definiert. In ihrem pejorativen Sinne unterstützen Ideologien durch Verzerrungen und Entstel-lungen der Wirklichkeit repressive und ungerechte Machtstrukturen. Letztlich werden Ideologien auch positiv als Arsenal an Vorstellungen interpretiert, die einer bestimmten gesellschaftlichen Gruppe bei der Verfolgung ihrer politisch erstrebenswerten Interessen Zusammenhalt verleihen (Eagleton, 1993).

Nach Eagleton (1993) lassen sich Ideologien durch sechs Merkmale definie-ren. Sie sind *vereinheitlichend*, da sie durch die Betonung von Gemeinsamkeiten zur Kreation einer Klassen- oder Gruppenidentität herangezogen werden. Sie werden als *handlungsorientiert* bezeichnet, da sie ihre Anhänger mit Zielen, Motivationen und Vorschriften für Handlungen versehen, damit diese die ideologischen Überzeugungen in gesellschaftliche Praxis umsetzen können. Ideologien werden auch als *Rationalisierung* gesellschaftlicher Interessen ge-sehen, da sie den Versuch darstellen, plausible Erklärungen und Rechtferti-gungen für gesellschaftliches Verhalten zu liefern, das sonst Gegenstand von Kritik werden könnte. Sie tragen ebenso dazu bei, gesellschaftliche Interessen zu *legitimieren*. Sie sind *universalisierend*, da sie Werte und Interessen, die an bestimmte Orte und Zeiten gebunden sind, für Werte und Interessen der ganzen Menschheit ausgeben. Letztlich wirken Ideologien auch *naturalisierend*, da sie die gesellschaftliche Realität so überzeugend definieren, dass sich niemand vorstellen kann, wie es je hätte anders sein können. Alle diese Merkmale treffen auf den Marxismus-Leninismus als Staatsideologie der DDR zu[8].

---

8 Marx hat u.a. nach der Auffassung von Schepp (1994) eine Ideologie »par exellence« kon-struiert, die die »Totalerklärung« der Welt anstrebt.

Bei den Theoretikern, auf die sich die DDR-Führung weltanschaulich berief, finden sich widersprüchliche Definitionen von Ideologien:

»Die Lage ist reichlich konfus. Ideologie scheint jetzt gleichzeitig falsches Bewusstsein (Engels), jede Art gesellschaftlich determinierten Denkens (Plechanov), den politischen Kreuzzug des Sozialismus (Bernstein und manchmal Lenin) und die wissenschaftliche Theorie des Sozialismus (Lenin) zu bezeichnen« (Eagleton, 1993, S. 107).

Während Marx und Engels den Ideologiebegriff noch vorwiegend negativ gesehen haben, wird er von Lenin als System von Doktrinen bezeichnet, in denen sich die Interessen einer Klasse ausdrücken und deren Realisierung er dient. Damit war es ihm auch möglich, den Marxismus positiv als Ideologie zu bezeichnen.

Von der DDR-Führung wurde der Marxismus-Leninismus als ein in sich geschlossenes System philosophischer, ökonomischer und politischer Auffassungen verstanden und als »wissenschaftliche Ideologie« der Arbeiterklasse bezeichnet, was einer positiven Definition des Ideologiebegriffs im Sinne von Lenin entspricht (John, 1998).

Wird in heutigen politischen Analysen die DDR als »ideologischer Staat« bezeichnet, ist eher die negative Begriffsdefinition im Sinne eines »Zwangs- und Weltanschauungsstaates« gemeint. Grundlage dieser Einordnung ist u.a. die Einschätzung:

– dass sich der Marxismus-Leninismus als unrealisierbare Utopie herausgestellt hat,
– dass mit seiner Hilfe die ungerechte Machtausübung der SED legitimiert wurde,
– dass die DDR kein Rechtsstaat gewesen sei, da die angewandte »sozialistische Gerechtigkeit« als ein politisches Gestaltungselement von Partei und Staat begriffen und eingesetzt wurde,
– dass die herrschende Ideologie zur Ausgrenzung und Benachteiligung von Andersdenkenden, z. B. Kirchenmitgliedern, geführt habe usw. (Maser, 1997).

Der alleinige Wahrheitsanspruch des Marxismus-Leninismus wird in heutigen politischen Analysen weitgehend kritisch gesehen. Es wird kritisiert, dass er als utopische Ideologie zur Verdrängung der Realität beigetragen, ein Freund-Feind-Denken gefördert, die Freiheit des Individuums nach individueller Wahrheitssuche durch seine verbindliche Auslegung eingeschränkt, die politische Macht der SED legitimiert und zu seiner Verteidigung ethisch nicht akzeptable Mittel eingesetzt habe (u. a. Schepp, 1994).

Im Folgenden werden die bildungspolitischen Auswirkungen der Tatsache, dass der Marxismus-Leninismus Staatsphilosophie der DDR war, untersucht.

2.2.2 Ideologisierung der Bildung

Unter der Perspektive »Ideologisierung der Bildung« erscheint die marxistisch-leninistische Ideologie nicht nur als Stabilisator politischer Macht durch das Bildungssystem, sondern vor allem als weltanschauliche Grundlage für die organisatorische, inhaltliche und pädagogische Ausgestaltung von Bildungsprozessen.

Tatsächlich sollten die Grundüberzeugungen des Marxismus-Leninismus u. a. durch das Bildungssystem vermittelt werden. In dem Gesetz über das »einheitliche sozialistische Bildungssystem« von 1965 in § 5, Abs. 4 heißt es:

> »Den Schülern, Lehrlingen und Studenten sind gründliche Kenntnisse des Marxismus-Leninismus zu vermitteln. Sie sollen die Entwicklungsgesetze der Natur, der Gesellschaft und des menschlichen Denkens erkennen und anzuwenden verstehen und feste sozialistische Überzeugungen gewinnen. So werden sie befähigt, den Sinn des Lebens in unserer Zeit zu begreifen, sozialistisch zu denken, zu fühlen und zu handeln und für die Überwindung von Widersprüchen und Schwierigkeiten bei der Lösung von Aufgaben zu kämpfen« (zit. nach Schepp, 1994, S. 330).

Dem Marxismus-Leninismus wird in diesem Gesetz umfassende Erklärungskraft der natürlichen und gesellschaftlichen Grundlagen und des »menschlichen Denkens« zugeschrieben. Damit erscheint er als fundamentale Wahrheit, die durch das Bildungssystem zu vermitteln sei, was zur Gesellschaftsentwicklung beitrage. Dem entspricht die Vorstellung, dass man die Menschen im Interesse des gesellschaftlichen Forschritts und zu seinem eigenen Glück erziehen müsse, wobei man ihnen nicht einräumen dürfe, selbst zu definieren, was gesellschaftlicher Fortschritt und individuelles Glück bedeutet. Daher vertritt Gerhart Neuner, späterer Leiter der Akademie der Pädagogischen Wissenschaften, »*die Auffassung von der Schule als einer ideologischen Institution, einer Institution, die wesentlich dazu berufen ist, die Ideologie der siegreichen Arbeiterklasse in die Köpfe und Herzen der gesamten heranwachsenden Generation zu pflanzen*« (Neuner, 1968, S. 1494). Die SED verfolgte lange Zeit das Ziel, die DDR zu einem geschlossenen Weltanschauungsstaat zu machen, in dem neben dem Marxismus-Leninismus keine konkurrierenden geistigen Richtungen existieren sollten.

Der Unterricht wurde von der DDR-Führung als Instrument begriffen, um das »Idealbild« des Menschen, »die allseitig entwickelte sozialistische Persönlichkeit« zu schaffen. Der schulischen Erziehung wurde dabei eine große Bedeutung zugemessen, da angenommen wurde, dass sich Charakter und Talente im Kindes- und Jugendalter besonders effektiv formen ließen. Allgemeines Merkmal der Persönlichkeit im Marxismus ist die gesellschaftliche Tätigkeit des Menschen. Die Eigenschaften der Menschen als Ergebnis der gesellschaftlichen Verhältnisse wurden auf die jeweiligen materiellen Bedingungen in bestimmten Gesellschaften zurückgeführt. Angenommen wurde, dass der sich permanent vervollkommnende Mensch erst im Kommunismus alle seine Wesenskräfte entfalten könne (Bachmann, 1993). In der marxistischen Dialektik zwischen Individuum und Gesellschaft wird der Mensch lediglich als unselbständiger Teil im sozialen Kollektiv gesehen, dessen Individualität vorrangig unter dem Gesichtspunkt der gesellschaftlichen Nützlichkeit beurteilt wird. Im Bildungswesen der DDR sollten die SchülerInnen die sozialistische Weltanschauung und die sozialistische Moral annehmen und ideologisches Bewusstsein entwickeln, um die Gesellschaft im Sinne des Sozialismus weiterzuentwickeln. Als Ziel galt die »*Herstellung der Einheit von Wissen und Können und sozialistischem Bewusstsein und Verhalten des jungen Revolutionärs und Staatsbürgers*« (Neuner, 1970 zit. nach Anweiler, 1988, S. 94). Die jungen Menschen sollten zu Staatsbürgern erzogen werden, die dem Sozialismus treu ergeben sind, als Patrioten denken und handeln und durch ihre voll entwickelten intellektuellen, künstlerischen, politischen, sozialen, physischen und moralischen Potentiale den Sozialismus stärken (Margedant, 1997b). Gerhard Neuner, ehemaliger Vorsitzender der Akademie der Pädagogischen Wissenschaften der DDR[9], führt den Anspruch der Bildung von »sozialistischen Persönlichkeiten« wie folgt aus:

»Aber das Ziel dieser Aneignung war primär die »sozialistische Persönlichkeit«, die als Inkarnation überindividueller »Objektivitäten« begriffen worden ist, und nicht als Selbstverwirklichung des Subjekts« (Neuner, 1994, S. 187).

Jede Individualität sollte den Interessen der Gemeinschaft untergeordnet werden. Das in der DDR bildungspolitisch verfolgte Ziel einer »objektiven Pädagogik«, die in nur geringem Maße auf die unterschiedlichen Interessen, Fähigkeiten und Erfahrungen der SchülerInnen eingehen sollte, begründet Neuner vor allem mit dem Marxismus-Leninismus, der als theoretische Grundposition der Pädagogik zugrunde lag:

---

9 1970 wurde das Deutsche Pädagogische Zentralinstitut (DPZI) in Berlin in die Akademie der Pädagogischen Wissenschaften umgewandelt. Die Aufgaben der Akademie lagen bis zu ihrer Schließung 1990 vorwiegend im Bereich der Lehrplanproduktion und -weiterentwicklung, der inhaltlichen und fachdidaktischen Fragen des Unterrichts sowie der Unterrichtsgestaltung.

»Vom jungen zum älteren Marx, über Engels, dann Lenin und Stalin zieht sich eine Linie der Akzentverschiebung vom Individuum, seiner Freiheit und Selbstverwirklichung hin zur Klasse, zum Staat, zum Kollektiv« (Neuner, 1994, S. 186–187).

Für alle Fächer galt die propagierte Einheit von »Unterricht und Erziehung« wobei »Erziehung« in erster Linie für die staatlich angestrebte Verhaltenssteuerung auf der Grundlage der marxistisch-leninistischen Ideologie stand. Grundlage hierfür war der Marxismus-Leninismus, der von den LehrerInnen als *»Schlüssel für das Verständnis der Welt«* begriffen werden sollte (Margot Honecker, 1981, S. 5). Die politische Arbeit in allen Unterrichtsfächern sollte weniger aus »Sprücheklopferei« denn aus Überzeugung der SchülerInnen auf der Grundlage von Tatsachen bestehen.

»Da müssen Behauptungen mit Fakten bewiesen, müssen Zusammenhänge erklärt und auch Emotionen geweckt werden, Liebe und Solidarität für die Unterdrückten, die Kämpfenden anerzogen, die Einsicht vermittelt werden, dass man den Feinden nicht auf den Leim gehen darf, dass man Irrende, Schwankende überzeugen, aber den Feind gnadenlos bekämpfen muss« (Margot Honecker, 1981, S. 4).

In den Lehrplänen, die »ideologiezentriert« gestaltet wurden, kam einem Katalog von »ideologischen Grundüberzeugungen«, die Grundaussagen des Marxismus-Leninismus mit konkreten Gegenwarts- und Zukunftsanforderungen verbanden, große Bedeutung zu.

»Sie schlossen ein die Überzeugungen »vom objektiven Charakter der Entwicklung in Natur und Gesellschaft«, »von der historischen Mission der Arbeiterklasse« und »von der Gewissheit, dass die Zukunft der ganzen Menschheit der Sozialismus ist, dass wir in der Deutschen Demokratischen Republik zu den Siegern der Geschichte gehören und dass der Sozialismus auch in der BRD siegen wird«« (Baske, 1998a, S. 190).

Diese Überzeugungen wurden geeigneten Unterrichtsthemen zugeordnet und bestimmten die Auswahl der Unterrichtsinhalte in den einzelnen Fächern mit. Auf diese Weise versuchte man, fachliche Bildung und ideologische Erziehung zu verbinden. Selbst im Physikunterricht wurden ballistische Kurven von Panzergeschossen berechnet und durch die Kenntnis von Naturgesetzlichkeiten sollte die Akzeptanz der im Marxismus-Leninismus behaupteten Gesetzlichkeit der Geschichte vorbereitet werden (Fischer, 1997). Hinter der Verbindung von Bildungs- und Erziehungszielen in allen Schulfächern stand u. a. die Intention, die Möglichkeiten, aus dem durch Bildung erlangten Wissen individuelle Schlussfolgerungen zu ziehen, Verallgemeinerungen zu treffen und Fragen abzuleiten, staatlich zu kontrollieren (Waterkamp, 1990). In die Bildung wurde ein weltanschaulicher Interpretationsrahmen integriert, der sichern sollte, dass die SchülerInnen ihr neues Wissen im Sinne des Marxismus-Leninismus interpretieren und dementsprechend richtig im Sinne des Aufbaus des Sozialismus handeln. Die weltanschauliche Erziehung und die »Erziehung zum Hass« gegen den Klassenfeind sollte vor allem im Staatsbürgerkunde-, Geschichts-Unterricht sowie in der ab den 70er Jahren eingeführten Wehrerziehung, die alle Altersgruppen vom Kindergarten bis zur Hochschule betraf, erfolgen (Tenorth u. a., 1996). Texte von Marx und Engels sowie von führenden SED-Politikern waren Themen des Deutschunterrichts und im Geschichtsunterricht behandelte man u. a. die Entwicklung von der Oktoberrevolution bis zur Gegenwart (Baske, 1998a).

An den Hochschulen wurde ab 1951 der Marxismus-Leninismus als Pflichtfach für alle Studierenden eingeführt. In der außerschulischen Bildungsarbeit sollten die Ernst-Thälmann-Pioniere und die FDJ die marxistisch-leninistischen Grundkenntnisse vermitteln und ideologische Überzeugungsarbeit leisten. Auch für den sozialistischen Nachwuchs in der FDJ wurden Verhaltensregeln ähnlich der 10 Gebote von Ulbricht verfasst und das Bekenntnis zum Marxismus-Leninismus sowie zu der von der SED geführten DDR wurde ab 1958 auch in das Gelöbnis zur Jugendweihe aufgenommen. Die DDR wird auch als »Erziehungsstaat« bezeichnet, da die ideologische Erziehung sich nicht auf die Schule und Hochschule beschränkte, sondern Aufgabe aller staatlichen Institutionen, Vereine, Verbände, Betriebe und Massenorganisationen war (Fischer, 1997). In einem lebenslangen Erziehungsprozess sollten die Bürger der DDR möglichst einheitliche, herrschaftskonforme, sozialistische Wahrnehmungen und Überzeugungen entwickeln.

Aus heutiger Sicht sieht Neuner, der ehemalige Vorsitzende der Akademie der Pädagogischen Wissenschaften der DDR, die Ausrichtung der Schule am wissenschaftlichen Marxismus-Leninismus für problematisch, da der absolute Wahrheitsanspruch dieser Ideologie nicht haltbar gewesen sei, totalitäre Tendenzen in Gesellschaft und Erziehung gestärkt habe sowie die autoritär regierende Parteiführung stützte (Neuner, 1994, S. 192).

»Im Grunde lief die zentrale Stellung von Ideologie in und für die Bildung darauf hinaus, der »neue Mensch«, allseitig, wissenschaftlich und ideologisch gebildet, müsse sich als eine Art »Knecht des Hegelschen Weltgeistes« empfinden und dementsprechend handeln« (Neuner, 1994, S. 192).

Aus heutiger Sicht wird zudem kritisiert, dass durch die Verfolgung des Erziehungsziels der »sozialistischen Persönlichkeit« keine selbständig handelnden Menschen geprägt wurden, sondern dass die SchülerInnen in die Normen einer sozialistischen Gesellschaft eingezwängt wurden, deren erlebte Wirklichkeit im Widerspruch zur gelernten Ideologie stand (Margedant, 1997b).

Die Einführung des polytechnischen Unterrichts ab 1958, der technisch-ökonomisches Grundwissen vermittelte sowie aus produktiver Arbeit in Werkstätten und Betrieben bestand, wurde mit der Idee von Marx begründet, dass jeder Schüler, um Arbeit und arbeitende Menschen zu achten, selbst erfahren sollte, wie landwirtschaftliche oder industrielle Produkte entstehen (Neuner, 1994). Grundlage war auch der Wunsch, die Gefahr der »Selbstentfremdung«, die von Marx durch den Verlust der unmittelbaren Beziehung zwischen Produzent und Produkt durch die Arbeitsteilung gesehen wurde, einzudämmen (Schepp, 1994). Man wollte zur Bildung allseitig gebildeter Persönlichkeiten die Trennung von geistiger und körperlicher Arbeit beseitigen.

»Zudem wurde im Sinne der Marxschen Grundthesen »Das Sein bestimmt das Bewusstsein« und »Arbeit als erstes Lebensbedürfnis« der Erwartung Ausdruck gegeben, dass die Verbindung von Bildung und Produktion, von Theorie und Praxis und die daraus resultierende unmittelbare Teilnahme der Jugendlichen am Aufbau des Sozialismus bei allen Schülern die »Liebe zur Arbeit« und das »sozialistische Bewusstsein« entwickeln würden« (Baske, 1998a, S. 175).

Die polytechnische Bildung wurde als ein Teil der sozialistischen Allgemeinbildung und nicht der Berufsausbildung gesehen. Durch die produktive Arbeit der SchülerInnen ab der Klasse 7 bestand eine enge Zusammenarbeit der Schulen mit ihren Patenbetrieben.

Während in sozialistischen Nachbarstaaten der DDR am Ende der 80er Jahre die ideologische Erziehung kritisch diskutiert und aufgelockert wurde, hielt die Bildungspolitik der SED bis zuletzt an den Grundsätzen einer umfassenden zentralen Steuerung des Bildungswesens und der großen Bedeutung der ideologischen Erziehung für die Realisierung des DDR-Sozialismus fest (Anweiler u. a. 1994).

Fasst man die Perspektive »Ideologisierung von Staat und Bildung« zusammen, kann man sagen, dass der Marxismus-Leninismus weltanschauliche Grundlage der DDR war und der SED zur Rechtfertigung ihres Führungsanspruches diente. Die DDR wird in damaligen politischen Selbstbeschreibungen sowie in heutigen wissenschaftlichen Analysen als »ideologischer Staat« bezeichnet, wobei der Marxismus-Leninismus von der DDR-Führung als die einzig richtige und wissenschaftlich belegte Weltsicht gesehen wurde, die im Klassenkampf realisiert werden sollte. Die SED versuchte der Bevölkerung u. a. durch die Bildungspolitik eine gemeinsame ideelle Grundüberzeugung zu vermitteln und sie gegen Einflüsse von außen zu immunisieren. Von Luhmann (2002a) wird vermutet, dass die Kommunikation des politischen Systems über Ideen, Werte und über Ideologien vor allem der Bearbeitung der internen Unsicherheit dient.

Von einer »Ideologisierung der Bildung« in der DDR kann insofern gesprochen werden, da das gesamte Bildungssystem der DDR nach der Lehre des Marxismus-Leninismus mit dem Ziel ausgerichtet wurde, die SchülerInnen zu »allseitig gebildeten sozialistischen Persönlichkeiten« zu erziehen. Die ideologische Ausrichtung der Bildungspolitik hatte Einfluss auf die Schulstrukturen (Gesamtschule) und die außerschulische Bildungsarbeit (Pioniere und FDJ), bei der die schulische Erziehung im Sinne des Marxismus-Leninismus vertieft werden sollte.

Es wurden neue Unterrichtsfächer eingeführt, die vorrangig die ideologische Erziehung gewährleisten sollten (Wehrerziehung und Staatsbürgerkunde), sowie die in den detaillierten Lehrplänen definierten Unterrichtsziele aller anderen Fächer entsprechend der Staatsideologie definiert. Die marxistisch-leninistischen Überzeugungen der SchülerInnen waren zudem wichtige Selektionskriterien bei dem Übergang in die nächst höhere Bildungseinrichtung, wobei auch die Auswahl staats- und ideologietreuer LehramtsstudentInnen gewährleistet werden sollte, die dann als ausgebildete LehrerInnen den Marxismus-Leninismus noch überzeugender an ihre SchülerInnen zu vermitteln hatten.

»Durch die Auswahl nach den erwähnten Zulassungskriterien, die rigide Reglementierung und eine fortwährende politisch-ideologische Erziehung gelang es der SED, eine Studentenschaft heranzuziehen, die sich ebenso wie das Lehrpersonal gegenüber Partei und Staat mehrheitlich loyal verhielt« (Schroeder, 1998, S. 563).

Wie erfolgreich der Versuch einer Ausrichtung des Geographieunterrichts am Marxismus-Leninismus tatsächlich war, und inwiefern die von Schroeder (1998) getroffene Aussage auch auf die GeographielehrerInnen zutraf, wird in Kapitel 4 untersucht.

2.3 Politisierung und Ideologisierung der Bildung – zwei komplementäre Perspektiven

Es wurden in diesem Kapitel zwei unterschiedliche Perspektiven auf die Verbindung zwischen dem politischen System und dem Bildungs- und Erziehungssystem der DDR eingenommen. Auf der einen Seite wurden Zusammenhänge dargestellt, die die Instrumentalisierung und Funktionalisierung des Bildungswesens durch das politische System zur Sicherung seiner Macht und Herrschaft nachwiesen. Auf der anderen Seite wurden Auswirkungen der Tatsache, dass der Marxismus-Leninismus die weltanschauliche Grundlage der DDR war, auf den Bildungsbereich dargestellt.

Während z. B. die Einführung der staatlichen Gesamtschule (POS) einerseits als Sicherung der politischen Macht der SED-Führung durch das Eindämmen des Einflusses nichtstaatlicher Träger wie z. B. Kirchen gesehen werden kann, lässt sie sich ebenso unter dem Ziel der »Ermöglichung gleicher Bildungschancen für alle Kinder« zur Erreichung einer idealen »klassenlosen« Gesellschaft im Sinne des Marxismus-Leninismus deuten.

Auch die Lehrpläne mit ihren detaillierten Bildungs- und Erziehungszielen, die unter staatlicher Kontrolle erarbeitet und herausgegeben wurden, können sowohl als Versuch der Machtsicherung des politischen Systems als auch als inhaltliche Umsetzung des Marxismus-Leninismus interpretiert werden.

Dass die Selektion der SchülerInnen für die jeweils höhere Bildungseinrichtung in der DDR auch aufgrund von Ideologietreue und gesellschaftlichen Engagements erfolgte, kann man sowohl als Wunsch der SED interpretieren, staatstreue Führungseliten zu formen, als auch als reale Umsetzung des marxistischen Klassenkampfes zur Verwirklichung der idealen kommunistischen Gesellschaft.

Letztlich kann auch der politisch favorisierte lehrerzentrierte Unterrichtsstil sowohl als Umsetzung der diktatorischen SED-Herrschaft, die einheitliche, partei- und staatskonforme SchülerInnen zur eigenen Machterhaltung erziehen wollte, gesehen werden als auch als Umsetzung des Marxismus-Leninismus, in dem die Unterordnung des Einzelnen unter die Interessen des Kollektivs wichtiges Erziehungsziel darstellt.

Durch die Behandlung der beiden Thesen konnten wesentliche Züge des politischen Systems und des Bildungssystems dargestellt werden, die jedoch jeweils unterschiedlich gedeutet wurden. Während Politisierung und Ideologisierung der Bildung Teil der positiven Selbstbeschreibungen des Bildungs- und Erziehungssystems der DDR waren, werden sie aus heutiger pädagogischer Sicht negativ gesehen (u. a. Tenorth, 1996). Hintergrund der Kritik scheint ein idealer Bildungsbegriff zu sein, der die bestmögliche Entwicklung der persönlichen Anlagen des Individuums zu einer selbst bestimmten und lebenstüchtigen Persönlichkeit meint und dieses pädagogische Ziel im Widerspruch zu starrer weltanschaulicher Prägung im Sinne des Marxismus-Leninismus und zu den Zielen der politischen Machtsicherung durch die SED sieht. Der Funktion des Bildungswesens, das Individuum auf ein selbst bestimmtes Leben vorzubereiten, wird aus kritisch pädagogischer Sichtweise zu Gunsten der politischen Sozialisation und Vorbereitung auf die berufliche Eingliederung in die Gesellschaft nicht genügend Rechnung getragen. Im Sinne des Begriffes der »relativen Autonomie« (Schäfer, 1996) des Bildungswesens werden demnach die zu geringe pädagogische Autonomie der Schule und damit die umfassende Abhängigkeit auch in pädagogischen Fragen vom politischen System der DDR kritisiert.

Die Beispiele zeigen, dass obwohl die beiden Perspektiven wissenschaftlich zu trennen sind, sie durch die Gegenüberstellung ein komplementäres Bild der schulischen Bildung in der DDR vermitteln.

Betrachtet man das politische System, so scheint hier die Machtausübung in allen gesellschaftlichen Bereichen, einschließlich des Bildungssystems, gerade durch die ideologische Rechtfertigung besonders wirkungsvoll gewesen zu sein:

- Indem sich die SED als Interessensvertretung der Arbeiter und Bauern im Klassenkampf definierte, instrumentalisierte sie den Marxismus-Leninismus für ihren Machterhalt.
- Die Partei bestimmte unter Bezugnahme auf den Marxismus-Leninismus, was als richtig und was als falsch zu gelten hatte, und übte damit eine weltanschauliche Kontrolle aus, die dem eigenen Machterhalt diente. »Jede Abweichung von der verordneten Interpretation wurde sanktioniert, da eine Infragestellung Machtanspruch und -monopol der Partei gefährdet hätte« (Schroeder, 1998, S. 548).
- Die Politik der SED wurde durch die Berufung auf den Marxismus-Leninismus auf eine »wissenschaftliche« Basis gestellt und immunisierte die Partei, die sich für unfehlbar erklärte, gegen Kritik.
- Durch das »Freund-Feind-Denken« konnte man sich vom »Klassenfeind«, vor allem der BRD, abgrenzen. Gleichzeitig diente die Ideologie zur Kontrolle der eigenen Bevölkerung und sollte systemtragende Kräfte motivieren und mobilisieren (Schroeder, 1998).

Bisher konnte die staatliche Konzeption von Bildung und Erziehung in der DDR aus den zentralen Kennzeichen des politischen Systems abgeleitet werden. Die Bildungspolitik hatte, wie gezeigt werden konnte, Auswirkungen auf die Ausgestaltung des Bildungssystems, die Schulorganisation sowie auch die in den Lehrplänen verbindlich festgeschriebenen Ziele, Gegenstände, Methoden und Medien aller Unterrichtsfächer.

Nimmt man eine überragende Bedeutung dieser strukturellen Rahmenbedingungen und didaktischen Konzeptionen für den Geographieunterricht in der DDR an, kann man vermuten, dass die SchülerInnen auch im Geographieunterricht im Sinne der marxistisch-leninistischen Ideologie erzogen werden sollten, die Unterrichtsthemen für den Geographieunterricht so gewählt wurden, dass die Überlegenheit des Sozialismus über den Kapitalismus deutlich werden konnte und die GeographielehrerInnen aufgrund der eigenen schulischen und universitären Prägung die ideologischen Lehrinhalte begrüßten und mit Überzeugung vermittelten.

Es stellt sich jedoch die Frage, ob tatsächlich von einer Deckungsgleichheit zwischen politischem Anspruch und Unterrichtsrealität ausgegangen werden kann. Hinweise auf die Differenz von staatlich geplanter Bildung und tatsächlicher Unterrichtsrealität finden sich schon in Studien, die noch in der DDR über das Schulwesen angefertigt wurden und in vielen Bereichen Schwierigkeiten und Mängel thematisierten. Da diese Studien vor der Wende größtenteils geheim gehalten wurden, konnte erst nach der Wende durch die Auswertung von Archivbeständen ein Überblick über die schon damals gesehenen Probleme gewonnen werden.

»Nach der Quellenlage können die hervorstechenden Probleme der Schulpolitik und -pädagogik darin gesehen werden, dass die in der Schule und in anderen staatlichen Einrichtungen praktizierte Konzeption der Bildung und Erziehung nicht dem Willen der Mehrheit entsprach, zu wenig von der Realität ausging und nicht geeignet war, die individuellen Bedürfnisse mit den deklarierten Erfordernissen einer bestimmten sozialistischen Entwicklung in Einklang zu bringen« (Baske, 1998a, S. 198).

Besonders häufig kritisiert wurde, dass das verfolgte Ziel einer »Einheit von fachlicher Bildung und ideologischer Erziehung« nur unzureichend erreicht worden sei. Während man den fachlichen Leistungsstand der SchülerInnen vorwiegend als zufrieden stellend beurteilte, wurden die Bereitschaft und die Fähigkeiten der SchülerInnen, die im Unterricht erlernten Aussagen des Marxismus-Leninismus in ihrem eigenen Leben anzuwenden, als ungenügend beurteilt. Die ideologischen Grundüberzeugungen blieben bei der Mehrheit angelerntes »totes« Wissen, ohne entsprechende Wirkungen im praktischen Verhalten (Baske, 1998a). Die Ursache für dieses Problem wurde von der DDR-Führung u. a. darin gesehen, dass die LehrerInnen nur zum Schein den Typus der »sozialistischen Persönlichkeit« verkörperten und die zu vermittelnden »sozialistischen Werte« nicht aus eigener Überzeugung vertraten.

Inwiefern also die bisher vorgestellten Thesen der Politisierung und Ideologisierung der Bildung einen tatsächlichen Einfluss auf den Unterricht und die Überzeugungen der SchülerInnen hatten, wurde bisher nicht ausreichend wissenschaftlich untersucht.

»Für den Bildungshistoriker ist schließlich die Tatsache signifikant, dass zwar die großen Thesen zu den Effekten der Sozialisation und des Alltags in der DDR schon vorliegen, z. B. von Politikern, Betroffenen und Psychoanalytikern, dass aber nahezu alle Detailstudien fehlen, die belegen, wie sich denn z. B. der dabei behauptete schizophrene Charakter geformt und der vormundschaftliche Staat konkret gewirkt hat« (Häder und Tenorth, 1997, S. 18).

Die Verbindung zwischen politischen Unterrichtskonzeptionen und tatsächlicher Unterrichtsrealität ist bisher nicht nur nicht ausreichend empirisch untersucht worden, sondern wird auch aufgrund von theoretischen Überlegungen in Frage gestellt:

So wird Bildungspolitik von Luhmann (2002a) größtenteils als »symbolische Politik« interpretiert, da man zwar staatliche Regulierungen treffen könne, das politische System aber nicht wisse, wie sich diese auf den intendierten Erziehungserfolg auswirke. Die konkrete Erziehungspraxis im Klassenzimmer gehorche Interaktionsregeln, die sich der vollständigen Kontrolle entziehen würden.

»Wie gut oder wie schlecht unterrichtet wird, kann nur auf der Ebene der Interaktion entschieden werden. So trennen sich die Systeme wieder in regulative, weithin symbolische Politik und Interaktionssysteme des Unterrichts in Schulklassen; und die Einheit dieser Differenz nimmt die Form einer Illusion an, man könnte über Ideen und Regulierungen das Handeln im Unterricht (inklusive Aufmerksamkeit und Mitarbeit der Schüler) kontrollieren« (Luhmann, 2002a, S. 131).

Inwiefern die staatlichen Ziele, den Geographieunterricht möglichst stark ideologisch, inhaltlich und methodisch vorzuplanen und damit die Unterrichtsrealität zu determinieren, um so den eigenen Machterhalt zu sichern, eine Illusion des politischen Systems der DDR waren oder tatsächlich die Unterrichtswirklichkeit im Sinne »totalitärer geographischer Erziehung« bestimmten, soll im Kapitel 4 empirisch untersucht werden.

2.4   Schule als Institution und die Rolle der LehrerInnen und SchülerInnen in der DDR

Bisher wurden zentrale Kennzeichen der Einflussnahme des politischen Systems der DDR auf das Erziehungssystem beschrieben, aus den damaligen Selbstbeschreibungen erklärt sowie heutigen wissenschaftlichen Beurteilungen gegenübergestellt. Vom Bildungssystem im Allgemeinen, soll nun der Blick auf die staatliche Institution »Schule« gerichtet werden, wobei vor allem die normativen Ansprüche an das Handeln von LehrerInnen und SchülerInnen in der Schule dargelegt werden.

Die soziologische Institutionstheorie kann sinnvolle Hinweise liefern, was Schule als Institution ausmacht. Zentraler Bestandteil aller Definitionen von Institutionen sind sozial verbindliche Verhaltensregeln, die in den Erwartungen der Akteure verankert sind:

»Unter einer Institution verstehe ich nun ein öffentliches Regelsystem. Nach diesen Regeln sind bestimmte Handlungsformen erlaubt, andere verboten; für den Übertretungsfall sehen sie bestimmte Strafen, Gegenmaßnahmen usw. vor« (John H. Rawls, zit. nach Esser, 2000b, S. 7).

Die Gründe für Institutionalisierungen sehen Berger und Luckmann (2004) in dem Bedürfnis der Menschen, durch häufig wiederholte Handlungsmodelle und eingefahrene Bedeutungen Kraft zu sparen, die notwendig wäre, wenn ständig unbekannte Situationen gedeutet werden müssten, die neue Handlungsmuster erfordern würden. »*Institutionalisierung findet statt, sobald habitualisierte Handlungen durch Typen von Handelnden reziprok typisiert werden*« (Berger und Luckmann, 2004, S. 58). Institutionen sind demnach Regeln für das Problemlösen der Akteure, sie definieren, was möglich und sinnvoll ist, und gewinnen durch die Reproduktion der Handelnden eine objektive Macht, der sich diese nur schwer entziehen können. Durch einen Prozess der Selbstverstärkung, in dem sich die Individuen gegenseitig beeinflussen und institutionelle Bedingungen mit individuellen Strategien zu regelkonformen Verhalten verschmelzen, wird eine Institution stabilisiert. Schule war in der DDR eine staatliche Institution, in der die SchülerInnen das Wissen und Können erwerben sollten, das sie befähigte, sich in die sozialistische Gesellschaft einzufügen. Zudem sollten sie zu sozialistischen Persönlichkeiten erzogen werden (siehe Kap. 2.2.2).

Da als Ursprung jeder institutionalisierten Ordnung die Typisierung eigener und fremder Handlungen angesehen werden kann, ergibt sich die Frage, welche Handlungserwartungen an die GeographielehrerInnen und ihre SchülerInnen in den Schulen der DDR bestanden. Die Frage nach typischen Handlungs- und Identifikationsmustern wird auch in den Theorien zu sozialen Rollen gestellt. »*Es sind die Rollen, mittels deren Institutionen der individuellen Erfahrung einverleibt werden*« (Berger und Luckmann, 2004, S. 78). Die Handelnden stellen demnach durch Rollenhandeln den Bezug zwischen Institution und ihrer Lebenswelt her. Soziale Rollen kann man als an soziale Positionen geknüpfte sanktionierbare Erwartungen verstehen, die von jedem Rollenhandelnden in etwa gleicher Weise erfüllt werden (Esser, 2000a). Der Rollenbegriff bezieht sich somit auf ein regelmäßig ablaufendes Verhalten, das in bestimmten Situationen gesellschaftlich erwartet wird. Soziale Rollen nehmen eine bestimmte Funktion in der Gesellschaft ein. So haben LehrerInnen die Funktion der Bildung- und Erziehung von Kindern.

Die Rollenkonzepte schaffen die Möglichkeit einer Verbindung zwischen objektiven Strukturen der Institution Schule in der DDR, den Erwartungen der Akteure und an die Akteure sowie typischen Handlungen. Dabei ist in Anlehnung an Giddens (1996) davon auszugehen, dass sich Strukturen und Handlungen gegenseitig bedingen.

Der Dualismus von Strukturen und Handeln, in dem institutionalisierte Strukturen aus individuellen Handlungen entstehen und gleichzeitig ein Orientierungsrahmen für das Handeln der Akteure entsteht, wird von Berger und Luckmann (2004) mit dem Begriff »Verwirklichung« beschrieben.

Soziale Rollen zeichnen sich dadurch aus, dass sowohl die Rollenträger als auch ihre Interaktionspartner von dem typischen Rollenverhalten wissen und dieses praktizieren bzw. erwarten. Jede Rolle ist mit typischen Rechten und Pflichten ausgestattet und schränkt damit die unendliche Vielfalt an möglichen Handlungsalternativen ein. Soziale Rollen üben demnach einen Zwang zu rollenkonformen Verhalten auf das Individuum aus und geben ihm in positiver Hinsicht die Möglichkeit, sich persönlich zu engagieren und so die soziale Ordnung mitzugestalten (Miebach, 2006).

Sanktionen garantieren die Geltung der jeweiligen sozialen Ordnung. Man kann positive von negativen, formelle von informellen und externe von internen Sanktionen unterscheiden (Esser, 2000a). Positive Sanktionen sind Belohnungen und negative Bestrafungen. Diese können formell ausgesprochen werden, z. B. in Form einer Dienstaufsichtsbeschwerde, oder informell erfolgen als Zuspruch oder Spott, Wertschätzung oder Missbilligung durch Gesten oder Mimik. Externe Sanktionen kommen von der Umwelt des Akteurs und interne sind in der Regel ein gutes oder schlechtes Gewissen, das durch Internalisierung der Verhaltensregeln entstanden ist. Wird ein verstärkter Einsatz von Sanktionen nötig, ist dies ein Hinweis darauf, dass das erwünschte Verhaltensmuster nicht als allgemein gültig anerkannt wird. Nach Berger und Luckmann (2004) ergeben sich die Anerkennung und die Gültigkeit von Institutionen nur bedingt durch Kontrollen und Sanktionen, sondern aus dem Beitrag, den ein institutionalisiertes Verhalten für die Lösung eines dauerhaften gesellschaftlichen Problems leistet. Im Falle der Schule in der DDR ist dies die Vermittlung von Wissen an die SchülerInnen, das sie zur Eingliederung in die Gesellschaft und zum Aufbau der sozialistischen Gesellschaft brauchen, sowie die Erziehung zu treuen Staatsbürgern (siehe Kap. 2): Diese Sinnhaftigkeit der Institution Schule in der DDR musste demnach von den zentralen Akteuren, LehrerInnen, SchülerInnen und Eltern, anerkannt und durch ihre Handlungen reproduziert werden, da nur so der Bestand der Institution gesichert werden konnte.

»Institutionen und symbolische Sinnwelten werden durch lebendige Menschen legitimiert, die ihren konkreten gesellschaftlichen Ort und konkrete gesellschaftliche Interessen haben« (Berger und Luckmann, 2004, S. 137).

In diesem Kapitel soll zunächst die Frage geklärt werden, welche spezifischen Rollenerwartungen im Sinne von Verhaltensnormen und Wertmuster an die GeographielehrerInnen und ihre SchülerInnen in der DDR bestanden haben und wie die gesellschaftlichen Sanktionen zur Durchsetzung dieser Erwartungen ausgesehen haben. Wie sah das Bild des »vorbildlichen Lehrers« und des »idealen Schülers« in der DDR aus? Hier soll zunächst auf die offiziellen Rollenerwartungen für LehrerInnen und SchülerInnen eingegangen werden, wie sie von der Bildungspolitik der DDR formuliert wurden. Dabei ist zu bedenken, dass die »Rollen der Schüler« und die der »LehrerInnen« nicht unabhängig voneinander existieren, sondern sich aufeinander beziehen und sich gegenseitig definieren. So kann die eigene »Lehreridentität« nicht unabhängig von den Reaktionen und Einschätzungen durch die SchülerInnen gebildet werden. Ebenso definieren sich die Jugendlichen in ihrer Rolle als SchülerInnen wesentlich durch die Äußerungen ihrer LehrerInnen.

2.4.1 Lehrerrolle

Die Vereinheitlichung der Bildungs- und Erziehungssituationen mit dem Ziel, die heranwachsende Generation einheitlich im Sinne des Staates zu formen, führte zu spezifischen staatlichen Anforderungen an die LehrerInnen. Sie wurden von der SED als »*Beauftragte des Arbeiter- und Bauernstaates*« hoch geschätzt, da sie durch ihre Tätigkeit sozialistische Persönlichkeiten formen konnten (Margedant, 1997a).

»Unsere Schule erforderte und erfordert Pädagogen, die ihre Tätigkeit als politischen Auftrag verstehen, die als Verbündete der Arbeiterklasse, als Beauftragte unseres Arbeiter- und Bauernstaates wirken. Lehrer der sozialistischen Schule zu sein, das heißt, an einem wichtigen Abschnitt der ideologischen Front zu wirken« (Margot Honecker, 1985 zit. nach Anweiler, 1988, S. 139).

Der Auftrag der LehrerInnen als »Staatsfunktionäre« verpflichtete sie zu »Parteilichkeit«. Dies bedeutete, dass die LehrerInnen verpflichtet waren, den Klassenstandpunkt des Proletariats einzunehmen und dementsprechend zu unterrichten (Wätzig, 2002). Dabei sollte die ideologische Erziehung im Unterricht nicht durch bloße Propaganda, sondern durch die Vermittlung der fachlichen Inhalte und ihre Bewertung im Sinne des Marxismus-Leninismus geschehen. »*Der Lehrer ist ein Kämpfer an der ideologischen Front und seine Hauptwaffe ist sein Fach*« (Neuner, 1968, S. 1499). Entsprechend der genauen fachlichen Inhalte der einzelnen Unterrichtsfächer sollten sie innerhalb der gesamten ideologischen Linienführung spezifische erzieherische Aufgaben übernehmen, was im Zusammenwirken der Fächer zur Ausbildung der gewünschten sozialistischen Grundüberzeugungen bei den SchülerInnen führen sollte (Neuner, 1968, S. 1501).
Der Lehrer sollte sowohl während des Schulunterrichts als auch in der au-

ßerschulischen Erziehungsarbeit die »führende Rolle« und eine Vorbildfunktion übernehmen. Dementsprechend befürwortete man lehrerzentrierte Unterrichtsmethoden und alternative Methoden der Reformpädagogik wurden als »reaktionär« und »imperialistisch« abgelehnt:

> »Alle Unterrichtsmethoden, die diesen didaktischen Prinzipien widersprechen oder sie abschwächen, sind aus dem Unterricht zu entfernen. Das sind alle reaktionären, imperialistischen Unterrichtsmethoden. Dazu gehören auch die Methoden der so genannten bürgerlichen Schulreformer, wie z.B. »Erziehung vom Kinde aus«, »freie Erziehung«, »Arbeitsschulunterricht«, »Auflösung des Klassenunterrichts« durch »Gruppenarbeit«, »Gelegenheitsunterricht« und andere« (Verordnung v. 4.7.1950, MonPaed VI, S. 366 zit. nach Tenorth u.a. 1996, S. 85).

Damit einhergehend sollten die LehrerInnen sich genau an die in den Lehrplänen vordefinierten Unterrichtsinhalte, Ziele und Methoden halten und hatten die Pflicht, ihren Unterricht detailliert vorzuplanen. Der Klassenleiter musste einen Klassenleiterplan anfertigen, der vom Schuldirektor bestätigt wurde (Wätzig, 2002).

Die politisch induzierte lehrer- und lehrplanzentrierte Theorie des Unterrichts und der Schulerziehung sah sich ab dem Ende der 70er Jahre einem wachsenden Veränderungsdruck ausgesetzt, der aus den gesellschaftlichen Wandlungen und Verhaltensänderungen der Jugendlichen herrührte. Da einige DDR-Pädagogen das Problem erkannt hatten, dass man durch eine Pädagogik, die rein rezeptives Schülerverhalten vorsieht, viele Jugendliche nicht erreichen kann, wurden ab dem Ende der 70er Jahre die Möglichkeiten eines »schülergerechten Unterrichts« diskutiert. Es stellte sich die Frage, wie man die angestrebte »geistige Aktivität der Schüler« mit dem Ziel verbinden könne, eine einheitliche Weltanschauung zu vermitteln. Man suchte einen Mittelweg zwischen »Gängelei« und »Selbstlauf«, zwischen Drill und anti-autoritärer Erziehung (Anweiler, 1988).

Neben dem Anspruch, »qualifizierte sozialistische Bildungs- und Erziehungsarbeit« im Unterricht zu leisten, hatten die LehrerInnen »Aufgaben der Erziehung und der Feizeitgestaltung« im außerunterrichtlichen Bereich wahrzunehmen (Gesetz über das einheitliche sozialistische Bildungssystem von 1965, § 25 Abs. 2). Daher wurde z.B. das Anbieten von Arbeitsgemeinschaften erwartet. Da von dem Lehrer und der Schule die Führung und Koordinierung sämtlicher Bildungs- und Erziehungsaufgaben übernommen werden sollte, sollten sie mit Eltern und ihren Vertretungen zusammenarbeiten, u.a. durch regelmäßige Besuche der Elternhäuser ihrer SchülerInnen, für die Verbindung mit den Brigaden des Patenbetriebs, in dem der polytechnische Unterricht stattfand, sorgen und die Arbeit der FDJ und Pionierorganisation unterstützen

z. B. durch die Leitung der Jugendgruppen. Einen Teil der Schulferien mussten die LehrerInnen für Ferienbetreuungen und obligatorische Weiterbildungen einsetzen.

Die Unterrichtserfolge der SchülerInnen, die sich in Noten messen lassen, wurden als Ausdruck der Vermittlungskompetenzen der LehrerInnen gesehen. Bei Schulversagen einzelner SchülerInnen konnten ihre LehrerInnen zur Rechenschaft gezogen werden.

»Zu den allgemeinen Zielen, die der Lehrerschaft nach Maßgabe der Politik der SED durch Wissenschaft und pädagogische Propaganda nahegebracht wurden, gehörte in den 70er Jahren die »Verhinderung des Zurückbleibens der Schüler«, zu Beginn der 80er Jahre die »Erziehung der Schüler zu einer aktiven Lebenserhaltung« und schließlich die »individuelle Förderung jedes einzelnen Schülers« (Schmidt und Schulz, 1990, S. 75).

Die folgenden 10 Geboten, die in der Zeitung »Pädagogik« Nr. 9/1970/S. 817 – 827 von P. Hübner unter dem Titel »Vom Ethos des sozialistischen Lehrers und Erziehers« veröffentlicht wurden, fassen noch einmal die wesentlichen Merkmale des Idealbildes des Lehrers in der DDR zusammen:

»Der sozialistische Lehrer soll
1. sich das von der Partei der Arbeiterklasse in »prognostischer Sicht erarbeitete Menschenbild« aneignen, um es in seiner täglichen Arbeit zu verwirklichen,
2. seinen Beruf in erster Linie als politisch-ideologischen Beruf und wichtigsten persönlichen Beitrag zur Vollendung des Sozialismus in der DDR ausüben,
3. sich jene wissenschaftlichen Kenntnisse und marxistisch-leninistischen Überzeugungen aneignen, die für die Heranbildung allseitig entwickelter sozialistischer Persönlichkeiten erforderlich sind,
4. nach »pädagogischer Meisterschaft« streben, um alle Kinder zur »bewussten und selbständigen Aneignung der Grundlagen von Wissenschaft und Kultur« zu befähigen,
5. den Schülern helfen, die »sozialistische Lebenspraxis« in ihren Kollektiven und bei der bewussten Gestaltung ihrer gesellschaftlichen Beziehungen selbständig zu entwickeln,
6. danach streben, seinen pädagogischen Führungsstil als Ausdruck der sozialistischen Beziehung zwischen Lehrer und Schüler ständig zu vervollkommnen,
7. an der Schaffung des »einheitlich handelnden Pädagogenkollektivs« mitwirken und sich für die Arbeit der gesamten Schule verantwortlich fühlen,
8. danach streben, das Ansehen und die Wirksamkeit der Schule als eines staatlichen Instruments der sozialistischen Bildung und Erziehung ständig zu erhöhen,
9. danach streben, bei sich selbst und den mit ihm im Pädagogenkollektiv vereinten Lehrern die Züge des sozialistischen Volkslehrers zu verwirklichen, sowie
10. bestrebt sein, die Grundsätze der sozialistischen Moral in seinem gesamten

beruflichen und persönlichen Leben vorbildlich zu erfüllen.«
(zit. nach Wätzig, 2002, S. 64–65).

Zusammenfassend für die staatlichen Rollenerwartungen an die LehrerInnen der DDR lässt sich sagen, dass sie überzeugte Staatsfunktionäre, Beauftragte der Arbeiterklasse, Experten für ihre Unterrichtsfächer und politische ErzieherInnen sein sollten.

Jede soziale Rolle ist mit einem speziellen gesellschaftlichen Wissensvorrat verbunden. »*Der Wissensvorrat einer Gesellschaft ist verteilt je nach Relevanz für alle oder für besondere Rollen*« (Berger und Luckmann, 2004, S. 81). Damit muss nun die Frage nach spezifischen Rollenerwartungen an *Geographie*lehrerInnen gestellt werden.

Bei dem Wissen der *Geographie*lehrerInnen handelt es sich größtenteils um rollenspezifisches Wissen, was u. a. durch das Lehramtsstudium an den Hoch schulen der DDR erworben wurde sowie durch die Betreuung der Absolventen durch erfahrene LehrerInnen bei der schulischen Arbeit weitergegeben wurde. Neben allgemeindidaktischen Fähigkeiten stellt sich die Frage nach fachspezifischem Wissen der GeographielehrerInnen, das aus Sicht der Gesellschaft als vermittelnswert eingeschätzt wurde. Dieses umfasst u. a. Kenntnisse im Bereich der Humangeographie, der Physischen Geographie und der Regionalen Geographie und schließt Fragen nach den zu vermittelnden Weltbildern ein, die in anderen Kontexten von den Vertretern der critical geopolitics (u. a. Reuber und Wolkersdorfer, 2001) untersucht werden.

Im Rahmen der Rollenerwartungen an GeographielehrerInnen wird gefragt, inwiefern von ihnen erwartet wurde, dass sie die staatlich gewünschten strategischen Raumbilder im Unterricht verbreiteten.

Wichtigste Instanz, die bei den LehrerInnen negative Sanktionen bei Nichterfüllung der Rollenerwartungen aussprechen konnte, waren die vorgesetzten SchulleiterInnen, die zu regelmäßigen Hospitationen bei den LehrerInnen ihrer Schulen verpflichtet waren und diese sowohl in politisch-ideologischer Hinsicht als auch pädagogisch-fachlich beurteilen mussten (Anweiler, 1988). In dem Gesetz über das einheitliche sozialistische Bildungssystem von 1965 wird in § 24 der Schulleiter zur Überwachung der genauen Lehrplaneinhaltung verpflichtet:

»(1) Durch regelmäßige Analysen des Bildungs- und Erziehungsprozesses wird die Erfüllung der Lehrpläne durch die Direktoren und Kreisschulräte kontrolliert. Über die Lehrplanerfüllung legen die Direktoren und Kreisschulräte regelmäßig Rechenschaft ab.«

Auch Fachberater hospitierten im Unterricht und fertigten Beurteilungen über die LehrerInnen an.

Als andere wichtige Gruppen, die das Verhalten der LehrerInnen informell, extern sanktionierten, können die Lehrerkollegen, die SchülerInnen und ihre Eltern angesehen werden.

»Orientiert auf gute Durchschnittszensuren und geringe Sitzenbleiberquoten, eingebunden in ein Netzwerk von Anweisung und Kontrolle, reproduzierten sie (die LehrerInnen) zumeist die autoritären Unterweisungsmethoden, denen sie selbst als Schüler wie als Studenten ausgesetzt waren« (Helwig, 1988a, S. 16).

Inwieweit diese Einschätzung tatsächlich empirisch haltbar ist und inwieweit Merkmale des Idealbildes tatsächlich von den GeographielehrerInnen internalisiert wurden und zur Verhaltenssteuerung beitrugen, kann in Kap. 4 durch die Analyse der empirischen Daten weiter beantwortet werden.

2.4.2 Schülerrolle

In dem vorgestellten Konzept des lehrerzentrierten und lehrplanorientierten Unterrichts wurde von den SchülerInnen vor allem Disziplin, Ordnung, Sauberkeit und Fleiß erwartet und damit ein »williges Sicheinfügen« in die schulische wie gesellschaftliche Ordnung.

Diese pädagogische Ausrichtung wird von Gerhard Neuner, der als Vorsitzender der Akademie der Pädagogischen Wissenschaften der DDR großen Einfluss auf die damaligen Unterrichtskonzeptionen hatte, aus heutiger Sicht als kritisch beurteilt:

»Es trifft meinen Einsichten zufolge zu, dass das Eigenleben des Kindes, seine Originalität in der theoretischen und praktischen Pädagogik der DDR nicht den gebührenden Platz einnahmen, dass Umfang und Niveau künstlerisch-ästhetischer Bildung dem nicht genügend Rechnung trugen und Alltagsprobleme der Schüler in Schule und Unterricht zu kurz gekommen sind« (Neuner, 1994, S. 188).

Durch schulische Bildung und Erziehung sollten die SchülerInnen auch die »sozialistische Weltanschauung« annehmen, wie aus dem Jugendgesetz der DDR von 1974, I. §1 hervorgeht:

»(1) Vorrangige Aufgabe bei der Gestaltung der entwickelten sozialistischen Gesellschaft ist es, alle jungen Menschen zu Staatsbürgern zu erziehen, die den Ideen des Sozialismus treu ergeben sind, als Patrioten und Internationalisten denken und handeln, den Sozialismus stärken und gegen alle Feinde zuverlässig schützen. Die Jugend trägt selbst hohe Verantwortung für ihre Entwicklung zu sozialistischen Persönlichkeiten.«

Entsprechend der bildungspolitischen Ziele wurde von den SchülerInnen u. a. erwartet, dass sie

- nach einem marxistisch-leninistisch fundierten Weltbild streben,
- ihr »sozialistisches« Vaterland lieben,
- einen gefestigten Klassenstandpunkt haben,
- Allgemein- und Fachwissen erwerben,
- theoretisches Denkvermögen, Problemlösungskompetenz und Kreativität erwerben,
- hohe Lernmotivation haben,
- diszipliniert arbeiten,
- einsatz- und hilfsbereit, kameradschaftlich, zielstrebig, pflichtbewusst, fleißig, beharrlich, selbstbewusst und willensstark sind,
- sich in Pionierorganisationen und FDJ organisieren und engagieren,
- aus einem Elternhaus kommen, das sich in der »sozialistischen Erziehung« engagiert und eng mit der Schule zusammenarbeitet (Pätzold, 2004, S. 59).

Die vorgestellten Merkmale eines idealen Schülers in der DDR betreffen sowohl seine weltanschaulichen Überzeugungen, sein Lernverhalten, sein Leistungsvermögen, seine Charaktereigenschaften, seine Zugehörigkeit zu staatstragenden Organisationen, seine Freizeitgestaltung als auch sein Elternhaus. Diese Merkmale wurden zur Beurteilung der SchülerInnen herangezogen und dienten als Selektionskriterien bei dem Übergang in die nächst höhere Bildungseinrichtung.

Die genannten Kriterien dienten einerseits als Selektionskriterien und andererseits als Sanktionskriterien, wenn das Verhalten der SchülerInnen nicht den idealtypischen Erwartungen entsprach. Externe Sanktionen, die zur Disziplinierung eingesetzt wurden, waren die Verwarnung, die ins Hausaufgabenheft eingetragen wurde, der Tadel, bei dem die Eltern schriftlich über das Fehlverhalten ihres Kindes in Kenntnis gesetzt wurden, und letztlich der Verweis, der in schriftlicher Form von der Schulleitung ausgesprochen wurde. Bei dreimaligem Verweis musste der Schüler die Schule wechseln (Pätzold, 2004).

Inwiefern die oben genannten Merkmale eines idealen Schülers von diesen verinnerlicht wurden und bei abweichendem Verhalten zu schlechtem Gewissen, also internen Sanktionen führten, kann nur empirisch beantwortet werden (siehe 4.5).

Da es immer schwer oder gar unmöglich ist, einem Idealbild zu 100 % zu entsprechen, da die Befolgung bestimmter Normen häufig die gleichzeitige Verletzung anderer Normen bedeutet, ist es unwahrscheinlich, dass das Handeln der GeographielehrerInnen und SchülerInnen vollständig deckungsgleich mit den staatlichen Erwartungen war. Dies ist der Fall, da jede Person unterschiedliche Rollen ausfüllt, deren Anforderungen sich zum Teil widersprechen.

Diese Konflikte konnten zur Distanzierung von den beschriebenen Lehrer- und Schülerrollen führen (Miebach, 2006, S. 108 ff.).

Zu berücksichtigen ist zudem, dass Unterricht in Interaktionssituationen zwischen LehrerInnen und SchülerInnen stattfindet, die nicht vollständig planbar sind und von einem »heimlichen Lehrplan« mitbestimmt werden. Luhmann (2002a) verweist darauf, dass Unterricht nicht vollständig kontrolliert werden kann und dann am erfolgreichsten sei, wenn er auf die sich ständig bietenden unerwarteten Gelegenheiten reagiere.

»Kein Teilnehmer und erst recht nicht die Kommunikation selbst kann erkennen, was vor sich geht. Das gilt natürlich auch für den Lehrer. Würde er alles sehen, was geschieht, würde er die Übersicht und Kontrolle über die Situation verlieren« (Luhmann, 2002a, S. 104).

3 Die Konzeption des Geographieunterrichts und die Bedeutung der ideologischen Erziehung

In diesem Kapitel werden die Grundzüge des von führenden Geographiedidaktikern in der DDR konzipierten Geographieunterrichts vorgestellt. Das unter der Federführung der Arbeitsgruppe »Geographie« der Akademie der Pädagogischen Wissenschaften der DDR erarbeitete Konzept wurde mit dem Ministerium für Volksbildung abgestimmt und in der Form von Lehrplänen veröffentlicht. Zunächst werden diese Lehrpläne analysiert, da die in ihnen enthaltenen fachlichen, didaktischen und ideologischen Zielsetzungen von den LehrerInnen verbindlich in ihrem Unterricht umzusetzen waren und damit den Rahmen definieren, in dem individuelle Schwerpunktsetzungen der Pädagogen möglich waren.

Nach der Identifikation der wesentlichen Merkmale des »idealen« Geographieunterrichts und des Stellenwerts der ideologischen Erziehung aus Sicht der Geographiedidaktiker und Bildungspolitiker, wird die didaktische Umsetzung der Lehrplanvorgaben in den Geographieschulbüchern untersucht. Die Schulbuchanalyse ist so wesentlich, da Schulbücher das im Geographieunterricht der DDR am häufigsten eingesetzte Unterrichtsmedium darstellten, das durch seine inhaltliche Struktur, die exakt die Angaben der Lehrpläne umsetzte, den Geographieunterricht in weiten Teilen vorstrukturierte und damit einen zweiten, allerdings freiwilligen Handlungsrahmen für den Unterricht der LehrerInnen bildete. Schulbücher dienen generell nicht nur der neutralen Wissensvermittlung, sondern sie haben auch eine politische Dimension. Sie geben Auskunft über das gesellschaftliche, politische und geschichtliche Selbstverständnis des Staates und prägen das gesellschaftliche Meinungsbild in erheblichem Maße. Die Analyse der Geographieschulbücher kann daher darüber Auskunft geben, wie durch die Darstellung anderer Nationen Weltbilder im Sinne der »critical geopolitics« (Reuber und Wolkersdorfer, 2001) konstruiert wurden und inwieweit diese als »strategische Raumbilder« aufzufassen sind, die dazu dienten, die Macht des politischen Systems der DDR zu erhalten.

Während die Analyse der Schulbücher sich vorrangig auf die Umsetzung der Lehrplan*inhalte* konzentriert, zeigt die im dritten Teil des Kapitels vorgenommene Untersuchung der Unterrichtshilfen, wie sich führende Geographiedidaktiker der DDR die idealtypische, methodische und mediale Ausgestaltung der in den Lehrplänen definierten ideologischen Zielsetzungen für den Geographieunterricht vorstellten. Die Unterrichtshilfen richteten sich an LehrerInnen, die hier zu jedem Stundenthema, das sie gemäß den Lehrplänen umsetzen sollten, präzise Vorschläge zur Unterrichtsgestaltung finden konnten. Für LehrerInnen, die sich in ihrem Geographieunterricht stark an den in den Unterrichtshilfen zu findenden Stundenentwürfen orientierten, stellt die dortige didaktische Aufbereitung der Unterrichtsstoffe den Rahmen für individuelle Unterrichtsplanung und -durchführung dar.

Abbildung 3 zeigt die zu analysierenden Lehrpläne, Geographieschulbücher und Unterrichtshilfen, welche die Handlungsspielräume von LehrerInnen und SchülerInnen im Unterricht definierten und ihre idealtypischen Rollen festlegten. Während die Lehrpläne aufgrund ihres verpflichtenden Charakters objektive Rahmenbedingungen für Lehrer- und Schülerhandeln darstellten, waren Schulbücher und Unterrichtshilfen fakultativ einsetzbar, wie durch die gestrichelten Linien kenntlich gemacht wird.

Ergänzt werden die in diesem Kapitel vorgestellten Analysen durch Interviewaussagen des damaligen Leiters der Arbeitsgruppe zum Geographieunterricht an der Akademie der Pädagogischen Wissenschaften der DDR, der die Arbeit an Lehrplänen, Geographieschulbüchern und Unterrichtshilfen koordinierte und mitgestaltete. Die Analyse seiner Wahrnehmungen ermöglicht es, einen Einblick in die Entstehungsbedingungen der für den Geographieunterricht entscheidenden Dokumente zu erhalten, den inhaltlichen Abstimmungsprozess der Beteiligten mit ihren unterschiedlichen Interessen nachzuvollziehen sowie die für die Akteure relevanten Hintergrundüberlegungen für die Auswahl der Zielsetzungen sowie ihre didaktische Umgestaltung zu erkennen.

Abbildung 3: Definition der Handlungsspielräume von LehrerInnen und SchülerInnen im Geographieunterricht durch Lehrpläne, Schulbücher und Unterrichtshilfen

3.1   Methodisches Vorgehen

Bei den zu untersuchenden Lehrplänen für den Geographieunterricht, den Geographieschulbüchern und den Unterrichtshilfen handelt es sich um sehr unterschiedliche Materialien, die mit spezifischen Methoden ausgewertet wurden, die im Folgenden vorgestellt werden sollen.

3.1.1   Materialauswahl

Die Analyse von Lehrplänen[1], Geographieschulbüchern[2] und Unterrichtshilfen[3] konzentriert sich auf diejenigen Dokumente, die ab 1966 sukzessive für alle Klassenstufen konzipiert wurden und mit geringen Modifikationen bis 1989/

---

1 In der gesamten Analyse beziehe ich mich auf die folgenden *Lehrpläne*:
Der Lehrplan Klasse 5 trat 1966 in Kraft, Lehrplan für Klasse 6 1967 und leicht überarbeitet 1975, Lehrplan für Klasse 7 1968, Lehrplan für Klasse 8 1969 und leicht überarbeitet 1982, Lehrplan Klasse 9 1970, Lehrplan Klasse 10 1971, Lehrplan Klasse 11 1969 und überarbeitet 1981.
Die Angaben sind entnommen: Ministerium für Volksbildung (Hrsg. 1979): Lehrplan Geographie Klassen 5 bis 10. Berlin; Ministerium für Volksbildung (Hrsg. 1966): Lehrplan für Geographie. Klasse 6. Berlin; Ministerium für Volksbildung (Hrsg. 1972): Lehrplan für Geographie. Erweiterte Oberschule. Klasse 11. Berlin; Ministerium für Volksbildung (Hrsg. 1981b): Lehrplan Geographie. Abiturstufe. Berlin.
2 Die Analyse bezieht sich auf folgende *Geographieschulbücher*:
Ministerium für Volksbildung (Hrsg.; 1987a): Geographie 9. (4. Auflage). Berlin; Ministerium für Volksbildung (Hrsg.; 1987b): Geographie 8. (5. Auflage). Berlin; Ministerium für Volksbildung (Hrsg.; 1983a): Geographie 7. (2. Auflage). Berlin; Ministerium für Volksbildung (Hrsg.; 1983c): Geographie. Lehrbuch für Klasse 11. (2. Auflage). Berlin; Ministerium für Volksbildung (Hrsg.; 1982a): Geographie. Klasse 6. (8. Auflage). Berlin.; Ministerium für Volksbildung (Hrsg.; 1982): Geographie 10. (8. Auflage). Berlin; Ministerium für Volksbildung (Hrsg.; 1981a): Geographie 5. (5. Auflage). Berlin; Ministerium für Volksbildung (Hrsg.; 1980): Geographie. Lehrbuch für Klasse 5. (4. Auflage). Berlin; Ministerium für Volksbildung (Hrsg.; 1977): Geographie 6. (3. Auflage). Berlin. Ministerium für Volksbildung (Hrsg.; 1975): Geographie 8 (7. Auflage). Berlin; Ministerium für Volksbildung (Hrsg.; 1973): Geographie 11. Berlin. Ministerium für Volksbildung (Hrsg.; 1971): Geographie 10. (3. Auflage). Berlin. Ministerium für Volksbildung (Hrsg.; 1970): Geographie 9. Berlin; Ministerium für Volksbildung (Hrsg.; 1968a): Geographie 5. (3, Auflage). Berlin. Ministerium für Volksbildung (Hrsg.; 1968b): Geographie 7. Berlin; Ministerium für Volksbildung (Hrsg.; 1967): Geographie 6. Berlin.
3 Die Analyse bezieht sich auf folgende *Unterrichtshilfen*:
Barth, L. (1981): Unterrichtshilfen Geographie, Klasse 5. (7. Aufl.). Berlin.
Kinzel, H. u.a. (1978b): Unterrichtshilfen Geographie, Klasse 6. (2. Aufl.). Berlin.
Lehmann, O. u. a (1982): Unterrichtshilfen Geographie, Klasse 7. (7. Aufl.). Berlin.
Findeisen, G. u.a. (1983): Unterrichtshilfen Geographie, Klasse 8. Berlin.
Findeisen, G. u.a. (1969): Unterrichtshilfen Geographie, Klasse 8. Berlin.
Jahn, W. u.a. (1980): Unterrichtshilfen Geographie, Klasse 9. (5. Aufl.). Berlin.
Raum, B. und Schlimme W. (1981): Unterrichtshilfen Geographie, Klasse 10. (3. Aufl.). Berlin.
Hauck, P. (1971): Unterrichtshilfen Geographie, Klasse 10. Berlin.

1990 von den GeographielehrerInnen für die Unterrichtsplanung und -gestaltung eingesetzt werden sollten. 1989 wurden zwar neue Lehrpläne und Schulbücher für die 5.–7. Klassen herausgegeben, die jedoch aufgrund der Wiedervereinigung so gut wie keine Verwendung fanden und daher hier nicht weiter besprochen werden. Die Lehrpläne, Schulbücher und Unterrichtshilfen, die vor 1966 entworfen wurden, werden ebenfalls nicht in die Analyse einbezogen, da sie als strukturelle Rahmenbedingungen keinen Einfluss auf das in Kapitel 4 dargestellte Lehrer- und Schülerhandeln hatten, das sich ausschließlich auf die »neuen« Materialien ab 1966 bezieht. Dies bedeutet, dass zum Inhalt und Stellenwert der »ideologischen Erziehung« in den Lehrplänen, Schulbüchern und Unterrichtshilfen vor 1966 keine Aussagen gemacht werden können.

Die Geographieschulbücher und die Unterrichtshilfen wurden zwischen 1966 und 1989 in verschiedenen neuen Auflagen herausgegeben. Da jedoch vorrangig Aktualisierungen und kleine Modifikationen vorgenommen und die Gesamtkonzeptionen der Medien, die hier von Interesse sind, größtenteils beibehalten wurden, wird nicht jede einzelne Auflage bei der Analyse berücksichtigt.

3.1.2 Lehrplananalyse

Die Analyse der Lehrpläne verfolgt als drei Hauptzielrichtungen die Identifizierung, was die Lehrpläne als »ideologische Erziehung« definierten, die Beantwortung der Fragen inwiefern die ideologischen Erziehungsziele die Auswahl und die Ordnung der Unterrichtsinhalte beeinflusste und welche Bedeutung die politisch-ideologische Erziehung innerhalb des theoretischen Gesamtkonzeptes der Lehrpläne hatte.

Zur Klärung, was in den Lehrplänen als spezifischer Beitrag des Faches zur Entwicklung »sozialistischer Persönlichkeiten« verstanden wurde, werden die Aussagen zu den Lernzielen, welche unter der Überschrift »Ziele und Aufgaben« für jede Klassenstufe definiert wurden sowie die den einzelnen Themengebieten zugewiesenen »Einsichten«, zusammengefasst. Da man davon ausging, dass die Lehrplanziele bezüglich der sozialistischen Überzeugungen nicht ohne die in den Lehrplänen ebenfalls definierten Ziele im Bereich des »Könnens« und des »Wissens« zu erreichen waren (u. a. Meincke, 1977, S. 23), ist es notwendig, neben den Zielen im Bereich der ideologischen Erziehung auch die sonstigen Lehrplanziele sowie deren ausgewiesene Verbindungen mit dem Bereich der ideologischen Erziehung überblicksartig darzulegen.

Im nächsten Schritt wird der thematische Aufbau der Lehrpläne beschrieben, um in der Folge abschätzen zu können, inwiefern die ideologischen Erziehungsziele die Ordnung und die Auswahl der Inhalte beeinflussten. Hier wird

---

Kohlmann, R. und Sieber, A. (1981): Unterrichtshilfen Geographie, Klasse 11. Berlin.

z. B. darauf geachtet, ob im thematischen Aufbau der Lehrpläne nach »sozialistischen« und »kapitalistischen« Staaten unterschieden wird. Erste Anhaltspunkte, welche Bedeutung den Themengebieten zu den »sozialistischen« und den »kapitalistischen« Ländern jeweils zugeschrieben wurde, kann die Auszählung der zugewiesenen Unterrichtsstunden liefern. Zum tieferen Verständnis der den Lehrplänen zugrunde liegenden curricularen Entscheidungen werden anschließend qualitative Analysen von ausgewählten Lehrplanzitaten, die zeigen, welches Weltbild durch die Inhalte des Geographieunterrichts vermittelt werden sollte, durchgeführt. Zu deren Interpretation werden auch Aussagen von damaligen »Methodikern« herangezogen, die in der DDR an der Konzeption und Weiterentwicklung der Lehrpläne beteiligt waren.

Um die Stellung der ideologischen Erziehung in der Gesamtkonzeption der Lehrpläne einordnen zu können, ist es notwendig, die Analyse nicht auf diesen Gesichtspunkt zu beschränken, sondern weitere für die Lehrplankonzeption relevante fachwissenschaftliche und fachdidaktische Prinzipien zu identifizieren. Letztlich wird durch die Zusammenführung der Ergebnisse zu den Lernzielen, der inhaltlichen Themenauswahl, der Ordnung und Gewichtung der Unterrichtsinhalte sowie den bei der Lehrplankonzeption angewandten Theorien und Prinzipien die Identifizierung des theoretischen Basiskonzepts der Lehrpläne möglich, bei dem die politische Erziehung ein integraler Bestandteil darstellte.

3.1.3 Schulbuchanalyse

Schulbücher haben generell die schwierige Aufgabe, gesellschaftliche, politische, fachwissenschaftliche und fachdidaktische Anforderungen zu erfüllen, mit dem Ziel, die SchülerInnen auf ihre zukünftige Lebenswirklichkeit vorzubereiten. Jedes Schulbuch hat aus diesem Grund sowohl einen Informationsgehalt, eine pädagogische Absicht als auch eine politische Dimension. Aus der Fülle möglicher Unterrichtsthemen müssen wesentliche Inhalte ausgewählt und so präsentiert werden, dass sie den oben genannten Anforderungen entsprechen. Im Folgenden wird eine produktorientierte Untersuchung durchgeführt, welche vorwiegend die politische Dimension analysiert, nach der in den Büchern elementarisiert wurde.

Es stellen sich folgende Fragen:
- Wie wurden die Lehrplanziele zur ideologischen Erziehung in den Geographieschulbüchern umgesetzt?
- Welche Bedeutung hatten die unterschiedlichen Medien im Schulbuch (Texte, Abbildungen, Karten, Statistiken, Photos und Diagramme) bei der Vermittlung der ideologischen Erziehungsziele?

- Welchen Stellenwert hatten die ideologischen Erziehungsziele insgesamt bei der Konzeption der Schulbücher?
- Inwiefern waren sie bei den Darstellungen der Themen der Physischen Geographie und der Ökonomischen Geographie relevant?
- Wie wurde der »sozialistische Geopossibilismus« als ideologisches Kernkonzept der Lehrpläne in den Schulbüchern umgesetzt?

In Anlehnung an Weinbrenner (1995) werden der Analysedimension »politische Ausrichtung« der »ideologische Gehalt« und die »Werturteile« als Kategorien zugeordnet. Bei der zunächst durchgeführten Textanalyse mit der Methodik der qualitativen Inhaltsanalyse (siehe 4.2.2) sollen die ideologischen Anteile identifiziert werden. Hierbei wird nach Weinbrenner (1992, S. 44) darauf geachtet, inwiefern

- deskriptive und präskriptive Aussagen miteinander vermischt werden,
- Schlüsse aus unrichtig oder unvollständig dargestellten Sachverhalten gezogen werden,
- hypothetische Annahmen als Behauptungen deklariert werden,
- falsche oder einseitige kausale Beziehungen hergestellt werden,
- partikulare Interessen als Gesamtinteressen dargestellt werden,
- Sachverhalte in unzulässiger Weise verallgemeinert werden.

Zudem wird auf die Nutzung der sozialistischen »Vokabeln« wie »Kapitalisten«, »Kapital«, »Klasse«, »Klassenkampf« etc. in den Schulbuchtexten geachtet.

Um die in den Geographieschulbüchern der DDR enthaltenen Werturteile zu erkennen, wird bei der Textanalyse zudem untersucht, inwiefern

- normative Orientierungen vermittelt werden und
- sich konkrete Handlungsanweisungen und Verhaltensregeln finden (siehe Weinbrenner, 1995, S. 32).

Zur Identifizierung und Bestimmung des ideologischen Gehalts der zu analysierenden Geographieschulbücher reicht es jedoch nicht aus, nur die Texte des Verbundmediums Schulbuch zu analysieren. Zusätzlich müssen Statistiken, Diagramme, Karten und Photos in die Untersuchung miteinbezogen werden, die in den Geographieschulbüchern der DDR einen großen quantitativen Anteil ausmachten und neben fachlichen Inhalten auch politische Botschaften transportierten. Bei der Analyse wird zunächst so vorgegangen, dass jedes dieser Medien getrennt betrachtet wird. Da durch die Lehrplananalyse bereits bekannt war, dass mit der Behandlung der »sozialistischen« Länder im Geographieunterricht andere politische Ziele verknüpft waren als mit derjenigen der »kapitalistischen« Länder, werden in der Folge durch den Vergleich der Darstellungen zu den »kapitalistischen« und den »sozialistischen« Ländern für beide Bereiche

typische Themen und Motive identifiziert sowie repräsentative Beispiele ausgewählt. Nach der Beschreibung des manifesten Inhalts dieser Medien werden
sie entsprechend ihrer spezifischen Gestaltungselemente analysiert. Um die
impliziten »ideologischen Anteile« und »Werturteile« dieser Medien zu erkennen, werden bei der Kartenanalyse der Maßstab, die Farbigkeit, die Kartensymbole und die Signatur untersucht, bei der Photoanalyse die Farbigkeit, die
Perspektive, die Komposition und der Titel und bei der Analyse von Diagrammen und Statistiken die graphische Veranschaulichung (z.B. Säulen-, Balken-,
Kreisdiagramm), die Zahlenwerte (z.B. absolute oder relative Zahlen), die
Quellen und die Titel.

Anschließend erfolgen die Interpretation der Aussage und die Bestimmung
der angestrebten Wirkung der Medien auf die SchülerInnen. Bei der Interpretation wird zudem auf Sekundärliteratur zurückgegriffen, die sich mit der didaktischen Nutzung der medialen Gestaltungsmittel beschäftigt. In diesem
Zusammenhang ist z.B. eine Arbeit von Mikk (2000, S. 299 ff.) zu nennen, in der
die Gestaltungselemente von Photos mit ihrer wahrnehmungspsychologischen
Wirkung auf die SchülerInnen in Verbindung gebracht werden. Zudem werden
didaktische Medienanalysen herangezogen, die von damaligen Methodikern des
Geographieunterrichts erarbeitet wurden und welche sich auf die Funktionen
der einzelnen im Schulbuch zu findenden Medien für die politische Erziehung
beziehen.

Durch die getrennte Analyse der in den Geographieschulbüchern der DDR
häufig zu findenden Medien, kann ihre jeweilige Bedeutung zur Vermittlung der
ideologischen Erziehung erkannt werden. Im letzten Analyseschritt wird durch
die Zusammenführung der Ergebnisse und durch die Untersuchung der Beziehungen zwischen Text und Abbildungen das mediale Gesamtkonzept der
Schulbücher in Bezug auf ihre politische Dimension dargestellt.

3.1.4 Analyse von Unterrichtshilfen

Die Analyse von Unterrichtshilfen soll die »idealtypische« methodische Umsetzung der ideologischen Erziehung im Geographieunterricht offen legen. Es
sollen folgende Fragen beantwortet werden:

- Wie sah der idealtypische *Ablauf* einer Geographieunterrichtsstunde in den
  Unterrichtshilfen aus und welche Unterrichtsphasen waren besonders bedeutsam zur Vermittlung der ideologischen Erziehungsziele?
- Welche *Unterrichtsmethoden* dominierten bei der Vermittlung der ideologischen Erziehungsziele und welche Begründungen finden sich für die Me-
  thodenauswahl in den Unterrichtshilfen?
- Welche *Unterrichtsmedien* sollten zur Vermittlung der ideologischen Erzie-

hungsziele von den LehrerInnen eingesetzt werden und wie wird dies begründet?

Zur Beantwortung dieser Fragestellungen werden zunächst durch den Vergleich
von Unterrichtsstunden verschiedener Klassenstufen typische Unterrichtsphasen identifiziert. Im zweiten Schritt werden die einzelnen Phasen in Bezug auf
ihre jeweiligen didaktischen Funktionen analysiert. Hier werden qualitative
Analysen an Textbeispielen durchgeführt, die für die jeweilige Unterrichtsphase
als inhaltlich repräsentativ eingeschätzt werden. Häufig ist aus der Benennung
der Phase und der darin enthaltenen Wortwahl ihre Funktion leicht zu erkennen,
so finden sich z. B. in der Phase der »Zielorientierung« häufig Vorschläge, die
Lehrer mögen das Thema der Stunde »nennen«, »orientieren« oder »informieren«. Teilweise sind die didaktischen Funktionen der Phasen jedoch nur implizit
aus den Unterrichtsvorschlägen zu erkennen. Zur Interpretation der an die
Lehrer gerichteten Handlungsanweisungen wird hier zusätzlich auf didaktischen Hinweise zurückgegriffen, die den Stoffeinheiten in den Unterrichtshilfen
vorangestellt sind und didaktisch-methodische Prinzipien explizieren, die den
Unterrichtsvorschlägen zugrunde liegen, sowie auf von damaligen »Methodikern« verfasste Sekundärliteratur.

Im dritten Schritt kann durch den Vergleich der Unterrichtsphasen ihre jeweilige Bedeutung zur Vermittlung der durch die Lehrpläne definierten ideologischen Erziehungsziele bestimmt werden.

Anschließend wird zusammengefasst, welche Medien und Unterrichtsmethoden in der Regel zur Vermittlung der ideologischen Erziehungsziele eingesetzt werden sollen und wie dies begründet wird.

Nachdem die Unterrichtsphasen bisher einzeln untersucht wurden, wird im
letzten Analyseschritt ein Querschnitt durch die in den Unterrichtshilfen vorgeschlagenen Geographiestunden gesetzt, um diejenigen methodischen Merkmale zu identifizieren, die in allen Phasen bei der Vermittlung der ideologischen
Erziehung als besonders relevant einzuschätzen sind. Hierzu werden Ergebnisse
zu den Unterrichtsphasen, Medien, Methoden und Unterrichtsprinzipien zu-
sammengeführt.

3.1.5 Methodische Probleme

Bestimmung des Stellenwerts der ideologischen Erziehung

Die Analysen der Lehrpläne, Schulbücher und Unterrichtshilfen hatten zunächst
das Ziel, die Konzeption der politisch-ideologischen Erziehung im Geographieunterricht der DDR offen zu legen. Um eine angemessene Tiefe der Analyse

und Interpretation zu gewährleisten und damit die Ziele, die mediendidaktische Umsetzung sowie die unterrichtsmethodischen Überlegungen zur politisch-ideologischen Erziehung zu erkennen, musste der Fokus der Medienanalyse notwendigerweise auf diejenigen Darstellungen gelegt werden, die vorrangig mit dem Ziel der ideologischen Erziehung konzipiert worden waren. Ergab die Lehrplananalyse z. B., dass die SchülerInnen im Geographieunterricht die wirtschaftlichen und sozialen Erfolge der sozialistischen Länder kennen lernen sollten (siehe 3.2.1), wurde bei der Schulbuchanalyse darauf geachtet, inwiefern dieser Gesichtspunkt in den Schulbüchern berücksichtigt und medial aufgearbeitet wurde. Bei der Analyse der Unterrichtshilfen wurde dann untersucht, anhand von welchen didaktischen Konzeptionen die genannte Zielsetzung vermittelt werden sollte.

Dieses Vorgehen hat den Nachteil, dass bei den Lesern der Studie womöglich der Eindruck entsteht, die gesamte theoretische, mediale und methodische Konzeption des Geographieunterrichts in der DDR habe das Hauptziel der ideologischen Beeinflussung der SchülerInnen verfolgt, was sicherlich in Bezug auf die ebenfalls vorhandenen Absichten, »geographische« Kenntnisse, instrumentelle und personale Fähigkeiten und Fertigkeiten zu vermitteln, nicht haltbar ist.

Um dieser Auffassung entgegenzuwirken und den Stellenwert einschätzen zu können, den die ideologische Erziehung im Gesamtkonzept des Geographieunterrichts spielte, wurden an verschiedensten Stellen der Analyse Verknüpfungen der ideologischen Erziehung mit anderen Lernzielen und für die Konzeption des Geographieunterrichts relevanten fachdidaktischen und fachwissenschaftlichen Konzepten gezogen. Zudem konnte durch den Vergleich mit anderen in den Lehrplänen, Unterrichtshilfen und Schulbüchern enthaltenen didaktischen Funktionen die Bedeutung der ideologischen Erziehung erfasst werden. Dennoch war es im Rahmen dieser Arbeit natürlich nicht möglich, tatsächlich alle Aspekte der an den analysierten Medien ablesbaren Gesamtkonzeption darzustellen, so dass letztlich in der Darstellung der Analyseergebnisse eine Überbetonung der ideologischen Erziehung vorhanden bleibt.

Historisches Interpretieren

Generell besteht bei der Interpretation historischer Dokumente, die in einem völlig anderen politischen und gesellschaftlichen Kontext entstanden sind als dem, in welchem die ForscherInnen sich aktuell bewegen, das Problem der angemessenen Deutung dieser Quellen. Während z. B. damals Photos von Lokomotiven aus den Škoda-Werken in der ČSSR (siehe Abbildung 13) als Beispiel für die hochmoderne technische Produktion in sozialistischen Ländern dienten, erscheinen sie uns heute, die wir Magnetbahnen, ICEs oder TGVs vor Augen haben, als veraltet.

Bei der Interpretation der Lehrpläne, Schulbücher und Unterrichtshilfen musste jedoch nicht nur die historische Barriere überwunden werden, sondern die Erfassung der damaligen Intentionen und Aussagen der Quellen wurde noch dadurch erschwert, dass ich als Forscherin in der BRD und nicht in der DDR sozialisiert wurde und bei der Analyse in eine mir ideologisch, sprachlich und bildsymbolisch »fremde« Welt eintauchte. Abbildungen von Plattenbauten in den Geographieschulbüchern wurden z. B. auf den ersten Blick als Sozialwohnungen wahrgenommen, während sie im damaligen Kontext als Symbole für Wohnqualität in sozialistischen Ländern dienen sollten.

Um die damals intendierten Wirkungen korrekt zu erfassen, mussten die Quellen zunächst »textimmanent« analysiert werden. Bei dem Photo der Škoda-Lokomotive waren es z. B. die Aufnahmeperspektive und die Farbigkeit des Photos, welche die Wertschätzung des Photographen und der Schulbuchautoren erkennen ließen. Im zweiten Schritt konnten Vergleiche mit anderen Darstellungen des gleichen Themas im Schulbuch sowie die Untersuchung von Verweisen auf andere Medien innerhalb des Schulbuchs, z. B. Erläuterungen eines Bildes im dazugehörigen Text, die Interpretation ermöglichen. Letztlich wurden auch Informationen aus Sekundärquellen zum Verständnis herangezogen. Vorwiegend in geographiedidaktischen Veröffentlichungen zur DDR-Zeit fanden sich Konzepte und Analysen, die zum Verständnis der Lehrpläne, Schulbücher und Unterrichtshilfen beitrugen.

Manipulation und Verfälschung

Generell bestand bei der Schulbuchanalyse das Problem einzuschätzen, inwieweit die einzelnen Medien nicht nur so gestaltet wurden, dass eine bestimmte politisch-ideologische Botschaft vermittelt wurde, was einerseits durch das Weglassen bestimmter Informationen und andererseits durch die Betonung anderer »ideologiekonformer« Informationen geschah, sondern inwiefern sie bewusst manipuliert und gefälscht wurden.

Bei der Analyse von Diagrammen und Statistiken konnten die dargestellten Daten nicht überprüft werden, da in der Regel keine Quellen angegeben wurden, die dargestellten Kategorien inhaltlich unklar blieben und häufig nicht klar war, welche Zahlenwerte (Prozentzahlen oder absolute Werte) dargestellt wurden (siehe 3.1.3). Ähnliches gilt für die in den Schulbüchern enthaltenen thematischen Karten, deren Symbole in der Regel nicht klar definiert wurden. Bei politischen Karten fehlten häufig die Maßstäbe und auch bei den in den Geographieschulbüchern enthaltenen Photos waren keine Quellen angegeben, so dass letztlich nicht überprüft werden konnte, ob sie tatsächlich das zeigten, was der Titel des Photos suggerierte.

Letztlich konnte aufgrund des Fehlens all dieser Angaben nicht klar bestimmt werden, inwiefern frei erfundene »Fakten« in den Geographieschulbüchern präsentiert wurden. Zu diesem Punkt wurden jedoch ehemalige Schulbuchautoren und Mitarbeiter der Akademie der Pädagogischen Wissenschaften befragt, deren Aussagen jedoch auch nicht als vollkommen verlässlich einzuschätzen sind. Vermutlich wäre die Analyse von internen Protokollen der Akademie der Pädagogischen Wissenschaften aufschlussreich, welche aber den Rahmen dieser Arbeit überstiegen hätten.

3.2   Lehrplananalyse

Lehrpläne definieren allgemein, welche Inhalte mit welchen Zielsetzungen im Unterricht vermittelt werden, wie diese angeordnet werden sollen und in welchem zeitlichen Umfang sie behandelt werden. Die Fragen nach den relevanten Kriterien, nach denen die Inhalte ausgewählt werden, nach den Zielsetzungen die verfolgt werden, nach der Anordnung der Inhalte und nach der vorgeschriebenen Verbindlichkeit für die LehrerInnen werden in Abhängigkeit von den jeweiligen geistigen und politischen Kräften einer Gesellschaft beantwortet. Lehrpläne können daher als Kulturdokumente aufgefasst werden. »*Sie sind Mittel der Selbstvergewisserung dieser Gesellschaft über ihre Situation, ihre Werte und ihre Ziele, sie stiften kulturelle Identität*« (Glöckel, 2003, S. 274). Lehrpläne sind zugleich Instrumente der staatlichen Bildungspolitik. Die Analyse der Lehrpläne der DDR kann darüber Auskunft geben, wie der Geographieunterricht aus staatlicher Sicht konzeptualisiert wurde.

Die in der DDR gültigen Lehrpläne wurden federführend von der Akademie der Pädagogischen Wissenschaften erarbeitet und vom Ministerium für Volksbildung herausgegeben. Sie bezogen sich jeweils auf das gesamte Staatsgebiet, waren in der DDR gesetzlich verbindliche Schuldokumente und mussten von den LehrerInnen unbedingt eingehalten werden. »Lehrplanerfüllung« bedeutete nicht nur die Bewältigung der stofflichen und methodischen Vorgaben, sondern die Realisierung der schulpolitischen Forderungen von Staat und Partei (Sperling, 1977). Sie enthielten genaue Angaben zu dem zu vermittelnden Inhalt, den Zielsetzungen, dem Umfang an Unterrichtsstunden für jedes Themengebiet sowie zu der methodischen Herangehensweise und waren im Sinne der Pädagogik der DDR »Vorplanungen« des Unterrichts (Vogler, 1997). »Vorplanungen« bedeuten, dass die Lehrkräfte ihren Unterricht auf die jeweilige Schülergruppe methodisch abstimmen sollten ohne inhaltliche oder zeitliche Änderungen der Lehrplanvorgaben vorzunehmen. Die bei etwaigen Kontrollen festgestellte

Nichterfüllung des Lehrplans wurde als Lehrplanverstoß gewertet und konnte negative Folgen für die Lehrkraft haben. Durch die detaillierten Lehrplanvorgaben versuchte man die Durchführung eines möglichst einheitlichen Geographieunterrichts in der gesamten DDR zu erreichen.

Für jede Klassenstufe sind die Lehrpläne ähnlich aufgebaut: Nach einer theoretischen Einleitung in die »*Ziele und Aufgaben*« des Geographieunterrichts, wird eine »*thematische Übersicht*« über die Unterrichtseinheiten und die zur Verfügung stehenden Stunden gegeben. Anschließend wird der genaue Inhalt der Unterrichtseinheiten mit ihrer »*thematischen Gliederung*«, den durchzuführenden Schüler-»*Tätigkeiten*« und den anzustrebenden »*Ergebnissen des Wissenserwerbs*« dargestellt.

Entstehungsbedingungen

Der Leiter der Forschungsgruppe zum Geographieunterricht an der Akademie der Pädagogischen Wissenschaften der DDR gibt im Folgenden Auskunft über die Entstehungsbedingungen der »neuen« Lehrpläne zwischen 1966 und 1971, die mit kleineren Korrekturen bis 1989 galten:

»Also, wir haben damals die Lehrpläne aus meiner Sicht außerordentlich gründlich erarbeitet. Wir haben also an jeden führenden Wissenschaftler der Geographie in der DDR die Lehrpläne zur Begutachtung verschickt; haben zu jedem Lehrplan mindestens 5 Bände Gutachten gehabt. Wir haben sie natürlich auch geschickt an Parteihochschule und an politische Einrichtungen, weil wir uns ja von dieser Seite absichern mussten. Ob wir das dann berücksichtigt haben oder nicht, das war dann letzten Endes unsere Sache, aber entschieden wurde das im Ministerium für Volksbildung. Wir haben immer nur Vorschläge unterbreitet; wir mussten die verteidigen.«

Nach den Angaben des von uns interviewten Experten hat die Erstellung der Lehrpläne für eine Jahrgangsstufe ca. ein Jahr in Anspruch genommen. In der Abteilung zum Geographieunterricht der Akademie der Pädagogischen Wissenschaften der DDR arbeiteten fünf Personen an der Erstellung der Lehrpläne die nach dem ersten Entwurf ausgiebig von den Geographiedidaktikern der DDR, den Geographen an Universitäten, den Botschaften der mit der DDR befreundeten Staaten, von ausgesuchten Fachberatern und Lehrern und von politischen Einrichtungen begutachtet worden seien. Zudem seien an einer »Forschungsschule« die Lehrpläne in Auszügen ausprobiert worden. Nach Angaben von Sperling (1977, S. 69) sollen etwa 3000 Personen mitgearbeitet haben und über 20 Institutionen beteiligten sich unter der Leitung der Akademie der Pädagogischen Wissenschaften an der Forschungs- und Entwicklungsarbeit.

Über die letzte Fassung habe dann das Ministerium für Volksbildung entschieden. Erkennbar wird aus dem Interview, dass man versuchte, möglichst vielen Interessensgruppen gerecht zu werden, vorhandenes fachwissenschaftliches und didaktisches Know-how zu nutzen und so realisierbare Lehrpläne zu gestalten, die allgemein akzeptiert würden.

Dass dies nicht immer gelang, bzw. auf welche Weise die einbezogenen Interessengruppen versuchten, ihre spezifischen Vorstellungen zum Geographieunterricht in die Gestaltung der Lehrpläne einfließen zu lassen, kann man an folgenden Interviewstellen ablesen:

»Das wurde auch an das Ministerium gegeben und wenn das Ministerium gesagt hat, nein, das wollen wir nicht – beispielsweise über die Infrastruktur der BRD, das hätte man niemals durchgekriegt, weil die DDR natürlich ins Negative geschlagen wäre – das hätte niemand akzeptiert. Insofern war da natürlich auch irgendwo gezwungenermaßen eine Unehrlichkeit drin, das konnte man nicht vermeiden.«

An dem hypothetischen Unterrichtsthema zur Infrastruktur in der BRD verdeutlicht unser Experte den von ihm wahrgenommenen Anspruch des Ministeriums für Volksbildung, durch die Gestaltung der Lehrpläne für den Geographieunterricht ein positiveres Bild von der DDR als von der BRD bei den SchülerInnen zu erzeugen. Da die SchülerInnen bei dem Thema der Infrastruktur in der BRD Vergleiche zu der ihnen bekannten, weniger entwickelten Infrastruktur in der DDR angestellt hätten, sei so ein Thema nicht genehmigungsfähig gewesen. Das vom Interviewpartner geäußerte Gefühl der »Unehrlichkeit« könnte daher rühren, dass er die »erzwungene« Selektion der Unterrichtsgegenstände als bewusste Aufgabe des Anspruchs interpretiert, durch den Geographieunterricht ein möglichst ausgewogenes Bild der zu behandelnden Länder und Themenbereiche zu erzeugen. Obwohl er selbst Leiter der Forschungsgruppe war, die die Lehrpläne konzipiert hat, sieht er in diesem Zitat keine eigene Verantwortung für die »Unehrlichkeit« der Themenauswahl, sondern schreibt diese allein dem Ministerium zu.

An einem zweiten Zitat wird an dem Beispiel der finnischen Botschaft deutlich, wie die Botschaftsvertreter versuchten, auf die Gestaltung der Lehrpläne Einfluss zu nehmen:

»Die Finnen waren sehr oft bei uns und die haben sich z. B. beschwert, dass Finnland nicht ausreichend behandelt wird. Dann kam vom Minister natürlich der Befehl, in den nächsten Lehrplan Finnland stärker aufzunehmen und da waren wir dran gebunden, sonst hätten wir den Lehrplan nicht durchbekommen.«

An dem folgenden Zitat wird der Einfluss der politischen Kräfte, an die Lehrpläne zur Begutachtung versandt wurden, deutlich:

»Man steht in politischen Zwängen, wenn man dort in solchen Funktionen ist, und
man hat bestimmte Dinge, z. B. »Sozialismus siegt«, – ob man davon überzeugt
war oder nicht – das kam eben rein. Fertig, aus!«

In diesem Zitat wird nicht klar, von wem genau die »politischen Zwänge« auf die
Lehrplankommission ausgingen. Offensichtlich wird jedoch, dass die Forderung
bestand, den Lehrplan für Geographie entsprechend der marxistisch-leninistischen Staatsideologie auszurichten. Als Hintergrund der Parole »Sozialismus
siegt« muss sicher der Kalte Krieg gesehen werden und der hieraus abgeleitete
Anspruch auch im Geographieunterricht klar Partei zu ergreifen.

Welche Rolle in diesem Zusammenhang die Leitung der Akademie der Pädagogischen Wissenschaften spielte, wird an der folgenden Interviewpassage
deutlich:

»Ja, und die Inhalte der Lehrpläne, die konnten wir dann natürlich nicht im
Selbstlauf bestimmen. Da gab es an der Akademie eine ganze Hierarchie von
Leuten, die politische Bedeutung hatten. Das muss man natürlich sehen. Neuner
war der Präsident, der war Mitglied des Politbüros; die Leute darunter, die Stellvertreter und Vizepräsidenten, die waren natürlich in allen möglichen politischen
Gremien eingebunden. Und eh wir das bis zum Ministerium gebracht hatten, ging
das über das Mitglied des Politbüros. Da haben wir natürlich einen Haufen Zeug
reingedrückt gekriegt.«

Nach den Angaben des Interviewten wurden die Lehrplanentwürfe, die in seiner
Abteilung erarbeitet wurden u. a. durch seine Vorgesetzen innerhalb der Akademie der Pädagogischen Wissenschaften nach politischen Kriterien beurteilt
und es wurden gff. Modifikationen beschlossen. Der Ausdruck »reingedrückt«
deutet an, dass er und seine Mitarbeiter nicht mit allen Änderungen einver-
standen waren.

Nach den Angaben des interviewten Experten waren die Lehrpläne für das
Fach Geographie in der DDR das Ergebnis eines umfassenden Abstimmungs-
prozesses der Interessen und Wahrnehmungen unterschiedlicher Gruppierungen unter der Leitung der Akademie der Pädagogischen Wissenschaften mit
letztendlicher Entscheidungsgewalt des Ministeriums für Volksbildung. Im
Folgenden wenden wir uns verstärkt der inhaltlichen und didaktischen Struktur
der Lehrpläne zu.

Die Lehrpläne, die ab 1966 entstanden, enthalten Angaben zu den Zielen und
Aufgaben des Geographieunterrichts in den einzelnen Klassenstufen. Diese
spiegeln die didaktischen, ideologischen und fachlichen Schwerpunkte mit

denen Geographie unterrichtet werden sollte. Für jede Klassenstufe werden die Unterrichtsthemen mit genauen Angaben über ihren Umfang an Unterrichtsstunden genannt. Zu jedem einzelnen Themengebiet finden sich Hinweise zu dem Thema und seinen Zielsetzungen. Häufig werden die anzustrebenden Tätigkeiten der SchülerInnen wie z. B. die »Arbeit mit Globus und Weltkarte« oder das »Auswerten von Flurkarten« für die einzelnen Stoffgebiete angeben sowie die zu erzielenden Ergebnisse der Unterrichtsarbeit. Im Lehrplan für die 5. Klasse gliedern sich diese in: »*Begriffe, Kenntnisse und Einsichten, Topographischer Merkstoff, Merkzahlen*« (MfV, 1979, Lehrplan Geographie, Klasse 5, S. 14).

Bei der Durchsicht der Lehrpläne fallen die Fülle und die Genauigkeit der Angaben zu den einzelnen Themengebieten auf. Nach den Angaben des interviewten Leiters der Forschungsgruppe zum Geographieunterricht der Akademie der Pädagogischen Wissenschaften war der hohe Definitionsgrad der Lehrpläne eine der entscheidenden Neuerungen zu den vorhergehenden Lehrplänen von 1959.

»Na ja, die 59er Lehrpläne, das waren pro Jahr vielleicht 2–3 Seiten pro Fach oder so. Und die präzisierten Lehrpläne, das waren schon kleine Bücher, das waren also schon 20 Seiten.«

Aufgrund der gesellschaftlichen und politischen Veränderungen sei eine Neukonzeption der Lehrpläne notwendig geworden.

»Es gab also Gründe aus allen Bereichen des gesellschaftlichen Lebens, um die Lehrpläne zu präzisieren. Weiterzuentwickeln, auch, sagen wir mal, um die politische Stoßrichtung deutlich zu machen, die natürlich vorgegeben war.«

Mit »politischer Stoßrichtung« wird vermutlich die stärkere Ausrichtung der Lehrpläne an der marxistisch-leninistischen Ideologie gemeint sein.

3.2.1 Ergebnisse der Lehrplananalyse

Im Folgenden werden die in den Lehrplänen genannten Lernziele identifiziert, auf deren Grundlage Unterrichtsthemen festgelegt wurden, die im Anschluss vorgestellt werden. Im letzten Teil werden die didaktischen, fachwissenschaftlichen und ideologischen Prinzipien vorgestellt, nach denen die Auswahl und die Ordnung der Unterrichtsinhalte stattgefunden haben.

3.2.1.1 Lernziele

Zunächst wollte der Geographieunterricht der DDR zur geographischen »Könnensent-wicklung« der SchülerInnen beitragen. »Können« wird dabei als »komplexe Persönlichkeitseigenschaft« verstanden, die sich aus Kenntnissen, Fertigkeiten und Gewohnheiten zusammensetzt (Breetz, 1984, S. 28).

Die anzustrebenden *Kenntnisse* bezogen sich auf grundlegende Komponenten der Ökonomischen Geographie wie Industrie, Landwirtschaft, Bevölkerung und Verkehr sowie auf diejenigen der Physischen Geographie wie Klima, Wasser, Relief, Boden und Rohstoffe, die in ihrer Vernetztheit kennen gelernt werden sollten. So wird z. B. als ein Ziel im Lehrplan (MfV, 1979, S. 9) für die 5. Klasse definiert: »*Erfassen der Beziehungen zwischen Oberflächengestalt, Klima und wirtschaftlicher Nutzung.*« Damit sollte grundlegendes Wissen über die Zusammenhänge zwischen Natur und Gesellschaft in »sozialistischen« und »kapitalistischen« Gesellschaften vermittelt werden und die spezifischen Strukturen der behandelten Territorien sollten erfasst werden.

Die Entstehung, Lage und Struktur ausgewählter Territorien sollte behandelt werden und die Relationen der Territorien untereinander sollten auf unterschiedlichen Maßstabsebenen kennen gelernt werden. Kenntnisse über das Leben der Menschen in Staaten mit »sozialistischen« und »kapitalistischen« Produktionsverhältnissen sollten erworben werden. Daneben sollten den SchülerInnen zentrale regionale Informationen und topographische Kenntnisse über die Erde vermittelt werden, die ihnen die räumliche Orientierung erleichtern sollten.

Unter zu erweiternden *Fertigkeiten* verstand man u. a. den Aufbau und die Vertiefung der Kenntnisse im Auswerten von Statistiken, Texten, Karten und Diagrammen (u. a. Lehrplan Klasse 5, 1979). In den analysierten Lehrplänen findet man im Teil »Ziele und Aufgaben« und im Stoffteil für die jeweilige Klasse instrumentelle Lernziele. Die SchülerInnen sollten laut den Lehrplänen im Laufe ihres Geographieunterrichts lernen, Informationen aus Karten, Diagrammen, Profilen, Bildern, Tabellen, Texten und Schemata zu entnehmen, auszuwerten und zu verarbeiten. Hier als Beispiel ein Zitat aus dem Lehrplan der Klasse 8 (MfV, 1979, S. 98):

»Die Arbeit mit geographischen Arbeitsmitteln ist so weiterzuentwickeln und zu vervollkommen, dass die angeeigneten Techniken der Arbeit mit Bildern, Karten, Diagrammen, Tabellen und mit dem Lehrbuch in immer stärkeren Maße zum Mittel des selbständigen Kenntniserwerbs werden.«

Auf der Grundlage einer Lehrplananalyse identifiziert Schlimme[4] (1981, S. 161/162) folgende zentrale Schülertätigkeiten im Geographieunterricht:

»1. Anfertigen und Auswerten von Lageskizzen
2. Anfertigen und Auswerten von Profilen bzw. Profilskizzen zum Relief und geologischen Bau
3. Zeichnen (Vervollständigen) von schematischen Darstellungen geographischer Sachverhalte (z. B. Relationen zwischen Industrie und Landwirtschaft)
4. Auswerten von Karten (physische Karten, Wirtschaftskarten, Karten zu Klima elementen)
5. Anlegen und Auswerten von Tabellen
6. Auswerten von Diagrammen, einschließlich Klimadiagrammen
7. Messen von Entfernungen auf Karten
8. Vergleichen geographischer Sachverhalte.«

Flath (1985, S. 13) sieht in den Lehrplänen »*Ansätze*« für eine »*Linienführung der Könnensentwicklung*«, deren wichtiger Bestandteil die Entwicklung von Fertigkeiten ist, der allerdings die Systematik fehlen würde. »*In den Geographielehrplänen Klasse 5 bis 10 wurde ein Programm der Könnensentwicklung nur in Ansätzen angelegt*« (Flath, 1985, S. 13).

Letztlich strebte man die ideologische *Erziehung* der SchülerInnen zu »allseitig entwickelten sozialistischen Persönlichkeiten« an. Die politisch-ideologischen Erziehungsziele schlossen die zu vermittelnde Überzeugung der SchülerInnen von der Überlegenheit des Sozialismus über den Kapitalismus sowie die Übernahme eines klaren »*Klassenstandpunktes*« durch die SchülerInnen ein. Wichtige Ziele des Geographieunterrichts waren bei den SchülerInnen,

»Heimatliebe«, »Wertschätzungen für die Leistungen der Werktätigen«, »Stolz auf die Errungenschaften unseres sozialistischen Staates«, »sozialistisches Staatsbewusstsein«, »patriotische Gesinnung« zu erzeugen und die SchülerInnen zur »Freundschaft mit der Sowjetunion und den anderen sozialistischen Bruderländern« zu erziehen (u. a. MfV, 1979, Lehrplan Klasse 5, S. 6–11).

Vorrangig bei der Behandlung der politisch-ökonomischen Merkmale einer Region sollten Schwerpunkte auf die »sozialistische Erziehung« gelegt werden (Barth, 1970, S. 159). Wichtig ist, dass enge Verbindungen zwischen Kenntnissen, Fertigkeiten und Überzeugungen gesehen wurden. Erst die Kenntnis der »*objektiven Gesetzmäßigkeiten*« führe zur Ausbildung »sozialistischer Überzeugungen« (Meincke, 1977, S. 23). Zur Aneignung der Kenntnisse wiederum

---

4 Wolfgang Schlimme war Forschungsgruppenleiter an der Akademie der Pädagogischen Wissenschaften der DDR im Institut für gesellschaftlichen Unterricht in der Abteilung gesellschaftswissenschaftliche Unterrichtsfächer.

bedürfe es der methodischen Fähigkeiten wie z. B. dem Auswerten von Karten, Diagrammen und Texten. Damit bezog man sich auf die marxistisch-leninistische Erkenntnistheorie, in der »Wissenschaft« und »Ideologie« keine gegensätzlichen Positionen darstellten, sondern eine dialektische Einheit bildeten. Durch die Vermittlung eines »wissenschaftlichen Weltbildes« im Geographieunterricht sollten gleichzeitig sozialistische Überzeugungen ausgebildet werden (Sperling, 1977).

Der Geographieunterricht wurde als ein zentrales Fach gesehen, in dem eine »bewusste« sowie »*emotional fundierte*« Beziehung zum »sozialistischen Vaterland« vermittelt werden konnte (Hauck, 1979, S. 340). Durch die Behandlung der ökonomischen und der physisch-geographischen Bedingungen der DDR sollte die »*weitsichtige Wirtschaftspolitik*« der SED erkannt und die »*Begeisterung für die Schönheit der Landschaften unseres Vaterlandes*« geweckt werden. Neben dem »sozialistischen Patriotismus« sollte der »proletarische Internationalismus« durch die Darstellung der freundschaftlichen Beziehungen der DDR zu den »sozialistischen« Staaten, der Vermittlung, dass die »*Gestaltung der Territorien in den sozialistischen Bruderländern*« nach ähnlichen Prinzipien verlaufe wie in der DDR, und durch die Verdeutlichung der großen Potenzen der »sozialistischen« Staaten zur Verwirklichung der Interessen der Bevölkerung bei der Raumgestaltung vermittelt werden (Hauck, 1979, S. 342 – 344). Die Behandlung der imperialistischen »kapitalistischen« Staaten diente vorrangig dazu, die generelle Überlegenheit des Sozialismus über den Kapitalismus den SchülerInnen zu verdeutlichen. Es sollten nicht unterschiedliche Perspektiven auf die Unterrichtsgegenstände vermittelt werden, die zur Diskussion und eigenen Meinungsbildung der SchülerInnen anregten, sondern ein einheitliches Gesellschaftsbild aus Sicht des Marxismus-Leninismus entwickelt werden, dessen geopolitische Bedeutung vor dem Hintergrund des damaligen Kalten Krieges verstanden werden kann.

Es stellt sich die Frage, in welchen Teilen des Lehrplans die ideologischen Erziehungsziele definiert wurden. Hier sind zunächst die Einleitungen zu jeder Klassenstufe zu nennen, in denen die übergeordneten Ziele zu allen drei Lernzielbereichen angegeben werden. Bei der Beschreibung des »Inhalts des Unterrichts« werden Ziele der ideologischen Erziehung je nach Stoffgebiet in unterschiedlicher Intensität angegeben. Besonders häufig findet man sie in Stunden zu Themen der Ökonomischen Geographie sowie in Einführungs- und Auswertungsstunden. Trotz des großen ideologischen Anteils der Lehrpläne kritisierten einige »Methodiker«[5] der DDR die nicht »*hinreichend deutlich ausge-*

---

5 In der DDR sprach man anstelle von »geographischer Fachdidaktik« von »Geographiemethodik«, was ausdrücken sollte, dass nur unterrichtsmethodische Forschungen durchgeführt werden sollten und grundlegende Entscheidungen über die ideologische Ausrichtung des

wiesene einheitliche inhaltlich-ideologische Linienführung« (Schlimme, 1974, S. 79).

Auffällig bei der Analyse der Lehrpläne ist, dass der Schwerpunkt auf den fachlichen Zielen lag, bei deren Darstellung die erzieherischen integriert und teilweise implizit enthalten waren. Während die »Kenntnisse« sehr ausführlich dargestellt wurden, wurden die instrumentellen Lernziele für alle Jahrgangsstufen genannt, aber in wenigen Sätzen ausgeführt. Soziale Lernziele sind dagegen in sehr geringem Umfang vertreten und fehlen für viele Klassen völlig.

3.2.1.2 Unterrichtsthemen

Die auf der nächsten Seite folgende Tabelle 2 gibt eine Übersicht über die Themen, die im Geographieunterricht behandelt werden sollten.

3.2.1.3 Prinzipien für die Auswahl der Inhalte und Lernziele

Betrachtet man die in Tabelle 2 aufgelisteten Oberthemen für den Geographieunterricht, fallen drei offensichtlich angewandte Prinzipen für die Auswahl und die Ordnung der Inhalte auf, die im Folgenden dahingehend untersucht werden sollen, inwiefern sie dazu eingesetzt wurden, die ideologischen Erziehungsziele in Lehrplanaussagen zu übersetzen.

Sozialismus versus Kapitalismus
In den Lehrplänen findet sich an verschiedenen Stellen die Unterscheidung in »kapitalistische« und »sozialistische« Staaten (vgl. Klassen 6, 7, 8, und 10). Es handelt sich hier offensichtlich um ein idcologisch begründetes Kriterium für die Auswahl und Anordnung der Inhalte.

»Die Charakterisierung der verschiedenen Regionen der Erde ist immer mit einer klaren politischen Eingruppierung und Einschätzung der zu behandelnden Länder zu verbinden« (Schlimme, 1989, S. 10).

In den Lehrplänen wird an verschiedenen Stellen hervorgehoben, dass durch den Vergleich zwischen »sozialistischen« und »kapitalistischen« Staaten deren Besonderheiten hervorgehoben und von den SchülerInnen verstanden werden können:

»(...) die Schüler (dringen) nun systematisch in die Struktur der kapitalistischen Wirtschaft ein. Dies kann nur erfolgreich sein, wenn ein ständiger Bezug zu dem in

---

Faches und wichtige Unterrichtsprinzipien, von der Bildungspolitik der SED getroffen wurden (Sperling, 1981).

Tabelle 2: Themen aus den Lehrplänen für Geographie[a)]

Klasse	Themen	Stunden
5	**Deutsche Demokratische Republik** (Einführung in das Fach Geographie, die Tieflandsgebiete der DDR, das Mittelgebirgsland der DDR, Zusammenfassung)	65
6	**Überblick über Europa**	2
	»Kapitalistische« Länder (BRD, Nordeuropa, Westeuropa, Alpenländer, Südeuropa)	35
	»Sozialistische« Länder (Die Volksrepublik Polen, die Tschechoslowakische Sozialistische Republik, die Ungarische Volksrepublik, die sozialistische Republik Rumänien, die Volksrepublik Bulgarien, die Sozialistische Föderative Republik Jugoslawien, die Volksrepublik Albanien)	21
	Zusammenfassung	2
	Exkursion	2
7	Das Gradnetz und die Zeitzonen der Erde	3
	Die **Sowjetunion** – das erste »sozialistische« Land und der mächtigste Staat des sozialistischen Weltsystems	26
	Asien (Die Länder Zentral- und Ostasiens, Südasien, Südostasien, Vorderindien, Westasien)	31
8	**Afrika** (Politische Situation, Physische Geographie Afrikas, Ökonomische Geographie Afrikas, ausgewählte Länder Afrikas)	29
	Amerika (Überblick über den Doppelkontinent, Physische Geographie, die Vereinten Staaten von Amerika (USA), Ökonomische Geographie Lateinamerikas, Kuba)	25
	Australien	2
	Die Polargebiete	2
	Die zunehmende Stärke und der wachsende Einfluss des sozialistischen Weltsystems (Zusammenfassung)	2
9	Die **Lufthülle** der Erde	7
	Die **Wasserhülle** der Erde	3
	Die **Gesteinskruste** der Erde und ihre Veränderungen	10
	Die erdgeschichtliche Entwicklung Mitteleuropas	3
	Die Landschaft	4
	Exkursion in die Natur, Vorbereitung und Auswertung	2
10	**Ökonomische Geographie** der sozialistischen Staatengemeinschaft	30
	Ökonomische Geographie der Deutschen Demokratischen Republik	24
	Aktuelle ökonomisch-geographische Probleme	2
11	Probleme der **Entstehung der Erdkruste und der Erdoberfläche** am Beispiel Europas und der DDR	15
	Ausgewählte Kapitel aus der **Ökonomischen Geographie**	41
	Gesamtzusammenfassung	4

[a)]Die Angaben sind entnommen: Ministerium für Volksbildung (Hrsg. 1979): Lehrplan Geographie Klassen 5 bis 10. Berlin; Ministerium für Volksbildung (Hrsg. 1972): Lehrplan für Geographie. Erweiterte Oberschule. Klasse 11. Berlin;

der Klasse 5 erworbenen Wissen hergestellt wird und die Schüler durch Gegenüberstellung wichtige Unterschiede zwischen der sozialistischen und der kapitalistischen Wirtschaft erkennen.« (MfV, 1979, Lehrplan Geographie, Klasse 6, S. 32.)

Den SchülerInnen sollte sichtbar gemacht werden, dass die Wirtschafts- und Lebensbedingungen in »sozialistischen« Ländern im Interesse der Bevölkerung gestaltet werden.

»Bei der Behandlung sozialistischer Länder kommt es vor allem darauf an, den Schülern die errungenen wirtschaftlichen und sozialen Erfolge dieser Länder bewusst zu machen« (Schlimme, 1989, S. 11).

Dies sollte vor allem durch die Gegenüberstellung sozialer Probleme früherer Zeiten mit der positiven aktuellen Situation in den behandelten Ländern geschehen.

Im Gegensatz dazu sollten die SchülerInnen erkennen, dass in »kapitalistischen« Ländern aufgrund der dort herrschenden Eigentums- und Machtverhältnisse regionale Disparitäten, soziale und politische Probleme vorherrschten. Zentrales Anliegen der Lehrpläne war es, die Abhängigkeit der Gesellschaftsordnungen von der jeweiligen Produktionsweise zu zeigen. An welchen Stellen des Lehrplans für die Klasse 10 die »bestimmende Relation« (RB) der *Produktionsweise* (»kapitalistisch« oder »sozialistisch«, in der Abbildung links dargestellt) auf die *Gesellschaft* (in der Abbildung rechts dargestellt) vorkam, stellt Schlimme dar (siehe Abbildung 4).

Auch hier wird erkennbar, dass einem positiven Einfluss der »sozialistischen« Produktionsweise auf die Gesellschaft, den man an Formulierungen wie *»freundliche Zusammenarbeit«* und *»Hilfe der sozialistischen Staaten«* ablesen kann, ein negativer Einfluss der »kapitalistischen« Produktionsweise gegenübergestellt wird (u. a. *»Profitstreben führt zu ungleichmäßiger Entwicklung Italiens«*). Es soll nicht nur deutlich gemacht werden, dass der Sozialismus dem Kapitalismus ökonomisch überlegen ist, sondern dass er auch sozial gerechter ist und bessere Lebensbedingungen für die Bevölkerung bietet. Als Beispiel wird eine »moderne« Siedlung in Halle angeführt (siehe Abbildung 5), die die Versorgungs- und Erholungsbedürfnisse der Bevölkerung u. a. durch die Anlage von Sportanlagen, Grünflächen und Versorgungsgebieten erfüllt.

Im Geographieunterricht sollte gezeigt werden, dass die »Produktionsweise« nicht nur einen Einfluss auf die »Gesellschaft« hat, sondern durch diese auch auf die »Natur«. Während die »sozialistische« Produktionsweise darauf abzielte, die *»Natur in höchstmöglichem Umfang zu schützen«* und *»entsprechend der Bedürfnisse der Bevölkerung zu gestalten«* führe das ausschließliche Profitstreben der Kapitalisten zu schweren Umweltschäden (Schlimme, 1974, S. 58).

Für den Lehrplan Geographie Klasse 9 hat der Leiter der Akademie der

Pädagogischen Wissenschaften, Neuner, die »inhaltlich-ideologische Linienführung« dargestellt (Abbildung 6).

Da in der 9. Klasse fast ausschließlich physisch-geographische Inhalte unterrichtet wurden, erstaunt es, dass auch bei diesen Themengebieten ideologische Überzeugungen vermittelt werden sollten. Den SchülerInnen sollte ein
dialektisch-materialistisches Weltbild vermittelt werden und sie sollten erkennen, dass die »sozialistische Gesellschaftsordnung« besser als die »kapitalistische« imstande sei, die Geosphäre zu nutzen und zu schützen.

Wie aus den Lehrplänen für mehrere Jahrgangsstufen hervorgeht, sollten
nicht nur Kenntnisse über die unterschiedlichen Wirtschaftssysteme in »kapitalistischen« und »sozialistischen« Ländern vermittelt werden, sondern dadurch
auch die Überzeugung der Kinder von dem größeren Wert der »sozialistischen
Ordnung« gefestigt werden. Geographie war als ein Fach gedacht, in dem durch
die Vermittlung fachlicher Inhalte auch ideologisch erzogen wird:

»Die ideologische Erziehung der Schüler ist im Geographieunterricht der Klasse 7
vor allem darauf gerichtet, einen Beitrag zur Herausbildung und Vertiefung der
Überzeugung zu leisten, dass der Sozialismus allen Völkern und Menschen den
Weg in die Zukunft weist und der Kapitalismus zum Untergang verurteilt ist.«
(MfV, 1979, Lehrplan Geographie, Klasse 7, S. 65).

Dieses Zitat verweist auf ein normatives, allgemeinverbindliches Bildungsideal,
das der Auswahl der Lehrplaninhalte zugrunde liegt. Der Sozialismus wird nicht
als hypothetische Theorie der Gesellschaftsentwicklung dargestellt, sondern als
objektive Erkenntnis und einzig möglicher Entwicklungsweg. Wie in diesem
Zitat wird der Sozialismus auf der Grundlange des Marxismus-Leninismus in
den Geographielehrplänen der DDR in der Regel als die einzig richtige Weltsicht
dargestellt, wobei Hinweise auf theoretische und praktische Alternativen sowie
offene Fragen ausgespart werden.

Der damalige Leiter der Arbeitsgruppe zum Geographieunterricht an der
Akademie der Pädagogischen Wissenschaften der DDR reflektiert das in den
Lehrplänen formulierte »sozialistische Erziehungsziel« folgendermaßen:

»Und es gab also das Ziel, die allseitige entwickelte sozialistische Persönlichkeit hervor zu bringen. So, und dagegen konnte man zunächst mal gegen
»allseitig« überhaupt nichts sagen. Allseitig entwickelt, da gab es gar nichts. Und
»sozialistisch« – also der Glaube, »Sozialismus siegt«, das musste sein. Das hat
man nicht anders durch bekommen. Wenn da drin steht: »Liebe zu den Völkern
der Sowjetunion«, das kann ich nicht als etwas Negatives ansehen. Negativ ist,
dass wir nicht geschrieben haben, »auch zu anderen Völkern, z. B. zu den
Franzosen.« Das war natürlich unmöglich, so was aufzuschreiben. Was hätte
man da machen sollen? – die Sowjetunion war der große Freund.«

Klasse 10

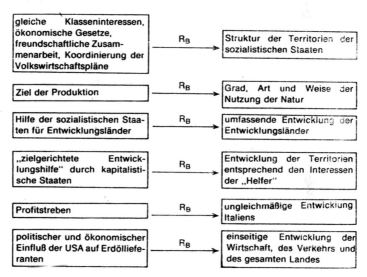

gleiche Klasseninteressen, ökonomische Gesetze, freundschaftliche Zusammenarbeit, Koordinierung der Volkswirtschaftspläne	R_B	Struktur der Territorien der sozialistischen Staaten
Ziel der Produktion	R_B	Grad, Art und Weise der Nutzung der Natur
Hilfe der sozialistischen Staaten für Entwicklungsländer	R_B	umfassende Entwicklung der Entwicklungsländer
„zielgerichtete Entwicklungshilfe" durch kapitalistische Staaten	R_B	Entwicklung der Territorien entsprechend den Interessen der „Helfer"
Profitstreben	R_B	ungleichmäßige Entwicklung Italiens
politischer und ökonomischer Einfluß der USA auf Erdöllieferanten	R_B	einseitige Entwicklung der Wirtschaft, des Verkehrs und des gesamten Landes

Abb. 24 Beispiele aus den Geographielehrplänen

Abbildung 4: Beeinflussung der »Gesellschaft« durch die »Produktion« (Schlimme, 1974, S. 56)

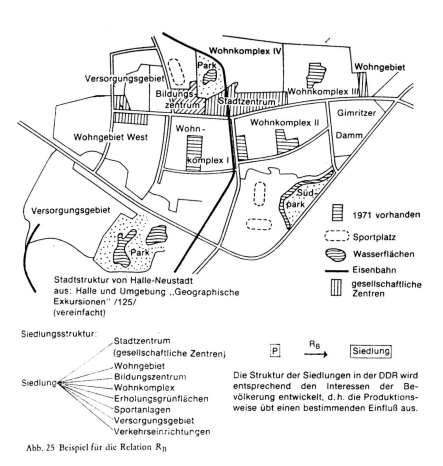

Stadtstruktur von Halle-Neustadt
aus: Halle und Umgebung „Geographische
Exkursionen" /125/
(vereinfacht)

1971 vorhanden
Sportplatz
Wasserflächen
Eisenbahn
gesellschaftliche Zentren

Siedlungsstruktur:

Siedlung
- Stadtzentrum (gesellschaftliche Zentren)
- Wohngebiet
- Bildungszentrum
- Wohnkomplex
- Erholungsgrünflächen
- Sportanlagen
- Versorgungsgebiet
- Verkehrseinrichtungen

$\boxed{P} \xrightarrow{R_B} \boxed{Siedlung}$

Die Struktur der Siedlungen in der DDR wird entsprechend den Interessen der Bevölkerung entwickelt, d. h. die Produktionsweise übt einen bestimmten Einfluß aus.

Abb. 25 Beispiel für die Relation R_B

Abbildung 5: Einfluss der »Produktion« auf die Siedlungsstruktur (Schlimme, 1974, S. 57)

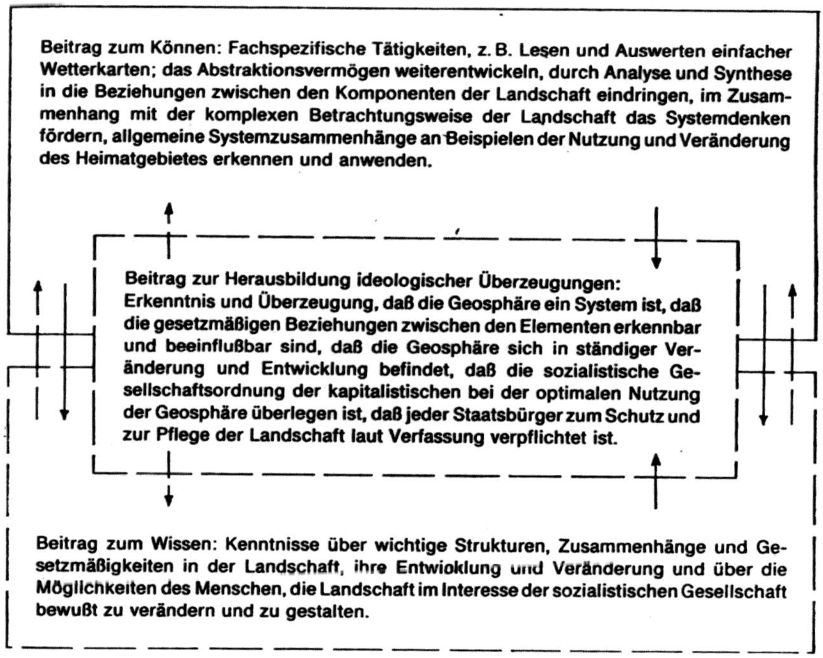

Beitrag zum Können: Fachspezifische Tätigkeiten, z. B. Lesen und Auswerten einfacher Wetterkarten; das Abstraktionsvermögen weiterentwickeln, durch Analyse und Synthese in die Beziehungen zwischen den Komponenten der Landschaft eindringen, im Zusammenhang mit der komplexen Betrachtungsweise der Landschaft das Systemdenken fördern, allgemeine Systemzusammenhänge an Beispielen der Nutzung und Veränderung des Heimatgebietes erkennen und anwenden.

Beitrag zur Herausbildung ideologischer Überzeugungen: Erkenntnis und Überzeugung, daß die Geosphäre ein System ist, daß die gesetzmäßigen Beziehungen zwischen den Elementen erkennbar und beeinflußbar sind, daß die Geosphäre sich in ständiger Veränderung und Entwicklung befindet, daß die sozialistische Gesellschaftsordnung der kapitalistischen bei der optimalen Nutzung der Geosphäre überlegen ist, daß jeder Staatsbürger zum Schutz und zur Pflege der Landschaft laut Verfassung verpflichtet ist.

Beitrag zum Wissen: Kenntnisse über wichtige Strukturen, Zusammenhänge und Gesetzmäßigkeiten in der Landschaft, ihre Entwicklung und Veränderung und über die Möglichkeiten des Menschen, die Landschaft im Interesse der sozialistischen Gesellschaft bewußt zu verändern und zu gestalten.

Abb. 14 Komplexe Zielstellung des Geographielehrplans Klasse 9 (nach Neuner)

Abbildung 6: Ideologische Ziele des Geographielehrplans Klasse 9 (von Neuner zit. nach Schlimme (1974, S. 37))

Wie auch an anderer Stelle wird hier das »sozialistische Erziehungsziel« im Lehrplan auf die politisch-ideologische Ausrichtung des Staates sowie der engen außenpolitischen Verbindung der DDR zur Sowjetunion zurückgeführt. Das Ziel, emotionale Verbundenheit der SchülerInnen zur Sowjetunion durch die positive Darstellung dieses Staates zu erreichen, wird kritisch reflektiert, da es sich um eine »exklusive« Liebe handelte, die »kapitalistische« Länder, hier Frankreich, nicht betreffen sollte. Der Interviewte verweist mit der rhetorischen Frage am Ende des Zitats auf den wahrgenommenen geringen eigenen Handlungsspielraum.

Die in den Lehrplänen für den Geographieunterricht zu findenden Zielsetzungen der »Ideologiezentrierung« und »Parteilichkeit« des Geographieunterrichts werden ebenfalls in dem Buch »Methodik Geographieunterricht«, einer zentralen Veröffentlichung zum Geographieunterricht der DDR, ausgeführt:

»Alle Ziele des Geographieunterrichts sind ideologiezentriert. (...) Die Ziele des Geographieunterrichts in der DDR sind Ziele, die auf dem Marxismus-Leninismus – der Weltanschauung der Arbeiterklasse – basieren. Alle politischen und ökonomisch-geographischen, aber auch die physisch-geographischen Sachverhalte werden vom Standpunkt der Arbeiterklasse aus erörtert« (Schlimme, 1978, S. 22).

In der Geographiedidaktik der DDR nahm man eine kausale Beziehung zwischen Wissensaneignung und Persönlichkeitsentwicklung an. Es herrschte die Vorstellung, dass die »allseitig entwickelte sozialistische Persönlichkeit« durch fachlich-ideologisches Wissen geformt werden könne.

»Je wirkungsvoller es gelingt, die Schüler in wissenschaftliche Erkenntnisse über objektiv existierende geographische Strukturen und Prozesse eindringen zu lassen, um so wertvoller ist der Beitrag des Geographieunterrichts zur ideologischen Erziehung« (Schlimme, 1989, S. 10).

Verständlich ist die Folgerung, dass bei wissenschaftlicher Behandlung geographischer Phänomene automatisch ideologisch erzogen würde nur vor dem Hintergrund, dass der Marxismus-Leninismus als wissenschaftliche Theorie mit absolutem Wahrheitsanspruch bei der Beschreibung und Erklärung der gesellschaftlichen Realität verstanden wurde. Damit erschien jegliche »wissenschaftliche Darstellung« automatisch als Beleg der Richtigkeit der marxistisch-leninistischen Weltanschauung.

In den Lehrplänen wird nicht die Zielsetzung definiert, den SchülerInnen ein möglichst ausgewogenes Weltbild zu vermitteln, sondern sie durch die »Ideologiezentrierung« des Unterrichts von der Überlegenheit des Sozialismus gegenüber dem Kapitalismus zu überzeugen. Dementsprechend wird die Übernahme einer »klassenmäßigen« Haltung der SchülerInnen durch den Geographieunterricht gefordert:

»Die klassenmäßige Haltung des Lehrers ist erforderlich, um die Schüler zum klassenmäßigen Verständnis der Entwicklung dieser Länder zu führen« (Schlimme, 1989, S. 12).

Länderkunde oder Allgemeine Geographie?
In der BRD kann man ausgehend von dem »Kieler Geographentag« 1969 einen Paradigmenwechsel des Schulfachs »Erdkunde« beobachten, der zu einem Wandel der Lehrpläne und Schulbücher führte. Die Reform wurde vorrangig mit Hilfe des Erdkundeschulbuchs vorangebracht (Schmithüsen, 2002). Die bis zu diesem Zeitpunkt unterrichtete Länderkunde nach dem »Länderkundlichen Schema« wurde mit den folgenden Argumenten heftig kritisiert (Hard, 1982):

1. Die fehlende kognitive Stufung des Länderkundlichen Lehrplans, da alle Länder nach dem gleichen Schema behandelt wurden, was die SchülerInnen langweilte.
2. Unreflektierte und triviale Darstellung der Länder.
3. Fixierung auf die Landschaftsperspektive, bei der die gesellschaftlichen Zusammenhänge und Probleme nur verzerrt wahrgenommen werden können.
4. Aktuelle globale Probleme sowie übertragbare ökonomische, politische und soziale Grundstrukturen wurden nicht behandelt und damit auch keine allgemeinen Einsichten vermittelt.
5. Das verzerrend starke Gewicht des Mensch-Natur-Themas, also die Darstellung von Konflikt und Harmonie der Menschen und ihrem Raum, vermochte wohl wesentliche Züge der vormodernen Welt aufzuschließen, ist aber zur Erklärung der heutigen industrialisierten Welt wenig geeignet.
6. Das Prinzip vom »Nahen zum Fernen« lässt sich entwicklungspsychologisch nicht erklären. Es sollte durch ein Vorgehen vom Einfachen zum Komplexen ersetzt werden.

Aus der geäußerten Kritik wurde die Forderung »Allgemeine Geographie statt Länderkunde« abgeleitet (Schultze, 1970). Diese konnte in den folgenden Jahren unter Berücksichtigung der Lernzielorientierung in neuen Erdkundebüchern weitgehend umgesetzt werden (Schmithüsen, 2002). Eine ähnliche Diskussion wurde auch von einigen »Methodikern« der DDR geführt. Führende Geographiedidaktiker der DDR haben auf »Nachteile« der regionalen Strukturierung der Lehrpläne hingewiesen, die aus ihrer Sicht darin lagen, dass viele einzelne Fakten gelernt wurden, die nicht in ein »grundlegendes Wissenssystem« eingeordnet und damit teilweise beziehungslos nebeneinander standen (Schlimme, 1974, S. 11).

»So lässt zum Beispiel das streng regional bestimmte Vorgehen nur in be-
schränktem Maße den systematischen Aufbau eines klar strukturierten Systems
grundlegender Erkenntnisse zu.« (Schlimme, 1974, S. 12).

Schlimme (1974) fand heraus, dass die von ihm befragten SchülerInnen große
Defizite in der Beherrschung geographischer Begriffe haben. Am Ende der 6.
Klasse konnten weniger als 2 % der Befragten angeben, was unter »Klima« zu
verstehen ist (Schlimme, 1974, S. 12). Diese Probleme führt der Autor auf die
unsystematische Einführung der SchülerInnen in geographische Sachverhalte
zurück, was zum Teil dem regionalen Aufbau der Lehrpläne geschuldet sei. Auch
Gudrun Ringel (1988) fand in ihrer Dissertation B zur Aneignung von Allgemeinbegriffen im Geographieunterricht heraus, dass nur rund die Hälfte von
888 SchülerInnen der Klassen 5–8 und 10 in durchgeführten »Kontrollarbeiten«
den Begriff »Mittelgebirge« richtig inhaltlich füllen konnte. Durchschnittlich
konnten nur 20 % der Befragten die fünf getesteten Begriffe richtig bestimmen
(Ringel, 1988, S. 8). Die Autorin wertete Berichte von Fachberatern, Pädagogische Lesungen und Beiträge in der Zeitschrift für den Geographieunterricht zur
Identifizierung von Ursachen für die mangelhafte Begriffskenntnis der SchülerInnen aus. Ähnlich wie schon von Schlimme (1974) wird das Ergebnis teilweise
auf den regionalen Aufbau der Lehrpläne bis zum Ende der 9. Klasse zurückgeführt, das zu einer isolierten Einführung der Begriffe führe. Des Weiteren läge
den Lehrplänen keine umfassende Konzeption zur systematischen Einführung
von Begriffen zugrunde. Letztlich zeigte sich bei den LehrerInnen unzureichende theoretische Kenntnis zu den Wegen der Einführung von Begriffen
(Ringel, 1988, S. 72–81).

Frey (1985) forderte eine stärkere die Festlegung von »Verallgemeinerungs-
stufen« in den Geographielehrplänen der DDR. Auch Keller (1971) kritisierte,
dass vor allem bei der Behandlung des ökonomisch-geographischen Unterrichtsstoffes zu wenige allgemeine Einsichten vermittelt würden. Während sich
nach Keller (1971) die Anteile des regionalgeographischen und des allgemein-
geographischen Unterrichtsstoffes im Bereich der Physischen Geographie die
Waage hielten, machte der regionalgeographische Stoff im Bereich der Ökonomischen Geographie 74 % aus und der allgemeingeographische nur 26 %.

»Im ökonomisch-geographischen Stoff besteht ein ungünstiges Verhältnis zwischen Fakten über Lagerstätten, Wirtschaftsstandorten und zwischen ökonomisch-geographischen Gesetzen, Gesetzmäßigkeiten und Theorien« (Keller,
1971, S. 105).

Nun stellt sich die Frage, inwiefern sich diese Diskussionen in dem Aufbau und
der Ausgestaltung der Lehrpläne widerspiegeln. Lässt sich die weitgehende

Aufgabe des länderkundlichen Aufbaus der Lehrpläne in der Bundesrepublik Deutschland auch in denen der DDR verfolgen?

Neben der Gruppierung in »kapitalistische« und »sozialistische« Staaten fällt das angewandte regionale Auswahl- und Ordnungsprinzip der Inhalte in den Geographielehrplänen der DDR auf. Von der 5. bis zur 8. Klasse lässt sich der »länderkundliche Durchgang« beobachten. Gemäß dem Prinzip vom »Nahen zum Fernen« sollten, angefangen mit der DDR, alle Regionen der Erde bis zum Ende der 8. Klasse durchgenommen werden. Vermutlich um die Stofffülle zu reduzieren, wurden Länder zu Regionen zusammengefasst (Europa, Asien, Afrika, Amerika, Australien und Polargebiete). Nach dem »exemplarischen Prinzip« wurden für jede Region nur einige Länder behandelt. Auffällig ist die Sonderstellung der DDR und der Sowjetunion, die keinen Oberregionen zuge-ordnet wurden und von allen Ländern bei Weitem am ausführlichsten dargestellt wurden (DDR 65 Stunden und Sowjetunion 26 Stunden im Vergleich zu BRD 15 Stunden und USA 9 Stunden). Der »länderkundliche Durchgang« kann als Hinweis gewertet werden, dass den SchülerInnen der DDR ein Überblick über alle Regionen der Erde gegeben werden sollte, wobei Kenntnisse des »Heim-traums« DDR und des Bruderstaats Sowjetunion als besonders wichtig ange-sehen wurden.

Wie sich an der folgenden Einleitung zum Lehrplan der 5. Klasse ablesen lässt, sollten durch die ausgiebige Behandlung der DDR im Geographieunterricht u. a. Patriotismus und Heimatliebe bei den Kindern geweckt werden:

»Der Geographieunterricht der Klasse 5 hat große Bedeutung für die Entwicklung unserer Schüler zu sozialistischen Persönlichkeiten, weil sichere Kenntnisse über unser sozialistisches Vaterland Voraussetzung für eine emotional und intellektuell begründete Heimatliebe, für das sozialistische Staatsbewusstsein und für eine echte patriotische Gesinnung sind« (MfV, 1979, S. 6).

Das »heimatkundliche Prinzip« war eine wichtige Grundlage der Lehrplanent-wicklung, da die SchülerInnen damit eine Vergleichsgrundlage für die Analyse anderer Länder erwerben konnten, aufgrund derer sie die sozialen und wirt-schaftlichen Errungenschaften der DDR zu schätzen lernen sollten (Schlimme, 1989). Damit wollte man die Einheit von Wissenschaftlichkeit, Parteilichkeit und Lebensverbundenheit realisieren (Glanz, 1988). Aufgrund der erworbenen Kenntnisse bezüglich der »Heimat« und ihrer positiven Bewertungen, sollte es den SchülerInnen bei der Behandlung der »fernen« »kapitalistischen« Länder möglich sein, diese vor dem erlernten Hintergrund negativ zu bewerten und damit »sozialistische Überzeugungen« zu erlangen. Die Bezeichnung »Heimat« wurde daher nur auf die DDR angewandt, während man die BRD als »Ausland« betrachtete.

Bei der Thematisierung der anderen »sozialistischen« Länder Europas in der 6. Klasse sollte die Einsicht von der Überlegenheit der sozialistischen Gesellschaftsordnung und Wirtschaft weiter vertieft werden.

»Bei der Behandlung der sozialistischen Staaten werden die großen wirtschaftlichen Erfolge und die großen sozialen Veränderungen in diesen Ländern herausgearbeitet« (MFV, 1979, S. 36).

Der Schwerpunkt der 10. Klasse lag dann auf der Darstellung der erfolgreichen Zusammenarbeit der »sozialistischen« Staaten innerhalb der RWG (MfV, 1979, S. 168 ff.).

Besonders große ideologische Relevanz hatte auch die Behandlung der Sowjetunion in der 7. Klasse, die als sozialistisches Musterland und wichtigster Verbündeter der DDR dargestellt wurde, deren positive wirtschaftliche und gesellschaftliche Entwicklung Vorbildcharakter für die DDR haben sollte (MfV, 1979, S. 65). In Asien wurden vor allem die »sozialistischen« Staaten ausführlich durchgenommen, hier vor allem China, wo »*erst durch die sozialistische Revolution die Voraussetzungen für einen Aufschwung geschaffen wurden*« (MfV, 1979, S. 83).

Auch bei der Behandlung Afrikas in der 8. Klasse sollte man sich im Unterricht auf diejenigen Staaten konzentrieren, die einen »*nichtkapitalistischen Entwicklungsweg*« eingeschlagen hatten, der besonders erfolgreich dargestellt werden sollte (MfV, 1979, S. 97). Damit wollte man die Erkenntnis fördern, dass die Probleme Afrikas, die vorrangig auf die Kolonialzeit zurückgeführt wurden, nur durch den Sozialismus gelöst werden könnten.

Während man demnach durch die Behandlung von regionalen Beispielen insgesamt die ideologische »Einsicht« vermitteln wollte, dass die »sozialistische« Gesellschaftsordnung eine positive wirtschaftliche und gesellschaftliche Entwicklung weltweit bedinge, dienten die »kapitalistischen« Länder vorwiegend als negative Kontrastfolie.

Seit 1967 wurden BRD und DDR in getrennten Jahrgangsstufen behandelt (MfV, 1966), womit man die Eigenständigkeit der DDR betonen wollte. Dieses Bestreben wurde ab 1970 noch verstärkt, da die SED ab diesem Zeitpunkt die »Zwei-Nationen-These« vertrat und das Ziel der Vereinigung beider deutscher Staaten aufgab (Böthling, 2002). Während man durch die ausführliche Behandlung der DDR in der 5. Klasse Heimatverbundenheit erzeugen wollte und die angeblich überaus positive Entwicklung auf den Sozialismus zurückführte, sollte durch die Thematisierung der BRD in der 6. Klasse die »*Gefährlichkeit des Imperialismus und Militarismus*« sowie die negativen Auswirkungen des Kapitalismus wie Arbeitslosigkeit und soziale Ungerechtigkeit offensichtlich werden (MfV, 1979, S. 36). Durch Vergleiche zwischen den »sozialistischen« und den

»kapitalistischen« Ländern Europas wollte man »*den Schülern erste begründete Einsichten in die Überlegenheit der sozialistischen Wirtschaft, der sozialistischen Gesellschaftsordnung*« vermitteln (MfV, 1979, S. 36). Im Gegensatz zum friedlichen Bruderstaat Sowjetunion, der auch die afrikanischen Länder uneigennützig unterstütze, sollten die USA in der 8. Klasse als »*aggressivster imperialistischer*« Staat im Geographieunterricht dargestellt werden (MfV, 1979, S. 97). In Bezug auf diesen kapitalistischen Staat par excellence sollte vor allem auf die »*Ausbeutung der Werktätigen*« und die »*Verschärfung der Klassengegensätze*« eingegangen werden (MfV, 1979, S. 97). Bei der Behandlung ausgewählter afrikanischer Länder sollte dann deren Ausbeutung durch die USA und ehemalige Kolonialmächte thematisiert werden. »*Die imperialistischen Stützpunkte sind als aggressive Staaten, in denen schärfste Rassendiskriminierung herrscht, zu charakterisieren*« (MfV, 1979, S. 103). Da insgesamt jedoch der Schwerpunkt auf der Behandlung der »sozialistischen« Länder Afrikas lag, wollte man den Eindruck erzeugen, dass der »Sozialismus« weltweit wachsenden Einfluss habe. Ganz ähnliche ideologische Erziehungsziele verfolgte man mit der Behandlung der lateinamerikanischen Länder. Auch hier sollte anhand von ausgewählten Beispielen der negative Einfluss der USA und anderer »imperialistischer« Staaten deutlich gemacht werden. Die »positive« Entwicklung Kubas sollte dagegen als »*Ansporn für die lateinamerikanischen Völker*« dargestellt werden (MfV, 1979, S. 121).

Insgesamt kann man sagen, dass sich die Geographiemethodiker der DDR von der »Länderkunde« distanzierten, die sie als »Einheitsgeographie« für überholt hielten. Häufig sei ein Geodeterminismus vertreten worden, der die bestimmende Rolle des Gesellschaftssystems für die Mensch-Natur-Beziehung nicht beachtet habe (u. a. Kinzel, 1978). Obwohl die Geographiemethodiker offiziell ein Gegenkonzept zur klassischen Länderkunde entwickeln wollten, finden sich in den Lehrplänen für die 5. bis 8. Klasse viele Merkmale, die auf einen »Länderkundlichen Durchgang« nach dem »Länderkundlichen Schema« verweisen. Das regionale Gliederungsprinzip der Inhalte für den Geographieunterricht wurde hoch geschätzt, da an regionalen Beispielen der vermeindliche Erfolg des sozialistischen Gesellschaftsmodells demonstriert werden konnte.

Ökonomische[6] und Physische Geographie
Als letztes Ordnungskriterium war die Unterscheidung in Themenbereiche der Physischen sowie der Ökonomischen Geographie bei der Erstellung der Lehrpläne in der DDR relevant. Bis zum Ende der 8. Klasse sollten Themen der

---

6 Nach sowjetischem Vorbild setzte sich seit 1950 die Fachbezeichnung »Ökonomische Geographie« durch. Dies war der Oberbegriff für die Bereiche der Humangeographie wie Bevölkerungsgeographie, Siedlungsgeographie, Agrargeographie, Geographie der industriellen

Ökonomischen und der Physischen Geographie bei der Behandlung der Regionen mit untersucht werden. Die Unterscheidung nach Themen der Ökonomischen und der Physischen Geographie war dann Hauptgliederungskriterium der Inhalte für die 9. bis 11. Jahrgangsstufe. Der Geographieunterricht der 9. Klasse beschäftigte sich ausschließlich mit Themen der Physischen Geographie. In der 10. Klasse wurde dann hauptsächlich die Ökonomische Geographie behandelt. Der Geographieunterricht der 11. Klasse strebte die Synthese von Physischer und Ökonomischer Geographie an, wie sich u. a. an der letzten Kapitelüberschrift: »*Gesamtzusammenfassung. Zur Nutzung der Erde als natürliche Existenzbasis der menschlichen Gesellschaft unter den Bedingungen des Sozialismus und Kapitalismus*« ablesen lässt (MfV, 1968, Lehrplan für Geographie, Klasse 11, S. 14).

Im Bereich der Physischen Geographie wurden in den Lehrplänen als Ziele aufgeführt, dass die SchülerInnen wichtige Landschaftskomponenten wie Gestein, Relief, Wasser, Klima, Vegetation und Boden kennen lernen sollten und die Wechselwirkungen zwischen ihnen verstehen konnten.

»Die Schüler sollen an ausgewählten Landschaften tiefer in die natürlichen Bedingungen, vor allem in klimatische Erscheinungen, in Zusammenhänge zwischen Relief, Klima, Vegetation und Nutzung eindringen« (MfV, 1979, Lehrplan für Geographie, Klasse 7, S. 65).

Die Lehrgebiete der Physischen Geographie wurden als »ideologierelevant« eingestuft, da ihre Kenntnis zur Herausbildung eines »wissenschaftlichen« Weltbildes und dem Bekenntnis zum historischen und dialektischen Materialismus führen sollte.

Mit dem letzten Aspekt des Lehrplanzitats, der unterschiedlichen Nutzung der Landschaft durch den Menschen, wurde der Bogen zum Themengebiet der Ökonomischen Geographie gespannt. In Stoffeinheiten, die sich mit der Ökonomischen Geographie beschäftigten, wurde als Lernziel die Fähigkeit der SchülerInnen formuliert, die behandelten Regionen ökonomisch-geographisch zu charakterisieren. Ziel war es, dass die SchülerInnen die Typisierung der behandelten Räume in »sozialistische« Staaten, imperialistische (»kapitalistische«) Staaten und Entwicklungsländer erlernten. Sie sollten erkennen, dass die unterschiedliche Herausbildung von Wirtschafts- und Lebensgebieten gesellschaftlich bedingt ist, wobei »sozialistischen Gesellschaften« hier das größte Potential zugeschrieben wurde (s. o.). Auch in diesem Stoffgebiet wurde großes Gewicht auf die Erfassung der Komponenten gelegt, die die gesellschaftliche

---

Produktion und des Handels, der historischen Geographie, der Geographie des Verkehrs und des Handels und der regionalen ökonomischen Geographie (Sperling, 1981, S. 93). Vgl. auch Abb. 28.

Struktur eines Gebiets ausmachen, wie Bevölkerung, Industrie, Landwirtschaft, Verkehr und Siedlung. Um ein ausgewogenes Bild der »Territorialstruktur« zu erzeugen, wurde darauf geachtet, dass gesellschaftliche Faktoren (Ökonomische Geographie) und natürliche Faktoren (Physische Geographie) in etwa dieselben Anteile hatten (Schlimme, 1974, S. 25). Nach einer Untersuchung von Keller (1971, S. 103) machte der physisch-geographische Unterrichtsstoff 44 % und der ökonomisch-geographische 56 % aus. Die Kenntnisse der SchülerInnen über die Komponenten sollten sukzessive über die Schuljahre erweitert werden und ihre Wechselbeziehungen untereinander in Abhängigkeit von den Produktionsver-hältnissen analysiert und verstanden werden (Schlimme, 1989). Besonderes Gewicht wurde insgesamt auf die Behandlung der Wechselwirkungen zwischen Natur und Gesellschaft eines Territoriums gelegt, die in ihrer historischen Dy-namik erfasst werden sollten.

Herzog und Krebs (1976) haben durch eine Lehrplananalyse herausgefunden, dass insgesamt die Aussagen zum Verhältnis Gesellschaft-Natur im Sozialismus sehr viel häufiger waren, als zu diesem Verhältnis im Kapitalismus. Schwer-punkte der Lehrpläne waren die »*Ökonomische Nutzung der natürlichen Be-dingungen*«, »*Erkenntnis der Naturvorgänge und ständige Veränderung der Landschaft*« und der »*Einfluss der natürlichen Bedingungen auf die Wirt-schaftstätigkeit*« der Gesellschaft (Herzog und Krebs, 1976, S. 100). Besonders häufig schrieben die Geographielehrpläne die Behandlung der Beziehung zwi-schen Bodenschätzen und industrieller Produktion sowie zwischen Boden und Landwirtschaft vor. Es stand demnach die wirtschaftliche Verwertung der na-türlichen Ressourcen im Vordergrund und Themen wie Umweltverschmut-zungen und Umweltschutz hatten einen geringen Stellenwert. Von einigen Me-thodikern wurde daher die stärkere Berücksichtigung dieser Themen im Un-terricht gefordert (u. a. Meixner, 1979).

Die spezifischen Wechselbeziehungen zwischen Natur und Gesellschaft sollten im Sinne des Marxismus-Leninismus interpretiert werden. Im Beson-deren die humangeographischen Sachverhalte wurden als fachspezifische Er-kenntnisse gesehen, die »*direkt politisch-ideologische Standpunkte bewirken*« (Schlimme, 1989, S. 1).

3.2.1.4 Die integrative Grundkonzeption des »sozialistischen Geopossibilismus«

In den Lehrplänen kann man wesentliche Merkmale der Definition des Geo-graphieunterrichts von Schlimme (1974, S. 114) wieder finden:

»Durch die Behandlung von Gesellschaftswissenschaftlichem und Naturwissen-schaftlichem an einem konkreten Gegenstand, dem Territorium, muss der Geographieunterricht in besonders starkem Maße das Verhältnis Mensch-Natur in verschiedenen Produktionsweisen zum Gegenstand haben, woraus ein wesentlicher Erziehungsbeitrag zur Entwicklung der sozialistischen Persönlichkeit abgeleitet werden muss.«

Als zentrales Interesse des Geographieunterrichts wird das »Mensch-Natur-Thema« definiert, wie dies auch schon die klassische Länderkunde tat. Bestimmender Faktor ist jedoch nicht wie im Geodeterminismus die »Natur«, sondern die »kapitalistische« oder »sozialistische Produktionsweise«, welche die Gesellschaft formt und ihre Nutzung bestimmt. Daher sollen bei der Behandlung der physisch-geographischen Merkmale einer Region immer auch ihre Potenzen für die gesellschaftliche Nutzung charakterisiert werden und bei der Analyse der ökonomischen und politischen Kennzeichen, die natürlichen Ressourcen als ein wesentliches Strukturelement mitbehandelt werden (Barth, 1969).

Augenfällig bei der Durchsicht der durch die Lehrpläne definierten Ziele für den Geographieunterricht ist die sehr geringe Behandlung von gesellschaftlichen und wirtschaftlichen Problemen in »sozialistischen« Ländern und ihrer Bewertung durch die SchülerInnen. Den Lehrplänen scheint eine ideale Vorstellung der gesellschaftlichen Entwicklung unter dem »Sozialismus« zu Grunde zu liegen. Man wollte, dass die SchülerInnen im Geographieunterricht von optimalen wirtschaftlichen Entwicklungen, umfassenden Umweltschutzmaßnahmen, bedürfnisorientierten Stadtplanungen etc. in »sozialistischen« Ländern erfuhren und blendete diejenigen Sachverhalte aus, die diesem Idealbild nicht entsprachen. Die Einsicht, dass Nutzung und Schutz der natürlichen Grundlagen im Sozialismus besser als im Kapitalismus gelingen kann, sollte dann zur Festigung des »sozialistischen Klassenstandpunktes« der SchülerInnen beitragen. Die theoretischen Grundlagen der vorgestellten Lehrplankonzeptionen könnte man daher auch als »sozialistischen Geopossibilismus« bezeichnen.

Die Verknüpfung zwischen Themenbereichen der Ökonomischen und der Physischen Geographie betrifft dann auch zentral das Fachverständnis des interviewten Verantwortlichen in der Akademie der Pädagogischen Wissenschaften für die Lehrplanerstellung:

»Und zwar hat eben der Erdkundeunterricht als einziges Fach die Möglichkeit, den Zusammenhang in Natur und Gesellschaft darzustellen, das hat kein anderes Fach. Und das geht natürlich auf die hegelsche Dialektik zurück, das ist der universelle Zusammenhang der gegenwärtigen Erscheinung. Das war unser Erziehungsziel, also speziell meins, in dieser Richtung, eine ideologische Erziehung zu betreiben. Und dem ist z. B. vom Ministerium für Volksbildung nie widersprochen worden. Die haben rauf geguckt, da steht ideologische Erziehung und das ist was Gutes.«

Zunächst wird als Spezifik des Geographieunterrichts die umfassende Behandlung der Mensch-Umwelt-Thematik herausgestellt. Dieses zentrale Thema der klassischen Länderkunde wird im zweiten Teil des Zitats mit der Hegelschen Dialektik verbunden. Da die Dialektik Hegels von Karl Marx übernommen wurde, die wiederum grundlegender Bestandteil der kommunistischen Philosophie wurde, beruft sich der Interviewte auf in der DDR allgemein anerkannte Lehrmeinungen. Es handelt sich hier um eine der wenigen Interviewstellen, in der der Befragte explizit von seinem eigenen Anteil an der Konzeption des Curriculums für Geographie spricht. Interessant ist die Gleichsetzung von »ideologischer Erziehung« im Sinne des Marxismus-Leninismus mit dem Theoriekern der klassischen Länderkunde. Durch die Deklarierung des Mensch-Natur-Themas als »ideologische Erziehung« erscheint dieses von der entscheidenden politischen Stelle womöglich nicht erkannt worden zu sein und konnte daher ohne Problem akzeptiert werden. Damit zeigt der Interviewte, wie er in seiner damaligen Position durch die Verwendung allgemein akzeptierter politischer »Floskeln« fachhistorische Überzeugungen in die Lehrplanentwicklung einfließen lassen konnte. Der Befragte stellt sich hier als »guter Geograph« dar, der seinen Handlungsspielraum bei der Ausgestaltung der Lehrpläne dazu genutzt habe, das »Wesen« der Geographie zu retten.

Insgesamt zeigen die Geographielehrpläne in der DDR sowie die sie betreffenden didaktischen Diskussionen, wie anpassungsfähig das alte länderkundliche Paradigma an veränderte politische Rahmenbedingungen ist (Hard, 2003). So konnte in der DDR der »nationalsozialistische Geopossibilismus« (Schultz, 1999, S. 41 ff.) ohne größere Probleme in einen »sozialistischen Geopossibilismus« umgewandelt werden. Während man im Nationalsozialismus glaubte, aufgrund besonders positiver rassischer Anlagen die natürlichen Möglichkeiten besonders effektiv nutzen zu können, war es nun das vermeintlich überlegene »sozialistische Gesellschaftssystem«, das ihren optimalen Gebrauch bedingte.

3.3 Schulbuchanalyse

Nachdem durch die Analyse der Lehrpläne für den Geographieunterricht der DDR eine erste Übersicht über die Unterrichtsthemen und die didaktischen, politischen und fachwissenschaftlichen Konzepte, auf denen die Auswahl und Anordnung der Inhalte beruhte, gewonnen werden konnte, soll nun anhand der Analyse der Geographieschulbücher die Aufbereitung der Stoffgebiete für den Schulunterricht untersucht werden. Die durch Adam (1982) durchgeführten Hospitationen von 289 Geographiestunden der Klassen 5 bis 10 ergaben, dass die Wandkarte (539 Einsätze) und das Lehrbuch (496 Einsätze) sehr häufig eingesetzt wurden. Häufig wurde auch der Atlas gebraucht, der mit 271 Einsätzen ebenfalls fast in jeder Stunde eingesetzt wurde. Selten (70 – 33 Einsätze) wurden Dias, Folien, und Arbeitsmaterialien eingesetzt. Sehr selten (11 – 4 Einsätze) wurden Gesteine, Wandbilder und Fernsehsendungen verwendet. Filme, Tonbildreihen und der Globus wurden überhaupt nicht gebraucht (Adam, 1982, Bd. 2, S. 37 – 38). Damit bestätigte er die Ergebnisse von Mirus (1967), der aufgrund der Beobachtung von 995 Erdkundestunden zu dem Schluss kam, dass Wandkarte, Schulbuch und Atlas die mit Abstand am häufigsten genutzten Medien im Erdkundeunterricht der DDR waren, was auch mit den Angaben der durch uns befragten LehrerInnen und SchülerInnen übereinstimmt (siehe Kap. 4). Damit kann den Geographieschulbüchern ein flächendeckender Einfluss auf den Geographieunterricht zugestanden werden. Als weitere Gründe für die große Relevanz des Schulbuches nennt die »Methodik Geographieunterricht« die didaktische Aufbereitung des Lehrplanstoffes sowie die Möglichkeit der lehrplanmäßigen Steuerung des Unterrichts durch das Schulbuch (APW, 1978). Auch aus staatlicher Sicht stellen Schulbücher die wichtigsten Unterrichtsmedien dar, da ihnen zugeschrieben wurde, die bildungspolitischen Ziele des Unterrichts am genauesten zu transportieren (Berghahn, 2004). Aus diesem Grund wurde ihnen im Gesamtlehrplanwerk der DDR eine zentrale Rolle zugewiesen und den LehrerInnen nahe gelegt, sie in ihrem Unterricht zu benutzen.

In der DDR gab es keine Vielfalt an Schulbüchern, sondern für jedes Fach existierte nur ein einziges Lehrbuch pro Klassenstufe. Jeder Schüler besaß ein Geographieschulbuch, das er mit nach Hause nehmen konnte, was die Aufgabe von Hausarbeiten aus dem Schulbuch ermöglichte. Die Bücher waren für die gesamte DDR zugelassen und galten nach dem »Gesetz über das einheitliche sozialistische Bildungssystem der Deutschen Demokratischen Republik« vom 25.2.65 als Nachfolgematerialien des Lehrplans und als obligatorische Lehrmittel.

Entstehungsbedingungen

Die Erarbeitung der Schulbücher und ihre Herausgabe oblagen dem Verlag Volk und Wissen, der in der Erarbeitungsphase mit den Lehrplankollektiven der Akademie der Pädagogischen Wissenschaften zusammenarbeitete (Waterkamp, 1987). Die Schulbuchkonzeptionen wurden damit von den gleichen Personen in der Akademie der Pädagogischen Wissenschaften koordiniert, die auch federführend in der Erstellung der Lehrpläne waren. Ziel dieser Arbeitsgruppe war u. a. darauf zu achten, dass die Angaben der Lehrpläne exakt umgesetzt wurden. Die Erstellung der ersten Konzeptionen für die Schulbücher der einzelnen Jahrgangsstufen wurde von der Akademie der Pädagogischen Wissenschaften den einzelnen Hochschulen übertragen, in denen Geographielehrer ausgebildet

wurden. Auf Treffen mit den Hochschulleitungen wurde dann die Aufgaben-
verteilung festgelegt:

»Und da haben wir festgelegt, Barth[7] macht mit seiner Mannschaft die 5. Klasse,
und der konnte entscheiden, ob er das alleine macht oder nicht – das war uns egal.
Dann war die Humboldt verantwortlich für die 6. Klasse, die haben dann entschieden: Frau soundso macht die sozialistischen Länder, soundso macht die
kapitalistischen Länder und die BRD macht einer – die haben sich dann zusammengesetzt und das in ihrer Sektion gemacht. Und sie hatten den Auftrag, das mit
ihren Fachleuten zu beraten, sodass alle von vorn herein informiert waren.«

Jeweils eine Hochschule, an der Geographielehrer ausgebildet wurden, war für
die Erstellung einer Jahrgangsstufe sowie der dazugehörigen Unterrichtshilfe
verantwortlich. Die genaue Erstellung erfolgte von den Methodikern der
Hochschulen unter Abstimmung mit dem Verlag Volk und Wissen. Dabei
wurden die Vorgaben der Lehrpläne sehr streng von den Autoren beachtet, wie
sich aus folgendem Interviewauszug mit einer damaligen Schulbuchautorin
ablesen lässt:

»Wenn etwas im Rahmenplan fett gedruckt war, dann musste das mit mehr
Stunden, mit mehr Seiten ausgewiesen werden hier drin – fett war also ausführlich
zu behandeln, dann musste das auch mit ausführlichen Seiten hier widergespie-
gelt werden – und etwas im Überblick dann eben kürzer dargestellt werden. Die
Vorgaben gab es. Aber es mussten alle Inhalte vom Lehrplan hier drin wirklich Wort
für Wort auftauchen.«

Die Ausnahme war das Buch für die 10. Jahrgangsstufe, das vom Leiter der
Arbeitsgruppe zum Geographieunterricht an der Akademie der Pädagogischen
Wissenschaften selbst verfasst wurde. Wie folgt beschreibt er den Entste-
hungsprozess des Buches:

»Dann bin ich mit dem Lehrplan zu Lehrern und Fachberatern gegangen und habe
gesagt- ich war also zweimal im Monat mit Lehrern zusammen, solche Nach-
mittage im Rahmen der Weiterbildung. Und da haben wir das also diskutiert und
dann ist dieses Lehrbuch so nach und nach entstanden.« Neben den Gesprächen
mit Lehrern und Fachberatern zur Umsetzung der Lehrplaninhalte in Schulbüchern seien einzelne Grafiken auch im Unterricht ausprobiert worden. Für das
Ausprobieren ganzer Schulbuchkapitel habe es jedoch an Zeit und Geld gefehlt.

---

7 Ludwig Barth war seit 1954 Leiter des Lehrstuhls Geographie-Methodik am Pädagogischen
  Institut in Dresden.

Eine andere Schulbuchautorin beschreibt im Interview, dass sie drei Jahre an dem Buch gearbeitet habe und immer wieder einzelne fertig gestellte Bestandteile zusammen mit einer Geographielehrerin im Unterricht ausprobiert und anschließend modifiziert habe.

Nach der Fertigstellung der Bücher wurden diese vom Ministerium für Volksbildung der DDR auf ihre Konformität mit den Lehrplänen geprüft.

»Dabei war die Prüfung in erster Linie eine ideologische Kontrolle der Bücher im Geiste des politischen Systems der DDR, welcher schon in den Lehrplänen festgelegt war« (Berghahn, 2004, S. 15).

3.3.1 Ergebnisse der Schulbuchanalyse

Im Folgenden wird die politische Ausrichtung der DDR-Geographieschulbücher für die drei Auswahl- und Ordnungskriterien der Inhalte untersucht, die sich bei der Lehrplananalyse als besonders dominant herausgestellt haben: Die Unterscheidung in »kapitalistische« und »sozialistische« Staaten, die Konzepte der Ökonomischen und der Physischen Geographie und die Länderkunde (siehe 3.2.1.3).

3.3.1.1 Die »kapitalistischen« und die »sozialistischen« Länder

Die Konzeption von Bildung und Erziehung erfolgte in der DDR auf der Grundlage der marxistisch-leninistischen Ideologie. Den Grundannahmen dieser Idcologie folgend, sollte die Gesellschaft im Sinne des Sozialismus verändert werden. Für den Bildungsbereich waren vor allem die folgenden ideologisch begründeten Prämissen relevant:

»1. Determiniertheit der gesellschaftlichen Entwicklung
2. Klassenkampf als Triebkraft der Geschichte
3. Mission der Arbeiterklasse
4. Primat der Politik
5. Einheit von Wissenschaftlichkeit und Parteilichkeit
6. Einheit von Politik und Pädagogik
7. Einheit von ideologischer Erziehung und fachlicher Bildung« (Blaske, 1998, S. 15 ff. und S. 138).

Man forderte die Verbindung von fachlicher Bildung und ideologischer Erziehung, da man annahm, dass den SchülerInnen in der Schule ideologisch erwünschte Grundüberzeugungen vermittelt werden können, die dann in staatlich erwünschtes Verhalten einmünden würden. Man hoffte, dass sich die Schüle-

rInnen, die durch den Unterricht ein »sozialistisches Bewusstsein« ausgebildet
hätten, persönlich für den Aufbau und die Stärkung der »sozialistischen Gesellschaft« einsetzen würden (Blaske, 1998). Im Folgenden wird untersucht, wie
der Anspruch, die marxistisch-leninistische Ideologie auch im Geographieunterricht zu vermitteln, in den Schulbüchern umgesetzt wurde.

Wie bereits beschrieben, ist die Unterscheidung der dargestellten Länder in
»sozialistisch« und »kapitalistisch« für alle analysierten Schulbücher, außer dem
für die 9. Klasse, in dem nur physischgeographischer Unterrichtsstoff dargeboten wird, relevant. Zählt man die Seiten aus, die sich in den analysierten
Büchern explizit auf »kapitalistische« oder »sozialistische« Länder beziehen,
kommt man insgesamt auf 780,5 Seiten von denen 643,5 (82,4 %) den »sozialistischen« Ländern und 137 Seiten (17,6 %) den »kapitalistischen« Ländern
gewidmet sind. Die Darstellung der »sozialistischen« Länder nimmt demnach
ca. fünf Mal soviel Raum ein wie die Darstellung der »kapitalistischen«, was als
Hinweis auf die größere Bedeutung, die dieser Ländergruppe entsprechend den
Vorgaben der Lehrpläne zugeschrieben wurde, gewertet werden kann.

3.3.1.1.1 Analyse der Schulbuchtexte
Besonders bei der Einleitung in ein neues Themengebiet sowie bei der Zusam-
menfassung der Kapitel finden sich Hinweise auf die marxistisch-leninistische
Ideologie. Im Folgenden wird die Einleitung zum Themenbereich BRD der zum
Themengebiet DDR gegenübergestellt.

Darstellung der BRD:
»Die BRD ist ein hochentwickeltes kapitalistisches Industrieland. Wie in allen
kapitalistischen Ländern gehören die Bodenschätze, die Industriebetriebe und die
Banken überwiegend Privateigentümern, den Kapitalisten. Auch Grund und Boden
befinden sich größtenteils in Privateigentum. Die Kapitalisten stellen nur einen
kleinen Teil der Bevölkerung dar, sie verfügen aber über den wirtschaftlichen
Reichtum des Staates. Das meiste, von dem, was die Werktätigen erarbeiten,
eigenen sie sich als Profit an.
Die Kapitalisten in der BRD beherrschen nicht nur die Wirtschaft, auch die Re-
gierung und die Politik stehen weitgehend unter ihrem Einfluss. Alle von der
Regierung erlassenen Gesetze dienen in erster Linie dazu, die Macht der Kapita-
listen zu erhalten und zu vermehren. Die Macht ist in der Hand einer ganz kleinen
Gruppe der reichsten Familien vereinigt.
Es gibt nur eine politische Partei in der BRD, die offen und unerschrocken für eine
gerechte Ordnung kämpft. Das ist die Deutsche Kommunistische Partei (DKP).
Ihre Anhänger werden von den kapitalistischen Machthabern verfolgt, indem man
sie zum Beispiel aus ihren Ämtern entlässt oder ihre Einstellung verweigert.
Mit machtvollen Streikkämpfen und Demonstrationen durch die Straßen der
großen Städte protestieren die Werktätigen gegen die Ausbeutung. Sie müssen in
hartem Klassenkampf um sichere Arbeitsplätze und gerechte Entlohnung sowie

das Recht auf Mitbestimmung und Mitgestaltung ringen« (MfV, 1982a, Schulbuch Geographie Klasse 6, S. 9–10).

Bis 1970 wurde die Bundesrepublik Deutschland als »Westdeutschland« bezeichnet, die Abkürzung »BRD«, welche ihren Ursprung in Bonner Amtsstuben hatte, wurde ab diesem Zeitpunkt eingeführt, nachdem sie in der Bundesrepublik von behördlicher Seite zunehmend verboten wurde (Sperling, 1981, S. 101). Man vermied auf diese Weise die Bezeichnung »Deutschland«, was als Hinweis auf eine gemeinsame »deutsche Nation« hätte gedeutet werden können.[8]

In dem vorliegenden Einleitungstext »*BRD, ein kapitalistisches Land*« wird die Gesellschaft in der BRD als »*gespalten*« dargestellt – auf der einen Seite gäbe es die »*Kapitalisten*«, die über wirtschaftlichen Reichtum sowie größten politischen Einfluss verfügten und auf der anderen Seite die »*Werktätigen*«, die ausgebeutet würden und ihre Unzufriedenheit in Demonstrationen äußerten. Als Gründe für den in der BRD tobenden »*Klassenkampf*« werden in dem Auszug implizit ungerechte Besitzverhältnisse, Demokratiedefizite, die Unsicherheit der Arbeitsplätze und die ungerechte Entlohnung der Arbeiter genannt. Die gesellschaftlichen Verhältnisse werden einseitig negativ dargestellt.

Darstellung der DDR:

»In der DDR herrscht die Arbeiterklasse unter Führung der Sozialistischen Einheitspartei Deutschland. Sie verwirklicht im Bündnis mit den Genossenschaftsbauern, der Intelligenz und allen anderen Werktätigen die Interessen des ganzen Volkes.
Alle wichtigen Mittel für die Produktion sind Volks- oder Genossenschaftseigentum: die Bodenschätze, die großen Betriebe der Industrie, des Verkehrs und des Handels, die Banken und Versicherungsanstalten. Jeder Bürger hat die Möglichkeit, eine hohe Bildung zu erwerben und einen Beruf auszuüben, der seinen Fähigkeiten entspricht.
Die Deutsche Demokratische Republik ist mit der Sowjetunion und allen anderen Ländern der sozialistischen Staatengemeinschaft freundschaftlich verbunden. Viele sozialistische Länder arbeiten im »Rat für Gegenseitige Wirtschaftshilfe« (RGW) eng zusammen. Dabei lernen sich auch die Menschen der befreundeten Länder immer besser kennen und verstehen.
Die Deutsche Demokratische Republik unterhält diplomatische Beziehungen zu annähernd allen Ländern der Erde. Sie treibt friedlichen Handel mit vielen Ländern und hilft Entwicklungsländern beim wirtschaftlichen Aufbau.
Die Deutsche Demokratische Republik schützt sich gemeinsam mit anderen so-

---

8 Im weiteren Verlauf dieser Arbeit wird der Einfachheit halber ebenfalls die Abkürzung BRD für die Bundesrepublik Deutschland verwendet, ohne damit eine politische Intention zu verbinden.

zialistischen Staaten vor ihren Feinden und hilft mit, den Frieden dauerhaft zu sichern« (MfV, 1980, Schulbuch Geographie, Klasse 5, S. 11–12).

Ähnlich wie in dem Einleitungstext zur BRD werden auch für die DDR die Eigentumsverhältnisse und die politischen Machtverhältnisse vorgestellt. Während jedoch in dem Text über die BRD von »*Klassenkampf*« gesprochen wird, erscheint die Gesellschaft in der DDR im zweiten Text als harmonisch und konfliktfrei. Während in der BRD die »*Alleinherrschaft*« der »Kapitalisten angesprochen wurde, wird für die DDR von einem »*Bündnis*« zwischen Regierung und anderen relevanten Bevölkerungsgruppen gesprochen. Die DDR wird nicht nur als ein Staat dargestellt, in dem die Interessen aller Gesellschaftsgruppen gleichermaßen berücksichtig würden, sondern in dem sich auch jeder gemäß seiner Fähigkeiten beruflich verwirklichen könne. Nicht nur die innenpolitischen Verhältnisse erscheinen ideal, sondern auch die außenpolitischen. In Bezug auf die sozialistische Staatengemeinschaft wird von freundschaftlicher Verbindung und enger Zusammenarbeit gesprochen, die sich nicht nur auf die Wirtschafts- und Sicherheitspolitik beschränken, sondern auch zur Völkerverständigung führen würde.

Vergleicht man die beiden Einführungstexte zu DDR und BRD in den Geographieschulbüchern wird offensichtlich, dass einer rein negativen Darstellung der BRD eine ausschließlich positive Darstellung der DDR gegenübergestellt wird. Während die BRD ein Land sei, in dem die politische und wirtschaftliche Macht ungerecht verteilt sei und das durch Arbeitslosigkeit und Klassenkampf geprägt würde, erfährt der Schüler die DDR als ein Land, in dem sowohl innenpolitisch als auch außenpolitisch ideale Verhältnisse vorzufinden seien. Die negative Darstellung der BRD wird noch durch die auf den Seiten zu findende Grafik unterstützt, die für die BRD ein Schwarzweißphoto von demonstrierenden Arbeitern zeigt (siehe Abbildung 9). Dieses dient zur Belegung der Richtigkeit des Textes über die BRD, der ja ebenfalls von Demonstrationen der Arbeiter gegen ihre Ausbeutung spricht.

Beide Texte präsentieren sich als Sachtexte, enthalten jedoch mehrere Bewertungen, was darauf hindeutet, dass die SchülerInnen im Sinne der marxistisch-leninistischen Ideologie beeinflusst werden sollen. Offensichtlich sollen die SchülerInnen durch die Arbeit mit den Geographiebüchern die staatlich gewünschte Meinung annehmen, ohne die Möglichkeit zu erhalten, unterschiedliche Informationen über ein Land individuell zu bewerten und so eine eigene Meinung auszubilden. Diese Vermutung wird durch die Aufgabe, die sich unter dem Text zur BRD befindet, weiter erhärtet: »*Stelle die Eigentums- und Machtverhältnisse in der BRD denen in der DDR gegenüber! Begründe dann, weshalb es bei uns keine Ausbeutung des Menschen geben kann!*« (MfV, 1982a, Schulbuch Geographie, Klasse 6, S. 10). In dieser Aufgabe sollen die SchülerInnen nur die im Text vorgegebene Meinung nachvollziehen. Die Formulierung »bei uns« lädt die SchülerInnen zur Identifizierung mit der DDR ein. Ziel der Schulbuchtexte sowie auch der Aufgabe ist es, die Unterschiede zwischen der BRD und der DDR herauszuarbeiten und nicht ihre Gemeinsamkeiten. Damit entsprach man Konzepten zur ideologischen Erziehung, wie sie von der Geographiedidaktik der DDR erarbeitet worden waren, und die den Vergleich zwischen »kapitalistischen« und »sozialistischen« Staaten zur Förderung der »*parteilichen Einstellung*« nutzen wollten (u. a. Jahn, 1966, S. 142). Dies entsprach den deutschlandpolitischen Zielen der SED, die im Laufe der Zeit verstärkte Bemühungen unternahm, die staatliche Eigenständigkeit der DDR zu bewahren und zu festigen. Anfang der siebziger Jahre war der Abgrenzungsprozess der DDR mit der »Zwei-Nationen-These« abgeschlossen und der Anspruch auf Wiedervereinigung wurde 1974 aus der Verfassung gestrichen (Böthling, 2002).

»Das Bild der Bundesrepublik, welches durch negative Zuschreibungen alles spiegelte, was die DDR im Positiven sein wollte, fungierte demnach als Mittel, um staatliche Eigenständigkeit hervorzubringen und Herrschaft zu stabilisieren« (Böthling, 2002, S. 48). Diese Aussage, die in Bezug auf die in der »Zeitschrift für den Erdkundeunterricht« entworfenen Bilder von BRD und DDR getroffen wurde, gilt demnach ebenso für die Darstellungen in den Geographieschulbüchern.

Wie bisher an den Schulbüchern für die 5. und 6. Klasse exemplarisch dargelegt wurde, finden sich in den Einführungstexten der Geographieschulbücher zu den dargestellten Ländern und Regionen viele Anhaltspunkte für die gewünschte Beeinflussung der SchülerInnen im Sinne der marxistisch-leninistischen Ideologie zur Stabilisierung des SED-Regimes. Im Folgenden wird verstärkt der Blick auf den inneren Aufbau der Kapitel und ihren ideologischen Gehalt gerichtet:
Bei der Präsentation der anderen »kapitalistischen« Länder sind ähnliche Schwarzweißdarstellungen wie auf den vorgestellten Einführungsseiten zu BRD und DDR zu beobachten. Für die »kapitalistischen« Länder werden vorwiegend Probleme wie Arbeitslosigkeit und schlechte soziale Lebensverhältnisse der Arbeiter und Bauern vorgestellt, die auf die Dominanz des Großgrundbesitzes in der Landwirtschaft und die »Profitgier« der Konzerne zurückgeführt werden. Dies führt den Texten nach zu Demonstrationen und Streiks der Arbeiter, was vermutlich als Indiz für den in »kapitalistischen« Ländern tobenden Klassenkampf gewertet wurde. Für die »sozialistischen« Staaten wird dagegen vor allem der wirtschaftliche und gesellschaftliche Aufschwung hervorgehoben, wie an folgenden Zitaten beispielhaft gezeigt werden kann:

»*Sozialistische*« *Länder:*
Polen:

»Polens Landwirtschaft hat sich durch die Industrialisierung bedeutend entwickelt« (MfV, 1982a, Schulbuch Geographie, Klasse 6, S. 113).

Sowjetunion:

»Aus dem rückständigen zaristischen Russland ist in wenigen Jahrzehnten ein moderner, hochentwickelter, sozialistischer Industriestaat geworden« (MfV, 1983a, Schulbuch Geographie, Klasse 7, S. 56).

Kuba:

»Die sozialistischen Produktionsverhältnisse in der Landwirtschaft und die durch sie erreichten Erfolge, vor allem auch für die soziale Lage der Bauern und Landarbeiter, dienen anderen Ländern Lateinamerikas als Vorbild« (MfV, 1987a, Schulbuch Geographie, Klasse 9, S. 159).

»*Kapitalistische*« *Länder:*
Großbritannien:

»Die britischen Arbeiter, voran die Kumpel im Steinkohlebergbau sowie die Hafen- und Werftarbeiter, kämpfen entschieden für die Verbesserung ihrer Arbeits- und Lebensverhältnisse. In zahlreichen Streiks haben sie den Konzernherren und der Regierung Lohnerhöhungen und manche andere Fortschritte abgetrotzt. Doch umgekehrt nutzen die Kapitalisten ihre Macht immer wieder dazu aus, Arbeiter zu entlassen und die Preise zu erhöhen« (MfV, 1982a, Schulbuch Geographie, Klasse 6, S. 59).

Japan:

»Durch die Ausbildung riesiger Ballungsgebiete, deren Entwicklung lange Zeit unkontrolliert blieb, ergeben sich auch große Wohnungsprobleme. Viele japanische Arbeiter und Bauern leben in ärmlichen Wohnverhältnissen, zum Beispiel in den Randgebieten der Großstädte. Da die Monopole, die weite Teile der Wirtschaft beherrschen, ständig den höchstmöglichen Profit anstreben, sind wie in den anderen kapitalistischen Ländern auch in Japan viele Arbeiter von Entlassung und Kurzarbeit bedroht« (MfV, 1983a, Schulbuch Geographie, Klasse 7, S. 139).

Auch bei der Darstellung von afrikanischen Ländern im Schulbuch der 8. Klasse kann man den großen Einfluss der marxistisch-leninistischen Weltanschauung nachweisen, wie durch eine von Cordula Berghahn (2004) durchgeführte Analyse von Geographiebüchern der DDR zum Thema des dort vermittelten Afrikabildes belegt wird. Schwerpunkte der Schulbuchdarstellungen liegen auf der Kolonialgeschichte der dargestellten afrikanischen Länder, die als Hauptgrund für aktuelle Probleme wie Unterentwicklung und Armut gesehen wird. Wirtschaftliche Beziehungen zwischen afrikanischen und »kapitalistischen« Staaten werden ausgehend von der Dependenztheorie als »neokolonialistisch« und »imperialistisch« dargestellt.

»Die neokolonialistischen Bestrebungen der imperialistischen Länder und deren Monopole sind gegenwärtig verstärkt darauf gerichtet, in allen afrikanischen Staaten Ausbeutungs- und Abhängigkeitsverhältnisse zu erhalten und fortschrittliche Entwicklungen auf dem Kontinent mit allen Mitteln einzuschränken bzw. zu verhindern« (MfV, 1987b, Schulbuch Geographie, Klasse 8, S. 90).

Als »fortschrittliche Entwicklung« wird allein der Sozialismus gesehen. Daher werden in den Schulbüchern vorwiegend Staaten behandelt, die den »sozialistischen Entwicklungsweg« eingeschlagen haben wie Algerien, Äthiopien, Angola oder Mosambique (MfV, 1983b). Ihre Erfolge und die Hilfe der »sozialistischen« Länder werden ausgiebig dargestellt.

Die Afrikaner werden als relativ homogene Bevölkerungsgruppe beschrieben, die sich als unterdrückte Völker im Befreiungskampf befänden und die von den »sozialistischen« Ländern bei dem Aufbau ihrer jungen Nationen uneigennützig unterstützt würden. Die technischen und personellen Hilfeleistungen der »sozialistischen« Länder werden ausführlich dargestellt.

»Zusammenfassend kann man sagen, dass die Schulbücher der DDR eine große Rolle im politischen Bildungsprozess des Staates spielten. Anhand des Afrikabildes in den Schulbüchern lässt sich erkennen, dass letztendlich alle untersuchten Aspekte unter dem Leitbild der marxistisch-leninistischen Weltanschauung behandelt wurden und sozialgeographische Tatsachen auch in diesem Sinne ausgelegt wurden« (Berghahn, 2004, S. 102).

Wie setzt sich nach dem Abschluss des »länderkundlichen Durchgangs« mit der 8. Klasse der Geographieunterricht fort? Wird die marxistisch-leninistische Ideologie auch weiterhin in den Geographieschulbüchern vermittelt?

Das Buch der 9. Klasse beschäftigt sich sachlich mit den physisch-geographischen Geofaktoren und es finden sich keine Hinweise auf die Ideologie (MfV, 1987).

In dem Schulbuch für die 10. Klasse (MfV, 1982c), das der Darstellung der Ökonomischen Geographie der »sozialistischen Staatengemeinschaft« und der DDR gewidmet ist, werden die ökonomischen Verhältnisse der »kapitalistischen« Länder fast zu jedem Thema als negative Kontrastfolie zu den »sozialistischen« Ländern verwendet, deren Wirtschaft umfassend als leistungsstark und am Gemeinwohl orientiert dargestellt wird.

»Kapitalistische« Länder:

»Die imperialistischen Länder benutzen ihre Vormachtstellung auf dem Gebiet der Industrie zur verstärkten Ausbeutung der Entwicklungsländer, in denen auch gegenwärtig die auf der Grundlage von »Entwicklungshilfen« errichtete Industrie mit dem Ziel der Bereicherung der Konzerne entwickelt wird« (MfV, 1982c, Schulbuch Geographie, Klasse 10, S. 72).

Während die »kapitalistischen« Staaten, wie in diesem Textauszug, häufig als aggressive Ausbeuter der Entwicklungsländer dargestellt werden, erscheinen die »sozialistischen« Länder als ihre selbstlosen Förderer:

»Die Entwicklungsländer erhalten vor allem zur Entwicklung ihrer Industrie und der Infrastruktur Hilfe durch die sozialistischen Länder, insbesondere durch die Sowjetunion, wodurch ihre Bestrebungen nach völliger ökonomischer Unabhängigkeit von den imperialistischen Ländern unterstützt werden« (MfV, 1982c, Schulbuch Geographie, Klasse 10, S. 17).

Im Schulbuch für die 11. Klasse werden die physisch-geographischen Themen sachlich dargestellt. Bei der Behandlung der »Struktur und Entwicklung ausgewählter Wirtschaftsgebiete in den Ländern des RGW« wird die Wirtschaftsentwicklung wie schon in den vorhergehenden Schulbüchern einseitig positiv dargestellt. Statt auf Probleme oder Defizite einzugehen, werden ausschließlich Erfolge vorgestellt (MfV, 1981b).

3.3.1.1.2 Analyse Schulbuchabbildungen

Adam (1982) fand durch Hospitationen in 289 Geographiestunden heraus, dass in 37 % der Stunden Bilder in Schulbüchern analysiert wurden, was belegt, dass diese zu den häufig eingesetzten Unterrichtsmitteln gehörten.

Barth (1963, S. 16) schreibt: »*Bilder und Karten können durch ihre Aussagen wesentlich dazu beitragen, den politisch-ideologischen Gehalt des Erdkundeunterrichts zu erhöhen.*« Im Folgenden soll an einigen ausgewählten Photos untersucht werden, was dies für die bildliche Darstellung der »sozialistischen« und der »kapitalistischen« Länder in den Geographieschulbüchern bedeutet. Analysiert werden die Photos vor allem nach ihrer Farbigkeit und ihren Motiven.

Auffällig ist bei dem Buch (1982a) für die 6. Klasse, dass die Photos zu den »kapitalistischen« Ländern in schwarz-weiß abgebildet sind und es sich bei Photos zu den »sozialistischen« Ländern größtenteils um Farbphotos handelt. Die Städte und Landschaften der »kapitalistischen« Länder wirken dadurch im

Industrieanlagen um Duisburg

Abbildung 7: Duisburg (MfV, 1982a, Schulbuch Geographie, Klasse 6, S. 20)

Wohnelend in Süditalien

Abbildung 8: Wohnsituation in Süditalien (MfV, 1982a, Schulbuch Geographie, Klasse 6, S. 86)

Gegensatz zu denen der »sozialistischen« Länder grau und hässlich (siehe Abbildung 7).

Nicht nur die Farbe, sondern auch die dargestellten Motive der Photos zu den »kapitalistischen« Ländern unterscheiden sich von jenen der »sozialistischen« Länder. Auf den Photos zu den »kapitalistischen« Ländern werden häufig soziale, ökologische und ökonomische Probleme dargestellt. So sieht man z. B. auf der Abbildung 8 eine enge, zwischen zwei 3 – 4 stöckigen Häuserblocks durchführende Gasse. Die Häuser sind einfach gebaut und ihnen fehlt Anstrich und Putz. Die zwischen den Häusern aufgehängte Wäsche deutet auf die große Anzahl der Hausbewohner und ihren Platzmangel hin. Die Interpretation des Photos als Ausdruck von »Wohnelend« und ihre Lokalisierung in Süditalien wird erst durch die Photounterschrift möglich. Wäre das Photo ohne diese Unterschrift und in Farbe, könnte es ebenso als Ausdruck der Lebensfreude, der klimatischen und der kulturellen Gegebenheiten (das Aufhängen von Wäsche an der frischen Luft als kulturell übliche Verhaltensweise) interpretiert werden.

Man versuchte, die SchülerInnen durch die Photos auch emotional anzusprechen. Dieses Photo sollte wahrscheinlich bei den SchülerInnen Entsetzen über schlechte Wohnverhältnisse und Mitleid mit der von den Kapitalisten ausgebeuteten italienischen Bevölkerung hervorrufen. In einem Materialienband wird empfohlen, die politischen und kulturellen Verhältnisse in »kapitalistischen« und »sozialistischen« Ländern anhand von lebendigen und anschaulichen Beispielen »*parteilich gegenüberstellend*« zu behandeln, um so bei den SchülerInnen die Überzeugung zu entwickeln, dass »*dem Sozialismus die Zukunft gehört*« (Fachkommission Geographie, 1961, S. 7). Um bei den SchülerInnen durch die Behandlung der »kapitalistischen« Länder ein »*Gefühl der Solidarität mit den ausgebeuteten Massen durch Erzeugung von Abscheu vor den Ausbeuter- und Unterdrückungsmethoden der Kapitalisten und Imperialisten*« zu erzeugen, wird vorgeschlagen, die Schulbucharbeit mit anschaulichem Quellenmaterial zu vertiefen (ebd.). Zu Italien finden sich Texte, welche die intendierte Aussage des Photos (Abbildung 8) verstärken. Hier einige Auszüge aus dem Bericht über Neapel (ebd. S. 59 – 60):

»Über den Gassen sind Seile gespannt, von denen gleichsam bunte Flaggen herabhängen. Wäsche kann man ja weder in den Häusern noch in den engen Höfen trocknen (...) Vor Abend gehe ich mit in eines der ärmsten Viertel. Sehr schmale Gassen mit abgeblätterten schon lange nicht mehr renovierten Fassaden. Kinder spielen auf der Straße, einige von ihnen zerschlagen geschäftig eine Kiste, wohl für Brennholz. Es wird dunkel. Keine Gardinen an den Fenstern und Kellerwohnungen. Die Türen stehen offen, und das ganze Leben bietet sich uns dar. Eine armselige Stube, fast ohne Möbel. In der Ecke eine Bettstatt, wo der Breite nach drei oder vier Kinder schlafen. Der Arbeiter und der kleine Handwerker muss zusammen mit seiner Frau unermüdlich schuften, sonst kann er seine Familie einfach nicht durchbringen. Das Essen besteht im besten Falle aus Brot, Makkaroni, Olivenöl, manchmal kommen Tomaten und Orangen hinzu. An Fleisch, Eier oder Butter ist dort gar nicht zu denken.«

Der Text verstärkt die Intention des Photos, die schlechte Lebenssituation der Italiener zu zeigen. Elemente des Photos wie aufgehängte Wäsche, spielende Kinder, renovierungsbedürftige Fassaden werden auch hier aufgegriffen und als Ausdruck für Armut interpretiert. So spielen die Kinder nicht einfach zum Spaß mit einer Kiste, sondern sie zerschlagen sie, da ihre Eltern Feuerholz benötigen. Neben dem Titel des Photos und dem Schulbuchtext, konnte also auch durch zusätzliches Quellenmaterial, das den LehrerInnen zur Verfügung stand, die »richtige« Interpretation der Schulbuchphotos gewährleistet werden und der sozialistische Erziehungsauftrag der Lehrpläne für den Geographieunterricht erfüllt werden.

Als drittes Beispiel sei die Abbildung 9 gezeigt, die eine Demonstration von Lehrlingen bei Mannesmann in Mülheim abbildet. Dieses Photo soll, laut dem schon oben besprochenen Einführungstext, als Beleg für den in »kapitalistischen« Ländern existierenden Klassenkampf dienen. Auch in diesem Fall wird von den SchülerInnen eine einheitliche Interpretation des Photos erwartet, die sich allerdings nicht aus dem Bild selbst erschließt, das ebenso gut positiv als Ausdruck von Meinungsfreiheit und der Wahrnehmung von Arbeitnehmerrechten gedeutet werden könnte, sondern durch den Schulbuchtext vorgegeben wird.

Die Schulbuchbilder sollen nicht nur die Konsequenzen einer verfehlten, kapitalistischen Wirtschaftspolitik verdeutlichen, sondern auch die wenig nachhaltigere Nutzung der natürlichen Ressourcen in »kapitalistischen« Ländern. Daher finden sich verschiedene bildliche Darstellungen von ökologischen Problemen (siehe Abbildung 10).

Man sieht in der Abbildung eine zerstörte Brücke, die sich nach der Bildunterschrift in der Toskana befindet und auf Hochwasser zurückzuführen ist, was nach Angaben des zugehörigen Textes durch Entwaldung begründet sei. Damit wird hier der unsachgemäße Umgang mit natürlichen Ressourcen in »kapitalistischen« Ländern als ein regelmäßig wiederkehrendes Motiv der Schulbuchdarstellungen angesprochen. Auch bei diesem Beispiel wird die Interpretation durch die Photounterschrift und den dazugehörigen Text vorgegeben. Die SchülerInnen wären vielleicht eher auf die Sprengung der Brücke für einen Neubau, Kriegsschäden, Altersschäden der Brücke etc. als Gründe für den Zustand der Brücke gekommen. Ohne die Angaben aus dem Text ist es kaum möglich, auf Entwaldung als Ursache für das Hochwasser und die Zerstörung der Brücke zu schließen, da auf dem Bild sehr viel Wald zu sehen ist. Auch die Lokalisierung des Photos wäre ohne Bildunterschrift nicht möglich. Da dieses

Demonstrierende
Arbeiter

Abbildung 9: Demonstration in Mülheim
(MfV, 1982a, Schulbuch Geographie, Klasse 6, S. 10)

Durch Hochwasser
zerstörte Brücke
in Toscana

Abbildung 10: Hochwasserschäden in Italien
(MfV, 1982a, Schulbuch Geographie, Klasse 6, S. 82)

Blick zum Kamm des Erzgebirges

Abbildung 11: Blick zum Kamm des Erzgebirges
(MfV, 1980, Schulbuch Geographie, Klasse 5, S. 138)

Abbildung 12: Ernte in Polen
(MfV, 1982a, Schulbuch Geographie, Klasse 6, S. 113)

Photo jedoch als ein Beispiel unter vielen gelten soll, das zeigen soll, wie zerstörerisch in »kapitalistischen« Ländern mit natürlichen Ressourcen umgegangen wird, ist die Ortsangabe »Italien« so wichtig, um mit den SchülerInnen im Sinne der »sozialistischen Erziehung« die Ursachen für das gesehene Phänomen zu erarbeiten.

Auf Photos zu den »sozialistischen« Ländern werden dagegen gerne ökologisch intakte, blühende Landschaften abgebildet (siehe Abbildung 11). In Bezug auf die DDR sollte durch diese Photos die Vaterlandsliebe gefestigt werden. Zur Frage, warum die Photos zu den »sozialistischen« Ländern in Farbe und die zu den »kapitalistischen« in Schwarz-Weiß abgedruckt wurden, ist folgendes Zitat aufschlussreich:

> »Da sich aber die Freude an der Schönheit der Natur nicht von selbst einstellt, gehört eine emotional ansprechende und durch ästhetisch gestaltete Farbbilder, -dias und –filme untermauernde Beschreibung der Mannigfaltigkeit der Formen und Farben, der Kontraste, der Bewegtheit und der Harmonie der unterschiedlichen Landschaften zur patriotischen Erziehung« (Hauck, 1979, S. 343–344).

Auf den Photos zu den »sozialistischen« Ländern findet sich zudem häufig das Motiv der Ernte. Ähnlich wie auf der Abbildung 12 werden häufig riesige Felder, die mit modernen Maschinen abgeerntet werden, unter blauem Himmel gezeigt. Damit wollte man vermutlich die Modernität der landwirtschaftlichen Produktion in »sozialistischen« Ländern, die große Relevanz der Bauern für die wirtschaftliche Produktion, die Produktivität der Landwirtschaft und den Reichtum an Nahrungsmitteln belegen. Während die SchülerInnen auf den vorhergehenden Seiten u. a. mit den vermeintlich miserablen Lebensbedingungen der Arbeiter in Italien als Beispiel für ein »kapitalistisches« Land konfrontiert wurden (Abbildung 8), die kaum genug gehabt hätten, um ihre Familien zu ernähren, wird dieses Bild jetzt mit dem Überfluss an Nahrungsmitteln in Polen kontrastiert, was als Beispiel für den angeblichen Aufschwung in »sozialistischen« Länder steht.

Nicht nur die Landwirtschaft ist ein wichtiges Motiv, sondern auch die Industrie. So wird auf der Abbildung 13 z. B. eine E-Lok der Škoda-Werke in der damaligen ČSSR gezeigt. Da diese durch eine Nahaufnahme von unten aufgenommen wurde, wirkt sie besonders imposant. Dieses »Wunder der Technik« sowie andere Darstellungen von Eisen-, Stahl- und Aluminiumwerken und der Automobilindustrie sollen vermutlich die hohe industrielle Entwicklung »sozialistischer« Staaten dokumentieren, die nach den zugehörigen Textdarstellungen auf der optimalen Nutzung der vielfältigen Rohstoffe durch die »sozialistischen« Länder beruht.

Drittes häufig zu findendes Motiv der Schulbuchabbildungen sind die Städte

in »sozialistischen« Ländern. Häufig werden Neubauten gezeigt, die nach sozialistischer Architektur errichtet wurden (siehe Abbildung 14). Neben den repräsentativen Bauten erkennt man eine breite Straße, auf der Autos parken. Man
wollte die Modernität der »sozialistischen« Städte zeigen und den SchülerInnen
vermutlich den Eindruck von Reichtum und hoher Lebensqualität der Bewohner
vermitteln. Diese Interpretation wird noch durch den Text zum Photo (Abbildung 14) gestützt, der Bukarest als eine der modernsten Städte Südosteuropas
ausweist. Parallel zum Photo konnte von den LehrerInnen auch Quellenmaterial
eingesetzt werden, das die Aussage der Bilder vertiefte. So findet sich z.B. zu
Bukarest die Beschreibung:

> »Vieles ist anders geworden. Anders- das heißt besser für die breiten Schichten
> des Volkes. Auf den Straßen Bukarests pulsiert das Leben Tag und Nacht. Nur
> zwischen zwei und vier Uhr nachts kann man von Ruhe sprechen. Bis zwei Uhr
> sind die Gäste der zahlreichen Gaststätten und Nachtlokale unterwegs. Um vier
> Uhr eilen die ersten Frühaufsteher an ihre Arbeitsplätze« (Fachkommission
> Geographie, 1961, S. 114).

Weitere Elemente im Quellentext sind die schönen Einkaufsstraßen, das große
Kulturangebot, die große Erholungsqualität und das vorzügliche Essen. Diese
Faktoren unterstützen den positiven Eindruck des Photos, dass man in Bukarest,
seitdem Rumänien sozialistisch ist (Anspielung im Text auf große Verbesserungen für »die breiten Schichten des Volkes«), gut leben kann.

Schlimme (1989, S. 11) gibt am Beispiel von Ungarn Anhaltspunkte, wie
Photos der »modernen, sozialistischen Innenstädte« in den Unterricht eingebettet werden sollen:

> »So kann beispielsweise bei der Behandlung Ungarns emotional ansprechend
> erläutert werden, dass 1930 in diesem Land 3 Millionen Menschen als Zwerg-
> bauern, Knechte auf großen Gütern und Tagelöhner mit ihren Familien in tiefstem
> Elend lebten und dass sogar noch 1945 die Hälfte der ungarischen Wohnhäuser
> Lehm- und Torfhütten waren. Werden diesen im Unterricht anschaulich darge-
> legten Fakten Bilder und Schilderungen aus dem modernen Ungarn, mit Wohn-
> häusern, attraktiven Hotels, Einkaufsstraßen mit modern gekleideten Menschen
> usw. gegenübergestellt, kann im Denken und Fühlen der Schüler Anerkennung der
> Leistungen des ungarischen Volkes erreicht werden.«

Die Photos konnten demnach der Kontrastierung von sozialen und wirtschaftlichen Problemen früherer Zeiten mit aktuellen gesellschaftlichen Verbesserungen dienen, um den Aufschwung in »sozialistischen« Ländern zu belegen.

Das Buch zur »Methodik des Geographieunterrichts«, das von der Akademie
der Pädagogischen Wissenschaften herausgegeben wurde, weist die »gefühls-

E-Lok aus den Škoda-Werken in Plzeň

Abbildung 13: E-Lok aus den Škoda – Werken
(MfV, 1982a, Schulbuch Geographie, Klasse 6, S. 119)

Die Hauptstadt Bukarest liegt inmitten des fruchtbaren Tieflands an der unteren Donau Mit den breiten Geschäftsstraßen und der Vielzahl neuer Bauten gehört Bukarest zu den modernsten Städten Südosteuropas.

Abbildung 14: Innenstadt Bukarests
(MfV, 1982a, Schulbuch Geographie, Klasse 6, S. 138)

mäßige Bindung« der SchülerInnen an ihr »sozialistisches« Vaterland durch das
Aufzeigen der Schönheiten von Städten und Landschaften als ein wesentliches
Ziel des Geographieunterrichts aus.

»Ebenso sollen die Schüler erkennen, wie durch die sozialistische Neugestaltung
der Städte und des ländlichen Siedlungsnetzes nicht nur die Lebensbedingungen
für die Werktätigen verbessert werden, sondern unser Vaterland auch immer an-
ziehender und schöner wird« (Schlimme, 1978, S. 38).

Photographien sind in den Geographieschulbüchern der DDR vermutlich
darum ein so häufig zu findendes Medium, da sie scheinbar wertneutrale Informationen ohne Verfälschungen wiedergeben und damit die Wahrheit der
Textaussagen beweisen können. Dies führt auch Glanz (1988, S. 95) aus:

»Mit der gegenständlichen Darstellung des Individuellen erhalten die Schüler sehr
umfangreiche Merkmale von Sachverhalten, auf deren Grundlage sich die Möglichkeiten des *Nachweises der objektiven Wahrheit* der Sachverhalte erhöhen und
damit gleichzeitig die Wertung vom Standpunkt der Arbeiterklasse aus für die
Schüler erleichtert wird.«

Tatsächlich sind ihre Darstellungen keineswegs wertneutral, sondern werden
gezielt zur Erzeugung bestimmter Länderbilder eingesetzt, was dann letztlich zu
den erwünschten ideologischen Wertungen durch die SchülerInnen führen soll.
Zusammenfassend lässt sich sagen, dass die in den Geographiebüchern eingesetzten Photographien durch ihre Farb- und Objektwahl die in den Schulbuchtexten beschriebenen Unterschiede und Gegensätzlichkeiten von »kapitalistischen« und »sozialistischen« Ländern belegen sollen. Die Photos dienen in
erster Linie der Illustration und Bestätigung der Textaussagen. Ebenso wie in den
Texten werden auf den zugehörigen Photographien für die »kapitalistischen«
Länder eher negative Aspekte wie soziale, ökologische und wirtschaftliche
Probleme dargestellt und für die »sozialistischen« Länder eher Objekte abgebildet, die den »Charakter« der Länder als Arbeiter- und Bauernstaaten darstellen sowie solche, die die wirtschaftlichen und sozialen Erfolge dokumentieren. Die in den Schulbüchern eingesetzten Bilder vermittelten jedoch nicht
nur sachliche Informationen, sondern wollen die SchülerInnen, mittels ihrer
unterschiedlichen Farbwahl, vermutlich auch emotional ansprechen. Durch den
immer blauen Himmel über den »bunten« »sozialistischen« Staaten, sollen
vermutlich im Gegensatz zu den grauen »kapitalistischen« Ländern positive
Identifikationen der SchülerInnen erreicht werden. Die »sozialistischen« Länder
sollen nicht nur als wirtschaftlich erfolgreicher, sozial gerechter und ökologisch
nachhaltiger als die »kapitalistischen« begriffen werden, sondern auch als

Staaten, die landschaftlich schöner sind, deren Städte moderner sind und in denen die Lebensqualität höher ist.

3.3.1.1.3 Analyse der Schulbuchkarten

Keine Karte zeigt wertfrei die »objektive« Wirklichkeit. Einer Karte liegen immer vielfältige Entscheidungen zu Grunde, die u. a. den Maßstab, die Projektion, die Kartensymbole und die Farbigkeit betreffen. Je nachdem welche Interessen die Kartenproduzenten verfolgen, wird bestimmt, was die Karte zeigt und was sie nicht zeigt, was betont wird und was nicht. Besonders häufig ist die politische Instrumentalisierung von Karten zur Beeinflussung und Manipulation der Kartennutzer, welche diese nicht als soziale Konstruktion, sondern als neutrale Reproduktion von objektiven Gegebenheiten und Zusammenhängen ansehen (Wood, 1992). In politischen Kontexten werden Karten zur Definition der eigenen Nation und der territorialen Ansprüche, zur Darstellung von Truppenbewegungen, Einflussgebieten, regionalen Disparitäten sowie zur Ab- und Ausgrenzung verwendet. Sie können in diesem Zusammenhang zu »*Symbolen der Macht, Autorität und nationaler Einheit*« werden (Monmonier, 1996, S. 124). Geographische Raumkonzepte wie z. B. »Orient«, »Dritte Welt« oder »Europa« können durch Karten verbreitet und politische Interessen somit als »Wirklichkeit« ausgegeben werden (historische Beispiele bei Schneider, 2004). Dienen Karten als Instrument politischer Propaganda, wird häufig versucht, die eigene »Ideologie« zu verkaufen und ein positives Image des eigenen Staates zu vermitteln. Jetzt stellt sich die Frage, inwiefern auch die Karten in den Geographielehrbüchern der DDR als Mittel zur Durchsetzung politisch-ideologischer Interessen gedient haben.

Durch Hospitationen in 289 Geographiestunden fand Adam (1982) heraus, dass in 37 % der Stunden Lehrbuchkarten verwendet wurden. Sie gehörten damit zu den häufig eingesetzten Unterrichtsmedien im Geographieunterricht der DDR. Neben der Vermittlung von Kenntnissen, Fakten und Zusammenhängen bestand ihre didaktisch-methodische Funktion nach Breetz (1977, S. 20) darin, die »*staatsbürgerliche Erziehung*« zu fördern. Bezogen auf die 8. Klasse schreibt er:

»Die historisch-geographischen Karten bilden gerade auch in Klasse 8 ein entscheidendes Unterrichtsmittel zur Überzeugungsbildung von der Sieghaftigkeit des Sozialismus in der Welt« (Breetz, 1977, S. 110).

Es stellt sich die Frage, wie das auf die Kartengestaltung bezogene didaktische Prinzip der »*Einheit von wissenschaftlicher Bildung und allseitiger sozialistischer Erziehung auf der Grundlage des Marxismus-Leninismus*« (König, 1996, S. 12), in den Karten der Geographieschulbücher umgesetzt wurde.

Abbildung 15: Sozialistische Länder Europas
(MfV, 1982a, Schulbuch Geographie, Klasse 6, S. 97)

Abbildung 16: Kapitalistische Staaten Europas
(MfV, 1982a, Schulbuch Geographie, Klasse 6, S. 90)

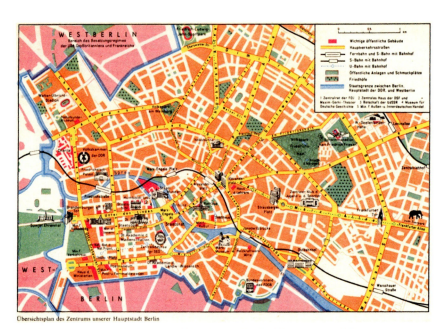

Abbildung 17: Zentrum Berlins 1968 (MfV, 1968a, Schulbuch Geographie, Klasse 5, S. 50)

Ebenso wie die analysierten Texte und Photos in den Schulbüchern tragen auch die kartographischen Darstellungen zur Unterstreichung der Gegensätzlichkeiten zwischen »kapitalistischen« und »sozialistischen« Staaten bei. Daher finden sich wenige politische Karten, auf denen sowohl »kapitalistische« als auch »sozialistische« Staaten zusammen abgebildet sind. Die ideologische Grenze zwischen Ost und West wird demnach mit den räumlichen Grenzen in der Kartendarstellung nachvollzogen. Dementsprechend wird die DDR im Verbund mit den »sozialistischen« Staaten kartographisch abgebildet, um die gleichen ideologischen Überzeugungen und politische Verbundenheit darzustellen. Die politische Intention der Abgrenzung der DDR von der BRD sowie die Unterstreichung von Gemeinsamkeiten mit den »sozialistischen« Nationen wird sehr gut durch die Abbildung 15 verdeutlicht, da hier die DDR als Teil des »roten Blocks« dargestellt wird, der von der grauen Masse der »kapitalistischen« Ländern getrennt wird, zu denen auch die BRD gehört, von der noch nicht einmal die politischen Grenzen aufgezeigt werden.

Seitdem 1974 der Anspruch der DDR auf Wiedervereinigung mit der BRD aus der Verfassung gestrichen wurde, strebte die SED verstärkt eine politische Integration in das Lager der »sozialistischen« Länder an (Böthling, 2002), was durch diese Karte ausgedrückt wird.

Die einheitlich rote Kartenfärbung in Abbildung 15 soll vermutlich den Sozialismus sowie die Einheit der »sozialistischen« Länder symbolisieren. Ein weiterer Grund, warum die »sozialistischen« Staaten in den Schulbuchkarten in der Regel in rötlicher Färbung dargestellt werden, ist, dass mit Rot dargestellte Flächen generell größer erscheinen, als Flächen in anderen Farben (Pápay, 2003). Daher wird der eigene Standpunkt oder das eigene Land in der Kartographie bevorzugt in dieser Farbe dargestellt (Schneider, 2004, S. 125). Der optische Effekt des Rots wird genutzt, um die Größe und damit auch die Bedeutsamkeit des »sozialistischen« Lagers zu unterstreichen. Da sich die Abbildung 15 über die gesamte Schulbuchseite erstreckt, wird zudem der Eindruck von großer räumlicher Ausdehnung hervorgerufen, der durch die Angaben zu den Flächen der Länder und ihrer Bevölkerung noch verstärkt wird. Dies soll bei den SchülerInnen vermutlich den Eindruck von der großen Bedeutung dieser Länder auch in wirtschaftlicher und politischer Hinsicht hervorrufen.

Eine entsprechende Darstellung der »kapitalistischen« Länder Europas zeigt diese viel kleiner, da ein größerer Maßstab gewählt wurde (siehe Abbildung 16). Während die Karte der »sozialistischen« Länder nach dem Maßstab 1 : 11 300 000 gestaltet wurde, beträgt der Maßstab der Karte zu den »kapitalistischen« Ländern 1 : 55 000 000. Zudem nimmt die Fläche der »sozialistischen« Länder, deren Grenze mit einer breiten schwarzen Linie gekennzeichnet wird, fast die Hälfte der Karte zu den »kapitalistischen« Ländern ein, womit die ideologische Spaltung Europas im »Kalten Krieg« und die große Bedeutung der »sozialistischen« Staaten visualisiert wird.

Wie man an verschiedenen Überblickskarten sehen kann, wurde versucht, mit kartographischen Mitteln die Einheit der »sozialistischen« Staaten und ihre Abgrenzung zu den »kapitalistischen« Staaten zu konstruieren. Besonders interessant sind in diesem Zusammenhang die Karten zu Berlin, da die politische Systemgrenze hier mitten durch die Stadt verlief, bei der der Ostteil die Hauptstadt der DDR war. Bei der schulkartographischen Darstellung Berlins in den Schulbüchern für die 5. Klasse kann man in den verschiedenen Ausgaben Veränderungen beobachten, die auf die jeweils unterschiedliche Deutschlandpolitik der DDR zurückzuführen sind. Von 1961 – 1971 verfolgte man das Prinzip der »friedlichen Koexistenz«. Dies bedeutete, dass man als langfristiges Ziel die Wiedervereinigung beider deutschen Staaten anstrebte, die man durch Verhandlungen und Ausbau der wirtschaftlichen Beziehungen erreichen wollte. Gleichzeitig wurde die Abgrenzung zur BRD verstärkt (Böthling, 2002). In dieser Phase entstand die Abbildung 17.

Der Kartenausschnitt zeigt vorwiegend den östlichen Teil Berlins. Die Staatsgrenze zur BRD ist mit einer dicken Linie gekennzeichnet, die Darstellung großer Straßenzüge, Parks, der Bahnlinie und der Spree endet jedoch nicht an der politischen Grenze, sondern wird für Westberlin teilweise fortgesetzt. Dass man mit dieser Karte nicht nur einen »neutralen« Überblick über (Ost-) Berlin vermitteln wollte, sondern auch Ziele der staatsbürgerlichen Erziehung anstrebte, sieht man u. a. daran, dass als »wichtige Gebäude« vorwiegend der Sitz politischer und ideologischer Entscheidungsträger wie der Ministerien, der SED, der Akademie der pädagogischen Wissenschaften, der FDJ und der Botschaft der UdSSR lokalisiert wurden. Das einzige benannte Gebäude in (West-) Berlin ist aus dem gleichen Grund das Sowjetische Ehrenmal. Die Karte trägt zudem den Titel »*Übersichtsplan des Zentrums* unserer *Hauptstadt Berlin*«, was auf die politische Bedeutung Berlins verweist und zur Identifikation der SchülerInnen mit »*ihrer*« Hauptstadt führen sollte. Durch diesen Titel versuchte man auszudrücken, dass (Ost-) Berlin ein Bestandteil der DDR sei, während man es entsprechend der Dreistaaten-Theorie vermied (West-) Berlin in einen Zusammenhang mit der Bundesrepublik Deutschland zu bringen und daher die Bezeichnung »Westberlin« wählte (Sperling, 1981).

Während in Abbildung 17 Westberlin zumindest noch durch einen Schriftzug ausgewiesen wird, ist der Kartenausschnitt in der Berlinkarte aus dem Schulbuch von 1980 so gewählt, dass lediglich der östliche Teil Berlins dargestellt wird (siehe Abbildung 18) oder Westberlin wie in Abbildung 19 in flächig grauer Farbe dargestellt wird. Jeder Hinweis auf Westberlin fehlt hier, da die Signatur für die Staatsgrenze nicht erklärt wird und die Beschriftung Westberlins nicht vorhanden ist.

Dieses kartographische »Löschen« Westberlins lässt sich darauf zurückführen, dass die SED seit 1970 die »Zwei-Nationen-These« vertrat und der bisher verfolgte Anspruch, ein Teil der deutschen Nation zu sein, aufgegeben wurde (Böthling, 2002). In der Verfassung von 1974 findet sich daher nicht mehr das Ziel der Vereinigung beider Staaten. Dieser Politikwechsel führte zu der Anordnung, Westberlin auf öffentlich zugänglichen Karten nunmehr flächig in grau darzustellen (siehe Abbildung 19). Dies hatte den Zweck, grenz- und systemüberschreitende Verbindungen zwischen Ost- und Westberlin sowie Gemeinsamkeiten zu negieren und so zu zeigen, dass es keine Gründe für eine Vereinigung mit dem »imperialistischen Klassenfeind« gäbe. Die Straßen, Gebäude, Sehenswürdigkeiten etc. in Westberlin wurden zudem geheim gehalten, um den DDR-Bürgern keine Anreize und Informationen für eine mögliche Republikflucht zu geben. Westberlin sollte als uninteressantes »Niemandsland« erscheinen.

Ein weiteres ideologisches Ziel, das mit der Abbildung 19 verfolgt werden sollte, war sicherlich die Überzeugung der SchülerInnen von der erfolgreichen und sinnvollen Gebietsplanung und –nutzung in der DDR zu festigen und die Bedeutung der Hauptstadt als Industriezentrum zu verdeutlichen (siehe auch MfV, Lehrplan Klasse 5 seit 1966). Welche zusätzlichen ideologischen Wertungen bei der Behandlung (Ost-) Berlins u. a. durch den Einsatz der Berlinkarten im Unterricht anzustreben waren, führt Glanz (1988, S. 49) aus:

»Bei der Behandlung:
a) der StaatsgrenzeEinsicht der Notwendigkeit des Schutzes der Staatsgrenze,
b) Berlins als politisches Zentrum Einsicht, dass es oberstes Anliegen unserer Partei und Regierung ist, eine aktive Friedenspolitik im Interesse des Überlebens der Menschheit zu betreiben
c) der Wohngebiete Einsicht, dass die Lebensgebiete im Interesse der Menschen gestaltet werden«

Nicht nur auf Überblickskarten (u. a. Abbildung 15) hat man versucht, den Zusammenhalt und die politische Einheit der »sozialistischen« Länder mit kartographischen Mitteln zu visualisieren, sondern auch auf thematischen Karten. In Abbildung 20 wird der Steinkohletransport zwischen den »sozialistischen« Ländern Europas dargestellt. Das kartographische Hauptdarstellungselement ist hier der Pfeil, der nach Monmonier (1996, S. 149) zu den kraftvollsten und suggestivsten Kartensignaturen gehört.

Die Karte wird von einem Pfeil dominiert, der in der Sowjetunion beginnt, sich in kleinere Pfeile verzweigt und in den anderen »sozialistischen« Ländern Europas, einschließlich der DDR, endet. Da der schwarze Pfeil vor weißem Hintergrund erscheint, wird er durch diesen Kontrast besonders hervorgehoben. Von seiner enormen Breite sollen die SchülerInnen auf die große Bedeutung der Steinkohleförderung in der Sowjetunion für die anderen »sozialistischen« Länder schließen, ohne dies mit konkreten Zahlen belegen zu können. Dass nur der Titel der Karte auf die »Steinkohleförderung« hindeutet, und die Bedeutung der Pfeilsignatur nicht erklärt wird, weist darauf hin, dass dieses Thema eigentlich nebensächlich ist und es der Karte vor allem auf die Darstellung der generellen wirtschaftlichen und politischen Abhängigkeit der »sozialistischen« Länder einschließlich der DDR vom »großen Bruder« UdSSR ankommt. Daher wurde der Pfeil auch unterhalb der politischen Staatenbezeichnung »UdSSR« platziert, die im Vergleich mit den anderen Staatennamen in größerer Schriftgröße dargestellt wurde, und die der Pfeil unterstreicht. Zweites Ziel, das im Rahmen der ideologischen Erziehung mit dieser Karte erreicht werden sollte, war die Verdeutlichung der erfolgreichen Zusammenarbeit und wirtschaftlichen Hilfe der RWG-Staaten untereinander, aus diesem Grund wurde vermutlich der Steinkohletransport aus der ČSSR und aus Polen in die »befreundeten« Nachbarländer ebenfalls in die Karte aufgenommen. Damit sollten die ideologischen Ziele erreicht werden, den »proletarischen Internationalismus« zu festigen und »Sympathie für die sozialistischen« Bruderländern zu erzeugen (Jahn, 1966, S. 136).

Die Kartenthemen wurden generell so ausgewählt, dass den SchülerInnen die RWG als Erfolg erscheinen sollte. Bereiche, in denen die Zusammenarbeit nicht funktionierte, oder wirtschaftliche Verbindungen in das »feindliche kapitalistische« Ausland wurden dagegen nicht dargestellt.

Während man die Themen der Karten zu den »sozialistischen« Ländern so auswählte, dass der Eindruck von wirtschaftlichem Aufschwung, erfolgreicher Zusammenarbeit der RWG-Staaten und politischer Einheit unter der Führung der Sowjetunion entstehen sollte, wurden für die »kapitalistischen« Staaten Karten entworfen, welche die »Schattenseiten« des Kapitalismus wie Arbeitslosigkeit, Drogenabhängigkeit, Kriminalität oder Armut belegen sollten. Als ein Beispiel für die kartographische Darstellung dieser sozialen Probleme sei die folgende Karte gezeigt:

In Abbildung 21 wird der Anteil der »Armen« an der US-amerikanischen Gesamtbevölkerung in ihrer Verteilung auf die Bundesstaaten thematisiert. Auch die Farbwahl unterstützt die Aussage der Karte. Durch das Rot werden diejenigen Regionen betont, in denen das Problem der Armut anscheinend am höchsten ist. Was die hier dargestellte Kategorie »Armut« jedoch bedeutet und wie man sie gemessen hat, wird nicht genannt und kann damit von den SchülerInnen nicht hinterfragt werden.

Auf der gegenüberliegenden Schulbuchseite befindet sich eine Karte, die für die durch »Armut« betroffenen Gebiete auch den höchsten Teil an Afroamerikanern an der Gesamtbevölkerung zeigt. Damit wird die im Schulbuchtext angelegte Aussage, dass die USA zwar ein wirtschaftlich hoch entwickelter Staat sei,

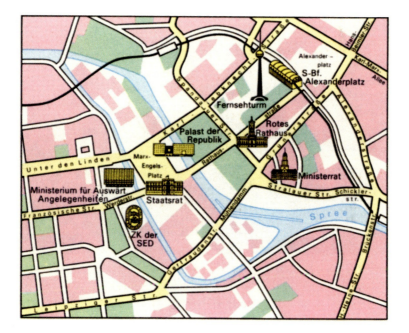

Abbildung 18: Zentrum Berlins 1980
(MfV, 1980, Schulbuch Geographie, Klasse 5, S. 56)

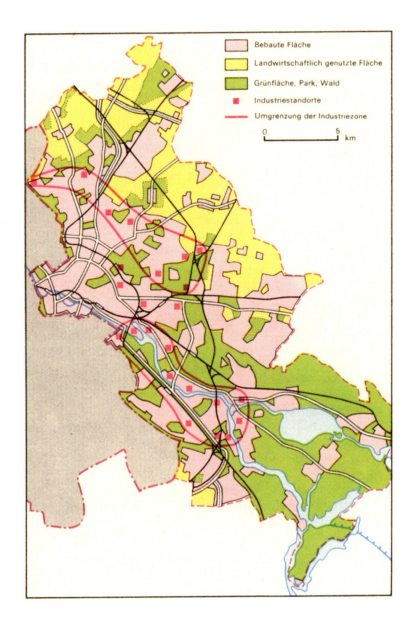

Abbildung 19: Flächennutzung in Ostberlin
(MfV, 1980, Schulbuch Geographie, Klasse 5, S. 58)

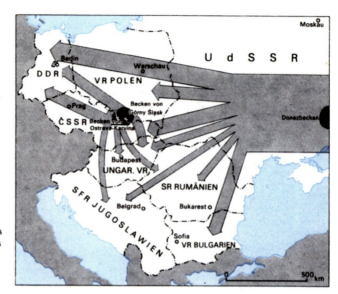

Abbildung 20: Steinkohletransport zwischen »sozialistischen« Ländern
(MfV, 1982c, Schulbuch Geographie, Klasse 10, S. 31)

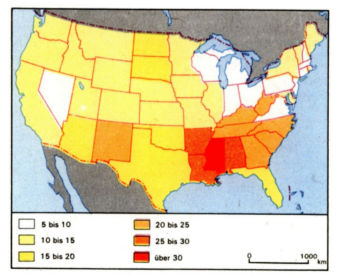

Abbildung 21: Armut in den USA
(MfV, 1987b, Schulbuch Geographie, Klasse 8, S. 115)

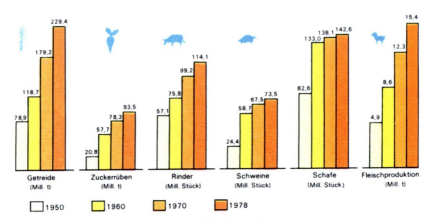

Entwicklung der Produktion von landwirtschaftlichen Erzeugnissen

Abbildung 22: Landwirtschaftliche Produktion in der Sowjetunion
(MfV, 1983a, Schulbuch Geographie, Klasse 7, S. 95)

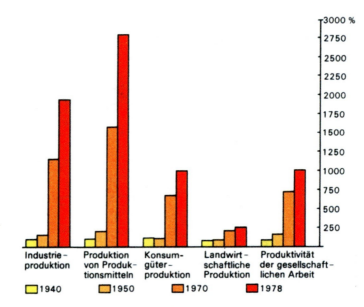

Abbildung 23: Wirtschaftliche Entwicklung der Sowjetunion
(MfV, 1983a, Schulbuch Geographie, Klasse 7, S. 96)

dieser materielle Reichtum aber nach Bevölkerungsgruppen und Regionen unterschiedlich (ungerecht) verteilt wäre, belegt und den in den Lehrplänen formulierten Zielen, »*die wachsende Ausbeutung der Werktätigen*«, »*die zunehmende soziale Unsicherheit*« und die »*Verschärfung der Klassengegensätze*« in den USA darzustellen, entsprochen (MfV, 1979, Lehrplanvorgaben Klasse 8, S. 97).

Insgesamt tragen die kartographischen Darstellungen in den Geographieschulbüchern der DDR zur Umsetzung der ideologischen Erziehungsziele der Lehrpläne bei. Durch die bewusste Wahl der Kartenthemen, ihrer Maßstäbe, ihrer Signaturen, des Karten ausschnitts sowie der Kartenfärbung wurden politische und ideologische Unter schiede zwischen »sozialistischen« und »kapitalistischen« Staaten unterstrichen. In Bezug auf die »sozialistischen« Länder wurde u. a. ihre politische Einheit unter der Leitung der Sowjetunion, erfolgreiche wirtschaftliche Zusammenarbeit in der RWG und weltwirtschaftliche Bedeutung durch die Karten suggeriert. Im Gegensatz dazu wurden für die Karten zu den »kapitalistischen« Staaten soziale Probleme, regionale Disparitäten und »imperialistische« Ausbeutung als Themen gewählt, vor deren Hintergrund die »Erfolge« der »sozialistischen« Staaten besonders klar hervortreten sollten.

3.3.1.1.4 Analyse der Schulbuchdiagramme und -statistiken

Auch die Diagramme und Statistiken in den Geographieschulbüchern der DDR sollten zur Vermittlung ideologischer Erziehungsziele im Unterricht dienen. Eine wichtige Erkenntnis sollte in diesem Zusammenhang sein, »*dass der Sozialismus die sich entwickelnde und sich ausbreitende Lebensform ist*« (Jahn, 1966, S. 136). Daher wurden in Bezug auf die »sozialistischen« Länder Statistiken und Diagramme abgebildet, welche die angebliche Steigerung der wirtschaftlichen Produktion und die ökonomische Bedeutung des »sozialistischen« Blocks belegen sollten.

In Abbildung 22 und Abbildung 23 wird die Entwicklung der wirtschaftlichen Produktion der Sowjetunion dargestellt. Erkennbar ist die enorme Steigerung von bis zu 2800 % (!) in allen abgebildeten Bereichen, womit die positive wirtschaftliche Entwicklung des »großen Bruders« belegt werden sollte. Entsprechend dieses Zieles wurden die Ausgangswerte möglichst früh gewählt (1940 und 1950), da es in Bezug auf diese Werte möglich ist, einen gewaltigen Anstieg zu visualisieren. Unklar bleibt, welches der Basiswert ist, von dem ausgehend der jeweilige Anstieg der Produktion berechnet wurde.

Dementsprechend lautete dann auch die zugehörige Schüleraufgabe »*Beweise an Beispielen die wirtschaftliche Stärke der Sowjetunion!*« (MfV, 1983, Schulbuch Geographie, Klasse 7, S. 95). Die SchülerInnen hatten jedoch keine Möglichkeit, die abgebildeten Zahlen einzuordnen und zu bewerten, da in Abbildung 22 kein

Bezug zur Bevölkerung und ihrem Bedarf gezogen wird und in Abbildung 23 nicht angegeben wird, was die einzelnen Bereiche bedeuten und wie sie gemessen wurden. So findet sich im Lehrbuch auch z. B. kein Hinweis darauf, was unter »Produktivität der gesellschaftlichen Arbeit« zu verstehen ist, und wie man diese misst.

Damit war auch das kritische Hinterfragen der »Fakten« nicht möglich, was sicherlich auch unerwünscht war, da es den Zielen der ideologischen Beeinflussung widersprochen hätte. Das macht es heute ebenso unmöglich zu überprüfen, inwieweit es sich hier nicht nur um eine ideologiegesteuerte Auswahl an Fakten, sondern um gezielte Datenmanipulation gehandelt hat.

Dass von politischer Seite tatsächlich versucht wurde, manipulierte Daten in den Geographieschulbüchern zu nennen, um die Situation in »sozialistischen« Staaten im Vergleich zu der in »kapitalistischen« besonders positiv erscheinen zu lassen, macht folgende Interviewpassage mit dem Leiter der Arbeitsgruppe zum Geographieunterricht an der Akademie der Pädagogischen Wissenschaften deutlich:

»Es gibt bei Vergleichen Dinge, die uns reingedrückt wurden, z. B. vor dem 8. Parteitag, kann ich mich erinnern: da gab es so Grafiken usw., die nicht stimmten, aber die waren vom Politbüro vorgegeben und da bin ich in der Parteihochschule und habe mich beraten lassen und da haben die gesagt, weißt du, das stimmt nicht, das ist Propaganda. So und da haben wir uns bemüht, das rauszulassen. Das ging nicht immer, denn, wenn es hieß, das kommt von der Parteihochschule oder vom ZK, dann muss das ins Buch. Solche Zwänge hat es natürlich gegeben.«

Der Interviewte hat sich nach seiner Darstellung nicht immer mit Erfolg bemüht, gefälschte Daten nicht zu verwenden, die er als »Propaganda« bezeichnet. Auffällig ist in diesem Zusammenhang auch, dass in den Geographieschulbüchern generell keinerlei Quellen der dargestellten Daten angegeben werden.

Wichtig war nicht nur zu zeigen, dass die wirtschaftliche Entwicklung der »sozialistischen« Staaten positiv war, sondern auch, dass diese erfolgreicher als in »kapitalistischen« Ländern war, vor allem als in den USA. Daher finden sich Statistiken und Diagramme in den Schulbüchern, die an verschiedenen Produkten zeigen sollten, dass die Sowjetunion der USA überlegen war (siehe Abbildung 24).

Die Baumwollproduktion scheint als Beispiel ausgewählt worden zu sein, da hier die Sowjetunion mehr produzierte als die USA und man die positive Entwicklung dieses Produkts seit 1934 in der Sowjetunion der rückläufigen Entwicklung in den USA gegenüberstellen konnte und damit die Einsicht der SchülerInnen, dass »*der Kapitalismus (…) von Fäulniserscheinungen gekennzeichnet und zum Absterben verurteilt ist*« (Jahn, 1966, S. 136), vermitteln konn-

Abb. 129/1: Anteile der USA und der Sowjetunion
an der Weltproduktion von Baumwollfasern (in %)

Jahr	USA	Sowjetunion
1934/38	42	—
1960	29	40
1970	19	59
1980	17	72
1983	12	64

Abbildung 24: Baumwollproduktion in den USA und der UdSSR
(MfV, 1983b, Schulbuch Geographie, Klasse 8, S. 129)

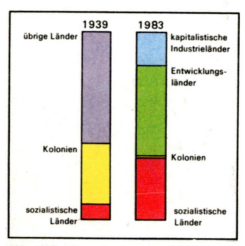

Abb. 177/2: Die nationale und soziale Befreiung
der Völker der Erde

Abbildung 25: Länderklassifikation
(MfV, 1983b, Schulbuch Geographie, Klasse 8, S. 177)

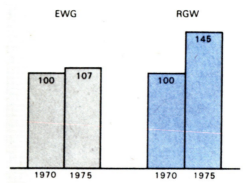

Die Entwicklung der Industrieproduktion in den
RGW-Ländern (ohne SRV) und in den Ländern
der EWG (1970 und 1975)

Abbildung 26: Entwicklung der Industrieproduktion in RGW und EWG
(MfV, 1985, Schulbuch Geographie, Klasse 10, S. 47)

te. Auch hier war es den SchülerInnen unmöglich, die in der Statistik genannten Zahlen zu beurteilen, da auf die (geringe) weltwirtschaftliche Bedeutung dieses Anbauprodukts nicht eingegangen wurde und die Zahlen nicht zur Wirtschaftsstruktur der beiden Länder in Beziehung gesetzt werden konnten, was sicherlich kein zufälliges Versehen war, da man anscheinend nur die Aussage »der Sozialismus ist erfolgreicher« vermitteln wollte. In diesem Zusammenhang war es im Sinne der ideologischen Erziehung sinnvoll, den SchülerInnen zu zeigen, dass sich im Zuge des »*revolutionären Weltprozesses*« immer mehr Staaten für den »*sozialistischen Entwicklungsweg*« entschieden und der internationale Kampf gegen den »*Imperialismus*« insgesamt als erfolgreich zu bezeichnen sei (MfV, 1987b, Schulbuch Geographie, Klasse 8, S. 176 – 177).

Durch die Abbildung 25 sollte die den Schulbüchern zugrunde liegende Länderklassifikation in »sozialistische« und »kapitalistische« Staaten sowie in »Entwicklungsländer« wiederholt werden. Erkannt werden sollte der Anstieg der »sozialistischen« Länder, dass sie einen größeren Anteil als die »kapitalistischen« Länder einnahmen und dass der Kolonialismus beendet war. Damit wollte man insgesamt die These vom »Sieg des Sozialismus« belegen. Auch hier ist wieder unklar, auf welcher Datengrundlage die Diagramme angefertigt wurden.

Entsprechend dem Vergleich zwischen USA und Sowjetunion in Abbildung 24 wird auch der Vergleich zwischen der »kapitalistischen« EWG und der »sozialistischen« RGW gezogen. Die Abbildung 26 zeigt die Entwicklung der Industrieproduktion der RGW und der EWG 1970 und 1975. Offenbar hat die RGW hier einen höheren Zuwachs als die EWG, wobei unklar bleibt, was genau dargestellt wurde, da keine Erläuterung der Zahlen vorhanden ist. Sind dies absolute Werte oder Prozentzahlen? Wie wurden diese ermittelt? Hier ist wieder das differenzierte Verständnis des Diagramms durch die SchülerInnen nicht erwünscht, sondern es kommt lediglich darauf an zu visualisieren, dass die RGW der EWG überlegen ist. Dies drückt auch der zugehörige Lehrbuchtext aus: »Die Überlegenheit des Sozialismus über den Kapitalismus kommt auch im schnellen Wachstum der Industrieproduktion« in den Ländern der RGW zum Ausdruck« (MfV, 1982c, Schulbuch Geographie, Klasse 10, S. 47).

Insgesamt kann man feststellen, dass Statistiken und Diagramme in den Geographielehrbüchern vor allem die Funktionen übernahmen, positive wirtschaftliche Entwicklungen der »sozialistischen« Länder zu visualisieren und Vergleiche mit den »kapitalistischen« Staaten darzustellen, bei denen die »sozialistischen« immer eine positivere Entwicklung als der »Klassenfeind« hatten. Durch die gezielte Auswahl der Daten, die in den Statistiken und Diagrammen visualisiert wurden, und durch die Verschleierung der Datengrundlagen sollte ein Hauptziel der ideologischen Erziehung, die Überzeugung von der »Überlegenheit des Sozialismus« zu vermitteln, erreicht werden. Die angestrebten ideologischen Wertungen sollten auf diese Weise auf eine scheinbar »objektive« Faktenbasis gestellt werden.

Zusammenfassend wird erkennbar, dass die SchülerInnen durch die Arbeit mit den Schulbüchern im Sinne der marxistisch-leninistischen Staatsideologie beeinflusst werden sollten und dass dies als der Beitrag des Faches Geographie zur ideologischen Erziehung der SchülerInnen gesehen wurde. Die Analyse der Schulbuchtexte, Photos, Karten, Statistiken und Diagramme hat ein Zusammenspiel dieser unterschiedlichen Medien mit dem Ziel, »sozialistische Überzeugungen« bei den SchülerInnen hervorzurufen, offen gelegt, bei dem die einzelnen Medien je unterschiedliche Funktionen einnahmen.

3.3.1.2 Länderkunde oder Allgemeine Geographie?

Wie bereits festgestellt, schrieben die Lehrpläne der DDR die Behandlung aller Regionen der Erde von der 5. bis zum Ende der 8. Klasse gemäß des »Länderkundlichen Durchgangs« verbindlich vor (siehe 3.2.1), woran sich auch die Schulbücher orientierten. Nun stellt sich jedoch die Frage, wie die Geographiebücher die vorgeschriebenen Regionaldarstellungen aufbauten und wie sie diese ausgestalteten. Durch die Analyse der Schulbücher wird erkennbar, dass die Länder in den Geographieschulbüchern nach einem immer gleichen Muster vorgestellt wurden. Nach der (ideologisch geprägten) Einleitung wurden die Länder topographisch eingeordnet. Dann folgten ausgewählte Angaben zur Physischen Geographie u.a. zu Klima, Geomorphologie und/oder Böden. Anschließend wurden humangeographische Themen, zunächst in der Regel die Landwirtschaft und dann die Industrie, behandelt. Man erkennt, dass sich die Abfolge der Geofaktoren an dem »Länderkundlichen Schema« orientierte. Es handelte sich jedoch um eine reduzierte Version des »Länderkundlichen Schemas«, da u.a. Bereiche der Siedlungs-, Stadt- und der Bevölkerungsgeographie nur in sehr geringem Umfang dargestellt wurden.

Nun stellt sich die Frage, wie die theoretischen Grundannahmen des »sozialistischen Geopossibilismus«, der das Grundkonzept der Lehrpläne darstellte (siehe 3.2.1.3) und Kern der ideologischen Erziehung war, in den Geographieschulbüchern der DDR umgesetzt wurden. Zur Beantwortung dieser Frage ist es besonders interessant, die Verbindung zwischen physisch-geographischen Themenbereichen und Themenbereichen der Ökonomischen Geographie zu untersuchen:

Aufschlussreich ist folgende Passage:

»Nach Karl Marx sind die Beziehungen der menschlichen Gesellschaft zu ihrer natürlichen Umwelt in allen Gesellschaftsepochen dadurch gekennzeichnet, dass der Mensch »mit der Natur ringen muss, um seine Bedürfnisse zu befriedigen, um sein Leben zu erhalten und zu reproduzieren (Marx/Engels: Werke, Bd. 25)« (MfV, 1983b, Schulbuch Geographie, Klasse 11, S. 104).

In diesem Zitat von Karl Marx, auf das sich die Autoren vermutlich zur ideologischen Rechtfertigung beziehen, wird der natürlichen Umwelt des Menschen eine große Bedeutung für seine Bedürfnisbefriedigung zugewiesen. Die von Marx artikulierte Auffassung der Natur als Grundlage des menschlichen Lebens war das wichtigste Thema der klassischen Länderkunde.

»Im Rahmen dieses Themas werden menschliches Handeln, materielle und immaterielle Kultur, werden soziale wie ökonomische Verhältnisse insofern betrachtet, als sie bedingt und entstanden sind, aufrechterhalten werden und legitimiert werden können durch die Erfordernisse und Möglichkeiten, Sachzwänge (Restriktionen) und Gunstmomente der Landschaft, der Erdnatur, des Erdraums, der »natürlichen Gegebenheiten« wie Relief, Klima, Boden(schätze), Vegetation« (Hard, 1982, S. 148).

Wie stellte man sich in der DDR die Verbindung zwischen Natur und menschlichem Leben genau vor? Hierzu betrachten wir den dem Zitat von Marx folgenden Textabschnitt:

»Wie der Mensch jedoch auf die Natur einwirkt, ist von zwei Umständen abhängig: erstens vom Entwicklungsstand der Produktivkräfte und zweitens von den Produktionsverhältnissen. Die in der Gesellschaftsordnung herrschenden Klassen bestimmten letzten Endes die Ziele der Produktion und damit auch das Verhältnis der Gesellschaft zur Natur« (MfV, 1983b, Schulbuch Geographie, Klasse 11, S. 104).

In diesem Textabschnitt wird nun nicht mehr die Abhängigkeit des Menschen von seiner natürlichen Umwelt betont wie kurz zuvor, sondern der Akzent liegt auf dem Gestaltungsspielraum der Menschen.

Die »Natur« wird vorrangig unter dem Gesichtspunkt ihres wirtschaftlichen Nutzens für den Menschen betrachtet. Ein gelungenes Mensch-Natur-Verhältnis hängt laut Text von dem »*Entwicklungsstand der Produktionskräfte*« und von den »*Produktionsverhältnissen*« ab. Damit wird ein Geopossibilismus vertreten, d.h. die Natur determiniert nicht menschliches Handeln, sondern eröffnet Möglichkeiten, die unter verschiedenen Gesellschaften und ihren »herrschenden Klassen« unterschiedlich gut genutzt würden. Welche Gesellschaft nutzt ihre Möglichkeiten nun besonders sinnvoll?

»In dem Maße, wie die ökonomischen Möglichkeiten der sozialistischen Gesellschaft wachsen, werden die Vorzüge des Sozialismus bei der Gestaltung der

Wechselbeziehungen zwischen Gesellschaft und Natur immer deutlicher. Das gesellschaftliche Eigentum an den Naturreichtümern und den Produktionsmitteln, die politische Macht der Arbeiterklasse und der Sinn des Sozialismus, alles für das Wohl der Menschen zu tun, erfordern objektiv die Natur als Existenzgrundlage der Gesellschaft so zu gestalten, dass die künftigen Generationen in der kommunistischen Gesellschaft stets verbesserte Existenzgrundlagen vorfinden« (MfV, 1983b, Schulbuch Geographie, Klasse 11, S. 104).

In diesem Textausschnitt spricht man von »*Vorzügen des Sozialismus*«. Diese Formulierung ist nur sinnvoll, wenn der in allen analysierten Schulbüchern aufgebaute Gegensatz »Sozialismus versus Kapitalismus« mitgedacht wird. Die optimale Mensch-Umwelt-Beziehung in »sozialistischen« Ländern wird durch das Fehlen von Privatbesitz an Produktionsmitteln und durch das politische System erklärt. An vielen anderen Stellen wird offensichtlich, was unter optimalen Mensch-Umwelt-Beziehungen verstanden wird: Es meint zum einen die optimale Nutzung des Naturraums durch die Menschen und zum anderen den Erhalt der natürlichen Grundlagen. Um die effektive Nutzung des Naturraums in »sozialistischen« Staaten darzustellen, wird den folgenden zwei Themenbereichen eine große Bedeutung beigemessen:

- Natürliche Ressourcen und ihr Abbau (z. B. Landwirtschaft in der Ungarischen Volksrepublik (Klasse 6), Bodenschätze Afrikas (Klasse 8)...)
- Natürliche Ressourcen und ihre industrielle Verarbeitung (z. B. Eisenindustrie der Slowakei (Klasse 6), Holzindustrie in der Sowjetunion (Klasse 7), Braunkohlenindustrie im Ballungsgebiet Halle-Leipzig (Klasse 10)...)

Die vornehmliche Behandlung des primären und sekundären Sektors im Geographieunterricht erklärt sich nicht nur aus der geopossibilistischen Grundkonzeption der Schulbücher, sondern auch aus dem Selbstverständnis des DDR-Staates, der sich als Arbeiter- und Bauernstaat definierte. Aus diesen Gründen wird der tertiäre Sektor in den Länderdarstellungen nur minimal erwähnt.

Sowohl in Bezug auf den wirtschaftlichen Aufschwung als auch in Bezug auf den Umweltschutz werden die »sozialistischen« Länder den »kapitalistischen« in den analysierten Schulbüchern als überlegen dargestellt. In diesem Zusammenhang lässt sich auch die Abbildung 27 verstehen, die aussagt, dass die »sozialistischen« Länder das weltweit größte Wachstum der Industrieproduktion hätten.

Die Überlegenheit der »sozialistischen« Länder gegenüber den »kapitalistischen« im Bereich des Umweltschutzes wird u. a. in den folgenden Schulbuchauszügen dargestellt:

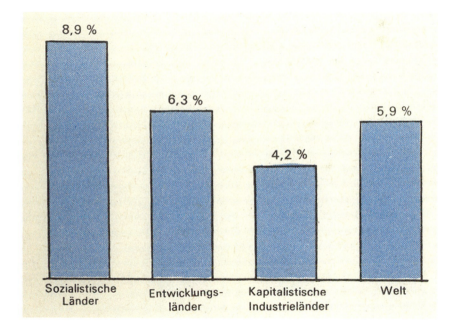

Abbildung 27: Durchschnittliches jährliches Wachstumstempo der Industrieproduktion im Zeitraum von 1951–1979 (MfV, 1985, Schulbuch Geographie, Klasse 10, S. 9)

Japan: »Im Interesse ihrer Profite hatten die Monopole lange Zeit hindurch nur völlig unzureichende Maßnahmen zum Schutze der Umwelt getroffen. So sind Luft und Gewässer Japans auch heute noch zum Teil stark verschmutzt« (MfV, 1983a, Schulbuch Geographie, Klasse 7, S. 139).

DDR: »Die DDR besitzt und baut weitere umfangreiche wasserwirtschaftliche Anlagen, die auch die Versorgung der Bevölkerung mit Trinkwasser sichern. Die Abwasserbehandlung wird zunehmend verbessert« (MfV, 1982c, Schulbuch Geographie, Klasse 10, S. 115).

Diese beiden Textauszüge können exemplarisch für die Darstellung des Umweltschutzes in »sozialistischen« und »kapitalistischen« Ländern stehen. Während bei »kapitalistischen« Ländern (hier Japan) Umweltprobleme betont werden, wird in Bezug auf die »sozialistischen« Länder (hier DDR) der Ressourcenschutz hervorgehoben. Dies entsprach der in der Geographiemethodik verbreiteten Lehrmeinung, dass »*die ökologische Krise*« allein auf die »*kapitalistische Produktionsweise*« zurückzuführen sei und »*der Kapitalismus zu einer grundsätzlichen Lösung des Problems*« daher nicht fähig wäre (Meixner, 1979, S. 3).

Dass den Autoren der Geographieschulbücher bewusst war, dass sie ein sehr einseitiges Bild des Naturschutzes in »sozialistischen« Ländern vermittelten, kann folgende Aussage des Leiters der Arbeitsgruppe zum Geographieunterricht an der Akademie der Pädagogischen Wissenschaften belegen:

»X: Wir konnten also nicht irgendwas reinschreiben. Es gab z. B. zum Umweltschutz in der DDR eine ganze Bewegung unter Lehrern, die viele Dinge, die aus dem Westen gekommen sind und die richtig waren; also über die Belastung der Luft in der DDR z. B. – das ist natürlich nirgendwo reingekommen.
I: Das wollte ich eigentlich auch noch ansprechen, ob ökologische Probleme eigentlich eine Rolle spielten?
X: Na, die haben damals generell keine so große Rolle gespielt. Und dann war es ja so, dass die Belastung, die war – also das durfte zum großen Teil nicht dargelegt werden. Denn durch die Braunkohle hatten wir ja eine Wahnsinnsbelastung und das war ein Tabuthema, das konnte man nicht schreiben.«

Die Zugabe der Existenz von ökologischen Problemen hätte vermutlich die geopossibilistische These widerlegt, dass die »sozialistischen« Länder besser als die »kapitalistischen« in der Lage sind, die natürlichen Ressourcen zu nutzen und gleichzeitig zu erhalten. Dies ist vermutlich der Grund, warum von dem Interviewten die Luftverschmutzung durch die Kohleindustrie als »Tabuthema« wahrgenommen wurde.

Der Aufbau der Geographieschulbücher bis einschließlich der 8. Klasse nach dem reduzierten »Länderkundlichen Schema« wird heute von einer damaligen Schulbuchautorin kritisch gesehen:

X: »Aber was die ökonomische Entwicklung anbelangt, da müsste man sich sicherlich mehr auf Unterschiedlichkeiten orientieren und man muss nicht bei jedem Land immer nur diese Ökonomien in diesem Überblick machen; man könnte eine Ländergruppe im Gesamtmaßstab betrachten und nicht bei jedem Land, dafür bei einem Land mal ausführlich – das würde ich heute nicht machen in dieser Gleichförmigkeit, wie sie hier vorgenommen worden ist...
I: Aber hat es diese Gleichförmigkeit den Schülern nicht erleichtern können zu lernen?
X: Aber was sollen sie denn da mitbekommen? Können sie mir z. B. sagen, welche Standorte es gibt in Polen, Ungarn, Rumänien – wer was produziert? Ist das wichtig? Das steht aber hier drin. Und so etwas würde ich nicht mehr machen.«

Aus heutiger Sicht kritisiert die damalige Schulbuchautorin die geringe Abwechslung in den Länderdarstellungen in den Geographiebüchern der DDR. Zudem zweifelt sie die Relevanz des von den damaligen SchülerInnen geforderten Faktenlernens im Bereich der Ökonomischen Geographie an.

Zusammenfassend kann man sagen, dass in den Geographieschulbüchern der DDR inhaltlich keine vollständige Abkehr von der Länderkunde stattfand, wie sie im gleichen Zeitraum für westdeutsche Geographiebücher zu beobachten ist. Bis zum Ende der achten Klasse sind die Schulbücher nach einem reduzierten »Länderkundlichen Schema« aufgebaut, das neben der Physischen Geographie seine Schwerpunkte im Bereich der Ökonomischen Geographie hatte. Nach der 8. Klasse waren die Schulbücher für den Geographieunterricht in der DDR stärker thematisch aufgebaut (physisch-geographische oder wirtschaftsgeographische Schwerpunkte). Das Mensch-Natur-Thema hatte jedoch auch in diesen Klassenstufen eine große Bedeutung. Damit wurde die Grundposition des »sozialistischen Geopossibilismus«, die in den Lehrplänen definiert wurde und die den Sozialismus als die beste Gesellschaftsform für die wirtschaftliche Nutzung der natürlichen Möglichkeiten und für den Erhalt der natürlichen Grundlagen (Umweltschutz) sah, in den Schulbüchern umgesetzt.

3.3.1.3 Ökonomische und Physische Geographie

An den Hochschulen der DDR wurde seit den Jahren 1951/52 die Politische und Ökonomische Geographie als zweiter wichtiger Zweig neben der Physischen Geographie gelehrt und erforscht (Abbildung 28).

»Die Politische und Ökonomische Geographie war am Anfang ihrer Entwicklung also eine ideologiebestimmte Kampfansage an die sog. bürgerliche Geographie.

Hauptangriffspunkte waren das kapitalistische System und »der Imperialismus als höchstes Stadium des Kapitalismus« mit den entsprechenden Raumbezügen, ihren wirtschaftlichen und sozialen Problemstellungen« (Schmidt und Richter, 1995, S. 506).

Die philosophische Grundlage bildete der Marxismus-Leninismus, von dem als wichtigste theoretische Grundposition die Annahme abgeleitet wurde, dass alle negativen gesellschaftlichen Entwicklungen durch das Privateigentum an Produktionsmitteln verursacht seien. Ziel war die Förderung der sozialistischen Produktionsverhältnisse, die Akzeptanz des Klassencharakters als Grundlage aller entscheidenden Maßnahmen und die Herausstellung der dominanten Position der Produktion (Schmidt und Richter, 1995).

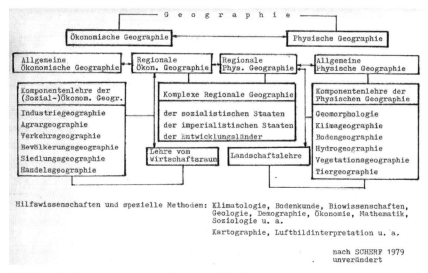

Abbildung 28: Struktur der Geographie in der DDR (Ringel, 1988, Bd. 3, S. 31)

Die Bevölkerungs-, Siedlungs-, oder Stadtgeographie waren der Ökonomischen Geographie untergeordnet.

Neben der Ökonomischen Geographie war die Physische Geographie das vorrangige Forschungs- und Lehrgebiet an den ostdeutschen Hochschulen. Zentral waren hier die landschaftsökologischen Untersuchungen (Barsch, 1992). Man versuchte, Forschungen zur Geomorphologie, Hydrologie und zu Böden anhand eines Ökosystemansatzes zu verknüpfen.

Obwohl sich an den ostdeutschen Hochschulen die Physische Geographie getrennt von der Politischen und Ökonomischen Geographie entwickelte, beschäftigten sich einige Geographen mit der Regionalen Geographie länderkundlicher Prägung. Die »Territorialforschung« konzentrierte sich vorrangig auf das Gebiet der DDR und konnte hier beachtliche Ergebnisse vorweisen. In der geographischen Auslandsforschung bestand jedoch ein großer Rückstand, da kaum empirische Arbeiten durchgeführt werden konnten. Ab den 70er Jahren wurde die »komplexe, regionalgeographische Forschung« auch von Gegnern der Länderkunde gefördert (Schmidt und Richter, 1995). Diese neue Länderkunde war jedoch einseitig auf das Lob der sozialistischen ökonomischen Integration und auf die Kritik an den »kapitalistischen« Ländern orientiert. Die Bedeutung der Regionalen Geographie wurde vor allem für den Schulunterricht hervorgehoben.

Nun stellt sich die Frage, inwiefern sich die geschilderten inhaltlichen Schwerpunkte der geographischen Forschung und Lehre an den ostdeutschen Hochschulen in den Schulbüchern für den Geographieunterricht wieder finden lassen und inwiefern sie zur Vermittlung der in den Lehrplänen definierten ideologischen Erziehungsziele dienten.

Wie bereits festgestellt, lagen die inhaltlichen Schwerpunkte der Schulbücher für den Geographieunterricht in der DDR im Bereich der Ökonomischen und der Physischen Geographie. In den Schulbüchern spiegelt sich demnach die universitäre Fachstruktur wieder. »*Wir haben bereits darauf hingewiesen, dass das Unterrichtsfach am System der Fachwissenschaft orientiert sein muss*« (Schlimme, 1974, S. 33). Bei 1115 Seiten, die sich in den Schulbüchern für die Klassen 5 bis 11 einem dieser beiden Themenbereiche zuordnen lassen, entfallen 445,5 Seiten (40 %) auf die Physische Geographie und 669,5 Seiten (60 %) auf die Ökonomische Geographie. Damit wurde das Verhältnis zwischen Physischer Geographie (44 %) und Ökonomischer Geographie (56 %) in den Lehrplänen fast genau umgesetzt (Keller, 1971, S. 103). Das leichte Überwiegen der ökonomisch-geographischen Unterrichtsstoffe könnte darauf hinweisen, dass diesem Themengebiet eine etwas größere Bedeutung zugeschrieben wurde, da sich die erzieherischen Lernziele ebenfalls in diesem Themengebiet besser vermitteln ließen als bei Themen der Physischen Geographie, die relativ ideologiefrei waren.

»Ein erheblicher Teil der Potenzen für die weltanschauliche und ideologische Erziehung der Schüler erwächst aus dem ökonomisch-geographischen Komplex und aus der Wechselwirkung zwischen natürlichen und gesellschaftlichen geographischen Faktoren« (Jahn, 1966, S. 136).

Entsprechend der im Lehrplan festgeschriebenen Forderung, dass der Geographieunterricht »wissenschaftlich« sei sein habe, orientierte sich der zu vermittelnde Unterrichtsstoff an den Erkenntnissen der Fachwissenschaft (Sperling, 1977).

Das Schulbuch für die 10. Jahrgangsstufe widmete sich ganz der Ökonomischen Geographie. Es werden schwerpunktmäßig die positive Zusammenarbeit der »sozialistischen« Länder, die sich im »Rat für Gegenseitige Wirtschaftshilfe« zusammengeschlossen haben, vorgestellt und die wirtschaftlichen Erfolge der RGW dargelegt. Wie einseitig die ausschließlich positive Darstellung selbst aus der Sicht des Buchautors war, belegt folgende Interviewstelle:

»Anfangs, nehmen wir z. B. die sozialistische ökonomische Integration, weil das auch 10. Klasse war, da war ich voll überzeugt und bin auch heute noch überzeugt, dass das eine gute Sache gewesen wäre, wenn es geklappt hätte. Das ist ja praktisch das, was wir heute mit der EU machen. Das Zusammenwachsen war ja geplant, die Grenzen weg zwischen der DDR, Polen und der Tschechoslowakei. Und die wurden ja auch schon gelockert und dann merkte man, dass das schief ging, weil die Leute sich gegenseitig auskauften. So, und die Integration war ja im Prinzip eine wunderbare Sache, aber sie lief nicht. Und sie wurde dann immer mehr zur Belastung und das Lehrbuch war ein Kampf nachher. Also immer wieder die Erdöltrasse und noch mal die Erdöltrasse – die wurde ja in verschiedenen Fächern, Geschichte, Staatsbürgerkunde und Erdkundeunterricht behandelt – das war das einzige Positive, was es gegeben hat. Alles andere, was mit der Integration zusammenhängt, war im Prinzip negativ geworden. Und das konnte man so nicht schreiben, das haben wir natürlich gewusst. Wir haben also dann positive Beispiele gesucht, die ins Lehrbuch passten, aber wir haben versucht, nichts Falsches da rein zuschreiben, also dazu stehe ich nach wie vor.«

Der interviewte Schulbuchautor sah sich nach seiner Darstellung »gezwungen«, ein einseitig positives Bild der Zusammenarbeit der RGW-Staaten in seinem Buch zu entwerfen, obwohl er sich vieler kritischer Punkte bewusst war. Diese Situation erlebte er als belastend. Die ausgewogene Darstellung der Zusammenarbeit wurde von ihm als unmöglich angesehen, wobei er sich vermutlich auf die von ihm an verschiedenen Stellen angeführten politischen Kontrollen der Schulbücher durch die übergeordnete Leitung der Akademie der Wissenschaften sowie durch das Ministerium für Volksbildung bezieht. Damit stellt er sich als Jemand dar, der in den Zwängen des Systems gefangen war und nur geringen Handlungsspielraum hatte, den er jedoch positiv nutzte, da er darauf geachtet habe, keine gefälschten Daten in seinem Buch zu nennen.

Bevölkerungs- und siedlungsgeographische Themen nehmen in den Schulbüchern nur sehr wenig Raum ein, was daran liegen könnte, dass der Schwerpunkt der wissenschaftlichen Geographie im Bereich der »Produktionsgeogra-

phie«[9] lag (Marcineck-Kinzel, 1979). Es stellt sich die Frage, wie bevölkerungs-
und produktionsgeographische Themen verknüpft wurden. Dies soll anhand
einiger Textauszüge untersucht werden:

>Die Bevölkerung der RGW-Länder
Zwischen dem Entwicklungsstand der Produktivkräfte und der Effektivität der
Produktion besteht ein enger Zusammenhang. Zu den Produktivkräften gehören
die Menschen, die Produktionsstätten, die Maschinen, der Boden u. a. Die Menschen mit ihrem Wissen und ihren Fähigkeiten zu produzieren, sind die Haupt-
produktivkräfte« (MfV, 1982c, Schulbuch Geographie, Klasse 10, S. 19).

In diesem Textauszug wird die Bevölkerung unter dem Oberbegriff der »Produktivkräfte« gefasst. Damit steht ihre ökonomische Verwendung im Vordergrund. »Fähigkeiten« und »Wissen« werden einseitig unter dem Gesichtspunkt
der Nützlichkeit für die wirtschaftliche Produktion gesehen.

>Die auffälligsten Veränderungen in der Verteilung der Bevölkerung eines Landes
ergeben sich mit der wirtschaftlichen Erschließung von bisher industriell gering
entwickelten Gebieten. Sie sind in der Regel dünn besiedelt, so in der UdSSR die
Weiten Sibiriens oder die agrarisch genutzten Landesteile anderer Staaten. Dort
kann nur ein Teil der Arbeitskräfte aus der Umgebung gewonnen werden, viele
Arbeitskräfte müssen aus anderen Landesteilen herangeführt werden« (MfV,
1982c, Schulbuch Geographie, Klasse 10, S. 19).

Die im ersten Textausschnitt angesprochene Bedeutung der Bevölkerung für die
wirtschaftliche Entwicklung wird im zweiten Textausschnitt weiter ausgeführt.
Hier wird die Bevölkerungsverteilung in einem Land mit der wirtschaftlichen
Entwicklung seiner Regionen erklärt. Es fällt auf, dass die Menschen einseitig als
»Arbeitskräfte« gesehen werden, die nicht selbst über ihren Wohn- und Ar-
beitsort entscheiden, sondern deren Aufenthaltsort von übergeordneter Stelle
bestimmt wird, wie an der Formulierung »*müssen herangeführt werden*« deutlich wird. Soziale Probleme, die sich aus Bevölkerungsverteilungen und Bevöl-
kerungsbewegungen ergeben können, werden in den Schulbüchern für den
Geographieunterricht der DDR dagegen nicht behandelt, da der Fokus einseitig
auf der wirtschaftlichen Nutzung der Bevölkerung lag.
    Ziel der Behandlung von ökonomisch-geographischen Unterrichtsstoffen war
die Typisierung der behandelten Räume in »sozialistische« Staaten, imperialistische »kapitalistische« Staaten und in Entwicklungsländer (Marcineck-Kinzel, 1979, S. 116).

---

9 Unter »Produktionsgeographie« wurden die Industriegeographie, die Agrar- und Forstgeo-
   graphie und die Verkehrs- bzw. Transportgeographie zusammengefasst.

Im Bereich der physisch-geographischen Inhalte lässt sich ein über die Schuljahre ansteigender Komplexitäts- und Schwierigkeitsgrad der zu vermittelnden Inhalte der Geomorphologie, der Klimatologie sowie der Vegetationsgeographie feststellen. Dadurch sollen grundlegende Erscheinungen und Gesetzmäßigkeiten der Natur vermittelt werden. Einen Überblick, wie systematisch die Begriffe »Schollengebirge«, »Landschaft« und »Geosphäre« über die Schuljahre erarbeitet werden, vermittelt die »Methodik des Geographieunterrichts« (APW, 1978, S. 82–89). Während in den unteren Klassenstufen Wissen über die physisch-geographischen Komponenten wie Relief, Klima, Boden, Wasser und Vegetation vermittelt wird, werden die erworbenen Kenntnisse vor allem ab der 9. Klasse systematisiert, in ihrem Zusammenwirken untersucht und vertieft.

Zusammenfassend kann man sagen, dass sich wie in der universitären Ausbildung eine Zweigliederung der Schulbücher für den Geographieunterricht in physisch-geographische Themen und Themen der Ökonomischen Geographie erkennen lässt. Bei den Themen der Ökonomischen Geographie werden bevölkerungs-, siedlungs-, und stadtgeographische Themen nur in geringem Umfang und immer in Bezug zur wirtschaftlichen Entwicklung behandelt, was als Umsetzung der marxistisch-leninistischen Ideologie gewertet werden kann, in der die Aufgabe des Privateigentums an Produktionsmitteln als eine unerlässliche Bedingung der gesellschaftlichen Entwicklung gesehen wird. Vor allem in den Einleitungen und Zusammenfassungen der Schulbuchkapitel wurde versucht, die Trennung von Physischer Geographie und Ökonomischer Geographie aufzulösen und in ein Gesamtbild der zu behandelnden Region zu integrieren. Hier war dann auch die ideologische »Färbung« der Darstellung besonders hoch. Der Übergang zwischen physisch-geographischen Themen und Ökonomischer Geographie wurde sehr häufig durch das Thema »Landwirtschaft« erreicht, bei dem die Auffassung der Natur als »Produktionsfaktor« für die Wirtschaft den SchülerInnen vermutlich besonders einleuchtend dargestellt werden konnte. Dass die natürlichen Grundlagen, ebenso wie die Bevölkerung, vorrangig unter ihrer ökonomischen Verwendbarkeit gesehen wurden und dies indirekt die Ziele der ideologischen Erziehung unterstützte, ist ein weiterer Grund, warum die Themen der Ökonomischen Geographie einen größeren Umfang in den Geographieschulbüchern einnahmen als die Themen der Physischen Geographie.

3.4   Analyse von Unterrichtshilfen

Passend zu den Lehrplänen und Geographieschulbüchern gab es in der DDR seit 1966 Unterrichtshilfen für die praktische Gestaltung des Geographieunterrichts durch die LehrerInnen. Es handelte sich um Lehrerkommentare zu jedem Schulbuch, welche den Lehrkräften die Lehrplaninterpretation erleichtern und ihnen bei der methodischen Umsetzung der obligatorischen Vorgaben helfen sollten. Daher finden sich in den Büchern sowohl Erklärungen zu den Lehr- und Lernzielen als auch Hinweise zur Unterrichtsgestaltung. Alle Bände sind in ähnlicher Weise aufgebaut: Nach einem einführenden Artikel über die Ziele und Aufgaben des Unterrichts in der jeweiligen Klassenstufe, folgt die Vorstellung der Unterrichtseinheiten als Ganzes. Anschließend wird die didaktisch-methodische Gestaltung jeder einzelnen Stunde vorgestellt. Die LehrerInnen finden hier Hinweise darauf, welche Methoden, Medien und Sozialformen in den Unterrichtsphasen anzuwenden sind, welche Hausaufgaben gegeben werden können und welche Leistungskontrollen möglich sind.

Die Konzeption der Unterrichtshilfen wurde von der gleichen Stelle in der Akademie der Pädagogischen Wissenschaften koordiniert, die schon für die Lehrpläne und Schulbücher die Verantwortung trug. Auch bei der Erstellung der Unterrichtshilfen beschreibt der von uns interviewte damalige Verantwortliche die umfangreiche Beteiligung von Lehrern und Fachberatern:

»Wir haben das auch mit Lehrern diskutiert, also jedes Kapitel wurde an Lehrer verschickt und wurde diskutiert. Und es gab also zu jedem Kapitel umfangreiche Stellungnahmen, die wir dann versucht haben zu berücksichtigen. Das ist also genauso gemacht worden, wie beim Lehrbuch (...) Also, das waren dann vielleicht so 30–40 Lehrer, würde ich mal so einschätzen, mit denen wir so gearbeitet haben.«

Zu jedem in den Lehrplänen vorgeschriebenen Stoffgebiet finden sich in den Unterrichtshilfen detailliert geplante Stunden. Nach einer Einleitung zu den Zielen jeder Unterrichtsstunde werden zu den einzelnen Stundenabschnitten die Lehrer- und Schülertätigkeiten, die Aufgabenstellungen und die zu verwendenden Medien genannt. Die Unterrichtshilfen bieten größtenteils keine von den Autoren konzipierten neuen Medien an, sondern schlagen den LehrerInnen eine sinnvolle Nutzung der ihnen zugänglichen Medien wie z. B. Lehrbuch, Atlas und Tafel vor.

Zunächst stellt sich die Frage, in welchen Teilen der Unterrichtshilfen die ideologischen Erziehungsziele der Lehrpläne wieder zu finden sind. Hier sind zunächst die Überblicksdarstellungen zum Geographieunterricht der einzelnen Klassenstufen zu nennen, in denen die Lernziele, die sich auf die Kenntnisse,

Fähigkeiten und Fertigkeiten sowie auf die weltanschaulichen Einsichten beziehen, ausgeführt werden. Für die 8. Klasse heißt es hier z. B.:

»Im ökonomisch-geographischen Bereich sollen die Schüler erkennen bzw. die Einsicht gewinnen, dass der Kampf um ökonomische Unabhängigkeit und sozialen Forschritt ein antiimperialistischer Kampf ist und deshalb auf die Schwächung der Positionen des Imperialismus gerichtet ist« (Findeisen u. a., 1983, S. 9).

Die einzelnen Lernziele, einschließlich der ideologischen Erziehung, werden außerdem jeder Unterrichtseinheit und teilweise auch noch den einzelnen Stunden vorangestellt.

Wie schon am Titel erkennbar, sind die Unterrichts*hilfen* als Hilfsmittel bei der Unterrichtsplanung konzipiert, wobei explizit Abweichungen entsprechend der konkreten Unterrichtssituation gefordert werden:

»Die gegebenen Empfehlungen zu den Stundenabläufen und zu einzelnen Arbeitsschritten sollen vom Lehrer nicht kritiklos übernommen werden, sondern müssen als Anregung aufgegriffen und mit eigenen Erfahrungen in Beziehung gesetzt werden« (Jahn u. a., Unterrichthilfe Klasse 9, 1980, S. 12).

Eine ähnliche Meinung äußert ebenfalls der interviewte Leiter der Arbeitsgruppe zum Geographieunterricht an der Akademie der Pädagogischen Wissenschaften:

I: »Sie haben auch an den Unterrichtshilfen mitgearbeitet. Welchen Stellenwert hatten diese Hilfen aus ihrer Sicht bei der Vorbereitung des Unterrichts durch die Lehrer?
X: Teilweise schlimm, muss ich sagen. Ich habe Unterrichtshilfen immer, und das habe ich auch in vielen Weiterbildungen gesagt, verstanden als eine Anregung und dann muss jeder Lehrer seinen Unterricht machen. Es gab Lehrer und auch Fachberater, die gesagt haben, hier, die Unterrichtshilfe schreibt doch vor: Hier machst du ein Unterrichtsgespräch, hier machst du einen Lehrervortrag – das ist ein totaler Unsinn aus meiner Sicht. Also, das waren Anregungen mit Material drin, wir haben da sehr viel Material drin, so dass der Lehrer sagen könnte, ich weiß nicht, wie ich es mache – ich guck mal rein und dann mache ich meine eigene Linie. Und das ist eben leider zum Teil so verstanden worden, dass das eine Vorschrift ist, wie man den Unterricht aufbauen soll. Das war nie so gedacht. Im Übrigen auch vom Ministerium für Volksbildung kritisiert worden, dass die Lehrer zum Teil die Unterrichtshilfen abarbeiten, das kann kein lebendiger Unterricht werden.«

Die Unterrichtshilfen werden von dem Interviewten lediglich als Anregungen für die LehrerInnen verstanden und er hat diese Auffassungen auch auf Lehrerfortbildungen vertreten. Nach seinen Angaben hätten jedoch viele LehrerInnen die Angaben in den Unterrichtshilfen fälschlicherweise als Vorschriften zur Unterrichtsdurchführung verstanden.

Nach einer empirischen Untersuchung von Warmuth (1977) stellten die Unterrichtshilfen das von den 146 befragten GeographielehrerInnen am häufigsten genutzte Hilfsmittel bei der Planung ihrer Unterrichtsstunden dar. Über 45 % der Befragten nutzten die Unterrichtshilfen u. a. bei der Bestimmung der Unterrichtsziele und -inhalte, bei der Stoffgliederung, bei Überlegungen zu didaktischen Funktionen und bei der Festlegung des methodischen Vorgehens (Warmuth, 1977, Anhang S. 62).

Die Unterrichtshilfen waren allen von uns befragten LehrerInnen bekannt und wurden von ihnen bei der Unterrichtsplanung eingesetzt. Je nach individueller Unterrichtserfahrung und der jeweils zur Verfügung stehenden Vorbereitungszeit wurden sie unterschiedlich häufig genutzt.

Damit hatten sie für einige LehrerInnen und ihren Geographieunterricht eine große Bedeutung. Insgesamt kann jedoch nicht gefolgert werden, dass ein Großteil des Geographieunterrichts in der DDR entsprechend der Stundenbeschreibungen in den Unterrichtshilfen abgelaufen ist. Die folgende Analyse kann vielmehr weiteren Aufschluss darüber geben, wie sich führende Geographen, Geographiemethodiker und Bildungspolitiker der DDR den Geographieunterricht und die unterrichtspraktische Umsetzung der ideologischen Erziehungsziele der Lehrpläne idealer Weise vorgestellt haben.

3.4.1 Ergebnisse der Analyse von Unterrichtshilfen

In der Geographiedidaktik der DDR wurde die ideologische Erziehung als ein Prozess verstanden, der den gesamten Unterricht mit allen seinen Phasen[10] durchziehen sollte (u. a. Wölfel, 1976, S. 343). Im Folgenden werden die in den Unterrichtshilfen zu findenden Unterrichtsphasen mit ihren typischen didaktischen Funktionen vorgestellt. Für jede Unterrichtsphase wird ihre spezifische Bedeutung für die Vermittlung der ideologischen Erziehungsziele analysiert. Damit können die für die Vermittlung der ideologischen Erziehung als besonders relevant eingestuften Unterrichtsmethoden und -medien identifiziert werden. Abschließend werden zentrale den Unterrichtshilfen zugrunde liegende methodische Überlegungen vorgestellt, welche die »Effizienz« der ideologischen Erziehung im Geographieunterricht erhöhen sollten.

---

10 In der DDR bezeichnete man Unterrichtsphasen als »Unterrichtsabschnitte«.

3.4.1.1 Ideologische Erziehung im Unterrichtsverlauf

Zielorientierung/ Problemorientierung
Für fast alle Stunden in den Jahrgangsstufen, in denen Geographie unterrichtet wurde, schlagen die Unterrichtshilfen in der Anfangsphase des Unterrichts eine Zielorientierung vor. Wie an folgendem Zitat ablesbar, sollte durch die Phase der Zielorientierung Transparenz und Nachvollziehbarkeit von Lehr- und Lernprozessen für die SchülerInnen erreicht sowie ihre Motivation zur Unterrichtsarbeit erhöht werden:

»Ein wesentliches Element des modern gestalteten Unterrichts ist die Zielorientierung, die die Bewusstheit des Lernens der Schüler fördert. Durch ein System der Zielorientierung und der Motivierung des Lernens (Einführungsstunde, Zielangaben für Stoffeinheiten, für die einzelnen Stunden und für Teilziele) ist die geistige Aktivität der Schüler immer wieder anzuregen und eine entsprechende Lernhaltung zu stärken« (Jahn u. a., Unterrichtshilfe Klasse 9, 1980, S. 11).

Die Zielorientierung schafft eine klare, logische und für die Schüler nachvollziehbare Unterrichtsstruktur, da die folgenden Phasen der Bearbeitung des Themas/ der Beantwortung der Ausgangsfrage gewidmet sind. In dieser Phase wird größtenteils kein Einsatz von apersonalen Medien vorgeschlagen.

Hier sind drei Beispiele, wie die Zielorientierung umgesetzt werden soll:

Beispiel 1: »Der Lehrer gibt das Stundenthema an und fordert die Schüler auf, nachzuweisen, dass der RGW die dynamischste und stabilste Wirtschaftsregion der Welt ist«
(Raum und Schlimme, 1981, Unterrichthilfe Klasse 10, S. 41).

Beispiel 2: »Orientierung auf den Schwerpunkt: Ursachen für die Ausbildung der Trockenen, Periodisch-feuchten und Immerfeuchten Tropen«
(Kohlmann und Sieber, 1981, Unterrichthilfe Klasse 11, S. 81).

Beispiel 3: »LV An ein und demselben Tag kämpft sich der Atomeisbrecher »Arktika« durch die Eismassen und eisigen Stürme im Arktischen Ozean und erholen sich Tausende Werktätige in Kurorten am Schwarzen Meer bei herrlichem Sonnenschein unter Palmen sitzend. Wie lässt sich der Gegensatz erklären?«
(Lehmann u. a., 1982, Unterrichtshilfe Klasse 7, S. 32).

Wie an den Beispielen ablesbar, soll in der Phase der Zielorientierung das Stundenthema vom Lehrer genannt werden, um so die SchülerInnen über die Ziele der Unterrichtsarbeit zu informieren. Die Ziele können der Beweis einer vom Lehrer/ von der Lehrerin aufgestellten These (Beispiel 1), die Suche von

Ursachen für ein geographisches Phänomen (Beispiel 2) oder die Auflösung eines Widerspruchs sein (Beispiel 3).

Damit orientieren sich die Unterrichtshilfen an der grundlegenden Arbeit von Dietz (1965), der herausgefunden hatte, dass die Zielorientierung des Lehrers den Erfolg des Unterrichts positiv beeinflusst, wenn diese von den SchülerInnen übernommen wird. Zur Entwicklung eines Ziels schlägt er vor, den SchülerInnen ihre Wissenslücken durch Fragen, Probleme, Widersprüche und Konflikte bewusstzumachen.

In der westdeutschen fachdidaktischen Literatur wurde die Zielorientierung des Geographieunterrichts u. a. unter dem Gesichtspunkt der fehlenden Schülerorientierung kritisiert, da ein Unterricht, der sich starr an die vom Lehrer definierten Zielsetzungen halte, wenig auf die Interessen, Wünsche und spontanen Einfälle der SchülerInnen eingehen könne (Daum, 1996).

Teilweise wird in den theoretischen Einleitungen zu den Unterrichtshilfen eine Verknüpfung von Ziel- und Problemorientierung gefordert, die die Einbeziehung der SchülerInnen nicht auszuschließen scheint. Es wird teilweise gefordert, dass die SchülerInnen in der Phase der Zielorientierung das Problem der Stunde erfassen, Hypothesen aufstellen, diese in der Erarbeitungsphase untersuchen und die Ausgangsfragestellung am Ende der Stunde abschließend beurteilen sollen (Jahn u. a., 1980, S. 11). Dies entsprach den Forderungen verschiedener »Geographiemethodiker« der DDR nach mehr »Problemorientierung« (u. a. Barth, 1961, Hentschel, 1969, Marcineck-Kinzel, 1980, Förster, 1980 und Unger, 1984). Nimmt man diese Forderungen ernst, bedeutet dies, dass die geforderte Zielorientierung Schülerorientierung und Handlungsorientierung nicht generell ausschließt, da der Unterricht ausgehend von dem von den SchülerInnen erkannten Problem gemeinsam mit dem Lehrer geplant werden könnte. Tatsächlich finden sich in den einzelnen Stundenplanungen für alle Jahrgangsstufen, in denen Geographie unterrichtet wurde, keinerlei Hinweise darauf, dass die SchülerInnen in die Planung des Unterrichts miteinbezogen werden sollten. Auffällig bei der Durchsicht der Unterrichtshilfen ist, dass die Stundenziele in der Regel von den Lehrern und nicht von den SchülerInnen definiert werden sollen. Daher wird in einem Großteil der geplanten Unterrichtsstunden vorgeschlagen, in dieser Phase den Lehrervortrag einzusetzen oder das Unterrichtsgespräch. Ein problemorientiertes Vorgehen ist nur in dem dritten Beispiel ansatzweise erkennbar. Während in den ersten beiden Beispielen nur das fachliche Thema der Unterrichtsstunde genannt wird, wird im dritten Beispiel die Ausgangssituation anschaulich und schülerorientiert geschildert und eine Problemfragestellung abgeleitet, die im weiteren Unterricht beantwortet werden soll, welche jedoch vom Lehrer/ von der Lehrerin und nicht von den SchülerInnen gestellt wird.

Eine Phase der Hypothesenbildung wird ebenfalls in den analysierten Stundenentwürfen nicht genannt.

Damit wurden in den Unterrichtshilfen nur teilweise die Forderungen einiger »Methodiker« nach umfassender Problemorientierung umgesetzt und auch Marcineck-Kinzel (1980, S. 201) kritisiert, dass zwar »*zielorientierende Maßnahmen*« im Geographieunterricht der DDR weit verbreitet seien, diese aber noch nicht bewusst genug als »*Bedingungen für die Herausbildung von Aktivität, Bewusstheit, Selbständigkeit und Schöpfertum der Schüler*« genutzt würden.

Die Phase der Zielorientierung/Problemorientierung wird für die unterrichtspraktische Umsetzung der ideologischen Erziehung als zentral angesehen, da hier durch Lehrersteuerung die Aspekte des Themas hervorgehoben werden, die besonders große »stoffliche Potenzen« im Bereich der ideologischen Erziehung haben. Typisch ist der Einstieg mit vom Lehrer ausgewählten Thesen wie in Beispiel 1. In der ersten Stunde zur »*Einführung in die Entwicklung der Sowjetunion zum mächtigsten sozialistischen Industriestaat*« in der 7. Klasse wird in der Phase der Zielorientierung z. B. gefragt: »*Wie wurde das »Russische Wunder« möglich?*« (Lehmann u. a., 1982, S. 55). Den SchülerInnen wird mit dieser Frage eine überaus positive Bewertung der gesellschaftlichen und wirtschaftlichen Entwicklung der Sowjetunion vorgegeben, welche sie nicht in Frage stellen, sondern im Laufe des Unterrichts bestätigen sollen. Diese Frage ist als repräsentativ für diejenigen Zielorientierungen anzusehen, welche die ideologische Erziehung der SchülerInnen steuern sollen. Während die LehrerInnen dem Unterricht positive Bewertungen der Verhältnisse in »sozialistischen« Ländern voranstellen, die von den SchülerInnen im Laufe des Unterrichts nachzuvollziehen sind, werden in Bezug auf die »kapitalistischen« Länder negative Bewertungen präsentiert, die bewiesen werden sollen. Zu einer Stunde, in der New York als ein Ballungsgebiet im Norden der USA von der 8. Klasse untersucht wird, heißt es daher zur Zielorientierung: »*Welche negativen Auswirkungen sind zu erkennen? Welche Bevölkerungsschichten sind betroffen?*« (Findeisen u. a., 1983, S. 95).

Bei der Behandlung der afrikanischen und lateinamerikanischen Entwicklungsländer werden in der Zielorientierung häufig deren aktuelle Probleme vorangestellt (siehe Abbildung 29). Im Laufe des Unterrichts soll dann bewiesen werden, dass die Ursachen in der kolonialen Vergangenheit und in der neokolonialen Ausbeutung durch die »kapitalistischen« Länder zu sehen sind. Ein Beispiel hierfür ist eine Stunde in der 8. Klasse, in der »*die Ausbeutung der lateinamerikanischen Völker und ihr Kampf für sozialen Fortschritt, für ökonomische und politische Unabhängigkeit*« behandelt wird. In der Phase der Zielorientierung soll gefragt werden:

»Mit welchen Mitteln und Methoden versuchen die USA-Monopole die Herrschaft über die von ihnen als »Hinterhof« bezeichneten Länder Lateinamerikas aufrechtzuerhalten?« (Findeisen u. a., 1983, S. 112).

Im folgenden Unterricht werden dann »*neokoloniale Methoden zur Aufrechterhaltung von Unterdrückung und Ausbeutung*« behandelt (Findeisen u. a., 1983, S. 112).

Ersterarbeitung/Arbeit am neuen Stoff
Auf die Phase der Zielorientierung folgt in der Regel die Phase der »Ersterarbeitung«, die auch als »Arbeit am neuen Stoff« bezeichnet wird (siehe Abbildung 29). In dieser Phase werden neue Informationen bezüglich des fachlichen Themas der Unterrichtsstunde ausgewertet. Als Unterrichtsmethoden werden in dieser Phase vorwiegend das Unterrichtsgespräch, die selbstständige Schülerarbeit oder der Lehrervortrag vorgeschlagen. Die selbstständige Schülerarbeit findet sich verstärkt in höheren Klassenstufen, wobei in der Unterstufe das Unterrichtsgespräch oder der Lehrervortrag dominiert, der häufig durch ein Tafelbild veranschaulicht werden soll. Genaue Angaben zu der Ausgestaltung der Tafelbilder finden sich ebenfalls in den Unterrichtshilfen. Die selbstständige Schülerarbeit wird von dem von uns interviewten Autor von Unterrichtshilfen als Schwerpunkt der Konzeption dargestellt:

»Dann wurde didaktisch mehr Wert auf selbständige Schülerarbeit gelegt, man hat also versucht, die Schüler mehr zu aktivieren, als das vorher der Fall war.«

Gruppenarbeiten werden in den Unterrichtshilfen nur bei einer sehr geringen Anzahl von Stunden und hier nur als zusätzliche Variante vorgeschlagen, was der geringen Bedeutung, die sozialen Lernzielen in den Lehrplänen zugeschrieben wird, entspricht (siehe 3.2.1.1).
    Eindeutig häufigstes Medium, dessen Nutzung in dieser Phase angestrebt wird, ist das Lehrbuch. Zusätzlich wird jedoch auch die Nutzung von Tellurium, Globus, Atlas, Diagrammen, Dias, Statistiken, Karten u. a. vorgeschlagen. Eine vielfältige Mediennutzung wird den LehrerInnen in dieser Phase des Unterrichts nahe gelegt, wobei die Medien zur Erreichung der ideologischen Erziehungsziele so ausgewählt und konzipiert wurden, dass sie die vom Lehrer vorgegebenen Bewertungen in der Phase der Zielorientierung bestätigten (siehe 3.2.1.1).

Ergebnissicherung/Zusammenfassung/Übung/Kontrolle/Wiederholung
An die Phase der Ersterarbeitung schließt sich ein Stundenabschnitt an, in dem die Ergebnisse der Ersterarbeitung vorgestellt und von dem Lehrer/ der Lehrerin korrigiert werden, wenn sie in »selbstständiger Schülerarbeit« entstanden sind

(siehe Abbildung 29). Hat in der Phase der Ersterarbeitung dagegen ein Unterrichtsgespräch oder ein Lehrervortrag stattgefunden, wird für diese Phase häufig vorgeschlagen, die Ergebnisse z. B. in Form eines Merksatzes von den SchülerInnen zusammenfassen zu lassen. Ebenso wird vorgeschlagen, die in der Erarbeitungsphase entworfenen Tafelbilder noch einmal von den SchülerInnen erklären zu lassen oder ein Unterrichtsgespräch zur Festigung des Behandelten zu führen. Zur Unterstützung wird teilweise der Einsatz von Karten, Abbildungen in den Schulbüchern oder von Tafelbildern, die die Schüler schon in ihren Heften haben, empfohlen. Insgesamt schlagen die Unterrichtshilfen in dieser Phase jedoch einen geringen Medieneinsatz vor.

In der Ergebnissicherung soll in der Regel auf die Frage, die von den LehrerInnen während der Phase der Zielorientierung gestellt wurde, Bezug genommen und abschließend beantwortet werden. Auf diese Weise soll gewährleistet werden, dass die fachlichen Wissenslücken der SchülerInnen zu Beginn der Geographiestunde geschlossen werden konnten. In Bezug auf die ideologische Erziehung ist diese Unterrichtsphase insofern relevant, dass durch die Lehrkraft sichergestellt wird, dass alle SchülerInnen in der Erarbeitungsphase die gleichen Informationen gesammelt haben, auf deren Grundlage die angestrebte »parteiliche Wertung« in der nächsten Phase stattfinden kann.

Zur Übung des Unterrichtsstoffes wird die Übertragung des Gelernten auf z. B. ein anderes räumliches Beispiel vorgeschlagen. In der nachfolgenden Stunde werden zu Anfang häufig mündliche Wiederholungen des bisher Gelernten z. B. von wichtigen Begriffsdefinitionen sowie Überprüfungen des topographischen Wissens anhand von Lokalisierungen an der Wandkarte vorgeschlagen. Ist eine Hausaufgabe gestellt worden, wird sie generell auch in dieser Phase besprochen. Die Wiederholungen und Zusammenfassungen sind teilweise auch als Leistungskontrolle konzipiert.

Systematisierung und Wertung
Die anschließende Phase der Systematisierung hat das didaktische Ziel, eine Verallgemeinerung des Wissens zu fördern und es der Anwendung zugänglich zu machen. Durch die Zusammenführung von früher erworbenen Kenntnissen mit neuen Erkenntnissen und dem Aufzeigen von Querverbindungen zu anderen Fächern, sollen Einsichten in größere Zusammenhänge gefördert werden. Es sollen Einsichten in physisch- und ökonomischgeographische Zusammenhänge, in die politisch-ökonomische Entwicklung der Gesellschaft sowie die dialektisch-materialistische Weltanschauung vermittelt werden (Barth, 1969a, S. 31). In diese Phase fällt demnach auch die Anbahnung von »sozialistischen Überzeugungen«. »*Damit bietet die Systematisierung gleichsam Knotenpunkte für die Umsetzung der ideologischen Linienführung im Unterricht*« (Engel und Sperling, 1986, S. 407).

In dieser Phase sollen die an einem regionalen Beispiel erarbeiteten negativen sozialen und wirtschaftlichen Auswirkungen des »Kapitalismus« oder die behandelten positiven Effekte des »Sozialismus« mit anderen, den SchülerInnen schon bekannten ähnlichen Fällen verglichen werden, um auf diese Weise bei ihnen u. a. die generelle Überzeugung hervorzurufen, dass der »Sozialismus« fortschrittlich, friedlich, menschenfreundlich und umweltschonend sei, während der menschenverachtende und aggressive »Kapitalismus« dem Untergang geweiht sei. Als ein Beispiel dient die Systematisierungsphase einer Geographiestunde der 8. Klasse, in der die »*Ausbeutung der lateinamerikanischen Völker*« behandelt wird und in der ein »*Vergleich mit den von imperialistischen Monopolen in Afrika angewandten neokolonialistischen Methoden*« angestellt werden soll (Findeisen u. a., 1983, S. 112).

Die Phase der Systematisierung ist insgesamt die relevanteste für die Bildung »sozialistischer Überzeugungen«, da hier auf der Grundlage der erarbeiteten Erkenntnisse »sozialistische Bewertungen« vorgenommen werden sollen (u. a. Glanz, 1988). Damit die SchülerInnen nicht individuelle, sondern »parteiliche« Wertungen vornehmen, werden für diese Phase lehrerzentrierte Unterrichtsformen favorisiert (siehe Abbildung 29). »*Der Lehrer muss einen erheblichen Führungsanteil beim Auslösen von Wertungsprozessen leisten*« (Barth, 1980, S. 121).

Es werden dabei drei verschiedene Möglichkeiten vorgeschlagen: im ersten Fall nimmt der Lehrer die Einordnung des Stoffes und seine Bewertung vor, im zweiten Fall bittet er die SchülerInnen, den Unterrichtsstoff nach von ihm vorgegebenen Kriterien, zu bewerten und im dritten Fall wird der Unterrichtsstoff so gewählt, dass die SchülerInnen betroffen reagieren und spontan ideologische Wertungen vornehmen (Barth, 1980, S. 123 – 124).

Bisher wurde der idealtypische Verlauf von Geographiestunden, so wie er in den Unterrichtshilfen für das Fach Geographie besonders häufig dargestellt ist, und die Bedeutung der ideologischen Erziehung in den einzelnen Unterrichtsphasen analysiert.

In den Unterrichtshilfen werden die vorgestellten Phasen auf vielfältige Weise kombiniert. In manchen Stunden finden so zwei und nicht eine Ersterarbeitungsphase statt, in anderen Stunden wird der schon behandelte Stoff erst nach der Phase der Zielorientierung wiederholt oder es werden keine Hausaufgaben gegeben. Die Kombination der angesprochenen Phasen hing von der »didaktisch-methodischen Hauptfunktion« der Unterrichtsstunde ab. Hier wurden von Geographiemethodikern der DDR folgende typische Unterrichtsabläufe identifiziert:
- »die Einführung in ein Stoffgebiet,
- den Überblick über ein Stoffgebiet,

Stundenabschnitt	Methodische Hinweise
1. *Zielorientierung/ Problemstellung* Ursachen für unzureichende Ernährung	Der Lehrer stellt unter Verwendung aktuellen und emotional wirksamen Materials dar, daß in nichtsozialistischen Ländern viele Menschen unterernährt sind, an Unterernährung sterben müssen. So schätzten UNO-Experten für das Jahr 1975 ein, daß mehr als 500 Mill. Menschen als extrem unterernährt gelten. Folgende Problemfrage kann gestellt werden: Weshalb müssen so viele Menschen hungern? Einbezogen werden kann der Bericht eines chilenischen Journalisten (siehe Anlage 1).
2. *Ersterarbeitung* Ernährungsprobleme in den Entwicklungsländern und ihre Folgen	In *selbständiger Schülerarbeit* wird die LBA „Eiweißverbrauch je Einwohner und Tag in der Welt" S. 184 ausgewertet. Danach werten die Schüler den Lehrbuchtext und die Tabelle „Beziehungen zwischen Eiweißverbrauch und Lebenserwartung" aus.
3. *Zusammenfassung/ Festigung/Kontrolle* Ernährungsprobleme	Die von den Schülern erarbeiteten Sachverhalte werden diskutiert. Es wird die Frage nach den Ursachen und den Lösungsmöglichkeiten für die Probleme aufgeworfen, aber noch nicht umfassend beantwortet.
4. *Ersterarbeitung* „Grüne Revolution" und ihre Probleme	Im *Lehrervortrag* werden Erfolge und Probleme der „Grünen Revolution", der Entwicklungsstand und die Ziele der Landwirtschaft in entwickelten kapitalistischen Staaten dargestellt. Die Schüler schreiben Wesentliches mit. Es wird charakterisiert, wie die USA mit Nahrungsmittelexporten versuchen, politischen Einfluß auf die Entwicklungsländer zu nehmen.
5. *Zusammenfassung* Ursachen für den Hunger in nichtsozialistischen Staaten	Die Frage „Weshalb müssen so viele Menschen hungern?" wird in einer Diskussion beantwortet (siehe auch Lehrbuchaufgabe 17). Als endgültige Antwort trägt der Lehrer den Auszug aus einem Artikel (siehe Anlage 2) vor. Dabei wird auf die Hilfe der sozialistischen Staaten eingegangen.

Abbildung 29: Stundenverlauf zum Thema: Die Landwirtschaft in nichtsozialistischen Ländern. (Raum und Schlimme, 1981, Unterrichtshilfen, Klasse 10, S. 110). Anlage 1: Tragödie der chilenischen Bauern, Anlage 2: Die Ernährungslage der »Dritten Welt«

- den Schwerpunkt zur Entwicklung von Begriffen und von Einsichten in gesetzmäßige Zusammenhänge,
- den Schwerpunkt zur Entwicklung von Können,
- die Wiederholung von Stoff,
- die Systematisierung von Stoff« (Warmuth, 1977, S. 20).

Der Autor der Unterrichtshilfe für die 10. Jahrgangsstufe beschreibt im Interview das Ziel, den Geographieunterricht durch den Einsatz unterschiedlicher Medien und Methoden lebendiger zu gestalten und damit interessanter für die SchülerInnen zu machen. Die tatsächliche Umsetzung in den Unterrichtshilfen sieht er jedoch teilweise kritisch:

X: Also, ich habe die in erster Linie als Materialsammlung angesehen, um das Lehrbuch zu ergänzen und das lebendiger zu machen. Sicher auch nicht so gelungen, wie man sich das vorstellt, aber na ja.
I: Wieso nicht so gelungen?
X: Na ja, es fehlte – .ich muss immer wieder sagen, es fehlte an konkreten Beispielen, um das so richtig gut illustrieren zu können.

Ein besonderes Problem war nach seinen Aussagen die Verwendung von Materialien zu den »kapitalistischen« Staaten, da selbst er diese als Leiter einer Arbeitsgruppe der Akademie der Pädagogischen Wissenschaften nicht bereisen durfte und ihm die Verwendung und der Besitz von »West-Medien« untersagt war.

3.4.1.2 Methodische Vorschläge zur unterrichtspraktischen Umsetzung der ideologischen Erziehung

Im Folgenden sollen zentrale methodische Merkmale der in den Unterrichtshilfen vorgestellten Stundenplanungen in Bezug auf die ideologische Erziehung untersucht werden.

Emotionale Betroffenheit
Um die »Erziehungsanliegen« des Geographieunterrichts in den einzelnen Klassenstufen zu erreichen, wird in den Unterrichtshilfen mehrfach vorgeschlagen, die SchülerInnen nicht nur kognitiv, sondern auch emotional anzusprechen. Die Unterrichtshilfe für die 7. Klasse sagt in diesem Zusammenhang:

»Um diese Potenzen (ideologischen Erziehung) zu erschließen, kommt beispielsweise interessanten Problemstellungen und einer lebendigen, *emotionalen* und erlebnisbetonten Unterrichtsgestaltung besondere Bedeutung zu« (Lehmann, 1982, S. 10).

Man hatte erkannt, dass »sozialistische Überzeugungen« nicht allein auf dem kognitiven Wissen beruhten, dass der Sozialismus in allen Bereichen dem Kapitalismus überlegen ist, sondern dass emotionale Betroffenheit Voraussetzung für Identifikation mit dem Sozialismus und »Hass« auf den Klassenfeind war.

»Da Überzeugungen nicht einseitig über das Erkennen herausgebildet bzw. weiterentwickelt werden können, ist der Prozess des verstandesmäßigen Begreifens insbesondere an den erziehungsrelevanten Stellen des Geographieunterrichts mit dem Erleben und Werten in Einheit zu gestalten.« (Wieck, 1971, S. 8).

In den Unterrichtshilfen sind es vor allem die Phasen der Zielorientierung und der Systematisierung (s. o.), in denen durch den Einsatz von Beschreibungen, Erzählungen und Photos emotionale Betroffenheit erzeugt wird, welche die »parteilichen« Wertungen hervorrufen sollen. In Bezug auf die »kapitalistischen« Länder sollen den SchülerInnen Belege für soziale Probleme wie Elend, die Arbeitslosigkeit und Armut vorgelegt werden, die bei ihnen Mitleid mit den dort lebenden Menschen und Stolz auf die »sozialistischen Errungenschaften« in der DDR hervorrufen. Ein Beispiel ist der Text, welcher SchülerInnen der 10. Klasse in der Phase der Zielorientierung zum Thema: »*Die Landwirtschaft in nichtsozialistischen Ländern*« vorgelesen werden soll (Abbildung 29, Anlage 1). Es wird der Text: »*Tragödie der chilenischen Bauern*« vorgelesen, in dem es um chilenische Bauern geht, die aufgrund ihrer Armut gezwungen seien, ihr Land an Großgrundbesitzer zu verkaufen. Während die Bevölkerung Hunger leide, würde die dortige kapitalistische Landwirtschaft für den Export produzierten (Raum und Schlimme, 1981, S. 112).

Typisch sind auch Beschreibungen von Nahrungsmittelvernichtungen und Umweltverschmutzungen, welche bei den SchülerInnen Empörung über den »unrationellen« Umgang mit Ressourcen in »kapitalistischen« Ländern provozieren sollen und die Überzeugung festigen, dass nur im Sozialismus die Ressourcen durch gute Planung zum Wohle der Bevölkerung genutzt werden.

Bei der Behandlung der Entwicklungsländer wird vorgeschlagen, die SchülerInnen mit Beschreibungen der Unterdrückung der Einheimischen durch den Kolonialismus und aktueller »Ausbeutung« zu konfrontieren.

»(...) hier müssen sich alle Schüler angesprochen fühlen und das Bedürfnis verspüren, sich zum Beispiel bei der Behandlung der ökonomischen Geographie Lateinamerikas über die katastrophalen sozialen Verhältnisse der Arbeiter im Bergbau und ihren Hass gegenüber dieser unmenschlichen Ausbeutung zum Ausdruck zu bringen« (Wieck, 1971, S. 9).

Dies soll dazu führen, dass der kapitalistische »Imperialismus« in Entwicklungsländern verurteilt wird. In diesem Zusammenhang ist zum Thema: »*Historische Entwicklung Afrikas*« in der Unterrichtshilfe für die 8. Klasse vorgesehen, dass die Lehrkraft »*Das Sklavenschiff*« von Heinrich Heine rezitiert (Findeisen u. a., 1983, S. 27).

Der Superkargo Mynheer van Koek
Sitzt rechnend in seiner Kajüte;
Er kalkuliert der Ladung Betrag
Und die probablen Profite.

»Der Gummi ist gut, der Pfeffer ist gut,
Dreihundert Säcke und Fässer;
Ich habe Goldstaub und Elfenbein -
Die schwarze Ware ist besser.

Sechshundert Neger tauschte ich ein
Spottwohlfeil am Senegalflusse.
Das Fleisch ist hart, die Sehnen sind stramm,
Wie Eisen vom besten Gusse.

Ich hab zum Tausche Branntwein,
Glasperlen und Stahlzeug gegeben;
Gewinne daran achthundert Prozent,
Bleibt mir die Hälfte am Leben.

Bleiben mir Neger dreihundert nur
Im Hafen von Rio-Janeiro,
Zahlt dort mir hundert Dukaten per Stück
Das Haus Gonzales Perreiro.«

Da plötzlich wird Mynheer van Koek
Aus seinen Gedanken gerissen;
Der Schiffschirurgius tritt herein,
Der Doktor van der Smissen.

Das ist eine klapperdürre Figur,
Die Nase voll roter Warzen -
»Nun, Wasserfeldscherer«, ruft van Koek,
»Wie geht's meinen lieben Schwarzen?«

Der Doktor dankt der Nachfrage und spricht:
»Ich bin zu melden gekommen,
Dass heute Nacht die Sterblichkeit
Bedeutend zugenommen.

Im Durchschnitt starben täglich zwei,
Doch heute starben sieben,
Vier Männer, drei Frauen – Ich hab den Verlust
Sogleich in die Kladde geschrieben.

Ich inspizierte die Leichen genau;
Denn diese Schelme stellen
Sich manchmal tot, damit man sie
Hinabwirft in die Wellen.

Ich nahm den Toten die Eisen ab;
Und wie ich gewöhnlich tue,
Ich ließ die Leichen werfen ins Meer
Des Morgens in der Frühe.

Es schossen alsbald hervor aus der Flut
Haifische, ganze Heere,
Sie lieben so sehr das Negerfleisch;
Das sind meine Pensionäre.

Sie folgten unseres Schiffes Spur,
Seit wir verlassen die Küste;
Die Bestien wittern den Leichengeruch
Mit schnupperndem Fraßgelüste.

Es ist possierlich anzusehen,
Wie sie nach den Toten schnappen!
Die fasst den Kopf, die fasst das Bein,
Die andern schlucken die Lappen.

Auszug aus »Das Sklavenschiff« von Heinrich Heine
http://www.heinrich-heine.net/sklaved.htm

Bei der Behandlung der sozialistischen Länder wird in den Unterrichtshilfen vorwiegend ein historisch-genetisches Vorgehen vorgeschlagen. Nachdem bei den SchülerInnen durch Belege für geringe wirtschaftliche Produktion, die rückständige Landwirtschaft und das Elend der Bevölkerung in früheren Zeiten Entsetzen und Mitleid hervorgerufen wurde, sollen sie mit der »aktuellen« Situation konfrontiert werden, in der all diese Probleme durch den Sozialismus behoben wurden, was Erleichterung und Stolz auf den Sozialismus bei den SchülerInnen hervorrufen soll. »*Der Unterricht muss vor allem an den Stellen emotional sein, an denen die Schüler die großen Leistungen der Werktätigen der sozialistischen Staaten (...) erkennen sollen«* (MfV, 1979, Lehrplan, Klasse 11, S. 175). Wie diese Lehrplanvorgabe in den Unterrichtshilfen umgesetzt wurde, zeigt u. a. die Stunde zur *»Einführung in die Entwicklung der Sowjetunion zum mächtigsten sozialistischen Industriestaat«* in der Unterrichtshilfe für die 7. Klasse. In der Phase der Zielorientierung soll Folgendes stattfinden:

»Erkennen der Veränderungen für das Leben und die Arbeit der Sowjetbürger. Kennzeichen der Ausgangssituation im Jahre 1917 und Ableiten von Ursachen für die bedeutenden Veränderungen und Erfolge« (Lehmann u. a., 1982, S. 55).

Um zu überprüfen, ob die emotionale Betroffenheit auch den »richtigen« Effekt auf die Überzeugungsbildung hatte, wird vorgeschlagen, die SchülerInnen zum Abschluss der Systematisierungsphase die »parteilichen« Wertungen vornehmen zu lassen.

»Damit sich nämlich, wie schon ausgeführt, eine Aussage in eine Überzeugung umwandelt, muss sie durch den Schüler bewertet werden, muss er zu ihr in eine aktive Beziehung treten, muss sie ihn emotional beeinflussen und für sein Handeln bedeutungsvoll werden« (Meincke, 1975, S. 299).

Vergleich
Ein in den analysierten Unterrichtshilfen häufig zu findendes Mittel zur Hervorrufung »parteilicher« Wertungen ist der Vergleich der Verhältnisse in »kapitalistischen« und »sozialistischen« Ländern. Dabei werden in der Regel die im Unterricht erarbeiteten sozialen und wirtschaftlichen Erfolge der »sozialistischen« Länder den Problemen der »kapitalistischen« gegenübergestellt, damit diese auf die unterschiedlichen »Produktionsverhältnisse« zurückgeführt werden können und es den SchülerInnen leicht fällt, die angestrebten »parteilichen« Wertungen abzugeben. Ebenso wird die Ressourcennutzung von »kapitalistischen« und »sozialistischen« Staaten gegenüber gestellt, damit »bewiesen« werden kann, dass die »sozialistischen« Staaten diese im Gegensatz zu den »kapitalistischen« Staaten zum Wohl ihrer Bevölkerung nutzen, mit Verbündeten uneigennützig teilen und die Umwelt schonen. In diesem Bereich fällt z. B. ein Vergleich, den die SchülerInnen laut Unterrichtshilfe in der 7. Klasse während der Phase der Zusammenfassung der Unterrichtsergebnisse zum Thema: *»der Kampf der westasiatischen Völker gegen die Vormachtstellung der internationalen Erdölmonopole und der Aufbau der nationalen Wirtschaft«* anstellen sollen:

»Streben imperialistischer Staaten nach Verstärkung ihres Einflusses in den Ländern des Nahen und Mittleren Ostens begründen, imperialistische Erdölwirtschaft der Art und Weise der Nutzung des Erdöls in sozialistischen Ländern gegenüberstellen lassen« (Lehmann u. a., 1982, S. 132).

Führungstätigkeit des Lehrers
Auch in der Geographiemethodik der DDR wurde Interessenforschung betrieben. Die von Frisch (1982) vorgestellte Dissertation hatte das Ziel, Themenbereiche zu identifizieren, für die die SchülerInnen wenig Interesse hatten, und für diese Maßnahmen zur Motivation der SchülerInnen vorzuschlagen. Diese sollte u. a. durch »Lebensnähe«, »Problemstellung«, »Ansprechen von Emotionen« und »Freude an der Anwendung« geweckt werden (Frisch, 1982, S. 95 – 96). Jetzt stellt sich die Frage, inwiefern diese Ansätze Eingang in die Unterrichtshilfen gefunden haben.

Tatsächlich kann man eine weitgehende Lehrerzentrierung der in den Unterrichtshilfen vorgeschlagenen Stundenkonzeptionen für den Geographieunterricht der DDR feststellen. Dies kann man u. a. daran ablesen, dass die in allen Unterrichtsphasen wichtigsten Unterrichtsmethoden das Unterrichtsgespräch, die Demonstration und der Lehrervortrag sind, wobei es sich um stark vom Lehrer kontrollierbare Unterrichtsmethoden handelt. Passend zu diesen Methoden finden sich vielfältige Tafelbilder in den Unterrichtshilfen.

In den höheren Schulstufen wird zwar verstärkt der Einsatz »selbständiger Schülerarbeit« in der Phase der Ersterarbeitung vorgeschlagen, um die Kompetenzen der SchülerInnen in der selbständigen Problembearbeitung zu erhöhen, im Anschluss ist jedoch nur bedingt vorgesehen, dass die SchülerInnen ihre Ergebnisse vor der Klasse präsentieren. Ist dies der Fall, sollen sie in der Regel vom Lehrer/ von der Lehrerin und nicht von den MitschülerInnen korrigiert werden, was darauf hindeutet, dass den SchülerInnen wenige Kompetenzen im Bereich der Fehlerkorrektur zugeschrieben wurden. Auch in der Festigungsphase sind es in den Unterrichtshilfen häufig die LehrerInnen, die die Ergebnisse vorstellen, was sicherlich den Hintergrund hatte, dass man hoffte so die Richtigkeit der Ergebnisse am ehesten sicherstellen zu können. Nach den Unterrichtshilfen hatten die LehrerInnen in allen Phasen den größten Anteil an der Unterrichtsgestaltung und die Einbeziehung der SchülerInnen variierte zwar nach den jeweiligen Stunden und nahm auch mit der Klassenstufe zu, muss generell jedoch als gering angesehen werden.

Die in den Unterrichtshilfen genannten Methoden entsprechen damit denjenigen, die im Buch »Methodik Geographieunterricht«, das von der Akademie der Pädagogischen Wissenschaften herausgegeben wurde, beschrieben werden. Hier werden der Lehrervortag als »*darbietender Unterricht*«, die »*selbständige Schülerarbeit*« als »*aufgebender Unterricht*« und das Unterrichtsgespräch als »*erarbeitender Unterricht*« als die drei wesentlichen methodischen Grundformen im Geographieunterricht genannt (APW, 1978, S. 138–139). Auch hier wird das Ideal des lehrerzentrierten Unterrichts vertreten:

»Die Führung des Unterrichtsprozesses liegt beim Lehrer. Auf ihm liegt ein hohes Maß der Verantwortung; denn er plant und gestaltet bewusst den Ablauf des Unterrichts. Dabei geht er vom Lehrplan aus, indem er das Lehrplanwerk als ein in sich geschlossenes System betrachtet und fachspezifische Entscheidungen unter der Gesamtzielsetzung der Erziehung sozialistischer Persönlichkeiten fällt, Teilziele formuliert und die stofflichen Anforderungen präzisiert sowie die methodische Gestaltung des Unterrichts festlegt« (Barth, 1978, S. 120).

Jetzt stellt sich die Frage, warum der Führungstätigkeit des Lehrers eine so große Bedeutung zugeschrieben wurde und die Interessen, Erfahrungen und Fähigkeiten der SchülerInnen nur in geringem Maße in den Unterricht einfließen sollten.

Die Dominanz des Frontalunterrichts könnte sich u. a. durch die schon besprochene Zielorientierung der Unterrichtsstunden erklären, da man womöglich hoffte, die gesetzten Stundenziele auf diese Weise am schnellsten und sichersten zu erreichen und man u. a. aus diesem Grund auf Gruppenarbeiten, die mehr Unterrichtszeit erfordern und deren Ergebnisse nicht völlig vorhersehbar sind, größtenteils verzichtet hat. Zusätzlich werden noch folgende Gründe für den häufigen Einsatz von Lehrervorträgen genannt:

»Lehrervorträge sind dort effektiv, wo eine emotionale Wirkung auf die Schüler erreicht werden muss. Sie sind notwendig, wo den Schülern zu konkreten Sachverhalten nicht genügend Material zur Verfügung gestellt werden kann (aktuelle Probleme, Teilthemen bei der Behandlung des Heimatbezirks o. ä.)« (Raum und Schlimme, 1981, S. 24).

Der Wunsch, eine stärkere Schülerorientierung im Geographieunterricht zu erreichen, scheint mit dem gleichzeitig verfolgten Ziel unvereinbar zu sein, alle SchülerInnen zu den gleichen Einsichten und politischen Meinungen zu »führen«. Dieser Widerspruch findet sich auch in der Aussage von Frisch (1982, S. 20):

»Kommunistische Erziehung unserer Schuljugend erfordert die aktive Aneignung in einer solchen Art und Weise, dass die Schüler logisch zwingend, kritisch prüfend, parteilich wertend und emotional bewegt, durch zunehmend bewusste, selbständige und schöpferische Tätigkeit zu den erforderlichen Einsichten geführt werden.«

Da die im Unterricht behandelten Sachverhalte nicht ergebnisoffen bewertet werden sollten, sondern die Überzeugung von der »objektiven« Überlegenheit des Sozialismus in die Köpfe der Schüler vermittelt werden sollte, wurden Unterrichtsmethoden wie das »Unterrichtsgespräch« oder der »Lehrervortrag« bevorzugt, welche die Kontrolle des Bewertungsprozesses und seines Ergebnisses möglich machten, was bei Methoden mit höherer Schüleraktivität nicht möglich gewesen wäre. Im Rückblick auf Praxisuntersuchungen in der 5. und 6. Klasse schreibt dann auch Glanz (1988, S. 135): »*Die Schüler konnten meistens nur mit Hilfe des Lehrers zu logischen Begründungen geführt werden.*« Mit »*logischen Begründungen*« ist hier die Untermauerung der Bewertungen vom »*Klassenstandpunkt*« anhand von »Fakten« gemeint.

Einsatz verschiedener Unterrichtsmedien
Bei der Analyse der Unterrichtshilfen fällt der intensive Einsatz von Medien auf, die in der DDR als »Unterrichtsmittel« bezeichnet wurden. Dies gilt im Besonderen für die Phase der Ersterarbeitung. Aber auch bei Wiederholungen, Anwendungen und Übungen wird vielfach der Einsatz unterschiedlichster Medien wie Schulfernsehen, Dias, Bilder, Statistiken, Diagramme, Karten, originale Gegenständen, Schulbücher empfohlen. Wichtigstes Medium ist nach den Unterrichtshilfen das Schulbuch, da es sich um ein Medium handelt, das allen Lehrern zugänglich war und mit dessen Hilfe auch »selbständige Schülerarbeiten« durchgeführt werden konnten.

Der intensive Medieneinsatz erklärt sich zunächst mit der Intention, den Unterrichtsstoff auf möglichst anschauliche und abwechslungsreiche Weise zu vermitteln. Zusätzlich soll der vielfältige Medieneinsatz der Vermittlung von instrumentellen Lernzielen, von »Fähigkeiten und Fertigkeiten« dienen. Fähigkeiten zum Auswerten der verschiedensten Medien, wie Texte, Atlas, Bilder, Diagramme, Statistiken, sollen in allen Jahrgangsstufen mit steigender Komplexität vermittelt werden. Hier ein Beispiel der in den Unterrichtshilfen vorgestellten Ziele im Bereich »Können«: »*Fähigkeitsentwicklung zum Auswerten von Bildern und graphischen Darstellungen zum gegenwärtigen Entwicklungsstand von Technik und Wirtschaft*« (Lehmann u. a., 1982, Unterrichtshilfen, Klasse 7, S. 25). Dem methodischen Lernen der SchülerInnen wird in den Unterrichtshilfen demnach eine Bedeutung zugeschrieben, die Planung des methodischen Vorgehens gemeinsam mit den SchülerInnen wird jedoch nicht vorgeschlagen, ebenso wenig wie gemeinsame methodische Reflexion der Erarbeitungsphase, was ihnen ihre Schwächen und Stärken in diesem Lernbereich vermutlich stärker bewusst gemacht hätte.

Der Inhalt der Unterrichtsmedien und ihr Einsatz werden jedoch auch durch das Ziel der sozialistischen Bildung und Erziehung bestimmt (Sperling, 1977, S. 124). Zur Erreichung der ideologischen Erziehungsziele wird in der Phase der

Zielorientierung vorgeschlagen, emotionale Betroffenheit der SchülerInnen hervorzurufen und die Medien als »Beleg« der vom Lehrer aufgestellten These (s. o.) einzusetzen. Typische Medien sind hier Photos, Dias oder Erlebnisberichte. In der Erarbeitungsphase werden Medien ausgewertet, welche Informationen enthalten, die die ideologischen Lehreraussagen belegen können. Hier vertraut man vorrangig den Karten, Texten, Statistiken und Diagrammen aus dem Schulbuch (siehe 3.3). In der anschließenden Zusammenfassung können, vom Lehrer kontrolliert, die wichtigsten Ergebnisse u. a. an der Tafel festgehalten werden. In der abschließenden Phase der Systematisierung haben die Medien ähnliche didaktische Funktionen wie in der Phase der Zielorientierung. Auch hier sollen sie wieder emotionale Betroffenheit erzeugen und die »parteilichen« Wertungen belegen.

3.5   Zusammenfassung

In diesem Kapitel wurde die von führenden Geographiedidaktikern und Bildungspolitikern der DDR entworfene idealtypische Konzeption des Geographieunterrichts in ihren Grundzügen untersucht.

Die obligatorischen Lehrpläne lieferten sehr ausführliche Angaben zu den zu behandelnden Stoffeinheiten, den anzustrebenden Lernzielen und dem Stundenumfang der Themenbereiche. Es zeigte sich, dass für die Auswahl und Anordnung der Inhalte die Länderkunde, die marxistisch-leninistische Weltanschauung sowie die fachwissenschaftlichen Konzepte der Physischen sowie der Ökonomischen Geographie relevant waren. Die Verknüpfung all dieser Konzepte, die ganz unterschiedliche historische und theoretische Hintergründe haben, war durch die Entwicklung eines »sozialistischen Geopossibilismus« möglich: Als Grundlage der Gesellschaftsentwicklung werden die natürlichen Bedingungen gesehen, die in ihren physisch-geographischen Komponenten einzeln und in ihrem Zusammenwirken in Geoökosystemen im Geographieunterricht behandelt werden sollen. Des Weiteren wurde davon ausgegangen, dass die »Natur« keine gesellschaftlichen Entwicklungen determiniert, sondern nur ermögliche. Eine optimale wirtschaftliche Nutzung der Naturreichtümer zum Besten der ganzen Bevölkerung unter dem gleichzeitigen Erhalt der natürlichen Ressourcen sei nur im Sozialismus möglich. Aus diesem Grund sollten die SchülerInnen im Geographieunterricht ihre Kenntnisse bezüglich der Charakteristika der sozialistischen Gesellschaftsordnung vertiefen und ihre Überlegenheit gegenüber dem Kapitalismus erkennen sowie ideologisch erzogen werden, um beim Aufbau des Sozialismus helfen zu können. Die Überlegenheit des Sozialismus gegenüber dem Kapitalismus konnte nach der Auffassung der Geographiemethodiker der DDR anhand von regionalen Länderbeispielen gezeigt werden, was durch den länderkundlichen Aufbau der Lehrpläne von der fünften bis zur achten Klasse mit dem Akzent auf den »sozialistischen« Staaten realisiert wurde.

Entsprechend dieser theoretischen Annahmen und Zielsetzungen der Lehrpläne, orientierte sich die Auswahl und die Anordnung der Inhalte für den Geographieunterricht der DDR an drei dominanten Konzepten: der Länderkunde, der marxistisch-leninistischen Lehre und an den fachlichen Konzepten der Physischen und Ökonomischen Geographie in der DDR. Diesen drei Konzepten entsprach auch die Gestaltung der Geographieschulbücher. Sie wurden in unterschiedlicher Weise kombiniert und ihr Gewicht variierte je nach Jahrgangsstufe. Während die Länderkunde eher für die unteren Klassenstufen relevant war, war die thematische Unterscheidung in Themen der Physischen und der Ökonomischen Geographie eher in den höheren Klassenstufen dominant. Während die Themen der Physischen Geographie größtenteils sachlich richtig und sehr viel umfassender dargestellt wurden, als es in vielen heutigen Geographieschulbüchern der Fall ist, war der ideologische Anteil bei Themen der Ökonomischen Geographie besonders hoch. Bei diesem Themengebiet finden sich in den Schulbüchern vorwiegend »Schwarzweißdarstellungen«, die den negativen wirtschaftlichen, sozialen und politischen Verhältnissen in »kapitalistischen« Ländern die fast ausschließlich positiven Darstellungen der »sozialistischen« Länder gegenüberstellten. Die Darstellungen in den Schulbuchtexten wurden durch die zugehörigen Photos, Statistiken, Diagramme und Karten unterstützt und belegten ihre Richtigkeit. Eine kritische Auseinandersetzung der SchülerInnen mit den gesellschaftlichen, sozialen und politischen Problemen in »sozialistischen« Ländern war offensichtlich von den Schulbuchautoren nicht angestrebt. Nach den Angaben eines interviewten Schulbuchautors wurden Probleme der »sozialistischen« Länder wie z. B. Armut in der Sowjetunion oder Hinweise auf ein mögliches Scheitern der ökonomischen Integration der RWG-Staaten bewusst in den Schulbüchern nicht erwähnt. Die Konzentration der Darstellungen in den Schulbüchern auf wirtschaftsgeographische Themen führte u. a. zur geringen und einseitigen Betrachtung von Themen der Bevölkerungs-, Siedlungs- und Stadtgeographie. Auch die Besitzverhältnisse als immer wiederkehrendes Haupterklärungselement für den Erfolg, Frieden und Wohlstand der »sozialistischen« Länder erscheint aus heutiger Sicht als eindimensionale Erklärung, da u. a. die Motive unterschiedlicher Gesellschaftsgruppen, bevölkerungs- und stadtgeographische Theorien ausgeblendet wurden.

Die heute relevanten didaktischen Ziele, Kritikfähigkeit auszubilden, eine eigene Meinung vertreten zu können, einen Sachverhalt aus verschiedenen Perspektiven beleuchten zu können etc., scheinen bei der Erstellung der Geographiebücher für den Geographieunterricht in der DDR nicht gewollt worden zu sein, da man einheitliche geopolitische Leitbilder vermitteln wollte um so normierte »sozialistische Überzeugungen« bei den SchülerInnen hervorzurufen.

Die Unterrichtshilfen lieferten dann Vorschläge zur didaktisch-methodischen Umsetzung der ideologischen Erziehungsziele in allen Unterrichtsphasen. Diese sollten vor allem in Einführungs- und Abschlussstunden einer Unterrichtseinheit und bei der Vermittlung ökonomisch-geographischen Unterrichtsstoffes vermittelt werden. In Bezug auf diese Stunden sind die *Zielorientierung* und die *Systematisierung* zentrale Phasen der ideologischen Steuerung. Während in der Zielorientierung häufig ein ideologischer Aussagesatz vom Lehrer vorgestellt wurde, dessen Richtigkeit durch »Fakten« in der Erarbeitungsphase bewiesen wurde, was in der Zusammenfassung festgehalten wurde, sollten in der Systematisierung die vom Lehrer gesteuerten »parteilichen Wertungen« durch die SchülerInnen stattfinden.

Um »sozialistische Überzeugungen« bei den SchülerInnen zu produzieren, wird in den Unterrichtshilfen die starke Lehrersteuerung der »ideologierelevanten« Unterrichtsphasen, die Durchführung von Systemvergleichen, die Erzeugung emotionaler Betroffenheit bei den SchülerInnen und der Einsatz verschiedenster Medien vorgeschlagen.

Es fiel auf, dass die analysierten Lehrpläne, Schulbücher und Unterrichtshilfen sehr genau aufeinander abgestimmt sind, was vermutlich darauf zurückzuführen ist, dass es sich um »Gemeinschaftsprodukte« wesentlicher Akteure aus den Schulen, den Hochschulen und der Politik handelt, deren Arbeit zentral durch die Akademie der Pädagogischen Wissenschaften koordiniert und wesentlich mitgestaltet wurde. Teilweise waren die Lehrbuchautoren zudem gleichzeitig mit der Erstellung der Unterrichtshilfen betraut.

Den GeographielehrerInnen der DDR wurde ein sehr klarer Orientierungsrahmen für ihre Unterrichtsplanung und -durchführung gegeben, der ihnen die Arbeit erleichtern sollte und ihnen vermutlich das Gefühl großer professioneller Sicherheit gab. Auf der anderen Seite lässt sich der enge Handlungsspielraum der LehrerInnen, eigene inhaltliche Schwerpunkte im Unterricht zu setzen, als staatlicher Versuch interpretieren, einen möglichst großen Einfluss auf die Unterrichtsarbeit auszuüben und eine einheitliche Bildung und Erziehung im Sinne der Staatsideologie zu erreichen.

Inwiefern die dargestellten staatlichen Erwartungen an den Geographieunterricht in Unterrichtsinteraktionen von LehrerInnen und SchülerInnen tatsächlich verwirklicht wurden, soll im Weiteren untersucht werden.

4 Der erlebte Geographieunterricht in der DDR

Wie im Kaptitel 3 dargelegt wurde, war die staatsbürgerliche Erziehung im Sinne des Marxismus-Leninismus ein von den Lehrplänen der DDR definiertes Ziel des Geographieunterrichts. Die Lehrpläne enthielten zu den einzelnen Themengebieten sehr genaue Vorgaben, die von den LehrerInnen verpflichtend im Unterricht umzusetzen waren. Aus der Sicht damaliger Geographiedidaktiker wurde die optimale Umsetzung der Lehrpläne jedoch u. a. aufgrund des zu großen Interpretationsspielraums nicht erreicht, der den LehrerInnen angeblich zur Verfügung stand (Schlimme, 1974). Demnach stellt sich die Frage, inwiefern LehrerInnen und SchülerInnen entsprechend der politischen Rollenerwartungen handelten und die ideologische Erziehung im Unterricht umsetzten.

Zur Beantwortung dieser Fragen wird im ersten Teil dieses Kapitels die Handlungstheorie vorgestellt, welche zur Analyse der empirischen Daten eingesetzt werden soll (siehe 4.1). Das genaue methodische Vorgehen bei der empirischen Datenerhebung und -auswertung wird dann unter 4.2 dargelegt. Der Forschungsstand bezüglich der Umsetzung der ideologischen Erziehungsziele im Geographieunterricht der DDR wird in 4.3 untersucht.

Die Darstellung der Analyseergebnisse schließt sich mit der Sichtweise der befragten LehrerInnen an (siehe 4.4). Die zentrale Frage ist hier, inwiefern die LehrerInnen ihren Handlungsspielraum bei der Unterrichtsgestaltung ausnutzten und wie ihre Handlungsentscheidungen zu erklären sind.

Anschließend wird die Perspektive der SchülerInnen eingenommen (siehe 4.5) und analysiert, inwiefern sie wahrgenommen haben, dass sie im Geographieunterricht zu »sozialistischen Persönlichkeiten« mit einem klaren »Klassenstandpunkt« erzogen werden sollten, wie sie die eventuell wahrgenommene ideologische Beeinflussung beurteilten und wie sie damit umgingen.

4.1   Handlungstheorie

Im bisherigen Verlauf dieser Arbeit wurde davon ausgegangen, dass das Handeln der GeographielehrerInnen und ihrer SchülerInnen im Unterricht nur vor dem Hintergrund der strukturellen und organisatorischen Bedingungen zu verstehen ist, in die es eingebettet war (siehe Kap. 2 und Kap. 3).

Folgt man dem Konzept der »Situationslogik« von Karl R. Popper, reichten diese Darstellungen der gesellschaftlich strukturierenden Handlungsumstände der Akteure aus, um deren Handlungen und damit den Geographieunterricht in der DDR zu beschreiben und zu erklären (Popper, 1977). Denn aus den »objektiven« Merkmalen einer Situation wie den geltenden sozialen Regeln – Normen, Verboten, rechtlichen Bestimmungen -, den materiellen Beschränkungen, den Handlungsmöglichkeiten, den kulturellen Rahmungen lassen sich, unter der Annahme einer streng rationalen Selektion des Handelns nach dem Prinzip der Nutzenmaximierung, die anschließenden »situationsgerechten« Handlungen der Akteure logisch ableiten.

»Es sind schließlich dann doch die objektiven, gesellschaftlichen strukturierenden Umstände, die sich in der subjektiven Logik des Handelns durchsetzen – und sei es auch nur deshalb, weil hierfür die Chancen eines Handlungserfolgs größer sind und weil die Akteure, die dies nicht sofort bemerken, aufgrund erlebter Misserfolge sich dann schließlich doch den objektiven Vorgaben der für sie geltenden Logik der Situation beugen müssen« (Esser, 1999, S. 217).

Demnach könnte man aus den analysierten Merkmalen der Institution Schule in der DDR, den Rollenerwartungen an LehrerInnen und SchülerInnen, den Lehrplänen für den Geographieunterricht, den Schulbüchern und den Unterrichtshilfen auf die Handlungen der LehrerInnen und SchülerInnen im Geographieunterricht schließen. Tatsächlich kann man hieran zwar das Ziel der Verantwortlichen ablesen, den Geographieunterricht in der DDR möglichst stark zu programmieren und landesweit zu vereinheitlichen, es lassen jedoch keine Schlüsse über die tatsächliche Umsetzung im Unterricht zu. Selbst Studien aus der DDR lassen an der Deckungsgleichheit zwischen Zielen und Unterrichtsrealität Zweifel aufkommen, da sie die aus damaliger Sicht teilweise nur unbefriedigende tatsächliche Umsetzung der staatlichen Vorgaben und Ziele im Unterricht darstellen (siehe 4.3.1).

Problematisch wird bei einer ausschließlichen Berücksichtigung der Makroperspektive und der damit einhergehenden Annahme der Determinierung des Geographieunterrichts in der DDR durch die gesellschaftlichen Anforderungen und Vorgaben zudem die Erklärung *unterschiedlicher* Handlungsmuster von GeographielehrerInnen und SchülerInnen, die ja aufgrund der ähnlichen strukturellen Handlungskontexte nach der Theorie der Situationslogik auch ähnlich handeln müssten. Auch erscheint die Vorstellung eines einheitlichen, den staatlichen Vorstellungen absolut entsprechenden Geographieunterrichts vor dem Hintergrund des Verständnisses von Unterricht als Interaktionssituation zwischen LehrerInnen und SchülerInnen, deren Reaktionen als Individuen nicht vollständig plan- und kontrollierbar sind, als wenig realistisch. Bezieht man zudem Theorien zu Interrollenkonflikten[1] mit ein, die annehmen, dass jede Person immer zugleich mehreren Rollen, die mit widersprüchlichen Anforderungen verbunden sind, verpflichtet ist, erscheint es unwahrscheinlich, dass die LehrerInnen und SchülerInnen der DDR im Geographieunterricht immer gleiches Rollenhandeln an den Tag legten. Als Überlagerung von Rollen bei LehrerInnen könnte man z. B. den Fall annehmen, dass sie zugleich GeographielehrerInnen, Eltern, Parteimitglieder, Ehemänner/Ehefrauen, FDJ-GruppenleiterInnen, Kirchenmitglieder etc. waren und die Ausfüllung all dieser Rollen nicht konfliktfrei zu bewältigen war. Würde man eine den Annahmen der Theorie der »Logik der Situation« widersprechende These aufstellen, könnte man sagen, dass aufgrund der den Individuen zur Verfügung stehenden Variationsmöglichkeiten ihrer sozialen Rollen, den unterschiedlichsten Erwartungen und Reaktionen der Interaktionspartner und den ständig auftretenden Rollenkonflikten, ein im gewissen Grad abweichendes Verhalten vom normativen Modell wahrscheinlich war.

Strukturtheoretische Ansätze und die dem normativen Paradigma verpflichteten Rollentheorien scheinen unter den Gesichtspunkten, dass nur gleichförmiges Handeln erklärt werden kann, Unterschiede zwischen Individuen ausgeblendet werden, Rollenkonflikten und der Interaktionssituation wenig Bedeutung beigemessen wird, damit nur teilweise geeignet zu sein, das Handeln von LehrerInnen und SchülerInnen im Geographieunterricht in der DDR zu analysieren.

Gesucht wird daher nach einer Theorie, die sowohl die strukturellen Bedingungen des Unterrichtshandelns einbezieht als auch individuell unterschiedliche Handlungen von LehrerInnen und SchülerInnen im Geographieunterricht der DDR erklären kann. Mit einem Mikro-Makro Modell könnten Antworten auf die Fragen gefunden werden, wie groß die Handlungsspielräume von LehrerInnen und SchülerInnen innerhalb der strukturellen Rahmenbedingungen tatsächlich waren und inwiefern sie genutzt wurden.

Eine Möglichkeit der Erweiterung der Theorie von der »Logik der Situation« besteht darin, nicht mehr davon auszugehen, dass die sozialen Akteure die objektiven Gegebenheiten auch als solche wahrnehmen, sie gemäß ihrer sozialen Rolle gleich bewerten und, um den eigenen Nutzen zu maximieren, rational,

---

1 Darstellung des Modells des Rollen-Sets u. a. bei Miebach (2006, S. 43 ff.).

damit »objektiv richtig« und immer »situationsgerecht« handeln. Neben den objektiven Rahmenbedingungen scheint es relevant zu sein, die subjektiven Alltagstheorien, das Wissen und die Werte der Akteure einzubeziehen, die die institutionellen Regeln, die staatlichen Anforderungen an GeographielehrerInnen und den symbolischen Bezugsrahmen unterschiedlich wahrnahmen und verschiedene Handlungsmöglichkeiten aus der individuellen Situationsanalyse ableiteten. Damit wird dann das soziale Handeln nicht als ein »Abspulen« vorgegebener Rollenmuster verstanden, sondern es wird angenommen, dass dem Einzelnen vielfältige Variationen der Rollengestaltung zur Verfügung stehen, die je nach Situationsdefinition und Interaktionspartner gewählt werden[2].

Zentral ist der Begriff der Handlung, der in Anlehnung an Esser (1999, S. 181) als ein auf Reflexion und Antizipation zukünftiger Situationen beruhendes und mit Intentionen versehenes Verhalten aufgefasst wird. Der Handelnde verbindet einen subjektiven Sinn mit seinem Tun, das auf individuellen Entscheidungen beruht. Modelle des individuellen Handelns müssen somit Annahmen über den Sinn einer Handlung aus der Sicht des Akteurs enthalten, um so Aussagen darüber treffen zu können, wann eine Handlung ausgeführt wird.

Eine Variante der Handlungstheorie ist die »Wert-Erwartungstheorie«, die vor dem Hintergrund der Annahme, dass den Individuen unterschiedliche Handlungsmöglichkeiten zur Verfügung stehen, erklärt, warum und wann welche Handlungsalternative gewählt wird (Esser, 1999). Es wird davon ausgegangen, dass die Menschen vor dem Hintergrund bestimmter Absichten und der von ihnen eingeschätzten Bedingungen so handeln, wie sie denken, dass sie diese Absichten am besten verwirklichen können. Das Grundprinzip dieser Theorie lautet:

»Versuche Dich vorzugsweise an solchen Handlungen, deren Folgen nicht nur wahrscheinlich, sondern Dir gleichzeitig auch etwas wert sind! Und meide ein Handeln, das schädlich bzw. aufwendig für Dich ist und/oder für Dein Wohlbefinden keine Wirkung hat« (Esser, 1999, S. 248).

Ausgehend von der *subjektiven Wahrnehmung* der Situation durch die Akteure werden von ihnen *Handlungsalternativen* bestimmt, die möglichen *Folgen* werden bewertet und schließlich wählen sie die Alternative, die den größten persönlichen *Nutzen* verspricht. Unter »Nutzen« wird alles verstanden, was zum persönlichen Glück beträgt (Esser, 1999). Zentral sind das physische Wohlbefinden und die soziale Anerkennung. Der Kreativität der Akteure trägt die »Wert-Erwartungstheorie« durch die angenommene individuelle Situationsdefinition, durch die Wahrnehmung von unterschiedlichen Wegen, die eigenen

---

2 Siehe Darstellung der interaktionistischen Rollentheorie bei Miebach (2006, S. 101 ff.)

Ziele zu verwirklichen, und durch die konkrete Handlungsausgestaltung Rechnung.

Handeln wird in der »Wert-Erwartungstheorie« in einem zweifachen Selektionsprozess möglich. Zunächst filtern die Akteure aufgrund ihrer Situationswahrnehmung und der ihnen bekannten Handlungsalternativen die relevanten und sie interessierenden Alternativen aus dem »Möglichkeitsraum« heraus. Diese »Logik der Situation« verknüpft die objektiven Bedingungen der sozialen Situation (Makro-Ebene) mit den Erwartungen und Bewertungen der Akteure (Mikro-Ebene). In einem zweiten Schritt, der »Logik der Selektion«, wird aus der so begrenzten Anzahl an Alternativen, diejenige ausgewählt, mit der sich am besten die individuellen Ziele verwirklichen lassen (Esser, 2000).

Eine grundsätzliche theoretische Kontroverse ergibt sich aus der Frage, inwiefern Menschen tatsächlich zur rationalen Entscheidung fähig sind. Dies wird von Systemtheoretikern wie Niklas Luhmann in Frage gestellt, die die Motive und rationalen Entscheidungen zu ihrer Verwirklichung nicht als Ursache von Handlungen sehen, sondern vorrangig als nachträgliche Rationalisierungen des bereits ausgeführten Tuns.

»Aus der konstruktivistischen Systemperspektive sind Motive keine Merkmale der psychischen Systeme, sondern »Formen der Kommunikation, explizite oder implizite Zuweisung von Gründen für bestimmte Handlungen« in sozialen Systemen« (Miebach, 2006, S. 320).

Bei Luhmann lässt sich, da er von der Annahme der autopoietischen Selbsterzeugung und Selbstreproduktion sozialer Systeme ausgeht, kein Modell finden, das den Einfluss individuellen Handelns auf die Dynamik sozialer Systeme berücksichtigt (Greve, 2006).

Dagegen sehen Handlungstheoretiker die Menschen als bewusst handelnde Subjekte, welche reflexiv ihre gemeinsame Interaktion steuern und damit einen eigenständigen Beitrag in der Erzeugung und Reproduktion sozialer Systeme leisten können. Unter Reflexivität wird die Fähigkeit der Menschen verstanden, aufgrund ihrer Erfahrungen und ihres Wissens, die ihnen zur Verfügung stehenden Informationen, die Handlungsanforderungen und -einschränkungen zu prüfen, zu evaluieren und ihre Handlungsfolgen abzuschätzen. Damit wird es den Menschen, die in modernen Gesellschaften über einen großen Wissensvorrat verfügen, möglich, Konventionen zu hinterfragen und »freie« Entscheidungen« zu treffen (Miebach, 2006). Auch in der »rational-choice Theorie« wird den Menschen die Fähigkeit zu zielgerichtetem Handeln zugeschrieben (Esser, 1999).

Giddens sieht eine Übereinstimmung zwischen den Gründen, die zu einer Handlung geführt haben, und der nachträglichen »Handlungsrationalisierung«:

»Unter Rationalisierung des Handelns verstehe ich, dass Akteure – ebenfalls routinemäßig und meistens ohne viel Aufhebens davon zu machen – ein »theoretisches Verständnis« für die Gründe ihres Handelns entwickeln« (Giddens, 1997, S. 55/56 zit. nach Miebach, 2006, S. 376).

Letztlich scheint es keine Möglichkeit zu geben, die These vom rational handelnden Menschen zu widerlegen, da allem Verhalten, auch dem irrationalen, routinierten und emotionalen, vom Beobachter zweiter Ordnung rationale Gründe als Ursachen für die Wahl zugesprochen werden können und die Akteure selbst sich ebenfalls als »Handelnde« beschreiben, die rational ihre Ziele verfolgen und ihren Lebensweg beeinflussen, womit auch die Widerlegung der These aufgrund von empirischen Daten unmöglich wird.

Da sich Soziologen in der Regel für die Erklärung gesellschaftlicher Sachverhalte auf der Makroebene interessieren, wird von Esser (1999) als dritter Schritt die »Logik der Aggregation« eingeführt, in dem ausgehend von den erklärten Handlungen auf der Mikroebene die gesellschaftlichen Folgen auf der Makroebene erklärt werden. Damit vertritt er den Standpunkt des methodologischen Individualismus, der kollektive Phänomene auf individuelles Verhalten zurückführt. Für diese Arbeit, in der das Erkenntnisinteresse auf der Mikroebene anzusiedeln ist, scheinen lediglich die Schritte eins und zwei der handlungstheoretischen Analyse relevant zu sein. Dagegen stehen die eventuellen strukturellen und gesellschaftlichen Folgen des Geographieunterrichts in der DDR, die sich anhand der »Logik der Aggregation« analysieren ließen, nicht im Zentrum des Interesses.

Überträgt man die ersten beiden Analyseschritte auf die Entscheidungshandlungen von LehrerInnen und SchülerInnen im Geographieunterricht der DDR, muss man zunächst nach den typischen Situationsdefinitionen und den daraus abgeleiteten Handlungsalternativen fragen. Die Analyse der subjektiven Situationsdefinitionen der LehrerInnen betrifft zunächst die Unterrichtsplanung, bei der untersucht werden soll, welche Möglichkeiten der didaktischen Schwerpunktsetzung durch die Pädagogen in Bezug auf die fachlichen Inhalte, die marxistisch-leninistischen Erziehungsziele, den Einsatz von Unterrichtsmedien und Unterrichtsmethoden gesehen wurden. In Bezug auf die Unterrichtssituation stellt sich die Frage, inwiefern die GeographielehrerInnen Spielräume sahen, auf die Fragen, Probleme, Anregungen und Interessen ihrer Lerngruppe einzugehen, die womöglich im Widerspruch zu den staatlichen Vermittlungszielen standen.

Betrachtet man die SchülerInnen ist es interessant, ob sie Möglichkeiten wahrnahmen, nicht entsprechend der Erwartungen an ihre ideale Rolle (siehe 2.4) als angepasste, interessierte und bezüglich der politisch-ideologischen Ausrichtung des Geographieunterrichts unkritische BefürworterInnen des Sozialismus zu handeln. Inwiefern nahmen sie z. B. Möglichkeiten wahr, sich dem Unterrichtsgeschehen zu entziehen, sich zu distanzieren, den Unterrichtsstoff kritisch zu bewerten oder sich entsprechend ihrer Interessen, Probleme und Fragen in den Unterricht einzubringen?

Ob die von LehrerInnen und SchülerInnen gesehenen Handlungsmöglichkeiten tatsächlich umgesetzt wurden, hängt nach der »Wert-Erwartungstheorie« von Esser (1999) entscheidend von der »Logik der Selektion« ab. Dies bedeutet, dass aus den von den Akteuren gesehenen Handlungsalternativen diejenige für die tatsächliche Realisation ausgewählt wird, bei der die Handlungsfolgen positiv im Vergleich zu den anderen Alternativen bewertet werden. Esser (1999) geht von Akteuren aus, die sich rational zur Maximierung ihres erwarteten Nutzens entscheiden. Die Rationalität der Handlung bezieht sich hierbei nicht auf die Richtigkeit und Effizienz des Tuns, sondern auf die subjektive Erwartung der Akteure »richtig« zu handeln, auch wenn dies von außen völlig aussichtslos und subjektiv erscheinen mag.

Bezogen auf die GeographielehrerInnen der DDR stellt sich die Frage, wie sie die eventuell gesehenen Möglichkeiten zur individuellen Schwerpunktsetzung in der Unterrichtsplanung unter Realisierungsgesichtspunkten bewerteten. Zur Erklärung der Wahl bestimmter Handlungsalternativen durch die LehrerInnen ist vermutlich entscheidend, welche negativen Sanktionen beim Abweichen von den Lehrplanvorgaben und von den idealtypischen Rollenerwartungen an LehrerInnen erwartet wurden und wie sie diese bewerteten bzw. welche internen und externen Sanktionen die LehrerInnen mit den vermuteten Handlungsfolgen verknüpften.

Ähnliche Fragen stellen sich in Bezug auf die SchülerInnen. Wie bewerteten sie mögliche Folgen ihres Handelns als SchülerInnen im Geographieunterricht unter Einbeziehung der erwarteten Sanktionen?

Laut Esser (1999) ist es nun angebracht, »Brückenhypothesen« zwischen der »Logik der Situation« und der »Logik der Selektion« zu formulieren. Die Theorie gibt in diesem Zusammenhang keine Anhaltspunkte für eine systematische Verknüpfung zwischen Situation und Handlungswahl. Für die LehrerInnen können aus der unterschiedlichen Verknüpfung der »Logik der Situation« und der »Logik der Selektion« unterschiedliche Handlungsmuster im Unterricht angenommen werden:

Hypothese 1/LehrerIn 1: Wenn *keine* Möglichkeiten für individuelle Schwerpunktsetzungen im Unterricht von den Lehrkräften gesehen wurden, haben sie sich in der Unterrichtsplanung konsequent an die Unterrichtshilfen, die Geographieschulbücher und die Lehrpläne gehalten, da sie so sicher sein konnten, die staatlichen Vorgaben genau umzusetzen.

Hypothese 2/LehrerIn 2: Wenn die GeographielehrerInnen Möglichkeiten der inhaltlichen, methodischen und erzieherischen Schwerpunktsetzungen innerhalb der staatlichen Lehrplanvorgaben gesehen haben, werden sie diese genutzt haben, falls sie damit u. a. konform zu ihrem Fachverständnis, ihren persönlichen und pädagogi-schen Interessen, ihren fachlichen Kenntnissen und ihrem Bild von ihren SchülerInnen handeln konnten.

Hypothese 3/LehrerIn 3: Wenn GeographielehrerInnen neben den Möglichkeiten der genauen Umsetzung der Lehrplanvorgaben, der Schwerpunktsetzungen innerhalb derselben auch noch die Handlungsalternative gesehen haben, ihren Unterricht so zu gestalten, dass er im Widerspruch zu den Zielen, Inhalten, Medien und Methoden des Lehrplans stand, werden sie sich *für* die letzte Alternative entschieden haben, wenn der persönliche Nutzen dieser Entscheidung u. a. im Sinne der Verwirklichung persönlicher, politischer, fachlicher und pädagogischer Überzeugungen *höher* eingeschätzt wurde als der Schaden durch erwartete negative externe Sanktionen. Die Einnahme einer distanzierten Position zur eigenen sozialen Rolle als GeographielehrerIn könnte u. a. darin liegen, dass diese im Konflikt mit anderen Rollen stand, die die Person auch ausfüllen sollte und von ihr als wichtiger angesehen wurden.

Hypothese 4/LehrerIn 4: Wenn GeographielehrerInnen neben den Möglichkeiten der genauen Umsetzung der Lehrplanvorgaben, der Schwerpunktsetzungen innerhalb derselben auch noch die Handlungsalternative gesehen haben, ihren Unterricht so zu gestalten, dass er im Widerspruch zu den Zielen, Inhalten, Medien und Methoden des Lehrplans stand, werden sie sich *gegen* die letzte Alternative entschieden haben, wenn der persönliche Nutzen dieser Entscheidung u. a. im Sinne der Verwirklichung persönlicher, politischer, fachlicher und pädagogischer Überzeugungen *niedriger* eingeschätzt wurde als der Schaden durch negative externe Sanktionen.

Es ist anzunehmen, dass die Beschreibungen ihres Arbeitsalltags in der DDR durch die GeographielehrerInnen 1 und 2 relativ konfliktfrei ausfallen werden, da LehrerIn 1 keine Handlungsalternativen zu den staatlichen Vorgaben sah und damit auch keine Entscheidungskonflikte erlebt haben kann und LehrerIn 2 ihre/seine persönlichen, fachlichen, pädagogischen und erzieherischen Ansprüche an ihren/seinen Beruf innerhalb der Lehrplanvorgaben verwirklichen konnte und somit weder externe noch interne negative Sanktionen fürchten musste. Dagegen ist zu vermuten, dass die Beschreibungen der LehrerInnen 3 und 4 konfliktreicher ausfallen werden, da sie sich bei der Entscheidung für die nicht mit den staatlichen Vorgaben konforme Handlungsalternative vermutlich externen negativen Sanktionen wie z. B. Versetzungen aussetzten (LehrerIn 3) und bei der Entscheidung gegen diese Handlungsalternative (LehrerIn 4) negativen, internen Sanktionen wie z. B. dem Gefühl, sich nicht selbst treu gewesen zu sein.

Innerhalb des »rational-choice Ansatzes« wird davon ausgegangen, dass institutioneller Wandel dann eintritt, wenn die zentralen Akteure von einem Wechsel der institutionellen Regeln einen Vorteil erwarteten (Miebach, 2006). Für die LehrerInnen 3 ist daher besonders zu untersuchen, in welchen Bereichen von ihnen innovative Impulse ausgingen und wie die Institution darauf reagierte.

Entsprechend der Kombinationsmöglichkeiten von der »Logik der Situation« mit der »Logik der Selektion« werden sich auch drei verschiedene Handlungsmuster der SchülerInnen identifizieren lassen:

Hypothese 5/ SchülerIn 1: SchülerInnen, die keine Möglichkeiten des Handelns außerhalb der Erwartungen ihrer LehrerInnen sahen, werden versucht haben, diese im Rahmen ihrer Fähigkeiten und Fertigkeiten zu realisieren.

Hypothese 6/ SchülerIn 2: SchülerInnen, die Handlungsmöglichkeiten im Geographieunterricht im Sinne der Artikulation eigener Interessen oder politischer Überzeugungen, die nicht den Erwartungen der LehrerInnen entsprachen, oder Möglichkeiten des heimlichen oder des offenen Entzugs aus dem Unterrichtsgeschehen sahen, werden sich *nicht* für diese entschieden haben, wenn der Nutzen dieser Handlungen wie z. B. die Anerkennung im Freundeskreis oder im Elternhaus *niedriger* eingeschätzt wurden als die erwarteten negativen Handlungsfolgen wie z. B. Bestrafungen, schlechte Noten oder Nichtversetzung.

Hypothese 7/ SchülerIn 3: SchülerInnen, die Handlungsmöglichkeiten im Geographieunterricht im Sinne der Artikulation eigener Interessen oder politischer Überzeugungen, die nicht den Erwartungen der LehrerInnen entsprachen, oder Möglichkeiten des heimlichen oder offenen Entzugs aus dem Unterrichtsgeschehen sahen, werden sich *für* diese entschieden haben, wenn der Nutzen dieser Handlungen wie z. B. die Anerkennung im Freundeskreis oder im Elternhaus *höher* eingeschätzt wurden als die erwarteten negativen Handlungsfolgen wie z. B. Bestrafungen, schlechte Noten oder Nichtversetzung.

Bei der Aufstellung dieser noch recht allgemeinen Hypothesen auf der Grundlage der »Wert-Erwartungstheorie« wird deutlich, dass die genauen Bedeutungen der zentralen Kategorien: »individuelle Situationswahrnehmung«, »Handlungsalternativen«, »Handlungsfolgen« und »persönlicher Nutzen« nur in Ansätzen theoretisch definiert sind. Im Folgenden sollen einige zentrale Definiti-

onsprobleme angesprochen werden sowie Überlegungen zur möglichen Bedeutung der Kategorien bei der Analyse der ideologischen Erziehung im Geographieunterricht angestellt werden.

Individuelle Situationswahrnehmung

Die »Wert-Erwartungstheorie« macht keine Angaben darüber, wie individuell
die »individuellen Situationswahrnehmungen« einzuschätzen sind. Teilweise
wird im Sinne der »Logik der Situation« von einer weitgehenden Deckungsgleichheit zwischen objektiven Gegebenheiten und individuellen Wahrnehmungen ausgegangen, da wer die objektiven Bedingungen missachtet mit zu
negativen Folgen seiner Handlungen rechnen müsse (s.o.). Dagegen wird an
anderer Stelle die Bedeutung der Analyse unterschiedlicher Wahrnehmungen
für die Erklärung individueller Handlungen betont (Esser, 1999). Generell wäre
es möglich anzunehmen, dass je stärker die sozialen Normen durch externe
Sanktionen abgesichert sind, desto seltener sind Übertretungen dieser Normen
zu erwarten, da die individuellen Kosten dieses Schritts besonders hoch sind.

Da es kaum möglich ist, alle »objektiven Bedingungen« einer Situation in
eigene Entscheidungen einzubeziehen, wurden vermutlich nur einige wenige
Faktoren von den GeographielehrerInnen und ihren SchülerInnen evaluiert.
Dies sind vermutlich diejenigen Bedingungen, deren Missachtung die größten
negativen Folgen aus der Sicht der Akteure nach sich gezogen hätten.

Damit stellt sich in unserem Zusammenhang die Frage, welche »objektiven«
Bedingungen die LehrerInnen in ihre typischen Situationsdefinitionen einbezogen haben. Auf der Grundlage der bisherigen Analyse wird angenommen,
dass die Situationsdefinitionen der LehrerInnen von der Schulform, an der sie
unterrichteten, den obligatorischen Geographielehrplänen, dem Schulbuch als
wichtigstem verfügbarem Unterrichtsmedium, den SchülerInnen in ihrer Individualität sowie den mit Sanktionen abgesicherten Erwartungen an die Erfüllung der gesellschaftlichen Rollenerwartungen, beeinflusst waren.

Für die SchülerInnen wird angenommen, dass die Situationsdefinitionen vor
allem durch ihre Wahrnehmung der Lehrkräfte und des Unterrichtsstoffes beeinflusst war.

Durch die Analyse der empirischen Daten muss herausgefunden werden, ob
es Variationen in den »typischen Situationsdefinitionen« von LehrerInnen und
SchülerInnen gegeben hat und wie diese zu erklären sind.

Ebenso wichtig ist es herauszufinden, welche Situationen von den Befragten
als »untypisch« beschrieben werden und wie sie auf diese reagierten.

Feste Präferenzordnungen bei der Wahl einer Handlungsalternative?

In der »Wert-Erwartungstheorie« (Esser, 1999) wird davon ausgegangen, dass die Akteure eine immer gleiche und auf alle Situationen anwendbare »Präferenzordnung« haben, nach der sie die von ihnen gesehenen Handlungsalternativen beurteilen. Theoretisch wird nicht beantwortet, wie die Akteure alle Teilwerte von Zuständen in Einklang bringen und zu einer übergreifenden Präferenzordnung verschmelzen. Mit »Präferenzordnung« ist die Ordnung von Vorlieben gemeint, die sich bei den LehrerInnen auf das Unterrichtsthema, die Methoden, die Medien und die Lernziele beziehen können. Da Entscheidungen in allen diesen Bereichen in jeder Unterrichtsplanung so getroffen werden müssen, dass sie im Sinne von gutem Unterricht harmonieren und sowohl die Lerngruppe als auch die Lehrplanvorgaben berücksichtigen, sind auch in allen Bereichen Kompromisse zu finden und Abstriche von den ursprünglichen Vorlieben der LehrerInnen zu machen. Damit kann die generelle Präferenzordnung der LehrerInnen bei der Stundenplanung, im Gegensatz zu der theoretischen Annahme, nicht zu immer gleichen Entscheidungen geführt haben.

Grundsätzlich muss bei der Analyse der empirischen Daten untersucht werden, wie die »individuelle Präferenzordnungen« der Befragten ausgesehen haben und inwiefern diese mit den Vorgaben der Lehrpläne harmonierten. Besonders interessant ist es in diesem Zusammenhang zu untersuchen, welche Bedeutung die Befragten der ideologischen Erziehung zuwiesen und wie dies ihre »Präferenzordnung« beeinflusste. Aufgrund der bisherigen empirischen Ergebnisse zu diesem Bereich wird angenommen, dass die Vermittlung der ideologischen Erziehungsziele keine große Bedeutung für die LehrerInnen hatte (siehe 4.3.1). Offen bleibt die Frage, ob durch die empirische Erhebung Typen von LehrerInnen identifiziert werden können, welche diesem Bereich unterschiedlich große Bedeutung zuwiesen und wie dies zu erklären ist.

Konstante Handlungsmuster oder situationsgerechtes Handeln im Unterricht?

Während die Vorstellung des rationalen Abwägens unterschiedlicher Handlungsmöglichkeiten bei der Unterrichtsplanung noch relativ einleuchtend ist, stellt sich die Frage, ob die »Wert-Erwartungstheorie« auch zur Analyse von Unterricht geeignet ist, der aus Interaktionen zwischen LehrerInnen und SchülerInnen besteht, in denen die Akteure so schnell reagieren müssen, dass das langsame Abwägen unterschiedlicher Handlungsalternativen als wenig realistisch einzuschätzen ist. Zudem lassen sich die Reaktionen des Gegenübers als Folgen des eigenen Handelns nur bedingt abschätzen. Nach Esser (1999, S. 194) findet in Interaktionssituationen eine gegenseitige Anpassung der Be-

teiligten an die jeweiligen Situationsdefinitionen und vermuteten Handlungsmodelle der Gegenüber durch Beobachtung und Kommunikation statt:

»Indem sich die Akteure bei ihrem Tun gegenseitig beobachten, vergewissern sie
sich fortwährend, ob ihre Orientierungen an einem bestimmten Code der Situation
und die Ausführung eines bestimmten Programms des Handelns auch »richtig«
sind.«

Die Formulierungen »*Programm des Handelns*« und »*Code der Situation*« weisen schon darauf hin, dass zum Verständnis von Interaktionssituationen im
Unterricht vermutlich eher die Fragen nach typischen Situationsdefinitionen,
typischen gelernten Handlungsmustern und typischen Rollenverhalten entscheidend sind als die Analyse von rationalen Wahlen individueller Handlungsalternativen auf der Basis aufwendiger Nutzen-Kosten Abwägungen. Esser
(1999) versucht diesem Einwand durch die Konzeption von »*frames*« zu begegnen, die als Deutungsmuster in typischen Situationen aktiviert werden und
für die die Akteure wissen, welche Handlungsmöglichkeiten typischerweise
existieren. »*Der Vorgang der Orientierung und die Selektion einer bestimmten
subjektiven Definition der Situation wird auch als Framing bezeichnet*« (Esser,
1999, S. 165). Diese gedanklichen Modelle werden zur Orientierung in typischen
Situationen herangezogen, um Zeit und Aufwand zu sparen. Es wird davon
ausgegangen, dass auch die Auswahl der zur Deutung der Situation herange-
zogenen Modelle der Wirklichkeit rational erfolgt. Für dieses Set haben sie dann
eine fertig durchkalkulierte Handlungsoption im Kopf (das Skript), auf dessen
Basis sie dann handeln. Esser (1999) spricht in diesem Zusammenhang von einer
rationalen Wahl des Selektionsmodus »*automatische Ausführung ohne Bedenken*« oder »*rationale Reflexion der Folgen*«. Da bei hoher Passung zwischen
Modell und Realität die Handlungsalternativen gar nicht mehr betrachtet werden, weicht Esser (1999) hier von der Maximierungsregel der rationalen Wahl
ab.

Es stellt sich die Frage, in welchen Fällen die LehrerInnen und SchülerInnen
im Geographieunterricht der DDR routiniert auf bereits erprobte Situationsdefinitionen und Handlungsmuster zurückgegriffen haben und in welchen
Fällen sie für sich neue Entscheidungen treffen mussten. Es wird angenommen,
dass sich die LehrerInnen in ihrem professionellen Handeln an den didaktisch-
methodischen Vorschlägen orientierten, die sie während ihrer Ausbildung
kennen lernten und welche in weiten Teilen mit den Konzeptionen der Unterrichtshilfen übereinstimmten. Diese typischen Handlungsmuster orientierten
sich an den typischen Unterrichtsphasen (siehe Kap. 3.4), dem typischen Medieneinsatz und den typischen Sozial- und Aktionsformen von LehrerInnen und
SchülerInnen. Die SchülerInnen werden sich für routiniertes Handeln ent-

sprechend der Leistungsanforderungen in typischen Situationen (mündliche, schriftliche Kontrolle oder »normaler« Unterricht) und in Abhängigkeit von der Sozial- und Aktionsform entschieden haben.

In »untypischen«, neuen Situationen, in denen eine neue Handlungsausrichtung notwendig war, sowie in Situationen, in denen Fehlhandeln große persönliche Konsequenzen gehabt hätte, fand dagegen vermutlich ein längerer Entscheidungsprozess im Sinne der »rationalen Wahlen« statt. Bei den LehrerInnen waren dies wahrscheinlich Hospitationen durch Vorgesetzte.

Persönlicher Wert der Handlungsalternativen

Die »Wert-Erwartungstheorie« besagt, dass bei der Wahl einer Handlungsalternative der ihr zugeordnete Nutzen im Vergleich zu dem anderer Handlungsalternativen individuell am höchsten eingeschätzt wird. Der Nutzen ist allgemein als persönliches Glück definiert, was offen lässt, worin er genau besteht (Esser, 1999). Es ist anzunehmen, dass der subjektive Sinn, der mit einer Handlung verbunden wird, sowohl individuelle Anteile enthält als auch von den gesellschaftlichen und kulturellen Rahmenbedingungen abhängt. In Handlungsmodellen, die auf der Annahme rationaler Wahlen beruhen, wird die gesellschaftliche und kulturelle Prägung der individuellen Vorstellungen von »Sinn« und »Nutzen« nicht systematisch in die Analyse einbezogen (Prosch und Abraham, 2006).

Für die GeographielehrerInnen der DDR könnte »individueller Nutzen« in Bezug auf die Umsetzung der ideologischen Erziehung ganz unterschiedliche Bedeutungen gehabt haben:

- Der Nutzen der Wahl einer Handlungsalternative bei der Unterrichtsplanung und im Geographieunterricht könnte z. B. die dadurch möglich gewordene Realisierung politischer, pädagogischer und persönlicher Überzeugungen gewesen sein, was sicherlich die Bildung eines kohärenten Selbstbildes der LehrerInnen unterstützt hätte.
- Die Unterrichtsschwerpunkte könnten aber auch aufgrund der fachlichen und methodischen Kenntnisse der LehrerInnen gewählt worden sein, die in einem Bereich stärker als in einem anderen ausgeprägt waren. Der persönliche Nutzen der Entscheidung, dort Schwerpunkte zu setzen, wo das größte Wissen besteht, könnte dann in der wenig aufwändigen Unterrichtsvorbereitung gelegen haben, da sich die LehrerInnen ja kein neues Wissen aneignen mussten.
- Der persönliche Nutzen konnte ebenso gut in der zeitlichen Dimension gesehen worden sein. Wurde z. B. auf bisherige Unterrichtsplanungen, die Unterrichtshilfen, bekannte Unterrichtsmethoden und verfügbare Materialien

zurückgegriffen, war die Unterrichtsvorbereitung vermutlich weniger zeitintensiv als bei der Erstellung neuer Konzepte und Materialien. Dies hätte dann Automatisch zu einer lehrplangetreuen Umsetzung der ideologischen Erziehung geführt.
– Eine weitere Möglichkeit ist, dass der persönliche Nutzen in der Anerkennung im beruflichen und familiären Umfeld gesehen wurde, was vermutlich bei der optimalen Erfüllung der gesellschaftlichen Rollenerwartungen der Fall gewesen ist.

Es kann nur empirisch geklärt werden, was »individueller Nutzen« für die LehrerInnen und SchülerInnen bei der Realisierung oder Ignorierung der ideologischen Erziehungsziele der Geographielehrpläne bedeutet hat und wie sie individuelle Ziel- und Nutzenskonflikte lösten.

Aktueller Nutzen oder persönliches Glück in der Zukunft?

Keine generelle Antwort gibt die »Wert-Erwartungstheorie« auch darauf, ob mit dem für die Akteure angeblich zentralen Handlungsmotiv der Nutzenmaximierung gemeint ist, dass sie den Nutzen in der Handlungssituation steigern wollen oder dass die Handlungen durch in der Zukunft liegende Ziele motiviert werden. Für die Analyse des Geographieunterrichts in der DDR ist diese Frage insofern entscheidend, da Schwerpunkte, die den LehrerInnen bei der Unterrichtsplanung plausibel und wichtig erschienen, sich womöglich in der Unterrichtssituation als weniger relevant bzw. nicht realisierbar herausstellten. Es ist möglich, dass so Konflikte zwischen situativen Zielen im Unterricht und den zukunftsbezogenen entstanden und es stellt sich die Frage, welche Handlungsmuster die LehrerInnen in solchen Situationen wählten.

Handlungsfolgen

Nach der »Wert-Erwartungstheorie« (Esser, 1999) bestimmen die Akteure den Wert einer Handlungsalternative nicht nur durch den erhofften Nutzen ihrer Realisierung, sondern auch durch den möglichen persönlichen Schaden. Dabei gibt die Theorie keine Hinweise, in welchem Verhältnis der erhoffte Nutzen zu den erwarteten negativen Folgen steht. Wie kommt demnach eine »rationale Wahl« tatsächlich zustande? Offen ist auch, wie die Akteure die ständig zu erwartenden unbeabsichtigten Handlungsfolgen in ihre »rationalen Wahlen« einbeziehen. Da anzunehmen ist, dass aus ökonomischen Gründen nur sehr wenige Handlungsfolgen abgeschätzt werden und es sich bei diesen um die für die Akteure wichtigsten und folgenreichsten handelt, stellt sich für die GeographielehrerInnen die Frage, welche negativen Sanktionen in die Entscheidungsfindung einbezogen wurden und in welchem Verhältnis interne zu externen negativen Sanktionen standen.

Insgesamt kann die »Wert-Erwartungstheorie« als leistungsfähiges Modell zur Beschreibung und Erklärung von Handlungen angesehen werden. Durch die Möglichkeit der dialektischen Einbeziehung von strukturellen Kontextbedingungen des Geographieunterrichts in der DDR als auch der individuellen Situationswahrnehmung, kreativen Ableitung von Handlungsalternativen, rationalen Entscheidung und individuellen Handlungsausgestaltung durch die zentralen Akteure, wird die Identifikation unterschiedlicher Handlungsmuster in objektiv ähnlichen Kontexten möglich, was bei der Anwendung von Theorien auf der Makroebene wie u. a. die Systemtheorie sowie von Theorien, die ausschließlich auf der Mirkoebene erklären, nicht möglich ist.

Erst die Analyse des empirischen Materials wird jedoch darüber Aufschluss geben, was die zentralen Kategorien »Situationswahrnehmung«, »Handlungsalternativen« »Nutzen«, »Handlungsfolgen« in unserem spezifischen Untersuchungskontext bedeuten und wie ein »rationaler Entscheidungsprozess« tatsächlich ausgesehen hat.

4.2   Methodisches Vorgehen

4.2.1 Datenerhebung

Um die Unterrichtsrealität besser nachvollziehen zu können, als es durch die Analyse der Lehrpläne, der Geographieschulbücher und der Unterrichtshilfen möglich gewesen ist, werden die Hauptakteure des Unterrichts, die LehrerInnen und die SchülerInnen, befragt. Es werden qualitative Interviews durchgeführt, da sich mit ihrer Hilfe die Situationsdeutungen der Akteure, ihre Wahrnehmungen von Handlungsalternativen und ihre Handlungsentscheidungen (siehe 4.1) besonders gut verstehen und erklären lassen. Vorteile der qualitativen Erhebung liegen zudem darin, »dichte Beschreibungen« der Lebenswelt der Untersuchten zu liefern, die »*Sichtweisen der beteiligten Subjekte*« einzufangen und die »*subjektiven und sozialen Konstruktionen ihrer Welt zu berücksichtigen*« (Flick u. a., 2000, S. 17). Damit ist es möglich, Aussagen über typische Wahrnehmungs- und Handlungsmuster von LehrerInnen und SchülerInnen im Geographieunterricht der DDR zu treffen, deren quantitative Verteilung jedoch nicht eingeschätzt werden kann, da keine repräsentative Stichprobe vorliegt, die statistisch ausgewertet wird. Damit kann z. B. die Frage: Wie viel Prozent der

GeographielehrerInnen haben in der DDR vollständig ideologiekonform unterrichtet? nicht beantwortet werden.

Es wurde sich für teilstandardisierte Interviews anhand eines Leitfadens entschieden (siehe 11.1 und 11.2), da auf diese Weise erreicht werden konnte, dass bestimmte, für die Untersuchung relevante Fragestellungen, wie die nach der Wahrnehmung und Bewertung des ideologischen Unterrichtsgehalts oder nach dem Umgang mit den Anforderungen der politischen Wendezeit, in jedem Interview angesprochen werden konnten, wodurch die Interviews vergleichbar wurden. Neben einigen vorformulierten Fragen, welche in die Interviewgespräche in unterschiedlichen Zusammenhängen und in verschiedener Reihenfolge integriert wurden, bestand für die Interviewer die Möglichkeit, ihnen bisher unbekannte Zusammenhänge eingehend zu erfragen, und auch die Interviewten konnten individuelle Schwerpunkte in ihren Darstellungen setzen.

In jedem Interview wurde versucht, die individuelle Bedeutung der ideologischen Erziehung, wie sie von den Lehrplänen definiert wurde, im Kontext des Geographieunterrichts, mit seinen Inhalten, typischen Aktions- und Sozialformen, den eingesetzten Unterrichtsmedien und -methoden, zu erfassen. Insgesamt wurden auf diese Weise 43 qualitative Interviews mit einer Länge zwischen einer und drei Stunden geführt.

4.2.1.1 Sampling und Charakterisierung der Befragten

LehrerInnen
Insgesamt wurden 21 LehrerInnen befragt. Diese Anzahl wurde nicht im Vorfeld festgelegt, sondern die Datenerhebung wurde beendet, als erkennbar war, dass zusätzliche Interviews keine für die Forschungsfragen neuen Antworten ergeben würden. In der Grounded Theory spricht man hierbei von einer »theoretischen Sättigung« (Böhm, 2000, S. 484).

Bei der Auswahl der Befragten wurden ihr Geschlecht, ihre Fächerkombination, ihre Mitgliedschaft in der SED und ihr Alter berücksichtigt. Durch die bewusste Auswahl der Probanden nach diesen Merkmalen sollte erreicht werden, dass die Stichprobe den untersuchten Fall inhaltlich in all seinen Facetten repräsentiert. Es wurde damit, wie in qualitativen Befragungen üblich, eine möglichst große theoretische Generalisierbarkeit der Ergebnisse angestrebt, die von der numerischen Generalisierbarkeit, dem Ziel quantitativer Untersuchungen, zu unterscheiden ist (Flick, 2000, S. 260). Demnach wurden die Probanden so gewählt, dass unterschiedliche Wahrnehmungs- und Handlungsmuster in Bezug auf die Umsetzung der ideologischen Erziehung im Geographieunterricht erkennbar waren. Im Folgenden wird die Systematik der Stichprobenziehung dargestellt und begründet.

Geschlecht:

Es wurde zunächst auf ein ausgewogenes Geschlechterverhältnis geachtet, was die Beobachtung von eventuell geschlechterspezifischen Handlungsweisen erlaubt. Hier wurde an die Arbeit von Händle (1998) angeknüpft, die durch Interviews mit LehrerInnen, die in der DDR unterrichteten, Belege für die Hypothese sammelte, dass geschlechterspezifische Sozialisation einen Einfluss auf ihr professionelles Handeln hatte.

Unter den Interviewten waren 10 Männer und 11 Frauen.

Fächerkombination:

An den Hochschulen der DDR waren jeweils nur bestimmte, vorgegebene Fächerkombinationen studierbar. Mögliche zweite Fächer für GeographielehrerInnen waren Sport, Mathematik, Russisch, Biologie und Geschichte. Entsprechend der unterschiedlichen Hochschulen, an denen die Befragten studierten, unterrichteten sie folglich auch unterschiedliche Fächer (siehe Abbildung 30).

Es lässt sich die Hypothese aufstellen, dass LehrerInnen, die zweite Unterrichtsfächer gewählt hatten, in denen die marxistisch-leninistische Ideologie eine wichtige Rolle spielte, wie in Russisch oder Geschichte, auf die Vermittlung der ideologischen Erziehungsziele der Geographielehrpläne größeres Gewicht legten als LehrerInnen, deren zweites Unterrichtsfach nur geringe ideologische Anteile enthielt wie Sport, Mathematik oder Biologie. Um einen möglichen Einfluss der Unterrichtsfächer auf das Lehrerhandeln untersuchen zu können, wurden Lehrende unterschiedlicher Fächer befragt.

Die Interviewten haben Hochschulen in Berlin, Dresden, Greifswald, Halle oder Potsdam besucht (siehe Abbildung 31).

Mitgliedschaft in der SED:

Des Weiteren war bei der Auswahl der Probanden ihre Mitgliedschaft in der SED relevant, da die Vermutung bestand, dass Personen, die SED-Mitglieder gewesen sind, der ideologischen Erziehung im Geographieunterricht größere Bedeutung beigemessen haben als Personen, die keine Mitglieder waren. Fünf der Befragten gaben an, SED-Mitglied gewesen zu sein, 6 Personen machten keine Angaben und 10 LehrerInnen sagten, dass sie keine Parteimitglieder gewesen seien (siehe Abbildung 32).

In der DDR waren durchschnittlich ca. 33 %[3] der LehrerInnen Mitglieder oder Kandidaten der SED (Geißler, 2006, S. 190), so dass man diese Gruppe in unserer Erhebung als etwas unterrepräsentiert bezeichnen könnte. Zu bedenken ist jedoch, dass womöglich nicht alle befragten ehemaligen Genossen ihre SED-

---

3 Dies ist der Durchschnitt von 1971, der sich jedoch bis 1989 nur unwesentlich änderte. Es gab große regionale Unterschiede (Geißler, 2006, S. 190).

Mitgliedschaft im Interview zugaben, da die ehemals gesellschaftlich hoch anerkannte Parteizugehörigkeit heute größtenteils abgelehnt wird und die Befragten womöglich nicht als politisch/ideologisch belastet gelten wollten. Dies
könnte auch ein Grund sein, warum auf die Frage nach der Parteimitgliedschaft
ein hoher Anteil der Befragten (29 %) nicht antwortete. Lediglich die Angaben
der Parteigenossen scheinen gesichert zu sein, da es für sie keinen ersichtlichen
Grund gibt, eine SED-Mitgliedschaft zu erfinden, die nicht bestanden hat.
Aufgrund dieser Datenlage muss die Ausgangshypothese geringfügig verändert
werden: Es werden sich keine Aussagen darüber machen lassen, ob Parteimitglieder der ideologischen Erziehung in ihrem Unterricht eine größere Bedeutung zumaßen als Nichtparteimitglieder, sondern nur, ob Personen, die angaben, Parteimitglieder gewesen zu sein, die ideologische Erziehung wichtiger
fanden als Personen, die dies nicht angaben.

Alter:

Letztlich wurde auch das Alter bei der Auswahl der Probanden berücksichtigt
(siehe Abbildung 33).

Da in dieser Arbeit u. a. erste Antworten auf die Frage gefunden werden
sollen, welchen Einfluss und welche Relevanz die in der DDR gesammelten
Erfahrungen der Lehrkräfte auf ihr heutiges Unterrichtshandeln haben, wurden
nur LehrerInnen interviewt, die in der DDR schon mindestens zwei Jahre als
LehrerIn gearbeitet hatten und die zum Erhebungszeitpunkt Ende 2006 noch im
Schuldienst tätig waren. Lehrkräfte, die durch Vorruhestandsreglungen und
aufgrund von politischer Belastung mit der politischen Wende aus dem Dienst
ausschieden, wurden nicht befragt. Zu dieser Gruppe gehörten z. B. in Brandenburg ca. 17 % der LehrerInnen (Hoyer, 1996, S. 85). Die Befragten waren
2006 zwischen 40 und 62 Jahre alt (siehe Abbildung 33). Das Durchschnittsalter
lag bei 53 Jahren.

Die altersspezifische Auswahl der Probanden bedeutet zweierlei Einschrän-
kungen in Bezug auf die inhaltliche Reichweite der Ergebnisse. Zum einen
handelt es sich um Lehrkräfte, die nach den ab 1966 »neu« eingeführten DDR-
Geographielehrplänen und den entsprechenden Lehrbüchern unterrichteten.
Ihre Erfahrungen beziehen sich demnach ausschließlich auf diese Periode. Über
früheren Geographieunterricht können sie aus Lehrerperspektive keine Aussagen machen. Sie sind als »Kinder der DDR« aufgewachsen und haben in der DDR
studiert. Ihre pädagogische Arbeit ist damit nicht durch Erfahrungen des Nationalsozialismus geprägt, wie dies bei älteren LehrerInnen womöglich der Fall
gewesen wäre, und auch die Republikflucht war für sie keine Handlungsalternative, wie dies bei LehrerInnen der Fall war, die vor dem Mauerbau schon im
Dienst gewesen sind (siehe Mietzner, 1998).

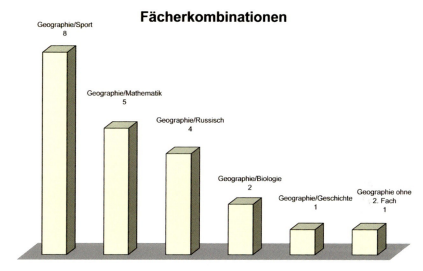

Abbildung 30: Fächerkombinationen der Lehrkräfte

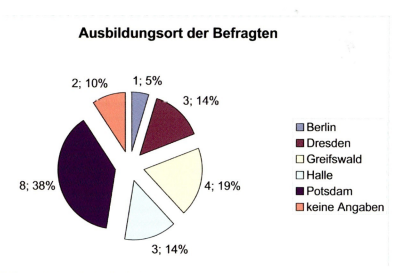

Abbildung 31: Besuchte Hochschule

Waren die Befragten Mitglieder in der SED?

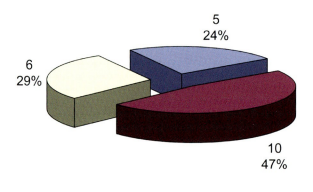

5
24%

6
29%

10
47%

ja ■ nein □ keine Angaben

Abbildung 32: SED-Mitglieder unter den befragten LehrerInnen

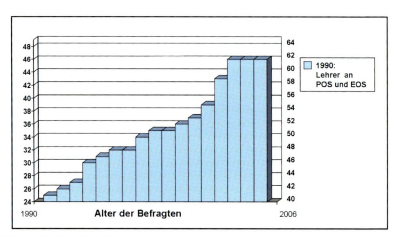

Abbildung 33: Alter der befragten LehrerInnen

Zum anderen handelt es sich bei den Befragten um Personen, die zur politischen Wende 1990 zwischen 24 und 46 Jahren alt waren und damit zu den jüngeren Lehrkräften gehörten (siehe Abbildung 33). Damit kann den Hypothesen nicht nachgegangen werden, dass sich jüngere Lehrkräfte auf die veränderten Arbeitsbedingungen leichter einstellen konnten und eher bereit waren inhaltliche, ideologische und methodische Neuausrichtungen ihres Unterrichts vorzunehmen als ältere Lehrkräfte nahe der Pensionierungsgrenze, für die durch Wilde (2003) erste Belege gesammelt wurden. Auch die Annahme, dass Personen, die aufgrund der Zusammenarbeit mit der Staatssicherheit nach 1990 aus dem Dienst ausscheiden mussten, die ideologische Erziehung im Geographieunterricht der DDR sehr positiv beurteilen, kann somit nicht überprüft werden.

SchülerInnen
Insgesamt wurden 15 Personen mit leitfadengestützten qualitativen Interviews befragt, welche in der DDR Geographieunterricht besucht haben. Merkmale, nach denen die SchülerInnen ausgewählt wurden, waren ihr Geschlecht, ihr Alter und ihr damaliger Wohnort.

Geschlecht:
Ähnlich wie für die LehrerInnen wurde auch für die SchülerInnen angenommen, dass es geschlechtsspezifische Handlungsweisen für den Umgang mit den ideologischen Unterrichtsanteilen im Geographieunterricht gab. Daher wurde auf ein ausgewogenes Geschlechterverhältnis geachtet. Es konnten 8 Männer und 7 Frauen befragt werden.

Alter:
Um Lehrer- und Schülerinterviews vergleichbar zu machen, müssen sie sich auf Geographieunterricht beziehen, der nach den gleichen Lehrplänen und Folgematerialien durchgeführt wurde. Daher wurden nur Personen befragt, die nach der Einführung der »neuen« Lehrpläne ab 1966 in Geographie unterrichtet wurden. Diese Personen waren zur politischen Wende 1990 höchstens 35 Jahre alt.

Die Befragten sollten zu diesem Zeitpunkt mindestens 15 Jahre alt gewesen sein, damit sie auf eine zumindest vier- bis fünfjährige Erfahrung mit DDR-Geographieunterricht zurückblicken und facettenreiche Aussagen machen konnten (siehe Abbildung 34). Es wurde zudem darauf geachtet, dass eine ausreichende Anzahl von ehemaligen SchülerInnen befragt wurde, die 1990 noch in schulischer Ausbildung waren, da diese Personen über die Veränderungen des Geographieunterrichts in der Wendezeit berichten konnten.

Ehemaliger Wohnort:

Auf den ehemaligen Wohnort der Befragten wurde zunächst keine Rücksicht genommen, da dieser aufgrund der auf dem gesamten Staatsgebiet der DDR einheitlichen Lehrpläne und Unterrichtsmedien als irrelevant eingestuft wurde. Nachdem jedoch im Laufe der Erhebung mehrere Probanden ihre kritische Haltung zur ideologischen Erziehung im Geographieunterricht auf Informationen aus dem Westfernsehen zurückführten, wurde eine Person aus dem Umkreis von Dresden interviewt, um zu überprüfen, inwiefern die Unmöglichkeit, in diesem Gebiet Westfernsehen zu empfangen, ihre Wahrnehmung beeinflusste.

Des Weiteren zeigte sich nach den ersten Interviews, dass ehemalige SchülerInnen, die in der Nähe der Grenze zur BRD wohnten, dieser als Einschränkung ihrer Bewegungs- und Reisefreiheit kritischer gegenüberstanden als SchülerInnen, die in großer Distanz zu ihr lebten. Auch wurde von der ersten Gruppe, zu der die ehemaligen SchülerInnen aus Potsdam und Berlin gehörten, größeres Interesse am »Westen« artikuliert, was dazu geführt haben könnte, dass die ideologische Erziehung im Geographieunterricht, in dem u. a. das Feindbild des kapitalistischen Westens entworfen werden sollte, kritischer gesehen wurde als bei den übrigen Befragten (siehe Abbildung 35). Daher wurde im Laufe der Untersuchung darauf geachtet, Personen zu befragen, die in unterschiedlicher Distanz zur innerdeutschen Grenze lebten.

Experten

Neben den Interviews mit LehrerInnen und ehemaligen SchülerInnen wurden noch sieben leitfadengestützte Experteninterviews geführt. Die Befragten waren zu DDR-Zeiten als Hochschuldozenten oder als Angestellte der Akademie der pädagogischen Wissenschaften an der Entwicklung der Geographielehrpläne, der Unterrichtshilfen und der geographischen Unterrichtsmedien, u. a. an Geographieschulbüchern und Karten, beteiligt. Sie konnten die Konzeption dieser Dokumente erklären, ihren Entstehungsprozess beschreiben und darlegen, inwiefern ideologische Erziehungsziele in ihre damalige Arbeit eingeflossen sind. Identifiziert wurden die Experten anhand ihrer einschlägigen Veröffentlichungen zur »Methodik des Geographieunterrichts« und anhand der in den Lehrerinterviews enthaltenen Hinweise auf besonders bedeutungsvolle Methodiker.

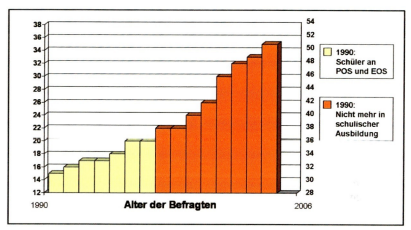

Abbildung 34: Alter der befragten ehemaligen SchülerInnen

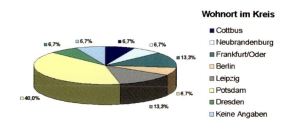

Abbildung 35: Ehemaliger Wohnort der SchülerInnen

4.2.1.2 Methodische Probleme

Zurückhaltung von Experten

Die Kontakte zu den interviewten LehrerInnen und ehemaligen SchülerInnen wurden über Studierende und Mitarbeiter des Fachbereichs Geographie der Universität Potsdam hergestellt, die uns über ihre ehemaligen Lehrkräfte oder ihnen bekannte Personen, die in der DDR zur Schule gegangen waren, Auskunft geben konnten und Kontaktaufnahmen im persönlichen Gespräch vorbereiteten. Diese Art der persönlichen Vermittlung war sehr erfolgreich und es lehnten keine der von uns angefragten LehrerInnen und SchülerInnen das Interview ab. Da von uns Anonymisierung zugesichert wurde, hatten die Befragten offenbar keine Angst, dass das Interview negative Konsequenzen für sie haben könnte.

Dies war leider nicht bei allen Experten der Fall, die wir um ein Gespräch baten. Von ehemaligen Hochschuldozenten und ehemaligen Mitarbeitern der Akademie der Pädagogischen Wissenschaften erhielten wir einige Gesprächsablehnungen. Die Experten gehören zu einem kleinen Kreis von heute noch lebenden Personen, die einen maßgeblichen Einfluss auf die theoretische Konzeption des Geographieunterrichts in der DDR hatten. Es kann vermutet werden, dass diese Personen befürchteten, trotz der zugesicherten Anonymisierung, aufgrund ihrer damaligen Tätigkeiten, ihrer Schriften, ihres Einflusses auf den Geographieunterricht der DDR oder aufgrund ihrer Ansichten, von den Lesern dieser Studie identifiziert zu werden. Es könnte sein, dass sie das Interview ablehnten, da sie negative Konsequenzen fürchteten, wie z. B. den Verlust von Ansehen. Zudem stellt sich die vielleicht unangenehme Frage der persönlichen Verantwortung bei dieser Gruppe besonders stark.

Insgesamt gelang es jedoch zu allen wesentlichen Fragen der Entstehung der Lehrpläne, Schulbücher und Unterrichtshilfen zumindest einen Experten/ eine Expertin zu befragen, der/ die maßgeblich an deren Konzeptionen beteiligt war. Durch die Ablehnung des Interviews durch einige Experten war es teilweise jedoch nicht möglich, die Angaben des einen Experten mit Darstellungen eines anderen zu vergleichen und auf diese Weise zu validieren.

Interviewereffekte

In jedem Gespräch stellen wir uns auf den Interaktionspartner ein, um die Anschlussfähigkeit unserer Kommunikation an den Erfahrungshorizont des Gegenübers zu gewährleisten. Die Gesprächsteilnehmer werden dabei nach Kriterien wie Geschlecht, Alter, Bildungsstand, Einkommen, Nationalität, Hautfarbe etc. eingeschätzt. Das Gleiche passiert während wissenschaftlicher qualitativer Interviews, bei denen die Datenaufnahme im Interaktionsprozess zwischen Befragtem und Interviewer stattfindet. Entsprechend der vom Interviewten vorgenommenen Einordnungen des Interviewers oder der Interviewerin werden bestimmte Aspekte der persönlichen Erinnerung an den Geographieunterricht im Gespräch ausgewählt und teilweise entsprechend der beim Interviewer vermuteten Erwartungen bewertet und dargestellt. Es können demnach Antworten nach »sozialer Erwünschtheit« auftreten. Zur Interpretation der Daten ist es daher generell wichtig zu wissen, welche Eigenschaften und sozialen Rollen die Interviewten den Interviewern zugeschrieben haben (Welzer, 1993). Erst dann kann eingeschätzt werden, welche Arten von Anpassungen der Erinnerungen an die Gesprächssituation stattgefunden haben.

Die Interviews der vorliegenden Studie wurden von einer Interviewergruppe durchgeführt, die aus Männern und Frauen bestand, die zwischen 23 und 34 Jahren alt waren und teilweise aus den »alten« Bundesländern und teilweise aus den »neuen« Bundesländern stammten. Zu Beginn der Untersuchung war nicht erwartet worden, dass 16 Jahre nach der Wiedervereinigung die Herkunftsregion der Interviewer einen spezifischen Einfluss auf die Interviews haben würde, zumal der Wissensstand zum DDR-Geographieunterricht aufgrund des Fehlens umfangreicher eigener Erfahrungen bei allen Interviewern zu Beginn der Untersuchung ähnlich gering war. Im Laufe der Untersuchung stellte sich jedoch heraus, dass die Interviewten das Ziel der Untersuchung und die Erwartungen der Interviewer entsprechend deren Herkunft völlig unterschiedlich einschätzten und in ihren Darstellungen berücksichtigten.[4]

Einige Personen, welche von in der BRD sozialisierten Interviewern befragt wurden, erlebten die Befragung als Angriff der »Wessis« auf sie als »Ossis«. Während sich dieses Misstrauen gegenüber den Interviewern in einigen Interviews hauptsächlich in der Verweigerung informativer Aussagen niederschlug, wurde es von der ehemaligen Schülerin S. offen artikuliert:

»Ich merk auch grad, dass ich in so einem Widerstreit bin, weil das Interview mich ärgert, weil, ich kann wirklich genau das nicht ab, so Wessis, die kommen, und jetzt über uns forschen und eigentlich gar nichts verstehen. (...) Die Fragen sind nicht offen, die, da steckt immer schon ne Antwort und ne Vorannahme drin und, also, das, worum es geht, das hört man total raus, nachzuweisen, dass der Geographieunterricht in der DDR ideologisch war und dass wir eben da alle in die falsche Richtung geschickt wurden mit dieser Ideologisierung – wahrscheinlich auch, dass uns das irgendwie total verseucht hat.«

---

4 Ähnliche Erfahrungen hatten auch Domansky und Welzer (1999) bei Befragungen von Ostdeutschen zu ihren Erfahrungen mit dem Nationalsozialismus, die von westdeutschen Interviewern durchgeführt wurden. Die populäre Trennung in »Ossis« und »Wessis« sowie die Debatte um die sogenannte »Mauer in den Köpfen« sei als »Subtext« der Interviews immer mitgelaufen und habe den Gesprächsrahmen definiert (Welzer u. a., 2002, S. 165). Dass sich viele der Befragten demonstrativ vom Rechtsradikalismus distanzierten wird u. a. durch die Beziehungssituation im Interview erklärt (Welzer u. a., 2002).

In diesem Zitat teilt die Befragte die Menschen in zwei Kategorien ein, die
»*Wessis*«, zu denen der Interviewer als Teil der Forschungsgruppe gehört, und
die »Ossis«, zu der sie sich selbst zählt. Es erstaunt zunächst, warum die Befragte
kritisiert, dass die »Wessis« über die Ostdeutschen forschen und »*nichts verstehen*«, da Kenntnislücken ja gerade ein Anlass und die Motivation für wissenschaftliche Arbeit darstellen. Es könnte gemeint sein, dass die Westdeutschen
»nichts verstehen *können*«, also wissenschaftliche Forschung zur ehemaligen
DDR unsinnig sei, da diese aufgrund der unterschiedlichen Sozialisation nicht
verstanden werden könne. Im weiteren Verlauf der Befragung bekommt das
»*nichts verstehen*« noch eine andere Bedeutung, es wird zum »nichts verstehen
wollen«, da die Befragung als manipulativ eingeschätzt wird. Die Offenheit der
Forscher wird aufgrund ihrer Zugehörigkeit zur Kategorie »Wessis« angezweifelt. Es wird ihnen die Intention unterstellt, den Geographieunterricht der DDR
negativ zu beurteilen und die »Ossis« als Geprägte dieses Unterrichts zu dis-
kreditieren. Der Ausdruck »*total verseucht*« deutet an, dass die Befragte vermutet, die »Wessis« sähen die marxistisch-leninistische Ideologie als anste-
ckende Krankheit, welche die »Ossis« durch den Geographieunterricht befallen
hätte. Die Aktivierung des »Wessi«-Stereotyps, das Arroganz, Dominanz und
Ignoranz beinhaltet, könnte der Interviewten zudem dazu dienen, sich der von
ihr als unangenehm empfundenen Fragen zu entziehen. Da sie dem Interviewer
aufgrund seiner Herkunft andere politische Ansichten unterstellt, als sie selbst
hat, fühlt sie sich durch das Interview womöglich in Frage gestellt.

Dass bei einigen Personen die Herkunft des Interviewers von extremer
Wichtigkeit war, erlebten wir nicht nur bei dem Einsatz von Interviewern, die in
der ehemaligen BRD groß geworden sind, häufig wurden auch Interviewer aus
den »neuen« Bundesländern vor dem Interview nach ihrer Herkunft gefragt,
worauf in der Regel Erleichterung artikuliert wurde. Keiner der von den »Ost-
Interviewern« Befragten äußerte Missfallen an dem Interview und die Erfahrungen mit dem damaligen Geographieunterricht wurden sehr ausführlich geschildert. Personen, für die die Herkunft des Interviewers aus der ehemaligen
DDR so relevant war, äußerten auch dementsprechend häufig die Hoffnung, dass
nun endlich das wahre (positive) Bild des DDR-Geographieunterrichts bekannt
würde. Auch von diesen Personen wurde den Forschern die Neutralität schon vor
dem Interview abgesprochen, jedoch mit veränderten Vorzeichen – als Interviewer »Ossi« sein bedeutete dann sofort ein Parteiergreifen für den Geographieunterricht in der DDR, die DDR im Allgemeinen und die ehemaligen DDR-
Bürger.

Kommunikationsprobleme

Da keiner der eingesetzten InterviewerInnen in der DDR Geographie studiert und demzufolge auch niemand damals Geographie unterrichtet hatte, stellte sich während der Lehrerinterviews häufig das Problem, dass nicht alle Äußerungen der Interviewten, die häufig auch sprachlich in die Zeit von vor 16 Jahren eintauchten, richtig verstanden werden konnten. Einige Begriffe aus dem pädagogischen Umfeld der Befragten, wie z. B. die Bezeichnung »Polylux« für »Overhead-Projektor« oder »Klassenleiter« für »Klassenlehrer«, der aber, im Gegensatz zu heute, vielfältige außerunterrichtliche Aufgaben übernehmen musste, waren leicht lernbar. Schwieriger zu verstehen waren geographische Fachbegriffe, denen sich die Befragten häufig bedienten. Sperling (1981) beschreibt eindrücklich, dass man in der DDR eine eigene Fachsprache entwickelt hatte, die nicht einfach in heute übliche Begriffe übersetzt werden kann. Man verstand unter »Landschaft« z. B. nicht »Kulturlandschaft«, sondern vorwiegend die »Naturlandschaft« im Gegensatz zum »Wirtschaftsgebiet« (Sperling, 1981, S. 88). »Ökonomische Geographie« war nicht etwa »Wirtschaftsgeographie«, sondern der umfassende Begriff für Wirtschafts-, Siedlungs- und Bevölkerungsgeographie sowie für die Historische Geographie und die Geschichte der Geographie als Wissenschaft (Sperling, 1981, S. 93).

Hinzu kamen diejenigen Begriffe, die auf die sozialistische Ideologie hindeuten und welche in Interviews zum Thema der ideologischen Erziehung im Geographieunterricht zwangsläufig gebraucht wurden.

»Es konnte nachgewiesen werden, dass die Wortschatzdifferenzierungen am größten sind im Bereich von Ideologie und Politik, etwa im häufigen Gebrauch des Grundvokabulars des Marxismus-Leninismus: Klasse, Revolution, Ausbeutung, Proletariat« (Sperling, 1981, S. 83).

Auch Niethammer (1991, S. 40–41) hatte bei der Durchführung biographischer Interviews von westdeutschen Forschern mit DDR-Bürgern Kommunikationsprobleme, die er vorwiegend darauf zurückführt, dass die Menschen in der DDR gelernt hätten, verschiedene deutsche Sprachen zu sprechen: Die Umgangssprache, die offizielle Begriffssprache und die Sprache des Westfernsehens.

Die Kommunikationsschwierigkeiten traten in unserem Zusammenhang besonders während der ersten Interviews auf, bei denen das Begriffsverständnis der InterviewerInnen noch nicht umfassend war. Es konnten nicht sofort alle unklaren Begriffe und semantischen Vieldeutigkeiten nachgefragt werden, da dies den Redefluss der Befragten zu stark unterbrochen hätte, und es kam demzufolge zu einigen Missverständnissen. Im Laufe der Erhebung und durch zusätzliches Studium der damaligen fachdidaktischen und bildungspolitischen

Literatur konnten die Verständnislücken jedoch nach und nach geschlossen werden.

Objektive Erinnerung?

In den Interviews, die wir für diese Studie führten, mussten sich die Probanden an Erlebnisse erinnern, die mindestens 16 Jahre in ihrer persönlichen Vergangenheit zurück liegen. Damit wird die Frage relevant, wie authentisch ihre Erzählungen einzustufen sind. Entgegen der Annahme, bei unserem Gedächtnis handle es sich um eine Speichermaschine, die alle erlebten und wahrgenommen Geschehnisse objektiv verwahre und jederzeit abrufbar mache, zeigen verschiedene neurowissenschaftliche und psychologische Arbeiten zur Gedächtnisforschung, dass wir schon bei der Aufnahme der Wirklichkeit stark selektieren, da wir aus der unübersehbaren Vielfalt von Eindrücken eine Auswahl treffen müssen, um handlungsfähig zu bleiben. Nur diejenigen Aspekte einer Situation, denen unsere Aufmerksamkeit gilt und die wir als bedeutungsvoll einstufen, können in das Langzeitgedächtnis überführt werden (Markowitsch und Welzer, 2005). Die selektiven Erinnerungen werden durch unser Gedächtnis geordnet und in einen sinnvollen Zusammenhang gebracht (Brüggemeier und Wierling, 1986). Dabei werden neue Informationen mit bereits vorhandenen Gedächtnisinhalten assoziiert (Vester, 2002). Diese Erinnerungen sind lebensalter- und entwicklungsspezifisch unterschiedlich dicht (Welzer, 2005, S. 42).

Nur zu einem Teil unserer gespeicherten Erinnerungen, die man in allgemeines Wissen (semantisches Gedächtnis) und autobiographische Erfahrungen (episodisches Gedächtnis) einteilen kann, haben wir später noch bewussten Zugang[5], was von einer großen Anzahl unterschiedlicher Faktoren abzuhängen scheint (Siegel, 2006). Da Erinnerungen in assoziativen »Netzen« von Sinnzusammenhängen gespeichert werden, können nur diejenigen Erinnerungen wiedergegeben werden, deren Kontexte aktiviert werden, dies können u. a. in der Vergangenheit gekannte Personen, der damalige Ort des Geschehens, bestimmte Worte, Gerüche, Musik etc. sein (Brüggemeier und Wierling, 1986). Dabei lassen sich Erinnerungen, die mit besonders vielen Kontexten vernetzt sind, offenbar besonders leicht aufrufen.

Zudem scheinen auch die Emotionen der Erinnerungssituation zu beeinflussen, welcher Art und Präzision unsere Erinnerungen sind. Es lässt sich das Phänomen der »affektiven Kongruenz« beobachten, was bedeutet, dass wir uns in negativen Stimmungen leichter an unangenehme Erlebnisse erinnern und in euphorischer Laune leichter an positive (Welzer, 2005, S. 36).

---

5 Bewusst abrufen können wir nur die »expliziten« Erinnerungen, die von den ebenfalls gespeicherten Erinnerungen, zu denen wir aber keinen Zugang haben, den »impliziten« Erinnerungen, zu unterscheiden sind (Domansky und Welzer, 1999, S. 11).

Es können auch Fehlerinnerungen auftreten, was bedeutet, dass sich der Erinnernde an Erlebnisse aus seinem Leben erinnert, die er gar nicht wirklich erlebt hat, sondern die er aus Quellen wie Fernsehen oder Büchern kennt und die er unbewusst in seine Lebensgeschichte importiert hat (Markowitsch und Welzer, 2006).

Welzer (2005, S. 42) vermutet zudem, dass autobiographische Erinnerungen bei »*biographischen Transitionen, Statuspassagen und kritischen Lebensereignissen*« besonders umfangreich sind, was daran liegen könnte, dass sie zur nachträglichen Definition unseres Ichs anhand unserer Lebensgeschichte besonders relevant sind. Wichtig ist in diesem Zusammenhang, dass die eigenen vergangenen Erlebnisse vor dem Hintergrund neuer Erfahrungen fortwährend neu beurteilt werden. Ein Grund hierfür könnte sein, dass wir durch das autobiographische Gedächtnis[6] versuchen, eine stabile Ich-Identität aufzubauen, was u. a. durch die mentale Konstruktion von Übereinstimmungen früherer Handlungen mit aktuellen erreicht wird.

Relativ stabil scheinen so genannte »Blitzlicht-Erinnerungen« zu sein, die durch einschneidende historische Veränderungen ausgelöst werden. Die Personen können sich genau erinnern, wo sie waren und was sie taten, als die Nachricht von einem bedeutenden historischen Ereignis, z. B. dem 11. September 2001, sie erreichte (Assmann, 2006, S. 101).

Letztlich scheinen auch diejenigen Erinnerungen leicht zugänglich und reichhaltig zu sein, die im Laufe des Lebens immer wieder abgerufen werden. Hierbei ist jedoch einschränkend zu bedenken, dass während der Aktivierung von Erinnerungen, diese mit neuen Assoziationen verknüpft, für die Adressaten »übersetzt« und in abgewandelter Form wieder abgespeichert werden. Beim erneuten Abruf der Erinnerungen kann es dann sein, dass nicht die tatsächliche Erfahrung wiedergegeben wird, sondern die Erinnerung an bereits erzählte Geschichten (Siegel, 2006, S. 36). Jede Reaktivierung einer Gedächtnisspur ist damit zugleich eine Neueinspeicherung, welche die Ersterfahrung überformt.

Bei Erinnerungen, die häufig wiedergegeben werden, handelt es sich um Erlebnisse, die vom sozialen Umfeld als relevant eingestuft wurden und in einen Kanon ähnlicher Geschichten anderer Personen eingebettet sein können. Dies

---

6 Anhand des autobiographischen Gedächtnisses haben wir nach Markowitsch und Welzer (2005, S. 11) das Vermögen, »*die persönliche Existenz in einem Raum-Zeit-Kontinuum zu situieren und auf eine Vergangenheit zurückblicken zu können, die der Gegenwart vorausgegangen ist.*« Unsere Autobiographie gibt uns und unserer Umwelt die Gewissheit, dass wir über die Zeiten und Gesellschaften hinweg dasselbe Ich haben (Markowitsch und Welzer, 2005, S. 21). Anhand des autobiographischen Gedächtnisses, der »Feedbackmatrix« unseres Selbst, ist es möglich einzuschätzen, inwiefern wir uns verändert haben. Zudem können Beurteilungen und Zuschreibungen unserer Person durch das soziale Umfeld mit früheren Einschätzungen abgeglichen werden (Welzer, 2005, S. 123).

ist z.B. bei Erinnerungen von Zeitzeugen an den Zweiten Weltkrieg der Fall, deren Inhalt teilweise in ähnlicher Form im Schulunterricht, in Filmen, Zeitungsartikeln, Fotodokumentationen etc. verbreitet wurde (Welzer, 2005). Dieser letzte Punkt macht deutlich, dass auch private Erinnerungen nicht völlig unabhängig von gesellschaftlich anerkannten Erzählungen über »die« Vergangenheit und deren Interpretationen sind. »(...) *die Ereignisse unseres Lebens, die uns stets am gegenwärtigsten sind, haben auch das Gedächtnis der uns eng verbundenen Gruppen gezeichnet*« (Halbwachs, 1985, S. 29). Die Gesamtheit der Erinnerungen einer Gruppe, auf die individuelle Erinnerungen »Ausblicke« geben können, wird auch als »kollektives Gedächtnis« definiert (Halbwachs, 1985[7], S. 31).

Die soziale Dimension der Erinnerung wird besonders relevant, wenn man sich nicht nur »im stillen Kämmerlein« erinnert, sondern im Gespräch über die erlebte Vergangenheit berichtet, wie dies auch im qualitativen Interview der Fall ist. Hier versucht man, die persönliche Vergangenheit in sozial anerkannte Erzählmuster zu integrieren, da man hofft, auf diese Weise die Akzeptanz des Erzählten zu erhöhen und den Grad der Authentizität zu steigern. Arbeiten von Welzer (2005) zeigen, dass zum Zweiten Weltkrieg Interviewte in ihre persönlichen Erzählungen u.a. Elemente aus Kriegsfilmen, Romanen, Märchen und der Odyssee integrierten und die Dramaturgie dieser allgemein bekannten Quellen für gelungene Erzählungen nutzten.

»Der Import in die eigene Lebensgeschichte macht diese selbst spannend und interessant; man wird zu jemandem, der zweifelsohne »etwas erlebt« hat, und da jede Lebensgeschichte gemäß sozialer Konvention Höhen und Tiefen, Schreckliches und Schönes zu beinhalten hat, kann es nicht verwundern, dass die Erzähler sich ganz unterschiedlicher Genres und Plots bedienen, um ihre eigene, zu eigen gewordene Geschichte zu verfertigen« (Welzer, 2005, S. 2001).

Jede Erzählung von Vergangenheit wird zudem adressatenbezogen abgewandelt, je nachdem wie der oder die Gesprächspartner eingeschätzt werden (s.o.).

Die bisherigen Ausführungen machen deutlich, dass jede erzählte Erinnerung teilweise als soziale Konstruktion zu verstehen ist, die situationsabhängig abgewandelt und mit Bewertungen verbunden wird.

»Das kommunikative Gedächtnis beinhaltet als lebendiges Gedächtnis ebenjene Dialektik von Individualität und Sozialität, von Geschichte und Privatisierung von Geschichte, die zugleich die Suggestion von Ich- und Wir-Identität wie ihre permanente Veränderung erzeugt« (Welzer, 2005, S. 236).

---

7 Die französische Originalausgabe »La mémoire collective« erschien 1950.

Aus diesem Grund bezeichnete Wolf Singer, Direktor des Max-Planck-Instituts für Hirnforschung in Frankfurt am Main, Erinnerungen auch als »datengestützte Erfindungen« (zit. nach Assmann, 2006, S. 107). Dass eine objektive oder authentische Beschreibung der Vergangenheit mit Hilfe von qualitativen Interviews nicht vollständig erreichbar ist, war ein wesentlicher Grund, warum die »oral history«[8] in der Geschichtswissenschaft zunächst kritisch diskutiert wurde. Neuere Studien der »oral history« arbeiten zunehmend mit dem »Erfahrungsbegriff«, der ausdrückt, dass Erinnerungen als individuelle Sinnstiftungen aufzufassen sind, die auf objektiven Ereignissen und deren subjektivem Erleben und Deuten beruhen und damit einen historischen Erkenntniswert haben (u. a. Bauer, 2006, S. 27 ff.). Auch Assmann (2006, S. 108) folgert aus den Ergebnissen der Hirnforschung, dass man Erinnerungen eine gewisse Skepsis entgegenbringen müsse, aber ihr Wahrheitsgehalt nicht generell in Frage gestellt werden sollte, da sie mit der »*Sozialsphäre und der Objektwelt vertäut*« seien. »*Auf den Wahrheitsgehalt unserer Erinnerungen pauschal zu verzichten würde bedeuten, dass wir uns in eine Alzheimergesellschaft verwandeln, in der keine Versprechungen mehr gemacht, keine Schulden mehr beglichen werden*« (Assmann, 2006, S. 109).

Auf die vorliegende Studie bezogen stellt sich die Frage, was durch die Erhebung von persönlichen Erinnerungen von LehrerInnen und SchülerInnen an den Geographieunterricht der DDR erreicht werden kann, wenn diese nicht als vollständig authentische Belege des eigenen Handelns und tatsächlichen Umgangs mit ideologischen Fachinhalten anzusehen sind.

Aus den dargelegten Erkenntnissen der Gedächtnisforschung lässt sich erkennen, dass jede Erinnerung zwar generell ein konstruktiver und kreativer Akt ist, dass sich Erinnerungen jedoch in ihrem Grad der Fiktionalität unterscheiden. Da es offenbar unterschiedlich dichte, präzise und lebendige Erinnerungen gibt, kann der Auffassung nicht zugestimmt werden, dass im Interview erhobene Erinnerungen generell keinerlei Bezug zur Vergangenheit aufweisen und lediglich aus der »*intersubjektiv konstituierten Forschungssituation*« zu erklären sind (Welzer, 1993, S. 77). Neben dem spezifischen Einfluss der Interviewsituation, lassen Erinnerungsinterviews auch Wahrnehmungs-, Deutungs- und

---

8 »Oral history« bezeichnet eine Forschungsrichtung in der Geschichtswissenschaft, die anhand von Interviews mit Zeitzeugen eine »Geschichte von unten« erheben will und damit diejenigen Dimensionen der Zeitgeschichte erfassen möchte, die durch schriftliche Quellen nicht erschlossen werden kann. Durch die Einbeziehung »neuer Perspektiven« soll die etablierte Geschichtswissenschaft ergänzt, korrigiert und demokratisiert werden (Vorländer, 1990, Niethammer, 1985). Subjektivismus, Einseitigkeit, Ignoranz der gesellschaftlichen Rahmenbedingungen, Beliebigkeit und nicht vorhandene Repräsentativität sind nur einige der Kritikpunkte an dieser Forschungsrichtung. Eine Darstellung weiterer Diskussionspunkte findet sich u. a. bei Wirtz (1988).

Handlungsroutinen der Akteure erkennen, die in der Vergangenheit relevant waren, vor deren Hintergrund »die« Gegenwart interpretiert wird und sich der Einzelne definiert. Grundsätzlich kann daher durch Interviews die Komplexität der Beschreibung erhöht werden und die Erklärung der interessierenden Handlungen differenzierter werden, als dies durch die Analyse von offiziellen Dokumenten zum Schulsystem der DDR und der Unterrichtsmaterialien für den Geographieunterricht möglich wäre. Anstelle der Frage, ob die DDR-Lehrkräfte z. B. als Opfer oder als »Täter« zu sehen sind (siehe 1), kann eine differenzierte Wahrnehmung der unterschiedlichen »Lehrertypen« treten.

Jetzt stellt sich die Frage, wie vielfältige Erinnerungen an den Geographieunterricht hervorgerufen werden können. Zunächst wurde versucht, der Kontextualität der Erinnerungen Rechnung zu tragen und ihren Zugang durch Materialien zu erleichtern, die einen Bezug zum Geographieunterricht der DDR hatten. Die Befragten wurden gebeten, zu den Interviews alte Schulbücher, Schulhefte, Lehrpläne, Unterrichtsvorbereitungen etc. mitzubringen. Tatsächlich aktivierte das Durchblättern dieser Medien viele persönliche Erinnerungen. Zudem wurde den Probanden im Interview die Möglichkeit gegeben, die Erinnerungen zum Geographieunterricht in den Kontext ihres damaligen privaten und beruflichen Lebens und ihrer persönlichen Entwicklung nach der politischen Wende einzubetten. Es wurden somit keine biographischen Interviews im engeren Sinne geführt, sondern leitfadengestützte Interviews zum Geographieunterricht mit der Möglichkeit der kontextualen Einbettung. Relevante Kontexte waren in den Interviews mit den LehrerInnen: ihr Geographiestudium, ihre Berufsmotivation, ihre familiäre Situation, das soziale und politische Umfeld ihrer Schule, berufliche Verpflichtungen nach Unterrichtsende, wie z. B. das Leiten von FDJ-Gruppen, sowie das Verhältnis zu den Kollegen und dem Schulleiter/der Schulleiterin. Bei den Schülerinterviews waren die häufig angesprochenen Kontexte: der Unterricht in anderen Fächern, das soziale Leben auf dem Schulhof, Freundschaften, Freizeitaktivitäten und politische Vorbilder, hier vor allem die Eltern. Der Rückgriff auf diese Zusammenhänge und Elemente ihres autobiographischen Gedächtnisses erleichterte den Befragten die Erinnerung und diente ihnen dazu, die Erlebnisse im Geographieunterricht einzuordnen, zu erklären und zu bewerten. Andere angewandte Techniken, um vielschichtiges, erlebnisnahes Material zu erhalten, waren von den Interviewern ausgesprochene Erzählaufforderungen, Bitten um Beispiele und Bewertungen und das Einfordern detaillierter Beschreibungen.

Da GeographielehrerInnen und ehemalige SchülerInnen ihren Geographieunterricht in der DDR aus heutiger Perspektive beschrieben, wurden auch Informationen zur Zufriedenheit der Befragten mit ihrer aktuellen Lebens- und Berufssituation gesammelt, was die Grundlage für Interpretationen des Einflusses der aktuellen Situation auf die Erzählungen der Probanden darstellt. Da quantitative Langzeituntersuchungen zum DDR-Schulwesen ergeben haben, dass dieses von Bürgern in den neuen Bundesländern mit größer werdendem zeitlichen Abstand immer positiver beurteilt wird (Rolff u. a. 1992, 1994, 1996 und 1998), wurde vermutet, dass auch bei den von uns befragten LehrerInnen und ehemaligen SchülerInnen Idealisierungen des Geographieunterrichts in der DDR auftreten würden, die aus eventuellen aktuellen Unzufriedenheiten der LehrerInnen zu erklären wären. Im Zuge der Betonung der Vorzüge des DDR-Geographieunterrichts wurde vermutete, dass der Anteil der marxistisch-leninistischen Ideologie im Geographieunterricht aus heutiger Sicht zunehmend geringer beurteilt wird, da diese aktuell nur geringe gesellschaftliche Anerkennung genießt.

Wesentlich für die Interpretation der Interviews war zudem zu wissen, welche aktuellen gesellschaftlichen Diskussionen um das Bildungssystem der DDR die Befragten kannten und auf welche sie in ihren Darstellungen Bezug nahmen. Bei den Erhebungen stellte sich heraus, dass allen Befragten der gesellschaftliche Diskurs um die Frage, ob LehrerInnen der DDR als »Systemstützen« einer Diktatur und ihre SchülerInnen als indoktrinierte und entrechtete »Opfer« zu bezeichnen sind, bekannt war. Als ein Beispiel für die Verbreitung dieser Auffassung kann die Enquête-Kommission des Bundestages genannt werden, welche sich die »Aufarbeitung von Geschichte und Folgen der SED-Diktatur in Deutschland« zum Ziel gesetzt hatte. Diese kam zu dem Schluss:

»Insgesamt sei die DDR-Pädagogik nur eine Spielart vormundschaftlichen Umgangs mit der nachwachsenden Generation gewesen, allerdings eine besonders dramatische. Sie war in Wahrheit zynisch und verlogen. Die Lehrerauslese war eine »Negativauslese« und die Pädagogen der DDR zählten zu den besonders angepassten Berufsgruppen« (Protokoll der 31. Sitzung der Enquête-Kommission 1993, S. 38 ff. zit. nach Hoyer, 1996, S. 11).

In Bezug auf die »Täter-Opfer-Diskussion« versuchte sich ein Großteil der Befragten durch die Darstellung persönlicher Erinnerungen zu verorten, Stellung zu beziehen, das eigene Handeln zu erklären und zu rechtfertigen. Exemplarisch kann hier die Aussage der Lehrerin No. betrachtet werden:

No: »So wie es heute oft gesagt wird: »Na ihr hättet es ja wissen müssen und sehen müssen.« Man wächst ganz normal in eine Gesellschaft rein und macht sich da nicht jede Nacht Gedanken drüber, es hätte auch anders sein können. Also, das finde ich immer abartig, dass wir hätten nun alle so kritisch sein sollen, ne Revolution machen sollen, ist Quatsch, völliger Blödsinn, man wächst in ein System, man arrangiert sich mit einem System, man kennt's gar nicht anders.«

Die Emotionalität dieser Interviewstelle »*Quatsch, völliger Blödsinn*« zeigt, dass die Lehrerin sich von dem Vorwurf der Systemtreue und politischen Anpassung in der DDR, von dem sie annimmt, dass er heute gesellschaftlich weit verbreitet ist »*so wie heute oft gesagt wird*«, persönlich betroffen und verletzt fühlt. Dieser Vorwurf wird angeblich von Personen erhoben, die nicht zur damaligen DDR-Gesellschaft gehörten (»*ihr*«), womit sie vermutlich Westdeutsche und Personen meint, die nach der politischen Wende geboren wurden und daher keine persönlichen Erfahrungen in der DDR gesammelt haben. Kritisiert werden nach der Ansicht der Befragten ehemalige DDR-Bürger, zu denen sie sich auch selbst zählt (»*wir*«). Dem Vorwurf der kritiklosen Anpassung wird hier zwar nicht inhaltlich widersprochen, das eigene Verhalten (»*man arrangiert sich*«) wird jedoch durch Sozialisation und Gewöhnung erklärt und durch den Hinweis, dass sich alle Ostdeutschen ähnlich verhalten hätten, gerechtfertigt.

Ein ähnliches Bedürfnis, der gesellschaftlich verbreiteten globalen Verurteilung zu widersprechen, das eigene Handeln zu rechtfertigen und damit die eigene Integrität zu zeigen, lässt bei den Interviews sowohl mit den LehrerInnen als auch mit den SchülerInnen beobachten. Die Auswahl der von den Befragten berichteten Ereignisse und professionellen Erfahrungen muss auch vor diesem Hintergrund interpretiert werden.

Objektive wissenschaftliche Beobachtung?
Mit jeder Beobachtung werden nur bestimmte Phänomene in das Blickfeld genommen und andere zwangsläufig ausgeblendet.

> »Wir kommen also nicht um die Einsicht herum, dass etwas unbeobachtbar wird, wenn etwas beobachtet wird, und jedenfalls die Welt unbeobachtet bleibt, mag man sie nun als Gesamtheit der Dinge (als universitas rerum) oder als Gesamtheit der Unterscheidungen auffassen« (Luhmann, 2000, S. 127 zit. nach Miebach, 2006, S. 293).

Dies trifft sowohl für die Beobachtung erster Ordnung, durch die zentralen Akteure auf den von ihnen gestalteten Geographieunterricht, als auch für die Beobachtung dieser Beobachter durch den Wissenschaftler zu. Während sich jedoch LehrerInnen und SchülerInnen als Beobachter erster Ordnung der Selektivität ihrer Wahrnehmung nicht bewusst sind, können durch die wissenschaftliche Beobachtung dieser Beobachter und durch die Gegenüberstellung ihrer Sichtweisen die Selektivität und die blinden Flecken ihrer Wahrnehmungen offensichtlich werden. Damit erscheint die wissenschaftliche Arbeit als Beobachtung zweiter Ordnung als komplexer und distanzierter. Im Gegensatz zur Beobachtung erster Ordnung, die sich durch Sicherheit und Gewissheit der Weltsicht auszeichnet, erfährt sich die wissenschaftliche Beobachtung zweiter

Ordnung jedoch als unsicher, da sie sich durch Selbstbeobachtung bewusst ist, dass immer auch anders beobachtet werden könnte und auch ihre Beschreibungen keine allgemeine Gültigkeit beanspruchen können.

»Der Preis dieses Rückversicherungsmechanismus der Selbstbeobachtung ist hoch und liegt in einem infiniten Regress, in der chronischen Auto-Verunsicherung der Beobachtung, in der permanenten Selbstunterminierung der gewählten Unterscheidung« (Redepenning, 2006).

Diese Arbeit kann damit letztlich nicht beanspruchen, allgemeingültige Aussagen zum Geographieunterricht in der DDR zu machen.

»Wenn man ermitteln will, wie die Welt beschaffen ist, wird man sich eingestehen müssen, dass das, was wir beobachten und darüber sagen, abhängig ist von dem, was wir zu beobachten und zu sagen gelernt haben – und von dem, was wir beobachten wollen« (Daum, 1991, S. 65).

Vor dem Hintergrund der Erkenntnis, dass das in dieser Arbeit gezeichnete Bild des Geographieunterrichts in der DDR eine wissenschaftliche Konstruktion darstellt, die, da sie auf Beobachtung beruht, nicht der Realität entsprechen kann, stellt sich die Frage, welchen Kriterien diese Darstellung genügen soll. Durch die Haltung des Zweifels an den außerwissenschaftlichen sowie den wissenschaftlichen Beobachtungen und Erklärungen des Geographieunterrichts soll keine Position der Indifferenz, des »Alles-ist-Interpretation = Alles ist gleichgültig« vertreten werden. Positiv gewendet eröffnet die konstruktivistische Ausgangsposition dieser Arbeit die Möglichkeit, durch die Einbeziehung unterschiedlicher Perspektiven auf den Geographieunterricht der DDR ein möglichst komplexes Bild zu zeichnen, das vielschichtig erklärt werden kann und durch den Anschluss an unterschiedliche theoretische Diskurse wissenschaftlich plausibel und anschlussfähig wird.

»Zweifel ist schließlich die einzig realistische Haltung, die Vielperspektivität und Polyvalenz existiert ja und wirkt, auch wenn man sie dogmatisch oder dezisionistisch zu ignorieren versucht« (Rhode-Jüchtern, 1995, S. 180).

Eine Möglichkeit, mit der Paradoxie der Beobachtung umzugehen, die darin besteht, dass man beim Beobachten unterscheidet und bezeichnet und damit automatisch Elemente ausblendet, ist der Perspektivenwechsel, um bislang ausgeblendete Möglichkeiten wahrnehmen zu können. Rhode-Jüchtern (1995, S. 35) definiert den Begriff der Perspektive als »*Art des Betrachtens/Fragens/ Erkennens aus einem Kopf/ aus verschiedenen Köpfen heraus, die alle etwas anderes sehen, sehen wollen, sehen können.*«

Der Triangulation durch Perspektivenwechsel wurde in dieser Arbeit in unterschiedlicher Weise Rechnung getragen. Zunächst wurden bei der Erhebung des empirischen Materials sehr unterschiedliche Gruppen befragt, die einzeln und als Gruppe komplementäre Blickwinkel auf den Geographieunterricht der DDR haben: die LehrerInnen, die SchülerInnen, die Dozenten in der Lehrerausbildung, die Schulbuchautoren und die Verfasser der Lehrpläne und Unterrichtshilfen. Die Perspektiven dieser Gruppen wurden durch sekundäre Quellen wie Unterrichtsmedien, Unterrichtsplanungen, Schulhefte etc. vertieft. Die fachdidaktische Literatur zum Geographieunterricht, die in der DDR verfasst wurde, sowie die staatlichen Zielsetzungen, die sich in den Lehrplänen finden, konnten als zusätzliche Perspektiven in die Analyse einbezogen werden.

4.2.2 Datenauswertung

Nach Abschluss der Datenerhebung wurden die erhobenen Interviews auf über 700 Seiten transkribiert und anschließend ausgewertet. Um die handlungsrelevanten Bedeutungszuschreibungen von GeographielehrerInnen und ehemaligen SchülerInnen aus dieser Materialmasse herausfiltern zu können, bot sich ein inhaltsanalytisches Vorgehen an. »*Inhaltsanalytisches Vorgehen wertet Material, das emotionale und kognitive Befindlichkeiten, Verhaltensweisen oder Handlungen repräsentiert, interpretierend aus*« (Lamnek, 1995b, S. 178). Im Folgenden werden die einzelnen Analyseschritte vorgestellt.

Aufstellung eines Kategoriensystems

Die Auswertung orientierte sich an der »Qualitativen Inhaltsanalyse« von Mayring (1997), bei der als erster Auswertungsschritt ein Kategoriensystems erstellt wird, das die wesentlichen Auswertungsgesichtspunkte enthält.

»Im Zentrum steht dabei immer die Entwicklung eines Kategoriensystems. Diese Kategorien werden in einem Wechselverhältnis zwischen der Theorie (der Fragestellung) und dem konkreten Material entwickelt, durch Konstruktions- und Zuordnungsregeln definiert und während der Analyse überarbeitet und rücküberprüft« (Mayring, 1997, S. 53).

Bei einer eher deduktiven Kategorienfindung werden die Kategorien nach der Festlegung des Analysematerials, der Beschreibung der Erhebungssituation, der formalen Charakterisierung des Materials und der theoriegeleiteten Differenzierung der Fragestellung vorläufig festgelegt. Bei der eher induktiven Kategorienfindung wird zunächst eine Materialdurcharbeitung vorgenommen und die Kategorien dann direkt aus dem Material abgeleitet (Mayring, 1997, S. 75).

Entsprechend der thematischen Schwerpunkte der Interviews waren bei der vorliegenden Studie einige theoriegestützte Auswertungsgesichtspunkte schon zu Beginn der Analyse vorhanden. Diese konnten am konkreten Material jedoch genauer definiert bzw. modifiziert und ergänzt werden. Auf welche Weise induktives und deduktives Vorgehen bei der Kategoriendefinition kombiniert wurde, soll an einem Beispiel erläutert werden.

Ausgehend von handlungstheoretischen Überlegungen (siehe 4.1) wurde zu Beginn der Auswertung angenommen, dass die individuelle Wahl einer von mehreren möglichen Handlungsalternativen durch die Abschätzung möglicher negativer und positiver Handlungsfolgen beeinflusst wird. In Bezug auf die Interviews mit GeographielehrerInnen war es daher u. a. wichtig zu erheben, welche negativen Folgen sie erwarteten, wenn sie die von den Geographielehrplänen definierten Ziele zur ideologischen Erziehung nicht vollständig in ihrem Unterricht umsetzten. Es wurde angenommen, dass hierbei »Sanktionen« relevant waren. Diese Kategorie wurde demnach theoriegeleitet schon vor der Auswertung definiert (siehe Abbildung 36). Bei der Analyse des Inteviewmaterials stellte sich dann tatsächlich heraus, dass eine Reihe von Befragten die lehrplankonforme Umsetzung der ideologischen Erziehung im Geographieunterricht durch ihre Angst vor Sanktionen erklärte. Zu Beginn der Studie war vermutet worden, dass die LehrerInnen vor allem Kontrollen von Schulleitern und der Schulaufsicht fürchteten. Es wurden jedoch von den befragten LehrerInnen neben der Schulleitung noch einige andere Personengruppen genannt, die sie als »ideologische Kontrollinstanzen« ihres Unterrichts wahrnahmen. Auf induktivem Wege wurden die Unterkategorien »Fachberater«, »Schulleiter«, »SED«, »Stasi«, »Kollegen«, »Eltern« und »Schüler« gefunden und entsprechend der Personengruppe »typische« Sanktionen identifiziert. Diese neuen Kategorien wurden dem Kategoriensystem hinzugefügt (siehe Abbildung 36).

Die induktive Kategorienfindung zeigt generell die Vorteile qualitativer Untersuchungen, bei denen durch die theoretische und methodische Offenheit Daten erhoben werden, die außerhalb der Vorannahmen oder Ausgangshypothesen der ForscherInnen liegen und damit zur Theorieerweiterung beitragen können, was bei quantitativen Untersuchungen, die in der Regel mit standardisierten Erhebungsinstrumenten arbeiten, nicht möglich wäre (Lamnek, 1995b, S. 199 ff.).

Nachdem auf induktive und deduktive Weise das gesamte Kategoriensystem gebildet werden konnte, wurden die gesamten Interviews einzeln durchgegangen und die relevanten Interviewstellen konnten den Kategorien mit Hilfe des Programms MAXQDA (6.9) zugewiesen werden. Interviewaussagen, die sich nicht auf die Forschungsfragen bezogen, wurden keiner Kategorie zugeordnet.

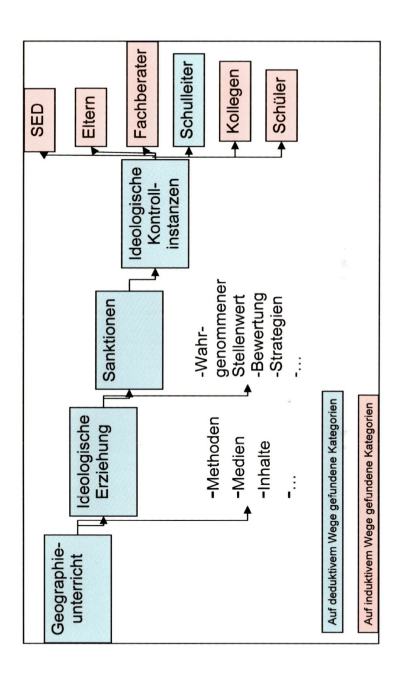

Abbildung 36: Ausschnitt aus dem Kategoriensystem

Dies waren in der Regel Stellen, an denen die Befragten biographische Erlebnisse und Erfahrungen berichteten, die keinen direkten Bezug zum Geographieunterricht hatten. Diese flossen teilweise in eine Kurzbiographie ein, die zu jeder Person erstellt wurde, und wurden teilweise als Kontextmaterial verwendet, das bei der Interpretation mehrdeutiger Interviewaussagen herangezogen wurde. Insgesamt konnte durch diese erste inhaltliche Grobstrukturierung das Material reduziert und überschaubar gemacht werden.

Explikation/ hermeneutische Analyse

Als Vorbereitung auf die Interpretation wird innerhalb der qualitativen Inhaltsanalyse die Zusammenfassung der Interviewaussagen empfohlen, die in der gleichen Kategorie codiert wurden. Das Ziel der *Zusammenfassung* ist die weitere Reduktion des Materials. Es soll durch Abstraktion ein überschaubarer Corpus erzeugt werden, der immer noch das Abbild des Grundmaterials darstellt (Mayring, 1997, S. 58). In diesem Verfahren werden durch Auslassungen, Generalisierungen, Konstruktionen, Selektionen und Bündelungen abstrakte Aussagen gewonnen, die das ursprüngliche Material paraphrasieren.

Da bei Zusammenfassungen jedoch häufig lediglich der manifeste Inhalt der Interviewaussagen erfasst wird, die Bedeutungen, welche die Befragten dem Gesagten zugewiesen haben, welche durch die Art der Wortwahl, die Betonungen, die Erklärungen und die Emotionalität erkennbar werden, aber größtenteils verloren gehen, wurde sich in der vorliegenden Studie gegen den Arbeitsschritt der Zusammenfassung und für den Einsatz hermeneutischer Interpretationsverfahren entschieden.

Ziel von hermeneutischen Untersuchungen ist das »Verstehen« des subjektiv gemeinten Sinnes der Interviewaussagen sowie der zugrunde liegenden Handlungen. Die Differenz zwischen dem Verständnis des Interpreten und der durch den Text fixierten Deutungen der Handelnden, also »Verstehen« durch die Überwindung der »hermeneutischen Differenz«, ist nur möglich, wenn angenommen wird, dass Interpret und TextproduzentIn über einen ähnlichen Wissensvorrat verfügen.

»Voraussetzung für Verstehen ist etwas Gemeinsames (objektiver Geist), an dem die einzelnen Subjekte teilhaben. Dieses Gemeinsame ist in seiner kulturellen und historischen Bedingtheit zu sehen« (Lamnek, 1995a, S. 88).

Mit Hilfe zweier »hermeneutischer Zirkel« soll das angestrebte Sinnverstehen erreicht werden. Hier werden in einer wiederkehrenden, kreisförmigen Bewegung einzelne Aussagen der zu untersuchenden Interviews mit dem Gesamttext in Beziehung gesetzt. Verschiedene Lesarten der betreffenden Stellen werden entwickelt, von denen im Folgenden, durch den Vergleich mit anderen Textstellen, die wahrscheinlichsten herausgesucht werden.

Erste auf diese Weise gewonnene Erkenntnisse werden wieder auf einzelne Teile des Interviews bezogen und an diesen überprüft usw. Auf diese Weise können die »latenten Sinnstrukturen«[9] des betreffenden Textes offen gelegt werden. Neben dem Vergleich einzelner Textstellen mit dem Gesamttext wird zudem das Vorverständnis der Forscherin mit den Aussagen des vorliegenden Textes verglichen. Auf diese Weise wird das theoretische Vorwissen der Wissenschaftler erweitert und korrigiert. Dieses neu erlangte, immer noch lückenhafte Verständnis des durch den Text ausgedrückten Sinns wird wieder an einzelnen Textstellen überprüft usw.

Auch die *Explikation* der »Qualitativen Inhaltsanalyse« nach Mayring (1997) wird generell zur Erreichung von Textverständnis eingesetzt. Zu einzelnen mehrdeutigen und widersprüchlichen Textteilen wird zusätzliches Material herangezogen, das hilft, die betreffende Textstelle zu verstehen und zu deuten. Hier können sowohl andere Textstellen des zu analysierenden Interviews verwendet werden als auch Material außerhalb des Interviews, wie Informationen über die/den Interviewte(n) oder die Erhebungssituation.

Im Sinne der inhaltsanalytischen *Strukturierung* (Mayring, 1997, S. 58) wurden im folgenden Analyseschritt die unterschiedlichen Erklärungsvariablen in Beziehung zueinander gesetzt. Damit sollte das Material zu interessierenden Gesichtspunkten eingeschätzt werden.

Zur Strukturierung wurden die sukzessiv erworbenen theoretischen Annahmen eingesetzt, die wiederholt am Interviewmaterial überprüft werden. Nach dem Vergleich der Textstellen eines Interviews untereinander, durch den der Sinn der einzelnen zu analysierenden Textstellen geklärt werden konnte, dem Vergleich unterschiedlicher Interviews, durch den die Besonderheiten und Gemeinsamkeiten der Interviews sichtbar wurden, erfolgte eine Kontrastierung des theoretischen Vorverständnisses mit den vorliegenden Daten, durch die die theoretischen Annahmen revidiert, bestätig und erweitet werden konnten.

Zur Verdeutlichung dieses Vorgehens nehmen wir z. B. die durch die Grobstrukturierung erhaltende Kategorie »Sanktionen« (siehe Abbildung 36). Im ersten Schritt wurde jede Interviewstelle, die dieser Kategorie zugeordnet wurde, für sich analysiert und dann mit anderen Stellen des gleichen Interviews in Beziehung gesetzt. Bei unklaren, widersprüchlichen und zunächst schwer ver-

---

9 Der Begriff »latente Sinnstrukturen« kommt aus der »Objektiven Hermeneutik«, wie sie von Oevermann entwickelt wurde. Er bezeichnet die handlungsgenerierenden Strukturen des sozialen Handelns, die dem Handeln des Einzelnen zwar zugrunde liegen, ihm aber nicht bewusst sind (Pott, 2002).

ständlichen Interviewaussagen wurden zusätzliche Interpreten zu Rate gezogen, um mit ihnen gemeinsam zu diskutieren und die wahrscheinlichste Bedeutung der Textstellen zu identifizieren. Nach diesen Analyseschritten wusste man, welche Art der »ideologischen Kontrolle« des Geographieunterrichts die befragte Person selbst erfahren hat oder von welcher sie gehört hat, in welchen Situationen diese stattfand und von wem sie ausgeübt wurde, wie sie dies beurteilte und inwiefern sie eigene professionelle Handlungen durch das Ziel der »Vermeidung von Sanktionen« begründet. Diese Informationen wurden mit den Aussagen anderer Befragter verglichen, was Gemeinsamkeiten und Unterschiede sichtbar machte. So nannten z. B. nahezu alle befragten LehrerInnen die gleichen Personengruppen, welche ihre Unterrichtsarbeit auch in ideologischer Hinsicht kontrollierten (Abbildung 36). Während einige Befragte diese Kontrolle jedoch positiv beurteilten, wurde sie von anderen Befragten kritisiert. Die Interviewten unterschieden sich auch in der Bedeutung, die sie der wahrgenommenen Kontrolle für die Wahl der eigenen Handlungen zuschrieben.

Nachdem auf ähnliche Weise alle Kategorien des Kategoriensystems analysiert wurden, hatte man einen Überblick darüber, wie die einzelnen Personen den Geographieunterricht in der DDR, während der politischen Wende und im Vergleich zum heutigen Unterricht wahrnehmen, für welche Handlungsmuster sie sich in der Vergangenheit entschieden hatten und wie sie diese Entscheidungen begründen. Da die vorliegende Studie jedoch nicht rein deskriptive Ergebnisse präsentieren wollte, sondern den Anspruch verfolgte, die vorgefundenen Handlungsmuster zu erklären, mussten nun die Fälle verglichen und die Kategorien in Beziehung zueinander gesetzt werden.

Typenbildung

Im nächsten Schritt wurde demnach überlegt, worauf die beobachteten, individuellen Unterschiede zurückzuführen sind. Dies ist die Frage danach, in welchen Eigenschaften/Wahrnehmungen/Handlungszielen sich die Personen ähneln, die ähnliche Aussagen machten, bzw. in welchen sie sich von Personen unterscheiden, die ganz unterschiedliche Antworten gaben. Die Typenbildung fand auf zwei unterschiedlichen Abstraktionsebenen statt. Auf der ersten Ebene lassen sich die Gruppen der LehrerInnen und die der ehemaligen SchülerInnen nennen, die sich in Situationsdeutungen und -wahrnehmungen unterscheiden. Damit erlauben die Äußerungen der LehrerInnen und der SchülerInnen Einblicke in ihre spezifischen »Erinnerungsmilieus« (Welzer, 1999, S. 20). Die SchülerInnen begrüßten z. B. einheitlich die schulischen Veränderungen unmittelbar nach der politischen Wende und sahen für sich neue Möglichkeiten der schulischen Partizipation und Mitgestaltung, während die LehrerInnen neben positiven Veränderungen auch verschlechterte Arbeitsbedingungen, Arbeitsplatzunsicherheit und die Notwendigkeit der fachlichen Neuorientierung etc. wahrnahmen. Diese Unterschiede werden sichtbar, wenn man »typische« Antworten der LehrerInnen mit denjenigen der SchülerInnen vergleicht.

Während es auf der ersten Abstraktionsstufe gerechtfertigt ist, von *den* Lehrer- und *den* Schülerperspektiven zu sprechen, müssen auf der zweiten Ebene gruppeninterne Differenzen erklärt werden. Durch den »minimalen Vergleich« von möglichst ähnlichen Fällen und den »maximalen Vergleich« von möglichst unterschiedlichen Fällen, lassen sich Gruppen finden, die ähnliche Antworten geben (Flick, 2007). Auf diese Weise können jetzt »Typen« von LehrerInnen und von SchülerInnen identifiziert werden, die sich durch unterschiedliche Handlungsmuster voneinander unterscheiden. Nachdem Gruppen von Befragten gefunden wurden, von denen ein ähnlicher Umgang mit den ideologischen Erziehungszielen im Unterricht beschrieben wurde, mussten die festgestellten Unterschiede erklärt werden. Dazu genügte es nicht mehr, die Inhaltsbereiche der Interviews einzeln zu betrachten, wie z. B. die Aussagen der Probanden zum Thema der »Sanktionen«, sondern es musste ein Erklärungsmodell entworfen werden, welches die gesamten Kategorien integriert. Ausgehend von der Handlungstheorie (siehe 4.1) wurde besonders auf individuelle Unterschiede in den Situationswahrnehmungen und -bewertungen in dem der eigenen Handlung zugeschriebenen »Nutzen« sowie in den Einschätzungen von Handlungsfolgen geachtet, zu denen u. a. die schon angesprochenen Sanktionen gehören.

Jetzt konnten bestimmte Hypothesen am Material getestet werden, die teilweise theoriegeleitet vor der Analyse aufgestellt wurden und zum Teil induktiv aus dem Material gewonnen wurden. Man konnte jetzt z. B. der Vermutung nachgehen, dass LehrerInnen, welche die ideologischen Erziehungsziele kritiklos in ihrem Unterricht vermittelten, besonders große Angst vor Sanktionen hatten. Anhand des Vergleichs der ähnlichen Fälle wurde diese Vermutung überprüft, was zeigte, dass die Kategorie »Sanktionen« nur bei bestimmten Fällen relevant ist und dass zusätzlich Kategorien zur Erklärung herangezogen werden müssen, wie z. B. Fach- und Berufsverständnis oder politische Überzeugungen, die untereinander auch wieder in Beziehung stehen.

Auf diese Weise konnten für die verschiedenen Gruppen von Probanden typische Handlungsweisen beschrieben und durch die jeweils relevanten »Nutzen-Kosten-Kalkulationen« erklärt werden. Diese »Typen« sind als »Idealtypen« zu verstehen, da sie den Querschnitt der relevanten Merkmalskombinationen von Personen, die in Bezug auf die ideologische Erziehung ähnlich handelten, darstellen und die nicht alle subjektiven Erfahrungen eines Realtypen zu 100 % wiedergibt.

Bei der Darstellung der Ergebnisse werden die Wahrnehmungen der LehrerInnen und die der ehemaligen SchülerInnen in getrennten Kapiteln vorgestellt, da auf diese Weise ihre »typischen« Perspektiven besonders gut erkennbar sind. Innerhalb der jeweiligen Kapitel werden die wesentlichen Differenzen innerhalb der beiden Gruppen dargestellt und interpretiert. Die Wahrnehmungs- und Handlungsweisen der unterschiedlichen »Lehrer-« und »Schülertypen« werden anhand von typischen Interviewaussagen illustriert, an denen auch der Interpretationsprozess verdeutlicht wird. Die Ergebnisse werden immer in Bezug auf den bestehenden Forschungsstand diskutiert.

4.2.2.1 Methodische Probleme

Interpretation von Widersprüchen
Da die Erzählung von Vergangenheit eine kreative Konstruktionsleistung der Interviewten darstellt (Welzer, 2005), besteht eine Hauptaufgabe der Interpretation darin zu erkennen, als wie authentisch die Aussagen der Befragten einzuschätzen sind.

In diesem Zusammenhang kann u. a. auf die Konsistenz der Beschreibungen und Bewertungen geachtet werden. Ergeben sich hier Widersprüche, wurden z. B. Zusammenhänge am Anfang des Interviews anders dargestellt und interpretiert als an seinem Ende, kann dies ganz unterschiedliche Ursachen haben. Zunächst können Widersprüche Hinweise auf Interviewereffekte sein, da sich der Befragte womöglich auf die von ihm oder ihr wahrgenommenen Erwartungen des Interviewers/der Interviewerin eingestellt hat und in zunehmendem Maße entsprechend sozialer Erwünschtheit antwortet. Eine andere mögliche Interpretation von Widersprüchen besteht darin, sie als Ausdruck innerer Zerrissenheit, der Unvereinbarkeit von Handlungszielen oder Rollenkonflikten zu interpretieren, welche der oder die Befragte in der Vergangenheit erfahren hat und im Gespräch wieder erlebt. Eine dritte Interpretationsmöglichkeit besteht darin, Widersprüche als Ausdruck eines Lern- und Interpretationsprozesses zu sehen, der während des Interviews stattgefunden hat. Da von uns interviewte GeographielehrerInnen und ehemalige SchülerInnen in der Regel bisher sehr wenig über ihre Handlungen im Geographieunterricht der DDR gesprochen hatten, dienten die Gespräche auch dazu, den damaligen Lernstoff und die eigenen Handlungen vor dem Hintergrund der aktuellen Lebenssituation neu zu überdenken und zu beurteilen. Damit trägt schon allein die Aufforderung, aus der vergangen Zeit und Lebensgeschichte zu berichten, zur Reflexion und individuellen Meinungsbildung bei.

Die Entscheidung, welche Interpretation zu verfolgen ist, hängt im konkreten Fall davon ab, welche Hinweise das Interview über Rollenzuschreibungen enthält, wie nah am Erlebten die Beschreibungen ausfallen, was u. a. das Vorhandensein von Beispielen und Dialogen anzeigt und wie einfach es den Befragten fällt, die Bewertung des Erzählten vorzunehmen, was u. a. auf Erzählroutine hindeuten kann. In diesem Zusammenhang schlägt Bauer (2006, S. 29) vor, darauf zu achten, ob selbst Erlebtes, Beobachtetes oder durch Dritte Erfahrenes im Interview berichtet wird, was die persönliche Betroffenheit der Interviewten anzeigen und die Relevanz für eigene Handlungsentscheidungen in der Vergangenheit belegen kann.

Zur Interpretation der Widersprüche müssen sie im Sinne der inhaltsanalytischen Explikation (s. o.) zudem in den Kontext des Interviews eingebettet werden und es sollten alle sonstigen zur Verfügung stehenden Informationen z. B. über die Interviewsituation oder die aktuelle Berufszufriedenheit einbezogen werden.

Multiperspektivische Validierung?

Eine Möglichkeit zur Beurteilung der Authentizität von Interviews besteht in ihrer multiperspektivischen Validierung (Kardoff, 2000). Vergleicht man die Aussagen verschiedener Probanden der gleichen Gruppe (LehrerInnen, SchülerInnen oder Experten) zu einem Sachverhalt, können individuelle Erinnerungslücken ausgeglichen werden. Dies ist für die interviewten LehrerInnen z. B. bei den Beschreibungen von strukturellen Rahmenbedingungen der pädagogischen Arbeit möglich, die für alle Befragten während ihrer Dienstzeit ähnlich waren. Fragen, was das »Parteilehrjahr« war, welche Inhalte bei Lehrerfortbildungen behandelt wurden, wie »Klassenleiter- oder Jahrespläne« auszusehen hatten, durch welche Personengruppen der Unterricht kontrolliert wurde etc., lassen sich auf diese Weise einfach beantworten.

Durch den Vergleich der Lehrerinterviews untereinander können zudem typische Erlebnisse aus dem Berufsumfeld der LehrerInnen erkannt werden, über die in ähnlicher Form immer wieder berichtet wird. Es handelt sich hier z. B. um Beschreibungen von Sanktionen, die gegen Kollegen verhängt wurden, welche die Bildungspolitik der SED nicht vollständig in ihrem Unterricht umsetzten und plötzlich als »Staatsfeinde« galten. Ob diese Erzählungen zu ähnlichen Themen in allen Einzelheiten völlig wahr sind, kann heute nicht mehr beurteilt werden, dass es aber z. B. typische Sanktionen gab, vor denen die LehrerInnen typischer Weise Angst hatten, lässt sich somit belegen. Gleiches gilt auch für die Identifizierung typischer Probleme bei der Umsetzung der ideologischen Lernziele im Unterricht, typischer geographischer Themengebiete, bei denen die ideologische Erziehung besonders bedeutsam oder unbedeutsam war, oder typischer Reaktionsmuster auf politische Provokationen durch die SchülerInnen.

Auf die gleiche Weise können die Interviews mit den SchülerInnen validiert werden, die u. a. über Routinen im Unterricht, genutzte Medien und die typischen »Gewissensprüfungen« im Unterricht Auskunft geben können.

Der Vergleich der Interviews von LehrerInnen und SchülerInnen eignet sich in begrenztem Umfang ebenfalls zur Beurteilung ihrer Authentizität. Berichten LehrerInnen z. B., sie hätten auch kritische politische Diskussionen in ihrem Geographieunterricht zugelassen, kann durch den Vergleich mit Schülerinterviews, die von ähnlichen Unterrichtsdiskussionen berichten, nicht bewiesen werden, dass die betreffende Lehreraussage richtig ist, es wird jedoch wahrscheinlicher, dass es generell Personen gegeben hat, die Diskussionen in ihrem Unterricht zuließen. Ergeben sich Widersprüche zwischen Lehrer- und Schülerinterviews, kann dies daran liegen, dass bei einer der beiden Gruppen Verzerrungen u. a. aufgrund der Interviewsituation auftraten, dass aufgrund der geringen Fallzahl nicht alle Verhaltensweisen erfasst wurden oder dass es sich hier um gruppenspezifische Sichtweisen handelt.

Insgesamt kann der Vergleich von Interviewaussagen unterschiedlicher Personen dazu eingesetzt werden, individuelle Erinnerungslücken auszugleichen und zuverlässige Sachinformationen zu erlangen. Zusammenhänge, welche für die Befragten von größerer Bedeutung für die Definition der eigenen Persönlichkeit sind, was u. a. eine größere Emotionalität der Darstellungen anzeigt, können dagegen nur bedingt durch Interviewvergleiche beurteilt werden, da hier der größte Einfluss des Interviewers als Interaktionspartner, der aktuellen Lebenssituation und des Selbstverständnisses der Befragten zu erwarten sind und daher vorrangig am einzelnen Interview gearbeitet werden muss.

Daten- und Methodentriangulation zur Validierung?
Eine in der Literatur diskutierte Validierungsmöglichkeit besteht in der Daten- und der Methodentriangulation, womit gemeint ist, dass durch die Kombination unterschiedlicher Daten und Methoden verschiedene Blickwinkel auf das gleiche Problem erhoben werden, die sich gegenseitig ergänzen und validieren können (Flick, 2000 und 2008).

»Zusammengefasst beinhaltet methodologische Triangulation einen komplexen Prozess des Gegeneinander-Ausspielens jeder Methode gegen die andere, um die Validität von Feldforschungen zu maximieren« (Denzin, 1978, S. 304).

Da jeder Methode spezifische Schwächen, aber auch spezifische Stärken innewohnen, führt nach Denzin eine Kombination unterschiedlicher Methoden zu einer gegenseitigen Stärkung und damit zu einer erhöhten Validität der Ergebnisse.

In der vorliegenden Studie wurden neben qualitativen Interviews auch Lehrpläne, Geographieschulbücher und Unterrichtshilfen mit spezifischen Methoden analysiert (siehe Kap. 3). Die Validierung der Interviews durch diese Materialien scheint jedoch nur bedingt möglich zu sein. Wenn z. B. ein interviewter ehemaliger Schüler berichtet, dass im Geographieunterricht aus-

schließlich physisch-geographische Inhalte behandelt wurden und der ideologische Gehalt des Unterrichts folglich sehr gering gewesen sei, erscheint es durch
einen Vergleich mit den obligatorischen Lehrplänen recht unwahrscheinlich,
dass der Befragte die damalige Unterrichtsrealität korrekt wiedergibt, was aber
wenig zur Interpretation der Aussage und zum Verständnis der Wahrnehmung,
Bewertung und Handlung des Betreffenden beiträgt.

   Relevanter als die Validierung der unterschiedlichen Daten durch Triangulation scheint die Möglichkeit zu sein, unterschiedliche Aspekte der Fragestellung zu erheben und zu einem tieferen Verständnis des untersuchten Gegen-
standes zu gelangen. Dies wird auch in aktuellen Arbeiten zur qualitativen Sozialforschung so gesehen wird.

»Triangulation wird inzwischen weniger als Strategie der Validierung in der qualitativen Forschung, sondern als Strategie, Erkenntnisse durch die Gewinnung
weiterer Erkenntnisse zu begründen und abzusichern, gesehen« (Flick, 2000,
S. 311).

Lehrplan-, Schulbuch- und Unterrichtshilfenanalyse geben vorrangig darüber
Auskunft, welchen Stellenwert die ideologische Erziehung im Geographieunterricht aus der Sicht der Bildungspolitik und der Geographiedidaktik idealty-
pisch haben sollte, während die qualitativen Interviews mit LehrerInnen und
SchülerInnen deren Wahrnehmung, Beurteilung und diesbezügliche Handlungsmuster zeigt. Besonders interessant sind Bezüge, welche die Interviewten
zu den inhaltlichen Vorgaben der Lehrpläne oder zu bestimmten Texten, Photos,
Bildern, Statistiken herstellen und die zeigen, wie die Themen oder Medien auf
die SchülerInnen wirkten, und die einschätzen lassen, welche Relevanz die inhaltlichen, didaktischen und medialen Vorgaben für die damalige Unterrichtsrealität hatten.

4.3   Forschungsstand

Bei der Sichtung der Forschungsliteratur fällt zunächst auf, dass der Geographieunterricht der DDR durch die politische Wende von 1989 von einem Ge-
genwartsphänomen zu einem historischen Forschungsgegenstand geworden ist.
Damit ist es notwendig, die Arbeiten zum DDR-Geographieunterricht nach dem
Zeitpunkt ihrer Entstehung einzuteilen sowie nach ihrem Erscheinungsort in
der DDR oder in der BRD.

   Vor 1989 kann man auf eine umfangreiche didaktische Forschungsliteratur
zurückgreifen, die an Abteilungen »Methodik des Geographieunterrichts« der

Universitäten und Pädagogischen Hochschulen der DDR sowie an der Akademie der Pädagogischen Wissenschaften entstanden ist.

Wichtige Forschungsschwerpunkte, die von der Akademie der Pädagogischen Wissenschaften in Abstimmung mit dem Ministerium für Volksbildung zugeteilt wurden, lagen in der Verbesserung der Lehrpläne und in der Entwicklung von Konzepten zu ihrer optimalen Umsetzung. Die verschiedenen Hochschulen untersuchten zudem den Geographieunterricht in unterschiedlichen Klassenstufen. An der Humboldt-Universität in Berlin erforschte man z. B. den Geographieunterricht für die 6. Klasse und in Dresden denjenigen für die 5. Jahrgangsstufe.

Es wurden sowohl theoretische Arbeiten wie zur Gestaltung der Geographielehrpläne (u. a. Schlimme, 1974 und Keller, 1971), fachhistorische Arbeiten (u. a. Kinzel, 1959) als auch empirische Arbeiten, zum Einsatz von Unterrichtsmedien[10] (u. a. Breetz, 1984), zum Begriffsverständnis der SchülerInnen (u. a. Ringel, 1988), zur Unterrichtsplanung (u. a. Warmuth, 1977), zur Entwicklung des »Könnens« (u. a. Flath, 1985) und zur ideologischen Erziehung durchgeführt.

Generell besteht bei der Bestimmung des Forschungsstandes zum Geographieunterricht in der DDR das Problem, dass nur ein Teil der damals angefertigten Arbeiten veröffentlicht wurde und demnach heute zugänglich ist. In der Regel wurden zusammenfassende Ergebnisse in der »Zeitschrift für den Erdkundeunterricht« dargestellt, die genauen empirischen Daten und Analysen waren jedoch größtenteils nicht öffentlich einsehbar. Für die vorliegende Arbeit war es dennoch möglich, einen Teil der relevanten unveröffentlichten Qualifikationsarbeiten (Diplomarbeiten und Dissertationen A und B), die teilweise noch in den Abteilungen für Didaktik der Geographie der Humboldt-Universität in Berlin und der Universität Potsdam vorhanden waren, in die Analyse mit einzubeziehen, deren zentrale Ergebnisse im Folgenden vorgestellt werden.

4.3.1 In der DDR angefertigte Forschungsarbeiten zur ideologischen Erziehung im Geographieunterricht

Alle Qualifizierungsarbeiten zum Thema der ideologischen Erziehung im Geographieunterricht, welche in der DDR angefertigt wurden, verfolgten das Ziel, diesen Bereich im Unterricht zu optimieren und in seiner Wirkung auf die SchülerInnen zu verstärken. Dazu wurden die in den Lehrplänen enthaltenen Ziele zusammengestellt und systematisiert, ihre Umsetzung in Geographieschulbüchern und Unterrichtshilfen analysiert sowie empirische »Praxisstudi-

---

10 Unterrichtsmedien wurden in der DDR »Unterrichtsmittel« genannt.

en« durchgeführt, die Probleme in der Umsetzung der Erziehungsziele im Unterricht aufdecken sollten und die Brauchbarkeit alternativer Konzepte testeten.
Zur Bestimmung, was ideologische Erziehung im Unterricht bedeuten sollte,
wird häufig auf die Arbeit von Adam (1970, S. 620) verwiesen, der u. a. folgende
Ziele nennt: das »*feste politisch-ideologische Engagement für den sozialistischen
Staat, die Partei der Arbeiterklasse und den Sozialismus*«, die Herausbildung
einer »*festen Klassenposition*«, Entwicklung von »*Solidarität*« zu den »sozialistischen« Staaten, vor allem zur Sowjetunion, »*Erziehung zum Kämpfertum und
zum Hass gegenüber dem Klassenfeind, insbesondere gegenüber dem Todfeind
des deutschen Volkes, dem westdeutschen Imperialismus und Militarismus*« und
die »*Entwicklung eines positiven Verhältnisses zu den revolutionären Traditionen unseres Volkes.*«

Zur Frage, wie erfolgreich die LehrerInnen die Erziehung der SchülerInnen zu
»sozialistischen Persönlichkeiten« im Geographieunterricht umsetzten, findet
sich in der Ausgangsfragestellung der Arbeit von Frisch (1982, S. 7) ein erster
Ansatzpunkt. Er fragte:

»Wie gelingt es uns im Geographieunterricht noch besser, das Wesen des Imperialismus zu entlarven und bei unseren Schülern die Überzeugung von der Gefährlichkeit dieses menschenfeindlichen Systems zu vertiefen?«

Diese Fragestellung macht nur Sinn, wenn man annimmt, die politisch-ideologischen Ziele des Geographieunterrichts würden in noch nicht ausreichendem
Maße vermittelt. Tatsächlich ergibt seine empirische Untersuchung, dass der
Geographieunterricht an Stelle von Begeisterung und sozialistischer Überzeugung vor allem Desinteresse bei den SchülerInnen hervorrief. Frisch (1982)
untersuchte in seiner Dissertation das Interesse von 256 Fünftklässlern am
Geographieunterricht im Allgemeinen und in Bezug auf die Unterrichtsthemen
dieser Klassenstufe im Speziellen und verglich dies mit dem Interesse von 240
Zehntklässlern. Ein Hauptergebnis ist, dass das Interesse am Geographieunterricht abgenommen hat. Während in der 5. Klasse, zu Beginn des Geographieunterrichts, noch 96 % der Befragten auf die Frage: »*Interessieren Sie sich
für das Fach Geographie?*« mit »*Ja*« antworteten, waren dies in der 10. Klasse nur
noch 34,5 %. Kritisiert wurde von den SchülerInnen u. a., dass der Anteil der
staatsbürgerlichen Erziehung im Geographieunterricht zu hoch sei.

In ihrer Diplomarbeit untersuchten Kruse und Tröger (1978) anhand einer
Befragung von 200 SchülerInnen der 6. Klasse, welches Wissen diese nach der
Behandlung der Stoffeinheit »*Sozialistische Länder Europas*« erworben haben.
Die SchülerInnen konnten in der Regel einige Ballungs-, Industrie- und Land-
wirtschaftsgebiete der »*sozialistischen Länder Europas*« nennen, hatten aber
große Schwierigkeiten zu begründen, warum Landwirtschaftsgebiete der »so-

zialistischen« Staaten »planmäßig« industrialisiert werden sollten. Das geringe Verständnis der SchülerInnen für die »*sozialistische Industrialisierung*« scheint auch auf »Defizite« im Bereich der ideologischen Erziehung hinzuweisen, da die SchülerInnen durch den Unterricht eigentlich zu der positiven Bewertung der »*planmäßigen Entwicklung von Territorien im Sozialismus*« geführt werden sollten (Glanz, 1988, S. 54).

Herzog und Krebs (1976) untersuchten in ihrer Dissertation, inwiefern die Behandlung der Beziehung zwischen »*Gesellschaft*« und »*Natur*« von den LehrerInnen zur Erreichung der Lehrplanziele zur »sozialistischen Erziehung« genutzt wurde und wie der durchgeführte Unterricht auf die SchülerInnen wirkte. Zunächst wurden grundlegende Lehrplanaussagen zu den Unterschieden in der Mensch-Umweltbeziehung im »Sozialismus« und im »Kapitalismus« herausgearbeitet, die in Tabelle 3 zusammengefasst sind (Herzog und Krebs, 1976).

Tabelle 3: Erkenntnisse zur Mensch-Umweltthematik im Sozialismus und im Kapitalismus (Herzog und Krebs, 1976, S. 55 und 64/65)

Kapitalismus	Sozialismus
»Das kapitalistische System (ist) nicht in der Lage, das Verhältnis Gesellschaft-Natur planmäßig und zum Wohle aller zu gestalten.«	»Im Sozialismus (werden) die natürlichen Ressourcen planmäßig, rationell und zum Wohle der gesamten Gesellschaft genutzt und die natürliche Umwelt geschützt und gestaltet.«
»Alle Theorien und Teilmaßnahmen (sollen) nur dazu dienen, den gesetzmäßigen Untergang des Systems hinauszuzögern.«	»Die vor allem in der kapitalistischen Vergangenheit entstandenen Umweltschäden (werden) schrittweise abgebaut und gleichzeitig neue Schäden eingeschränkt bzw. vermieden.«
»Die kapitalistische Gesellschaftsordnung (ist) zum Untergang verurteilt und (muss) abgelöst werden.«	»Alle landeskundlichen Maßnahmen in sozialistischen Territorien (lassen) sich nicht ohne die aktive und schöpferische Mitarbeit aller Mitglieder der Gesellschaft verwirklichen.«
	»Die sozialistischen Staaten (haben) ein gemeinsames Interesse an der rationellen Nutzung ihrer Naturreichtümer sowie einer Verbesserung ihrer natürlichen Umwelt und (arbeiten) auch auf diesem Gebiet eng zusammen. Dabei nutzen sie die reichen Erfahrungen und die praktische Hilfe der Sowjetunion.«

Durch Hospitationen in 61 Unterrichtsstunden und durch die schriftliche Befragung von 1242 SchülerInnen der Klassenstufen 5, 7, 8 und 10 konnte herausgefunden werden, dass im Geographieunterricht vor allem die wirtschaftliche Nutzung der natürlichen Ressourcen thematisiert wurde, was dem Schwerpunkt der Lehrpläne entsprach. Jedoch wurden aus der Sicht der Autoren die *»Potenzen des geographischen Unterrichtsstoffes«* für die Verwirklichung des erzieherischen Anliegens nur ungenügend genutzt, da den SchülerInnen nach erfolgtem Geographieunterricht die angeblichen Unterschiede in der Nutzung der natürlichen Bedingungen unter »sozialistischen« und »kapitalistischen« Gesellschaftsordnungen nicht »genügend« bewusst waren (Herzog und Krebs, 1976, S. 108). So konnte z. B. über die Hälfte der Befragten kein besonderes Merkmal der Nutzung der Natur in den »sozialistischen« Ländern und fast die Hälfte keines derjenigen in »kapitalistischen« Ländern nennen (Tabelle 4 und Tabelle 5).

Tabelle 4: Ergebnisse einer Schülerumfrage zu den allgemeinen Merkmalen der Nutzung der Natur in den »sozialistischen« Ländern (Herzog und Krebs, 1976, Anhang S. 17)

Klasse	7	10
»Nutzung zum Wohle des Volkes	36,1 %	30,4 %
Rationelle Nutzung	13,1 %	7,1 %
Planmäßige Nutzung	5,7 %	6,2 %
Gegenseitige Hilfe und Zusammenarbeit der sozialistischen Länder bei der Nutzung der Natur	5,7 %	6,2 %
Kein Merkmal wussten«	58,4 %	54,0 %

Tabelle 5: Ergebnisse einer Schülerumfrage zu den allgemeinen Merkmalen der Nutzung der Natur in den »kapitalistischen« Ländern (Herzog und Krebs, 1976, Anhang S. 17)

Klasse	7	10
»Nutzung zur Profitgewinnung für die Kapitalisten	44,9 %	44,7 %
Kein Merkmal wussten«	47,0 %	53,4 %

Dass die »sozialistischen Erziehungsziele« nicht vollständig erreicht wurden, führten Herzog und Krebs (1976, S. 108) darauf zurück, dass den SchülerInnen die *»Bedeutung der Produktionsverhältnisse und Produktivkräfte für das Verhältnis zwischen Gesellschaft und Natur nicht ausreichend klargemacht«* wurde. Diese Ergebnisse könnten ein Hinweis darauf sein, dass nicht alle LehrerInnen die in den Lehrplänen definierten »sozialistischen Erziehungsziele« in ihrem Geographieunterricht tatsächlich vollständig umsetzten.

Für ihre Diplomarbeit führten Ewerth u. a. (1985) in den ersten Stunden des Schuljahres eine schriftliche Befragung von 326 SchülerInnen der 6. Klasse durch. Sie untersuchten das Vorwissen der Kinder zu den »kapitalistischen

Ländern Europas«, dem Stoff der 6. Klasse. Sie fanden heraus, dass sie viele Länder Europas dem Namen nach nennen und sie diese zudem nach den vorgegebenen Kriterien »sozialistisch« und »kapitalistisch« ordnen konnten. Bei der offenen Frage, was ein »kapitalistisches« Land ausmache, antworteten 57,4 % der Befragten mit »*Arbeitslosigkeit*«, 20,5 % nannten soziale Probleme wie

»*Armut*«, »*Hunger*« und »*Obdachlosigkeit*«, 31,6 % gingen auf die Besitzverhältnisse (»*Privateigentum*«) ein, 26,5 % der Antworten entfielen auf den Bereich »*Rüstung/Aggressivität*« (Ewerth u. a. 1985, S. 38). Bei der offenen Frage nach den Kennzeichen der BRD wurden die gleichen Elemente genannt, jedoch hielten »nur« 40 % der Befragten »*Arbeitslosigkeit*« und nur ca. 5 % soziale Probleme für Merkmale der BRD. Die genannten Antworten deuten auf ein eher negatives Bild der SchülerInnen von den »kapitalistischen« Länder und auch der BRD hin, bei dem problematische Lebensverhältnisse der Bevölkerung im Vordergrund stehen. Dieses ist nur bedingt als tatsächliches »Vorwissen« zu bezeichnen, wie dies die Studie tut, da in der 5. Klasse bereits die DDR als »sozialistisches« Land behandelt wurde und dabei zur Verdeutlichung der »Merkmale« des »sozialistischen« Landes sicher auch auf die Unterschiede zu den »kapitalistischen« Ländern im Unterricht eingegangen wurde. Weitere Meinungen über »kapitalistische« Länder wurden sicherlich auch durch die Medien der DDR vermittelt. Neben den von den Befragten genannten negativen »Merkmalen« der »kapitalistischen« Länder, welche im Geographieschulbuch der 6. Klasse zu finden sind (siehe 3.3.1.1.1), wurden von den Kindern auch Elemente wie »*überfüllte Läden*«, »*Autos*«, »*Lieder*«, »*Devisenreichtum*«, »*Süßigkeiten*« etc. genannt, welche ihnen vermutlich aus dem Westfernsehen oder durch Geschenke der »Westverwandtschaft« bekannt waren. In der Studie wurden bezüglich dieser von den Befragten genannten positiv besetzten Begriffe, die von den Autoren als »*Äußerungen, die die Realität verfälschen, verharmlosen, glorifizieren oder verzerren*«, beurteilt werden (Ewerth u. a. 1985, S. 39), keine Prozentzahlen genannt, was daran liegen könnte, dass diese Ergebnisse nicht erwünscht waren, da sie auf den Misserfolg der bisherigen ideologischen Prägung hindeuteten.

Im Anschluss an diese Arbeit untersuchten Cejewski u. a. (1987) in ihrer Diplomarbeit, inwiefern die Ziele der ideologischen Erziehung bei der Behandlung der »*kapitalistischen Länder Europas*« in der 6. Klasse tatsächlich im Unterricht realisiert wurden. Die ideologischen »Leitlinien« (Cejewski, 1987, S. 22) werden in dieser Klassenstufe auf der Grundlage des Lehrplans definiert:

– »Darstellung der krisenhaften Entwicklung der kapitalistischen Länder« (wirtschaftliche Auf- und Abschwungphasen, zunehmende »Ausbeutung der Arbeiter«),

- Darstellung der »Territorien« und Industriezweige (räumliche Disparitäten und soziales Elend),
- »Darstellung des Verhältnisses zwischen Natur und Gesellschaft« (Raubbau an der Natur, Umweltschäden durch Massentourismus),
- »Darstellung der sozialen Auswirkungen der kapitalistischen Produktionsweise« (»Arbeitslosigkeit, steigende Preise, Armut und Hunger«).

Die schriftliche Befragung von 44 SchülerInnen der 6. Klasse nach erfolgtem Unterricht ergab, dass es bei allen vier »Leitlinien« offenbar »Defizite« in der Vermittlung oder in der Aufnahme durch die SchülerInnen gegeben hatte. »Richtige« Aussagen zu der Mensch-Umweltthematik in der BRD konnten 86 % SchülerInnen nicht treffen, 55 % hatten keine »richtigen« Vorstellungen von den dortigen Territorien und Industriezweigen, 39 % machten keine Angaben zu der »krisenhaften Entwicklung« der BRD und 25 % hatten keine »Kenntnisse« über die dortigen »schlechten« sozialen Bedingungen. Ähnliche Ergebnisse ergab die Erhebung zu den »kapitalistischen Staaten Südeuropas«.

Die Antwort eines Schülers auf die Frage: »Was weißt du über die ökonomischen und sozialen Verhältnisse in den kapitalistischen Staaten Südeuropas?« ist aus Abbildung 37 ersichtlich. Da viele SchülerInnen die nicht anonyme Befragung als »Test« wahrnahmen, was man daran ablesen kann, dass sie unterhalb der Antworten häufig die Angabe »Note:...« geschrieben hatten, wurden Antworten gegeben, von denen die SchülerInnen annahmen, dass diese von den LehrerInnen positiv bewertet würden. Genannt wurden daher vorwiegend soziale Probleme wie Arbeitslosigkeit, Armut und schlechte Wohnbedingungen. Die positiven Elemente der »kapitalistischen« Staaten, die den von Ewerth u. a. (1985) befragten SchülerInnen schon vor dem Unterricht bewusst waren, wurden hier nicht mehr genannt, was darauf hindeuten könnte, dass die SchülerInnen gelernt haben, dass nur die Nennung negativer Kennzeichen positiv sanktioniert wurde (durch Lob und gute Noten).

Die vorliegende Antwort könnte zudem als ein Hinweis darauf gelten, dass die Schulbuchphotos einen besonders großen Einfluss auf die Vorstellungsbildung der SchülerInnen hatten. Die Aussage »alte Häuser und in engen Gassen« könnte sich direkt auf das Schulbuchbild von Süditalien beziehen (siehe Abbildung 8). Bemerkenswert ist noch, dass dieser Schüler, wie auch fast alle seiner Mitschüler, »Kapitalisten« mit »Gutsherren« oder »Großgrundbesitzern« gleichsetzte. Gründe hierfür könnten sein, dass im Geographieunterricht Parallelen zwischen Feudalismus und Kapitalismus gezogen wurden oder dass der von den SchülerInnen gelernte Unterrichtsstoff im Fach Geschichte in die Antworten eingeflossen ist.

Trotz der sehr geringen Fallzahlen und der etwas undurchsichtigen Bewertung der Schüleräußerungen, kann man auch diese Arbeit als Hinweis darauf

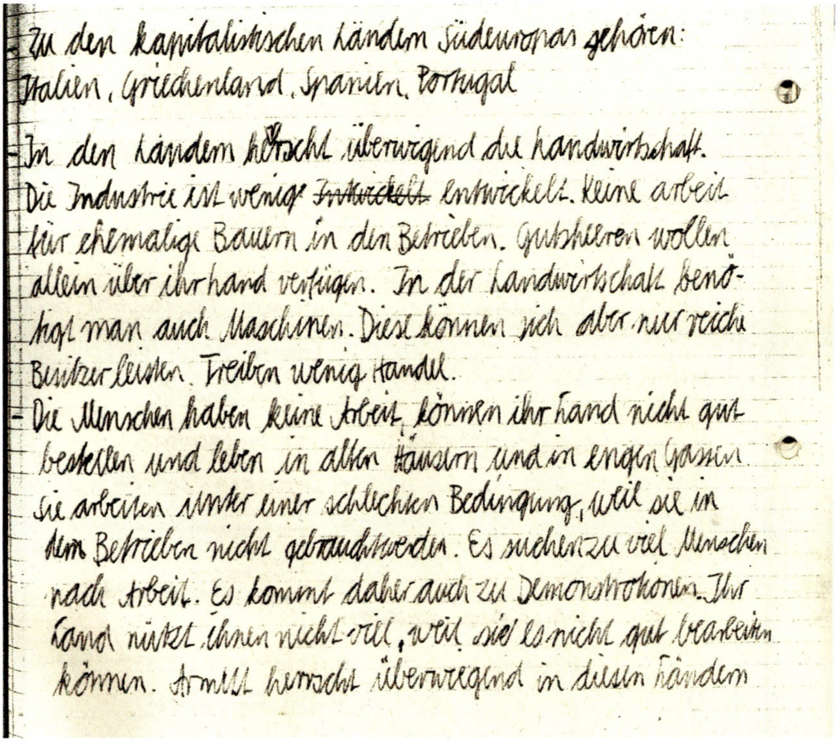

> Zu den kapitalistischen Ländern Südeuropas gehören:
> Italien, Griechenland, Spanien, Portugal
>
> In den Ländern herrscht überwiegend die Landwirtschaft.
> Die Industrie ist wenig ~~entwickelt~~ entwickelt. Keine Arbeit
> für ehemalige Bauern in den Betrieben. Gutsherren wollen
> allein über ihr Land verfügen. In der Landwirtschaft benö-
> tigt man auch Maschinen. Diese können sich aber nur reiche
> Besitzer leisten. Treiben wenig Handel.
> Die Menschen haben keine Arbeit, können ihr Land nicht gut
> bestellen und leben in alten Häusern und in engen Gassen.
> Sie arbeiten unter einer schlechten Bedingung, weil sie in
> dem Betrieben nicht gebraucht werden. Es suchen zu viel Menschen
> nach Arbeit. Es kommt daher auch zu Demonstrationen. Ihr
> Land nützt ihnen nicht viel, weil sie es nicht gut bearbeiten
> können. Armut herrscht überwiegend in diesen Ländern

Abbildung 37: Kenntnisse eines Schülers der 6. Klasse zu den »kapitalistischen« Staaten Südeuropas (Cejewski u. a. 1987, Anhang)

Erz.-Ziel d. Schuljahres	Überzeugungen	Einsichten	Stoffliche Ansatzpunkte (auf der Grundlage des Lehrplans)
	II. Der Mensch kann die in der Natur herrschenden Gesetze erkennen und zu seinen Gunsten ausnutzen (Beachte III)	1. Die klimatischen Erscheinungen unterliegen bestimmten Gesetzmäßigkeiten	*Nordeuropa: See- und Landklima, Klimascheide; eisfreie Häfen*
		2. Klima, Vegetation, Oberfläche stehen in einem Zusammenhang	*Höhenstufen der Vegetation in den Alpen; Verkarstung im Mittelmeergebiet; Klimagunst der Beckenlandschaften (Oberrheinische Tiefebene); Auswirkungen der Erscheinungen auf die Landwirtschaft*
		3. Die Ergebnisse der hydrologischen Forschung werden für Landwirtschaft und Industrie angewandt	*Neulandgewinnung an der Nordseeküste; Entwässerung der Moore; Anlage von Stauseen, Kanäle; Umgestaltung der Pußta*
		4. Geologische Erkenntnisse ermöglichen eine bessere Nutzung der Bodenschätze	Erdöl und Erdgas in Westdeutschland; Steinkohlenabbau im Ruhrgebiet und in Großbritannien; Eisenerz in Schweden und in Frankreich; Steinkohle, Braunkohle, Kupfererz, Schwefel in Polen; Erdöl in Rumänien
	III. Die gesellschaftlichen Verhältnisse bestimmen die Art und Weise der Umgestaltung der Natur	1. Die sozialistischen Produktionsverhältnisse ermöglichen die Umgestaltung die Natur im Interesse der Werktätigen	*Umgestaltung der Pußta; Kraftwerk „Eisernes Tor"; Erschließung des Donaudeltas*
		2. Die kapitalistische Profitsucht hemmt die Umgestaltung der Natur im Interesse des Menschen	*Vernachlässigung des Küstenschutzes an der Nordseeküste führte zu schweren Überschwemmungen; Überschwemmungen in Süddeutschland; Überschwemmungen in der Poebene; Entwaldung im Mittelmeerraum*
	IV. Auch in der Gesellschaft findet eine fortschreitende Entwicklung statt	1. In den sozialistischen Ländern ist gegenüber den kapitalistischen Ländern eine höhere Stufe der gesellschaftlichen Entwicklung erreicht worden	Veränderungen der Macht- und Eigentumsverhältnisse, der Wirtschaftsstruktur und der Lebensverhältnisse der Bevölkerung am Beispiel verschiedener sozialistischer Länder; Standortverteilung in den sozialistischen Ländern; die enge und brüderliche Zusammenarbeit der sozialistischen Länder Europas

Durch die Gewöhnung an eine wissenschaftliche Betrachtungsweise der geographischen Erscheinungen sollen die Schüler zu einer materialistischen Fragehaltung hinsichtlich der Erklärung des Geschehens in Natur und Gesellschaft (Veränderung und Entwicklung, Kausalität, Rolle des Menschen) erzogen werden

Abbildung 38: Ziele der ideologischen Erziehung in der 6. Klasse (Ehling u.a., 1969a, S. 178)

werten, dass die in den Lehrplänen vorgeschriebenen ideologischen Erziehungsziele für diese Klassenstufe offenbar nicht bei allen SchülerInnen erreicht wurden.

Ähnliche Ergebnisse finden sich in allen mir vorliegenden Arbeiten zum Erfolg der ideologischen Erziehung im Geographieunterricht. Unterschiedlich sind jedoch die Gründe, die von den Autoren hierfür angeführt werden. Grob lassen sich zwei Gruppen von Argumentationen unterscheiden. Zum einen finden sich Arbeiten, die »Defizite« in der »ideologischen Linienführung« bei den LehrerInnen untersuchten und zum anderen Arbeiten, die diese in den Lehrplänen, Schulbüchern und Unterrichtshilfen erkannten.

Zu der ersten Gruppe gehört u. a. die Arbeit von Kohlmann (1966, S. 215), der herausfand, dass die 40 von ihm untersuchten GeographielehrerInnen »*keine klare Vorstellung vom Wesen des Vergleichs*« hatten. So nannten nur 12 von ihnen den »*Nachweis der Überlegenheit des Sozialismus*« als wesentliche Funktion des Vergleichs im ökonomisch-geographischen Unterricht. Dieses Ergebnis wird darum als Hinweis auf den Misserfolg der ideologischen Erziehung im Geographieunterricht gedeutet, da verschiedene »Methodiker« auf die Relevanz des Vergleichs zwischen »kapitalistischen« und »sozialistischen« Staaten zur Herausbildung der Überzeugung von der »Überlegenheit« des Sozialismus hingewiesen hatten (u. a. Jahn, 1966). Dass auch die parallel durchgeführten Hospitationen ergaben, dass der Vergleich zu diesem Zweck nur selten durchgeführt wurde, liefert einen weiteren Beleg dafür, dass nur ein Teil der LehrerInnen die Verhältnisse in »kapitalistischen« und »sozialistischen« Ländern gegenüberstellte, um durch vorgeschriebene Wertungen politische Freund- und Feindbilder zu vermitteln.

Auch die Arbeit von Glanz (1988) wollte einen Beitrag zur Verstärkung der Wirksamkeit der ideologischen Erziehung im Geographieunterricht leisten. Bisherige »Defizite« in diesem Bereich wurden vor allem darauf zurückgeführt, dass noch nicht genügend ideologische Wertungen im Geographieunterricht vorgenommen wurden, und damit die gesellschaftlichen Wertvorstellungen nicht ausreichend in individuelle Wertorientierungen überführt wurden. Daher wurden in dieser Studie Vorschläge erarbeitet, wie in allen »Typen« von Unterrichtsstunden durch die »*Führungstätigkeit des Lehrers*« ideologische Wertungsprozesse initiiert werden könnten, durch die bei den SchülerInnen die gewünschten »sozialistischen Überzeugungen« hervorgerufen werden könnten (Glanz, 1988, S. 57 ff.). In der »*Zielorientierung und Motivierung*« sollte der zu bewertende Sachverhalt vorgestellt und die Voraussetzungen für die Wertungsprozesse gelegt werden. Hier konnten auch die Ausgangsbewertungen der SchülerInnen geäußert werden. Während der folgenden »*Erstaneignung von Wissen*« sollten sich die SchülerInnen dann die notwendige Faktenbasis erarbeiten, um im Anschluss durch »*Synthese*« der Daten, durch »*Vergleiche*«,

»*Systematisierungen*« und »*Verallgemeinerungen*« unter der Führung des Lehrers zu den gewünschten ideologischen Werturteilen zu kommen. Da der Wertungsprozess nicht ergebnisoffen verlaufen sollte, sondern nur Wertungen »*vom Klassenstandpunkt*« angestrebt wurden, wurde in dieser Phase das »Unterrichtsgespräch« favorisiert, da es dem Lehrer durch diese Methode möglich war, den Wertungsprozess der SchülerInnen durch Verstärkungen und Korrekturen zu kontrollieren.

In der »*Zusammenfassung*« könnte dann auf die in der Anfangsphase der Unterrichtseinheit geäußerten Werturteile Bezug genommen werden, wodurch »*ein Beitrag zur Erlangung bzw. Vertiefung von Einsichten bei Schüler zu leisten (ist), der insgesamt einen Zuwachs an klassenmäßigem Bewusstsein sichert*« (Glanz, 1988, 65). In »*Wiederholungs-*« *und* »*Systematisierungsstunden*« sollte dann das Erlernte gefestigt werden. Letztlich sollte die richtige Bewertung der gesellschaftlichen Verhältnisse dann auch »*kontrolliert*« werden.

In seiner Dissertation untersuchte Günther Filipiak (1971) die Fähigkeiten zum systemischen Denken im Bereich der Ökonomischen Geographie sowie des Beurteilens eines geographischen Sachverhalts durch die SchülerInnen in seiner eigenen 8. Klasse und vier Vergleichsklassen anhand einer Fragebogenerhebung. Bei allen Vergleichsklassen wurden »*fehlendes Beherrschen fachspezifischen Systemwissens*«, d. h. Defizite in der Verbindung der einzelnen gelernten Komponenten der Ökonomischen Geographie wie Bodenschätze, Industrie und Landwirtschaft, diagnostiziert, was dazu führte, dass die SchülerInnen das Gelernte nicht (richtig) beurteilen konnten (Filipiak, 1971, S. 125–135). Der Autor testete u. a., inwieweit die SchülerInnen beim Stoffgebiet Algerien eine »richtige« abschließende Beurteilung »*vom Klassenstandpunkt*« vornehmen konnten. Alle Befragten der Vergleichsklassen bezogen in ihren Antworten die Position des algerischen Volkes und verurteilen die »*französischen Imperialisten*«. Eine differenzierte Begründung dieser Beurteilung konnten die Befragten aber zu 84 % nicht angeben (Filipiak, 1971, S. 136–137). Die Ergebnisse fallen in der Klasse des Autors »positiver« aus. Es handelt sich hier um eine Arbeit, die trotz der methodischen Probleme, die in der eingeschränkten Vergleichbarkeit der untersuchten Klassen liegt, Hinweise dafür enthält, dass die ideologische Erziehung der SchülerInnen im Geographieunterricht der DDR nicht in so umfassendem Maße gelang, wie dies von »Methodikern« und der Bildungspolitik gewünscht war. Die Untersuchten scheinen hauptsächlich das »Herunterbeten« gelernter Beurteilungen vom »Klassenstandpunkt« aus gelernt zu haben, die sie nicht wirklich nachvollziehen konnten.

Auch Förster (1979, S. 230), der für seine Dissertation bei 263 SchülerInnen der Klassenstufen 7–10 deren Fähigkeit zum »ideologischen Werten« erhoben hat, kam zu dem Schluss, dass die überwiegende Mehrzahl der Befragten über einen klaren Klassenstandpunkt verfügte, den sie aber »*nur in seltenen Fällen*

auf die geographischen Sachbeziehungen« zurückführen könne. Die SchülerInnen könnten ihre *»einigermaßen klaren ideologischen Wertvorstellungen«* teilweise aufgrund von *»Unkorrektheiten und Wissenslücken«* nicht begründen
(Förster, 1980, S. 105). Dass die Mehrzahl der SchülerInnen den richtigen
»Klassenstandpunkt« einnahm, ist nicht erstaunlich, da die Befragung nicht
anonym stattfand und die Befragten wahrscheinlich vermuteten, negativen
Sanktionen ausgesetzt zu sein, wenn sie nicht ideologiekonform antworteten.

Um die »erzieherische Wirksamkeit« des Geographieunterrichts zu erhöhen,
empfahl er den LehrerInnen den Unterricht stärker als bisher *»lebensnah und
persönlichkeitsverändernd«* zu gestalten (Förster, 1979, S. 234). Zudem sollten
im Unterricht zunehmend Möglichkeiten zur ideologischen Stellungnahme
geschaffen werden, um die SchülerInnen besser zu befähigen, Position zu beziehen.

Meixner (1979) führte den Sachverhalt, *»dass es den Geographielehrern oftmals noch schwerfällt, die hohen Lehrplananforderungen zu erfüllen«,* auf ungenügende fachliche und philosophische Kenntnisse der LehrerInnen zurück,
was an ihrer Hochschulausbildung liege, welche die erzieherischen Potenzen der
Lehrprogramme nicht ausreichend nutze (Meixner, 1979, S. 13). Schlimme erklärte auf dem Symposium »Zur weltanschaulichen Bildung und Erziehung der
Schüler im Geographieunterricht« 1975 die Tatsache, dass die LehrerInnen nur
selten *»eine durchgehende Linienführung«* für die ideologische Erziehung verfolgen würden dadurch, dass ihnen die Erziehungsziele *»nur als Teilziele«* und
nicht als *»Gesamtkomplex«* bewusst wären (Wölfel, 1976, S. 342). Von Kißner
wurde auf der gleichen Tagung bemängelt, dass der Geographieunterricht durch
die zu starke Betonung des *»Rationalen«* durch die LehrerInnen und die Vernachlässigung des *»Emotionalen«* nicht die volle *»ideologische Wirksamkeit«*
entfalten könnte (Wölfel, 1976, S. 343).

Im Gegensatz zu den vorgestellten Ansätzen gibt es Arbeiten, die die Defizite
bei der Vermittlung der ideologischen Erziehungsziele nicht auf die Fähigkeiten
der LehrerInnen zurückfuhren, sondern auf die »unzureichende« Konkretisierung der ideologischen Ziele in den Lehrplänen und ihre nicht ausreichende
Umsetzung in den Schulbüchern und Unterrichtshilfen.

An die schon vorgestellte Arbeit von Filipiak (1971) schließt sich thematisch
die Dissertation von Meincke (1981) an. Auch die von ihm durchgeführten
»Kontrollarbeiten« in 20 Klassen je Klassenstufe (5–8) ergaben zunächst, dass
die SchülerInnen über die laut Lehrplan angestrebten Überzeugungen verfügten. Zur Erfassung ihrer weltanschaulichen Überzeugungen wurden den SchülerInnen zu einer ideologischen Aussage Statements vorgelegt, die sie beurteilen
sollten. Eine Aussage, die 414 SchülerInnen zur Bewertung vorgelegt wurde,
lautete z. B.:

»Im Geographieunterricht *hast* Du an vielen Beispielen *gelernt*, dass durch das sozialistische Weltsystem günstige Bedingungen für den Sieg der nationalen Befreiungsbewegung gegeben waren. *Du hast auch gelernt*, dass die ökonomische Rückständigkeit der Entwicklungsländer eine Folge der kolonialen Vergangenheit sowie der Politik des Neokolonialismus der imperialistischen Staaten der Gegenwart ist« (Meincke, 1981, IV S. 17). 100 % der Befragten bewerteten anschließend das Statement »Ich bin ganz sicher, dass diese Feststellung richtig ist« mit »das trifft für mich sehr zu« oder »das trifft für mich zu«.

Dass insgesamt etwa 80 – 90 % der Befragten in unterschiedlichen Klassenstufen die vorgelegten Statements »richtig« im Sinne der ideologischen Erziehung beantworteten, ist weniger ein Nachweis ihrer tatsächlichen Überzeugungen und mehr ein Hinweis darauf, dass die SchülerInnen wussten, was von ihnen erwartet und verlangt wurde. Da die Aussagen Hinweise wie »*du hast gelernt*« (s. o.) enthielten und damit suggestiv waren, erkannten die meisten SchülerInnen offenbar, was sie zu antworten hatten. Ausnahmen waren die SchülerInnen der 5. Klasse, die noch nicht alle gelernt hatten, welche Antworten bei einer ideologischen Überzeugungsprüfung von ihnen erwartet wurden.

»Abweichungen von diesen Positionen haben ihre Ursache vor allem in der noch vorhandenen Unerfahrenheit der Schüler der Klasse 5 im richtigen Beurteilen solcher Fragestellungen« (Meincke, 1981, S. 127).

Nachdem die Ergebnisse zu den »sozialistischen Überzeugungen« in dieser Studie »positiv« ausgefallen waren, wurde des Weiteren untersucht, ob die SchülerInnen auch über »ausreichende« geographische Kenntnisse verfügten, auf deren Grundlage die getroffenen Bewertungen begründet werden konnten. Der Test ergab, dass sich viele SchülerInnen die Kenntnisse, die sie laut Lehrplan hätten erbringen mussten, nicht angeeignet hatten. Je nach Stoffgebiet gaben nur zwischen 33,5 % und 61,5 % von ihnen die erwarteten Antworten (Meincke, 1981, S. 119).

   Damit bestätigt diese Untersuchung die Ergebnisse von Filipiak (1971) und weist darauf hin, dass die SchülerInnen durch den Geographieunterricht offenbar gelernt hatten, welche allgemeinen Beurteilungen des Sozialismus und des Kapitalismus im Unterricht von ihnen erwartet wurden, diese Beurteilungen aber aufgrund fehlenden »Wissens« nicht begründen konnten, was darauf hindeutet, dass von einer Verinnerlichung nicht gesprochen werden kann. Anders als Herzog und Krebs (1976) wird von Meincke (1981, S. 111) die »unzureichende« Vermittlung der »sozialistischen Überzeugungen« jedoch weniger auf die Unterrichtsarbeit der LehrerInnen zurückgeführt, sondern es wurde durch Analysen herausgefunden, dass sich Lehrplan, Schulbuch und Unterrichtshilfen noch nicht genügend »*auf die für die Erziehungsarbeit wesentlichen*

Aussagen« orientierten. Ähnlich ist das Ergebnis von Schlimme (1974, S. 79), der von einer nicht *»hinreichend deutlich ausgewiesenen einheitlichen inhaltlich-ideologischen Linienführung«* in den Lehrplänen spricht. Als weitere Probleme wurden gesehen, dass ideologierelevantes Wissen schwer zu bilanzieren war und der Ausprägungsgrad der »sozialistischen Überzeugungen« bei den SchülerInnen nur ungenau messbar war. Daher bildete der Fachverband der Schulgeographen 1967 die Arbeitsgruppe »Ideologische Erziehung im Geographieunterricht«, die aus Didaktikern verschiedener Hochschulen zusammengesetzt war und die auf der Basis der Lehrplanvorgaben konkrete Leitlinien der ideologischen Erziehung für die einzelnen Jahrgangsstufen entwickelte, die sie zwei Jahre später vorstellte (Ehling u. a., 1969a/b). Einige Vorschläge, die für die 6. Klasse erarbeitet wurden, zeigt die Abbildung 38. Die Behandlung der physisch-geographischen Unterrichtsinhalte sollte der Vorbereitung der SchülerInnen auf die angestrebte Erkenntnis dienen, dass die Nutzung der natürlichen Grundlagen in Abhängigkeit von dem Gesellschaftssystem (»sozialistisch«-»kapitalistisch«) geschähe, und wurde daher als integraler Bestandteil der ideologischen Erziehung gesehen.

Zusammenfassung

Eine ganze Reihe von Qualifizierungsarbeiten wurde in der DDR über die ideologische Erziehung im Geographieunterricht geschrieben, was darauf hindeutet, dass dieser Bereich als wesentlicher Bestandteil des Unterrichts angesehen wurde. Die Bedeutung der vorgestellten Ergebnisse wird dadurch eingeschränkt, dass keine repräsentativen Befragungen vorliegen, sondern eine Vielzahl von kleineren empirischen Untersuchung, die, da sie in unterschiedlichen Klassenstufen, zu unterschiedlichen inhaltlichen Themengebieten und mit verschiedenen Erhebungsmethoden arbeiteten, nur begrenzt vergleichbar sind. Trotz der unterschiedlichen Ansätze und Variationen in der konkreten Fragestellung der Arbeiten, erheben, gemessen an den Vorgaben der Lehrpläne und an dem allgemeingültigen Erziehungsideal der »allseitig gebildeten sozialistischen Persönlichkeit«, ausnahmslos alle Arbeiten »Defizite« im Bereich der ideologischen Erziehung. Besonders eindrücklich wurde belegt, dass die SchülerInnen zwar »vordergründige« Bewertungen vom »Klassenstandpunkt« aus vornehmen konnten, welche sie aber nur teilweise durch geographische Kenntnisse begründen konnten. Eine in der Geographiemethodik geforderte Einheit von »Verstehen«, »Werten« und »Handeln« (u. a. Barth, 1980) war demnach in der Unterrichtspraxis nur selten zu beobachten.

Diese Ergebnisse werden teilweise durch die mangelhafte Lehrplaninterpretation der LehrerInnen und ihre »unzureichende« Vermittlungstätigkeit erklärt. Es werden u. a. fehlende Fähigkeiten zur Durchführung von Vergleichen zwischen »kapitalistischen« und »sozialistischen« Staaten oder zur Lenkung der

SchülerInnen zu den erwünschten ideologischen Wertungen (u. a. Glanz, 1988) gesehen. Begründungen wurden jedoch nicht im Bereich der möglicherweise nicht vorhandenen »sozialistischen Überzeugungen«, der Interessen oder der Motive der LehrerInnen gesucht, da man offensichtlich nicht wagte, das staatlich verordnete Idealbild des Lehrers in Frage zu stellen (siehe 2.4.1). Dass die Eigenschaften der LehrerInnen in diesem Zusammenhang nicht untersucht wurden, mag zudem daran gelegen haben, dass sie weniger als eigenständige Persönlichkeiten gesehen wurden, die ihren Unterricht individuell und kreativ gestalteten, sondern als »Umsetzer« der obligatorischen Lehrplanvorgaben und der didaktisch-methodischen Vorschläge der Geographiemethodiker.

Es liegt auch keine Arbeit vor, welche die geringe Wirkung der ideologischen Erziehung im Geographieunterricht durch die Interessen, Motive und politischen Einstellungen der SchülerInnen erklärte. Dies ist dadurch zu begründen, dass den Untersuchungen insgesamt die behavioristische Lerntheorie zu Grunde liegt, nach der es nach den richtigen »Stimuli« – bei Glanz (1988, S. 64) *»feinstrategische Gestaltung«* der Unterrichtsphasen durch die LehrerInnen – zu einem bestimmten »Response«, den »sozialistische Überzeugungen«, bei den Objekten der Beeinflussung, den SchülerInnen, kommen sollte. Da man die SchülerInnen wie auch die LehrerInnen nicht als eigenständige Persönlichkeiten wahrnahm, die individueller Handlungen fähig sind, verwendete man viel Arbeit darauf, die »perfekte« *»Linienführung der Erziehung«* (Glanz, 1988, S. 136) zu entwerfen. Hierzu finden sich in geographiedidaktischen Zeitschriften, vor allem in der »Zeitschrift für den Erdkundeunterricht«, eine große Anzahl von methodischen Vorschlägen, auf die hier nicht im Einzelnen eingegangen werden kann (u. a. Jahn, 1966, Meincke, 1975, Barth, 1980, Förster, 1980).

4.3.2   Forschungsergebnisse aus den alten Bundesländern vor 1989

Die Anzahl der Arbeiten, die vor 1989 in der BRD veröffentlicht wurden, ist sehr gering, woraus man schließen kann, dass der Geographieunterricht in der DDR kein wichtiges Forschungsfeld der westdeutschen Fachdidaktik darstellte. Dies mag u. a. darin begründet sein, dass es nicht möglich war, empirische Arbeiten durchzuführen, und man sich auf die Darstellung des DDR-Curriculums, der Geographieschulbücher und der Unterrichtshilfen beschränken musste. Überblicksdarstellungen finden sich vor allem bei Sperling (1977, 1979, 1980, 1981 und 1987). Sperling (1977, S. 153) weist darauf hin, dass die in den Lehrplänen angelegte ideologische Linienführung eine starke Verbindung zu den Fächern Geschichte und Staatsbürgerkunde hatte, dies aber nicht den Fächerkombinationen der Lehrkräfte entsprach, die vornehmlich Geographie-Mathematik, Geographie-Russisch oder Geographie-Sport unterrichteten. Er vermutet, dass sich aus diesem Widerspruch »Schwierigkeiten« für die unterrichtspraktische Umsetzung der ideologischen Erziehung ergaben.

Von 1976 bis 1984 erstellte Sperling jährlich einen Literaturbericht »Geographieunterricht in der DDR«, welcher in der Zeitschrift »Geographie im Unterricht« publiziert wurde. In diesem wurden zentrale Artikel aus der »Zeitschrift für den Erdkundeunterricht« sowie dem Autor zugängliche sonstige geographiemethodische, pädagogische und landeskundliche Publikationen aus der DDR kurz vorgestellt.

Arbeiten, die speziell den Fokus auf die ideologische Erziehung im Geographieunterricht in der DDR legen, sind sehr selten zu finden. Eine Ausnahme bildete hier die Analyse von Engel und Sperling (1986), die das Deutschlandbild und die Deutsche Frage in geographischen Unterrichtswerken der BRD und der DDR untersuchten. Für die Geographieschulbücher der DDR wurde herausgefunden, dass seit 1946 der Anteil der Behandlung Deutschlands stetig angestiegen ist, wobei hiervon nur die Darstellung der DDR profitierte und der Anteil der Behandlung der BRD stets rückläufig war. Die Darstellungen Deutschlands wurden durch die jeweiligen deutschlandpolitischen Vorstellungen der SED beeinflusst. 1945 – 1946 findet die »antifaschistisch-demokratische« Schulreform statt und Deutschland wird währenddessen im Rahmen von Zentraleuropa behandelt. Es werden die unterschiedlichen Landschaften ohne Rücksicht auf Landes- oder Zonengrenzen dargestellt (Engel und Sperling, 1986). 1949 – 1955 wird in den Büchern das politische Ziel der Wiedervereinigung als »sozialistischer« gesamtdeutscher Staat propagiert. Daher wird z. B. der Harz noch als Landschaftseinheit behandelt. In der Periode zwischen 1955 bis 1961 wechselte die Deutschlandpolitik der SED. Beide deutsche Staaten werden nun getrennt voneinander, aber noch in einer Klasse mit einer gemeinsamen Einführung und Zusammenfassung behandelt. 1961 bis 1972 wird die politische Abgrenzung zur BRD verstärkt. Die DDR wird nun als »sozialistisches« Vaterland bezeichnet und von der »kapitalistischen« BRD abgegrenzt. Es finden klare »parteiliche« Wertungen der Verhältnisse in den beiden deutschen Staaten statt. Sie werden in unterschiedlichen Klassenstufen behandelt, wobei die DDR sehr viel ausführlicher dargestellt wird. Seit 1972 wird das Grundgerüst der Behandlung der beiden Teile Deutschlands beibehalten. Verstärkt werden die Darstellung der Einheit der »sozialistischen« Länder und ihre erfolgreiche Zusammenarbeit in der RWG (Engel und Sperling, 1986).

4.3.3   Forschungsergebnisse nach 1989

Nach der politischen Wende mussten sich die ehemaligen »Methodiker« des Geographieunterrichts beruflich neu orientieren. Der Geographieunterricht der DDR war jetzt nur noch von bildungshistorischem Interesse. Forschungsarbeiten und Publikationen zu diesem Thema wurden von dieser Personengruppe in der Regel nicht angefertigt. Eine Ausnahme ist der in der »Praxis Geographie« erschienene Artikel von Ludwig Barth (1990), in dem er den letzten Geographielehrplan der DDR vorstellt und die darin enthaltenen methodischen Gesichtspunkte für die Länderbehandlung darlegt. Auf die Lehrplanziele im Bereich der ideologischen Erziehung wird mit keinem Wort eingegangen, was erstaunt, da derselbe Autor zu Zeiten der DDR verschiedene Beiträge verfasst hat, in denen es um die erfolgreichere Umsetzung eines »*erziehungswirksamen Unterrichts*« und die Intensivierung der ideologischen Beeinflussung der SchülerInnen ging (u. a. Barth, 1980, S. 116 ff.). Erkennbar ist bei dem Artikel von 1990 das Ziel, bei den zu diesem Zeitpunkt überwiegend westdeutschen Lesern der Zeitschrift ein politisch neutrales Bild des DDR-Geographieunterrichts zu entwerfen und sich selbst als sachlich orientierten und kompetenten Didaktiker zu profilieren.

Es lassen sich insgesamt sehr wenige Arbeiten aus der Geographiedidaktik finden, welche die ideologische Erziehung im Geographieunterricht der DDR aus der Retrospektive untersuchen. Böthling (2002) analysierte das Deutschlandbild, welches in der »Zeitschrift für den Erdkundeunterricht« (ZfE) zwischen 1949–1974 kommuniziert wurde. Dieses ist Abbild der Deutschlandpolitik der DDR-Regierung, die sich zwischen dem Anspruch, die Einheit Deutschlands herbeizuführen und dem Ziel, sich von der Bundesregierung abzugrenzen, bewegte. Das sich verstärkende Bestreben, die nationale Eigenständigkeit zu bewahren, führte von der »*Zwei-Staaten-These*«, welche Mitte der fünfziger Jahre vertreten wurde, zur »*friedlichen Koexistenz*« in den Sechzigern und zur These von der »*sozialistischen Nation*« in den siebziger Jahren (Böthling, 2002). Der Abgrenzungsprozess wurde mit der Streichung des Anspruches auf Wiedervereinigung aus der Verfassung von 1974 vorerst abgeschlossen. Trotz der unterschiedlichen deutschlandpolitischen Positionen der SED können in der ZfE Elemente des Bildes von der BRD identifiziert werden, die gleich blieben. Da man die Bewertung vor dem Hintergrund des Marxismus-Leninismus getroffen hatte, wurde die BRD durchgängig als »*Klassenfeind*« identifiziert und ihre »kapitalistischen Strukturen« negativ im Gegensatz zu denjenigen der DDR beurteilt. Die BRD wurde als aggressiver und militärisch hoch gerüsteter Staat dargestellt, der im Gegensatz zur aufstrebenden DDR ein »*unaufhaltsamer Niedergang*« bevorstände (Böthling, 2002, S. 43). Aufgrund der Ergebnisse kann gefolgert werden, dass es auf der Ebene der Autoren der Fachzeitschrift keine kritische Auseinandersetzung mit denen von der SED entworfenen Bildern von BRD und DDR gab. Offen bleibt jedoch, welchen Einfluss die Deutschlandbilder auf die GeographielehrerInnen als Leser der Zeitschrift und ihren Unterricht hatten.

Cordula Berghahn (2004) analysierte das Afrikabild in den Geographie-schulbüchern der DDR und kam zu dem Schluss, dass die Darstellung Afrikas immer vor dem Hintergrund der »sozialistischen Weltanschauung« geschah. Der Schwerpunkt der Betrachtungen lag auf den Aspekten »*Kolonialismus, Imperialismus und Neokolonialismus in Abgrenzung zum positiv bewerteten sozialistischen System*« (Berghahn, 2004, S. 99). Der politische Bildungsprozess nach der Überwindung des Kolonialismus spielt bei den Darstellungen eine große Rolle. Vorzugsweise wurden Staaten behandelt, welche dann den »sozia-listischen Entwicklungsweg« eingeschlagen haben und deren positive Ent-wicklung dargestellt wird. Letztlich dienten damit die Darstellungen der afri-kanischen Länder der Vermittlung der Überzeugung, dass der Sozialismus dem Kapitalismus überlegen sei. Damit enthält die Studie von Berghahn (2004) Hinweise darauf, dass die ideologische Erziehung ein wesentliches Ziel der Geographielehrbücher in der DDR gewesen ist, was natürlich noch nichts über die Art ihres Einsatzes durch die Lehrkräfte und damit die Bedeutung dieses Bereiches im Geographieunterricht sowie seine Wirkung auf die SchülerInnen aussagt.

Im Gegensatz zu dem weitgehenden Desinteresse der westdeutschen Geo-graphiedidaktik an dem Geographieunterricht der DDR, wurden in den Erzie-hungswissenschaften nach der politischen Wende eine Reihe von empirischen Arbeiten durchgeführt, welche das Ziel hatten, die Bedingungen des DDR-Un-terrichts zu erkunden. Während vor der politischen Wende die Durchführung empirischer Arbeiten in der DDR so gut wie unmöglich war, wurde jetzt u. a. die Frage untersucht, welchen Stellenwert die ideologische Beeinflussung im Schulunterricht der DDR hatte. Die wissenschaftliche Aufarbeitung der politi-schen Funktionalisierung der Schule in der DDR und der damaligen Lehrerrolle begann mit einem von Christa Wolf in der DDR-Zeitschrift »Wochenpost« veröffentlichtem Beitrag »Das haben wir nicht gelernt« am 21.10.1989. Ihre Feststellung, »*dass unsere Kinder in der Schule zur Unwahrheit erzogen und in ihrem Charakter beschädigt werden, dass sie gegängelt, entmündigt und ent-mutigt werden*« (Wolf, 1989, S. 3), führte zu unterschiedlichen Reaktionen. LehrerInnen, Eltern und SchülerInnen gaben in über 300 Antwortschreiben ihrer Zustimmung, Irritation oder aber ihrer Wut und Ablehnung Ausdruck. In einer Reihe von erziehungswissenschaftlichen Veröffentlichungen wurden die politische Instrumentalisierung des Bildungswesens der DDR und die Funk-tionalisierung der LehrerInnen thematisiert (Klier, 1990, Tenorth u. a., 1996, Mietzner, 1998, Wätzig, 2002, Pätzold, 2004). Dagegen stehen Untersuchungen, die Handlungsspielräume der LehrerInnen und ihr demokratisches Engagement belegen (u. a. Schreiner, 1992, Waterkamp, 1992, Händle, 1998a/b und 2003). Die erste Argumentationslinie fußt in der Regel auf der Analyse von bildungspolitischen Dokumenten und Schulgesetzen. Dies kann darüber Auskunft geben, welche politische Rolle dem Lehrer in der DDR zugeschrieben wurde. Hierbei besteht jedoch die Gefahr, dass der dort formulierte bildungspolitische Anspruch an die Rolle des Lehrers (siehe auch 2.4) für die tatsächliche Realität genommen wird.

Bei dem Nachweis hingegen, dass die DDR-LehrerInnen keine Ideologievermittler waren, bestehen methodische Probleme, da in der Regel mit Lehrerinterviews, in denen die Befragten ihren eigenen Umgang mit den ideologischen Anforderungen in der Retrospektive beschreiben, gearbeitet wurde (u. a. Händle, 1998 a/b und 2003). Hier ist zu bedenken, dass die Befragten womöglich »geschönte« Aussagen machten, da diese unter der heutigen politischen Situation als eher akzeptiert erscheinen. Das Gleiche trifft auf eine quantitative Befragung von Döbert u. a. (1995) zu, in der die Befragten ihre Einstellung zur Schule in der DDR retrospektiv darstellen mussten und herausgefunden wurde, »dass es bei einer beachtenswerten Zahl von Lehrerinnen und Lehrern (ca. 15 %) bereits zu DDR-Zeiten kritische Bewertungen von Schule und Schulpraxis gegeben hat« (Döbert, 2003, S. 81). In einer Fragebogenuntersuchung von Hoffmann und Chalupsky (1991, S. 117) gaben 61 % der 481 Befragten an, dass sie sich durch die »vergangenen politischen Bedingungen« eingeengt sahen.

Aussagen wie »Die LehrerInnen betonen ihre pädagogische und politische Selbständigkeit auch bei engen Vorgaben, die sie oft abgemildert und umgangen haben« (Händle u. a., 1998 b) erscheinen undifferenziert, da nicht danach gefragt wird, wie die politische Erziehung in den einzelnen Fächern konkret ausgesehen hat, und der unterschiedliche Umgang der LehrerInnen mit ihr nicht thematisiert wird. Es liegen auch nur wenige Erklärungsansätze für das Lehrerhandeln vor. In der Studie von Händle (1998a), in der u. a. die Interviews von 20 Lehrerinnen vorgestellt werden, finden sich wichtige Hinweise darauf, dass das Vorurteil des »systemnahen Lehrers« zumindest nicht auf alle damaligen Lehrkräfte zutrifft. Als Erklärung für diesen von den befragten Lehrerinnen dargestellten Sachverhalt wird ihre »doppelte Sozialisation« angeführt, was bedeutet, dass sie ihre wesentliche pädagogische Qualifikation außerhalb der formalen Ausbildung in der DDR vor allem im familiären Umfeld erworben haben. Zu etwas anderen Ergebnissen kommt die ebenfalls mit biographischen Interviews arbeitende Untersuchung von Mietzner (1998), in der als Reaktionsmuster der LehrerInnen auf die von der SED verordnete »totalitäre Erziehung« und auf die Entziehung von »pädagogischer Eigenständigkeit und Verantwortung für die erzieherische Aufgabe« die Republikflucht, die Identifikation mit dem Staat oder die widerwillige Anpassung identifiziert werden (Mietzner,

1998, S. 445 ff). Diese Reaktionsmuster werden vorrangig aus den Erfahrungen der Befragten mit dem Nationalsozialismus und deren Willen erklärt, diesen zu bekämpfen und eine bessere Gesellschaft aufzubauen, wobei diese für die einen eine sozialistische Gesellschaft nach den Vorstellungen der SED sein sollte und für die »Republikflüchtigen« nur eine demokratische und kapitalistische Gesellschaft sein konnte. Zu den letzteren gehörten auch die »Angepassten«, die aber die Flucht nicht gewagt hatten und sich aus Angst von negativen Konsequenzen den politischen Erwartungen der Bildungspolitik an sie beugten. Ein ähnlicher Versuch, das Lehrerhandeln biographisch zu erklären, findet sich bei Benrath (2005), die untersucht, wie GeschichtslehrerInnen mit den Transformationsanforderungen der politischen Wende umgingen.

Diese durchaus interessanten Ansätze lassen jedoch noch viele Fragen offen. Falls man die Menschen nicht als »biographisch determiniert« betrachten möchte, was den sehr unterschiedlichen didaktischen Handlungsmustern der LehrerInnen bei ähnlicher Sozialisation wohl kaum gerecht wird, muss man erklären, warum einige in der Vergangenheit getroffenen Handlungsentscheidungen professionelle didaktische Schlussfolgerungen in der Folgezeit beeinflussen und andere wiederum nicht. Um zu dieser Frage differenzierte Antworten treffen zu können, bietet sich die Handlungstheorie an, welche unter 4.1 vorgestellt wurde.

In Bezug auf das Handeln der SchülerInnen im DDR-Unterricht finden sich nur einzelne Hinweise in den Studien, die nach der politischen Wende angefertigt wurden. Schimunek und Zedler (2003) fanden anhand von qualitativen und quantitativen Forschungsmethoden u. a. heraus, dass die zum Thema ihrer Schulzeit Befragten der ideologischen Erziehung keine große Bedeutung zuwiesen. Hier stellt sich jedoch die Frage, ob es nicht unterschiedliche Bewertungen und Handlungsweisen der SchülerInnen im Bereich der ideologischen Erziehung gegeben hat und man zudem nicht nach Fächern differenzieren müsste.

In der vergleichenden Studie von Schreiner (1992) zeigten die befragten SchülerInnen aus der ehemaligen DDR ähnlich großes Interesse an demokratischer Mitbestimmung in Unterricht und Schule wie die befragten SchülerInnen aus den alten Bundesländern. Für »undemokratisches Bewusstsein« der SchülerInnen aus den neuen Bundesländern als Ergebnis autoritären und entmündigenden Unterrichts in der DDR wurden keine empirischen Belege gefunden. Einschränkend ist jedoch zu sagen, dass aufgrund der sehr geringen Fallzahlen[11], mit denen diese quantitative Erhebung arbeitete, die Ergebnisse nicht als repräsentativ gelten können.

---

11 Von Schreiner (1992) wurden nur zwei 11. Klassen in den neuen Bundesländern und fünf in den alten befragt.

Zusammenfassend kann man sagen, dass alle vorgestellten Studien, unabhängig, ob sie vor oder nach der politischen Wende verfasst wurden, darauf hindeuten, dass die obligatorischen Lehrplanvorgaben den LehrerInnen offenbar Spielräume in der konkreten Unterrichtsgestaltung gelassen haben, welche viele von ihnen in einer Art und Weise nutzten, dass insgesamt die ideologischen Erziehungsziele und die Transformation der SchülerInnen in »sozialistische Persönlichkeiten« nicht vollständig erreicht wurden. Wie jedoch unterschiedliches Schüler- und Lehrerhandeln zur ideologischen Erziehung im Geographieunterricht zu erklären ist, kann aufgrund der vorwiegend deskriptiven Studien bisher nicht beantwortet werden. Aus diesem Grund werden nun die Ergebnisse der eigenen empirischen Untersuchung vorgestellt.

4.4   Perspektive der LehrerInnen

4.4.1   Unterschiedliche Lehrertypen und ihr Umgang mit der ideologischen Erziehung

Wir haben GeographielehrerInnen der DDR gefragt, wie hoch sie den Stellenwert der marxistisch-leninistischen Erziehung im damaligen Geographieunterricht einschätzen. Die Antworten, die wir bekommen haben, waren sehr widersprüchlich und bewegen sich zwischen folgenden Extremen:

W.: »Geographieunterricht in der DDR war kein Ideologieunterricht, also in keinster Weise!«

B.: »Das Fach war ja sehr politisch-ideologisch ausgerichtet.«

Hier schließt sich die Frage an, wie diese gegensätzlichen Beurteilungen zustande kommen. Deuten die beiden sich widersprechenden Aussagen darauf hin, dass trotz einheitlicher Lehrpläne die marxistisch-leninistischen Erziehungsziele von den Befragten in unterschiedlich starker Intensität im Geographieunterricht der DDR verfolgt wurden?

Tatsächlich zeigen die Interviews mit GeographielehrerInnen, dass den politisch-ideologischen Erziehungszielen individuell sehr unterschiedliche Bedeutungen zugemessen wurden, was nach den Angaben der Befragten die Art und Weise sowie die Intensität beeinflusste, mit denen sie diese Ziele in ihrem Unterricht verfolgten. Durch die Analyse der Interviews lassen sich drei Lehrertypen identifizieren, die die ideologischen Erziehungsziele in ihrem Geographieunterricht in unterschiedlich starker Intensität verfolgt haben. Sie bilden zugleich die Bandbreite unterschiedlicher Handlungsweisen zu diesem Thema

ab. Die Erziehungsziele verfolgten die »Überzeugten« mit hoher, die »Angepassten« mit mittlerer und die »Kritiker« mit geringer Intensität (siehe Abbildung 39).

Die »Überzeugten«

Wir haben die Befragten gebeten, die Einführungsseiten zur DDR und zur BRD
in den Geographieschulbüchern für die fünfte und sechste Klasse zu kommentieren (siehe 3.3.1.1.1). Die »Überzeugten« gaben an, dass sie diese Texte sowie
auch den Rest der Lehrbücher vollständig mit den jeweiligen Aufgaben behandelt hätten:

Wö.: »So wie es im Lehrbuch stand, hab ich das gemacht. Weil ich kannte das
meiste ja nicht aus eigener Anschauung, sondern das waren einfach Sachen,
die standen da, man hat immer gehört, dass es so ist, und dann war es so.«

Wie von Wö. wurden von Personen dieser Gruppe die Darstellungen der
Schulbücher nicht angezweifelt oder hinterfragt.

Die Einführungsseiten werden von einem Teil der Vertreter dieser Gruppe
auch heute noch als Sachtexte mit richtigen inhaltlichen Aussagen aufgefasst.
Hier ein Beispiel:

N.: »Es wurde jetzt nicht irgendwie irgendwas schlecht gemacht. Der Kapitalismus wurde natürlich eben als Privatwirtschaft dargestellt und mit den, mit
allen, ich sag mal negativen Folgen, die ja auch heute viele Leute zu spüren
kriegen. Dann wurde eben herausgehoben, dass eben Arbeitslosigkeit im
Sozialismus keine Rolle spielte, dass das gar keine Themen für uns sind.
Wenn man es heute so vergleicht, gar nicht unbedingt, ich sag mal falsch
dargestellt.«

Im ersten Satz spricht der Befragte davon, dass man nicht »*irgendwas schlecht
gemacht*« habe, womit er die gesellschaftlichen Verhältnisse in Staaten mit kapitalistischen Systemen meint, wie im Anschluss klar wird. Er betont, sachliche
und objektive Darstellungen im Unterricht vermittelt zu haben. Dass er in der
Folge ausführt, man habe vorrangig die negativen Folgen des »*Kapitalismus*«
behandelt, ist aus seiner Sicht kein »schlecht machen«, sondern eine objektive
Darstellung der gesellschaftlichen Verhältnisse in »kapitalistischen« Ländern.
Die Befragten dieser Gruppe nahmen vielfältige Probleme wahr, die die heutige
bundesdeutsche (kapitalistische) Gesellschaft charakterisierten. »*Arbeitslosigkeit*« wird wie im zitierten Interview häufig als Synonym für diese Probleme
angeführt. Durch die gesellschaftskritische »Brille« erscheinen die vorwiegend
negativen Darstellungen der »kapitalistischen« Länder in den Geographie-

schulbüchern der DDR den Befragten damals wie heute als zutreffend. Damit wird natürlich auch die eigene unkritische Vermittlung der Lehrplaninhalte zu Zeiten der DDR im Interview gerechtfertigt.

Die Richtigkeit der Schulbuchdarstellungen wird nicht nur durch die Existenz heutiger gesellschaftlicher Probleme belegt, sondern, wie im Falle der Interviewten S., auch durch die Tatsache, dass »die Linke« weltweit die angeführten Probleme ähnlich bewertet hätte:

S.: »Oder bestimmte Veränderungen in einem afrikanischen Land oder die Rolle der USA in Lateinamerika: Die konnte man in den 80er Jahren auch fast nur negativ sehen, da brauchte man noch nicht einmal marxistisch-leninistisch infiltriert sein, sondern die haben ja, denke ich mal, auch viele Linke in anderen Ländern kritisch gesehen. Also, wenn man an den Vietnam-Krieg denkt, oder Überfälle auf Grenada – oder Chile, das ist ja alles so 70er Studium und dann 80er Jahre gewesen. Da gab es eigentlich viele, die die Rolle der USA gerade so in Lateinamerika sehr negativ gesehen haben, und wenn sich Länder wie Kuba dagegen gewandt haben und versucht haben, sich selbständig zu machen – war das, denke ich mal, immer ein politischer Inhalt, den man mit vermittelt hat.«

Wenn die »Überzeugten« aus heutiger Sicht Kritik an den Darstellungen der Geographieschulbücher äußern, bezieht sich diese auf einzelne Aussagen, die aus ihrer Wahrnehmung jedoch nicht die grundsätzliche Richtigkeit und Angemessenheit der Darstellungen und ihre erzieherische Funktion in Frage stellten.

L.: »Also, Schule in einem sozialistischen Land wird natürlich an oberster Stelle darauf achten, dass das zusammengefasste Gedankengut, was eigentlich den Staat ausmacht, an vorderster Stelle steht. Also, wer das negiert, der lebt irgendwo anders. So, und ich meine diese ganze Ideologisierung – gewiss, es waren diese und jene überzogenen Anschauungen dabei – aber wenn ich das mal auf den Grund runterziehe, waren doch eine überwiegende Anzahl humanistischer Grundideen enthalten, die aus meiner Sicht der jungen Generation jedenfalls nahe gebracht werden müssen.

I.: Könnten Sie Beispiele nennen?

L.: Ich könnte jetzt beispielsweise eines der vielen, der 10 Pioniergebote, zitieren, die da sagen, junge Pioniere sind hilfsbereit, sie helfen älteren Menschen oder junge Pioniere lieben die Natur. Was ist daran falsch?«

Ideologische Erziehung im Geographieunterricht

	Hohe Intensität ("Die Überzeugten")	("Die Angepassten")	Geringe Bedeutung ("Die Kritiker")
Unterrichts-medien	Vollständige Behandlung des Lehrbuchs Nutzung von Parteidokumenten und Texter aus Tageszeitungen	Weglassen von einzelnen Textteilen, Aufgaben oder Statistiken, die in den Lehrbüchern zur ideologischen Erziehung konzipiert worden waren Lehrbuchtexte, die das Ziel der ideologischen Erziehung hatten, von den Schülern lesen lassen und dann nicht kommentieren Keine Verstärkung der Lehrbuchtexte durch den Lehrer	Integration von Informationen aus dem Westfernsehen oder von Westverwandten in den eigenen Unterricht
Inhaltliche Schwerpunkte im Unterricht	Schwerpunktsetzungen im Bereich der Ökonomischen Geographie Häufige Benutzung der sozialistischen Terminologie Betonung der Vorteile im Sozialismus und der Nachteile im Kapitalismus	Unterschwellige ideologische Erziehung durch die Behandlung fachlicher Inhalte Nur bei Unterrichtskontrollen verstärke Benutzung der sozialistischen "Vokabeln" und Formulierungen von sozialistischen Erziehungszielen	Schwerpunktsetzungen im Bereich der Physischen Geographie und der Regionalen Geographie Allgemeingeographische Strukturen mit den Schülern erarbeiten
Lehrer- Schüler Interaktion	Keine kritischen Diskussionen im Unterricht	Vergleiche zwischen Schulbuchdarstellungen und "Realität" durch die Schüler anstellen lassen	Kritische Fragen/ Diskussionen der Schüler zulassen Sprechen durch die Blume

Abbildung 39: Intensität der Ideologischen Erziehung im Geographieunterricht nach Lehrertypen

In diesem Zitat sind es nur »*diese und jene überzogenen Anschauungen*«, in anderen Interviews sind es nur »*ganz kleine Dinge*«, »*kleine Nuancen*« oder »*Kleinigkeiten*«, die in den Schulbüchern übertrieben dargestellt worden seien. Die Einseitigkeit der Schulbuchdarstellungen (siehe 3.3.1.1.1) wird durch diese Formulierungen heruntergespielt. Dass in dieser sehr moderaten Form überhaupt Kritik geübt wird, könnte als ein Zugeständnis der Interviewten an ihre Interviewer interpretiert werden, die vermutlich als junge und kritische Studierende wahrgenommen wurden. Vor diesem Hintergrund ist auch zu verstehen, warum der Interviewte die in den Geographielehrplänen der DDR enthaltenen »sozialistischen Erziehungsziele« als »*humanistische Grundideen*« darstellt. Da seit dem Zusammenbruch der »sozialistischen Staatssysteme« die Realisierbarkeit des Marxismus-Leninismus in Frage gestellt wird, erscheint es zur Erreichung von Akzeptanz durch die Interviewer vermutlich sinnvoller, die Beibehaltung der ehemaligen Überzeugungen als »humanistische Grundideen« zu rechtfertigen und ihnen damit Allgemeingültigkeit zuzuschreiben. Der Ausspruch »*Was ist daran falsch?*« könnte als Aufforderung an die Interviewerin interpretiert werden, ihre Zustimmung zu den Ausführungen des Interviewten zu äußern, womit sie gleichzeitig die hohe Bedeutung, die der Interviewte der ideologischen Erziehung im Geographieunterricht der DDR zuschreibt, rechtfertigen würde.

Wichtig ist den Befragten dieser Gruppe, dass sie die aus ihrer Sicht richtigen politischen Erziehungsziele durch die Verknüpfung mit fachlichen Inhalten vermittelt haben. Keiner habe dagegen eine unbegründete »Indoktrination« der SchülerInnen mit dem Marxismus-Leninismus gewollt und umgesetzt.

> L.: »Also, Ideologie kann man nicht vermitteln, das wäre ja ne Betstunde (lacht). Man hängt das selbstverständlich mit an fachliche Inhalte an.«

Ein Beispiel für die Erziehung im Sinne des Marxismus-Leninismus durch die Behandlung von geographischen Inhalten gibt der Befragte Ha.:

> »Und wenn ich jetzt über ein Wirtschaftsgebiet rede, dann ist ja Wirtschaft auch noch was, was sie halbwegs verstehen. Ja, wie binde ich das nun politisch ein? Wenn ich denen erkläre, dass für uns der Erzabbau in dem Bruderland Sowjetunion wichtig war, damit bei uns das auch vorwärts geht, dann haben die das verstanden. Dabei habe ich natürlich ein Stück Ideologie verbreitet wie mein Bruderland und so weiter, ja aber dann war's das schon. Dann habe ich ja nicht sofort wieder den Lenin aus der Tasche gezogen und irgendwie Lenin zitiert oder so. Das muss man ja nicht, weil dit ist ja denn auch zum Teil unterschwellig passiert, bestimmte Dinge, ohne die gleich immer hoch an die Tafel zu binden und ohne den Schülern immer gleich zu sagen, so dass war jetzt aber ne politische Geschichte.«

In dieser Textstelle findet sich der Kontrast zwischen »*dann war's das schon*«, was sich auf die positive Darstellung der Sowjetunion als »Bruderland«, mit dem die DDR politisch, wirtschaftlich und (emotional) verbunden ist, bezieht und dem Ausspruch »*sofort wieder den Lenin aus der Tasche gezogen*«. Der eigene Weg der »unterschwelligen« politischen Erziehung wird hier positiv der negativen und offenen »Indoktrinierung« mit Texten von Lenin gegenübergestellt. Eine ähnliche Auffassung äußert ein Großteil der Befragten dieser Gruppe. Damit soll vermutlich ausgesagt werden, dass die politische Erziehung nur einen begrenzten Teil des Unterrichts ausgemacht habe und diese in begründeter und für die SchülerInnen nachvollziehbarer Weise über die Vermittlung der fachlichen Inhalte stattgefunden habe. Damit stimmten die »Überzeugten« mit den damaligen Auffassungen ihrer Bildungsministerin Margot Honecker überein, die von den LehrerInnen forderte, dass sie die SchülerInnen mit Fakten vom Sozialismus überzeugten (Honecker, 1981). Dieser Anspruch wurde ebenfalls von damaligen Geographiedidaktikern vertreten: »*Wir gehen von der Einheit der Wissensvermittlung, Entwicklung des Könnens und der Herausbildung von sozialistischen Überzeugungen aus*« (Schlimme, 1974, S. 75).

Problematisch war es für die »Überzeugten«, wenn die SchülerInnen kritische Fragen stellten:

N.: »Das ist also ein Problem gewesen, die Schüler hatten da natürlich manchmal zu Hause kritischere Erfahrungen und da war es für uns als Lehrer eine Gratwanderung. Also, wir konnten das ja nicht bestätigen, weil wir das ja auch nur vom Hörensagen kannten.

I.: Da gab es dann Schüler, die mal eingeharkt haben, wenn ihnen mal was nicht gepasst hat, sage ich jetzt mal?

N.: Ja, genau.

I.: Und wie haben sie da so reagiert?

N.: Na ja, eigentlich – man musste sie schon reden lassen und das hat man auch getan. Aber man hat jetzt nicht noch unbedingt in diese Kerbe reinhauen können, weil man Vieles nicht wusste, man hat dann einfach irgendwann die Diskussion abgebrochen: »Gut, das wissen wir nicht genau.« Und dann war das erledigt.«

Problematisch wurde es von der Befragten gesehen, wenn SchülerInnen Erfahrungen aus dem Elternhaus mitbrachten, aufgrund derer sie die Darstellungen von Lehrbuch und Lehrerin in Frage stellten. An anderer Stelle führt sie aus, dass sich dies hauptsächlich auf die den SchülerInnen bekannte wirtschaftliche Stärke der BRD und die dortige Lebensqualität bezog, die in den Geographieschulbüchern kaum erwähnt wurden. Worin bestand nun die von ihr angesprochene »*Gratwanderung*«? Einerseits deutet das »*man musste sie schon reden lassen*« darauf hin, dass die Lehrerin ein positives Verhältnis zu ihren SchülerInnen suchte und ihnen Raum für die Formulierung eigener Gedanken geben wollte, auf der anderen Seite deutet die Formulierung »*reden lassen*« darauf hin, dass die Befragte den inhaltlichen Ausführungen der SchülerInnen nur geringe Bedeutung zugeschrieben hat und diese vermutlich aufgrund ihrer eigenen Überzeugungen nicht verstärken (»*in die Kerbe reinhauen*«) wollte. Folgerichtig wurden kritische Diskussionen von ihr mit dem Hinweis darauf, dass man es nicht genau wisse, nach kurzer Zeit abgebrochen. Bei dem Ausspruch »*das wissen wir nicht genau*« hat sie vermutlich darauf vertraut, dass die SchülerInnen nicht öffentlich über die Quellen ihrer kritischen Informationen wie Westfernsehen oder Westverwandte sprechen würden und somit verstummen, was wohl auch tatsächlich passiert ist. Besonders die SchülerInnen aus Berlin seien aufgrund der räumlichen Nähe zur Bundesrepublik kritisch gewesen, woraus sich eine besonders schwierige Aufgabe der LehrerInnen abgeleitet hätte, die Lehrplaninhalte zu vermitteln.

Insgesamt entsprechen die »Überzeugten« dem aus den DDR-Lehrplänen herauszulesenden Idealtypus von LehrerInnen in Bezug auf die ideologische Erziehung und erfüllten voll die in sie gesetzten gesellschaftlichen Rollenerwartungen (siehe 2.4.1). Schwerpunkte wurden im Bereich der Ökonomischen Geographie gelegt, Vorteile des Sozialismus den Nachteilen des Kapitalismus gegenübergestellt und besonders bei der Bewertung der im Unterricht behandelten »kapitalistischen« und »sozialistischen« Staaten wurde darauf geachtet, dass die SchülerInnen einen klaren »Klassenstandpunkt« einnahmen. Kritische politische Diskussionen wurden im Geographieunterricht von Vertretern dieser Gruppe in der Regel nicht zugelassen.

Die »Angepassten«

Von den »Angepassten« wurden einerseits einige ideologische Anteile der Lehrpläne und Schulbücher kritisch gesehen, die sie so nicht vermitteln wollten, andererseits strebte diese Gruppe die genaue Umsetzung der Lehrpläne an. Anders als die »Überzeugten«, welche die ideologischen Erziehungsziele mit gleich bleibend hoher Intensität in ihrem Unterricht verfolgten, haben die »Angepassten« die ideologische Erziehung in ihrem Unterricht dosiert, je nachdem welches der beiden sich teilweise widersprechenden Ziele in der jeweiligen Situation realisiert werden sollte (siehe Abbildung 39).

Häufiger Kritikpunkt an den DDR-Geographieschulbüchern war die einseitig positive Darstellung der wirtschaftlichen Entwicklung in der DDR und den anderen »sozialistischen« Ländern, die im Widerspruch zu vielen alltäglichen Erfahrungen über Versorgungsengpässe der LehrerInnen stand:

We.: »Wo man dann doch gesehen hat, zwischen dem System, das ja ganz toll in
      den Lehrbüchern da gestanden hat und es ja wirklich auch Versorgungs-
      probleme gegeben hat und so – und als Geographielehrer stehst du der
      Wirtschaft ja nun nahe, da siehst du natürlich auch die Dinge.«

Neben den Alltagserfahrungen, dienten den LehrerInnen Informationen aus
dem Westfernsehen, das der Großteil der von uns Befragten regelmäßig gesehen
hat, Kontakte zu Westverwandtschaft oder Kirchen dazu, die Schulbuchdarstellungen zu hinterfragen.

He.: »Es sollte ja immer gezeigt werden, dass der Sozialismus dem Kapitalismus
      überlegen war. Womit hat man das gut machen können – natürlich mit
      Grundstoffindustrie – Tonnenideologie haben wir dazu immer gesagt: Also,
      jede Menge Stahl produzieren, jede Menge Rohöl produzieren beweist die
      Überlegenheit des Sozialismus. Es war schon alleine die Auswahl des Stoffs,
      wo man gesagt hat, es werden andere Bereiche ja überhaupt gar nicht an-
      gesprochen (...).«

Vielfach wird von den LehrerInnen dieser Gruppe kritisiert, dass die staatlich
vorgegebenen Inhalte des Geographieunterrichts ein überaus positives Bild der
»sozialistischen« Länder und ein fast durchgehend negatives Bild der »kapitalistischen« Länder erzeugen sollten. Die *anderen Bereiche*«, die nach dem Interviewten He. nicht angesprochen wurden, betrafen dann vermutlich die
wirtschaftlichen, ökologischen und sozialen Probleme, die auch in »sozialistischen« Ländern zu finden waren.

Die Aufgabe, ideologisch zu erziehen, betraf laut den Befragten dieser Gruppe
vor allem Themenbereiche der Ökonomischen Geographie, die u.a. den
Schwerpunkt des Unterrichtsstoffes der 10. Klasse bildeten. Besonders die
Darstellungen der Sowjetunion bewerteten die LehrerInnen aus heutiger Sicht als
geschönt. Sie kritisieren, dass die »sozialistischen« Länder sehr viel mehr Raum
im Unterricht eingenommen hätten als die »kapitalistischen«, so dass zu den
Letzteren kein umfangreiches Wissen vermittelt werden konnte.

Andere Befragte problematisieren, dass die SchülerInnen die im Geographieunterricht dargebotenen Inhalte im Sinne der Staatsideologie bewerten
sollten und damit eine freie Meinungsbildung nicht gewünscht war:

D.: »Aber wirkliches Einbringen nur immer im Sinne des Systems. Also, freie
     Äußerungen, irgendwie gesellschaftskritisch, das ging gar nicht. Auch nicht
     an der EOS oder so. Das war wirklich alles starr am System ausgerichtet und
     wenn man die Sachen so gesagt hat, wie sie im Buch standen, war alles schön
     und toll und wenn man da eine andere Frage gehabt hätte, dann wäre das
     nicht gut gewesen.«

Da die Befragte D. in diesem Zitat keine Verbindung zu sich selbst als Lehrerin schafft, ist anzunehmen, dass sie ihre eigenen Erfahrungen als Schülerin wiedergibt.

Sie kritisiert die eingeschränkte Möglichkeit, im Unterricht eine eigene gesellschaftskritische Meinung zu äußern. Die Rolle der SchülerInnen erstreckt sich lediglich auf die Wiederholung der Beurteilungen, die von dem Lehrbuch getroffen wurden. Der Lehrer erscheint hier als ideologische Kontrollinstanz, der beurteilt, welche Schüleräußerungen als »*schön und toll*« und welche als »*nicht gut*« einzustufen sind.

Bei einigen Äußerungen ist klar, dass der kritische Standpunkt erst in der Retrospektive, vielleicht erst im Interview eingenommen wird, er aber nicht das Lehrerhandeln zu Zeiten der DDR beeinflusst hat. Dies kann damit zusammenhängen, dass den Befragten die kritische Aufarbeitung der DDR nach deren Ende größtenteils bekannt ist und sie im Interview versuchen, ihr eigenes Lehrerhandeln vor sich selbst und den Interviewern möglichst plausibel zu erklären und zu rechtfertigen.

Von mehreren Befragten wird in diesem Zusammenhang die häufige Verwendung »sozialistischer Vokabeln« in den Geographielehrbüchern unter dem Gesichtspunkt der unterschwelligen ideologischen Erziehung kritisiert:

> P.: »(...) Und diese sozialistischen Wörter, die habe ich nachher nicht mehr gehört, weil ich damit aufgewachsen bin, dass ich die immer mit drin haben musste. Aber wenn man sich heute ein Lehrbuch anguckt, wie viel sozialistisches Wortmaterial da drin ist, hätte man die Hälfte des Buches schreiben können.
>
> I.: Können sie da Beispiele nennen?
>
> P.: Wenn es z. B. um Landwirtschaft ging, oder der Minister soundso, da wurde erstmal der ganze Titel genannt: nicht Minister XY, sondern Minister für Landwirtschaft und Forstwirtschaft hat dann und dann das und das präsentiert. Und auf dem Parteitag sowieso mit dem Genossen sowieso – Das war alles blöd. Aber letztlich haben wir uns daran gewöhnt, an diese Sprache. Das ist mir später erst aufgefallen, wie viel da doch drin war.«

In diesem Zitat wird klar, dass die Kritik »*das war alles blöd*« aus heutiger Perspektive formuliert wird. Während der DDR seien der Befragten die vielen »sozialistischen« Wörter in den Geographieschulbüchern gar nicht aufgefallen, da sie an ihren Gebrauch gewöhnt war. Der Ausdruck »*dass ich die immer drin haben musste*« macht deutlich, dass die Befragte einen Zwang zu ihrem Gebrauch in der DDR wahrgenommen hat, den sie nicht in Frage gestellt habe. Da die Befragte ja in ihrer Rolle als ehemalige Geographielehrerin interviewt wurde, kann angenommen werden, dass sich das »*drin*« auf ihren Geographieunterricht bezieht. Von wem genau dieser Zwang ausging – den Lehrplänen, den Vorgesetzten oder den SchülerInnen –, wird an dieser Stelle nicht deutlich.

Obwohl LehrerInnen dieser Gruppe mehrfach ein Unbehagen mit der ideologischen Erziehung in ihrem eigenen Geographieunterricht ausdrücken, das sich u. a. aus den eigenen Erfahrungen als SchülerIn speiste, geben sie an, diese größtenteils gemäß den Lehrplänen unterrichtet zu haben.

D.: »Ja, ich habe mich erstmal so an die Vorgaben gehalten, habe aber, glaube ich, ne ideologische Wertung so nie selber reingebracht.«

Daher benutzten sie das sozialistische Vokabular, besprachen auch in einigen Stunden die Vorzüge des Sozialismus gegenüber dem Kapitalismus und formulierten bei Unterrichtskontrollen die erwünschten politisch-ideologischen Unterrichtsziele:

P.: »Wenn jemand kam und wollte ein Erziehungsziel haben, dann habe ich das eben genannt und habe das auch aufgeschrieben, aber ansonsten habe ich das nicht so hochgehalten.«

Die Befragte beschreibt einen Unterschied zwischen »*wenn jemand kam*«, womit sie vermutlich Besuche ihres Unterrichts durch Vorgesetzte meint, bei denen sie besonderen Wert auf die Vermittlung der ideologischen Ziele legte, da sie annahm, dass dies von ihr erwartet wurde, und »*ansonsten*«, womit vermutlich der »normale« Unterricht gemeint war, in dem diese eine geringere Bedeutung gehabt hätten.

Insgesamt stellen sich die »Angepassten« als LehrerInnen dar, welche die in den Lehrplänen der DDR enthaltenen politisch-ideologischen Erziehungsziele zumindest pro forma umsetzten und den in sie gesetzten Rollenerwartungen oberflächlich entsprachen (siehe 2.4.1). Die Geographielehrpläne und Schulbücher sehen sie vor allem aus heutiger Perspektive kritisch, da ein sehr einseitiges Bild sowohl der »sozialistischen« als auch der »kapitalistischen« Länder vermittelt und den SchülerInnen wenig Raum für die eigene Meinungsbildung gegeben wurde. Persönlich hätten sie der politisch-ideologischen Erziehung wenig Bedeutung beigemessen, da sie geographische Schwerpunkte im Bereich der Physischen Geographie, der Arbeitsweisen sowie der Topographie gesehen haben. Aufgrund der starken Reglementierung des Unterrichts (Lehrpläne) und der Unterrichtskontrollen, die zu ihrer Einhaltung eingesetzt wurden, haben sie nur einen begrenzten Spielraum zur Umsetzung dieser individuellen Schwerpunkte im Unterricht wahrgenommen. Dieser wurde vor allem durch Nichtverstärkung der Schulbuchtexte zur ideologischen Erziehung und durch das Überspringen einzelner Textteile genutzt (siehe Abbildung 39). Betont wurde von dieser Gruppe, dass man hauptsächlich geographische Kenntnisse vermitteln wollte und die ideologische Erziehung als »notwendiges Übel« in Kauf genommen habe.

P.: »Ja, das ist ja alles in Geschichte bzw. Staatsbürgerkunde auch drin – da wurden die Kapitalisten auch in jeder Weise schlecht gemacht und – da können sie es doch machen. Aber ich habe eigentlich das Geographische im Vordergrund gesehen und habe mich an solchen Sachen nie festgehalten.«

Das Wort »*festgehalten*« könnte bedeuten, dass die Interviewte den ideologischen Erziehungszielen persönlich eine geringe Bedeutung beigemessen hat und womöglich auch wenig Unterrichtszeit auf sie verwendete. Anders als die »Überzeugten« weisen sie der ideologischen Erziehung insgesamt nur einen geringen Stellenwert im Geographieunterricht der DDR zu. An vielen Stellen beschreiben die Befragten einen inneren Konflikt der darin bestanden habe, dass sie einerseits die Lehrpläne getreu einhalten wollten, da sie Konsequenzen fürchteten, sich aber andererseits nur bedingt mit ihrer Rolle als Vermittler der marxistisch-leninistischen Erziehungsziele identifizieren konnten. Größtenteils waren sie jedoch mit ihrem Geographieunterricht und ihrer Rolle als LehrerInnen zufrieden.

Die »Kritiker«

Die »Kritiker« äußern im Vergleich mit den anderen beiden Typen die größte Kritik an den ideologischen Erziehungszielen der DDR-Lehrpläne und ihrer Umsetzung in den Schulbüchern. Nach ihrer Darstellung hätten sie diese schon während ihrer Unterrichtszeit in der DDR kritisch gesehen, was ihr Unterrichtshandeln bestimmt hätte (siehe Abbildung 39). Über weite Teile der Interviews schildern sie ihr damaliges Unbehagen mit vielen Inhalten, die sie laut Lehrplan vermitteln sollten:

B.: »Ich habe Statistiken bekommen, die dann Zuwachsraten verklickert haben, natürlich auch wo der Ausgangspunkt eine Zahl war, die gegen Null geht, dass dann also Steigungsraten der mongolischen Volksrepublik damals von 300 % auftraten, was soll das? Das war eigentlich kontraproduktiv und hat eigentlich nicht dazu beigetragen, ein reales Bild von den Landschaften, Regionen, von den Staaten dieser Welt zu kennzeichnen, das muss man ganz deutlich sagen.«

Häufig wurden wie in diesem Interviewausschnitt Statistiken in den Geographielehrbüchern für die wirtschaftliche Entwicklung »sozialistischer« Länder genannt, welche die »Kritiker« schon während ihrer Unterrichtszeit in der DDR als geschönt ansahen. Des Weiteren finden sich alle Kritikpunkte, die auch von den »Angepassten« im Nachhinein formuliert wurden (s. o.). Insbesondere die Schwarzweißdarstellungen der »sozialistischen« und der »kapitalistischen« Länder sowie die eingeschränkte Möglichkeit der SchülerInnen, eigene Standpunkte einzunehmen, wurden kritisiert.

Zusätzlich stellten sie die Statistiken und Textinformationen der Schulbücher umfassend in Frage. Hier ein Beispiel:

W.:   »Ja, ja, ja, man hatte große Probleme, so Weltstandsvergleiche in bestimmten Industrien darzustellen, langfristige Entwicklungstendenzen, wo der Sozialismus also bergab gegangen ist, die man auch gefälscht hat. Ne, wo man sagt, also, das kann nicht sein, dass diese Statistik laufend steigt und von der Sache und von der Auswirkung gibt's in der DDR nichts zu kaufen.«

W. sah Statistiken über positive wirtschaftliche Entwicklungen in »sozialistischen« Ländern in den Geographieschulbüchern als gefälscht an, da sie seinen Alltagserfahrungen, insbesondere dem Mangel an vielen Konsumgütern, widersprachen. Anders als die »Angepassten« vertrauten die »Kritiker« nicht auf die Informationen in den Geographieschulbüchern, sondern verglichen diese mit verschiedenen, ihnen zur Verfügung stehenden Informationsquellen, über die Bl. Auskunft gibt:

I.:   »Und woher wussten sie, dass diese Daten nicht ganz richtig sein konnten?
Bl.:   Also, jeder, der Geographie unterrichtet hat, hat mindestens das Abitur gehabt. Jeder, der Geographie unterrichtet hat, hat damit ein eigenständiges Denkvermögen gehabt. Und: Als Quelle stand natürlich der Rundfunk zur Verfügung, der ja mit ganz wenigen Ausnahmen auch aus der BRD zu empfangen war, englischsprachige Sender standen zur Verfügung, ARD und ZDF waren zu empfangen. Es waren natürlich auch einige Zeitschriften, die, wenn sie richtig gelesen wurden, und wir hatten eigentlich die Kunst, zwischen den Zeilen zu lesen – das ist eine Kunst, die man heute nicht mehr beherrscht. Es gab also etwa die Zeitschrift »Horizont«, die also regelmäßig auch regionale wirtschaftliche Entwicklungen dargestellt hat – wenn man die aufmerksam gelesen hat und vor allen Dingen nicht weggeschmissen hat, sondern auf die Zeitvergleiche geachtet hat, da konnte man sich auch drauf berufen, hat man zumindest ein weniger geschöntes Bild bekommen. Das ist äußerst wichtig. Ja, und dann die Realität – wenn sie sehen, im Fernsehen, das Auto dort, das Auto hier etc. In den 60er Jahren war die Spanne nicht sehr groß, die ging dann in den 70er und 80er Jahren aber immer weiter auseinander. Also, das war augenscheinlich. Ich komme aus Thüringen, war dann in Sachsen – also, uns war das reale Bild von der Welt bekannt.«

Zunächst nutzte der Befragte Medien aus der DDR, die aber Informationen lieferten, die über die der Schulbücher hinausgingen, wie den »Horizont« oder »Sputnik«[12]. Diese Quellen konnte man auch im Unterricht nennen (»*da konnte man sich auch drauf berufen*«), ohne dass dies negative Konsequenzen für den Lehrer bedeutet hätte. Ähnlich wie W. verweist Bl. zudem auf Alltagserfahrungen, die die Einseitigkeit der Schulbuchdarstellungen zu »entlarven« halfen. Des Weiteren informierte sich der Befragte auch durch verbotene westdeutsche Fernseh- und Radioprogramme sowie englischsprachige Rundfunksender. Da bis auf den Raum Dresden ZDF und ARD auch in der DDR zu empfangen waren, standen diese Informationsquellen prinzipiell allen interviewten LehrerInnen zur Verfügung. Ein Großteil aller interviewten LehrerInnen berichtet davon, dass sie auch Westfernsehen geguckt hätten. Allerdings haben offenbar nur die »Kritiker« die dort dargebotenen Informationen bewusst in ihre Unterrichtsarbeit einfließen lassen. Da sie sich jedoch ähnlich wie die »Angepassten« scheuten, offen regimekritische Meinungen zu äußern, entwickelten sie Strategien, diese unterschwellig in den Unterricht zu integrieren.

Alle Befragten dieser Gruppe sind sich einig, dass man sich als LehrerIn der DDR nicht offen gegen das politische System stellen konnte, ohne seine Stelle zu riskieren. Hier ist zu berücksichtigen, dass es sicherlich »Kritiker« gab, die nicht dieser Meinung gewesen sind und sich gegen das politische System äußerten. Von diesen Personen, die harte Sanktionen für ihre Handlungen in Kauf nahmen, wie Versetzungen oder den Verlust ihrer Stelle, wurde uns vielfach berichtet, direkt interviewen konnten wir jedoch niemanden.

An vielen Stellen sprechen die »Kritiker« von einem »Spagat«, den sie machen mussten oder von einer »Balance« oder »Mitte«, die sie finden wollten. Sie führen aus, dass sie auf der einen Seite die staatlichen Vorgaben erfüllen und auf der anderen Seite sachliche Informationen vermitteln wollten, mit denen die SchülerInnen ein »realistisches« Weltbild ausbilden konnten. Welche Möglichkeiten sahen nun die Befragten, den Unterricht entsprechend ihren persönlichen Zielen umzusetzen?

Es wurden zunächst alle Möglichkeiten ausgeschöpft, im Unterricht Schwerpunkte auf Themenbereiche zu legen, bei denen nicht die ideologische Erziehung im Vordergrund stand, wie dies bei Unterrichtsinhalten der Physischen Geographie und der Topographie der Fall war (siehe Abbildung 39). Dass die Strategie der Betonung der physisch-geographischen Inhalte zur Vermeidung der ideologischen Erziehung womöglich die Hauptstrategie dieser Gruppe darstellte, könnte durch eine Untersuchung von Herzog und Krebs (1976) belegt

---

12 »Sputnik« war eine sowjetische Monatszeitschrift in deutscher Sprache. Diese wurde ab November 1988 verboten. Ausgangspunkt waren mehrere kritische Artikel zu Stalin. »Horizont« war eine Monatszeitschrift für internationale Politik.

werden, die durch Hospitationen herausfanden, dass, obwohl der Anteil des ökonomisch-geographischen Unterrichtsstoffes in den Lehrplänen und Schulbüchern überwog, die natürlichen Bedingungen im Unterricht weit eingehender behandelt wurden als die ökonomisch-geographischen Probleme.

Ähnlich wie die »Angepassten« haben auch die »Kritiker« einzelne Textteile, Statistiken oder Aufgaben in den Geographieschulbüchern weggelassen, jedoch weniger aus Gründen des persönlichen Interesses wie bei den »Angepassten«, sondern vielmehr, um gezielt die ideologischen Erziehungsziele, die häufig nicht ihren eigenen Überzeugungen entsprachen, zu umgehen.

Bei Themenbereichen der Ökonomischen Geographie, die die Befragten nicht vermeiden konnten, wurde teilweise versucht, allgemeingeographische Zusammenhänge herauszuarbeiten und damit von der Gegenüberstellung der Verhältnisse in »kapitalistischen« und »sozialistischen« Ländern in den Schulbüchern zu abstrahieren:

> Bl.: »Man hat also immer wieder versucht, für mich persönlich – einen Ausweg dahingehend zu finden, dass man versucht hat, diese Strukturmodelle zu abstrahieren, d. h. also Beziehungen zwischen Rohstoffen zur Produktionsweise, welche Industriezweige bauen auf, wie ist die Verkehrssituation – also wirklich in diesen allgemeineren Teil hineinzuarbeiten und nicht diese Statistiken zu bringen.«

Um die eigene politische Stellungnahme zu vermeiden, die vermutlich nicht im Einklang mit den Zielen des Lehrplans gestanden hätte, bestand eine Strategie darin, Lehrbuchtexte, die vorrangig der ideologischen Erziehung dienten, wie die Einführungsseiten zur DDR und zur BRD (siehe 3.3.1.1.1), von den Schülern nur lesen zu lassen:

> B.: »Nein, ich habe das durchlesen lassen und mir erzählen lassen. Und unkommentiert gelassen.«

Der Lehrer trat hier nicht selbst als Vermittler der marxistisch-leninistischen Ideologie auf, sondern überließ dies dem Medium Schulbuch. Damit konnte vermutlich das Selbstbild als gesellschaftskritischer Lehrer beibehalten und gleichzeitig die Lehrplanvorgaben erfüllt werden.

Des Weiteren wurde versucht, unterschwellig Kritik zu äußern.

> Bl.: »(...) da ich jetzt politisch nicht kontraproduktiv gearbeitet habe, sondern versucht habe, diese Kunst des Sprechens durch die Blume voranzutreiben (...)«

»*Kontraproduktiv*« scheint hier für offene Systemkritik zu stehen. »*Durch die Blume*« bedeutet dann wohl, dass alle SchülerInnen die durch den Lehrer geäußerte Kritik zwar verstehen sollten, der Sprecher dafür jedoch nicht zur Verantwortung gezogen werden konnte, da dies ja nicht offen geschah. Im Zweifelsfall konnte der Lehrer, um sich zu schützen, vermutlich immer noch sagen, dass seine Äußerungen falsch verstanden wurden. Niethammer (1999, S. 43) sieht im »Sprachhandeln« an den Grenzen von Wahrheit und Tabu generell eine Strategie der DDR-Bürger, sich von der Präsenz autoritärer Strukturen zu entlasten und das individuelle Selbstbewusstsein zu bewahren, ohne sanktioniert zu werden.

An verschiedenen Stellen sprachen die »Kritiker« von den Zugeständnissen, die sie gegen ihre Überzeugungen machen mussten und von den Problemen, denen sie sich aufgrund ihrer kritischen Haltung ausgesetzt sahen.

> Bl.: »Noch mal: Ziel war, ein möglichst realistisches Bild zu zeigen, ohne dass sie angreifbar sind, was das Ökonomische anbelangt. Das ist schwierig gewesen, es ist auch nicht ganz gelungen, weil sie natürlich Schlagworte – das ist heute ähnlich wieder – verwenden mussten, die einfach modern waren: Sieg des Sozialismus, Überlegenheit und was alles notwendig ist zur Landesverteidigung – das sind Schlagworte, die damals mit einfließen mussten.«

Einerseits wollte der Befragte keine Probleme mit Vorgesetzten eingehen (»*ohne dass sie angreifbar sind*«), was durch die Erfüllung der Lehrplanvorgaben zu erreichen gewesen wäre, und andererseits strebte er das Ziel an, »*ein möglichst realistisches Bild zu zeigen*«, was aus seiner Sicht mit dem Lehrbuch nur bedingt möglich war. Ähnlich wie die »Angepassten«, versuchte er, den Schein zu wahren und benutzte sozialistische »*Schlagwörter*«. Zugleich integrierte er Informationen, die er u.a. aus dem Westfernsehen bezogen hatte, in den Unterricht (s.o.). Die Vereinbarkeit der beiden sich eigentlich widersprechenden Ziele beurteilt der Befragte nicht als vollständig zufrieden stellend (»*es ist auch nicht ganz gelungen*«). Der Grund könnte darin liegen, dass nicht ganz sicher zu sagen ist, ob der Gebrauch von »sozialistischen Vokabeln« oder »Schlagwörtern« von den SchülerInnen tatsächlich als oberflächliche Wahrung des Scheins interpretiert, oder womöglich ernst genommen und verinnerlicht wurde. Das Gleiche gilt für das »*Sprechen durch die Blume*«, das die Vertreter dieser Gruppe im Unterricht angewendet haben. Auch hier bleibt der Zweifel, ob die SchülerInnen die Kritik und damit die Intention des Lehrers tatsächlich verstanden haben.

Um den SchülerInnen die Einseitigkeit der Schulbuchdarstellungen vor Augen zu führen, wurden von LehrerInnen dieser Gruppe auch Alltagserfahrungen der SchülerInnen in den Unterricht integriert. Diese hatten u.a. zu ökonomischen Problemen der DDR vielfältiges Wissen, was den sehr positiven

Schulbuchdarstellungen der wirtschaftlichen Entwicklung der DDR widersprach.

Fe.: »Aber durchaus an den Fragen: Wie wird denn dieser real existierende Sozialismus konkret in den Betrieben erlebt? Und manchmal kamen Schüler z. B. aus dem Kühlautomat, das war unser Patenbetrieb im UTP-Unterricht (...). Dieser Kühlautomat hatte Aufgaben, Riesenkühltruhen für Fischfang- und -verarbeitungsschiffe der Russen herzustellen. Und da gab's immer Stress zum Jahresende, dass da alles nicht läuft, dass da Sonderschichten gefahren werden müssen. Aber, kam dann schon wieder, wer bezahlt die? Warum läuft das nicht? Usw. Also, da wurden praktisch direkte Erfahrungen aus'm Leben dann durchaus mit aufgegriffen und wurden auch versucht, im Unterricht zu diskutieren. Manchmal fand man keine Antwort.«

Der Lehrer Fe. beschreibt in diesem Textauszug, wie er Erfahrungen der SchülerInnen, die sie während ihres »Unterrichts-Tag in der Produktion« (UTP) machten, der ab der siebten Klasse wöchentlich stattfand, sammelte und nutze, um auf wirtschaftliche Problembereiche aufmerksam zu machen. Während die »Kritiker« das Westfernsehen, das ja verboten war, nicht offen als Informationsquelle nannten, da sie Angst vor negativen Sanktionen hatten, konnten sie die Erfahrungen der SchülerInnen, die sie während des UTP machten, relativ gefahrlos im Unterricht diskutieren.

Insgesamt zeichnen sich die »Kritiker« dadurch aus, dass sie die laut Lehrplan im Geographieunterricht zu vermittelnden ideologischen Erziehungsziele ablehnten und durch ihren Unterricht die als zu einseitig erkannten Darstellungen der Geographieschulbücher mit zusätzlichen Informationen zu ergänzen versuchten. Damit entsprach diese Gruppe am wenigsten den in sie gesetzten Rollenerwartungen als »Kämpfer an der ideologischen Front«, wie sie von der Bildungspolitik formuliert wurden (siehe 2.4.1).

Nachdem nun ausgeführt wurde, wie unterschiedlich die »Überzeugten«, die »Angepassten« und die »Kritiker« mit den politisch-ideologischen Erziehungszielen der Lehrpläne in ihrem Geographieunterricht umgingen, soll der Frage nachgegangen werden, wie sich diese Handlungsweisen erklären lassen.

4.4.2 Handlungstheoretische Erklärung des Lehrerhandelns bei der Vermittlung der ideologischen Erziehungsziele

Die bisher ausgewerteten Interviewstellen zeigen ein differenziertes Bild von der Umsetzung der politisch-ideologischen Erziehungsziele im Geographieunterricht durch die LehrerInnen. Um die Faktoren besser zu verstehen, die das Handeln der LehrerInnen beeinflussten, wird im Folgenden anhand der »Wert-

Erwartungstheorie« (siehe 4.1) ein Erklärungsmodell aufgestellt. Zudem sollen die unter 5.1. aufgestellten Hypothesen untersucht werden.

Negative Handlungsfolgen

In der »Wert-Erwartungstheorie« wird davon ausgegangen, dass die Menschen aus den von ihnen wahrgenommenen Handlungsmöglichkeiten diejenige Handlungsalternative wählen, die ihnen den größten persönlichen Nutzen verspricht. Da dieser besonders hoch ist, wenn die möglichen negativen Folgen der Handlung gering sind, werden diese in den Entscheidungsprozess miteinbezogen (siehe 4.1). Nun soll untersucht werden, welche ideologischen Kontrollinstanzen des Unterrichts von den interviewten LehrerInnen wahrgenommen wurden und welche negativen Folgen im Sinne von externen Sanktionen sie bei der Vernachlässigung der ideologischen Erziehungsziele im Geographieunterricht befürchteten.

Sanktionen

Direkt betroffen waren einige Befragte von (Straf-)Hospitationen durch Schulleiter und Fachberater, die ihren Unterricht kritisierten, von Abmahnungen sowie von dem Zwang, professionelle Entscheidungen vor Kollegen auf Konferenzen oder in der Parteigruppe zu rechtfertigen. Eine Befragte wurde gegen ihren Willen von ihrer Direktorin zu einer überschulischen Weiterbildung im Marxismus-Leninismus angemeldet, die mit einer Prüfung abschloss. Einem anderen Lehrer wurde von seiner Schulrätin die »Entfernung aus dem Schuldienst« angedroht, was dann aber nicht umgesetzt wurde. Nur ein Teil des Wissens der Befragten zu diesem Thema beruht jedoch auf selbst erfahrenen Sanktionen und speist sich größtenteils aus Beobachtungen im Umfeld der Befragten sowie aus Berichten anderer bekannter Personen. Da politisch-ideologische Erziehungsziele gemäß den Lehrplänen nicht nur im Geographieunterricht der DDR verfolgt werden sollten, sondern auch in allen anderen Unterrichtsfächern, beziehen sich die von den Befragten erzählten »Geschichten« auf LehrerInnen mit unterschiedlichen Fächern, welche die Befragten dann aber auf das eigene Lehrerhandeln beziehen. Hier kann man beobachten, dass je näher den Befragten die Person stand, der Sanktionen zuteil wurden, desto größer war die Authentizität und Glaubwürdigkeit der Berichte für die Befragten und damit ihre Bedeutung für die Planung des eigenen Unterrichtshandelns.
    Exemplarisch für die vielen uns erzählten Episoden zu Sanktionen wird im Folgenden der Bericht von W. näher untersucht, da sich an diesem Abfolge und Intensivierung verschiedener Sanktionsstufen gut ablesen lassen und man sich

zudem der Frage nähern kann, welche Bedeutung das Wissen um mögliche Sanktionen für die LehrerInnen hatte.

W. berichtet von einem Staatsbürgerkundelehrer, der an seiner bisherigen Schule einen Nervenzusammenbruch erlitten hatte und anschließend an die Schule von W. versetzt wurde.

W.:   »Und da muss ich sagen, jetzt auch mal auf meine Person bezogen, dass es schon Kollegen gab, auch in diesem Fach, die schon eine ideologische oder ne politische Offenheit in ihren Unterricht reingebracht haben. Und der Kollege ist dann deswegen hospitiert worden und der ist dann (...) in der Parteigruppe reglementiert worden. (...) Also er sollte sich danach halten nach den Richtlinien, die die Partei rausgegeben hat und so weiter und so fort. So dass – der Mann ist zerbrochen (...). Zwei Kollegen waren wir, die sich für diesen Kollegen eingesetzt haben. Und wir haben gesagt, wenn ihr das so macht, spielt ihr diesen Kollegen kaputt. Und genauso ist es dann gewesen. Ein halbes Jahr später hatte er dann wieder einen Zusammenbruch, war in der Nervenklinik und man hat das Problem dann gelöst, indem man ihn invalidisiert hat. So hat man einen unbequemen Kollegen, dem man fachlich überhaupt nichts konnte, aber der vielleicht sehr offen gewesen ist, es ist nicht mal, dass er -. Er war auch Genosse, aber der ist total offen gewesen für Schüler, hat sich Meinungen angehört, hinterfragt und solche Dinge. Und den hat man einfach kaltgestellt.«

Der Staatsbürgerkundelehrer, von dem hier berichtet wird, stand in dem Verdacht, die politisch-ideologischen Lern- und Erziehungsziele seines Faches nicht entsprechend der Lehrpläne zu vermitteln, da er die offizielle Politik in seinem Unterricht »*hinterfragt*« und gesellschaftskritische Äußerungen der SchülerInnen zugelassen habe. Die Befragte beschreibt eine langsame Steigerung der externen Sanktionen, die mit Hospitationen begannen, durch Belehrungen der Parteigenossen intensiviert wurden und mit dem Verlust der Stelle und der Einweisung in eine Nervenklinik endeten. Entsprechend der verschiedenen Sanktionen werden unterschiedliche Instanzen an der Kontrolle des Kollegen beteiligt gewesen sein:

– Die Fachberater und der Schulleiter, die vermutlich die Hospitationen durchgeführt haben,
– die Parteigenossen, vor denen er sich rechtfertigen musste und die ihn zu Einhaltung der »Richtlinien« ermahnten, und letztlich
– die Schulbehörde, die für die Versetzung und den Stellenverlust verantwortlich gewesen sein wird.

Für die Befragte zeigte dieses Erlebnis, was passieren konnte, wenn man gesellschaftskritische Elemente in den Unterricht integrierte. Mit dem Satz »*den hat man* einfach *kaltgestellt«* scheint die Befragte ihre Empörung über das Erlebte auszudrücken. Diese Empörung begründet sich vermutlich darin, dass sie den Kollegen als Genossen mit guten fachlichen Qualifikationen wahrnahm, der nicht gegen den Sozialismus gewesen ist und dessen einziges Vergehen darin bestand, offen für die Meinungen der SchülerInnen gewesen zu sein, was einen guten Lehrer allgemein auszeichnet. Die Befragte schildert hier ein »worst case Szenario«, in dem ein Lehrer aufgrund von minimalem Infragestellen der staatsbürgerlichen Erziehung mit der härtesten möglichen Strafe, »Invalidisierung« und Berufsverbot, belegt wird. Demnach scheint sich ein Teil der Kritik von W. auf die Unverhältnismäßigkeit der Sanktionen in Bezug auf die »Verfehlungen« des Staatsbürgerkundelehrers zu beziehen. Zudem kritisiert sie auch die Art der Auseinandersetzung mit dem »unbequemen« Kollegen als zu »*einfach«*. Ihr Umfeld reagierte mit Versetzung, Kontrolle, Belehrung, autoritärer Anweisung und letztlich mit »Invalidisierung« des betroffenen Kollegen. Nicht so »einfach« wie diese Lösungsstrategien des »*Problems«* wäre vermutlich die diskursive Auseinandersetzung mit den Argumenten und Motiven des »*unbequemen Kollegen«* gewesen, was hätte bedeuten können, dass die Standpunkte der anderen Genossen in Frage gestellt worden wären.

Da die Befragte ja entsprechend ihrer eigenen Analyse über ähnliche Ausgangsvoraussetzungen verfügte wie der sanktionierte Kollege – politische Offenheit bei gleichzeitiger Parteimitgliedschaft –, schien es ihr vermutlich nicht unmöglich, dass ihr das Gleiche passiert wie dem Kollegen. Die prinzipielle Übertragbarkeit auf ihre Person scheint u. a. den Schrecken des Erlebnisses auszumachen.

Als schlimmste Konsequenz der nicht lehrplankonformen Umsetzung der politischen Erziehungsziele stand nicht nur W., sondern fast allen von uns Befragten der Verlust der Stelle als LehrerIn vor Augen, was auch Schulz (2003) bestätigt. Auch bei Hoyer (1996, S. 17 ff.) finden sich Dokumente von Schulverwaltungen, die belegen, dass tatsächlich einige LehrerInnen wegen »Hetze« gegen die DDR zu Gefangnisstrafen verurteilt wurden oder wegen fehlender »parteilicher Stellungnahmen« aus dem Schuldienst entlassen wurden.

W. führt aus, was dies in der DDR bedeutet haben könnte:

> W.: »Die, die richtige Gegner waren, die gegen das System standen, sind aus dem Schuldienst entlassen worden und das war eigentlich das Aus, weil man dann die Letzten war. (...) Es gab ja keine Arbeitslosen, aber man ist dann faktisch von dem Lehrerjob in einen letzten Job, also in der Regel in der Gaststätte gekellnert, als Hilfsarbeiter in Betriebe geschickt worden. (...) Man hatte ne Staatsposition als Lehrer.«

Am Anfang des Zitats bezieht sie die Gefahr, aus dem Schuldienst entlassen zu
werden, nur auf die »*Gegner des Systems*«, zu denen sie sich als Genossin nicht
selbst zählte. Diese Aussage scheint im Widerspruch zu der zuvor von ihr erzählten Episode zu stehen, in der ein Genosse seine Stelle verloren hat (s. o.).
Womöglich um eine Stimmigkeit ihrer Aussagen im Interview zu erreichen,
wechselte die Befragte im Folgenden zum neutralen »*man*«, das sie jetzt selbst
mit einschließt. W. entwirft hier ein »Schreckensszenario«, das »Aus«, das darin
bestand, die sozial hoch angesehene Stelle als LehrerIn und Angestellter des
Staates zu verlieren und gesellschaftlich weniger anerkannte Berufe wie Kellner
oder »*Hilfsarbeiter*« ausführen zu müssen. Die »Strafe« bestand in den Augen
von W. dann einerseits darin, eine geliebte Tätigkeit (Lehrer), die man gewählt
hat und für die man ausgebildet wurde, gegen eine unqualifizierte Tätigkeit
eintauschen zu müssen, die man nicht selbst wählen konnte, und andererseits
darin, das gesellschaftliche Ansehen zu verlieren und damit nicht nur sich selbst,
sondern auch noch der eigenen Familie zu schaden. Die Funktion des gedanklichen »Ausmalens« der schlimmsten Folgen des Abweichens von den politisch-
ideologischen Erziehungszielen für den Geographieunterricht scheint einerseits
darin zu bestehen, einer jüngeren Interviewerin die möglichen Auswirkungen
eines Stellenverlusts im gesellschaftlichen Kontext der DDR zu erklären (»*Es gab
ja keine Arbeitslosen*«). Andererseits wird damit die »Gefährlichkeit« der
Sanktionen betont, was wiederum das Verhalten der Lehrerin, das in der genauen Umsetzung der politisch-ideologischen Erziehung bestand, rechtfertigt.
Dieser letzte Punkt verweist schon auf einen in mehreren anderen Interviews
festgestellten Zusammenhang zwischen der Vorstellung von extremen Sanktionen für minimales Abweichen von den politisch-ideologischen Erziehungszielen im Geographieunterricht und dem eigenen lehrplankonformen Unterrichtshandeln. Durch Berichte von externen Sanktionen, die ihnen selbst oder
Kollegen widerfahren sind, begründen die Befragten in der Regel die genaue
Umsetzung der staatsbürgerlichen Erziehungsziele in ihrem eigenen Unterricht.
Auch W. demonstriert mit dem Bericht von ihrem Kollegen ihre eigene Hilflosigkeit. Obwohl sie versuchte, diesen Kollegen zu schützen, konnte sie ihn nicht
vor der Kritik der Parteigenossen bewahren, auf die sie seinen anschließenden
Nervenzusammenbruch zurückführt. Damit dient diese Erzählung u. a. auch
dazu, der Interviewerin klarzumachen, es habe zu dem eigenen lehrplankonformen Handeln keine akzeptablen Alternativen gegeben, was sie einige Inter-
viewaugenblicke später jedoch in Frage stellt:

W.: »Das ist für mich auch so ne Sache gewesen, wo ich auch als Geographie-
    lehrer am Ende sage, man hätte mehr an den Ketten zerren müssen, – noch
    mehr Zivilcourage, nicht im Sinne, dass man – es hätte nicht funktioniert,
    wenn alle, aus meiner Sicht, viel früher dagegen gestanden hätten, also da

wäre denke ich mal das System zu stark gewesen, man hätte die Leute dann entfernt aus dem Lehrerdienst. Ich kann mir nicht vorstellen, dass es mit Offenheit und mit Kritik und das ist irgendwas gewesen und man hätte die alle entfernt und man muss ehrlich sagen, man hat sich dann einfach auch im Sinne seiner Familie oder seinem eigenen Wohlergehen untergeordnet und eingeordnet. Und ich sag im Nachhinein, also man war schon sehr staatsnah als Lehrer und als Genosse sowieso.«

Es hat den Anschein, als ob das Interview hier zur nachträglichen Meinungsbildung und Reflexion der eigenen Rolle genutzt wird. Womöglich ist die zunächst geäußerte Kritik jedoch auch dem Rechtfertigungsdruck geschuldet, den die Interviewte im Gespräch wahrnimmt. Der Textabschnitt beginnt mit Selbstkritik. Mit dem Ausdruck »*an den Ketten zerren*« stellt sie sich selbst als »Gefangene« des übermächtigen politischen »*Systems*« dar. Zunächst kritisiert sie ihre Passivität und mangelnde Zivilcourage, die sie auch auf die soeben beschriebene Geschichte von ihrem Kollegen beziehen könnte, für den sie aus ihrer Sicht womöglich nicht genug getan hat. Da der Ausschnitt in einen Interviewabschnitt eingebettet ist, in dem es um die ideologische Erziehung im Geographieunterricht geht, scheinen die »*Ketten*«, an denen sie hätte »*zerren müssen*«, für die staatlichen Vorgaben zur ideologischen Erziehung im Geographieunterricht zu stehen, was bedeuten könnte, dass sie sich vorwirft, gesellschaftskritische Informationen und Meinungen in ihrem Geographieunterricht zu wenig zugelassen zu haben. Die im Geiste durchgespielte Alternative des Zeigens von mehr Zivilcourage verwirft sie dann aber als nicht realisierbar (»*es hätte nicht funktioniert*«) mit dem Verweis auf die von ihr schon beschriebenen externen Sanktionen. Mit dem abschließenden Hinweis auf die »Staatsnähe« der Lehrer und ihre eigene Mitgliedschaft in der SED (»*Genosse*«) erklärte sie ihr eigenes Handeln nicht nur als Reaktion auf externe Sanktionen, sondern auch mit der Motivation, den »sozialistischen« Staat zu unterstützen und womöglich auch mit ihrer Überzeugung vom Marxismus-Leninismus, die sie an anderer Stelle ausführte.

Nachdem nun anhand eines Beispiels wichtige Sanktionen vorgestellt wurden, die allen Befragten als mögliche Konsequenzen ihres Unterrichtshandelns bekannt waren und die möglicherweise ihr Unterrichtshandeln im Sinne der genauen Vermittlung der politisch-ideologischen Erziehungsziele beeinflussten und ihnen im Interview dazu dienten, das eigene Handeln zu begründen und zu rechtfertigen, wird im Folgenden untersucht, von wem genau die Befragten negative Sanktionen befürchteten. Die Untersuchung der Kontrollinstanzen des Unterrichts kann auch darüber Aufschluss geben, in welchen Situationen, die sich durch die An- oder Abwesenheit der Sanktionen verteilenden Akteure unterscheiden, welche Sanktionen in die Handlungsplanung der LehrerInnen miteinbezogen wurden.

Ideologische Kontrollinstanzen des Unterrichts

SchülerInnen und Eltern
Einige LehrerInnen geben an, sie hätten nicht gewagt, gesellschaftskritische Informationen in ihrem Unterricht zu vermitteln, da sie Angst gehabt hätten, dass dies von den SchülerInnen zu Hause berichtet würde. Hier einige Beispiele:

De. : »*Man wusste nie, wer vor einem sitzt* und was aus dem Raum rausgeht.«

P.:   »Das war ja das Schlimmste. *Da wusste man ja nie, was die ausplaudern.* Da habe ich eigentlich immer zum Sozialismus tendiert.«.

I.:   »Was bereitete Ihnen die meisten Probleme bei der Vorbereitung der Unterrichtsinhalte?
Fe.:   (...) woher bekommt man Informationen und was darf man davon in der Schule verwenden? (...) Insofern bin ich also von jeher dazu erzogen worden, Westmedien zu gucken und sie waren auch mein wesentlicher Informationszweck. Aber nun war es ja bei bestimmten Dingen so, dass also über die Westmedien Informationen schon bekannt waren, die eigentlich in der DDR noch nicht veröffentlicht waren. (...) Ich hab in einer Schule unterrichtet in Johannisthal, da wusste ich, dass ein Teil der Schüler aus Elternhäuser kommen, die beim Ministerium des Inneren arbeiten, beim Zoll, und bei der Staatssicherheit; selbst wenn die Schüler das ja sehr aufmerksam reflektierten und durchaus auch mitdiskutierten, aber *man wusste ja nie, was zu Hause ankommt.*«

Der Befragte Fe. hat sich (unerlaubter Weise) durch »Westmedien«, vermutlich anhand von bundesdeutschem Radio und Fernsehen, informiert. Er hatte aber »Angst«, diese Informationen in den Unterricht einfließen zu lassen, da er befürchtete, dass diese durch die SchülerInnen den Eltern berichtet worden wären und dass möglicherweise von diesen erkannt worden wäre, dass sie aus unerlaubten Quellen stammten, was negative Konsequenzen für den Lehrer hätte bedeuten können. Dieses Risiko wurde von dem Befragten so hoch eingeschätzt, da er über die Arbeitgeber der Eltern seiner Schüler Bescheid wusste. Da diese vorrangig bei staatlichen Stellen arbeiteten, wurden sie von dem Befragten vermutlich als besonders »linientreu« eingeschätzt, die die Vermittlung gesellschaftskritischer Informationen im Geographieunterricht sicherlich nicht toleriert hätten.

Zusätzliche Informationen über die Eltern, wie ihr Beruf und ihre Mitgliedschaften in Parteien und Kirchen, halfen den Befragten, das »Risiko« einzu-schätzen, das von ihnen ausging. Während Fe. die Eltern seiner SchülerInnen aufgrund ihrer Berufe sehr staatsnah einschätzte (s. o.) und daher die Notwen-digkeit sah, die eigenen politischen Äußerungen im Unterricht stark zu kon-trollieren, wusste W., dass die Eltern ihrer SchülerInnen größtenteils Mitglieder der evangelischen Kirche waren. Daher schätzte sie diese vermutlich als re-gimekritisch ein. Da von den Eltern ihrer SchülerInnen Gesellschaftskritik vermutlich gewünscht war, hat sie sich nicht vor Sanktionen gefürchtet, die die Eltern hätten einleiten können:

> W.: »Wir hatten auch immer, immer relativ konstante Teile der Schülerschaft, die sich klar religiös bekannt haben, vor allem eben zur evangelischen Kirche. Und die Kinder, wenn man wusste, dass die Eltern, die dort engagiert waren, die hatten natürlich sehr viel mehr Informationen als wir, ganz andere Infor-mationswege. Und das waren in der Regel Schüler, die Fragen gestellt haben, die hinterfragt haben. Ich habe es immer als sehr günstig empfunden solche Schüler zu haben, die auch ne andere Meinung haben und diese äußern.«

Da die LehrerInnen jedoch nur beschränkte Informationen über die Eltern ihrer SchülerInnen hatten und natürlich nicht öffentlich bekannt war, wer für die Staatssicherheit arbeitete, blieb auch für die LehrerInnen, welche die Eltern als regimekritisch einschätzten, ein Restrisiko bestehen, wie sie im Interview aus-drücken.

Wie Fe. befürchtete auch die Befragte We., dass einige Eltern ihrer Schüle-rInnen bei der Staatssicherheit arbeiteten und dass sie mittels der Kinder dieser Eltern ideologisch überwacht würde:

> We.: »Das ist natürlich auch der Spagat, den du machen musst: Du siehst, in der Klasse gibt es bestimmt Leute, wo man nicht weiß, ob die in der Stasi waren – ich möchte nun nicht sagen, dass du ständig unter dem Problem standest, ausspioniert zu werden – aber es waren natürlich Dinge, wo du gesagt hast, na ja, gut, das lesen wir jetzt einfach mal im Lehrbuch, dazu nehme ich jetzt keine Stellung. Dann gab es aber auch Sachen, wo sie mich dann gefragt haben, wo ich Stellung beziehen musste und das habe ich dann auch ge-macht. Und da wusste ich nicht, ist das O. K. ? Oder ist das nicht O. K. ? Oder holen sie dich morgen aus dem Unterricht raus...
> I.:   Aber die Schüler selbst werden ja nun nicht bei der Stasi gewesen sein?
> We.: Nein, aber sie erzählen ja auch zu Hause.«

Besonders problematisch wurde von der Lehrerin empfunden, wenn die Schü-lerInnen von ihr Bewertungen zu den Sachverhalten des Schulbuchs einfor-derten. Hier versuchte sie einen »*Spagat*«. Dieser Versuch, zwei entgegen ge-setzte Ziele gleichzeitig zu verfolgen, bestand vermutlich einerseits darin, Äußerungen zu machen, welche die Darstellungen des Schulbuchs bestätigten und andererseits in dem Wunsch, den SchülerInnen ehrlich zu antworten und sie über Zusammenhänge aufzuklären, die über die Schulbuchdarstellungen hinausgingen. Die Befürchtung »*holen sie dich morgen aus dem Unterricht raus*« könnte man als Befürchtung vor der Befragung durch die Staatssicherheit und vor dem Verlust der Stelle als Lehrer deuten. In diesem Textausschnitt wird eine generelle Unsicherheit ausgedrückt, wie mit den politisch-ideologischen Erziehungszielen umzugehen war, die sich in vielen anderen Interviews wieder findet. Im Hintergrund der Frage »*ist das O. K.? Oder ist das nicht O. K.?*« scheinen folgende Fragen zu stehen, die sich die LehrerInnen besonders bei Unterrichtsstoffen zur Ökonomischen Geographie gestellt haben: a) Wie gesellschaftskritisch darf und sollte ich mich vor den SchülerInnen äußern? b) Inwiefern kann überprüft werden, aus welchen Quellen ich meine Informationen beziehe? c) Was werden die SchülerInnen ihren Eltern von meinem Unterricht berichten? d) Wie viel Gesellschaftskritik werden die Eltern akzeptieren, ohne sich bei meinen Vorgesetzten oder der Staatssicherheit über mich zu beschweren? e) Welche negativen Folgen könnten diese Beschwerden im schlimmsten Fall für mich haben?

Entsprechend der unterschiedlichen Antworten auf diese Fragen wurde dann die »Bedrohung« durch die Eltern unterschiedlich hoch eingeschätzt.

Fachberater

Fachberater waren Lehrer, die neben ihrer Unterrichtstätigkeit bei anderen Lehrern im Unterricht nach vorheriger Ankündigung hospitierten und diesen im Anschluss mit ihnen gemeinsam auswerteten und dafür Abminderungsstunden bekamen. Diese arbeiteten ebenfalls häufig mit den Hochschulen zusammen und unterstützten diese u. a. bei empirischen Erhebungen (u. a. Flath, 1985). Die Fachberater waren dem Pädagogischen Kreiskabinett zugeordnet, das im Auftrag des Schulrates bzw. nach Aufforderung eines Direktors die Aufgaben der Fachaufsicht wahrnahm. Da jeder Inspektor und i. d. R. auch die Mehrheit der Fachberater Mitglieder der SED waren, war die Durchsetzung von Partei- und Regierungsbeschlüssen im Schulwesen sichergestellt (Schulz, 2003).

Nach den Angaben unserer Interviewten wurde am Anfang der Tätigkeit als Lehrer häufiger hospitiert und sie bekamen von den Fachberatern fachliche und methodische Hinweise zur Unterrichtsgestaltung. Gemeint ist wahrscheinlich die dreijährige Probezeit nach dem Ende des Studiums, bevor der Abschluss als LehrerIn nach einer Lehrprobe und der Beurteilung durch den Schulleiter/die Schulleiterin rechtlich voll anerkannt wurde.

Die Befragten berichten, dass sie in späteren Jahren nur noch ein bis zweimal jährlich von den Fachberatern besucht wurden. Auch vor und nach Versetzun-

gen sei häufiger hospitiert worden. Zudem konnten die Fachberater von den
Schulleitern angefordert werden, wenn diese bei einem Kollegen/einer Kollegin
Beratungsbedarf vermuteten. Nach der Hospitation wurde ein Bericht an die
Schuldirektoren und an das Kreisschulamt geschickt. Während einige Kollegen
diese Hospitationen sehr positiv kommentieren, da sie von »ihren« Fachberatern wertvolle Hinweise zur Verbesserung ihrer Unterrichtsqualität erhalten
hätten, sahen andere LehrerInnen in ihnen vor allem eine ideologische Kontrollinstanz:

> W.: »Also, was wir alle wussten – dass war nicht nur auf Lehrerschaft bezogen –
> war, dass man höhere Leitungspositionen nur bekam, wenn man a) in der
> Partei war und natürlich die Linie auch entsprechend vertreten hat. Und
> deshalb waren Fachberater nicht nur fachlich, sondern auch politisch, sag ich
> mal, Leute, die sich in der Hinsicht besonders ausgezeichnet haben. Und
> deshalb (...) waren eine große Anzahl von Fachberatern auch als Rote Socken
> verschrien, weil sie dann meist die waren, die es mussten aber auch gemacht
> haben, im Fach diese ideologisch-politische Linie durchzusetzen.«

Neben der Kritik im Anschluss an die Hospitationen durch die Fachberater, sind
von diesen keine direkten Sanktionen für die LehrerInnen ausgegangen. Die
Befragten vermuteten jedoch, dass negative Einschätzungen in den Berichten,
welche die Fachberater verfassten, zu Sanktionen führen konnten. Häufig erwähnt wurde in diesem Zusammenhang, dass bei »schwierigen« Kollegen, bei
denen die Berichte nicht zufrieden stellend ausgefallen waren, in der Folge
verstärkt hospitiert wurde, was jedoch keiner der Befragten direkt erlebt hat.
Entscheidend bei der Wahl einer Handlungsalternative durch die LehrerInnen
waren jedoch neben den tatsächlich erlebten negativen Folgen das durch Gerüchte entstandene Wissen und die Vorstellung von möglichen unangenehmen
Konsequenzen.

Schulleiter

Der Direktor war für die politische, pädagogische und schulorganisatorische
Leitung seiner Schule verantwortlich (Geißler, 2006, S. 192). Als Disziplinarbe-
fugter gegenüber den LehrerInnen hatte er damit auch die politisch-ideologische
Ausrichtung des Unterrichts zu überwachen. Außergewöhnliche Vorkommnis-
se, die als »Provokation« oder »Hetze« eingestuft wurden, mussten vom Direktor
dem Kreisschulrat gemeldet werden, der dann das weitere Vorgehen bestimmte.
Da jedoch eine Tiefenprüfung ihrer Arbeit durch die Schulinspektion für alle
Verantwortlichen an der Schule unangenehm war, bemühte man sich, Probleme
mit LehrerInnen, deren politische Haltung beanstandet wurde, möglichst
schulintern zu lösen (Geißler, 2006, S. 190).

Während sich die Befragten unserer Studie bei der Bewertung der Rolle der Fachberater nicht einig sind, da teilweise ihre Beratungs- und teilweise ihre Kontrollfunktion vorrangig wahrgenommen wurde, sahen sie in ihren Schulleitern klar eine inhaltliche, didaktische und ideologische Kontrollinstanz ihres Unterrichts. Sie waren sich in der Regel bewusst, dass der Schulleiter als ihr Vorgesetzter die Aufgabe hatte sicherzustellen, dass ihr Unterricht gemäß den Lehrplänen ablief. Ha., der in der DDR stellvertretender Schulleiter gewesen ist, weist darauf hin, dass er diesen Posten nicht ohne seine Mitgliedschaft in der SED erhalten hätte:

> Ha.: »Was ganz deutlich war, bei dem Stellvertreter, (...) um dahin zu kommen, musste man natürlich ne bestimmte politische Einstellung vorzuweisen haben, die sich durchaus auch äußert. Wir haben manchmal gesagt in den 2 Gramm. Die 2 Gramm war also das Parteiabzeichen, (beide lachen). Also, da ich ja Genosse war, Mitglied in der SED war, war das für mich also sicherlich auch ne Voraussetzung, um dahin zu kommen.«

Nach Geißler (2006, S. 195) waren jedoch nicht alle Direktoren und ihre Stellvertreter Mitglieder der SED, da diese Posten nach einem Quotenverhältnis der in der »Nationalen Front« vertretenen Parteien (SED und Blockparteien) vergeben wurden. Alle Direktoren mussten jedoch ihre Leitungstätigkeit auf der Grundlage der Beschlüsse der SED und der Gesetze ausüben. Durch die postgraduale fachliche Ausbildung von Direktoren, zentrale Direktorenkonferenzen, den Besuch von SED-Parteischulen und die teilweise zusätzliche Ausübung von SED-Parteifunktionen wurde die politische Verlässlichkeit der Direktoren sichergestellt (Geißler, 1996, S. 153).

Einige der Befragten gaben an, dass die Einhaltung der Lehrpläne anhand der von ihnen angefertigten Klassenleiter- und Jahres- und Abschnittspläne von den Schulleitern kontrolliert worden wäre. In den Jahresplänen wurden u.a. die Zeiträume für die im Lehrplan vorgegebenen Stoffeinheiten, die Zeitpunkte für Klassenarbeiten und Exkursionen sowie die Themen für die Unterrichtsstunden festgehalten. In einer Befragung von 146 LehrerInnen durch Warmuth (1977, Anhang S. 65) gaben 93 % der Befragten an, Pläne zu Stoffeinheiten zu erstellen. 75 % erstellten einen Jahresplan. Während die Jahres- und Abschnittspläne der fachlichen Unterrichtsplanung dienten, hielten die Klassenleiterpläne die Planung der außerunterrichtlichen Aktivitäten wie der Pioniernachmittage fest. Einige der Befragten mussten diese Pläne bei ihren Direktoren abgeben – andere sollten sie nur bei Nachfragen und bei Unterrichtsbesuchen vorzeigen. Diese konnten auch bei Beschwerden der Eltern über die Lehrer bei den Schulleitern zur Kontrolle herangezogen werden, wie W. berichtete:

W.: »Wenn ein Elternteil sich eben über mich beschwert hat und ist dann zum Schulleiter gegangen, dann hat er sich das Klassenbuch geholt, weil dort ja die Abfolge drin war und dann hat er sich in der Regel den Abschnittsplan dazu geben lassen. Und deshalb musste man den eigentlich auch immer parat halten, spielte ne andere Rolle als heute.«

Eine LehrerIn berichtete, dass auch die Leistungskontrollen der LehrerInnen und ihre Notengebungen kontrolliert wurden:

N.: »Man stand vor allen Dingen hier an der EOS sehr unter Leistungszwang, dass man gute Noten bekommen sollte für die Schüler. Das heißt also, man wurde, wenn man eine zu schlechte Arbeit geschrieben hat, zum Direktor zitiert und musste sich verantworten. Man wurde auch auf Konferenzen dafür zur Verantwortung gezogen, wenn man zu schlechte Noten hatte. Das heißt also, man stand wirklich – man musste sich genau überlegen, wie formuliere ich jetzt die Fragen, wie mache ich das jetzt, damit das Ergebnis nicht zu schlecht wird.«

Offensichtlich wurden von diesem Schulleiter gute Noten der SchülerInnen als Hinweise auf guten Unterricht durch den Lehrer und intensive Förderung aller SchülerInnen gesehen. Da schlechte Schülernoten als Indikatoren für schlechte Arbeit der LehrerInnen gewertet wurden, was negative Konsequenzen wie Rechtfertigungen vor dem Direktor zur Folge hatte, versuchte die Befragte, diese durch die Aufgabenstellung in der Arbeit zu vermeiden.

Besonders häufig wurde von den Schulleitern nach den Angaben der Befragten hospitiert, wenn Beschwerden der Eltern über die betreffende Lehrkraft vorlagen.

Hospitationen fanden nach den Darstellungen der Interviewten häufig gemeinsam mit den Fachberatern ein bis zweimal jährlich statt. Ein Großteil der Hospitationen wurde im Vorfeld angekündigt. Nur einige Befragte hatten Schulleiter, die unangekündigt hospitierten. Was für die Betroffenen natürlich weniger planbar und daher unangenehmer war.

An der folgenden Textstelle illustriert der Befragte B., wie sein Schulleiter seine ideologische Kontrollfunktion ihm gegenüber ausübte:

B.: »Ein Beispiel: Ich habe unterrichtet in einer sechsten Klasse: Die Entstehung des Durchbruchstals des Rheins. Zu dieser Zeit, als ich unterrichtet habe, waren politisch im Blickfeld die Pershing II und die SS-20-Raketen. Und in der Auswertung meines Unterrichts wurde mir gesagt, ich hätte in diesem Zusammenhang die Pershing II Raketen erwähnen müssen. Ich habe darauf geantwortet: Und wie ist es mit der SS-20?

I. : Das ist interessant, denn das ist ja für sich genommen erst einmal ein Thema, was die Natur oder den Eingriff des Menschen in die Natur betrifft.

B. : Genau, das ist eben das, was man bei Hospitationen immer wieder in den Mittelpunkt gestellt hat: Die Frage der ideologischen Beeinflussung der Schüler. Und wenn das nicht genügend war, hat man also Schwierigkeiten bekommen.«

In dieser Textstelle spricht der Interviewte von einer Hospitation durch den Schulleiter in seinem Geographieunterricht, bei der er ein Thema der Physischen Geographie in Westdeutschland behandelte. In der Auswertung der Stunde wird ihm vorgehalten, er hätte die Stationierung der US-amerikanischen Pershing-II-Raketen in der BRD thematisieren müssen. Der Lehrer bezieht sich auf eine Unterrichtsstunde, die zwischen 1983 und 1987 stattgefunden haben muss, da aufgrund eines NATO-Doppelbeschlusses ab 1983 120 Pershing-II-Raketen in der BRD stationiert wurden, die im Kalten Krieg als Gegenstück zu den sowjetischen Mittelstreckenraketen SS-20 gedacht waren. Diese wurden ab 1987 als Ergebnis des INF-Vertrags abgezogen und zerstört. Aus Sicht der Hospitanten hätte der Befragte vermutlich die Bedrohung der »sozialistischen« Länder durch diese Aufrüstung der »kapitalistischen« Länder im Unterricht hervorheben sollen und damit das Feindbild des imperialistischen Westens stützen müssen. Durch die Reaktion von B. : »*Und wie ist es mit der SS-20?*« machte er deutlich, dass er die Kritik nicht akzeptierte. Statt einzulenken, machte er auf die Aufrüstung der sowjetischen Seite aufmerksam. Die Einleitung der erzählten Episode als »*ein Beispiel*« zeigt, dass sie für viele weitere Hospitationen stehen soll, in denen der Befragte die ideologische Beeinflussung der SchülerInnen aus der Sicht seiner Beurteiler nicht ausreichend verfolgte und daher kritisiert wurde. Diese Kritik konnte weitere Unterrichtskontrollen durch den Schulleiter nach sich ziehen, dessen Beurteilungen u. a. bei Versetzungen relevant waren.

SED

Nach dem Statut von 1976 konnte an der Schule eine SED-Schulparteiorganisation (SPO), die von einem Schulparteisekretär geleitet wurde, gegründet werden, wenn mindestens drei Beschäftigte vorhanden waren, die Mitglieder der SED waren (Geißler, 2006, S. 186). Insgesamt waren 1971 33,2 % der LehrerInnen der DDR Mitglieder oder Kandidaten der SED und bis 1989 änderte sich dieser Prozentsatz nur unwesentlich[13] (Geißler, 2006, S. 190). Die SPO konnte Parteiaufträge vergeben, um die Aktivität »passiver« Mitglieder zu erhöhen, und war berechtigt, Mitglieder, deren politische Haltung beanstandet wurde, zu disziplinieren (Geißler, 2006, S. 188 – 189).

---

13 Für LehrerInnen war der SED-Eintritt erschwert. Es wurde nicht allen von LehrerInnen eingereichten SED-Aufnahmeanträgen entsprochen, da sich die SED insbesondere als »Arbeiterpartei« verstand und daher »Angehörige der Intelligenz«, zu denen auch die LehrerInnen gezählt wurden, nur in bestimmten Quoten aufnahm (Geißler, 1996, S. 158 – 159).

Die im Rahmen dieser Studie geführten qualitativen Interviews ergaben, dass die Diskussionen in der schulinternen Parteigruppe den Genossen zur politischen Meinungsbildung dienten, ähnlich wie das private Gespräch mit Kollegen. Da man sich darauf einigte, wie bestimmte politische Ereignisse zu bewerten und im Unterricht zu behandeln seien, hatte die Arbeit der Parteigruppe auch einen Einfluss auf den Geographieunterricht der Beteiligten. Einige Befragte berichten zudem, dass sie oder Kollegen sich für ihr professionelles Handeln vor der Parteigruppe rechtfertigen mussten. Die Kritik der Genossen wurde als eine negative Sanktionsmöglichkeit der SED wahrgenommen. Zudem konnte die SED weitreichende Sanktionen aussprechen, wie z. B. Aktenvermerke:

Sc.: »Na, ich war ja Mitglied der SED und da habe ich eine Parteistrafe bekommen. Das war dann die Folge.
I.: Und wie sah so was aus?
Sc.: Das hat man in der Akte vermerkt. Das wurde dann nach einer gewissen Zeit wieder gelöscht, je nachdem, welche (...) – mittlerer oder höherer – da gab es Differenzierungen.«

Kollegen
Nur zwei Befragte berichten, dass Hospitationen von anderen Kollegen in ihrem Unterricht stattgefunden hätten. Damit wurden sie in der Regel auch nicht als direkte Kontrollinstanz des Unterrichts gesehen, von denen Sanktionen ausgehen konnten. In der Regel wurden sie vor allem in ihrer Vermittlungsrolle zu dem Schulleiter, zur SED oder zur Staatssicherheit gefürchtet. Offene und kritische politische Diskussionen wurden mit ihnen daher nur in eingeschränktem Maße in den Pausen gewagt.

Einige der Befragten haben generell gegenüber Kollegen keinerlei gesellschaftskritische einungen vertreten, da sie das Risiko für zu groß angesehen haben:

N.: »Mit den Kollegen – man wusste ja nicht, an wen man da gerät oder wem man da trauen kann oder nicht trauen kann. Also deshalb hat man dann auch nicht allzu viel geredet.«

Andere Befragte dieser Gruppen geben an, dass sie relativ gut über die politisch-ideologischen Überzeugungen und Mitgliedschaften in der SED ihrer Kollegen Bescheid wussten und bei einigen Verbindungen zur Staatssicherheit vermuteten. Entsprechend dieser Einschätzungen wären dann kritische Diskussionen mit einigen Kollegen geführt und mit anderen vermieden worden:

Fe.: »Es wurde in den Lehrerzimmern teilweise auch sehr kritisch diskutiert, auch über aktuelle politische Ereignisse. Äh, dass man manchmal bei dem ein oder anderen Kollegen, der dann das Lehrerzimmer betrat, das Thema wechselte, dass verstand sich von selbst. Ohne diesem Kollegen irgendetwas nachweisen zu können, dass er Spitzel oder was weiß ich war, aber, sagen wir mal, gewisse Verbindungen zur Partei hatte. Und man wusste nicht, wer der Partei dann evtl. bestimmte Dinge weitersagt – also, ne gewisse Vorsicht hatte man trotzdem.«

Das Gespräch mit einigen ausgewählten Kollegen scheint dem Großteil der Befragten zur politischen Meinungsbildung gedient zu haben, was nach ihrer Darstellung auch ihren Geographieunterricht beeinflusst hat. Zugleich scheinen die Lehrerzimmer die Orte gewesen zu sein, an denen Wissen über mögliche Sanktionen für Abweichungen von der »inhaltlich-ideologischen Linienführung« (Schlimme, 1974) im Geographieunterricht mitgeteilt und verbreitet wurde (s. o.). Dass die hier gehörten »Gerüchte« womöglich ebenso handlungswirksam waren wie tatsächlich erlebte Sanktionen, bestätigt ein Großteil der Befragten, die diese zur Erklärung ihres Unterrichtshandelns im Interview heranziehen.

Staatssicherheit

Obwohl keiner der Befragten selbst von der Überwachung durch die Staatssicherheit betroffen war, spielt die Angst vor dieser Organisation als ideologische Kontrollinstanz für viele eine Rolle. Die Interviewten erzählten von »Fällen«, über die sie vom Hörensagen Bescheid wüssten:

We.: »Aber ich habe das auch gehört, dass sie (Stasi-Mitarbeiter) tatsächlich auch Lehrer rausgeholt haben. Wirklich aus der Schule rausgeholt haben, aber das war auch nur, weil Schüler das zu Hause erzählt haben.
I.: Die wurden dann auch nicht wieder irgendwie-
We.: Das weiß ich also nicht. Ich habe nur mal gehört – und dann wurden die natürlich auch befragt zu der Stunde. Sicherlich gab es da auch Abmahnungen und irgendwelche ernste Sachen und – na ja, man weiß da auch nicht, was noch.«

Eine direkte Überwachung durch die Staatssicherheit haben die Befragten kaum gefürchtet. Die Angst, die Staatssicherheit könnte durch Aussagen von Schülern, Eltern oder Kollegen auf sie aufmerksam werden, findet sich dagegen häufig in den von uns erhobenen Interviews.

Insgesamt wurden in den von uns durchgeführten Interviews der Schulleiter und die Schulbehörde, die Staatssicherheit sowie die SED als Instanzen genannt, von denen direkt negative externe Sanktionen ausgesprochen werden konnten.

In eingeschränktem Maße könnte man zu dieser Gruppe auch die Fachberater zählen, deren Kritik ebenfalls teilweise als Sanktion erlebt wurde. Hinzu kommen die SchülerInnen, die Eltern und die Kollegen, die vor allem als Informationsvermittler an die formelle Sanktionen verteilenden Stellen gefürchtet wurden. Diesen indirekten und informellen Kontrollinstanzen des Unterrichts weisen die Befragten eine große Bedeutung zu, was sich daran ablesen lässt, dass auch ohne die Aufforderungen der Interviewer hierzu die häufigsten Aussagen gemacht wurden. Diese Kontrollinstanzen waren für die Befragten vermutlich darum so entscheidend, da sie das tägliche Lehrerhandeln beeinflussten, während die Kontrollen von Fachberatern und Schulleitern nur episodischen Charakter hatten und damit nur punktuell auf das Lehrerhandeln Einfluss nahmen. Hinzu kommt, dass das Risiko, das von den SchülerInnen und ihren Eltern ausging, von den Befragten nur in Ansätzen eingeschätzt und kontrolliert werden konnte, während die Erwartungen der Fachberater und Schulleiter ihnen sehr viel klarer waren. Dementsprechend war es für die LehrerInnen relativ einfach, den Fachberatern und Schulleitern einzelne Vorführstunden mit den von ihnen erwarteten ideologischen Anteilen zu präsentieren und damit der Gefahr von Sanktionen zu entgehen.

Aus den Darstellungen der Befragten zu den von ihnen gefürchteten Sanktionen lässt sich ablesen, dass die Kontextbedingungen, in denen die GeographielehrerInnen im Unterricht handelten, nicht so einheitlich gewesen sind, wie sich dies noch nach dem Kap. 2 dargestellt hat. Zwar waren die strukturellen Bedingungen in der EOS oder POS der DDR, die Geographielehrpläne sowie die formellen politischen Kontrollinstanzen des Unterrichts für alle gleich, unterschiedlich waren jedoch die politischen Einstellungen der an den Sanktionen beteiligten Personen. Schulleiter, Fachberater, Kollegen, Genossen, Eltern und Schüler wurden von den Befragten in Bezug auf ihre Überzeugtheit vom Marxismus-Leninismus und ihre Offenheit gegenüber gesellschaftskritischen Positionen eingeschätzt. Auf der einen Seite wurde von den »Roten Socken« gesprochen, die man als kompromisslose Vertreter des Marxismus-Leninismus fürchtete, auf der anderen Seite wurde von Kollegen, Eltern und Fachberatern berichtet, die »sehr kritisch« gewesen seien. Uns wurde eine große Bandbreite an Überzeugungen dieser Personen dargestellt und das Risiko für die Umgehung der politischen Erziehung im Geographieunterricht wurde dementsprechend unterschiedlich hoch eingeschätzt.

Unabhängig von den objektiven Bedingungen hing die »Risikokalkulation« der interviewten LehrerInnen jedoch davon ab, wie diese individuell bewertet wurden, wobei Berufserfahrung und Persönlichkeitsmerkmale wie Ängstlichkeit oder Selbstbewusstsein sicherlich eine Rolle gespielt haben. Daneben war die Bewertung der möglichen Handlungsfolgen in den jeweiligen Handlungssituationen unterschiedlich. Diese unterschieden sich hauptsächlich durch die

An- oder Abwesenheit der potentiell Sanktionen aussprechenden Personen. Aus diesem Grunde wurde von den »Angepassten« und auch den »Kritikern« sehr häufig die Unterscheidung zwischen Vorführstunden, bei denen man auf die politischen Erziehungsziele großen Wert gelegt habe, und »normalem« Unterricht, bei dem diese weniger Gewicht gehabt hätten, unterschieden.

Nun stellt sich die Frage, warum Personen, denen vielfältige Sanktionen bewusst waren, die ihnen drohten, wenn sie die politischen Erziehungsziele nicht entsprechend der Lehrpläne vermittelten, dennoch keinen lehrplankonformen Unterricht umsetzten. Warum gingen einige Befragte dieses Risiko ein und andere nicht? Entsprechend der »Wert-Erwartungstheorie« muss nun nach dem persönlichen Nutzen gefragt werden, den einige LehrerInnen, die »Kritiker« und in eingeschränktem Maße auch die »Angepassten«, der nicht-lehrplankonformen Vermittlung der ideologischen Erziehungsziele zumaßen.

Persönlicher Nutzen

Glaubhaftigkeit

An verschiedenen Textstellen sprechen die Befragten von ihrem Ziel, als LehrerInnen für ihre SchülerInnen glaubhaft zu sein.

> Fe.: »Also, wenn ich aus dem Verhalten der Schüler heute mir gegenüber, sagen wir mal, ne gewisse Wertigkeit, ne gewisse *Glaubhaftigkeit* meines Unterrichts ablesen kann, dann muss ich sagen, die Schüler waren mit mir zufrieden. Es gibt also niemand, der dort im Nachhinein mich irgendwie als rote Socke oder irgendetwas (...) oder sagt, dass etwas falsch war, was wir ihm unterrichtet haben, das ist nicht der Fall.«

Nach Fe. konnte sein Unterricht nur dann für die SchülerInnnen glaubhaft sein, wenn sich die dort vermittelten Informationen nicht zu sehr von ihren alltäglichen Erfahrungen unterschieden. Da sich der Standort seiner Schule in Berlin befand, hatten die SchülerInnen u. a. zur Stadtgeographie von Berlin und der politischen Teilung der Stadt vielfältige persönliche Erfahrungen, die im Unterricht berücksichtigt werden mussten:

> Fe.: »Die Probleme der geteilten Stadt sind ja auch Fragen, die im Erdkundeunterricht natürlich ne Rolle spielten. Ich sag's mal so: Da ich im Stadtbezirk Treptow ja auch unterrichtet habe, an einer Schule, wo das Lehrerzimmer praktisch die Fenster hatte auf das Grenzfeld, das ist in der Lehmbruckstraße, da war also, wenn der Fußball über die Schulhofmauer flog, war der Fußball eben im Grenzgebiet. Und dann musste man hoffen, dass die Grenzer ihn zurückschießen. (...) Die Mauer als antifaschistischer Schutzwall hatte sich

eh erledigt. Also, das Ding den Schülern beizubringen in Geschichte oder in Erdkunde, das war eigentlich kaum möglich und war'ne Farce.«

Fe. wäre seinen SchülerInnen nicht als glaubwürdig erschienen, hätte er deren kritische Erfahrungen mit der Grenze nicht in seinem Unterricht berücksichtigt und hätte er ihnen die Mauer als »*antifaschistischen Schutzwall*« verkauft. Informationen, die den Darstellungen der Geographieschulbücher widersprachen, hatten die SchülerInnen nach den Darstellungen der LehrerInnen aus den Westmedien, von Westverwandten, den Kirchen, ihren Eltern oder anhand alltäglicher Erfahrungen gesammelt. Eng verwandt mit dem Wunsch nach Glaubwürdigkeit ist das Ziel, die eigene Autorität als Lehrer zu wahren, die sich nicht nur in der Anerkennung der formalen (Herrschafts-) Position des Lehrers durch die SchülerInnen ausdruckt, sondern auf dem Vertrauen und dem Respekt der SchülerInnen begründet sein sollte.

Da die politische Informiertheit der SchülerInnen u. a. von der Möglichkeit Westmedien zu empfangen, von der räumlichen Nähe zu Westdeutschland und von der Klassenstufe abhing, betrifft dieser Punkt weniger die LehrerInnen, die im Raum Dresden unterrichteten oder ausschließlich in unteren Klassen lehrten.

Berufsethos
Ein wichtiges Motiv der Befragten scheint der Aufbau eines positiven beruflichen Selbstbildes gewesen zu sein. Hierbei orientierten sich die LehrerInnen an ihren persönlichen beruflichen Vor- und Idealbildern, denen sie möglichst entsprechen wollten. In der pädagogischen Forschung wird Berufsethos in der Regel als »handlungsleitende Wertmaßstäbe« (Schulheis, 1992, S. 311 ff.) definiert. Bisher ist es nicht gelungen, einen feststehenden und allgemein anerkannten Wertekatalog ähnlich dem Hippokratischen Eid bei Medizinern zu definieren, der dem professionellen Handeln von LehrerInnen zu Grunde liegen sollte. Versuche hierzu gab es u. a. von der UNESCO, die 1967 »Empfehlungen zum Status des Lehrers« vorlegte. Obwohl es auch keine zusammenfassende Theorie des pädagogischen Berufsethos gibt, scheinen einige Elemente zu seinen zentralen Bestandteilen zu gehören.

»Neben der fachlichen Kompetenz benötigt der Lehrer eine pädagogische Komponente und ein Ethos, das zwar noch nicht klar in allen Strukturen beschrieben werden kann, sich aber um Glaubwürdigkeit, Authentizität und Wahrheit gruppiert« (Ofenbach, 2006, S. 347).

Nun stellt sich die Frage, inwiefern Wertmaßstäbe in Form eines Berufsethos den Unterricht der befragten LehrerInnen in Bezug auf die politisch-ideologische Erziehung leiteten.

An vielen Interviews ist ablesbar, dass die LehrerInnen ihre SchülerInnen umfassend bilden und pädagogisch fördern wollten. Häufig hatten die Befragten das Gefühl, nur ehrlich vor den SchülerInnen auftreten zu können, wenn sie das von ihnen vermittelte Wissen als richtig und wichtig einschätzten, was bei Teilbereichen der Ökonomischen Geographie bei vielen jedoch nur bedingt der Fall war.

L.: »Man war sich eigentlich einig, dass das, all das, was man da im Lehrbuch hatte und erzählt hat, hand- und fußlos ist, weil der ganze Apparat nicht klappte.«

Wie L. hatten einige der Befragten vielfältiges Wissen über die Einseitigkeit der Schulbuchdarstellungen, das sie durch alltägliche Erfahren, Westverwandtschaft, die Westmedien u. a. erhalten hatten und welches teilweise auch durch Gespräche mit anderen Kollegen ausgetauscht wurde. Es entsprach nicht dem Berufsethos einiger LehrerInnen, die SchülerInnen über bestimmte Zusammenhänge bewusst falsch zu informieren.

Ki.: »Wo ich immer ein ungutes Gefühl habe, hatte, daran kann ich mich auch noch erinnern, dass, wenn es in der zehnten Klasse um den Erfolg der sozialistischen Wirtschaft ging. Weil ich ja nun doch schon zehn, zwanzig Jahre älter war, als die Schüler, und aus meinem Lebensumfeld wusste, dass das nicht so funktioniert in der sozialistischen Produktion, wie das in den Büchern steht. Und da hab ich auch'n persönlichen Konflikt manchmal gespürt. Ich wusste aber, dass ich als Lehrer natürlich dort das nicht thematisieren kann. Irgendwie habe ich das wahrscheinlich verdrängt. Ich sag »wahrscheinlich«, weil ich mich nicht erinnern kann. Aber ich kann mich erinnern, dass dieser Konflikt mir bewusst war. Dass sozialistische Produktion nicht so schön war, wie wir sie beschrieben haben. Halle-Leipzig war das Musterbeispiel für Chemie, für'ne Chemieregion. Ich weiß aber, wusste schon damals, von Freunden und von Verwandten, dass die ihre Wäsche da nicht aufhängen können, weil, nach zwei Stunden ist die rußig. Also, die Umweltproblematik war mir bekannt – ich hab das nicht bewusst thematisiert – ist furchtbar, ne?«

Wie viele andere »Gewissenskonflikte«, von denen uns berichtet wurde, bestand auch der Konflikt von Ki. darin, dass sie um die teilweise einseitigen Darstellungen in den Geographieschulbüchern wusste und es vermutlich zu ihrem Bild von einem guten Lehrer gehörte, die SchülerInnen umfassend zu informieren und pädagogisch zu fördern, was sie aber aus Angst vor Sanktionen im Geographieunterricht nicht für machbar hielt (»*ich wusste aber, dass ich als Lehrer natürlich dort das nicht thematisieren kann*«). Hier wurde von Ki. eine pädagogische Wertvorstellung angesprochen, die nach Giesecke (1997) zentral das Berufsethos von Lehrern bestimmt und die er wie folgt definiert: »*meinen Er-*

fahrungsvorsprung nicht missbrauchen z. B. zu Agitation und Indoktrination« (Giesecke, 1997, S. 272). Wie einige andere Befragte sah sich Ki. in einer tragischen Situation, in der richtiges Handeln nur bedingt möglich gewesen sei. Entschied sie sich für einen Verstoß gegen ihr Berufsethos, hätte dies negative Auswirkungen auf ihr Selbstwertgefühl und ihre Zufriedenheit als Lehrerin gehabt (interne Sanktionen). Entschied sie sich dagegen für eine gesellschaftskritische Behandlung der Unterrichtsgegenstände im Gegensatz zu den Schulbuchdarstellungen, hätte sie mit negativen externen Sanktionen rechnen müssen. Da sich Ki. nach eigener Darstellung für die erste Variante entschieden hat, war sie mit ihrem Verhalten nicht zufrieden. Der Ausspruch »*ist furchtbar, ne?*« könnte sich entweder auf den von der Lehrerin beschriebenen inneren Konflikt beziehen, unter dem sie offensichtlich gelitten hat, oder auf ihre Entscheidung, die SchülerInnen über bestimmte, ihr bekannte Problembereiche nicht zu informieren. Trifft die zweite Interpretation zu, wird klar, dass der Interviewer hier als jemand gesehen wurde, der das Handeln der Befragten in Frage stellte und vor dem sie das Gefühl hatte, sich rechtfertigen zu müssen.

Anders als der Faktor der »Glaubwürdigkeit«, der vor allem von dem Grad der Informiertheit der SchülerInnen abhing, war die Relevanz des »Berufsethos« vor allem von dem Informationsstand der LehrerInnen abhängig. Objektiv war dieser sicherlich bei Personen besser, die über Westkontakte verfügten und Westmedien konsumierten, als bei LehrerInnen, denen diese Informationsquellen nicht zur Verfügung standen. Neben der objektiven Verfügbarkeit von Darstellungen aus dem »Westen« spielte aber auch die Beurteilung dieser Informationen durch die Akteure eine große Rolle. Nur wenn diesen mehr Glauben geschenkt wurde als den Darstellungen in den Geographielehrbüchern, erlebten die Akteure »Gewissenskonflikte« wie sie Ki. beschreibt. Dies war bei den »Überzeugten« nicht der Fall, da sie die verbotenen Westmedien gar nicht nutzten und ihnen als »imperialistische Propaganda« keinen Glauben schenkten.

Fachverständnis

Wie hoch die Bedeutung der politischen Erziehung von den Befragten eingeschätzt wurde, hing zum großen Maße von ihrem Fachverständnis ab. Gefragt nach den Inhalten, deren Vermittlung ihnen als GeographielehrerInnen besonders wichtig waren, gab es in der Regel drei verschiedene Antworttypen: Die »Naturwissenschaftler«, die »Ökonomischen Geographen« und die »Vertreter des systemischen Ansatzes«.

Die erste Gruppe, die »Naturwissenschaftler«, begriff die Geographie, wie Bl., vorrangig als naturwissenschaftliches Fach. Aufgrund ihres Interesses an der Physischen Geographie versuchten sie diese vorrangig im Geographieunterricht zu vermitteln:

Bl.: »Was ich immer wieder positiv empfand und bis heute positiv empfinde, war die solide naturwissenschaftliche Linienführung.«

Schwerpunkte im Bereich der Physischen Geographie zu legen, bedeutete für die Befragten gleichzeitig, den politisch-ideologischen Erziehungszielen, die an die Unterrichtsinhalte der Ökonomischen Geographie geknüpft waren, vergleichsweise wenig Bedeutung beizumessen, wie dies auch Ki. ausführt:

Ki.: »Durch die starke Orientierung auf die Physische Geographie gab's ja auch nicht viel Ansatzpunkte, man kann ja das skandinavische Gebirge nicht irgendwie ideologisch vergewaltigen.«

In der Regel geben LehrerInnen, die selbst große Interessen im Bereich der Physischen Geographie hatten und hier ihre Schwerpunkte im Unterricht setzten, an, dass die politisch-ideologischen Erziehungsziele in ihrem Unterricht einen geringen Stellenwert gehabt hätten.

Sc.: »Weil es ja dort diese Zweiteilung der Geographie gibt und diese wurde natürlich auch in der Schule praktiziert und dieser einen Seite, die Physische Geographie, konnte man mit großer Leidenschaft dort nachgehen, das habe ich auch gemacht. Es gab aber noch diese zweite Seite, wir haben es damals genannt, die Ökonomische Geographie, und die ist leider aus meiner Sicht sehr uninteressant rüber gekommen durch Lehrpläne und Lehrbücher und war dann auch nicht so die Begeisterung auf meiner Seite – und wenn der Lehrer nicht angetan ist von dem Gebiet, dann bringt er das auch nicht so gut rüber, so dass ich immer so ein zweigeteilter Lehrer war und vielleicht haben das auch die Schüler gemerkt.«

Da die fachlichen Interessen dieser Lehrerin, ihre »*Leidenschaft*«, im Bereich der Physischen Geographie lag, fiel es ihr schwer, sich und ihre SchülerInnen für Inhalte der Ökonomischen Geographie und für die politischen Erziehungsziele zu begeistern. Diesen Teil ihres Unterrichts beschreiben sie häufig als »*langweilig*«.

Anders als die Lehrpläne, denen die theoretische Grundposition eines »sozialistischen Geopossibilismus« zugrunde lag, bei dem die Behandlung der Physischen Geographie als integraler Bestandteil der ideologischen Erziehung gesehen wurde (siehe Kap. 3.2.1), sahen viele befragte LehrerInnen das Fach ganz klar zweigeteilt, wobei die ideologischen Inhalte lediglich der Ökonomischen Geographie zugerechnet wurden.

Die zweite Gruppe bilden die »Ökonomischen Geographen«. Die Lehrer dieser Gruppe versuchten, wie Sch., ihre Schwerpunkte im Unterricht in dem Bereich der Ökonomischen Geographie zu legen.

Sch.: »Also, ich bin ja mehr ein Fan von Wirtschaftsgeographie und deshalb
denke ich mal, dass ich da auch mehr den Schwerpunkt gelegt habe.«

Dass Sch. in diesem Textauszug von »Wirtschaftsgeographie« spricht, könnte
daran liegen, dass die Interviewte vermutet, dass dem jungen Interviewer der in
der DDR gebräuchliche Begriff »Ökonomische Geographie« nicht geläufig ist
und sich verständlich machen will. Vielleicht will sie auch zeigen, dass sie über
die aktuellen Entwicklungen im Fach Bescheid weiß. Es könnte aber auch sein,
dass der Begriff »*Wirtschaftsgeographie*« gewählt wird, da er politisch neutraler
erscheint als »Ökonomische Geographie«, welche häufig mit der »sozialistischen Erziehung« assoziiert wird und von der Interviewten vermutet wird, dass
ihr Interesse für diesen Gegenstandsbereich durch diese Formulierung eher vom
Interviewer akzeptiert werde. Auch bei anderen Befragten dieser Gruppe kann
man eine gewisse Vorsicht bei der Wortwahl beobachten:

L.: »Ja, als Vorgeprägter ist es für mich (lacht), ich muss das wiederholen, Bildung
und Erziehung ne Einheit. Das heißt also ich kann nicht Bildungsziele anset-
zen und sagen, so wertfrei geht das über die Bühne, sondern ich muss da
natürlich auch sehen, dass ich ganz bestimmte Schwerpunkte setze, wie
dieses angebotene Wissen sich auch auf das Tun und Handeln der Schüler
auswirken soll. Ansonsten können wir die Schule zu machen. (...) Wenn ich
beispielsweise die DDR behandle in Klasse 5 als Heimat der Schüler, ja dann
muss ich auch irgendwo patriotische Erziehung machen. Da komme ich nicht
dran vorbei. Das ist zwar schon wieder hochpolitisch, aber das ist nun mal
so.«

L. beschreibt sich selbst als »*Vorgeprägten*« und spielt damit sicherlich auf seine
politische Sozialisation in der DDR und die eigene Überzeugung vom Sozialismus an, die er an anderer Stelle ausführt. Er sah sich als Mitglied der SED und als
Schuldirektor verpflichtet, die SchülerInnen im Sinne des Sozialismus zu erziehen, was vor allem bei Themen der Ökonomischen Geographie und anhand
von regionalen Beispielen möglich war. Dies verdeutlicht er im Textauszug anhand der Themen zur DDR, welche in der 5. Klasse behandelt wurden und die
ihm dazu dienten, politisch zu erziehen. Auffällig ist auch an diesem Textauszug,
dass nicht von »Sozialismus« oder »sozialistischer Erziehung«, sondern von
»Erziehung« allgemein oder »patriotischer Erziehung« gesprochen wurde. Dies
könnte daran liegen, dass der Befragte vermutet, dass der Interviewer der Allgemeingültigkeit beanspruchenden Aussage, dass Bildung niemals wertfrei sein
könne, eher zustimmen wird als der Aussage, dass es notwendig gewesen sei, die
SchülerInnen von der Überlegenheit des Sozialismus zu überzeugen. Ähnliche
Überlegungen könnten zur Entscheidung für den Ausdruck »*patriotische Er-*

ziehung« geführt haben, der heute sicherlich positiver besetzt ist als die sozialistische Erziehung.

Die Vorsicht in der Wortwahl der Befragten, die ihre Schwerpunkte im Bereich der »Ökonomischen Geographie« legen, könnte man als Reaktion auf die
Interviewer deuten, von denen die Befragten offenbar nicht sicher sind, ob sie
die von ihnen umgesetzte Vermittlung der politischen Erziehungsziele guthei-
ßen und akzeptieren.

Die letzte Gruppe von Befragten mochte weder im Bereich der Physischen
noch im Bereich der Ökonomischen Geographie Schwerpunkte legen und begriff die Geographie als Fach, in dem beide Bereiche systemisch verbunden sind:

> We.: »Obwohl ich ja persönlich der Meinung bin, dass Geographie ein sehr ver-
> bindendes Fach ist. (...) Wo man sagen kann: Aha, hier ist ein Fach, dass alle
> Einzelkomponenten in ein schönes System bringt.«

Personen dieser Gruppe scheuten sich in der Regel nicht, die von den Lehrplänen
festgelegten politischen Erziehungsziele mitzuvermitteln. Diese Gruppe entspricht am stärksten dem Bild des Faches, wie es von führenden »Methodikern«
der DDR gesehen wurde und in den Lehrplänen festgeschrieben wurde (siehe
3.2.1)

Interessant ist, dass alle Befragten die Vorlieben ihrer SchülerInnen in dem
Teilbereich ihres Faches vermuteten, der sie selbst am stärksten faszinierte.
Während die SchülerInnen der »Naturwissenschaftler« Themen der Physischen
Geographie aus der Wahrnehmung ihrer LehrerInnen am interessantesten
fanden, engagierten sich die SchülerInnen der »Ökonomischen Geographen«
angeblich vorrangig bei deren Schwerpunkten. Dies kann damit zusammenhängen, dass die LehrerInnen aufgrund ihrer eigenen Interessen die von ihnen
favorisierten Themengebiete den SchülerInnen besonders lebhaft vermitteln
konnten. Eine andere Erklärung könnte sein, dass die LehrerInnen bei den von
ihnen ungeliebten Themengebieten insgesamt eine negative Wahrnehmung
ihrer Stunden hatten, die sie auf ihre SchülerInnen projizierten.

Vergleicht man die drei Gruppen, waren es vor allem die »Naturwissenschaftler«, die aufgrund ihres persönlichen Interesses an der Physischen Geographie in diesem Bereich Schwerpunkte legten und aus diesem Grund Inhalte
der Ökonomischen Geographie und die mit diesem Bereich verknüpften politischen Erziehungsziele mieden.

Politische Überzeugungen
Neben den fachlichen Interessen entschieden auch die politischen Überzeu-
gungen darüber, ob die Befragten ihre Schwerpunkte im Unterricht auf die
Vermittlung der ideologischen Erziehungsziele legten oder nicht. In unseren

Interviews haben wir nicht direkt nach den damaligen politischen Überzeugungen der Interviewten gefragt. Diese wurden von diesen jedoch häufig zur
Begründung der eigenen Schwerpunktsetzungen im Unterricht angeführt und
lassen sich somit erschließen. Die Interviews zeigen hier die ganze Bandbreite an
verschiedenen Überzeugungen. Zunächst sind LehrerInnen zu nennen, die sich
als Genossen verstanden und vom Sozialismus überzeugt waren.

> W.: »Als Genosse sag ich mal, war ich ja ideologisiert, habe die Ideologie mit mir
> rumgetragen und natürlich auch im Geographieunterricht eingebracht.«

Einige dieser Befragten folgten »blind« und kritiklos der Partei und versuchten,
in ihrem Geographieunterricht die SchülerInnen u. a. von der Überlegenheit des
Sozialismus zu überzeugen. Im Detail führten die Befragten nicht aus, was sie
unter »Sozialismus« verstanden. Einige Elemente wurden jedoch besonders
häufig genannt und scheinen daher für Viele zentral gewesen zu sein.

> Ha.: »Der Mensch steht im Mittelpunkt und alles andere dreht sich um diesen
> Menschen und nicht das Geld steht im Mittelpunkt und alles dreht sich ums
> Geld. Daran habe ich schon geglaubt. Und ich fand das auch schon viel
> besser auch heute noch, als dass das Kapital im Mittelpunkt steht.«

Wie von Ha. wurden auch von mehreren anderen Befragten »Sozialismus« und
»DDR« gleichgesetzt und durch die Gegenüberstellung von »Kapitalismus« und
»BRD« erklärt. Wie in diesem Textauszug stand ein positives Bild des Sozialis-
mus häufig einem negativen Bild des Kapitalismus gegenüber. Während mit dem
Sozialismus u. a. Solidarität, Frieden, Menschlichkeit, Zusammenarbeit, soziale
Gemeinschaft und ausreichend Lehrstellen und Arbeitsplätze verbunden waren,
stand der »Kapitalismus« für Profit, soziale Missstände, Klassengegner, NATO,
Arbeitslosigkeit und Egoismus. Interessant ist, dass Beobachtungen, die die
Befragten im wiedervereinigten Deutschland gesammelt haben, zur Rechtfertigung ihrer damaligen Auffassungen angeführt wurden. Hier noch ein Text-
auszug, an dem sich dieses exemplarisch beobachten lässt:

> No.: »Es gab eben Blumentöpfe und es gab ne Blumenpflege, wir hatten natürlich
> nicht diese Putzfrauen oder die uns die Blumen, das gab dann Blumen-
> pflegedienst und dann wurde auch nach dem Unterricht, wir hatten auch die
> Zeiten, wo eben ausgefegt werden musste, da musste der Ordnungsdienst,
> einer, der den Klassenraum ausfegte. Ich meine, das haben wir natürlich
> heute besser, heute haben wir nen Reinigungsdienst und irgendwie so, aber
> die Frage: Hat's uns geschadet? (lacht) Aber heute bei dieser Privatgesell-
> schaft da sieht natürlich auch nur jeder Seins, seinen Aufgabenbereich oder
> so.«

Die Interviewte No. berichtet, dass im Gegensatz zu heute von den SchülerInnen in der DDR die verschiedensten Dienste ausgeführt werden mussten, wie »Blumenpflegedienste« oder »Ordnungsdienste«. Bei der Frage »*hat's uns geschadet?*« handelt es sich um eine rhetorische Frage, die in der Regel mit »Nein« beantwortet wird. So erwartet die Interviewte auch in diesem Fall keine Antwort der Interviewerin. Dass diese Dienste nicht nur nicht geschadet hätten, sondern positiv zu bewerten seien, wird im letzten Satz ausgedrückt. Die Befragte macht hier deutlich, dass die Schuldienste nur als ein Beispiel für die positive Zusammenarbeit in der DDR im Gegensatz zur kapitalistischen Gesellschaft, in der nur jeder an sich selbst denke (»*da sieht nur jeder Seins*«), stehen sollen. Der angeblich egoistische Charakter der heutigen Gesellschaft wird durch die Wortschöpfung »*Privatgesellschaft*« verdeutlicht. Wie einige andere Befragte werden von No. die in der DDR erlebten Mängel positiv umgedeutet. Es wird das romantische Bild von der damaligen konfliktlosen Gesellschaft, in der jeder freudig seinen Beitrag zur Entwicklung des Ganzen geleistet habe, gezeichnet.

Befragte dieser Gruppe hatten zu Zeiten der DDR wenige Zweifel an der Richtigkeit des Sozialismus und sehen sich in der Regel nach den Erfahrungen im vereinigten Deutschland in dieser Auffassung bestätigt. Das Ende der DDR wurde dann folgerichtig nicht auf systeminterne Gründe wie z. B. Misswirtschaft zurückgeführt, sondern mit dem Schaden erklärt, den die »kapitalistischen« Länder der DDR zugefügt hätten:

L.: Hinzu kam, dass die kapitalistischen Länder ganz bestimmte Produkte nicht lieferten, ganz krasses Handelsembargo. Die DDR hat nen Mikrochip entwickelt über viele Jahre, das Ding gab's schon lange im Westen. Aber wir mussten das selber hier produzieren, weil nichts da war. Und gekriegt haben wir's nicht. Ja, und diese Dinge trugen dann letzen Endes alle damit zu bei, dass sich die Situation, die ökonomische Situation der DDR und dann auch natürlich in anderen sozialischen Ländern zusehends verschlechterten und die DDR dann am Ende war.«

Hier wird das Ende der DDR auf ein angebliches Handelsembargo der »kapitalistischen« Länder zurückgeführt.

Interviewte, die sich im Interview als überzeugte Sozialisten darstellen und dies als Begründung dafür anführten, dass sie den politischen Erziehungszielen im Geographieunterricht eine hohe Bedeutung beimaßen, waren in der Regel Mitglieder der SED. Einige von ihnen hatten schulinterne Leitungspositionen inne wie Schulleiter oder stellvertretender Schulleiter.

Dass die Parteimitgliedschaft in der SED jedoch nur ein ungenauer Indikator für politische Überzeugungen von LehrerInnen in der DDR war, zeigt sich daran, dass einige LehrerInnen, die keine Mitglieder gewesen sind, sich ebenfalls als überzeugt vom Sozialismus darstellen und uns anders herum von Personen berichtet wurde, die als Parteimitglieder überhaupt kein Interesse an Politik gehabt hätten und zur Mitgliedschaft überredet worden seien oder sie zur Förderung ihrer Karriere eingegangen wären.

Neben den überzeugten Genossen gab es eine große Anzahl von Befragten, die sich sehr wenig für Politik interessierten und den Lehrveranstaltungen in Marxismus-Leninismus, die sie während ihres Hochschulstudiums absolvieren mussten, sowie den schulinternen ideologischen Fortbildungen, dem »Partei-lehrjahr[14]«, uninteressiert gegenüberstanden und diese als notwendiges Übel absolvierten. Mit ihrer Rolle als »Ideologievermittler« im Geographieunterricht konnten sie sich nur schwer identifizieren und maßen daher den ideologischen Erziehungszielen nur geringe Bedeutung bei:

P.: Das war auch nicht so meine Stärke, muss ich sagen. Mir kam das mehr auf methodische Arten an, dass sie durch die Methodik etwas lernen, als dass ich hier den Sozialismus verbreite – das war eben nicht mein Ding. Also wenn ich das jetzt so überdenke, zieht sich das durch die gesamte Arbeit durch. Sowie das Wort Sozialismus kam, habe ich schon Rot gesehen.«

P. spricht hier über ihren Geographieunterricht, in dem sie den SchülerInnen Arbeitsmethoden anstelle von Ideologie vermitteln wollte. Politisch neutral Geographie zu unterrichten war jedoch mit dem vorliegenden Hauptmedium, dem Schulbuch, nur bedingt möglich (*»sowie das Wort Sozialismus kam«*). Da diese Gruppe den ideologischen Erziehungszielen nur geringe Bedeutung in ihrem Unterricht zuwies, versuchte sie, Schwerpunkte im Bereich der Physischen Geographie, der Topographie oder den Arbeitsmethoden zu legen.

Letztlich gibt es noch LehrerInnen, die den politischen Verhältnissen in der DDR kritisch gegenüberstanden. Diese Gruppe war sich den ökologischen, ökonomischen, politischen und sozialen Problemen der DDR sehr bewusst und begriff ihre Rolle als GeographielehrerInnen in der Aufklärung der SchülerInnen. Das Interview mit Fe. zeigt sehr deutlich, dass das Gespräch mit Kollegen neben der Weitergabe von Informationen über mögliche Sanktionen im Geographieunterricht (s. o.) auch der politischen Meinungsbildung diente, was wiederum einen Einfluss auf das Unterrichtshandeln hatte:

Fe.: »Aber der überwiegende Teil der Kollegen, mit denen ich zusammengearbeitet habe, hat viele Dinge sehr, sehr kritisch gesehen. Und auch sehr kritisch diskutiert. Ähm, im Lehrerzimmer, und ich denke mal auch an Refle-

---

14 Seit Mitte der 60er Jahre mussten alle LehrerInnen an regelmäßigen schulinternen Fortbildungen zum Marxismus-Leninismus teilnehmen, die in der Regel von den Schuldirektoren geleitet wurden (Geißler, 2006, S. 194).

xionen der Schüler, teilweise auch im Unterricht bestimmte Dinge auch ansprechen lassen, ja.«

Durch die Vermittlung von gesellschaftskritischen Informationen im Geographieunterricht wollten diese LehrerInnen ihre SchülerInnen befähigen, sich zur Verbesserung der Gesellschaft einzusetzen.

> Fe.: »Ja, also wie gesagt, jeder, jeder DDR-Lehrer muss mit sich selbst verantworten, inwieweit er, sag ich's mal, äh, dieses teilweise Geseiere von der Überlegenheit des Sozialismus und von der Hegemonie der Partei der Arbeiterklasse, inwieweit er das an die Schüler herangetragen hat und wieweit er im gleichen Sinne aber Anmaßung und Anspruch mit Realität hat auch vergleichen lassen. Und das ist natürlich, sag ich's mal, in meinem Fach ne sehr wichtige Methode gewesen, um die Schüler eigentlich zu kritischen, aber auch zu DDR-Staatsbürgern zu erziehen.«

Anders als von einigen Kollegen wurde von Fe. die Vermittlung von Kritikfähigkeit im Geographieunterricht nicht als Gegensatz zu Zielen der staatsbürgerlichen Erziehung gesehen. Gerade die Erkenntnis, dass es noch viele gesellschaftliche Problembereiche in der DDR gab, von ihm als »*Krankheitssymptome*« bezeichnet, sollte die SchülerInnen motivieren, sich bei ihrer Behebung zu engagieren:

> Fe.: »Überwiegend sah man (...), dass der Patient DDR eigentlich ein Patient ist, den man gerne heilen möchte, dass aber bestimmte Krankheitssymptome da sind, und man war eigentlich der festen Überzeugung, dass man das schafft.«

Ein Großteil der Befragten dieser Gruppe wollte weniger das Ende der DDR als vielmehr das gesellschaftliche Engagement ihrer SchülerInnen zur Lösung der Problembereiche fördern.

Nachdem nun die dominanten Faktoren vorgestellt wurden, die den Entscheidungsprozess der LehrerInnen bei der unterrichtspraktischen Umsetzung der politisch-ideologischen Erziehungsziele im Geographieunterricht beeinflussten, stellt sich die Frage, wie Lehrerhandeln als »rationale Wahl« zwischen unterschiedlichen Handlungsalternativen zu erklären ist. Wie spielten die genannten Faktoren bei der individuellen »Nutzenkalkulation« zusammen? Im Folgenden wird anhand der schon vorgestellten drei »Lehrertypen«, den »Überzeugten«, den »Angepassten« und den »Kritikern«, gezeigt, wie unterschiedlich wahrgenommener Nutzen und unterschiedlich eingeschätzte negative Handlungsfolgen zu verschiedenem Lehrerhandeln führte.

Die »Überzeugten«

Die erste Gruppe der Befragten stellt sich im Interview als Staatsdiener der DDR dar, die durch ihren Unterricht versuchten, die SchülerInnen vom Marxismus-Leninismus und der Überlegenheit der »sozialistischen« Staaten gegenüber den »kapitalistischen« zu überzeugen. Bezogen auf den Geographieunterricht der DDR im Allgemeinen wiesen sie der ideologischen Erziehung ebenfalls einen hohen Stellenwert zu, was sie mit der Bedeutung des Marxismus-Leninismus als Staatsideologie begründeten. Warum hatten die politisch-ideologischen Erziehungsziele so einen hohen Stellenwert für die Befragten dieser Gruppe?

> S.: »Das war doch schon auch Teil meines Lebens und meiner Einstellung und deshalb denke ich mal, dass das irgendwo immer mit drin war – ohne dass man sich jetzt bewusst gezwungen hat, das muss jetzt hier auch noch mit rein, sondern das war eigentlich immer Bestandteil, weil man selber auch Bestandteil dieses Systems war.«

Wie die Befragte S., verstanden sich die »Überzeugten« als »*Bestandteil*«, Träger und Vermittler des Sozialismus in der DDR. Da sie die politischen Einstellungen verinnerlicht hätten, sei eine rationale Entscheidung (*»bewusst gezwungen«*) nicht nötig gewesen. Die »Überzeugten« haben nach ihren Angaben die marxistisch-leninistischen Erziehungsziele in ihrem Unterricht aus eigener Motivation verfolgt und sahen sich nicht zu ihrer Vermittlung durch Lehrpläne und Schulbücher gezwungen.

Die Vertreter dieser Gruppe waren in der Regel Mitglieder der SED wie der Interviewte Ha.:

> »Nun war ich ja damals in der Partei. Da bin ich ja nicht reingegangen, weil ich Langeweile hatte, sondern da bin ich aus Überzeugung reingegangen. Von daher waren viele Dinge, die da standen, natürlich für mich richtig.«

Mit dem Ausdruck »*da standen*« spielt der Interviewte, wie der Interviewkontext zeigt, auf die Aussagen der Schulbücher an, die von Vertretern dieser Gruppe in der Regel als objektive Beschreibungen akzeptiert wurden.

Neben der politischen Überzeugung der Befragten wurde häufig die eigene Sozialisation als Begründung für das persönliche Lehrerhandeln angeführt:

> Wo.: »Das Thema Sowjetunion war politisch-ideologisch besetzt. Das muss man ganz eindeutig sagen. Ne, Sowjetunion wurde unterrichtet, weil das die stärkste sozialistische Macht war und natürlich hat man auch das ganze Vokabular bedient, ne aber – wenn man da groß geworden ist, war für einen das natürlich das Ideal. Und man hat gedacht, es ist genau das Richtige und deshalb hat man auch gedacht, man muss das den Schülern vermitteln, weil

es für uns die einzige richtige Wahrheit war so und wenn ich dann geographische Inhalte oder eben auch bestimmte Erziehungsziele dann war ich davon überzeugt, das ist absolut das Richtige.«

Die interviewte Lehrerin begründete, warum sie die Verhältnisse in der Sowjetunion als »*Ideal*« wahrgenommen hat und infolgedessen versuchte, die Schülerinnen von diesen Vorzügen zu überzeugen. Mit dem Ausdruck »*wenn man da groß geworden ist*« scheint sie auf ihre Sozialisation in der DDR anzuspielen. Die Befragte hat die Jugendorganisationen, die Schule und die Hochschule, in denen die politisch-ideologische Erziehung in der DDR stattfand, durchlaufen und führt ihre eigene Überzeugung von der Überlegenheit des »sozialistischen« Bruderstaates auf diese Prägungen zurück. Damit konnte sie die von den Lehrplänen geforderten Erziehungsziele ohne Gewissenskonflikte im eigenen Geographieunterricht umsetzen.

Insgesamt stellten sich die Befragten dieser Gruppe als vom Leninismus-Marxismus überzeugte LehrerInnen der DDR dar, die damals einen sachlichen Geographieunterricht vertreten haben, in dem unterschwellig politisch erzogen wurde. Glaubhaft aufzutreten bedeutete für diese Gruppe, die eigenen politischen Überzeugungen offen im Unterricht darzustellen und durch das eigene vorbildhafte Auftreten zu vermitteln. In der Regel gehörten die »Überzeugten« zur Gruppe der »Ökonomischen Geographen« und legten auch aus eigenem Interesse hier ihre Schwerpunkte im Unterricht. Sie hatten nicht das Gefühl, die SchülerInnen teilweise falsch oder einseitig zu informieren, da sie westliche Informationsquellen, wie das Westfernsehen entweder nicht nutzten oder ihnen keinen Glauben schenkten. Ihr Berufsethos wurde davon nicht berührt. Diese Gruppe von Befragten maß der Umgehung der politisch-ideologischen Erziehungsziele im Geographieunterricht natürlich keinerlei Bedeutung zu. Der Nutzen dieser Handlungen war also gering. Die »Überzeugten« sprechen von sich aus »Sanktionen« selten an, da sie sich von diesen nicht betroffen sahen. Wurden sie nach diesem Thema im Interview gefragt, zeigte sich, dass Kontrollen des Unterrichts eher positiv gesehen wurden:

L.: »Fakt war, dass ich als Lehrer ständig damit rechnen musste, dass mein Unterricht kontrolliert wurde, *mit Recht*, denn der Eingriff in die Entwicklung junger Menschen kann nicht ziel- und planlos passieren.«

Da diese Gruppe aus eigener politischer Überzeugung die ideologischen Erziehungsziele der Lehrpläne umsetzte, fürchteten diese LehrerInnen keinerlei negative externe Sanktionen. Durch Unterrichtskontrollen erfuhren sie Bestätigungen für ihre Lehrtätigkeit und begrüßten sie auch generell, da sie als ein

Mittel gesehen wurden, um u. a. die von ihnen als wichtig erachteten politischen Erziehungsziele allgemein durchzusetzen.

Die »Angepassten«

Wie schon unter 4.4.1 dargelegt wurde, entschieden sich die »Angepassten« je nach Situation für die Umsetzung der ideologischen Erziehungsziele der Lehrpläne in ihrem Unterricht oder für die Schwerpunktsetzung in anderen Bereichen. Im Folgenden ist zu untersuchen, welche Gründe jeweils handlungsleitend waren.

Die »Angepassten« hatten verschiedene Gründe, die ideologischen Erziehungsziele der Geographielehrpläne nicht in vollem Umfang zu realisieren. Zunächst waren sie, unabhängig von ihrer Mitgliedschaft in der SED, wenig an Politik interessiert. Das Bekenntnis zum Sozialismus war für sie mehr eine »Pflichtübung« und entsprang keiner tatsächlichen Überzeugung. Ihre Rolle als LehrerIn begriffen sie als unpolitisch. Zudem ist das Fachverständnis der »Angepassten« zu nennen, die häufig die Physische Geographie und nicht die Ökonomische Geographie wie die »Überzeugten« im Vordergrund sahen. Da auch ihre fachlichen Interessen häufig im naturwissenschaftlichen Bereich der Geographie lagen und sie die Inhalte der »Ökonomischen Geographie« als ideologisch belastet wahrgenommen haben, versuchten sie in ihrem Unterricht Schwerpunkte im naturwissenschaftlichen Bereich, in der Vermittlung von Arbeitsweisen und/oder im Bereich der Topographie zu setzen.

M.: »Dass ich versucht habe, dass ich sagte, ich bin einigermaßen sachlich und habe versucht, eher Bodenschätze zu behandeln.«

P.: »Ja, so was habe ich weggelassen. Für mich war wichtig: Das Land kennen zu lernen, wo ist was? Welche Städte, welche Flüsse, Gebirge usw. – und wer das nachlesen will, der kann das ja lesen.«

Die Lehrerin P. gibt hier an, die ihr vorgelegten Einführungstexte zu DDR und BRD in den Schulbüchern der 5. und 6. Klasse übersprungen zu haben, da sie hauptsächlich Topographie vermitteln wollte. Auch andere Befragte geben an, Textteile, Aufgaben oder einzelne Statistiken in den Schulbüchern, die aus ihrer Sicht keine sachlichen Informationen lieferten, weggelassen zu haben.

Auch nahmen sie teilweise die gute politische Informiertheit ihrer SchülerInnen wahr und mieden zu positive Darstellungen der DDR, die sie als nicht glaubhaft dargestellt hätten. Sie verfügten außerdem über ein Berufsethos, das ihnen verbat, die SchülerInnen bewusst falsch zu informieren oder politisch zu indoktrinieren.

Trotz der genannten Gründe, wie fehlende sozialistische Überzeugungen, naturwissenschaftliches Fachverständnis, Glaubwürdigkeit oder Berufsethos, wird von vielen Situationen berichtet, in denen diese Faktoren nicht den Ausschlag gegeben haben.

Was machte diese Situationen aus? Das Thema der »Informiertheit« über gesellschaftliche Probleme in »sozialistischen« Ländern, die teilweise in »kapitalistischen« Ländern nicht in diesem Ausmaß bestanden, ist für die »Angepassten« zentral, da es ihren »Berufsethos«, den Wunsch, die SchülerInnen »richtig« aufzuklären und nicht politisch zu indoktrinieren, berührt. Die »Angepassten« führen in sehr vielen Interviewpassagen aus, dass ihr Wissen zu vielen im Unterricht besprochenen Themen lückenhaft gewesen sei und sie sich daher an die Darstellungen der Geographieschulbücher gehalten hätten.

W.: »Na ja, es ging ja, sag ich mal, um die Schönheit des Landes Sowjetunion zum Beispiel. Ich meine, wir wissen heute, dass es Gebiete der Sowjetunion gibt, die überhaupt nicht schön sind, ne. Die eigentlich das Schlimmste dokumentieren, was es, wie, wie die Menschen ihre Umwelt verunstalten können, (...) *davon haben wir nie was erfahren.* Also habe ich nur das, was ich kannte, was ich gelernt habe, was ich vermitteln konnte, Sowjetunion unser Freund, Wirtschaftsstärke, das musste eben alles dokumentiert, dazu hatte man eingeschränkte Fakten, keine anderen Fakten, und die hat man dann eben vermittelt und damit war man, im Sinne sag ich mal geographisch-ideologische Erziehung, natürlich auch ein Überbringer dieser ganzen Sache«.

Der Ausdruck »*wir wissen heute*« zeigt, dass die Reflexion und Kritik des Befragten aus heutiger Perspektive formuliert wurde. Die eigene kritiklose Vermittlung der Unterrichtsinhalte in der DDR wurde damit begründet, dass der Zugang zu regimekritischen Informationen in der DDR beschränkt gewesen sei. Man hätte den Informationen in den Schulbüchern vertraut:

N.: »Die Ökonomische Geographie, da konnte man natürlich die Zahlen, ob die da manipuliert sind oder nicht – *das konnte man schlecht beurteilen.* Also ich meine, man hat versucht, dem skeptisch gegenüberzustehen, aber so richtig angezweifelt hat man das nicht. Weil ich mir sage: »Warum sollten sie das schöngefärbt haben?« Also, ich war sowieso ein Mensch, der recht gutgläubig ist und eigentlich nie so an das Schlechte gedacht habe, ja?«

Auch bei den anderen Befragten dieser Gruppe wurde die begrenzte Verfügbarkeit von Informationen als ein Hauptgrund dafür angegeben, dass man den Schulbuchdarstellungen unkritisch gegenüberstand und daher im Unterricht nutzte. Hier noch einige Beispiele für diese Argumentationslinie:

W.: »Also ich habe natürlich, wenn wir über die DDR und die sozialistische Wirtschaft gesprochen haben, habe ich natürlich mit ihnen die Vorzüge der sozialistischen Wirtschaft besprochen. Weil ich davon auch überzeugt war. *Ich kannte ja nichts anderes.*«

M.: »Die negativen Folgen *kannte ich ja selbst nicht.* Ich war ja nicht da. Ich meine, soviel umhergereist sind wir ja auch nicht. Also, ich habe mich eigentlich darauf verlassen, vielfach, dass es richtig ist, was mir gesagt wurde. Eigentlich ist es so.«

N.: »Und es war von der Sache her so, dass man ja eigentlich sehr, *sehr wenig Kenntnisse* hatte, d. h. also, wir konnten nur das vermitteln, was auch in den Lehrbüchern war. Und wenn dann ein Schüler mal gefragt hat: Ich habe gehört, in der Sowjetunion betteln auch welche – dann konnte ich eigentlich immer nur sagen, dass ich dazu keine Aussage machen kann, das nicht berichten kann, weil ich da noch nicht war.«

Die Befragten M. und N. begründen ihren Informationsmangel zusätzlich mit ihren geringen Reiseerfahrungen und dem Mangel an Unterrichtsmaterialien, die umfassendere Informationen dargeboten hätten. In diesem Zusammenhang wird sehr häufig das Lehrbuch genannt, auf das man sich verlassen habe.

Wie die Befragte N., haben die Interviewten dieser Gruppe die Darstellungen des Schulbuchs als staatliche Vorgaben interpretiert, die sie trotz ihres Unbehagens, das u. a. auf eigenen Erfahrungen als Schüler fußte, im Unterricht umsetzen mussten.

In diesem Zusammenhang wird auch die eigene Sozialisation in der DDR angeführt.

Ki.: »Weil ich, ich war ja in der DDR groß geworden, ich hatte die Schule durchlaufen, das Studium, und nach meinem Wissen war es so, dass das alles richtig ist, was mir vorgegeben war.«

Wie die »Überzeugten« sehen auch die »Angepassten« ihre Sozialisation in der DDR als einen Grund für ihre Vermittlung der ideologischen Erziehungsziele gemäß der Lehrpläne an. Anders als diese Gruppe, wird hiermit jedoch nicht die eigene sozialistische Überzeugung begründet, die für diese Gruppe nur eine geringe Rolle gespielt hat, sondern die Unterordnung unter die Wahrheiten der staatlichen Autorität. In diesem Zusammenhang wird in mehreren Interviews die Prägung durch die Schule und das Studium genannt, die dazu geführt habe, dass man die durch die Lehrpläne vorgegebenen Inhalte und Ziele kritiklos akzeptiert und vermittelt habe. Tatsächlich hat bei dem Zugang zum Abitur und zum Studium in der DDR auch die politische Überzeugung der Schüler und Studierenden eine Rolle gespielt (siehe Kap. 2), die als Bewusstseinsinhalte jedoch nicht direkt überprüfbar waren. Kontrollierbar waren jedoch Zugehörig-keiten zu Jugendorganisationen, Verbänden und Parteien sowie ein möglichst angepasstes Verhalten, dass besonders das Nicht-Infragestellen des Marxismus-Leninismus einschloss. Zur ideologischen Bildung an den Hochschulen gehörte seit der Hochschulreform Anfang der fünfziger Jahre das Studium des Marxis-mus-Leninismus sowie der russischen Sprache (Friedrich-Ebert-Stiftung). Dass die Befragte Ki. am Ende des Zitats ins Präsens verfällt, könnte entweder als ein Zurückversetzen in damalige Gedankengänge interpretiert werden, oder als Artikulation der Auffassung, dass das Prinzip der Unterordnung unter Autori-täten heute wie damals Gültigkeit beansprucht.

Sich selbst beschreibt Ki. nur als »ausführendes Organ« von Unterrichtsin-halten und Erziehungszielen, die übergeordnete Stellen wie das Ministerium für Volksbildung in Lehrplänen und Schulbüchern festlegten.

Das bisher vorgestellte Material lässt den Schluss zu, dass die lehrplankon-forme Vermittlung der ideologischen Erziehungsziele vor allem bei Themen-bereichen durchgeführt wurde, zu denen die Befragten nicht über ausreichendes Wissen verfügten, um sie kritisch darzustellen. Die Interviews mit den »Ange-passten« liefern jedoch auch Hinweise darauf, dass es auch Situationen im Unterricht gab, in denen sich die »Angepassten« trotz guter »Informiertheit« für die Vermittlung der ideologischen Erziehungsziele entschieden. Die folgenden Interviewstellen geben Hinweise darauf, was diese Situationen ausmachte:

P.:   »Und da saßen ja auch welche drin, die gesehen haben: Mensch, die nimmt
         ja nie was Politisches ran, das konnte ich nicht machen.«

Wa.:   »Ich (...) habe natürlich versucht, meine persönliche Meinung dann nicht so
         in den Unterricht einzubringen, weil dat bringt ja nüscht, man konnte ja,
         man hat ja so gewisse Ziele, die man ja einhalten musste, und dann hätte
         man sich auch selber mal'n bisschen Ärger einhandeln können, wenn man
         da in die entgegengesetzte Richtung agierte«

Wo.:   »Ich hätte meine Stellung als Lehrer in der Hinsicht, dass man zu Hause
         Familie hat, deswegen aufs Spiel gesetzt«

P. spricht von Personen, die ihren Unterricht begutachteten und vor deren Urteil *»Mensch, die nimmt ja nie was Politisches ran«* sie sich fürchtete. »Politisches« scheint hier für die Ziele der politisch-ideologischen Erziehung zu stehen, die laut den Lehrplänen im Geographieunterricht umgesetzt werden sollten. Wer genau sie begutachtete, wird hier nicht gesagt. In anderen Interviews wird in diesem Zusammenhang jedoch häufig der Schulleiter und der Fachberater ge-nannt. Die Entscheidung die ideologischen Erziehungsziele lehrplankonform zu vermitteln, wurde auch getroffen, wenn SchülerInnen unterrichtet wurden, deren Eltern als systemnah eingeschätzt wurden. Vor welchen persönlichen Konsequenzen sich die LehrerInnen fürchteten, wird in den beiden letzten Zitaten deutlich. Die LehrerInnen betonen, dass sie den Schulbuchdarstellungen widersprechende Informationen, die sie u. a. aus dem Westfernsehen bezogen, nicht in ihren eigenen Unterricht integrierten. Wa. spricht von ihrer Angst vor »*Ärger*«. Welche Konsequenzen zu erwarten waren, führt Wo. aus, der befürchtete, seine Stelle als Lehrer zu verlieren und damit nicht nur sich selbst, sondern auch seiner Familie zu schaden. Eine andere Befragte spricht davon, dass sie mit ihrer Lebenssituation zufrieden gewesen sei und diese nicht gefährden wollte.

Insgesamt führen die »Angepassten« ihre teilweise kritiklose Vermittlung der politisch-ideologischen Erziehungsziele im Geographieunterricht, die sie aus heutiger Sicht problematisch sehen, vorrangig auf ihre damalige Situation als Lehrer zurück. Sie beschreiben sich selbst durch die Medien der DDR, das Studium und aufgrund der fehlenden Auslandserfahrungen als »schlecht informiert« und daher nur bedingt in der Lage, die Schulbuchdarstellungen kritisch zu hinterfragen. Die ideologische Erziehung durch das Schulbuch, welches nach den politischen Vorgaben gestaltet wurde, sehen sie aus heutiger Perspektive kritisch. Ihren damaligen eigenen Anteil als Gestalter der Unterrichtssituation problematisieren sie dagegen in der Regel nicht. Da sie ihr Verhalten auf die schlechte oder falsche Information durch den Staat, auf die einseitigen Unterrichtsmedien und die starke staatliche Kontrolle ihres Unterrichts, die ihnen keine Wahl gelassen habe, zurückführen, sind sie für dieses nur bedingt selbst verantwortlich und stellen sich größtenteils als unschuldige »Opfer« des Systems dar. Im Vergleich mit den »Überzeugten« und den »Kritikern« nehmen Berichte von externen Sanktionen bei den »Angepassten« den größten Raum ein. Durch die Reaktion auf mögliche Sanktionen erklärten sie im Gegensatz zu den beiden anderen Gruppen sehr häufig ihre Handlungsentscheidungen. In der Regel wurde der von dieser Gruppe wahrgenommene geringe Handlungsspielraum in der Unterrichtsgestaltung mit der Bedrohung durch Sanktionen begründet.

Die Entscheidung für die lehrplankonforme Vermittlung der ideologischen Erziehungsziele wurde bei Themen getroffen, über welche die Befragten nicht ausreichend informiert waren und bei Anwesenheit der ideologischen Kontrollinstanzen des Unterrichts. Bei Unterrichtsthemen, zu denen sie selbst genügend kritisches Wissen hatten bzw. bei ihren SchülerInnen kritische Standpunkte vermuteten, entschieden sie sich aufgrund ihrer politischen Überzeugungen, ihrem Fachverständnis, dem Bestreben glaubwürdig zu erscheinen und aufgrund ihres Berufsethos für eine Umgehung der ideologischen Stoffanteile.

Die »Kritiker«

Die Kritiker verfolgten verschiedene Strategien zur Vermeidung der als ideologisch identifizierten Textanteile in den Geographieschulbüchern bzw. zur Ergänzung der als einseitig beurteilten Lehrbuchinformationen (siehe Abbildung 39) in ihrem Unterricht. Aus welchen Gründen entschieden sie sich für diese Handlungen? Was unterschied sie von den »Überzeugten« und von den »Angepassten«?

Die Befragten dieser Gruppe waren in der Regel nicht Mitglieder der SED und waren auch nicht von der gesetzmäßigen »Sieghaftigkeit« des Sozialismus und seiner unbedingten Überlegenheit über den Kapitalismus in allen gesellschaftlichen Bereichen überzeugt und unterschieden sich damit in ihrer politischen Ausrichtung von den »Überzeugten« und den politisch uninteressierten »Angepassten«.

Ähnlich wie die »Angepassten« verstanden sie die Geographie als Naturwissenschaft und wollten in diesem Bereich Schwerpunkte im Unterricht legen.

Auch sie wollten für die SchülerInnen glaubhaft sein und aus ihrem Berufsethos entsprang die selbst auferlegte Anforderung, die SchülerInnen zur kritischen gesellschaftlichen Stellungnahme zu befähigen. Anders als die »Angepassten« beschreiben sie sich als über alle Unterrichtsthemen gut informiert durch Westmedien, Westverwandtschaft und die Analyse der eigenen Beobachtungen von gesellschaftlichen Problemen in der DDR und anderen »sozialistischen« Ländern. Demnach sei eine kritische Auseinandersetzung mit den Texten der Geographielehrbücher leicht möglich gewesen. Der Nutzen der nichtlehrplankonformen Vermittlung der ideologischen Erziehungsziele war für diese Gruppe aus den genannten Gründen besonders hoch. Wie beurteilten sie die möglichen negativen Handlungsfolgen?

Die »Kritiker« sprechen häufiger als die »Überzeugten von Sanktionen«, denen sie teilweise selbst ausgesetzt waren. Die ideologischen Kontrollinstanzen des Unterrichts wurden jedoch niemals als »übermächtig« wahrgenommen, wie dies bei den »Angepassten« der Fall war. Betont wird im Interview, dass man sich einen Freiraum geschaffen habe, in dem auch gesellschaftskritischer Unterricht möglich gewesen sei. Hier zwei Beispiele:

B.: »DDR war eine Nischengesellschaft. Und ich war in so einer Nische.«
Bl.: »Das war so das kleine Nischendasein, das man geführt hatte.«

Mit dem Begriff »*Nische*« machen die Befragten in der Regel deutlich, dass es allgemein viele ideologische Kontrollinstanzen des Unterrichts gegeben habe, die sie persönlich aber nicht betroffen hätten, da sie sich in einem Schonraum befunden hätten, der durch politische Offenheit und weitreichende Freiheit in der Unterrichtsgestaltung gekennzeichnet gewesen sei. Mit dem Begriff »Nische« gehen sie auf einen prominenten Diskurs zur DDR nach der politischen Wende ein. Nach dem Konzept der »Nischengesellschaft« wird die DDR als Gesellschaft gesehen, in der durch Rückzug in soziale Beziehungen, Restriktionen des formalen Systems kompensiert wurden (Händle, 1998a). Betrachtet werden unter diesem Gesichtspunkt soziale Milieus und Bereiche, in denen Disziplinierung und Kontrolle weniger ausgeübt wurden. Sanktionen treten dementsprechend in den Berichten der »Kritiker« als Schwierigkeiten auf, mit denen sie sich auseinandersetzten mussten oder die andere in ihrer Umgebung betrafen, jedoch nur bedingt als Faktoren, die sie in der eigenen Unterrichtsgestaltung einschränkten.

Insgesamt sahen die »Kritiker« aufgrund ihrer fehlenden Überzeugung vom Sozialismus, der guten »Informiertheit« über gesellschaftliche Problembereiche in »sozialistischen« Ländern, des Verständnisses der Geographie als Naturwissenschaft, des Bestrebens, vor den SchülerInnen als glaubwürdig zu erscheinen, und aufgrund ihres Berufsethos einen hohen Nutzen darin, die ideologische Erziehung nicht gemäß der Lehrpläne in ihrem Unterricht zu realisieren. Sie fürchteten sich aufgrund ihres spezifischen schulischen Umfeldes in der Regel wenig vor möglichen negativen Handlungsfolgen.

4.4.3 Zusammenfassung

Zu Anfang dieses Kaptitels wurde gefragt, wie es sein kann, dass der Stellenwert der marxistisch-leninistischen Erziehung im Geographieunterricht der DDR von den befragten LehrerInnen so unterschiedlich hoch eingeschätzt wurde. Die Interviews haben gezeigt, dass mit den durch die Lehrpläne definierten ideologischen Erziehungszielen nach den Darstellungen der interviewten LehrerInnen sehr unterschiedlich umgegangen wurde. Damit tritt die in Hypothese 1 angenommene Situationswahrnehmung nicht zu, da alle Befragten professionelle Gestaltungsmöglichkeiten in ihrem Unterricht wahrnahmen und sich nicht nur als ausführendes Organ der Lehrplanvorgaben sahen (siehe 4.1). In diesem Zusammenhang wurden vorrangig Unterschiede im Medieneinsatz, in der inhaltlichen Schwerpunktsetzung und in der Lehrer-Schüler-Interaktion durch die Befragten angesprochen (siehe Abbildung 39).

Für die »Überzeugten« hatten die politisch-ideologischen Erziehungsziele eine hohe Bedeutung, da sie an die Überlegenheit der »sozialistischen Gesellschaft« über die »kapitalistische« glaubten. Dementsprechend wurden anhand des Lehrbuchs Themenbereiche der Ökonomischen Geographie besonders tiefgehend behandelt. Kritische Diskussionen mit SchülerInnen wurden selten zugelassen. Da diese Gruppe dem staatlichen »Idealtypus« vom Lehrer bezüglich der politisch-ideologischen Erziehung entsprach, hatten diese Lehrer keine

Sanktionen durch Vorgesetzte zu befürchten. Damit bestätigt sich die Hypothese 2, wobei die Konformität mit den eigenen politischen Überzeugungen für diese Gruppe entscheidend war (siehe 4.1).

Auch die »Angepassten« vermittelten die politisch-ideologischen Erziehungsziele größtenteils gemäß der Lehrpläne. Die Entscheidungen für diese Handlungen wurden jedoch weniger mit politischen Überzeugungen begründet, sondern vielmehr mit der Angst vor externen Sanktionen. Diese Gruppe berichtete sehr häufig von »internen Konflikten« oder »Gewissensbissen«, da aufgrund ihres »Berufsethos« und ihrem »Fachverständnis« Motivationen vorhanden waren, gesellschaftliche Problembereiche im Unterricht anzusprechen, denen aber nur in sehr begrenztem Umfang nachgegeben wurde, da die Angst vor den negativen Handlungsfolgen dominierte. Dies entspricht der Hypothese 4 (siehe 4.1).

Die »Kritiker« zweifelten schon zur Unterrichtszeit in der DDR Texte zur Ökonomischen Geographie, hier vor allem Darstellungen zur Sowjetunion und zu positiven Entwicklungen der Wirtschaft in »sozialistischen« Ländern, an. Sie versuchten, gesellschaftskritische Informationen, die sie vorwiegend aus westlichen Medien entnahmen, in den Unterricht zu integrieren, ohne jedoch ihre Quellen offen zu legen. Zudem zeigten sie den SchülerInnen die Einseitigkeit der Schulbuchdarstellungen durch die Kontrastierung zwischen den positiven Darstellungen der Wirtschaft der DDR in den Geographieschulbüchern und ihren Alltags- oder Praktikumserfahrungen. Einzelne Textteile in den Schulbüchern zur Ökonomischen Geographie wurden zudem übersprungen oder nur oberflächlich behandelt. Kritische Diskussionen mit den Schülern wurden von Vertretern dieser Gruppe eher gewünscht als unterbunden. Teilweise sprechen sie von negativen externen Sanktionen, denen sie durch dieses Verhalten ausgesetzt waren. In dieser Gruppe waren aufgrund der politischen Überzeugungen, des »Berufsethos« und des »Fachverständnis« die Motivationen sehr hoch, ein »realistisches Bild« der Welt zu zeigen und die politisch-ideologische Erziehung nach dem Verständnis der Schulbücher zu vernachlässigen. Die Angst vor negativen Handlungsfolgen war bei dieser Gruppe gering, da sie sich vorrangig als »Nischenbewohner« klassifizierten, die sich in ihrem spezifischen Umfeld wenig bedroht fühlten. Sie entsprechen dem in Hypothese 4 beschriebenen Lehrertypus (siehe 4.1).

Damit bestätigen sich in meiner Untersuchung die Aussagen von Händle u. a. (1998), die durch Befragungen von LehrerInnen in der DDR, die unterschiedliche Fächer unterrichteten, zu dem Schluss kommen, dass diese nicht pauschal als »systemnah« bezeichnet werden können, da sie ihre »politische Selbständigkeit« betonten und die engen Vorgaben der Lehrpläne »abgemildert« und »umgangen« haben. Allerdings muss ein differenzierteres Bild gezeichnet werden, da diese Aussagen nur auf die »Kritiker« und teilweise auf die »Angepassten« zutreffen. Zudem konnte gezeigt werden, was unter »Umgehung« der staatlichen Vorgaben im Bereich der ideologischen Erziehung im Geographie-unterricht konkret zu verstehen ist (siehe Abbildung 39).

Bisher wurde eine idealtypische Aufteilung der LehrerInnen nach ihrem Umgang mit den politisch-ideologischen Erziehungszielen in ihrem Geogra-phieunterricht vorgestellt. In den Interviews finden sich jedoch tatsächlich viele Überschneidungen der »Typen«: So ließen auch einige »Überzeugte« kritische Fragen ihrer SchülerInnen zu. Viele »Angepasste« setzten individuelle Schwer-punkte im »normalen« Unterricht außerhalb der Vorführstunden und auch ei-nige »Kritiker« formulierten ideologische Erziehungsziele bei Unterrichtskon-trollen.

Die in unseren Interviews am häufigsten vertretende Gruppe sind bei weitem die »Angepassten«. Bei dieser Gruppe ist es jedoch am schwersten, »typische« Antworten zu erkennen, da sie sich häufig zugleich der Argumente der »Kriti-ker« sowie der der »Angepassten« bedienten. Die Argumentationen der »An-gepassten« weisen im Vergleich mit den Interviews der »Überzeugten« und der »Kritiker« daher die häufigsten Widersprüche auf. So gibt z.B. ein Großteil dieser Befragten an, sich anhand des Westfernsehens informiert zu haben, gleichzeitig wurde ausgeführt, dass man die Schulbuchdarstellungen aufgrund fehlenden Wissens nicht habe kritisch beurteilen können. Dann wurde darge-legt, dass man die Einseitigkeit der Schulbuchtexte erst aus heutiger Perspektive wahrnehme und passiv die Lehrplanvorgaben umgesetzt habe, was im Wider-spruch zu den Beschreibungen der Befragten steht, man habe bewusst Schwerpunkte außerhalb der ideologischen Erziehung gelegt. Wie lassen sich diese scheinbaren Widersprüche in den Argumentationen der »Angepassten« erklären? Auf der einen Seite stellen die »Angepassten« sich als »Opfer« der Situation dar, in der sie sich als LehrerInnen der DDR befunden hätten, die vor allem durch starke Reglementierungen (Lehrpläne und Unterrichtsbesuche) und den eingeschränkten Zugang zu kritischen Informationen (Schulbuch, Medien in der DDR, fehlende Reiseerfahrungen) gekennzeichnet gewesen sei. Mit dieser Argumentation wurde es möglich, die politisch-ideologische Erzie-hung in ihrem eigenen Unterricht distanziert zu kritisieren, ohne sich selbst die Verantwortung zuschreiben zu müssen. Zur Aufrechterhaltung eines positiven Gesamtbildes des eigenen Unterrichts wird es vermutlich als sinnvoll erachtet, der ideologischen Erziehung einen geringen Stellenwert zuzuweisen. Zur Be-gründung, warum die Befragten der staatsbürgerlichen Erziehung in ihrem Unterricht wenig Bedeutung beigemessen hätten, wird dann in der Regel mit fachbezogenen Interessen und einer Abneigung gegenüber den ideologischen Erziehungszielen argumentiert, was den vorigen Darstellungen als LehrerInnen, die gezwungen gewesen seien, die Lehrplanvorgaben passiv umzusetzen, zu widersprechen scheint. Die widersprüchlichen Antworten lassen sich auch da-

durch erklären, dass die LehrerInnen im Interview gezwungen sind, ein Gesamtbild ihres damaligen Geographieunterrichts zu zeichnen und sie sich dabei
auf erinnerte Unterrichtssituationen beziehen, in denen die ideologische Erziehung einen ganz unterschiedlichen Stellenwert hatte. Entsprechend des Unterrichtsstoffes und den Bedingungen der Situation, die sich vor allem durch
unterschiedlich starke Kontrolle und damit durch unterschiedliche Sanktions-
erwartungen auszeichnete, haben die »Angepassten« die ideologische Erziehung
bewusst »dosiert«. Dies trifft nur bedingt auf die »Überzeugten« zu, die der
staatsbürgerlichen Erziehung generell eine hohe Bedeutung zuschrieben, und
ebenfalls in geringerem Maße auf die »Kritiker«, die der politischen Erziehung in
nahezu allen Stunden eine geringe Bedeutung zuschrieben. Letztlich könne man
die Widersprüche auch als Abbild der inneren Konflikte interpretieren, von
denen diese Gruppe ausgiebig berichtete und die darauf zurückzuführen sind,
dass sie unterschiedliche Handlungsziele verfolgte, die nur teilweise kompatibel
waren, wie Erhalt des sozialen Status als Lehrer, Anerkennung im professionellen Umfeld, vollständige Umsetzung der Lehrpläne aber auch glaubwürdiges
Auftreten vor den Schülern, Information dieser über gesellschaftliche Problembereiche und Realisierung der eigenen fachlichen Interessen, die häufig im
Bereich der Physischen Geographie, der Topographie oder den Arbeitsmethoden lagen.

Es wurde gezeigt, dass sowohl die »Überzeugten« als auch die »Kritiker« den
damaligen Geographieunterricht als sehr ideologielastig ansehen. Beide Gruppen leiten aus dem hohen politischen Stellenwert des Marxismus-Leninismus
die große Bedeutung der gleichgerichteten ideologischen Erziehung im Geographieunterricht ab. Durch die genaue Umsetzung der diesbezüglichen Lehrplanvorgaben konnten die »Überzeugten« im Einklang mit ihren Auffassungen
handeln und sahen sich als getreue Staatsdiener. Die »Kritiker« können durch
die Darstellung der ideologischen Erziehung als wesentlichen Bereich des
Geographieunterrichts der DDR im Allgemeinen ihren eigenen Verdienst, der in
einer »sachlichen« Information der SchülerInnen und dem Riskieren von
Sanktionen bestand, betonen.

Anders als diese beiden Gruppen weisen die »Angepassten« der ideologischen Erziehung nur einen begrenzten Stellenwert zu. Ihre heutige Kritik am
Geographieunterricht in der DDR betrifft diesen nicht im Gesamten, sondern
nur einen aus ihrer Sicht kleinen Bereich der politisch-ideologischen Erziehungsziele und ihrer Umsetzungen durch die Lehrbücher. Damit ist es dieser
Gruppe ebenfalls möglich, ihre eigene Rolle als LehrerInnen nur in sehr begrenztem Umfang kritisch zu sehen. Ein positives Selbstbild kann wie bei den
beiden anderen Gruppen auf diese Weise erhalten und im Interview kommuniziert werden.

4.5   Perspektive der SchülerInnen

»Die Spuren von Entmündigung in vielen Menschen werden nachhaltiger weiter-
wirken als, zum Beispiel, ökonomische Verzerrungen« (Wolf, 1989, S. 3).

Ob diese Einschätzung, die Christa Wolf in Bezug auf die Auswirkungen der
schulischen Erziehung in der DDR machte, richtig ist, kann nur beantwortet
werden, wenn neben den LehrerInnen auch die SchülerInnen zu Wort kommen,
was in diesem Kapitel geschehen soll. Die Perspektive der SchülerInnen kann
Anhaltspunkte darüber geben, wie die politisch-ideologische Erziehung im
Geographieunterricht von ihnen wahrgenommen wurde und wie sie damit
umgingen. Dabei wird von den Aussagen der konstruktivistischen Lerntheorie
ausgegangen, welche die SchülerInnen nicht im Sinne des Behaviorismus als
bloße Rezipienten des Unterrichtsstoffes konzipiert, die diesen kritiklos auf-
nehmen und als »triviale Maschinen« (Foerster, 1993, S. 357) nach einem vorgegebenen Input einen vorhersagbaren Output liefern, sondern sie als handelnde Subjekte begreift, die neues Wissen auf der Basis des bereits vorhandenen
aktiv konstruieren (Aufschnaiter, 1998). Das Ziel dieses Kapitels ist es demnach,
die Handlungen der SchülerInnen im Bereich der politisch-ideologischen Erziehung im Geographieunterricht zu erklären. Zunächst stellt sich die Frage,
inwiefern die SchülerInnen wahrgenommen haben, dass sie politisch-ideologisch erzogen werden sollten. Diese Frage ist insofern wichtig, da die Wahl der
eigenen Handlungsalternativen nach der »Wert-Erwartungstheorie« stark von
der persönlichen Situationswahrnehmung der Handelnden abhängt (siehe 4.1).
Anschließend wird untersucht, wie die eventuell wahrgenommenen politisch-
ideologischen Inhalte von ihnen beurteilt wurden und unter welchen »Kosten-
Nutzen-Kalkulationen« welche Handlungsalternativen gewählt wurden.

4.5.1   Wahrnehmung der politisch-ideologischen Erziehung im
Geographieunterricht

Eine Gruppe der Befragten gibt an, als SchülerInnen gar nicht gemerkt zu haben,
dass sie im Geographieunterricht politisch-ideologisch erzogen werden sollten.
Dies könnte zunächst daran liegen, dass sie tatsächlich von einer Lehrkraft
unterrichtet wurden, die diesen Zielen nur geringe Bedeutung beimaß (siehe
4.4.1).
    Ein weiterer Grund, der von mehreren Befragten angeführt wurde, ist, dass
den LehrerInnen als Autoritätspersonen absolutes Vertrauen entgegengebracht
wurde:

G.: »Ich glaube, als ich mit dem Geographieunterricht angefangen habe, habe ich
es einfach nur angenommen von einem Lehrer, dem ich ja praktisch vom
Wissen her weit unterlegen war, dem ich praktisch erstmal alles geglaubt
habe, weil – warum sollte ich das in Frage stellen, also ich war sozusagen in
einer Situation, in einer lernenden Situation.«

Besonders in den unteren Klassen haben viele Befragte die Darstellungen der
Schulbücher und ihrer LehrerInnen nicht kritisch hinterfragt, da hierfür ei-
nerseits das Wissen und die Fähigkeiten zur kritischen Analyse fehlten und die
LehrerInnen andererseits kindlich-naiv noch für »allwissend« gehalten wurden.

Ein dritter Grund, warum einige Befragte keinerlei politisch-ideologische
Beeinflussung wahrgenommen haben, mag in der Tatsache gelegen haben, dass
die Grundlagen des Marxismus-Leninismus ja nicht direkt und offensichtlich im
Geographieunterricht vermittelt wurden, sondern sie über die fachlichen Inhalte
und vor allem über ihre Bewertungen transportiert wurden (siehe 3.2.1). Viele
LehrerInnen orientierten sich dabei an Vorschlägen der damaligen»Methodiker« für den Geographieunterricht, die wie Barth (1980), Unterrichtsmethoden
für den Geographieunterricht entwickelten, anhand derer die SchülerInnen
unbewusst politisch beeinflusst werden konnten.

»Damit dringen die Schüler, soweit das die stofflichen Potenzen erlauben, in ganz
einfacher Form in die Grundlagen des Marxismus-Leninismus ein, ohne dass
ihnen in der Regel diese Tatsache bewusst gemacht wird« (Barth, 1980, S. 125).

Dies führt auch der ehemalige Schüler T. aus:

T.: »Aber die Ideologie war da eigentlich weniger, wurde eigentlich gar nicht mehr
diskutiert, sondern nur die Umsetzung, es ging nur um die Umsetzung der
Ideologie, wie sie sich ausgedrückt hat.«

Diese Befragten sind über die ihnen vorgelegten Einführungsseiten zu BRD und
DDR aus den Schulbüchern der Klassen 5 und 6 (siehe 3.3.1.1.1) recht erstaunt
(B.: »*Das ist der Hammer!*«), die sie aus heutiger Sicht häufig sehr viel kritischer
sehen als damals.

Letztlich war sicherlich auch entscheidend, dass die marxistisch-leninistische
Ideologie nicht nur im Geographieunterricht der DDR vermittelt werden sollte,
sondern ebenso in allen anderen Fächern und den SchülerInnen auch außerhalb
der Schule begegnete wie u. a. in der FDJ, teilweise im Elternhaus oder im DDR-
Fernsehen. Wa.: »*Alles, was man so gelernt hatte, passte da rein.*« Diese Fülle an
ähnlich gerichteten ideologischen Einflussfaktoren könnte die Befragte F. meinen, wenn sie von »System« spricht:

F.: »Wenn man mit der Zeit so aufwächst in einem System, dann merkst du das
gar nicht.«

Ein Großteil der Befragten gibt jedoch an, eine ideologische Beeinflussung im
Geographieunterricht schon als SchülerIn zumindest ansatzweise wahrgenommen zu haben. Dabei vergleichen die Befragten ihre Erfahrungen bezüglich des
Geographieunterrichts mit denen in anderen Fächern und kommen in der Regel
zu dem Schluss, dass die marxistisch-leninistische Ideologie im Geographieunterricht weit weniger dominant gewesen sei als in Staatsbürgerkunde oder
Geschichte, aber einen höheren Stellenwert gehabt habe als in den naturwissenschaftlichen Fächern, Sport oder Mathematik.

Anders als die LehrerInnen, welche die unterschiedliche Bedeutung der politisch-ideologischen Erziehung den einzelnen im Geographieunterricht behandelten Themengebieten und damit Klassenstufen zuordnen konnten, sind
bei einem Großteil der SchülerInnen hauptsächlich die Erinnerungen geblieben:
– dass der Schulstoff nach »kapitalistischen« und »sozialistischen« Ländern
  aufgeteilt war.

Ka.: »Ich erinnere mich noch, dass die Welt eindeutig zweigeteilt war. Und zwar
     hatten wir so eine Karte, da waren, ich glaub, rot die kommunistischen
     Länder, blau der Westen und dann gab es die so genannten blockfreien
     Staaten, das war weiß. Und so schritten wir auch durch den Unterricht.«

Bemerkenswert ist, dass der Befragte Ka. die Farbigkeit der im Geographieunterricht benutzten Karten behalten hat, was darauf hindeuten könnte, dass diese
sehr häufig verwendet wurden. Zudem scheint die den ganzen Unterrichtsstoff
durchziehende Kategorisierung der behandelten Länder nach »kapitalistisch«
und »sozialistisch« aufgrund der flächigen farblichen Kartendarstellungen besonders einprägsam gewesen zu sein. Dies ist ein Hinweis darauf, dass die eingesetzten Karten (siehe 3.3.1.1.3) einen wichtigen Beitrag zur ideologischen
Erziehung im Sinne der Lehrpläne leisteten. Die ist vermutlich vor allem bei
SchülerInnen mit ausgeprägtem visuellem Gedächtnis der Fall gewesen.
– dass die »sozialistischen« Länder ausgiebiger als die »kapitalistischen« behandelt wurden:

K.: »Ich weiß natürlich, dass wir über die Sowjetunion und sozialistische Bru-
    derstaaten und RGW entschieden mehr gelernt haben als über die Bundes-
    republik.«

Einige Befragte erinnern sich überhaupt nicht mehr daran, die westlichen
Länder im Geographieunterricht durchgenommen zu haben, was recht un-

wahrscheinlich ist, da ihre Behandlung in den für die LehrerInnen verpflichtenden Lehrplänen vorgeschrieben war. Diese Erinnerungslücken könnten
daher rühren, dass diese Themengebiete relativ kurz behandelt wurden (siehe
3.2.1) und, da den LehrerInnen eigene Erfahrungen zu den »kapitalistischen«
Ländern sowie unterschiedliche Medien fehlten, häufig nicht sehr lebendig
vermittelt wurden, was auch diejenigen bestätigen, die sich an diese Themengebiete erinnern.

– dass einer durchgehend positiven Wertung der Verhältnisse in den »sozialistischen« Ländern eine vorwiegend negative Bewertung der »kapitalistischen« Länder gegenübergestellt wurde.

Ka.: »Ich weiß, dass er eher positiv eingefärbt war, der ganze Ostblock. Es wurde
     über Aufbauleistungen geredet und wurde über die großen Industriekom-
     binate in Schlesien berichtet oder die im Ural oder im Donezkbecken. Es
     wurde genau durchgekaut, was es da für Erze gibt, was es da für Fabriken
     dazu gibt, wie das verarbeitet wird. Das hatte alles einen sehr optimistischen
     industriellen Aufbauton. – Und dann haben wir auf Westeuropa umge-
     schwenkt. Da wurde berichtet erst, glaub ich, über Westdeutschland, dann
     wurde auch wieder anhand von diesen Zeichen, diesen Eisenerzvorkom-
     menzeichen, dann wurde über das Ruhrgebiet geredet, über die Ruhrindus-
     trie, dann wurde uns dargestellt, dass es große Arbeitslosigkeit gibt, die
     Arbeiter unterdrückt werden, anhand von Schwarzweißbildern, die aber sehr
     grau waren. Dann wurde uns an diesen Beispielen gezeigt, dass nur die
     Firmenbosse, die Kapitalisten sozusagen, den Wohlstand abschöpfen, den
     die Arbeiter erarbeiten, das hatte immer einen sehr depressiven Ton. Ganz,
     ganz Westeuropa wurde immer sehr grau-in-grau behandelt.«

Ähnlich wie Ka. können sich die die meisten Befragten nur in groben Zügen an
die vielen im Geographieunterricht gelernten Fakten bezüglich der Industriestandorte, Topographie, Bodenschätze, physisch-geographischen Zusammenhänge etc. erinnern. Was jedoch sehr häufig genannt wird, ist die Erinnerung an
die positive Bewertung der Verhältnisse in »sozialistischen« Ländern (hier:
»*optimistischer industrieller Aufbauton*«) im Gegensatz zu deren negativer Bewertung in »kapitalistischen« Ländern (hier: »*sehr depressiver Ton*«). An der
zitierten Aussage von Ka., die er macht, bevor ihm die Schulbuchseiten zu BRD
und DDR vorgelegt wird (siehe 3.3.1.1.1), lässt sich zudem ablesen, dass zur
Erzeugung dieses Eindrucks bei den SchülerInnen auch die farbliche Gestaltung
der Schulbuchabbildungen eine große Rolle gespielt hat. Hier wird von Ka.
beschrieben, wie die Darstellung der Verhältnisse in »kapitalistischen« Ländern
anhand von Schwarz-Weiß-Photos bei ihm dazu beigetragen hat, dass ein negativer Eindruck der »kapitalistischen« Länder entstand (siehe 3.3.1.1.2). Dass
dem gegenüber die »sozialistischen« Länder positiver wirkten, kann dann

wiederum auf die Verwendung von Farbbildern zu diesen Themenbereichen zurückgeführt werden. Auch die unterschiedliche farbliche Gestaltung der Karten zu »kapitalistischen« und »sozialistischen« Ländern, mit denen die SchülerInnen in ihren Geographieschulbüchern und im Atlas arbeiteten, verstärkte bei ihnen wie bei Ka. den Eindruck, es handle sich hier um zwei gegensätzliche Teile der Welt (siehe 3.3.1.1.3).

- dass Freundbilder (»sozialistische« Staaten) und Feindbilder (»kapitalistische« Staaten) erzeugt werden sollten.

G.: »Ja, ich habe schon gemerkt, dass da eine ziemlich einseitige Vermittlung stattgefunden hat, was sozusagen für mich Freund ist und was dementsprechend im Rückkehr-Schluss eben doch nicht Freund sein kann. Also diese Kategorisierung, die ist mir schon sehr aufgefallen, zu DDR-Zeiten noch.«

Den SchülerInnen war in der Regel klar, dass von ihnen im Geographieunterricht erwartet wurde, dass sie zum Sozialismus Stellung beziehen, was bedeutete, die Verhältnisse in »sozialistischen« Ländern positiv und die in »kapitalistischen« negativ zu bewerten.

Wie die von den Befragten vielfach beschriebene Kontrastierung von gesellschaftlichen Verhältnissen in »kapitalistischen« mit denen in »sozialistischen« Staaten im Geographieunterricht ausgesehen haben kann, illustriert folgender Auszug aus dem Geographieheft eines damaligen Schülers der 6. Klasse:

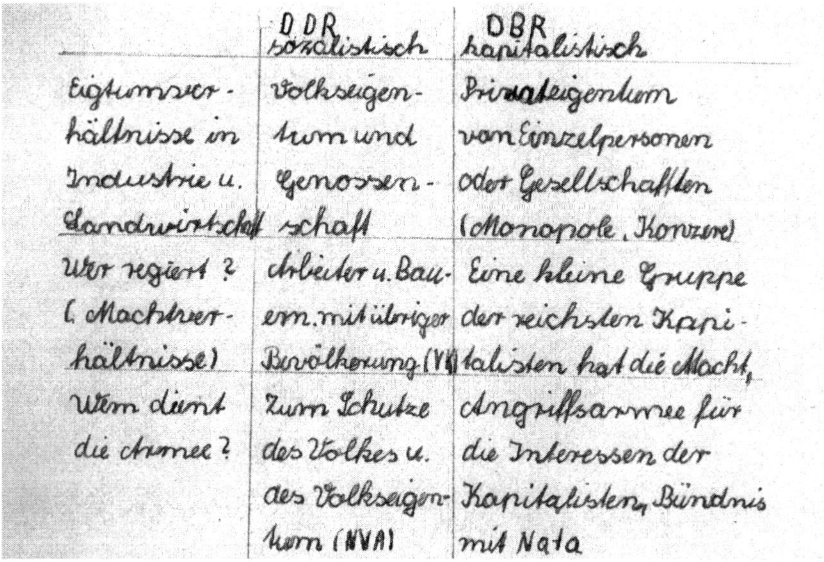

	DDR sozialistisch	DBR kapitalistisch
Eigtumsver-hältnisse in Industrie u. Landwirtschaft	Volkseigentum und Genossenschaft	Privateigentum von Einzelpersonen oder Gesellschafften (Monopole, Konzere)
Wer regiert? (Machtverhältnisse)	Arbeiter u. Bauern mit übriger Bevölkerung (V[illegible]	Eine kleine Gruppe der reichsten Kapitalisten hat die Macht,
Wem dient die Armee?	Zum Schutze des Volkes u. des Volkseigentum (NVA)	Angriffsarmee für die Interessen der Kapitalisten, Bündnis mit Nata

Abbildung 40: Auszug aus einem Geographieheft eines DDR-Schülers, 6. Klasse

Analysiert man die Sprachwahl in dem Auszug (siehe Abbildung 40), ist zu vermuten, dass anhand des Einführungstextes zur BRD in dem Geographie-schulbuch für die 6. Klasse (1977) (siehe 3.3.1.1.1) im Unterricht eine Tabelle erstellt worden ist, die von dem Schüler von der Tafel in sein Heft übernommen wurde und sicherlich dazu diente, die Unterrichtsergebnisse zu sichern. Hier wurden DDR und BRD gegenübergestellt, wobei die Bewertungen relativ klar zu erkennen sind. Während die DDR z. B. über eine Armee *»zum Schutze des Vol-kes«* verfügte, hat die BRD eine *»Angriffsarmee«*. Durch diese Darstellung sollte den SchülerInnen vermutlich die Bedrohung durch den »Klassenfeind« BRD suggeriert werden. Wie neu für den Schüler die Lerninhalte waren, könnte man an den Rechtschreibfehlern DBR statt BRD und NATA statt NATO ablesen. Insgesamt deutet dieser Heftauszug darauf hin, dass die im Geographieunter-richt vermittelten Inhalte in diesem Fall eng an das Schulbuch und die Lehrpläne angelehnt waren. Die Vermittlung einer gesellschaftskritischen Sicht, wie sie die »Kritiker« unter den LehrerInnen anstrebten (siehe 4.4.1), ist hier nicht zu er-kennen.

4.5.2 Bewertung der ideologischen Erziehung im Geographieunterricht

Diejenigen Befragten, welche schon als SchülerInnen wahrgenommen haben, dass sie im Geographieunterricht auch politisch-ideologisch erzogen werden sollten, beurteilten diese Intention unterschiedlich. Einige Befragte standen der »sozialistischen« Erziehung positiv gegenüber:

> S.: »Ich weiß noch, dass ich, dass ich also gewissermaßen sehr ideologisch war. Und, also, ich hab immer viel gelesen und dann so, also so'ne russischen Sachen wie »Wie der Stahl gehärtet wurde« oder Nikolai Nussow: »Ich war ein schlechter Schüler« und ich hab mich damit schon auch also sehr identifiziert. Meine Mutter war Genossin und ich dachte, dass sie das aus Überzeugung war.«

Die Befragte betont, dass sie vor allem als junge Schülerin begeistert vom So-zialismus gewesen sei und daher der ideologischen Erziehung im Geographie-unterricht positiv gegenüber stand. Wichtige Personen, die die Meinungsbil-dung der SchülerInnen beeinflussten, waren neben den LehrerInnen die Eltern. In einer Befragung Jugendlicher von 1984 gaben dann auch fast 90 % an, *»die gleichen oder weitgehend ähnliche politische Ansichten und Auffassungen zu besitzen«* wie ihre Eltern (Friedrich und Gerth, 1984 zit. nach Häuser, 1989, S. 133). Im Fall von S. war die Mutter überzeugtes Mitglied der SED, die sie sicherlich in ihrem Interesse am Sozialismus bestärkt hat.

Ein anderer Befragter berichtet, dass er aufgrund des in der 5. Klasse beginnenden Russischunterrichts und einer Brieffreundin in der Sowjetunion zunächst großes Interesse an diesem Land gehabt habe und es begrüßt habe, dass es so ausführlich im Geographieunterricht behandelt wurde. Eine andere Befragte berichtete von einem ihrer Lehrer, der zu »*100 % überzeugter Kommunist*« gewesen sei und seine SchülerInnen mit seiner Begeisterung habe anstecken können:

Wa.: »Also, der hat Reden halten können, die waren druckreif und eben total politisch gefärbt. (...) Solchen Leuten hat man auch als Schüler, wenn es aus tiefstem Innern kommt, das alles abgekauft.«

Ein Großteil der Befragten beschreibt dagegen wie Wöl., wie sie mit den Jahren den Inhalten des Geographieunterrichts immer kritischer gegenüberstanden.

Wöl.: »Ich glaub das kam erst viel später, als es dann so in der pubertären Phase war, wo mir diese Widersprüche dann einfach deutlicher geworden sind.«

In der Regel wurden den Befragten Widersprüche zwischen den Darstellungen im Geographieunterricht und den Informationen, die sie außerhalb der Schule gesammelt hatten, mit zunehmendem Alter, was zunehmendes Wissen und steigendes politisches Interesse bedeutete, offensichtlicher. Diese traten für sie besonders bei den Themen zur DDR und zur BRD zutage:

B.: »Wenn ich so Bilder vor mir sehe, die sie uns dann immer gezeigt haben – alle arbeitslos, bei uns haben alle Arbeit. Wir haben alle eine Wohnung und die schlafen unter der Brücke, so ungefähr kam das dann rüber – und da wusste ich schon, dass das nicht so ist. Durch unsere Westverwandten wusste ich ja, dass das wirklich anders ist, als die uns sagen.«

B. gibt hier wieder, dass ihr schon als Schülerin bewusst gewesen sei, dass man ihr im Geographieunterricht ein zu negatives Bild der BRD vermittelte, bei dem vor allem die Arbeitslosigkeit und Wohnungsnot in Westdeutschland betont worden sei. Auch in dieser Textstelle wird die große Bedeutung der bildlichen Darstellungen in den Geographieschulbüchern zur Vermittlung eines Gesamteindrucks bei den SchülerInnen hervorgehoben (»*Wenn ich so Bilder vor mir sehe*«). Bei der Anspielung auf die schlechten Wohnverhältnisse in »kapitalistischen« Ländern könnte die Befragte u. a. das unter 3.3.1.1.2 besprochene Bild aus Italien vor Augen gehabt haben (siehe Abbildung 8).
    Durch den Kontakt mit Westverwandten, die ihrer Familie regelmäßig Westpakete geschickt haben, wusste sie, dass die ökonomische Situation der Bevölkerung in der BRD weit besser war, als im Geographieunterricht dargestellt

wurde. Wichtige Bestandteile dieses Wissens »vom Westen«, die auch in anderen Interviews genannt wurden, beschreibt Wöl.:

»Ich habe nur die Ahnung gehabt, durch Freunde und Verwandtschaft, dass die relativ gut leben, dass die soziale Absicherung sehr solide ist und dass sie hinfahren können, wo sie wollen.«

Wöl. beschreibt sein Bild, das er als Schüler von der BRD hatte, als oberflächlich. Auffallend ist jedoch, dass er nur positive Elemente nennt, wie gute ökonomische Situation, soziale Sicherung und Reisefreiheit, die in den Schulbuchdarstellungen zur BRD nicht enthalten waren (siehe 3.3.1.1.1) und welche die von B. angesprochene Wahrnehmung von »Widersprüchen« ausgelöst haben könnten. Andere positive Elemente der »kapitalistischen« Länder, die für die damaligen SchülerInnen Bedeutung hatten, waren die westliche Musik und die Mode, die vielen als attraktiv erschien. Dies bestätigt auch eine Erhebung von Ewerth u. a. (1985), bei der die zu ihrem Vorwissen zu den »kapitalistischen« Ländern befragten 6. Klässler auch Konsumgüter, Werbung und Musik nennen. Die Neugierde oder Faszination, die viele Befragte den »Westländern« entgegenbrachten, wurde in ihrem Geographieunterricht, der die »sozialistischen« Länder viel ausführlicher behandelte als die »kapitalistischen« (siehe 3.3), jedoch kaum befriedigt.

Eine andere hervorstechende Quelle, aus der die Befragten sich schon als SchülerInnen ein Bild von den Verhältnissen in »kapitalistischen« Ländern gemacht haben, war das Westfernsehen, das mit Ausnahme der Befragten aus dem Raum Dresden, dem »Tal der Ahnungslosen«, wo es nicht empfangen werden konnte, und der Befragten, deren Eltern es nicht erlaubten, von einem Großteil regelmäßig gesehen wurde:

Wöl.: »Und ich denke, der Großteil damals hat sowieso Westfernsehen geguckt. Eigentlich waren wir ja gar nicht schlecht informiert und von daher kam ja auch so diese Antipathie gegen das sozialistische Staatsgebilde.«

Die dort gesehenen Sendungen vermittelten den Befragten häufig ein sehr positives Bild vom »Westen«, das häufig nicht mit dem im Geographieunterricht vermittelten übereinstimmte:

Ka.: »Es gab sehr viele Diskussionen. Stets und ständig über das Erste. Auch sehr undifferenziert: Im Westen war immer alles gut. Das war gerade die Zeit, als das Privatfernsehen im Westen aufkam, RTL und so'ne Sachen, die dann wir auch durch Satellitenantennen empfangen konnten. Viele Leute hatten Satellitenantennen, wir leider nicht. Aber auf dem Schulhof ging es sehr oft über Westfernsehen und Westwerbesendungen, und West-Popmusik.«

Wichtige letzte Informationsquelle der SchülerInnen waren die Eltern, die für ihre Kinder die wichtigsten Bezugspersonen darstellten und daher einen großen Einfluss auf ihre Meinungsbildung hatten:

K.: »Man hat zu Hause offener gesprochen als in der Schule. Oder jedenfalls im Unterricht. Mit Freunden hat man dann auch anders gesprochen.«

»*Offener*« heißt in diesem Zusammenhang vermutlich »gesellschaftskritischer«, was die Verhältnisse in der DDR angeht, und »die positiven Seiten hervorhebend«, was die BRD betraf. Teilweise waren die Eltern der Befragten in den Kirchen aktiv und der Vater eines Befragten sah sich als Privatunternehmer durch »Zwangsenteignung« bedroht und hatte daher eine kritische Haltung zu seinem Staat. Von K. werden zudem die Freunde genannt, mit denen Informationen ausgetauscht und bewertet wurden.

Befragte aus Berlin berichten zudem, dass ihnen durch die Mauer die Staatsgrenze der DDR täglich präsent gewesen sei, was ebenfalls zu einer kritischen Auseinandersetzung geführt habe.

Insgesamt scheinen die LehrerInnen, die bei den SchülerInnen einen hohen Informationsstand bezüglich der sozialen und ökonomischen Situation der Menschen in den »kapitalistischen« Ländern vermuteten (siehe 4.4.2), diese zumindest in höheren Klassen richtig eingeschätzt zu haben. Eine Befragte berichtete, dass ihre Geographielehrerin dieses Wissen der SchülerInnen dazu genutzt habe, den SchülerInnen die Einseitigkeit der Schulbuchdarstellungen vor Augen zu führen:

R.: »An eine Sache kann ich mich ganz genau erinnern: Da hat unsere Geographielehrerin uns mal gefragt, es sollten sich mal alle melden, die Verwandte in der BRD oder West-Berlin hatten – es muss da um die BRD gegangen sein – und da haben sich vielleicht die Hälfte oder so gemeldet. Dann hat sie gesagt: »Jetzt melden sich mal die, von denjenigen, deren Verwandte Arbeitslose sind.« – Und da hat sich keiner gemeldet und da hat sie gesagt: »Von daher muss man das ein bisschen relativieren.«
I.: Das hat sie gemacht?
R.: Ja, daran kann ich mich erinnern. Und die war dann aber auch nicht mehr lange da, da haben wir dann eine Neue bekommen. Das weiß ich heute noch, weil ich damals dachte: »Hä?« Ich dachte ja, die seien alle arbeitslos (lacht). Da war ich selber geschockt über diese Erleuchtung.«

R. spricht hier ein für sie einschneidendes Erlebnis im Geographieunterricht an, das bei ihr zu einer überraschenden Erkenntnis oder »*Erleuchtung*« geführt habe. Da das Unterrichtsthema die BRD war, handelte es sich wahrscheinlich um eine Stunde in der 6. Klasse, als die Befragte ca. 12 Jahre alt war. Ihre Geographielehrerin kontrastierte die Darstellungen im Schulbuch, nach denen in der BRD große Arbeitslosigkeit herrschte (siehe 3.3.1.1.1), mit dem durch West-verwandte vermittelten Wissen eines Teils der SchülerInnen, dass die Arbeits-losigkeit tatsächlich nur einen kleinen Teil der Bevölkerung in der BRD betraf. Dass dieses Erlebnis einen »Aha-Effekt« bei der Befragten auslöste, wird darin begründet sein, dass sie selbst den Schulbuchdarstellungen geglaubt hatte (»*ich dachte ja, die seien alle arbeitslos*«) und sich über dieses Thema offensichtlich nicht mit ihren Mitschülern ausgetauscht hatte. Zudem mag das Besondere an dem Erlebnis auch darin gelegen haben, dass von der Lehrerin die Schulbuch-darstellung relativiert wurde, was der Befragten vermutlich nicht häufig passiert ist.

Die geschilderte Episode könnte als Beleg dafür genommen werden, dass es die »Kritiker« unter den Lehrern mit ihren verschiedenen Vermeidungsstrate-gien der politischen Bildung in ihrem Unterricht tatsächlich gegeben hat (siehe 4.4.1). Dass uns außer dieser Befragten niemand sonst von ähnlichen Erleb-nissen berichtete, könnte zudem darauf hinweisen, dass es sich bei den »Kriti-kern« um eine relativ kleine Gruppe von LehrerInnen gehandelt hat, was aller-dings im Rahmen der hier vorgestellten qualitativen Untersuchung nicht geprüft werden kann.

Dass die beschriebene Lehrerin nach dieser Stunde »*nicht mehr lange da war*«, könnte ein Hinweis auf externe Sanktionen, wie die Versetzung, sein, mit denen ihr kritischer Unterricht bestraft wurde.

Besonders negativ fielen den SchülerInnen nicht nur die Einseitigkeit und Widersprüchlichkeit der im Geographieunterricht vermittelten Informationen auf, sondern auch die Unmöglichkeit, die eigene kritische Meinung zu äußern. Der Zwang, den »Klassenstandpunkt« zu vertreten, wurde als belastend emp-funden, ebenso die fehlenden Anlässe zur persönlichen Meinungsbildung.

Ge.: »Ja, man hat zuviel vorgegeben und letztendlich verlangt, dass dieser Standpunkt eingenommen wird.«

Zusammenfassend kann festgehalten werden, dass die geopolitischen Anteile des Geographieunterrichtsstoffes von SchülerInnen, die diese wahrnahmen, teilweise begrüßt und teilweise abgelehnt wurden. Einflussfaktoren waren die den SchülerInnen bekannten politischen Einstellungen wichtiger Bezugsper-sonen, vor allem der Eltern und der Freunde, der Zugang zu Informationen aus dem »Westen«, vor allem durch Westmedien und Westverwandtschaft, die ei-gene Kritikfähigkeit, die altersabhängig war, und natürlich der Umgang der GeographielehrerInnen mit diesen Stoffgebieten.

4.5.3   Umgang der SchülerInnen mit den ideologischen Unterrichtsanteilen

In Abhängigkeit von der individuellen Wahrnehmung und Bewertung der ideologischen Anteile im Geographieunterricht haben sich die ehemaligen SchülerInnen für verschiedene Umgangsweisen mit den diesbezüglichen Stoffanteilen entschieden, die hier dargestellt und erklärt werden sollen.

Aktive Unterrichtsbeteiligung

Diejenigen SchülerInnen, die die »sozialistische Erziehung« im Geographieunterricht wahrnahmen und ihr sehr positiv gegenüberstanden, die sich glücklich schätzten, in einem »sozialistischen« und nicht in einem »kapitalistischen« Land zu leben, beteiligten sich aktiv am Unterricht, wenn es darum ging, die gesellschaftlichen und wirtschaftlichen Verhältnisse in »kapitalistischen« und »sozialistischen« Ländern gegenüberzustellen und zu bewerten. Exemplarisch werden hier nur die Handlungen der ehemaligen Schülerin F. vorgestellt:

»Ich fand es gut, weil – ich will jetzt nicht diese Gebote wiederholen, denn sonst kommt es so vor, als wenn man sich das eingetrichtert hätte – es kann doch nur richtig sein, wenn alle Menschen auf einer Ebene sind, keiner beutet den anderen aus und allen geht's gut und – ich meine- was soll man dagegen haben?«

Elemente der marxistisch-leninistischen Ideologie wie die Aufhebung der Klassenunterschiede, was zum Wohlstand für alle führe, haben die ehemalige Schülerin begeistert. Dass von ihr die Dogmen des Marxismus-Leninismus als unumstößliche Glaubenssätze angesehen wurden, könnte sich auch dadurch ausdrücken, dass diese mit Wort »Gebote« belegt werden, dass eher in einem religiösen Zusammenhang gebräuchlich ist. Aus diesen Gründen fiel es ihr leicht, die Erwartungen ihrer LehrerInnen in Bezug auf die systemkonforme Beurteilung der »kapitalistischen« und der »sozialistischen« Länder zu erfüllen, wie dies auch F. darstellt:

F.: »Nee, ich wusste natürlich, was die hören wollten, und da ich so angelegt war, dass ich auch irgendwo einen Erfolg sehen wollte, wusste ich schon, was ich sagen sollte, und habe das auch so gemacht.
I.:   Und was wollten sie hören?
F.: Na ja, dass es gesetzmäßig ist, d. h., dass es logisch ist, dass sich die Erfolge einstellen.«

F. gibt hier ihre Einschätzung wieder, welche politischen und ideologischen Aussagen von ihr im Unterricht erwartet wurden. Angesprochen wird eine zentrale Grundlage des Marxismus-Leninismus, nämlich die *»gesetzmäßige«*

Entwicklung vom Kapitalismus zum Sozialismus. Außerdem sollten die »*Erfolge*« der »sozialistischen« Länder von den SchülerInnen erkannt und betont werden. Neben den an voriger Stelle schon ausgeführten politischen Überzeugungen der ehemaligen Schülerin F. wird hier der Wunsch nach guten Noten als Begründung dafür genannt, dass sie die an sie gerichteten ideologischen Erwartungen erfüllte. Diese zweite, leistungsbezogene Begründung, nennt die Befragte womöglich auch aus der oben artikulierten Angst, als ideologisch indoktriniert vor dem Interviewer dazustehen.

Auch SchülerInnen, die keinerlei ideologische Anteile des Geographieunterrichts wahrgenommen haben, begründen ihre aktive Unterrichtsbeteiligung häufig durch den Wunsch, die Erwartungen der LehrerInnen zu erfüllen und damit gute Noten zu bekommen. Der persönliche Nutzen in der Handlungsentscheidung für »aktive Unterrichtsbeteiligung« lag in der erfahrenen Bestätigung durch das Lob der Lehrkraft und gute Noten. Wenn diese Handlung in Übereinstimmung mit den eigenen politischen Überzeugungen stand, waren keine negativen Handlungsfolgen spürbar und es wurde zudem die Identifikation mit Vorbildern wie Eltern, LehrerInnen und Freunden möglich.

Abschalten

Einige SchülerInnen nahmen die ideologischen Stoffanteile im Geographieunterricht nicht bewusst wahr. Die behandelten Inhalte zu den »kapitalistischen« Ländern erlebten sie jedoch größtenteils als trocken und langweilig. Statt über Bodenschätze, Industriestandorte oder Topographie hätten die ehemaligen SchülerInnen gerne mehr über das Leben der dortigen Bevölkerung erfahren. Die Lebensferne des Unterrichtsstoffes, die auch darin begründet lag, dass die SchülerInnen keine Möglichkeiten sahen, in die »kapitalistischen« Länder zu reisen und die theoretischen Informationen des Geographieunterrichts mit eigenen Erfahrungen zu verknüpfen, führte nach den Darstellungen der Interviewten dazu, dass diesem Unterrichtsstoff wenig Interesse entgegengebracht wurde.

Re.: »Durch die Nichtmöglichkeit, die Welt zu sehen, hat man, hab ich mich für die Welt auch nicht interessiert, war mir auch egal, ob da ein Mittelgebirge ist oder nicht.«

Die in den Schulbüchern zu findende Erklärung der gesellschaftlichen Verhältnisse durch die Produktion auf der Grundlage des Marxismus-Leninismus wurde von Vielen nicht begriffen:

Re.: »Schon diese verschiedenen Begriffe wie Kapitalisten und die, ja, diese Gesellschaftsformen – wir hatten auch irgendwie so ein Fach Marxismus-Leninismus, das gab's aber erst später, das war Teil von Geschichte, diese ganzen eigenartigen Begriffe, das war für mich alles abstrakt.«

Re. kommentiert hier den Einführungstext zur BRD aus dem Schulbuch für die 6. Klasse (1977) und beschreibt, dass er die vielen vorkommenden ideologischen Begriffe als Schüler nicht wirklich verstanden hätte. Er konnte sie nicht inhaltlich füllen, daher blieben sie »abstrakt«, nicht greifbar und persönlich nicht verwertbar. Mehrere Befragte drücken eine sehr ablehnende Haltung gegenüber der »sozialistischen Terminologie« aus, die dazu geführt habe, dass der inhaltliche Unterrichtsstoff nicht aufgenommen wurde. So beschreibt auch Re. seine Reaktion auf die ideologischen Teile des Geographieunterrichts als: »*Alles hier rein, da raus*«. Die ständige Wiederholung bestimmter ideologischer Floskeln in verschiedenen Fächern, die auch Wa. anspricht, führte dazu, dass diese Unterrichtsteile durch die SchülerInnen ignoriert wurden.

Wa.: »Aber das führte auch, wenn man das jetzt so konzentriert, so oft gehört hat, zu einer inneren Ablehnung schon. Dass man einfach zu macht und das *nicht mehr aufnimmt* und eben nur das aufnimmt, was man hören will.«

Passiver Widerstand
Die von unseren Befragten am häufigsten ausgeführte Reaktion auf die von ihnen wahrgenommene politisch-ideologische Beeinflussung war der innere, für die Lehrkraft nicht sichtbare Widerstand:

B.: »Aber gerade so was Industrie betrifft: Das wurde ja doch schon mal so verglichen: »Wie sieht es bei denen aus? Wie sieht es bei uns aus?« – Da wurde so ein bisschen abfällig gesprochen: »Da ist es soundso, aber -« und dann kam irgendwas Gutes bei uns. Ich muss auch ehrlich sagen, bei solchen Sachen habe ich dann auch *abgeschaltet* und das nicht für voll genommen, was sie uns da erklärt haben.«

Dieser »innere Widerstand« bestand nach B. darin, dass den Ausführungen der LehrerInnen keinen Glauben geschenkt wurde und die SchülerInnen durch »Abschalten« der Unterrichtssituation entflohen.
   Der persönliche Nutzen dieser Handlungsweise lag vermutlich darin, dass außerhalb des Unterrichts erworbenes Wissen z.B. über die Vorzüge der »kapitalistischen« Länder nicht in Frage gestellt werden musste. Gleichzeitig waren die negativen Handlungsfolgen gering, da die LehrerInnen ja nicht realisierten, dass ihre SchülerInnen das Behandelte in politisch ganz unerwünschter Art und Weise beurteilten. Das Ausgeführte betrifft die innere Haltung der ehemaligen SchülerInnen zu dem im Unterricht Behandelten. Wurden sie zu mündlichen Stellungnahmen aufgefordert, haben sie in der Regel die von ihnen erwarteten

Beurteilungen der Verhältnisse in »sozialistischen« und »kapitalistischen« Staaten abgegeben. Informationen aus Westmedien wurden in der Regel nicht in den Unterricht eingebracht, was den SchülerInnen auch von ihren Eltern eingeschärft worden war, da man negative Sanktionen fürchtete.

Wie handelten die »kritischen« SchülerInnen bei schriftlichen Leistungskontrollen?

H.: »Ja, dass man halt *wusste, was man schreiben muss,* um z. B. 'ne Eins zu bekommen. Am Ende, also immer, wenn dit in einen Kontext gesetzt werden musste, 'nen politischen, dann war det auch mal wichtig, sowas rinzuschreiben, wat konform war. Aber es war auf jeden Fall nicht so, dass ich gedacht hab, nein, nein, das mach ich nicht, ich schreib jetzt mal was anderes.«

Im Gegensatz zum mündlichen Unterricht, bei dem sich die Befragten, wenn sie es wollten, weitgehend passiv verhalten konnten, waren die SchülerInnen bei Leistungskontrollen gezwungen, politisch-ideologische Bewertungen abzugeben. Um auch in dieser Situation großen persönlichen Nutzen, wie gute Noten bei gleichzeitiger Beibehaltung der »kritischen« eigenen Ansichten, zu erreichen, entschieden sie sich häufig, eine »falsche« Bewertung abzugeben, die nicht ihren eigenen Ansichten entsprach, um so die Erwartungen der LehrerInnen zu erfüllen. Während einige Befragte diese fehlende Offenheit im Geographieunterricht nicht als Belastung erlebten, litten jedoch andere unter dem Gefühl, sich im Unterricht verstellen zu müssen:

G.: »Also, ich wusste, dass ich besonders im Blickpunkt einiger Lehrer gestanden habe, gerade weil ich aus diesem Haushalt gekommen bin und ich glaub schon, dass ich in der Schule ein anderes Leben geführt habe als zu Hause. Also ich glaube schon, dass ich schon manchmal, ich sag jetzt mal, ein bisschen hart, aber schon ideologisch schizophren war. Also ich hab sozusagen zu Hause ne andere Ideologie erlebt als das, was ich öffentlich leben durfte. Also ich hab das zum Beispiel erlebt, dass die Lehrer mich in der Pause gefragt haben, also immer so mit dem Hintergrund, 'guckt die eigentlich zu Hause Westfernsehen? Da hat man mich dann, hat man mich dann in der Schule gefragt: »Die Fernsehuhr vor dem Sandmännchen hat die eigentlich Kreise oder hat die Striche?« Und die aus dem Westen hatte immer Striche und die Ostuhr hatte immer Kullern und das war sozusagen ne ganz typische Fangfrage. Aber meine Eltern haben mit mir über so was zu Hause gesprochen, so dass ich praktisch irgendwie immer wach sein musste, nicht in eine ideologische Falle zu tappen. Und diese Schärfe habe ich eigentlich in meiner Pubertät, also ich glaube, exzessiv lernen müssen. Immer mit dem Hintergedanken, meine Eltern nicht zu gefährden und mich natürlich auch nicht zu gefährden und das hatte für mich schon was Schizophrenes.«

I.: Also, du musstest schon vorsichtig sein, was du eigentlich sagst in der Öffentlichkeit?

G.: Richtig, richtig. Also, ich habe auch Hausdurchsuchungen von der Staatssicherheit erlebt.«

Die Befragte G. kam aus einer Familie »mit Privatbesitz«, da ihr Vater als Unternehmer arbeitete, und entstammte demnach nicht der vom Staat besonders geförderten »Arbeiterfamilie«. Ihre Familie wurde von der Staatssicherheit beobachtet und sie fühlte sich selbst in Bezug auf ihre politische Meinung von einigen LehrerInnen besonders kontrolliert, was sie als Belastung erlebte. Die Aussage, sie sei »*ideologisch schizophren*« gewesen, könnte man so interpretieren, dass sie das Gefühl hatte, in dieser Beziehung eine gespaltene Persönlichkeit gewesen zu sein, die sich in der »gesellschaftskritischen« Familie mit deren Loyalitätserwartungen anders verhielt als in der Schule, wo von ihr gegenteilige politische Meinungsäußerungen erwartet und positiv sanktioniert wurden. Die von dieser Person erlebte politisch-ideologische Kontrolle beschreibt sie anhand eines Beispiels. Einer ihrer Lehrer hat sie nach dem Aussehen der Fernsehuhr gefragt. Diese Frage deutete G. als »Fangfrage«, da, falls sie die Uhr des Westfernsehens beschrieben hätte, dies als Beweis genommen worden wäre, dass in ihrer Familie das verbotene Westfernsehen gesehen wurde. Sehr gut ablesbar an dieser Textstelle ist die damalige Angst der Interviewten, bei Fragen zu ihren politischen Auffassungen zu kritisch zu antworten und somit sich selbst und ihrer Familie zu schaden. Sie erlebte den Zwang zur Kontrolle ihrer Aussagen sowie die misstrauische Analyse ihrer Gesprächspartner als belastend. Da sie sich schon als Kind bewusst war, dass ihre Familie von der Staatssicherheit überwacht wurde, und auch Hausdurchsuchungen erlebt hat, standen ihr die negativen Konsequenzen »unbedachter« Äußerungen wie Zwangsprivatisierung des Unternehmens ihres Vaters und Verhaftungen der Eltern vor Augen.

Wie bisher dargelegt wurde, entschied sich der Großteil der Befragten, im Geographieunterricht nach außen hin als vom Sozialismus überzeugte SchülerInnen zu erscheinen und demnach die in sie gesetzten schulischen Rollenerwartungen zu erfüllen (siehe 4.2.4), wobei sie innerlich viele Darstellungen relativierten. Als Grund für diese Entscheidung wurden in der Regel die gefürchteten Sanktionen im Sinne von negativen Handlungsfolgen bei gesellschaftskritischen Äußerungen angeführt. Nicht alle Befragten realisierten als Kinder, dass ihre politisch-ideologischen Meinungsäußerungen im Unterricht so weit reichende negative Folgen haben konnten, wie dies von G. aufgrund ihrer besonderen familiären Situation artikuliert wurde (s. o.). Den Befragten war jedoch wie Ge. in der Regel klar, dass der politisch-ideologische Teil des Geographieunterrichts einen Einfluss auf ihre fachliche Note und auch auf ihren weiteren schulischen Werdegang haben konnte. Sie wussten, dass die Entscheidung der Schule, ob sie die Erweiterte Oberschule (EOS) besuchen und Abitur machen konnten, auch von ihrem politisch-ideologischen Engagement abhing:

Ge.: »Es wurde ja zu jedem Schuljahreszeugnis auch ne Beurteilung geschrieben. Und wenn man sich in Diskussionen, also gerade im Unterricht, wo also auch der Lehrer das mitbekam, ich sag jetzt mal, durchgängig negativ in Bezug auf den Staat äußerte, dann konnte man das in der einen oder anderen Form mehr oder weniger direkt auch in der Beurteilung wiederfinden. Und ja, das konnte einem schon Probleme bereiten, wenn's um die Aufnahme in die EOS ging.«

Häufig genannte Sanktionen, vor denen sich die SchülerInnen fürchteten, waren der Entzug von Lob und Aufmerksamkeit durch die LehrerInnen, was auch schlechte Noten zur Folge haben konnte. Auch Einträge in ihre Hausaufgabenhefte (Verwarnungen), Benachrichtigungen der Eltern oder ihrer Betriebe und Elterngespräche wollten die ehemaligen SchülerInnen möglichst vermeiden. Ein Tadel war die nächst höhere Stufe der Disziplinierung (Pätzold, 2004). Als schlimmste Konsequenz stand ihnen der Schulverweis vor Augen.

R.: »Ich kann mich erinnern, einer hat dann mal den Satz geschrieben: »Die Mauer muss weg.« [lacht] Jedenfalls gab es dann richtig krass, dann auch mit Gespräch und Eltern und so.«

R. berichtet auch von Elterngesprächen, da zwei SchülerInnen im Unterricht geäußert hatten, dass sie lieber im »Westen« leben würden:

R.: »Wo dann eine Lehrerin gefragt hatte: Also jetzt mal ganz ehrlich, wie findet ihr das denn hier und würdet ihr nicht doch lieber im Westen sein? – Also, so provokant und da haben sich wirklich 2 hinreißen lassen und ihre Meinung gesagt – Also, die haben dann riesigen Ärger dann mit der Klassenlehrerin bekommen, die das dann hat auswerten lassen.«

Die Befragte fand das Verhalten der Lehrerin »*fies*«, da hier das Vertrauensverhältnis zu den SchülerInnen ausgenutzt wurde, um sie bezüglich ihrer politischen Einstellungen zu testen. Die Ankündigung, dass man ehrlich seine Meinung sagen dürfe, ohne negative Sanktionen zu befürchten, war in diesem Fall eine Falle. Vor solchen Situationen fürchteten sich die Befragten dieser Gruppe, was sie weiter darin bestärkte, sich im Unterricht nicht offen systemkritisch zu äußern.

Neben der Strategie, »sich seinen Teil zu denken« was im Unterricht natürlich unbeobachtet und unsanktioniert blieb, waren andere Formen des »passiven Widerstands« verbreitet, wie das Beschmieren von Schulbüchern und Bänken mit provokativen politischen Kommentaren, das auch R. anspricht.

Außerhalb des Unterrichts, mit Eltern oder im Kirchenkreis, haben sich diese SchülerInnen jedoch sehr viel kritischer politisch geäußert als im Unterricht. Unter Freunden besprach man die letzten Sendungen aus dem Westfernsehen und machte Honeckerwitze. Jedoch auch vor Mitschülern wurden die eigenen politischen Aussagen kontrolliert, wenn bekannt war, dass deren Eltern bei der Staatssicherheit oder in der Armee arbeiteten.

Spielerische Provokation
Wie Wöl. war vielen ehemaligen SchülerInnen, die der ideologischen Erziehung kritisch gegenüberstanden, klar, dass es den LehrerInnen ebenso wie ihnen selbst nicht erlaubt war, systemkritische Meinungen im Geographieunterricht zu äußern. Dies bedeutete zugleich, dass sie teilweise wussten, dass hinter den ideologischen Äußerungen ihrer LehrerInnen nicht immer politische Überzeugungen standen, sondern die Angst vor Sanktionen.

Wöl.: »Es sind ja nicht alle Lehrer so Anhänger gewesen – die haben halt auch ihren Beruf gemacht und haben das gemacht, was nötig war und waren in ihrem privatem Leben eher weniger staatstreu.«

Diese Gruppe von SchülerInnen nahm an, dass die LehrerInnen wie sie selbst zwischen Äußerungen im Privatbereich und in der Öffentlichkeit (Unterricht) unterschieden, und »spielten« mit dieser Grenze des Erlaubten.

Einige Befragte nutzten die Möglichkeit, auf bemerkte Unstimmigkeiten in den Schulbüchern durch Nachfragen bei den Lehrkräften aufmerksam zu machen, wobei Westverwandte und Westfernsehen jedoch nicht als Informationsquellen offen gelegt wurden.

Wöl.: »Wenn ich mich melde als Schüler und sage: »Das und das verstehe ich nich. Das stelle ich mir ganz anders vor. Können sie mir das mal erklären?« Also, da ist der Lehrer natürlich in der Pflicht und es kann auch sein, dass es da für den Lehrer ein bisschen schwieriger wurde, da etwas zu erklären, wovon er vielleicht selbst nicht so überzeugt war.«

Wöl. beschreibt, dass SchülerInnen ihre LehrerInnen bewusst in »ideologische Erklärungsnot« brachten, was als ein Spiel mit den erlaubten Grenzen des Handelns interpretiert werden kann. Ein weiteres Beispiel für »spielerische Provokationen« der LehrerInnen durch die SchülerInnen in Bezug auf die politisch-ideologischen Erziehungsziele ist folgende Aussage einer LehrerIn:

N.: »Ich kann mich an eine Schülerin erinnern, die dann gesagt hat: »Geben sie
doch zu Frau N., sie gucken doch auch Westen!« [lacht] Das war ja damals
nicht erlaubt. Und das durfte man dann natürlich nicht bejahen, da konnte
man dann nur lächelnd drüber gehen oder so. Aber sie waren sehr direkt oft.
Es gab ja auch oft ein sehr nettes Verhältnis zu den Schülern.«

Nach den Angaben sowohl der LehrerInnen als auch der SchülerInnen war es ein
Tabu, über die Tatsache zu sprechen, dass von einem Großteil der SchülerInnen
sowie der LehrerInnen regelmäßig Westfernsehen gesehen wurde. Dieses Tabu
wurde nach den Angaben von N. von einer ihrer SchülerInnen gebrochen. Dass
die Lehrerin die Frage ihrer Schülerin nach ihrem unerlaubten Konsum der
Westmedien als Ausdruck eines »netten Verhältnisses zu den Schülern« und
nicht als Bedrohung auffasste, mag daran liegen, dass an der Art der Frage
erkennbar war, dass es sich hier um eine spielerische Provokation, um ein Spiel
mit den erlaubten Grenzen des Handelns handelte und nicht um eine ernsthafte
Aufforderung. Die LehrerIn hielt ihre Rolle dann auch »richtig« ein, indem sie
nicht zugab, Westfernsehen zu gucken. Sie entschied sich für das *»lächelnd
darüber gehen«*, was einerseits keinerlei externe, negative Sanktionen nach sich
zog, was bei dem offenen Bejahen vermutlich der Fall gewesen wäre. Dass sie
ihren Fernsehkonsum jedoch auch nicht offen verneinte, kann als Vertrauens-
beweis an die SchülerInnen aufgefasst werden, die das Lächeln ihrer Lehrerin
sicher auch als Zugeständnis in der Art »Ich darf es nicht zugeben, aber ihr habt
recht« interpretieren konnten. Dass der Befragten N. dieses Erlebnis noch nach
Jahren präsent ist, mag daran liegen, dass ihr damals einerseits durch die
SchülerInnen signalisiert wurde, dass sie sie durchschaut hätten, was ihr einen
Teil der »Gewissensbisse« nahm, die darin begründet lagen, dass sie die SchülerInnen gegen besseres Wissen einseitig informierte und ihr andererseits die
Gefahr der Situation, das Risiko des Unerlaubten, bewusst war. Andere von den
SchülerInnen berichtete Reaktionsweisen waren das Wechseln des Themas und
die Beendigung von zu kritischen Diskussionen (siehe 4.4.1).
    Eine Befragte berichtet, wie die SchülerInnen reagierten, wenn die Lehre-
rInnen nicht so »geschickt« wie die Befragte N. mit den Provokationen umgingen:

Wöl.: »Ja, es gab auch Lehrer, die sich einfach mal versprochen haben, dass denen
mal was rausgerutscht ist, was sie hätten nicht sagen dürfen. Also, ich kann
mich erinnern, dass da mal einer was erzählt hat. Ja, es hat gerade zum
Unterricht gepasst und er hatte was dazu im Fernsehen gesehen – aber es
war eben leider Westfernsehen – da hat die Klasse das natürlich gleich
mitgekriegt, die war ziemlich sensibilisiert, und dann gab es natürlich gleich
Gelächter. Gut, wenn er Pech hat, dann hängt es einer an die große Glocke.«

Der Lehrer, von dem Wöl. berichtet, hat durch seine Äußerung im Geographieunterricht offenbart, dass er Westfernsehen guckte. Er überschritt damit das unausgesprochene Tabu und lieferte sich den SchülerInnen aus. Durch das Lachen machten die SchülerInnen den Lehrer auf seinen Fehler aufmerksam. Wie bereits dargelegt fürchteten sich viele LehrerInnen vor dieser Situation (siehe 4.4.2), da die SchülerInnen diese Information an ihre Eltern hätten weitergeben können. Die unzureichende politische Selbstkontrolle des Lehrers zog in diesem Falle jedoch nur die Schadenfreude der SchülerInnen nach sich, was von dem betroffenen Lehrer womöglich ebenfalls als Ausdruck eines Vertrauensverhältnisses zu den SchülerInnen interpretiert worden ist.

Offene Kritik
Wir haben keine Person interviewt, die angab, ihre gesellschaftskritische Meinung offen im Geographieunterricht dargelegt zu haben. Die Befragten berichten jedoch vor allem im Zusammenhang mit negativen Sanktionen, die sie selbst vermeiden wollten, von Klassenkameraden, die sich gesellschaftskritisch äußerten.

> S.: »Na, es gab, ich würde sagen, in der POS, ja, hatten wir in der Klasse sicherlich so ein, zwei, die so immer wieder provozierende Fragen aufgeworfen haben.
> I.: Zum Beispiel?
> S.: Eben so in die Richtung, dass der Sozialismus Scheiße ist, oder so, also irgendsowas, was provozierend ist, und was ne Diskussion, oder ne Antwort des Lehrers dann notwendig gemacht hat.«

Die Reaktion der LehrerInnen habe teilweise darin bestanden, die Diskussion zu unterbinden, Sanktionen auszusprechen und teilweise sei auch in Ansätzen diskutiert worden.

> S.: »Es gab dann halt die Methode, die Eltern zu benachrichtigen, die Diskussion abzuwürgen, und, daran wiederum kann ich mich erinnern, dass es auch Lehrer gab, die dann also drauf eingegangen sind und gesagt haben: »Richtig, das muss auch mal gesagt werden. Das und das ist Scheiße am Sozialismus« und so die Diskussion gewissermaßen zugelassen haben, aber dafür gesorgt haben, dass nicht alles in Frage gestellt wurde.«

4.5.4 Zusammenfassung

Insgesamt sind sich die Befragten relativ einig, dass der politisch-ideologische Anteil im Geographieunterricht im Vergleich mit anderen Fächern nur mittelmäßig bis gering gewesen sei. Allen Befragten war jedoch klar, welche Bewertungen der gesellschaftlichen Verhältnisse in »kapitalistischen« und »sozialis-

tischen« Ländern von ihnen im Geographieunterricht erwartet wurden. Ein
Großteil der Befragten gibt an, erst mit zunehmendem Alter (Pubertät) und
umfangreicherem Wissen die Vermittlung der politisch-ideologischen Inhalte
im Geographieunterricht kritisch gesehen zu haben. Hierbei ist jedoch zu bedenken, dass die damalige kritische Sicht womöglich im Interview etwas übertrieben dargestellt wurde (siehe Kap. 4.2). Das Interesse und das Informationsbedürfnis bezüglich des »Westens« wurde bei vielen SchülerInnen im Geographieunterricht nur unzureichend befriedigt. Zudem widersprach die im
Geographieunterricht häufig geforderte negative Beurteilung der Verhältnisse in
»kapitalistischen« Ländern ihrem eigenen Wissen von dortigen Vorteilen und
ihrer Begeisterung für westliche Musik und Konsumgüter. Zur Erreichung ihrer
Ziele, wie »gute SchülerInnen zu sein« und Abitur machen zu dürfen, und zur
Vermeidung von negativen Sanktionen, entschieden sich viele, politisch »korrekt« zu antworten und positive Aspekte der »kapitalistischen« Länder sowie
negative Aspekte der »sozialistischen« Länder lediglich im Freundeskreis oder
in der Familie zu erörtern. Die Darstellungen der SchülerInnen stimmen in
diesem Punkt mit den Ergebnissen von Meinecke (1981) überein, die belegen,
dass ein Großteil der SchülerInnen wusste, wie sie vorgelegte ideologische
Aussagen »richtig« zu beantworten hatten.

Ein Großteil der befragten SchülerInnen scheint zumindest in höheren
Klassen die Einseitigkeit der Schulbuchdarstellungen zu den wirtschaftlichen,
sozialen und ökologischen Verhältnissen in »kapitalistischen« und »sozialistischen« Ländern durchschaut zu haben, was ebenfalls generell auf einen Großteil
der befragten LehrerInnen zutraf (siehe 4.4.1). Beide Gruppen machten jedoch
von diesem Wissen im Geographieunterricht nur sehr eingeschränkt Gebrauch.
Damit erscheint die »sozialistische Erziehung« im Geographieunterricht häufig
eine Farce, oder ein Spiel gewesen zu sein, bei dem beide Seiten wussten, wie sie
sich zu verhalten hatten, um den Schein zu waren. Sowohl SchülerInnen als auch
LehrerInnen fürchteten, dass bei einem Verstoß gegen die Spielregeln, wie die
Artikulation einer kritischen Sicht auf die »sozialistischen« Länder und einer
positiven Sichtweise der »kapitalistischen« Länder, Anzweiflung der Schulbuchdarstellungen sowie das Zugeben, dass man sich durch Westverwandte und
Westfernsehen informierte, von der anderen Seite extreme negative Sanktionen
ausgehen könnten. Während von den LehrerInnen jedoch direkt negative
Sanktionen für die zu kritischen Meinungsäußerungen der SchülerInnen ausgesprochen werden konnten (schlechte Noten, Tadel, Elterngespräche etc.),
sahen die LehrerInnen in den SchülerInnen vor allem eine Gefahr als Vermittler
von Informationen an Eltern, Schulleiter und Staatssicherheit (siehe 4.4.2). Interessant ist, dass ein Teil der SchülerInnen sich nicht nur bewusst war, dass sie
u. a. viele unerlaubte Dinge über die »kapitalistischen« Länder wussten, die sie
im Geographieunterricht nicht ansprechen konnten, sondern auch vermuteten,

dass dies ebenso auf ihre LehrerInnen zutraf, die nur vom Sozialismus überzeugt taten, es aber nicht wirklich waren. Bei den SchülerInnen weist u. a. die Aussage von Wa. auf diesen Sachverhalt hin: »*Also, bei den »alten Hasen« hatte ich den Eindruck, dass die die ideologischen Sachen selber nicht richtig glauben, um es mal so auszudrücken.*« Ebenso vermuteten ja einige LehrerInnen bei ihren SchülerInnen umfangreiches aus dem Westfernsehen entnommenes Wissen.

Die Interpretation des politisch-ideologischen Geographieunterrichts als harmloses Spiel, wie es die beschriebenen »spielerischen Provokationen« der LehrerInnen durch die SchülerInnen nahelegen, ist natürlich nur für Fälle zutreffend, bei denen LehrerInnen, die den politisch-ideologischen Anteilen des Geographieunterrichts kritisch gegenüberstanden (»Angepasste« und »Kritiker«), auf gut informierte und kritische SchülerInnen trafen, was vorwiegend in höheren Klassen der Fall war. Das »Spiel« war auch in dieser Konstellation nur solange »harmlos«, wie sich beide Seiten an die »Regeln« hielten. Versuchten SchülerInnen oder LehrerInnen dagegen, offen Gesellschaftskritik zu äußern, hatten sie unter zum Teil erheblichen Sanktionen zu leiden. Zu nennen sind auch die erheblichen psychischen Belastungen einiger SchülerInnen sowie einiger LehrerInnen, die unter der fehlenden Offenheit im Unterricht und dem Gefühl der Zerrissenheit zwischen privatem und öffentlichem (Unterricht) Lebensbereich litten. Ein Teil der LehrerInnen (»Angepasste«), die sich für den Lern- und Entwicklungsprozess der SchülerInnen in ihrem Unterricht verantwortlich fühlten, litt darunter, die SchülerInnen nicht politisch neutral über die behandelten Länder informieren zu können und damit ihr »Berufsethos« zu verletzen (siehe 4.4.2). Sie hatten »Gewissensbisse«, da sie nicht wissen konnten, ob die SchülerInnen die ideologischen Bewertungen, die im Geographieunterricht verbreitet wurden, vielleicht doch nicht als Zugeständnis an das »Spiel« interpretierten, sondern ernst nahmen und verinnerlichten, was nach Aussagen einiger SchülerInnen tatsächlich passiert ist. In Abhängigkeit von der familiären Situation empfanden einige SchülerInnen die politisch-ideologischen Anteile des Geographieunterrichts als ständige Gewissensprüfung und persönliche Bedrohung. Die kritischen SchülerInnen litten häufig unter dem Gefühl, sich im Unterricht kontrollieren zu müssen und zur Äußerung von »falschen« Meinungen gezwungen zu sein.

Insgesamt scheinen die Ziele der Lehrpläne, bei den SchülerInnen die Überzeugung von der Überlegenheit des Sozialismus über den Kapitalismus durch den Geographieunterricht zu festigen, nur bei einem Teil, vor allem den jüngeren SchülerInnen, erreicht worden zu sein, was auch bedeutet, dass die eingangs zitierte These Christa Wolfs (1989), von den durch Unterricht entmündigten SchülerInnen, nicht uneingeschränkt zuzustimmen ist. Einen »klaren Klassenstandpunkt« hat ein Großteil der Befragten nur scheinbar vertreten. Dies stimmt auch mit den Ergebnissen von Filipiak (1972) überein, der herausgefunden hatte, dass die von ihm befragten SchülerInnen zwar alle wussten, welchen »Klassenstandpunkt« sie zu vertreten hatten, diesen aber größtenteils nicht ausreichend begründen konnten, was darauf hindeutet, dass die SchülerInnen diesen nicht wirklich verinnerlicht hatten. Zur politischen Meinungsbildung wurde der Geographieunterricht größtenteils nicht genutzt. Diese fand vorwiegend im Freundeskreis oder in der Familie statt. Während die politischen Erziehungsziele durch den Geographieunterricht größtenteils nicht erreicht wurden, überwogen ihre unintendierten negativen Effekte, wie die Erziehung zur »Unehrlichkeit«, das Lernen der Kinder, die eigenen Äußerungen zu kontrollieren und seinem Gesprächspartner, vor allem wenn es sich um LehrerInnen handelte, misstrauisch gegenüberzustehen.

5 Geographieunterricht während der politischen Wende[1]

Wie im Kapitel 3 dargestellt, wurde die ideologische Erziehung in der DDR als ein Prozess verstanden, der den gesamten Geographieunterricht mit allen seinen Phasen durchziehen sollte. Die Erziehung im Sinne des Sozialismus, was der Stabilisierung des politischen Systems dienen sollte, hatte die Auswahl der Lehrplaninhalte sowie die Konzeption aller Unterrichtsmedien beeinflusst. Mit dem Ende der DDR und ihrem Beitritt zur »kapitalistischen« BRD erschienen die bisherigen Unterrichtsinhalte des Geographieunterrichts, die didaktischen Prinzipien, die Medien und die favorisierten Unterrichtsmethoden, die alle auch unter dem Gesichtspunkt der ideologischen Beeinflussung der SchülerInnen ausgewählt worden waren, plötzlich nicht mehr zeitgemäß. Bis zum Inkrafttreten der in aller Eile in den neuen Bundesländern erarbeiteten Rahmenlehrpläne unterrichteten die GeographielehrerInnen weitgehend ohne staatliche Vorgaben. Während sie bisher nach einem obligatorischen Lehrplan unterrichten mussten, der sehr enge inhaltliche Vorgaben machte, mussten die Lehrkräfte nun umfangreiche inhaltliche Entscheidungen treffen. In diesem Kapitel soll untersucht werden, wie die LehrerInnen und die SchülerInnen mit der neuen Situation umgingen, wie sie gemeinsam den Geographieunterricht in der Wendezeit gestalteten und wie sie ihre Handlungen begründen. Nach einer Skizzierung des aktuellen Forschungsstandes werden die Darstellungen der LehrerInnen und die der SchülerInnen gegenübergestellt.

---

1 Als zentrale Zeitspanne der »politischen Wende« wird die Zeit von der Öffnung der Berliner Mauer am 9. 11. 1989 bis zum Beitritt der DDR zur Bundesrepublik Deutschland am 3. 10. 1990 angesehen. Der hier relevante Zeitraum essentieller Veränderungen in der Schule muss jedoch nach der Einschätzung der Befragten noch bis zum Schuljahr 1991/1992 ausgedehnt werden, da erst dann die unterschiedliche administrative Umgestaltung des Schulsystems in den neuen Bundesländern weitgehend abgeschlossen war und neue Rahmenpläne eingeführt wurden.

5.1   Forschungsstand

In soziologischen Diskursen werden die Transformationsprozesse in den ost-deutschen Bundesländern vor allem im Rahmen der Modernisierungstheorie analysiert. Dabei wird häufig von einer »nachholenden Revolution« gesprochen, die dazu diente, das in den »alten« Bundesländern erreichte Modernisierungs-niveau zu erlangen. Durch die Orientierung der politischen Akteure an dem modernisierungstheoretischen Paradigma wird auch die vollständige Imple-mentierung des westdeutschen Bildungssystems in den ostdeutschen Bundes-länder erklärt, was ohne Diskussion mit der dortigen Lehrerschaft über erhal-tenswerte Vorteile des DDR-Schulwesens stattgefunden habe (Hoyer, 1996, S. 14). Bei der Umgestaltung des allgemeinbildenden Schulwesens in den neuen Bundesländern, für die von neu gegründeten Parteien, Bürgerbewegungen und Kirchen umfangreiche Vorschläge[2] gemacht wurden, musste eine Vielzahl an KMK-Vereinbarungen beachtet werden, durch die von den alten Bundesländern »Harmonisierungsdruck« ausgeübt wurde (Fuchs, 1997, S. 147).

Bei der Übertragung des institutionellen Systems der Bundesrepublik auf die DDR seien die Transformationsprozesse vorwiegend von westdeutschen »Transformationsagenten« bestimmt worden, wodurch »interne« Erfahrungen der ehemaligen Eliten entwertet worden seien (Wiesenthal, 1995, S. 146 – 147). Dies habe zur Entstehung eines in Teilen der ehemaligen DDR-Bevölkerung verbreiteten Kolonialisierungsdiskurses[3] geführt, der deren Enttäuschung, Verletzung und Entfremdung widerspiegelt.

Forschungsarbeiten zur Frage, wie die GeographielehrerInnen und ihre SchülerInnen mit den Transformationsanforderungen der Wendezeit umgin-gen, liegen bisher nicht vor. Während in der Geographiedidaktik dieses Thema noch nicht bearbeitet wurde, interessieren sich vor allem die Erziehungswis-senschaften für die Umgestaltung des DDR-Schulsystems und den Umgang der LehrerInnen mit den neuen Herausforderungen. Eine umfangreiche For-schungsliteratur dokumentiert unterschiedliche empirische Zugänge, wie die Auswertung von Tagebüchern und Selbstdarstellungen der Lehrkräfte, qualita-

---

2   Eine ausführliche Darstellung der 1989/90 von verschiedenen Organisationen, Parteien und Gruppierungen erarbeiteten Vorschläge zur Reform des Bildungswesens findet sich bei Fuchs (1997).

3   Nach Wiesenthal (1995, S. 155) lautet die Kolonisationsthese wie folgt: »*Selbstinteressierte westdeutsche Akteure haben die Bevölkerung der DDR mit dem Angebot der raschen Einheit in eine Falle gelockt. Den Ostdeutschen wurden zwar die verfassungsmäßigen Rechte gewährt, doch sind sie durch die Allgegenwart westdeutscher Organisationen und Interessen empfind-lich benachteiligt. Weil letztere die aktuellen Entscheidungsprozesse dominieren, sind sie auch für alle im Gefolge der Einheit erfahrenen Nachteile verantwortlich.*«

tive und quantitative Befragungen sowie Überblicksdarstellungen des schulischen Transformationsprozesses.

Anhand von schriftlichen Lehrer- und Schülerbefragungen untersuchten Riedel u. a. (1994), wie die gravierenden Veränderungen in ihren Arbeits- und Lebensumständen bewältigt wurden. Grundlegend bestimmten »*Orientierungslosigkeit und Improvisation, vor allem aber Unruhe und Unsicherheit die schulische Szene*« in der Wendezeit (Riedel u. a., 1994, S. 21).

Befragungen von LehrerInnen zu Beginn der äußeren Schulreform dokumentieren ihre Verunsicherung, Existenzangst und ihre Sorge um Weiterbeschäftigung (Döbert, 2003).

Gehrmann (1996) konnte anhand von qualitativen und quantitativen Befragungen von LehrerInnen an vier Gesamtschulen im Berliner Bezirk Treptow zeigen, wie sich die von den LehrerInnen wahrgenommenen Transformationsanforderungen von 1991 bis 1992 und 1993 änderten. Bei der ersten Erhebung 1991 wurden vor allem Disziplinprobleme, defizitäre materielle Bedingungen und mangelnde Weiterbildung als Probleme genannt (Gehrmann, 1996, S. 178). Insgesamt standen die LehrerInnen der schulpolitischen Entwicklung skeptisch gegenüber (ebd. S. 236). 1992 waren die materiellen Bedingungen deutlich verbessert und es waren vor allem die Schulleitungen, die kritisiert wurden (ebd. S. 239). Die dritte Erhebungsphase 1993 ergab schließlich, dass sich die Schulgemeinschaften gefestigt hatten und die genannten Probleme aus der ersten und zweiten Erhebung größtenteils gelöst worden waren. Die Diskussion der Vergangenheit hatte zu diesem Zeitpunkt keine Bedeutung mehr (ebd. S. 289).

Schimunek und Zedler (2005), welche sowohl mit biographischen Interviews als auch mit Fragebögen arbeiteten, stellten fest, dass die Lehrerschaft in der DDR nicht die Personengruppe gewesen sei, welche den politischen Wandel vorangetrieben und gewünscht habe.

Dieses Ergebnis scheint im Widerspruch zu einer Untersuchung von Händle (2003) zu stehen, in der 60 Ostberliner LehrerInnen als Experten für den Vergleich der Bildungssysteme mit qualitativen Interviews befragt wurden, die »*fast alle (…) den Wegfall von politischer Kontrolle, politischer Disziplinierung und zusätzlichen politischen Aufgaben*« begrüßten (Händle, 2003, S. 156).

Für meine Untersuchung ist zu fragen, wie die GeographielehrerInnen der politischen Wende gegenüberstanden und inwiefern sich die Beurteilung der sich ändernden Rahmenbedingungen des Unterrichts auf das Handeln der GeographielehrerInnen in der Wendezeit ausgewirkt hat.

Bedauert wurde von den von Händle (2003) befragten LehrerInnen, dass Vorteile des DDR-Schulsystems im Prozess der Vereinigung nicht beibehalten wurden. Bezogen auf den Fachunterricht wurden die Vorteile der DDR-Lehrpläne, die in ihrer Systematik und Einheitlichkeit lagen, hervorgehoben, was ebenso in Bezug auf die DDR-Schulbücher angeführt wurde (Händle, 2003, S. 169).

Wilde (2003) analysierte die Wahrnehmung des Transformationsprozesses durch LehrerInnen an Gesamtschulen in Brandenburg. Die Interviews zeigten, dass die Befragten in der DDR größere Berufszufriedenheit hatten und sie die Ausübung ihres Berufs damals leichter fanden als heute, was von ihnen u. a. drauf zurückgeführt wurde, dass die Disziplin im Unterricht besser und der Respekt vor den LehrerInnen größer gewesen sei. Einheitlich wurde auch bemängelt, dass die fachlichen Standards in der Wissensvermittlung nach der Wende gesunken seien. Positiv wurden von den Befragten dagegen die größeren Spielräume in der Unterrichtsgestaltung und der leichtere Zugang zu interessanten Medien genannt (Wilde, 2003, S. 211 ff.).

Eine quantitative Befragung von 2970 Brandenburger LehrerInnen ergab, dass für einen Großteil die Nichtanerkennung von Qualifikationen, Dienstjahren oder bisherigen Zusatzvergütungen sowie Mehrbelastungen aufgrund erhöhter Wochenstundenarbeitszeit und angehobener Klassenfrequenzen die gravierendsten Probleme darstellten (Hoyer, 1996, S. 62 ff.). Dagegen fühlte sich der größte Teil der befragten LehrerInnen fachlich kompetent. Es gaben nur 5 % der Befragten an, dass ihre beruflichen Qualifikationen den neuen Anforderungen nicht mehr genügen würden (Hoyer, 1996, S. 66).

Diese Ergebnisse stimmen mit denen von Hoffmann und Chalupsky (1991) überein. Von 481 anhand eines Fragebogens befragten LehrerInnen nahmen auch hier 76 % eine starke Beeinträchtigung durch die politische Gesamtsituation wahr (Hoffmann und Chalupsky, 1991). Dies traf jedoch nur bei 26 % der Befragten auf den Unterricht zu, so dass ein Kontrollverlust größtenteils nicht belegt werden kann. Nur in Ansätzen wurde in dieser Studie die Frage beantwortet, von welchen Faktoren es abhing, ob die LehrerInnen die neuen fachlichen Möglichkeiten positiv wahrnahmen und produktiv nutzten oder sie als Überforderung ablehnten. Es wurde lediglich festgestellt, dass je höher die Berufsverbundenheit der LehrerInnen gewesen sei, desto produktiver wäre die neue Situation verarbeitet worden (Hoffmann und Chalupsky, 1991, S. 116). Hierbei blieb jedoch offen, wie sich diese »Produktivität« in den einzelnen Fächern ausgewirkt hat und ob sie noch von weiteren Faktoren beeinflusst wurde.

Benrath (2005) untersuchte anhand von biographischen Interviews, wie GeschichtslehrerInnen mit den Transformationsanforderungen der politischen Wende umgingen. Ein interessantes Ergebnis war, dass die Befragten versuchten, ihre bisherigen didaktischen Routinen möglichst auch unter den neuen politischen Rahmenbedingungen beizubehalten.

Dass dies einem Großteil gut gelang, zeigte eine Studie von Döbert (2003), in der 67 % der Befragten angaben, die neuen Anforderungen »gut« oder »sehr gut«

zu bewältigen. Unklar bleibt auf jeden Fall, wovon es abhängt, ob die LehrerInnen die neuen fachlichen Anforderungen gut oder weniger gut bewältigen.

LehrerInnen wurde in der Wendezeit aufgrund ihrer Akteursrolle im Bildungssystem der DDR eine direkte Verantwortung an den gesellschaftlichen Fehlleistungen zugeschrieben, was zu einem Verlust der gesellschaftlichen Anerkennung führte. In der Erhebung von Hoffmann und Chalupsky (1991) gaben aber nur 49 % an, eine persönliche »Mitschuld« zu sehen. Bei dieser Frage ist der Bereich der ideologischen Erziehung im Unterricht zentral betroffen. »Mitschuld« wurde von den LehrerInnen vermutlich nur dann gesehen, wenn der Bereich der ideologischen Erziehung wesentlichen Raum im Unterricht eingenommen hatte und er durch die Veränderungen des politischen Systems nach der Wende durch die Befragten negativ beurteilt wurde. Differenzierter müsste demnach erhoben werden, welchen Stellenwert die ideologische Erziehung in den einzelnen Unterrichtsfächern einnahm, wie wichtig sie den LehrerInnen zu DDR-Zeiten war und wie sie aus der Retrospektive nach der politischen Wende beurteilt wird. Letztlich wäre aufschlussreich zu wissen, welche professionellen Konsequenzen die Befragten aus der Anerkennung oder Nichtanerkennung von »Mitschuld« ziehen.

Insgesamt liegt vor allem aus den Erziehungswissenschaften eine Vielzahl von Einzelergebnissen zum Lehrerhandeln im Transformationsprozess vor, die nicht alle im Detail vorgestellt werden konnten. Relativ einheitlich kamen die Studien zu dem Ergebnis, dass sich die LehrerInnen durch die Veränderungen belastet und verunsichert fühlten sowie der äußeren Schulreform skeptisch gegenüber standen. Die größtenteils deskriptiven Studien konnten bisher keine differenzierte Antwort darauf geben, welche Schlussfolgerungen die LehrerInnen und SchülerInnen für ihr Handeln im Fachunterricht aus der womöglich unterschiedlichen Wahrnehmung von Transformationsanforderungen zogen. Dies soll durch die folgende Untersuchung für den Geographieunterricht in der Wendezeit beantwortet werden.

5.2   Perspektive der LehrerInnen

Die Wochen vor und nach der Maueröffnung beschreiben die befragten LehrerInnen als eine sehr spannende und aufregende Zeit. Viele von ihnen fuhren selbst nach Berlin und erlebten die friedliche Grenzöffnung. Die gesellschaftliche, euphorische Aufbruchsstimmung war auch in den Lehrerzimmern zu spüren, wie auch die Erhebung von Hoffmann und Chaluspky (1991) bestätigt. Man begrüßte die Einführung der D-Mark und die Möglichkeit zu reisen. Jetzt konnte man Erfahrungen in Ländern sammeln, die man zwar im Geographieunterricht behandelt, aber die man nie selbst gesehen hatte.

F.: »Jede Reise war Weiterbildung pur.«

Mit dem Beitritt der DDR zur Bundesrepublik wurden die beschriebenen Stimmungen jedoch differenzierter. In die Freude über die neuen Möglichkeiten, die sich eröffneten, mischte sich bei vielen die Enttäuschung, dass ihre professionellen Erfahrungen nicht gehört wurden, Vorteile der DDR-Lehrpläne sowie des DDR-Schulsystems nicht beibehalten wurden und es zur weitgehenden Übernahme des westdeutschen Schulsystems kam. Dies stimmt mit Ergebnissen von Schimunek und Zedler (2005) überein, die bei den von ihnen interviewten LehrerInnen Bedauern darüber erhoben, dass Vorteile des Bildungssystems der DDR nicht beibehalten wurden. Zudem machten die Befragten sich Sorgen, um ihre eigene Stelle, da keine Klarheit darüber bestand, inwiefern Ausbildungen anerkannt wurden und nach welchen Kriterien über die Weiterbeschäftigung entschieden würde.

Auf verschiedenen Ebenen, der institutioneller, der schulinternen, der individuellen und der fachlichen Ebene fanden nun Veränderungen statt, welche die Lehrkräfte in ihrem Berufsalltag beeinflussten. Betrachtet werden kann zunächst auf der institutionellen Ebene die generelle Umstrukturierung des Schulsystems. Nachdem bildungspolitische Entscheidungen bisher zentral für die gesamte DDR getroffen wurden, oblag die Umgestaltung des Schulwesens nun den neu geschaffenen Ländern, was zu unterschiedlichen bildungspolitischen Entscheidungen führte. In allen Ländern begann jedoch jetzt die Phase der schulischen Umstrukturierung, die bei allen Befragten als »Chaos« wahrgenommen wurde, was Unsicherheitsgefühle verstärkte. EOS und POS wurden vom zwei- oder dreigliedrigen Schulsystem abgelöst und die LehrerInnen unterrichteten plötzlich in Gesamtschulen, Haupt-, Realschulen oder Gymnasien. Das Kurssystem wurde in der Oberstufe einführt, die LehrerInnen mussten Abiturklausuren planen und abnehmen und am Samstag wurde nicht mehr unterrichtet. Entlastet wurden die LehrerInnen von sozialen Aufgaben, die sie bisher neben ihrem Unterricht wahrgenommen hatten, wie Elternbesuche, Ferienbetreuung oder Pioniernachmittage. Auch die obligatorischen Weiterbildungen in den Schulferien fielen weg. Dagegen wurden die Klassenstärken angehoben und die bisherige Wochenarbeitszeit von 23 um bis zu vier Stunden erhöht, was wiederum zur größeren Belastung der LehrerInnen beitrug.

Auf der zweiten Ebene sind Veränderungen in den einzelnen Schulen zu nennen, an denen die Befragten tätig waren. Ideologisch befrachtete Schulnamen wie Lenin, Marx, Engels u. a. wurden ersetzt. Viele der ehemals besonders systemnahen SchulleiterInnen verloren ihre Leitungspositionen und mussten als »einfache« Lehrer weiter unterrichten. Auch LehrerInnen, die für die Staatssicherheit gearbeitet hatten, büßten ihre Anstellung ein. Einige LehrerInnen wurden versetzt und die Lehrerkollegien gruppierten sich neu.

Auf der individuellen Ebene änderten sich teilweise die Schulen, in denen
gearbeitet wurde und die Unterrichtsfächer der Befragten. Fächer wie Staatsbürgerkunde oder Polytechnik fielen teilweise weg. Ein Großteil der Befragten
besuchte Fortbildungsveranstaltungen, die von westdeutschen Lehrkräften
veranstaltet wurden. Einige nahmen auch an Lehreraustauschfahrten in die alten
Bundesländer teil. Um die Berechtigung zu erhalten, auch in der Oberstufe zu
unterrichten, nahmen einige Befragte neben ihrer Lehrertätigkeit ein Aufbau-
studium in Angriff.

Nach der überblickartigen Vorstellung der institutionellen, schulbezogenen
und individuellen Veränderungen, soll im Folgenden der Frage nachgegangen
werden, welche Veränderungen auf der Ebene des Unterrichtsfaches Geographie
auftraten und wie die Befragten diese erlebten und mit ihnen umgingen.

Zunächst ist der Bedeutungsverlust des Faches zu nennen, der sich in der
Halbierung der Stundenzahl in der Sek. I von ehemals zwei auf nun eine Unterrichtsstunde deutlich machte und von allen Befragten als sehr schmerzlich
erlebt wurde. Im Folgen werden inhaltliche, mediale und methodische Veränderungen des Geographieunterrichts angesprochen.

»Ideologiefreier« Unterricht

Mit dem Ende der »sozialistischen« DDR schien es allen Befragten offensichtlich, dass die ideologische Erziehung zu »allseitig gebildeten sozialistischen
Persönlichkeiten« kein Ziel des Geographieunterrichts mehr sein konnte. Doch
was bedeutete diese Erkenntnis? Größtenteils konzentrierten sich die Befragten
auf die Vermittlung von Fakten und sparten deren Bewertungen vom »Klassenstandpunkt« aus.

Gu.: »Da haben wir uns auf das Fachliche natürlich jetzt erst mal konzentriert und
    da war das Staatsbürgerkundliche, das war dann erst mal völlig weg.«

Umfassende Darstellungen der ehemals »sozialistischen« Länder, wie sie in den
DDR-Lehrplänen vorgeschrieben waren, wurden ausgespart.

H.: »Ich weiß es von mir selber und ich weiß es von vielen Kollegen, wir haben
    einfach Sowjetunion weggelassen.«

Stattdessen legte man Schwerpunkte auf Westeuropa und behandelte verstärkt
die alten Bundesländer. Dritte, von fast allen Befragten genannte Reaktion auf
die veränderten politischen Rahmenbedingungen war die umfassende Behandlung physisch-geographischer Themen.

H.: »So dass man sich auf die geographischen Fakten sozusagen gestützt hat und die vermittelt hat. Also, Erzlagerstätten, wie ist das Klima, wovon ist es abhängig, Tiefdruck, Hochdruck und solche Sachen, die ja nun systemunabhängig sind (lacht), ne?«

Große Teile der ehemals »Ökonomischen Geographie« wurden jetzt weggelassen.

Letztlich wurde weiterhin ein großer Stellenwert auf die Topographie gelegt, da auch dieser keine politische Komponente zugeschrieben wurde.

I.: »Wie hat sich das Fach in der Wendezeit verändert?
F.: Das Fach weniger. Also, Berlin liegt immer noch an derselben Stelle im Gradnetz, die Kontinente liegen noch an genau derselben Stelle.«

Die von allen wahrgenommene Notwendigkeit, die ideologische Erziehung aus dem Geographieunterricht heraus zu nehmen, wurde von den Befragten sehr unterschiedlich beurteilt. Die »Überzeugten« reagierten vorwiegend mit Verunsicherung. Sie sprechen von »Konzeptionslosigkeit« und standen den Veränderungen in diesem Bereich eher ablehnend gegenüber.

H.: »Was ist denn jetzt eigentlich? Wo wollen wir hin? Was ist Zielstellung überhaupt?«

Da die »Überzeugten« (siehe 4.4.1) die ideologische Erziehung, während sie in der DDR unterrichteten, als eine ihrer Hauptaufgaben angesehen hatten, bedeutete das Wegfallen dieses Bereiches, dass sie sich völlig neu orientieren mussten. Sie konzentrierten sich auf die Vermittlung von Fakten, ohne zu wissen, welchem übergeordneten Bildungs- und Erziehungsziel dieser Unterricht dienen sollte. Daher spricht H. hier auch von dem Verlust der »Zielstellung«, was man sowohl auf die einzelnen Unterrichtsstunden als auch auf den gesamten Unterricht beziehen kann. Alte Werte und die eigene Überzeugung von der Sieghaftigkeit des Sozialismus wurden durch die politischen Entwicklungen in Frage gestellt.

Sch.: »Für viele, denke ich mal auch, der Zusammenbruch ihrer Ideale und ihrer Vorstellungen.«

Diese »Glaubenskrise« wurde im Geographieunterricht von den ehemals »Überzeugten« vor allem durch das Aussparen jeglicher Bewertungen gelöst. Einige ältere LehrerInnen »flüchteten« in den Vorruhestand.

Die ehemals »Angepassten« und »Kritiker« beurteilten das Wegfallen der ideologischen Erziehung dagegen durchgehend positiv.

F.: »Also, das Überwerten bestimmter politischer Systeme, die Sieghaftigkeit des Sozialismus, ist ja gefallen und insofern fehlt dieser politisch ideologische Blick, der sozusagen auf dem Fach nicht mehr, nicht mehr so sehr lastet.«

Das von F. in Bezug auf die ideologische Erziehung im Geographieunterricht der DDR gebrauchte Wort »*lastet*« deutet an, dass er diese vor allem als Ballast wahrgenommen hat, die durchgeführt werden musste, der man aber persönlich wenig Bedeutung zumaß. Besonders die »Kritiker« und in eingeschränktem Maße auch die »Angepassten« hatten noch in der DDR Strategien entwickelt, die ideologischen Stoffanteile zu umgehen bzw. sie zu korrigieren (siehe 4.4.2). Durch die »Befreiung« von dem ungeliebten Zwang, den ideologischen Kontrollen und der Angst vor Sanktionen gingen sie entspannter in ihren Unterricht.

Neue Unterrichtsmethoden

In einer Studie von Hoyer (1996, S. 65) gaben 55 % der 2970 befragten LehrerInnen 1991 an, neue Unterrichtsformen in ihrem Unterricht zu erproben.

Im Bereich der Unterrichtsmethoden waren es neben der Gruppen- und Projektarbeit vor allem die ergebnisoffenen Diskussionen, die den DDR-LehrerInnen neu waren, da diese aufgrund der vorgegebenen ideologischen Position bisher selten durchgeführt worden waren. Glanz (1988) macht für die aus der Analyse von Unterrichtsplanungen und Lehrerbefragungen ersichtliche Tatsache, dass Unterrichtsdiskussionen im Geographieunterricht der DDR selten geführt wurden, zudem die Stofffülle verantwortlich.

Gerade in der politischen Umbruchszeit waren es vor allem die SchülerInnen, die ihre Meinung äußern wollten und auch Raum zur politischen Stellungnahme einforderten. In einer quantitativen Studie über Berliner LehrerInnen von Riedel u. a. (1994, S. 61) sahen die Befragten neben den »veränderten Umgangsnormen und -formen« der SchülerInnen die »*veränderten Ansprüche der Schüler an Unterricht und Schule*«, zu denen auch das Einfordern von freier Meinungsäußerung gehört, als größtes Problem an.

K.: »Es gab im Unterricht Ansätze, wo die Schüler wesentlich mutiger, auch durch die Aufregung in der Gesellschaft und durch die Opposition – so was gab's ja früher nicht – ihre Meinung offen gesagt haben.«

Für viele Befragte der vorliegenden Studie gehörten die von den SchülerInnen eingeforderten Diskussionen zu den wesentlichen Veränderungen im Geographieunterricht der Wendezeit. Während die »Überzeugten« und die »Angepassten« kontroverse politische Diskussionen zu DDR-Zeiten größtenteils unterbunden haben, waren sie in der Wendezeit unsicher in welchem Umfang sie diese nun zulassen sollten. Teilweise fühlten sie sich als ehemalige »Stützen« des alten Systems persönlich angegriffen und sahen die Notwendigkeit, ihren Unterricht zu DDR-Zeiten zu erklären und zu rechtfertigen.

Die größte Unsicherheit bei den Lehrkräften bestand jedoch darin zu entscheiden, was das inhaltliche Ergebnis von Diskussionen sein sollte. Dies führt auch K. aus:

> K.: »Die DDR-Lehrer haben immer gefragt: »Ja, was ist denn nun richtig?« Also, diese absolute Wahrheit, die am Ende der Stunde stehen muss: »Das ist richtig!« Es gibt aber Fragen in der Gesellschaft, die kann man zwar diskutieren, aber die kann man nicht mit Ja oder Nein beantworten. Und da war ne ganz große Verunsicherung: »Was ist denn nun richtig?« »Ja, wissen wir ja auch alle nicht.« Daran haben wir uns heute gewöhnt. Und das ist das, was sehr große Umstellungsprobleme bereitet hat, dass uns niemand sagt, was richtig ist.«

Während die Geographielehrpläne der DDR vorschrieben, die gesellschaftlichen Zusammenhänge vom »Klassenstandpunkt« aus zu beurteilen und damit das Ergebnis der Unterrichtsarbeit fest stand, nahmen die Lehrkräfte in der Wendezeit ganz unterschiedliche Perspektiven wahr, aus denen man die im Unterricht behandelten Probleme beurteilen konnte. Ein klares Ergebnis von Diskussionen lag nicht in der Planungsmöglichkeit der LehrerInnen, was diese verunsicherte (»*Was ist denn nun richtig?*«). In der Wendezeit setzte sich dann langsam die Erkenntnis durch, dass es für die zentralen gesellschaftlichen Probleme keine eindeutigen Antworten gibt, sondern dass es u. a. die Aufgabe des Geographieunterrichts ist, die SchülerInnen mit unterschiedlichen Perspektiven vertraut zu machen, ihnen ihre persönliche Meinungsfindung zu erleichtern und ihre diskursiven Fähigkeiten zu erweitern. Unklar ist, ob K. meint, dass die beschriebenen Probleme behoben sind, worauf die Aussage »*Daran haben wir uns* heute *gewöhnt*« hindeutet, oder weiter bestehen, was durch den Gebrauch des Präsens im letzten Satz nahe gelegt wird.

Verändertes Lehrer-Schülerverhältnis

Während die Unterrichtsinhalte in der DDR von den Lehrplänen vorgegeben waren, nahmen die Befragten nach dem Ende der DDR ein Vakuum an staatlichen Vorgaben zum Geographieunterricht wahr. Dieses füllten sie mit der Behandlung von Themen, die sie auch nach dem politischen Umbruch für gleich bleibend relevant hielten, wie Themenbereiche der Physischen Geographie,

Topographie, regionalen Informationen (s. o.). Gleichzeitig sahen sie größere Möglichkeiten, die Interessen ihrer SchülerInnnen in den Unterricht mit einfließen zu lassen.

> N.: »Ich hatte hier also wirklich nur dieses eine Jahr lang diese Physische Geographie normal nach Rahmenplan gemacht und dann hätte ich im Prinzip machen können, was ich wollte.
> I.: Weil es keine Vorgaben in dieser Übergangzeit gab?
> N.: Genau, denn das konnten wir nicht mehr machen (...) und ein paar Sachen wurden dann noch schnell gedruckt, dass man ein bisschen was hat, aber *da flossen dann die Interessen der Schüler ein.*
> I.: Nach der Wende?
> N.: Ja, also vor der Wende glaube ich nicht. Überhaupt nicht, weil da keine Wahl war. Wir hatten einen strammen Rahmenplan, der eigentlich kaum dehnbar war.«

Alle Befragten sind sich mit Frau N. einig, dass der DDR-Geographielehrplan kaum Möglichkeiten gelassen habe, die thematischen Interessen der SchülerInnen zu berücksichtigen. In der Wendezeit forderten die SchülerInnen jedoch größeres Mitbestimmungsrecht und akzeptierten einige »ideologische« Themen nicht mehr. Zugleich sahen die LehrerInnen größeren Spielraum, um auf ihre Interessen einzugehen.

> K.: »Das war für mich ne ganz neue Erfahrung: Loslassen und zu erfahren, dass die auch selber denken können. Wir haben ja immer gedacht, wir müssen ihnen das Denken beibringen und haben irgendwie vergessen, dass die in einem Alter irgendwann sind, wo sie auch selbst denken können. Das ist wunderbar.«

Teilweise wurden die SchülerInnen wie von K., nun nicht mehr als bloße Rezipienten gesehen, die den Unterrichtsstoff passiv aufzunehmen haben, sondern als kreative, den Unterrichtsgegenstand mitkonstruierende Akteure. Dass diese Auffassung jedoch nur auf einen Teil der LehrerInnen zutraf, belegt eine quantitative Befragung von Hoffmann und Chapupsky (1991, S. 118) in der nur 17 % der 481 LehrerInnen größere Möglichkeiten der SchülerInnen zur Mitbestimmung und damit Demokratisierung der Schule sahen. Einschränkend ist jedoch zu sagen, dass nicht explizit nach der Mitbestimmung *im Unterricht* gefragt wurde und sich die Erhebung nicht speziell auf GeographielehrerInnen bezieht.

Neue Medien

Während das Lehrbuch für die Befragten neben Atlas und Karten bisher das Hauptunterrichtsmittel gewesen ist, zweifelten die Interviewten in der politischen Umbruchsphase ob dieses Medium, da es ja sehr stark an die DDR-Lehrpläne angelehnt war, noch zeitgemäß sei. Die Antworten auf diese Frage sind offensichtlich je nach Schule, an der die Befragten unterrichteten, sehr unterschiedlich beantwortet worden. Während an einigen Schulen noch einige Jahre nach der politischen Wende mit dem DDR-Geographiebuch weiter unterrichtet wurde, in dem die Kapitel zur Ökonomischen Geographie, zur RWG oder zur Sowjetunion einfach übersprungen wurden, haben andere sehr schnell mit neuen Büchern unterrichtet, die von Partnerschulen in den alten Bundesländern geschickt wurden. Diese standen nicht unter dem Verdacht ideologisch belastet zu sein, waren aber größtenteils veraltet.

> D.: »Die haben wir als Spenden bekommen von den anderen Schulen aus Berlin und so, die haben uns dann alte Lehrbücher geschickt, aber die waren schön bunt – das war dann erstmal das Neue.«

Früher oder später sahen alle Befragten die Notwendigkeit, neue Schulbücher zu bestellen, was einheitlich als großes Problem wahrgenommen wurde. Während man als LehrerIn in der DDR kein Lehrbuch auswählen musste, da es nur ein einziges pro Klassenstufe gab, mussten nun mehrere Bücher verglichen, Bewertungskriterien aufgestellt und Kaufentscheidungen getroffen werden.

> D.: »Wir mussten ja noch erst die neuen Lehrbücher sichten: »Was stimmt denn jetzt?« Das war ja nicht unser Problem früher. Wir hatten ein Lehrbuch und das war genau mit dem Plan abgestimmt. Jetzt hast du einen Plan und 5 Lehrbücher und musst gucken, welches Lehrbuch vom Inhalt her eigentlich am besten passt. Ich kann ja nicht für die Schüler 5 Lehrbücher bestellen.«

Da vielen GeographielehrerInnen in der Wendezeit insgesamt nicht klar war, welche übergeordneten Bildungs- und Erziehungsziele mit ihrem Fach zu verfolgen seien und die aus den alten Bundesländern übernommenen Lehrpläne bei weitem nicht so präzise Angaben machten, wie der DDR- Lehrplan, standen auch wenige Kriterien zur Verfügung, die neuen Bücher zu beurteilen, was erklären könnte, warum den LehrerInnen die Buchentscheidungen so schwer fielen. Hinzu kam, dass sich viele von dem ansprechenden Design der ihnen durch die Verlage angebotenen Schulbücher blenden ließen und weniger auf den Inhalt achteten, wie auch P. ausführt:

P.: »Ja, da kamen dann solche Leute vom Verlag und haben die vorgestellt und da ist man dann erstmal geblendet worden von den schönen Bildern, so dass wir doch erstmal im Wesentlichen darauf reingefallen sind. Man hat sich die Kapitel im Inhaltsverzeichnis angeschaut: »Ja, schön, in Ordnung.« Aber was sich dahinter verborgen hat, das haben wir ja nicht so gelesen. Und das war also gar nichts.«

Neben den neuen Schulbüchern wurden nach und nach verstärkt neue Karten, Videos, Folien etc. in die Unterrichtsarbeit integriert.

Neue Lehrpläne

Den Geographielehrern wurde schon Ende 1989 freigestellt, die Inhalte des Lehrplans zu modifizieren und neue Sachverhalte aufzunehmen. Friedenserziehung, Ökologie und Demokratie sollten einen höheren Stellenwert erhalten und die Behandlung der DDR sowie der östlichen und westlichen Industrieländer sollte modifiziert werden (Friedrich-Ebert-Stiftung, 1989). Einheitlich nahmen die Befragten in ihrem Unterricht größeren persönlichen Gestaltungsspielraum wahr, da sie ja an keine detaillierten Lehrplanvorgaben mehr gebunden waren. Dieser wurde jedoch ganz unterschiedlich beurteilt. Bei einigen Befragten herrschte Verunsicherung vor. Sie vermissten die detaillierten Angaben der DDR-Geographielehrpläne und sahen sich durch die notwendige eigene Schwerpunktsetzung überfordert. Andere beurteilten wie W. diese neuen Freiheiten positiv:

W.: »Es gab neue Lehrpläne, das war natürlich Vieles neu, aber es war auch ne unwahrscheinlich schöne Zeit, wo man noch Spielräume hatte, wesentlich mehr als jetzt. Also, es war alles relativ offen, wo es hingehen sollte und das hat eigentlich in der Zeit viel Spaß gemacht.«

Erst im Schuljahr 1991/1992 traten Übergangs-Richtlinien in Kraft, die von den neuen Bundesländern häufig in Zusammenarbeit mit den alten Bundesländern[4] entwickelt worden waren. Auch die Angaben dieser Richtlinien waren sehr viel weniger detailliert als die der alten DDR-Lehrpläne. Bedauert wird von fast allen Befragten, dass die Einheitlichkeit des DDR-Lehrplans durch die Wende verloren ging, was den Ortswechsel der LehrerInnen sowie der SchülerInnen erschwere. Zudem wurden die Unterrichtsvorbereitungen aufwendiger, da die Befragten nicht mehr auf die detaillierten Vorgaben der DDR-Lehrpläne und

---

4 Beispiele sind Brandenburg, das bei der Richtlinienerstellung von Nordrhein-Westfalen unterstützt wurde oder Ostberlin, das die Pläne von Westberlin übernahm.

deren genaue Umsetzung im Schulbuch zurückgreifen konnten, was auch durch die Studie von Händle (2003) bestätigt wird.

»Das Problem des DDR-sozialisierten Lehrers, zumindest in den geistes- und sozialwissenschaftlichen Fächern, liegt tatsächlich in seiner neugewonnenen Freiheit der Unterrichtsplanung, die durch die Plötzlichkeit ihres Hereinbrechens paradoxer-, aber auch verständlicherweise leicht als Zwang (zur Entscheidung nämlich) erlebt wird« (Schulz, 2003, S. 49).

In den Übergangs-Lehrplänen waren teilweise Themen enthalten, für welche die Befragten in ihrem Lehramtsstudium in der DDR nicht ausgebildet worden waren und die sie bisher nicht unterrichtet hatten. Bei diesen Themen war die völlig neue Einarbeitung notwendig. Die thematischen Veränderungen betrafen in der Regel nicht die Bereiche der Physischen Geographie oder der Topographie, in welchen die Befragten große Übereinstimmungen zwischen den Inhalten der alten und der neuen Lehrpläne wahrnahmen. In diesen Bereichen kam es aus ihrer Sicht vor allem zu einer Reduzierung des Unterrichtsstoffes. In den Lehrplänen wurde auch kein »topographischer Merkstoff« mehr ausgewiesen.

Wie N. fiel vielen Befragten die Einarbeitung in die neuen Themengebiete schwer:

N.: »Es gab nie Stadtgeographie, es gab nie was zur Raumordnung, es gab nie was zur europäischen Union, es gab Entwicklungsländer in dem Maße auch nicht soviel, so dass man sich doch mit viel, viel Arbeit in diese Sachen einarbeiten musste.«

Teilweise nahmen die Befragten an inhaltlichen Fortbildungen teil.

5.3 Perspektive der SchülerInnen

Die Sicht der ehemaligen SchülerInnen auf die Zeit der politischen Wende ist durchgängig sehr positiv. Die grundlegenden Veränderungen in allen Lebensbereichen wurden größtenteils als aufregend und interessant empfunden. Neue Waren fanden sich in den »Kaufhallen« und die D-Mark wurde eingeführt. Einige der Mitschüler und LehrerInnen gingen in den »Westen« und die Befragten selbst machten erste Reisen in das bisher unbekannte westliche Ausland. Grundsätzlich standen die Befragten dem Neuen sehr offen gegenüber und erkannten für sich neue Handlungsmöglichkeiten, gleichzeitig fühlten sich einige Befragte unsicher, da der fest geplante Lebenslauf in Frage gestellt wurde:

B.: »Man hatte zu DDR-Zeiten das Muster: 1–10. Klasse, dann Abitur, Studium –
das war ja klar. Und nun geriet dieses feste Fundament aus den Fugen – man
wusste ja nicht – gut, man macht Abitur und dann? Dieses Ziel, was man
hatte, das verschwamm so ein bisschen.«

Die ehemaligen SchülerInnen hatten das Gefühl, dass sich mit der Wende neue
Möglichkeiten für sie eröffneten, die sie jedoch nur ansatzweise überschauen
und einschätzen konnten und die sie auch verunsicherten.

Sechs der Befragten besuchten 1990 noch die Schule und konnten über die
schulischen Veränderungen in dieser Umbruchsphase berichten. Hier fanden
allerlei Veränderungen statt, wie der Wegfall des Samstagsunterrichts, die Auf-
wertung des Englisch- und die Abwertung des Russischunterrichts, die Bildung
neuer Klassengemeinschaften oder die Einrichtung des Kurssystems in der
Oberstufe. Den Unterricht bestimmten Bedingungen wie die ausgesetzten bzw.
sich mehrmals ändernden Lehrpläne, die in einigen Schulen fehlenden Schulbücher und die teilweise neuen Lehrkräfte.

Verändertes Lehrer-Schülerverhältnis

Während die LehrerInnen für die befragten SchülerInnen vor der Wende
größtenteils anerkannte Autoritäten darstellten, die sehr disziplinierten Unterricht machten, wandelte sich das Verhältnis der SchülerInnen zu ihren Lehrkräften in der Wendezeit.

Es fanden verstärkt politische Diskussionen im Geographieunterricht und
auch in anderen Fächern statt, bei denen die SchülerInnen offen ihre Meinung
äußerten und auch wagten, die ideologischen Positionen einiger ihrer LehrerInnen zu kritisieren, was sie sich bisher nicht getraut hatten.

B.: »Da haben wir natürlich heiß diskutiert in der Schule, Staatsbürgerkundeunterricht. Und da habe ich auch gemerkt, dass uns die Lehrerin nicht ge-
wachsen war.«

Einige LehrerInnen, die bisher die ideologische Erziehung in ihrem Unterricht
vermittelt hatten, büßten ihre Autorität ein, was u. a. zu Disziplinlosigkeit führte.
Es wird von »Rechtfertigungsstunden« einiger Staatsbürgerkundelehrer berichtet, in denen diese sich für die ideologische Erziehung in ihrem Fach ent-
schuldigt hätten, und von LehrerInnen, die auf Drängen der SchülerInnen ver-

setzt wurden. In »Staatsbürgerkunde« und »Geschichte« seien zeitweise keine Noten mehr vergeben worden.[5]

Stellvertretend für die enthusiastischen Schilderungen der neuen Freiheiten steht die Darstellung von Ka.:

Ka.: »Dann verschwanden die Honeckerbilder irgendwann von der Wand, die weißen Flecken blieben. Ich erinnere mich, dass die Wendezeit in der Schule sehr spannend war, viel Unterricht fiel aus, Lehrer waren entautorisiert, die Disziplin geriet schnell außer Rand und Band, wir hatten sehr, sehr viel Ausfall in dieser Zeit, viele Lehrer waren verschüchtert, ich erinnere mich noch, das war eigentlich eine schöne Zeit. Man konnte viel ausschlafen, man konnte auf einmal auch einfach eine Stunde mal nicht auftauchen, das habe ich damals genossen (...). Ich glaub, die krasseste Zeit war 91, als die DDR langsam abgewickelt wurde und ein neues System noch nicht am Platz war. Da gab's viel Anarchie bei uns, viel Disziplinlosigkeit, Lärm im Unterricht, Rebellion gegen den Lehrer. Auch viel Schwänzen, Alkohol im Unterricht. Das war eine sehr anarchische Zeit. Aber die unmittelbare Wendezeit fand ich sehr faszinierend, spannend.«

Während die ehemaligen SchülerInnen in der Wendezeit von Disziplinproblemen ihrer LehrerInnen sprechen, werden diese von den Lehrkräften nicht erwähnt. Dies könnte man einerseits als eine mögliche »Idealisierung« der neuen Freiheiten durch die SchülerInnen interpretieren und/oder aber als Versuch der LehrerInnen ein positives professionelles Bild von sich selbst im Interview zu entwerfen, das erreicht wird, wenn man sich auch bei veränderten politischen Rahmenbedingungen, als »Herr der Lage« bzw. der Unterrichtssituation darstellt. Für die zweite Interpretation würde sprechen, dass fast die Hälfte der von Riedel u. a. (1994, S. 45) mit quantitativen Methoden befragten SchülerInnen in der Wendezeit von häufigen Konflikten mit LehrerInnen berichten. Es wurden bei Riedel (1994) jedoch signifikante Unterschiede nach Schulformen erhoben. Während 80 % der befragten SchülerInnen in Hauptschulen vollkommen oder überwiegend der Aussage zustimmten, dass es im Unterricht häufig drunter und drüber gehe, waren es in Gesamtschulen 57 % und in Gymnasien nur 12 % (Riedel, u. a., 1994, S. 129). Die Aussagekraft dieser Ergebnisse wird dadurch eingeschränkt, da nicht nach Fächern differenziert wurde. Die von uns befragten SchülerInnen sehen jedoch überwiegend eine Verbindung zwischen der unterschiedlich hohen »ideologischen Belastung« der Fächer in der DDR und dem sich daraus ergebenden Grad ihrer Neuausrichtung nach der politischen Wende. Dies hatte wiederum einen Einfluss auf die professionelle Unsicherheit der

---

5 Tatsächlich wurden bereits Ende 1989 die Lehrpläne für den Staatsbürgerkundeunterricht, die obligatorischen Prüfungen und die Benotung aufgehoben (Friedrich-Ebert-Stiftung, 1989).

Lehrkräfte bzw. auf die Akzeptanz des Faches durch die SchülerInnen, die sich u. a. in unterschiedlich großen Disziplinproblemen niedergeschlagen hat. Die Geographie wird im Gegensatz zu Staatsbürgerkunde, Russisch oder Geschichte in der Regel von den SchülerInnen als nur mittelschwer betroffen eingeschätzt.

Wie zwiespältig die Gefühle waren, die viele SchülerInnen ihren LehrerInnen in der Wendezeit gegenüber brachten, zeigt die Aussage von Re.:

»Also, mit Schadenfreude und mit Mitleid und mit Wut auch. – Ja, dass die Leute nicht mehr wussten, was sie machen sollten, dass wir eindeutig, äh, nie widerlegbar Mist gelernt haben.«

Während die LehrerInnen bis zur Wende den staatlich festgelegten Lehrplanstoff vermittelten, nahmen die SchülerInnen danach eine große Unsicherheit bei ihren Lehrkräften wahr, welcher Stoff noch zeitgemäß sei. Einerseits genoss Re. die Verunsicherung der LehrerInnen, da er sie als »gerechte Strafe« für ihren ideologischen Unterricht, den »Mist«, wahrnahm, den er kurz vorher noch gezwungen gewesen sei zu lernen, andererseits hatte er angesichts der Hilflosigkeit einiger LehrerInnen auch »Mitleid« mit ihnen. Nach der Darstellung der ehemaligen SchülerInnen hat sich die generelle Unsicherheit der LehrerInnen vor allem negativ auf ihre Notengebung ausgewirkt:

B.: »Die haben uns dermaßen die Noten gedrückt, das war extrem.«

Diese Beobachtung lässt sich dadurch erklären, dass es bis 1989 zentrale Zensierungsvorschriften gab, die danach abgeschafft wurden. Da nur höchstens 1 – 2 SchülerInnen pro Klasse sitzen bleiben durften, waren die LehrerInnen gezwungen, keine zu schlechten Noten zu vergeben, was sich danach änderte.

Die SchülerInnen sahen Möglichkeiten, den Lehrplan jetzt teilweise selbst zu bestimmen. So berichtet eine Befragte, dass sich ihre Klasse geweigert hätte, ein Stück von Berthold Brecht im Deutschunterricht zu behandeln, da sie dieses »Kommunistenzeugs« nicht mehr hätten hören wollen. Die quantitative Untersuchung von Riedel u. a. (1994, S. 45) relativiert diese Einschätzungen etwas, da die befragten SchülerInnen nur zu etwa einem Drittel der Aussage nicht zustimmen, dass sie an ihrer Schule über vieles mitbestimmen können. Die Studie von Riedel u. a. (1994, S. 71) belegt, dass die SchülerInnen in der Wendezeit generell Erwartungen nach mehr Schülerorientierung, nach dem Eingehen auf ihre Probleme und Bedürfnisse hatten. Auch im Geographieunterricht wurde ein größerer Spielraum zum Einbringen der eigenen Interessen wahrgenommen. Insgesamt werden von den von uns befragten SchülerInnen Hinweise darauf gegeben, dass der Geographieunterricht in der Wendezeit schülerorientierter war als vor der Wende.

»Ideologiefreier« Geographieunterricht

Übereinstimmend mit den Darstellungen der LehrerInnen berichten die SchülerInnen, dass die GeographielehrerInnen versucht hätten, »*ideologiefrei*« zu
unterrichten, was den Wegfall des Großteils des ökonomisch-geographischen
Unterrichtsstoffes bedeutete.

Ka.: »Aber es ging eigentlich sehr schnell, dass wir einen recht ideologiefreien
Unterricht hatten. Die DDR-Lehrmittel hatten wir noch sehr lange, die DDR-
Kapitel wurden da einfach rausgelassen, haben wir nicht drüber gesprochen,
nur über Sach- und Fachinhalte, Wetter und Geologie, Gesteinsbildung,
so'ne Sachen hatten wir sehr viel, Bevölkerung, alles so – wir haben auch
noch ein bisschen Industrie durchgenommen, was wo ist, welche Kohle-
kraftwerke irgendwo stehen, wo Autobauindustrie ist, und wo Feinmechanik
sitzt, aber ohne all diesen ideologischen Unterbau.«

Ähnlich wie Ka. berichten auch mehrere andere Befragte, dass mit der Wende
verstärkt Inhalte der Physischen Geographie und Topographie im Geographieunterricht behandelt worden wären, da diese Inhalte als politisch neutral galten
und von der politischen Wende damit unberührt blieben. Auch das Fehlen an
neuen Unterrichtsmitteln zu humangeographischen Themengebieten führte in
der Wendezeit dazu, dass nach den Angaben der Befragten verstärkt physisch-
geographische Themen behandelt wurden, da man hier mit den alten DDR-
Lehrbüchern weiterarbeiten konnte.

Während bisher die Schwerpunktsetzung der Lehrpläne bei den »sozialistischen« Ländern und hier vor allem auf der DDR und dem Bruderstaat Sowjetunion gelegen hatte (siehe 3.2.1), wurden nun verstärkt die westlichen Nachbarstaaten behandelt.

G.: »Neue Inhalte insofern, dass da praktisch die kapitalistischen Länder, die bei
uns damals ausgeblendet worden sind oder nur sehr wenig besprochen
worden sind, dass die jetzt viel intensiver besprochen worden sind, dass da
auch nicht mehr solch einseitige Betrachtungsweise war, die nicht so ideologisch behaftet war.«

Neue Methoden

Einige Befragte bekamen neue LehrerInnen, die zum Teil schülerorientierte
Methoden ausprobierten, was von den SchülerInnen jedoch offenbar nicht
immer positiv aufgenommen wurde:

B.: »Der fing dann so an mit Gruppenarbeit und verschiedenen Sachen, da haben wir überhaupt nicht mehr durchgesehen.«

B. begründet ihre Verwirrung und Ablehnung der »*neuen Methoden*« als Schülerin damit, dass sie deren Sinn nicht verstanden habe, da sie bisher vorwiegend lehrerzentrierten Unterricht gewohnt gewesen sei.

5.4   Zusammenfassung

Insgesamt lässt sich festhalten, dass die befragten ehemaligen SchülerInnen sowie die befragten ehemaligen LehrerInnen, obwohl sie sich auf unterschiedlichen Unterricht, der mit verschiedenen Lehrkraften und SchulerInnen durchgeführt wurde, beziehen, ein recht einheitliches Bild des Geographieunterrichts in der Wendezeit entwerfen. Elemente, die in der Regel von allen Befragten als konstitutiv für die Veränderungen gesehen werden, sind das Ende der ideologischen Erziehung und damit der Wegfall eines Großteils des Unterrichtsstoffes der Ökonomischen Geographie, die Konzentration auf Inhalte der Physischen Geographie und der Topographie, die stärkere Behandlung der »westlichen« Länder, ein partnerschaftlicheres Lehrer-Schülerverhältnis und Experimente mit bisher selten praktizierten Unterrichtsmethoden wie Gruppenarbeit und ergebnisoffenen Diskussionen.

Während diese Veränderungen von den befragten SchülerInnen größtenteils begrüßt wurden, da sie nun eine größere Möglichkeit sahen, sich stärker in den Unterricht einzubringen und ihre Meinung zu äußern, waren die Reaktionen der LehrerInnen u. a. in Abhängigkeit von der Wertigkeit, die sie der ideologischen Erziehung im Geographieunterricht der DDR zugeschrieben hatten, unterschiedlich. Während ein Teil der Befragten sich freute, von dem »ideologischen Ballast« befreit zu sein, den sie nie als wichtiges Element ihres Unterrichts begriffen hatten (»Angepasste« und »Kritiker«) und enthusiastisch die neuen Möglichkeiten schildern, den Unterricht nach ihren persönlichen Interessen und Vorstellungen zu gestalten, ohne von den als zu detailliert erlebten Vorgaben der DDR-Lehrpläne »eingeengt« zu werden, fühlten sich andere Befragte durch den politischen Umbruch verunsichert. Personen, die aus politischer Überzeugung die ideologische Erziehung im Geographieunterricht als einen Schwerpunkt ihrer Arbeit begriffen hatten (»Überzeugte«), sahen ihre Anschauungen und den bisherigen Unterricht in Frage gestellt. Der Wegfall der »sozialistischen Erziehungsziele« bedeutete für sie den Verlust an Orientierung, der häufig mit dem Begriff »*Chaos*« beschrieben wird. Mit der Setzung eigener thematischer Schwerpunkte, ohne die Möglichkeit, sich an einem zentralen Lehrbuch und detaillierten Lehrplanvorgaben wie in der DDR orientieren zu können, waren sie überfordert. Für diese letzte Gruppe kann man am ehesten davon sprechen, dass die politische Umbruchszeit als eine Krise[6] wahrgenommen wurde, die unerwartet auftrat, sie als Personen und LehrerInnen in Frage stellte und sie zwang, ihre professionelle Arbeit zu verändern.

---

6 Im Entscheidungstheoretischen Ansatz der Krisenforschung wird die »Krise« als eine Situation definiert, von der ein hoher Grad an Bedrohung ausgeht, die überraschend eintritt und in der die Betroffenen Zeitdruck wahrnehmen (Bühl, 1988, S. 27).

6 Der Blick zurück

In diesem Kapitel soll der Frage nachgegangen werden, wie die Auswirkungen der ideologischen Erziehung im Geographieunterricht von den befragten LehrerInnen und SchülerInnen aus heutiger Sicht beurteilt werden. Welche Bedeutung haben die in der DDR erworbenen professionellen Routinen für das aktuelle Lehrerhandeln? Inwiefern nutzen die ehemaligen SchülerInnen das im Geographieunterricht Erlernte bzw. distanzieren sich von ihm?

6.1 Forschungsstand

Einige wenige Arbeiten beschäftigen sich mit der Frage, welche noch heute spürbaren Auswirkungen der DDR-Geographieunterricht hatte. Heinecken und Ollesch (1992) legten den Fokus auf die SchülerInnen und gingen der Frage nach, inwiefern die kognitiven Landkarten von Ost- und Westberliner SchülerInnen aufgrund ihres Geographieunterrichts verzerrt waren. Sie verglichen direkt nach der politischen Wende die kognitiven Deutschlandkarten von 454 West- und Ost-Berliner 9. Klässlern und fanden heraus, dass den SchülerInnen die Lagebestimmung der Städte des eigenen Landes erheblich leichter fiel als die des Nachbarlandes. Zudem verlagerten beide Gruppen die Städte des eigenen Landes von den politischen Grenzen weg ins Landesinnere, »so dass die Distanzen zwischen den Städten eines Landes kleiner und die durchschnittlichen Distanzen zwischen Nachbarstädten zweier Länder größer werden« (Heineken und Ollesch, 1992, S. 169), was darauf zurückgeführt werden könnte, dass die kontrastive Behandlung von BRD und DDR im Geographieunterricht der beiden Länder auch die räumliche Vorstellung der SchülerInnen beeinflusste.

Dass die Ost-Berliner SchülerInnen nach der Studie von Heineken und Ollesch (1992) jedoch deutlich bessere Kenntnisse von der Topographie der BRD hatten als die West-Berliner von jener der DDR, könnte darin begründet sein, dass die Geographielehrpläne und -Schulbücher der DDR regional aufgebaut waren und der Topographie großes Gewicht zukam (siehe 3.2.1 und 3.3) während die der BRD nach 1969 verstärkt allgemeingeographisch orientiert waren und damit kein zusammenhängendes regionales Gesamtbild der DDR mehr vermitteln wollten (Engel und Sperling, 1986).

Kanwischer u. a. (2004) untersuchten das aktuelle Fachverständnis Thüringer GeographielehrerInnen und erklärten dieses u. a. durch die spezifische Bildungssozialisation im DDR-Schulwesen. Durch diese wurde auch erklärt, warum die Geographie von fast allen LehrerInnen als Naturwissenschaft, aber nur von zwei Drittel auch als Gesellschaftswissenschaft gesehen wurde. Der Anteil der Topographie im Unterricht bis zur neunten Klasse lag bei 80 % der LehrerInnen bei 15 % und mehr, was auf den hohen Stellenwert dieses Bereiches in den DDR-Lehrplänen zurückgeführt wurde. Auch bei den Unterrichtssettings konnte man eine Kontinuität zum DDR-Geographieunterricht beobachten. So verwendeten mehr als Dreiviertel der LehrerInnen sehr häufig oder häufig den Frontalunterricht (91 %), das wissensorientierte Lernen (88 %) und das fragend-entwickelnde Verfahren (78 %) (Kanwischer u. a., 2004, S. 156).

In diesem Punkt gibt es Prallelen zu einer Untersuchung von Benrath (2005), die anhand von biographischen Interviews analysierte, wie GeschichtslehrerInnen mit den Transformationsanforderungen der politischen Wende umgingen. Auch hier ergab sich, dass die Befragten vor allem über die Kontinuität ihres didaktischen Handelns berichteten.

Sollten die aktuellen LehrerInnen bei ihrem professionellen Handeln tatsächlich auf didaktische Ressourcen zurückgreifen, die sie in der DDR erworben haben, könnte dies auch erklären, warum 67 % der von Döbert (2003) Befragten angaben, die neuen Anforderungen nach der politischen Transformation »gut« oder »sehr gut« zu bewältigen.

Die repräsentative IFS-Befragung von 992 Personen in den neuen Bundesländern ergab, dass die Umgestaltung des DDR-Schulwesens von 1991 bis 1998 immer negativer beurteilt wurde. Während 1991 noch 38 % der Gesamtstichprobe der Einführung des neuen Schulsystems zustimmten, waren es 1998 nur noch 11 % (Rolff u. a. 1998, 1996, 1994 und 1991). Der Meinung, man hätte am Bildungswesen der DDR nichts ändern sollen, stimmten im gleichen Zeitraum dagegen immer mehr Personen zu. Während 1991 nur 5 % der Befragten dieser Meinung waren, waren es 1998 schon 36 % (Rolff u. a. 1998, 1996, 1994 und 1991).

Jetzt stellen sich die Fragen, inwiefern auch der Geographieunterricht der DDR durch die befragten LehrerInnen und ehemaligen SchülerInnen im Laufe der Zeit zunehmend positiver beurteilt wird, bei welchen Befragten eine Idealisierung feststellbar ist und wie die unterschiedlichen Beurteilungen des damaligen Geographieunterrichts zu erklären sind. Zudem soll für die LehrerInnen untersucht werden, inwiefern eine zunehmend positivere Bewertung der DDR-Schule zu einem Festhalten an einer ehemals bewährten Unterrichtspraxis führt.

6.2   Perspektive der LehrerInnen

Während die befragten LehrerInnen die Zeit der politischen Wende bis etwa zur Einführung der neuen Rahmenrichtlinien ab dem Schuljahr 1991/92 einheitlich auch als große fachliche Umbruchszeit beschreiben, in der man sich neue Inhalte erarbeitete, neue Methoden ausprobierte, neue Medien nutzte und ein partnerschaftlicheres Verhältnis zu den SchülerInnen aufbaute, wird für die Zeit danach eher von einer inhaltlichen und methodischen Rückorientierung gesprochen:

> W.: »Und ich hatte so das Gefühl, dass man sehr schnell wieder zur Tagesordnung übergegangen ist und dass am Ende die Schulen nicht viel anders liefen, von der Sache her Lehrer-Schüler-Verhältnis, Wissensvermittlung, nicht anders verliefen als früher.«

Dass die Befragten recht einheitlich mehr Übereinstimmungen als Unterschiede zwischen ihren Geographiestunden in der DDR und ihrem heutigen Unterricht wahrnehmen, erstaunt zunächst, da die Befragten aktuell mit völlig anderen Unterrichtsmedien arbeiten, sich nach neuen Rahmenplänen richten und alle ihr fachliches Wissen und ihre Methodenkenntnis auf Fortbildungen und durch Ergänzungsstudien nach der Wende erweiterten. Wie lässt sich diese Wahrnehmung bzw. Darstellung dennoch plausibel erklären? Zunächst ist daran zu denken, dass den Befragten der von ihnen vor 17 Jahren durchgeführte Unterricht nicht mehr vollständig bewusst ist und sie sich verstärkt an diejenigen Elemente erinnern, die sie immer noch praktizieren. Gegen diese Interpretation spricht jedoch, dass in den Interviews detaillierte Aussagen zu den in der DDR unterrichteten Inhalten, den verwendeten Medien und den eingesetzten Methoden gemacht werden. Welche Interpretationen bieten sich alternativ an?

   Die Betonung von Ähnlichkeiten zwischen damaligem und heutigem Geographieunterricht, könnte auch darauf zurück zu führen sein, dass die Kontinuitäten menschlichen Handelns im Allgemeinen und professionellen Handelns im Besonderen sehr hoch sind. Die Ergebnisse meiner Untersuchung stimmen in diesem Punkt mit denen von Benrath (2005) überein, die bei GeschichtslehrerInnen große Kontinuitäten der didaktischen Handlungsmuster vor und nach der politischen Wende erkannte. Auch Döbert (2003) nahm nur geringe Modifizierungen der praktischen Arbeit der LehrerInnen nach der politischen Wende wahr. Es ist möglich, die professionellen Handlungsmustern von GeographielehrerInnen als didaktische Ressource zu verstehen, in deren Aneignung während des Studiums und der Berufstätigkeit in der DDR viel Arbeit, Zeit und Energie investiert wurde. Nach der Wende sehen sich die LehrerInnen dann an diese persönliche Investition gebunden. Dies würde auch erklären, warum fast

70 % der von Döbert (2003) befragten LehrerInnen ihre Ausbildung in der DDR
als »hinreichend« oder »überwiegend hinreichend« für heutige Anforderungen
betrachteten.

Die Entscheidung für die Beibehaltung der in der DDR angewandten Handlungsmuster nach der politischen Wende wird demnach getroffen, da ein hoher
persönlicher Nutzen darin besteht, vergangene Handlungsentscheidungen als
richtig einzuschätzen und man sich selbst so als kompetenten didaktischen
Entscheidungsträger sehen kann. Da die didaktischen Vorteile häufig praktizierten Unterrichtsmethoden, eingesetzten Schüleraufgaben, Unterrichtsphasen, Arten der Leistungsüberprüfungen etc. bereits bestens bekannt sind, lassen
sich diese Entscheidungen zudem gut argumentativ begründen. Letztlich bedeutet der Rückgriff auf schon Bekanntes auch einen geringeren Arbeitsauf-
wandes als die Neuaneignung von Handlungswissen. Die negativen Folgen der
Handlungsentscheidungen sind dagegen gering, da wie die Interviews zeigen,
mit großer Akzeptanz bei Eltern und Schülern zu rechnen ist, deren Erwartungen an Geographieunterricht ebenfalls auf ihren bisherigen Erfahrungen
basieren.

Die Ergebnisse einer Studie von Kanwischer u. a. (2004, S. 133 ff.) zu den
aktuellen Fachkonzepte Thüringer GeographielehrerInnen erhärten diese Beobachtung. Dass über 90 % der Befragten die Geographie als Naturwissenschaft
ansehen und nur 67 % auch als Gesellschaftswissenschaft, wird von den Autoren
der Studie durch die Prägung der LehrerInnen in der DDR erklärt, in der die
Geographie »*insbesondere physisch, als Naturwissenschaft ausgerichtet*« gewesen sei. Diese Aussage trifft nicht auf den DDR-Lehrplan und die zugehörigen
der Topographie großes Gewicht zukam (siehe 3.2.1 und 3.3). Auch gehörte der
Geographieunterricht zusammen mit dem Geschichtsunterricht und dem
Staatsbürgerkundeunterricht in der DDR nicht zu den naturwissenschaftlichen,
sondern zu den gesellschaftswissenschaftlichen Unterrichtsfächern. Es lässt sich
jedoch nachweisen, dass die Betonung physisch-geographischer Inhalte im
Unterricht als eine wichtige Strategie einiger LehrerInnen praktiziert wurde, um
den als ideologisch belastet geltenden Themen der Ökonomischen Geographie
auszuweichen (siehe 4.4.1). Entscheidender ist jedoch, dass durch die politische
Wende ein großer Teil der ökonomisch-geographischen Themengebiete wie z. B.
die Behandlung der RWG wegfiel und die LehrerInnen sich in einige Bereiche des
humangeographischen Unterrichtsstoffes neu einarbeiten mussten, wie z. B. in
die Stadt- und Regionalplanung, für die sie durch ihr DDR-Studium nicht ausgebildet worden waren. Im Bereich der physisch-geographischen Themen war
dies nicht der Fall. Diese wurden zwar im Umfang reduziert, da das Fach von
einem Zwei-Stunden-Fach zu einem einstündigen schrumpfte, die grundlegenden Inhalte änderten sich jedoch nicht, was bedeutet, dass in diesem Gebiet
vielfältige Anschlussmöglichkeiten der bereits vorhandenen didaktischen Res-

sourcen gegeben waren. Hieraus resultiert möglicherweise eine noch heute spürbare größere Unsicherheit bei der Vermittlung der »neuen« humangeographischen Themen als bei den physisch-geographischen und eine größere Identifikation mit dem letztgenannten Teilgebiet. Damit verstärkte sich womöglich die schon zu DDR-Zeiten bemerkbare Schwerpunktsetzung im Bereich der Physischen Geographie. Dies würde auch erklären, warum von den Thüringer LehrerInnen nur ca. 20 % »*Raumordnungsverfahren*« und »*Stadtmodelle*« für sehr wichtige oder wichtige Unterrichtsthemen hielten, während es bei klassischen physisch-geographischen Themen wie »Plattentektonik« und »Klimaklassifikationen« über 80 % waren (Kanwischer u. a. 2004, S. 150).

Besonders große Kontinuitäten zwischen DDR-Geographieunterricht und ihrem heutigen Unterricht sehen die Befragten unserer Untersuchung im Bereich der Unterrichtsmethodik. Zur Erklärung dieses Sachverhalts ist es sinnvoll, noch einmal die Aussagen die betrachten, welche die Befragten zu den methodischen Fortbildungen in der Wendezeit machten. Ein Großteil der Befragten besuchte Weiterbildungen zu diesem Bereich und einige hospitierten bei »Westkollegen« im Unterricht. Diese neuen Methoden konnten jedoch nicht alle von ihren Vorzügen überzeugen.

H.: »Da gab's auch viel Unruhe in den Brandenburger Lehrern, weil: »Die, die mit ihren komischen Projekten und Modellen, dort nichts geworden sind, die kommen jetzt alle zu uns.« Also, so ne Sprüche habe ich ganz oft gehört und da habe ich auch selber zu gestanden, und manchmal hatte man auch wirklich das Gefühlt. Und ich bin ganz froh, dass wir nun seit etlichen Jahren nun unseren eigenen Brandenburger Stil wieder gefunden haben. Alles, was man uns, ne anders. Was wir haben uns überstülpen lassen, muss man ja sagen, weil wir es ja auch nicht besser wussten, dass das nun alles wieder ein bisschen andere Bahnen nimmt.«

Dass H. hier die Meinung vieler anderer Kollegen wiedergibt, könnte durch die Erhebung von Döbert (2003) belegt werden, in der nur 17 % der Befragten Weiterbildungsveranstaltungen nach der politischen Wende, die pädagogisch-psychologischen Themen hatten, mit »gut« oder »sehr gut« beurteilten.

Dass die Befragten bei der Beschreibung ihres aktuellen Geographieunterrichts generell eher die Kontinuitäten als den Wandel herausstellen bedeutet jedoch in Abhängigkeit von ihren getroffenen professionellen Handlungsentscheidungen in der DDR etwas Unterschiedliches. Die unter 4.4.1 vorgestellten Lehrertypen unterschieden sich in Bezug auf die Offenheit, mit der sie den neuen Inhalten, Medien und Methoden in der Wendezeit begegneten und in ihren Unterricht integrierten. Dies stimmt mit Ergebnissen von Wilde (2003) überein.

H. spricht hier für die »Überzeugten«, die sich durch die politische Wende in Frage gestellt sahen und verunsichert waren, welche inhaltliche und methodische Ausrichtung ihres Unterrichts nun zu verfolgen sei. Da sie sich als überzeugte Mitglieder der SED und als Stützen des Systems gesehen hatten, wollten sie eigentlich keinen politischen Wechsel und standen den schulischen Veränderungen skeptisch gegenüber. Das Untersuchungsergebnis von Schimunek und Zedler (2005, S. 80), dass die Lehrerschaft in der DDR nicht zu den »*Vorreitern der friedlichen Revolution in der DDR gehört hat*«, lässt sich damit zumindest für die Gruppe der »Überzeugten« bestätigen.

Die Teilnahme an Fortbildungsveranstaltungen wird, wie von H., als Reaktion auf diese neuen von außen kommenden Erfordernisse gesehen. Intrinsische Motivation hatten diese Befragten jedoch nicht. Auch Hoyer (1996, S. 77) kam durch eine Lehrerbefragung zu dem Ergebnis, dass Weiterbildungswünschen vorrangig »*formale motivationale Strukturen*« zugrunde lagen, wie die Anerkennung von Qualifikationen und die berufliche Existenzsicherung.

Die »Überzeugten« waren daher auch nicht wirklich offen für die »neuen« Methoden, die sie auf Fortbildungsveranstaltungen kennen lernten, was sie als »*Überstülpen*« wahrnahmen. Die Fortbildungsleiter aus den alten Bundesländern wurden unter Kollegen abgewertet (»*die dort nichts geworden sind*«) und ebenso die neuen Methoden, die als »*komisch*« bezeichnet werden. Damit fand eine Distanzierung statt. Ähnliche Kommentare lassen sich noch mehrfach finden. Hier noch ein Beispiel:

> Gu.: »Wie gesagt, mein Standpunkt war immer: es muss hinten was bei raus kommen, sollte schon ein Behaltenseffekt dabei sein. Diese spielerische Form da mit Kuschelkissen hinsetzen und da machen wir mal ein bisschen was. Ne, das war nicht so mein Ding, ne.″

Wichtigster Kritikpunkt, den auch Gu. nennt, ist, dass die »westdeutschen« Kollegen mit ihren neuen schülerorientierten Methoden weniger Wissen vermittelt hätten als sie selbst mit ihrem eher lehrerzentrierten Unterricht. Der Besuch von Fortbildungsveranstaltungen diente einigen Lehrkräften offenbar nicht der Erweiterung ihres Methodenrepertoires, sondern der Bestätigung, dass die bisher eingesetzten traditionellen Unterrichtsmethoden sinnvoll seien und weiter eingesetzt werden sollten. Personen dieser Gruppe halten auch heute noch an dem Wahrheitsanspruch des Marxismus-Leninismus fest und erwiesen sich als resistent oder zumindest distanziert gegenüber den didaktischen Anforderungen des Transformationsprozessces. Benrath (2005) erklärte die Tatsache, dass ein Teil der LehrerInnen heute noch an der Loyalität zur DDR festhält, was auch bei den »Überzeugten« der Fall ist, durch die lebenslange politische Selbstverpflichtung (Loyalität), die durch den Parteieintritt zu DDR-Zeiten eingegangen wurde und die Voraussetzung für die eigene Karriere war. »*Die Mehrheit der ostdeutschen Intelligenz hält an der Loyalität zur DDR fest, weil sie*

sich mit ihren biographischen bzw. beruflichen Investitionen identifiziert. Dies
äußert sich als idealisierender Rückblick oder darin, dass sie den alten politischen
Überzeugungen treu bleiben« (Benrath, 2005, S. 207).

Die »Angepassten« hatten sich ebenfalls keinen politischen Wechsel gewünscht, akzeptierten ihn jedoch und standen Neuerungen nun teilweise positiv
gegenüber. Das Ende der ideologischen Erziehung begrüßten sie, da sie diese
ohnehin nicht als wichtigen Teil ihres Faches begriffen hatten. Im Bereich der
Unterrichtsmethoden und fachlichen Schwerpunkte überwog jedoch die Intention die eigenen didaktischen Ressourcen zu sichern und an die neuen
fachlichen Anforderungen anzupassen. Energien für innere Veränderungen des
Unterrichts seien zudem durch die äußeren Reformen des Schulsystems gebunden worden, die mehrheitlich abgelehnt wurden (Händle, 1998a).

Die »Kritiker«, welche schon während der DDR versucht hatten, der ideologischen Erziehung im Geographieunterricht auszuweichen und inhaltliche
Schwerpunkte zu legen, die nur teilweise mit den Lehrplänen übereinstimmten
sowie die SchülerInnen zu politischen Diskussionen anzuregen, begrüßten die
politische Wende, da sie sich jetzt nicht mehr vor Sanktionen für ihren sys-
temkritischen Unterricht fürchten mussten. Wenn diese Gruppe von Kontinuitäten in ihrem Unterricht spricht, meint sie in der Regel nicht das Weiterver-
folgen inhaltlicher Schwerpunkte und didaktischer Zielsetzungen des DDR-
Lehrplans oder das Festhalten an eher lehrerzentrierten Unterrichtsmethoden,
sondern die Erziehung zu kritischem Denken. Diese Gruppe nutzte größtenteils
die in der Wendezeit angebotenen Fortbildungen zur Erschließung neuer
Möglichkeiten im Geographieunterricht, was mit Ergebnissen von Benrath
(2005) übereinstimmt, die in Bezug auf Geschichtslehrkräfte herausgefunden
hat, dass die Aufgeschlossenheit für Neues bei denjenigen am ausgeprägtesten
war, die schon vor 1989 eine Öffnung des Unterrichts angestrebt haben. Ent-
täuscht waren die »Kritiker« jedoch von der geringen Mitgestaltungsmöglichkeit
des Curriculums sowie des Schulsystems nach der politischen Wende. Während
sie sich zu DDR-Zeiten als Akteure des Wandels gesehen hatten, fühlten sie sich
in der Wendezeit häufig in die »Objektrolle« gedrängt, da von ihnen erwartet
wurde, dass sie an anderer Stelle beschlossene Änderungen nur umsetzten.

Die Ergebnisse zeigen, dass es zum Verständnis der von den meisten Befragten getragenen Aussage, dass es größtenteils Kontinuitäten zwischen ihrem
heutigen Unterricht und demjenigen in der DDR gäbe, sinnvoll ist, nach den
unterschiedlichen Typen von DDR-Geographielehrern zu differenzieren, die
unter 4.4.1 vorgestellt wurden, da die unterschiedlichen damaligen Handlungsentscheidungen auch die heutigen beeinflussen.

Wilde (2003) identifizierte in ihrer qualitativen Befragung Brandenburger
LehrerInnen unterschiedliche Anpassungsbereitschaft an die Veränderungen
durch die politische Wende je nach Altersgruppe. Während die älteren Lehr-

kräfte nostalgisch, die schulischen Verhältnisse in der DDR zurückwünschten, seien die jüngeren Kollegen aufgeschlossener gewesen. Diese Beobachtung kann in dieser Untersuchung nicht bestätigt werden, was daran liegen mag, dass der Fokus dieser Untersuchung auf LehrerInnen gelegt wurde, die noch heute unterrichten. Ältere Kollegen, die kurz nach der Wende in Rente gingen, haben wir nicht befragt.

Eine dritte Interpretation der Tatsache, dass die befragten GeographielehrerInnen zwischen ihrem damaligen und aktuellem Unterricht vielfältige Parallelen wahrnehmen, wäre, dass es sich hier um die kommunikative Bearbeitungen von Verletzungen im Interview handelt, welche die Befragten in der Wendezeit erfahren haben. Während sich alle Befragten als LehrerInnen in der DDR allgemein geschätzt und respektiert sahen, erlebten sie, dass durch die politische Wende ihre fachliche Kompetenz in Frage gestellt wurde. Die Inhalte des DDR-Lehrplans und damit die Grundlage ihres bisherigen Unterrichts, erschienen plötzlich irrelevant und ideologisch belastet, auf Weiterbildungen, die von »Wessis« durchgeführt wurden, erfuhren sie, dass auch ihre Art der Unterrichtsvorbereitung nicht richtig, die bisher genutzten Medien nicht ausreichend und die Unterrichtsmethoden zu lehrerorientiert gewesen seien. Die professionelle Identität der LehrerInnen wurde auf diese Weise in Frage gestellt. Immer wieder wird von »Experten« aus den alten Bundesländern berichtet, die ihnen im Rahmen von Austausch- und Fortbildungsprogrammen die Eindruck vermittelten, ihr eigener Unterricht während der DDR sei fragwürdig gewesen und ihre eigene Qualifikation defizitär.

W.: »Mal hatten wir Lehrkräfte, de von oben her doziert haben und irgendwas, nun guckt mal ihr Ossis und ihr mit eurer ideologisch besetzten Bildung.«

Was W. hier wiedergibt ist sicherlich nicht die Erinnerung an die tatsächlichen Aussagen der aus den alten Bundesländern stammenden Fortbildungsleiter, sondern drückt aus, dass W. sich in ihrer fachlichen Kompetenz nicht wahrgenommen fühlte und das überlegene Auftreten verletzend empfand. Zu ähnlichen Ergebnissen kam eine Studie von Händle (2003, S. 150 ff.). Die 60 mit qualitativen Methoden befragten Berliner LehrerInnen sprechen ebenfalls von der Erfahrung, nach der politischen Wende in ihrem beruflichen Erfahrungen und Kompetenzen abgewertet worden zu sein, was sich für sie auch darin ausdrückt, dass sie geringer eingestuft und bezahlt wurden und teilweise noch einmal Prüfungen absolvieren mussten. Auch die öffentliche Diskussion um die mögliche Schuld der Lehrerschaft als Funktionäre der SED-Diktatur (siehe 4.3) erlebtet der Großteil der LehrerInnen als diskreditierend, da keine persönliche Schuld wahrgenommen wurde (vgl. auch Hoffmann und Chalupsky, 1991, S. 117). Auch Hoerning und Kupferberg (1999, S. 44) erklärten die von ihnen beobachtete DDR-Loyalität vieler LehrerInnen durch eine »*kollektive narzisti-sche Wunde*«, die ihnen durch den Verlust an Berufsprestige beigebracht worden sei.

Die Betonung von Ähnlichkeiten zwischen DDR-Geographieunterricht und aktuellem Unterricht könnte dazu dienen, dem bei Forschern und Lesern dieser Studie vermuteten Vorurteil zu begegnen, der in der DDR durchgeführter Unterricht sei schlecht und ideologisch belastet gewesen. Tatsächlich steht keiner der Befragten dem eigenen in der DDR erteilten Unterricht umfassend kritisch gegenüber und distanziert sich von ihm. Für diese Interpretation würde sprechen, dass von den von uns befragten Lehrkräften vor und nach dem Beginn der Befragung häufig die Hoffnung geäußert wurde, durch diese Studie würde endlich das »wahre«, positive Bild des DDR-Geographieunterrichts gezeichnet, was für die Interviewten zugleich die Rehabilitation von der aus ihrer Sicht zu Unrecht erlebten Disqualifizierung und Abwertung nach der politischen Wende bedeuten würde.

An den Interviews ist gut ablesbar, dass die politische Wendezeit durchgehend als tief greifender Einschnitt in die Berufskarrieren der Befragten erlebt wurde, bei dem auch die eigene professionelle Identität in Frage gestellt wurde. Wilde (2003, S. 200) sprach in diesem Zusammenhang von einer »*spoilt iden-tity*«. Die Darstellung von Kontinuitäten im eigenen Geographieunterricht kann letztlich auch als Versuch der Befragten interpretiert werden, ein kohärentes, positives professionelles Selbstbild zu erhalten und eine stabile Ich-Identität aufzubauen. Das Festhalten am »*Faden der Kontinuität*« ist nach Halbwachs (1985, S. 70) eine Illusion, mit deren Hilfe es gelingt, Krisen zu überbrücken und in einen anderen Zeitabschnitt überzuwechseln. Welzer (2006, S. 124) sieht in dem Wunsch nach Kontinuität vor allem eine soziale Notwendigkeit:

»Ohne Kontinuität der Identität ihrer Mitglieder könnte eine soziale Gruppe, eine Gesellschaft nicht funktionieren, weil Kooperation – die zentrale Kategorie menschlichen Daseins – nur dann gewährleistet ist, wenn Menschen verlässlich heute dieselben sind, die sie gestern waren und morgen noch sein werden.«

Der Vergleich zwischen ostdeutschen und westdeutschen LehrerInnen auf der Grundlage einer repräsentativen Befragung ergibt, dass die Selbstbeurteilungen der ostdeutschen Lehrkräfte sehr viel besser ausfielen als die der westdeutschen (BMBF, 1997). Auch in der Studie von Händle (2003, S. 152) brachten die Befragten großes »professionelles Selbstbewusstsein« zum Ausdruck. Dafür ist es notwendig, zwischen dem eigenen Lehrerhandeln vor und nach der Wende keinen Bruch zu sehen, sondern das Lehrerhandeln in der DDR als sinnvolle Vorbereitung und wichtige Qualifikation für den heutigen (guten) Unterricht darzustellen.

6.3   Perspektive der SchülerInnen

Frisch (1982) fand durch eine Befragung von 240 SchülerInnen der 10. Klasse
heraus, dass nur 27,1 % bejahten, dass sie das im Geographieunterricht Gelernte
in ihrem späteren Leben brauchen werden. Jetzt stellt sich die Frage, wie die von
uns befragten ehemaligen SchülerInnen ihren Geographieunterricht aus der
Retrospektive beurteilen.

Aus heutiger Sicht betonen die Interviewten ihr Geographieunterricht habe
zu ihrer Allgemeinbildung beigetragen. Hervorgehoben werden topographische
Kenntnisse, der sichere Umgang mit Karten sowie physisch-geographische
Grundkenntnisse zu Klima, Boden, Gesteinen und Landschaftsbildung. Bei zwei
Personen (Geographiestudentin und Landschaftsarchitekt) hat der Geogra-
phieunterricht die spätere Berufswahl beeinflusst. Neben diesen positiven
Auswirkungen des DDR-Geographieunterrichts sprechen die Befragten jedoch
auch Defizite an, die sie auf die ideologischen Anteile des Unterrichts zurück-
führen. Daher wird dem damals angeeigneten ökonomisch-geographischen
Wissen aus heutiger Sicht keine Bedeutung mehr zugewiesen:

H.: »Aber ich denke, dass (...) der ganze kultur-geographische Aspekt halt einfach
     nüscht gebracht hat.«

Ein Großteil der von den Befragten beschriebenen negativen Auswirkungen des
DDR-Geographieunterrichts sind Wissenslücken. Hierbei ist zu bedenken, dass
uns fast ausschließlich von geschlossenen Wissenslücken und überwundenen
Defiziten berichtet wurde, da diese bewusst geworden sind. Den Befragten unbekannte Kenntnislücken können nicht durch Interviews erhoben werden. Hier
wären schriftliche Testverfahren sicherlich sinnvoller. Zudem sind die im Geographieunterricht erworbenen Kenntnisse im Laufe der Jahre modifiziert worden, so dass es für die Befragten schwer ist, ihre wahrgenommenen Defizite
zweifelsfrei dem Einfluss ihres Geographieunterrichts zuzuordnen. Bei den
folgenden Darstellungen sind diese relativierenden Punkte zu bedenken.

Wissenslücken

Während die Befragten aus ihrer Sicht zu den ehemals »sozialistischen« Ländern
umfangreiches Wissen besitzen und teilweise betonen, dass sie den Osteuro-
päern vorurteilsfrei entgegentreten könnten, werden häufig Wissens- und
Kenntnislücken bezüglich der »kapitalistischen« Staaten genannt, die den ehemaligen SchülerInnen nach der politischen Wen
    de durch Anlässe wie Reisen oder Gespräche mit Westdeutschen bewusst

geworden sind, und die sie auf die einseitige geographische Bildung in der DDR zurückführen.

Vor allem über die Verhältnisse in der BRD fühlen sich die von uns befragten ehemaligen SchülerInnen häufig schlecht informiert. Bei Reisen in die west-deutschen Bundesländer, durch Medienberichte, Kontakte mit Personen, die in der BRD aufgewachsen sind und durch die Erfahrungen im wiedervereinigten Deutschland wurden den Befragten ihre Kenntnislücken und einseitigen Vor-stellungen bewusst, die sie auch auf ihren Geographieunterricht zurückführen.

> T.: »Ganz prägnant war für mich immer, dass es oftmals, wenn es um die BRD
> ging, Menschenschlangen vor dem Arbeitsamt gezeigt wurden. Das, was mir
> vermittelt wurde, habe ich natürlich als wahr genommen und habe erst später
> darüber nachgedacht, warum jetzt keine Menschenschlangen vor dem Ar
> beitsamt stehen.«

Dieses Zitat zeigt, wie eindrücklich für viele SchülerInnen der DDR die bildliche Darstellung von Problemen in »kapitalistischen« Ländern war. Ein die Lehr-buchtexte dominierendes Thema war die Arbeitslage, Arbeitslosigkeit und die schlechten Arbeitsbedingungen, die durch Bilder von Streikenden und Schlagen vor dem Arbeitsamt illustriert wurde (siehe Abbildung 9). Erst als nach der Wiedervereinigung eigene Erfahrungen mit dem »kapitalistischen« Staat vor-lagen, konnte der Befragte T. die im Unterricht gezeigten Bilder als ideologische Manipulation und Übertreibung erkennen.

Besonders Reisen in »kapitalistische« Länder waren für die Befragten An-lässe, ihre Vorstellungen zu hinterfragen und teilweise zu revidieren:

> S.: » Ich bin dann rumgereist und es war für mich wirklich verblüffend zu sehen,
> dass je weiter man nach Westen kommt, desto östlicher wurde es wieder, desto
> vertrauter wurde mir das eigentlich, weil das nicht mehr so'ne Geldwelt ist, weil
> sozusagen der Kapitalismus auch verschiedene Gesichter hat und gerade in
> der Bundesrepublik, das eh, also ist für mich immer noch ein sehr reicher,
> glänzender Kapitalismus, auch im Gegensatz zu dem, was ich dann auf mei-
> nen Reisen mitbekommen habe. Ja, das war das einzige, was mich verblüfft
> hat.«

Die Unterscheidung in »kapitalistische« und »sozialistische« Länder war grundlegend für die Geographielehrpläne der DDR (siehe 3.2.1). Gemeinsam-keiten der »sozialistischen« Länder sollten herausgearbeitet werden und den »Kapitalistischen« kontrastiv gegenüber gestellt werden. Dies führte wie im Fall von S. teilweise dazu, dass die Unterschiede innerhalb einer der beiden Kate-gorien »kapitalistisch« oder »sozialistisch«, nicht erkannt wurden, was ihr bei Reisen offensichtlich wurde. Interessant ist auch, dass der »Kapitalismus« als

Beschreibungskategorie von Staaten nach dem Ende eines Großteils des ehemals »sozialistischen« Lagers von der Befragten beibehalten wird. Unterschieden wird jetzt nicht mehr nach »sozialistisch« und »kapitalistisch«, sondern nach »*glänzendem*« und weniger glänzendem Kapitalismus.

Während ein Teil der Befragten die beschriebenen Kenntnislücken bezüglich der »kapitalistischen« Länder auf die fehlenden oder einseitigen Darstellungen im Geographieunterricht zurückführen, findet sich bei B. eine andere Erklärung:

B.: »Das ist wie, weiß ich nicht, wenn du erzählst, wie ein Softeis schmeckt, aber du es nicht kosten kannst und es niemals erfahren wirst.« [lacht]

B. vergleicht hier den Geographieunterricht in der DDR mit einem theoretischen Vortrag über Softeis. Da die SchülerInnen keine Möglichkeiten hatten, in die »kapitalistischen« Staaten zu reisen (»*und du es niemals erfahren wirst*«) sahen sie die Relevanz des im Geographieunterricht vermittelten Wissens zu diesem Teil der Welt nicht und konnten die häufig als sehr trocken und theoretisch empfundenen Informationen nicht mit ihrer Lebenswelt in Verbindung bringen. Damit fehlten wichtige Bedingungen wie Motivation und Verknüpfungsmöglichkeiten für nachhaltiges Lernen. Demnach ist es möglich, die »kapitalistischen« Wissenslücken nicht nur auf die realisierte ideologische Erziehung zurückzuführen, sondern auch lerntheoretisch zu erklären.

Defizite bei der räumlichen Orientierung

Defizite bei der räumlichen Orientierung in Westdeutschland werden häufig von den Befragten angesprochen:

R.: »Dann gab es so eine Begebenheit nach der Wende, da habe ich jemanden aus Westdeutschland getroffen und meinte: »Wo kommst du denn her?« – »Aus dem Harz.« – Dann habe ich gesagt: »Ist ja schön, aus dem Osten?« – »Nee, aus dem Westen!« Dann habe ich gestutzt und dann ist mir bewusst geworden, richtig, denn gibt es ja auch im Westen. – Aber das zeigt, bei uns war echt an der Grenze Schluss, mir war gar nicht bewusst, dass es da drüben weiter geht. Der kommt aus dem Harz, der kommt aus dem Osten. «Ach so, im Westen gibt es den Harz auch?« Das war mir schon ein bisschen peinlich.«

Dass der Befragten zur Zeit der DDR nicht klar war, dass der Harz in der BRD und in der DDR lag, könnte dem regionalen Aufbau der DDR-Lehrpläne geschuldet sein. So war die Behandlung des Harzes in den Stoff der 5. Klasse integriert, in der die DDR thematisiert wurde. Das DDR-Lehrbuch der 5. Klasse

(1980) stellte ausführliches Material von 9 Seiten zur Behandlung des Harzes bereit. Im Lehrbuch für die 6. Klasse (1977), in der u. a. die BRD durchgenommen wurde, wird der Harz dagegen überhaupt nicht erwähnt. Ähnliche Probleme wie bei der richtigen räumlichen Lokalisation von grenz- und systemüberschreitenden Gebirgen gab es sicherlich auch bei der Lokalisation grenzüberschreitender Flüsse. Interessant an dem zitierten Interviewausschnitt ist auch, dass der Befragten ihr Problem, den Harz richtig räumlich einzuordnen, im Gespräch mit einem/einer Westdeutschen bewusst geworden ist. Dass die Situation als »*peinlich*« erlebt wurde, könnte sich dadurch erklären, dass die Befragte Studentin der Geographie ist, von der man allgemein erwartet, dass sie gute topographische Kenntnisse hat. In den Interviews finden sich viele Stellen, an denen die Befragten über ihre Lücken in der Topographie sprechen. Hier noch ein Beispiel:

> Re.: »Also, natürlich ist in meinem Kopf präsenter das Bild, der Umriss der DDR, der so genannte Backzahn. Das wurde glaub ich im Geographieunterricht oder so als Eselsbrücke den Kindern schon beigebracht im Heimatkundeunterricht: Unser Land sieht aus wie ein Backenzahn.«

Das Wort »*präsenter*« deutet darauf hin, dass der Interviewte hier einen Vergleich zwischen seinen kognitiven Karten von BRD und DDR anstellt und bemerkt, dass er vom Umriss der DDR eine klarere Vorstellung hat als von dem der BRD. Er führt dies auf die beigebrachte Eselsbrücke »Backenzahn« zurück. Dieser auch in anderen Interview angesprochene Sachverhalt könnte aber auch darauf zurückzuführen sein, dass aufgrund des im Geographieunterricht häufig vertretenden »heimatkundlichen Prinzips« und der hohen Stundenzahl, mit der die DDR behandelt wurde, die topographischen Kenntnisse der ehemaligen SchülerInnen zu den neuen Bundesländern sehr viel besser ausgeprägt sind als zu den alten.

> Wa.: »Und für mich ist eigentlich vom Erdkundeunterricht, wenn ich das jetzt als Fazit ziehe, Europa oder der Westen Deutschlands ist für mich eigentlich ein weißer Fleck. Es wurde ja immer mehr in Richtung Osten behandelt, ziemlich genau. Bis nach Sibirien mit allen Bodenschätzen und Industrie und Bevölkerungsstrukturen usw. Daran kann ich mich noch relativ gut erinnern aber der Westen ist für mich heute auch noch schwer, um Bundesländer zuzuordnen. Wo die liegen oder wo Hessen an Rheinland-Pfalz oder irgendwie grenzt, also das ist wirklich sehr, sehr schlecht.«

Dass die im Geographieunterricht vermittelten Topographiekenntnisse in Bezug auf die DDR sehr viel besser waren als in Bezug auf die BRD, bestätigen auch Ergebnisse von Heineken und Ollesch (1992).

Abschließend seien noch einige Punkte angesprochen, welche die Ergebnisse zu den Defiziten im Bereich der räumlichen Orientierung relativieren. Dass die räumliche Orientierung in der DDR und in »sozialistischen« Ländern noch zu DDR-Zeit von den Befragten deutlich besser als zu den »kapitalistischen« Ländern war, liegt sicherlich nur zum Teil an dem erfahrenen Geographieunterricht und ist auch durch die fehlende Reiseerfahrung zu den »kapitalistischen« Ländern zu erklären. Zudem hatten nicht alle Befragten die angesprochenen topographischen Defizite, da sie sich noch während der DDR-Zeit zumeist anhand von Globus und Atlas über die »kapitalistischen« Länder informierten. Die 18 Jahre seit der Wende hat ein Großteil der Befragten dazu genutzt, durch Reisen, Medien oder Gespräche mit Westdeutschen, ihre topographischen Lücken zu schließen, so dass die oben zitierte Aussage von Wa., der die westdeutschen Bundesländer noch immer nicht kennt, nur noch auf einen Teil der Befragten zutrifft.

»Wessis« gegen »Ossis«

Das Hauptziel der ideologischen Erziehung im Geographieunterricht der DDR war die Vermittlung eines bestimmten Weltbildes und sozialistischer Einstellungen. Auswirkungen, die sich auf eingeübte Bewertungen und Weltbilder beziehen, sind den Befragten in der Regel nicht bewusst und können daher von den Interviewten nicht beschrieben werden. Sie lassen sich jedoch teilweise indirekt erschließen, wenn die Befragten aktuelle gesellschaftliche und schulische Entwicklungen interpretieren. Es handelt sich hierbei jedoch nur ansatzweise um Wirkungen des Geographieunterrichts, da seit der Wende die verschiedensten Erfahrungen gemacht wurden, die ebenso wie die Interviewsituation selbst einen Einfluss auf die Einstellungen haben.

Den SchülerInnen wurden ebenso wie den LehrerInnen die Einführungsseiten zu BRD und DDR in den Geographieschulbüchern für die 5. und 6. Klasse im Interview vorgelegt (siehe 3.3.1.1.1). Allen Befragten kamen »der Tenor«, der »Grundduktus« und die »abstrakten Begriffe« sehr bekannt vor, was darauf hindeutet, dass diese Seiten durchaus repräsentativ für das Material stehen, mit denen im Unterricht ideologische Erziehung betrieben wurde. Ein Großteil der Befragten distanzierte sich von diesen Seiten und lehnt die Vermittlung von Freund- und Feindbildern ab. Bei Vielen haben die politische Wende und die persönlichen Erfahrungen im »Kapitalismus« zu einem Infragestellen der auch im Geographieunterricht gelernten marxistisch-leninistischen Lehren geführt:

Wö.: »Also, dass das Geld eine enorme Kraft hat, dass Geld enorm schmutzig ist, das sehe ich heute schon so ein bisschen anders als damals. Aber man darf eben nicht verkennen, dass in diesem vermeintlich faulenden und absterbenden Kapitalismus, wie es immer so schön bezeichnet wurde, dass wir eigentlich ziemlich gut leben.«

Andere Befragte sehen die vorgelegten Schulbuchdarstellungen auch aus heutiger Perspektive nicht kritisch bzw. begrüßen deren ideologische Aussagen.

H.: »Ist ja ganz falsch auch wieder nicht.«
S.: »Aber, also, es ist ja auch nicht ganz falsch, na was da steht, na ja, das mit den Kapitalisten.«

Dies könnte auch bedeuteten, dass einige ehemalige SchülerInnen die u. a. im Geographieunterricht erlernten ideologischen Deutungsschemata nach dem Ende der DDR weiter zur Interpretation der aktuellen gesellschaftlichen Verhältnisse verwenden, womit bei dieser Gruppe die ideologischen Erziehungsziele der Geographielehrpläne zumindest teilweise erreicht worden wären.

Einigen Befragten dienen die Lehren von Marx und Engels, die immer noch als »*allgemeingültig*« angesehen werden, heute noch zur Gesellschaftsanalyse:

War.: »Also, wir waren insofern schon so gut vorbereitet, wie das Kapital funktioniert – das hat sich bewahrheitet. Also, die Schriften an sich haben uns nicht Lügen gestraft. Also, wer da richtig zugehört hat und verstanden hat, was damals gesagt wurde, hat sich heute auch schon bestätigt gesehen. In Allem eigentlich.«

Dass die Assoziation von Westdeutschen als potentiell feindlich und gefährlich, welche u. a. auch im Geographieunterricht vermittelt werden sollte, auch noch viele Jahre nach der Wiedervereinigung bei einigen Befragten dominiert, erlebten wir auch bei der Durchführung dieser Studie, bei der häufig in »Wessis« und »Ossis« unterschieden wurden (siehe 4.2.1.2).

Es ist jedoch sicherlich überzogen, die Relevanz des »Wessi« »Ossi« Gegensatzes zur Ordnung der sozialen Welt ausschließlich der Langzeitwirkung des erlebten Geographieunterrichts oder des DDR-Unterrichts im Allgemeinen zuzuschreiben. »Wessi«-»Ossi«-Stereotype wurden und werden täglich durch Medien, Witze, Politik und Alltagsgespräche reproduziert.

6.3.1 Zusammenfassung

Ein großer Teil der befragten LehrerInnen betont im Interview die Kontinuitäten zwischen ihrem aktuellen Geographieunterricht und demjenigen, den sie in der DDR gestaltet haben. Insgesamt lässt sich die von den LehrerInnen beschriebene

Rückorientierung an Inhalten und Unterrichtsmethoden, die schon im DDR-Unterricht eingesetzt wurden, dadurch erklären, dass ein Teil der LehrerInnen (»Überzeugte« und teilweise »Angepasste«) die politische Wende nicht gewollt hatte und Änderungen ihres Unterrichts nicht für sinnvoll hielt. Für diese Personen ist der DDR-Lehrplan auch heute noch das anzustrebende Ideal, an dem die aktuellen Richtlinien gemessen werden und der die eigene Schwerpunktsetzung im Unterricht beeinflusst. Besonders häufig werden die Einheitlichkeit des Geographielehrplans auf dem gesamten Gebiet der DDR, seine gute Systematik und seine Detailliertheit positiv hervorgehoben, was die Unterrichtsplanung sowie den Wohnortwechsel im Vergleich zu heute erleichtert habe.

Bei anderen Personen ist ausschlaggebend, dass durch die Arbeit in der DDR und die politische Umbruchszeit ein Argwohn oder eine Unsicherheit bezüglich humangeographischen Inhalten besteht, welche, wie die Befragten erlebt haben, leicht zur politischen Indoktrination genutzt werden können und daher Schwerpunkte im Bereich der Physischen Geographie und der Topographie gesetzt werden. Relevant ist sicherlich auch, dass sich die GeographielehrerInnen aufgrund des Studiums in der DDR sicher sein können, zu den schon in der DDR unterrichteten Themengebieten über ausreichendes Wissen zu verfügen, was sie teilweise in Bezug auf die »neuen« Themen, die sie sich nach der politischen Wende teilweise selbst erarbeitet haben, nicht zweifelsfrei sagen können. Daher geben auch alle Befragten an, durch ihre Bildungssozialisation in der DDR geprägt zu sein, was nach ihren Angaben auch einen Einfluss auf ihre heutige Unterrichtstätigkeit hat. Sie stimmten daher dem im Interview vorgelegten Zitat von Kanwischer u. a. (2004, S. 29) zu:

»Wer als Lehrer im Bildungswesen der DDR groß geworden ist, der verliert diese Prägung nicht umgehend.«

Besonders einflussreich, da hierzu viele Angaben in den Interviews gemacht wurden, waren auch die Fortbildungsveranstaltungen welche die Befragten in der Wendezeit besuchten. Das teilweise arrogante Auftreten der Fortbildungsleiter aus den alten Bundesländern hat einige Befragte gekränkt und sie die vermittelten Inhalte nicht akzeptieren lassen. Diese Personen stellen sich häufig als unschuldige »Opfer« der Wiedervereinigung dar, da ihre fachliche Kompetenz plötzlich angezweifelt wurde und sie an gesellschaftlichem Ansehen verloren. Diesen Personen ist es wichtig, zur Bearbeitung dieser »Wendeverletzungen«, im Interview zu kommunizieren, dass ihre DDR-Ausbildung hervorragend und ihr Unterricht in der DDR sehr hochwertig gewesen sei. Nach einer Phase der Verunsicherung in der Wendezeit drücken sie heute ein »neues« Selbstwertgefühl der GeographielehrerInnen aus, das u. a. auf ihrer beruflichen Vergangenheit und Erfahrung in der DDR fußt.

Andere Befragte haben in der Wendezeit einige neue Methoden in ihrem Unterricht ausprobiert, die sie jedoch aufgrund der als nicht ausreichend erachteten Wissensvermittlung in den folgenden Jahren nicht weiter praktizierten. Die Euphorie der Wendezeit ist bei einigen Befragten (»Kritiker«) der ernüchternden Erkenntnis gewichen, die schulischen Veränderungen nicht mitbestimmen zu können, was zu einem Erlahmen der Veränderungsbereitschaft im eigenen Unterricht geführt hat.

Abschließend ist noch zu relativieren, dass die in vielen Interviews mit LehrerInnen nachzuweisende Tendenz zu einer Rückbesinnung auf den DDR-Geographieunterricht vor allem auf die »Kritiker« nicht zutrifft.

In Bezug auf die SchülerInnen ist zu sagen, dass einem Großteil der Interviewten die einseitigen und politisch manipulierten Darstellungen in dem von ihnen erlebten Geographieunterricht nach der Wende durch Erfahrungen in den »kapitalistischen« Ländern bewusst wurden und sie Wissenslücken sowie Defizite in der räumlichen Orientierung ausgleichen konnten.

Bei den von den Befragten genannten Wissenslücken und Defiziten in Bezug auf die »kapitalistischen« Länder, die sie auf den von ihnen erlebten Geographieunterricht zurückführen, wird offensichtlich, dass zumindest ihr Bild von der Geographie durch den erlebten Unterricht in der DDR geprägt ist. So ist insgesamt erkennbar, dass dem Geographieunterricht die Hauptaufgaben zugesprochen werden, physisch-geographisches Grundlagenwissen zu vermitteln, politisch neutrale regionale Informationen sowie umfangreiches topographisches Wissen über die gesamte Erde bereitzustellen.

7 Zusammenfassung der Befunde

Ehemaliger Schüler:

»Also, ich frage mich schon, also, es würde mich schon interessieren, was jetzt bei dieser Befragung wirklich rauskommt. Als ich gehört habe, dass es sich um ein Interview zum Geographieunterricht in der DDR handeln soll, fand ich: Was soll das noch?«

Am Anfang dieser Arbeit stand die Frage, inwiefern der Geographieunterricht in der DDR zur Stabilisierung des politischen Systems und zu seinem Machterhalt eingesetzt wurde. Damit wurde der Fokus auf die politisch-ideologische Erziehung im Geographieunterricht gelegt, die einerseits in ihrer Konzeption und andererseits in ihrer unterrichtspraktischen Umsetzung untersucht werden sollte.

Um den didaktischen Entwurf der politisch-ideologischen Erziehung mit seinen inhaltlichen, medialen und methodischen Konsequenzen verstehen zu können, war es zunächst sinnvoll, die politische Selbstdefinition der DDR und wichtige bildungspolitische Entscheidungen zum Schulsystem, zum Fächerkanon, zu der politisch-ideologischen Erziehung in den einzelnen Fächern und den staatlichen Rollenerwartungen an die Lehrkräfte und SchülerInnen zu untersuchen. Die eingenommene Perspektive »Politisierung der Bildung« machte deutlich, dass man die DDR aufgrund der politischen Alleinherrschaft der SED als Diktatur bezeichnen kann, die Merkmale (Arendt, 1991) eines totalitären Staates aufwies. Die Instrumentalisierung und Funktionalisierung von Bildungsprozessen durch das politische System zur Sicherung seiner Macht und Herrschaft äußerte sich vor allem in dem zentralistischen Charakter der Bildungspolitik, die sowohl schulorganisatorische als auch didaktische Auswirkungen hatte. Auf der Ebene der Schulorganisation ist u. a. die Einführung der staatlichen Gesamtschule zu nennen, die vorwiegend von Mitgliedern der SED geleitet wurde, oder die Relevanz von politischen Überzeugungen der SchülerInnen als Selektionskriterien bei der Aufnahme in weiterführende Schulen, auf der Ebene des Schulunterrichts können die einheitlichen, vom Ministerium für Volksbildung herausgegebenen Lehrpläne erwähnt werden, die aufgrund ihrer Detailliertheit erheblichen politischen Einfluss auf die Unterrichtsinhalte, Medien und Unterrichtsmethoden ausüben sollten, und auf der Ebene der außerschulischen Bildungsarbeit ist an die quasi obligatorischen Jugendorganisationen Ernst-Thälmann und FDJ zu denken, die u. a. dazu dienen sollten, Kinder zu staatstreuen Bürgern zu erziehen.

Während die »Politisierung« der Bildung von den politischen Führungseliten der DDR gewollt war, um einen »neuen sozialistischen Menschen« zu kreieren, der sich im »Klassenkampf« engagiert und dazu beiträgt, eine gerechtere Gesellschaftsordnung zu schaffen, wird der Begriff »Politisierung« in heutigen Analysen negativ als Instrumentalisierung des Bildungssystems durch die SED zum Zwecke der Stabilisierung der eigenen Machtposition gesehen, der zu einer autoritären Pädagogik geführt habe (u. a. Tenorth u. a., 1996).

Die anschließend eingenommene Perspektive »Ideologisierung der Bildung« machte deutlich, dass der Marxismus-Leninismus weltanschauliche Grundlage der DDR mit Allgemeingültigkeitsanspruch war. Die SED versuchte, der Bevölkerung u. a. durch die Bildungspolitik eine gemeinsame ideelle Grundüberzeugung zu vermitteln und sie gegen Einflüsse von außen zu immunisieren. Das gesamte Bildungssystem der DDR wurde nach der Lehre des Marxismus-Leninismus mit dem Ziel ausgerichtet, Bürger zu erziehen, welche die Entstehung einer klassenlosen kommunistischen Gesellschaft weiter vorantreiben würden.

Es wurden Unterrichtsfächer eingeführt, die vorrangig der politisch-ideologischen Erziehung dienen sollten (Wehrerziehung und Staatsbürgerkunde), sowie detaillierte ideologische Erziehungsziele in die Lehrpläne aller Fächer aufgenommen.

Nachdem die politische Bedeutung der fächer-, schul- und einrichtungsübergreifenden ideologischen Erziehung aus den Charakteristika des politischen Systems der DDR und der politischen Dominanz der SED, die ihren Machtanspruch durch die Berufung auf den Marxismus-Leninismus legitimierte, abgeleitet wurde, konnte der Blick auf die Konzeption der ideologischen Erziehung im Unterrichtsfach Geographie zwischen 1966[1] und 1989 gerichtet werden. Anhand der Analyse von Lehrplänen, Geographieschulbüchern und Unterrichtshilfen wurde identifiziert, was man als fachspezifischen Anteil des Geographieunterrichts an der Vermittlung der »komplexen ideologischen-erzieherischen Zielorientierung« (Neuner, 1968, S. 1501), die im Zusammenwirken aller Fächer zur Schaffung »allseitig gebildeter sozialistischer Persönlichkeiten«

---

1 Ab 1966 wurden sukzessive für alle Jahrgangsstufen neue Lehrpläne, Schulbücher und Unterrichtshilfen herausgegeben. Die Konzeption des Geographieunterrichts änderte sich bis zur politischen Wende 1989/90 nur unwesentlich.

realisiert werden sollte, verstanden wurde und wie dieses Konzept medial (Schulbuch) und didaktisch (Unterrichtshilfen) umgesetzt wurde. Die analysierten Lehrpläne, Schulbücher und Unterrichtshilfen waren sehr genau aufeinander abgestimmt, was darauf zurückzuführen ist, dass es sich um »Gemeinschaftsprodukte« wesentlicher Akteure aus den Schulen, den Hochschulen und der Politik handelt, deren Arbeit zentral durch die Akademie der Pädagogischen Wissenschaften, in Abstimmung mit dem Ministerium für Volksbildung, koordiniert und wesentlich mitgestaltet wurde.

Zunächst wurden die Lehrpläne analysiert, welche sich auf den Geographieunterricht im gesamten Staatsgebiet bezogen, gesetzlich verbindliche Schuldokumente darstellten und einen hohen Grad an Detailliertheit aufwiesen, da sie konzeptionell »Vorplanungen« des Unterrichts darstellten, welche die LehrerInnen nur noch an die konkrete Unterrichtssituation anpassen sollten. In den Lehrplänen wurden Lernziele im Bereich der fachlichen Kenntnisse (kognitive Lernziele), der Fertigkeiten (instrumentelle Lernziele) und im Bereich der ideologischen Erziehung definiert. Die in den Lehrplänen festgelegten ideologischen Erziehungsziele schlossen die zu vermittelnde Überzeugung der SchülerInnen von der Überlegenheit des Sozialismus über den Kapitalismus sowie die Übernahme eines klaren »*Klassenstandpunktes*« durch die SchülerInnen ein. Wichtige Ziele des Geographieunterrichts waren bei den SchülerInnen, »*Heimatliebe*«, »*Wertschätzungen für die Leistungen der Werktätigen*«, »*Stolz auf die Errungenschaften unseres sozialistischen Staates*«, »*sozialistisches Staatsbewusstsein*«, »*patriotische Gesinnung*« zu erzeugen und die SchülerInnen zur »*Freundschaft mit der Sowjetunion und den anderen sozialistischen Bruderländern*« zu erziehen (u. a. MfV, 1979, Lehrplan Klasse 5, S. 6 – 11). Durch die Behandlung der ökonomischen und der physisch-geographischen Bedingungen der DDR sollte die »*weitsichtige Wirtschaftspolitik*« der SED erkannt und die »*Begeisterung für die Schönheit der Landschaften unseres Vaterlandes*« geweckt werden. Neben dem »sozialistischen Patriotismus« sollte der »proletarische Internationalismus« durch die Darstellung der freundschaftlichen Beziehungen der DDR zu den »sozialistischen« Staaten, der Vermittlung, dass die »*Gestaltung der Territorien in den sozialistischen Bruderländern*« nach ähnlichen Prinzipien verlaufe wie in der DDR, und durch die Verdeutlichung der großen Potenzen der »sozialistischen« Staaten zur Verwirklichung der Interessen der Bevölkerung bei der Raumgestaltung vermittelt werden (Hauck, 1979, S. 342 – 344).

Die Behandlung der imperialistischen »kapitalistischen« Staaten diente vorrangig dazu, die generelle Überlegenheit des Sozialismus über den Kapitalismus den SchülerInnen zu verdeutlichen. Es sollten keine unterschiedlichen Perspektiven auf die Unterrichtsgegenstände vermittelt werden, um Diskussionen und eigene Meinungsbildungen der SchülerInnen anzuregen, sondern ein einheitliches Gesellschaftsbild aus Sicht des Marxismus-Leninismus entwickelt werden, dessen geopolitische Bedeutung vor dem Hintergrund des damaligen »Kalten Krieges« verstanden werden kann.

Es zeigte sich, dass für die Auswahl und Anordnung der Inhalte die Länderkunde, die marxistisch-leninistische Weltanschauung sowie die fachwissenschaftlichen Konzepte der Physischen sowie der Ökonomischen Geographie relevant waren. Die Verknüpfung all dieser Konzepte, die ganz unterschiedliche wissenschaftstheoretische Hintergründe haben, war auf der Basis des »sozialistischen Geopossibilismus« möglich: Als eine Grundlage der Gesellschaftsentwicklung wurden die natürlichen Bedingungen gesehen, die in ihren physisch-geographischen Komponenten einzeln und in ihrem Zusammenwirken in Geoökosystemen im Geographieunterricht behandelt werden sollten. Des Weiteren wurde davon ausgegangen, dass die »Natur« keine gesellschaftlichen Entwicklungen determiniere, sondern nur ermögliche. Eine optimale wirtschaftliche Nutzung der Naturreichtümer zum Besten der ganzen Bevölkerung unter dem gleichzeitigen Erhalt der natürlichen Ressourcen sei nur im Sozialismus möglich. Aus diesem Grund sollten die SchülerInnen im Geographieunterricht ihre Kenntnisse bezüglich der Charakteristika der »sozialistischen« Gesellschaftsordnung vertiefen und deren Überlegenheit gegenüber der »kapitalistischen« erkennen sowie ideologisch erzogen werden, um beim Aufbau des Sozialismus helfen zu können. Die Überlegenheit des Sozialismus gegenüber dem Kapitalismus konnte nach der Auffassung der Geographiemethodiker der DDR anhand von regionalen Länderbeispielen gezeigt werden, was durch den länderkundlichen Aufbau der Lehrpläne von der fünften bis zur achten Klasse mit dem Akzent auf den »sozialistischen« Staaten realisiert wurde. Damit liefert die Analyse des DDR-Lehrplans einen weiteren Hinweis auf die generelle Wandlungs- und Anpassungsfähigkeit des länderkundlichen Paradigmas an die unterschiedlichsten politischen Systeme, wie dies durch bisherige disziplinhistorische Untersuchen u.a. für den Geographieunterricht im Nationalsozialismus nachgewiesen wurde, in dem, ausgehend von einem NS-Possibilismus, vermittelt werden sollte, dass die effektive Nutzung der natürlichen Gegebenheiten von den rassischen Anlagen der Völker abhinge (Schultz, 1999). Gerhard Hard (2003) spricht in diesem Zusammenhang von der Geographie als einer »Disziplin der Weißwäscher«, die, um als »Volkswissenschaft« überleben zu können, sich durch einen »*systemnotwendigen Opportunismus*« auszeichne. Dies bedeutet:

»eine Orientierung an kurzfristigen partikularen Vorteilen, eine Selbstauslieferung der Disziplin an die wechselnden politischen Umstände und Außensuggestionen, ein durch intellektuelle Skrupel fast ungetrübter Weltanschauungskonsum und eine fast animalische Witterung für die gerade herrschenden (oder heraufziehenden) politwirksamen Zeitgeist-Fraktionen« (Hard, 2003, S. 152).

Die Analyse der Geographieschulbücher, die neben Atlas und Wandkarte die am häufigsten genutzten Unterrichtsmedien waren (Mirus, 1967), konnte darüber Auskunft geben, wie das Konzept des »sozialistischen Geopossibilismus« medial umgesetzt wurde. Entsprechend der Zielsetzungen der Lehrpläne wurden bei der Erstellung der Schulbücher physisch-geographische und ökonomisch-geographische Inhalte anhand von regionalen Beispielen verknüpft. Die Analyse der Schulbuchtexte, Photos, Karten, Statistiken und Diagramme hat ein Zusammenspiel dieser unterschiedlichen Medien mit dem Ziel, »sozialistische Überzeugungen« bei den SchülerInnen hervorzurufen, offengelegt, bei dem die einzelnen Medien je unterschiedliche Funktionen hatten.

Wie die Analyse ergab, sind es vor allem die Kapitel abschließenden Seiten, auf denen eine starke ideologische Färbung des Unterrichtsstoffes zu beobachten war, da hier das von den SchülerInnen Gelernte im Sinne der marxistisch-leninistischen Ideologie eingeordnet und bewertet werden sollte.

Durch die Betonung der gesellschaftlichen Probleme in »kapitalistischen« Ländern wie Arbeitslosigkeit, Armut, Rassismus, soziale Ungleichheiten und Umweltverschmutzungen war es möglich, die angeblichen Erfolge der »sozialistischen« Staaten wie soziale Gerechtigkeit, Wohlstand für alle, konfliktlose Gesellschaft und nachhaltiger Umgang mit der ökologischen Umwelt besonders einprägsam darzustellen. In den Schulbuchtexten wurden die Probleme der »kapitalistischen« Länder auf die Staatsform zurückgeführt, sodass die SchülerInnen den Eindruck bekommen mussten, dass allein der Sozialismus zu wirtschaftlichem Aufschwung führen könne, welcher die soziale Situation der Bevölkerung verbessere. Wichtige weitere ideologische Themen, welche durch die Schulbuchtexte in allen Jahrgangsstufen immer wieder angesprochen wurden, waren die Aggressivität der imperialistischen »kapitalistischen« Staaten im Gegensatz zu der friedfertigen »sozialistischen Gesellschaft« sowie die »soziale Ungerechtigkeit« und »Ausbeutung der Arbeiter« in »kapitalistischen« Ländern im Gegensatz zur umfassenden »sozialen Gerechtigkeit« in »sozialistischen« Staaten. Die SchülerInnen sollten sich vermutlich glücklich schätzen, in einem »sozialistischen« Land zu leben, und dies durch die Kenntnis der Probleme in »kapitalistischen« Ländern argumentativ begründen können.

Damit die SchülerInnen die Schulbuchtexte nicht als politische Propaganda erlebten, sondern vom Sozialismus »überzeugt« wurden, legte man viel Wert auf die Begründung der angestrebten ideologischen Werturteile durch »objektive« Fakten. Diese Funktion übernahmen vor allem die Statistiken, Diagramme und thematischen Karten, deren Themen und Daten sorgfältig so ausgewählt wurden, dass sie die Schwarzweißdarstellungen der Texte belegten.

Die Statistiken und Diagramme hatten zusätzlich noch die Funktion, ideologische Vergleiche zwischen »kapitalistischen« und »sozialistischen« Staaten auf eine scheinbar objektive Datengrundlage zu stellen und historische Entwicklungen darzustellen. Man wählte die Themen für diese Medien so, dass für die »sozialistischen« Länder immer eine positivere Entwicklung dokumentiert wurde als für die »kapitalistischen«.

Überblickskarten wurden dazu konzipiert, die politische Zusammengehörigkeit und die Bedeutung der »sozialistischen« Länder sowie die Abgrenzung und Bedeutungslosigkeit der »kapitalistischen« zu visualisieren.

Die Schulbuchphotos dienten im Bereich der ideologischen Erziehung vor allem als scheinbar »objektive« Belege der Textaussagen, welche die SchülerInnen auch emotional ansprechen sollten. Bei der Behandlung der »kapitalistischen« Länder wurden die SchülerInnen mit »Belegen« für Elend, Armut und Arbeitslosigkeit konfrontiert und sollten betroffen reagieren. Die Photos von den »sozialistischen« Staaten sollten durch Farbigkeit und Objektwahl dagegen Schönheit, Menschenfreundlichkeit, wirtschaftlichen Aufschwung und Harmonie mit der Natur vermitteln und damit zur Identifikation mit dieser Ländergruppe beitragen.

Insgesamt kann man sagen, dass vor allem die Teile zur Ökonomischen Geographie so stark durch die »sozialistische Brille« gefärbt waren, dass ein ausgewogenes Wissen von Problemen und Erfolgen sowohl der »sozialistischen« als auch der »kapitalistischen« Länder durch das Studium der Schulbücher nicht zu erlangen war. Es wurden größtenteils fiktionale Länderbilder entworfen, die offenbar vor allem der Stabilisierung des politischen Systems dienen sollten.

Im nächsten Analyseschritt wurden die Unterrichtshilfen betrachtet, die ab 1966 herausgegeben wurden. Es handelte sich um Lehrerkommentare zu jedem Schulbuch, welche den Lehrkräften die Lehrplaninterpretation erleichtern und ihnen bei der methodischen Umsetzung der obligatorischen Vorgaben helfen sollten. Die Unterrichtshilfen konnten von den LehrerInnen fakultativ eingesetzt werden und waren nach Warmuth (1977) das am häufigsten genutzte Hilfsmittel bei der Planung ihrer Unterrichtsstunden.

In den Unterrichtshilfen finden sich sowohl Erklärungen zu den Lehr- und Lernzielen als auch Hinweise zur Unterrichtsgestaltung. Sie lieferten u. a. Vorschläge zur didaktisch-methodischen Umsetzung der von den Lehrplänen definierten ideologischen Erziehungsziele. Diese sollten vor allem in Einführungs- und Abschlussstunden einer Unterrichtseinheit und bei der Vermittlung ökonomisch-geographischen Unterrichtsstoffes vermittelt werden. In Bezug auf diese Stunden sind die »Zielorientierung« und die »Systematisierung« zentrale Phasen der ideologischen Steuerung. Während in der Zielorientierung häufig ein Aussagesatz mit ideologischer Wertung vom Lehrer vorgestellt werden sollte, dessen Richtigkeit durch »Fakten« in der Erarbeitungsphase zu beweisen war, was in der Zusammenfassung festgehalten wurde, sollten in der Systematisierung die vom Lehrer gesteuerten »parteilichen Wertungen« durch die SchülerInnen stattfinden.

Um »sozialistische Überzeugungen« bei den SchülerInnen zu produzieren, wird in den Unterrichtshilfen die starke Lehrersteuerung der »ideologierelevanten« Unterrichtsphasen, die Durchführung von Systemvergleichen, die Erzeugung emotionaler Betroffenheit bei den SchülerInnen und der Einsatz verschiedenster Medien vorgeschlagen.

Es lassen sich aufgrund der Lehrplan-, Schulbuch- und Unterrichtshilfenanalyse die »*Praktiken der Konstruktion*« strategischer Raumbilder und geopolitischer Erzählungen im Sinne der »critical geopolitics« (u. a. Reuber und Wolkersdorfer, 2003, S. 61) erkennen, was als staatlicher Versuche interpretiert werden kann, einen möglichst großen Einfluss auf die Unterrichtsarbeit auszuüben und durch die Verbreitung der Staatsideologie die eigene politische Macht zu festigen.

Nachdem auf unterschiedlichen gesellschaftlichen Ebenen jene Faktoren dargestellt wurden, die den strukturellen und ideellen Handlungsrahmen der zentralen Akteure, der LehrerInnen und SchülerInnen, konstituierten, konnten ihre Erfahrungen direkt in den Blick genommen werden. Es stellte sich die Frage, inwiefern LehrerInnen und SchülerInnen tatsächlich entsprechend der politischen Rollenerwartungen handelten und die ideologische Erziehung gemäß den Lehrplanvorgaben im Unterricht umsetzten. Zur Beantwortung dieser Frage wurden qualitative Interviews mit LehrerInnen und ehemaligen SchülerInnen geführt, die mit Hilfe der Handlungstheorie (Esser, 1999 und 2000a, b) interpretiert wurden.

Alle befragten LehrerInnen gaben an, professionelle Gestaltungsmöglichkeiten in ihrem Unterricht wahrgenommen zu haben, und wiesen eine »Determiniertheit« durch die Lehrplanvorgaben von sich. In Bezug auf die Umsetzung der ideologischen Erziehung im Geographieunterricht ließen sich drei verschiedene »Lehrertypen« identifizieren.

Für die »Überzeugten« hatten die politisch-ideologischen Erziehungsziele eine hohe Bedeutung, da sie an die Überlegenheit der »sozialistischen Gesellschaft« über die »kapitalistische« glaubten. Die Befragten dieser Gruppe gaben im Interview in der Regel an, Mitglieder der SED gewesen zu sein. Anhand des Lehrbuchs wurden Themenbereiche der Ökonomischen Geographie besonders tiefgehend behandelt, kritische politische Diskussionen mit SchülerInnen wurden selten zugelassen und es wurde darauf geachtet, dass aus dem Unterrichtsstoff die »richtigen« ideologischen Schlüsse gezogen wurden. Da diese Gruppe dem staatlichen »Idealtypus« vom Lehrer bezüglich der politisch-ideologischen Erziehung entsprach, hatten diese LehrerInnen keine Sanktionen durch Vorgesetzte zu befürchten und fühlten sich durch Hospitationen von SchulleiterInnen und/oder Fachberatern bestätigt.

Auch die »Angepassten« vermittelten die politisch-ideologischen Erziehungsziele größtenteils gemäß der Lehrpläne. Die Entscheidungen für diese

Handlungen wurden jedoch weniger mit politischen Überzeugungen begründet, sondern vielmehr mit der Angst vor externen Sanktionen. Als »ideologische Kontrollinstanzen« des Unterrichts wurden SchulleiterInnen und die Schulbehörde, die Staatssicherheit sowie die SED genannt, von denen direkt negative externe Sanktionen ausgesprochen werden konnten. In eingeschränktem Maße könnte man zu dieser Gruppe auch die Fachberater zählen, deren Kritik ebenfalls teilweise als Sanktion erlebt wurde. Hinzu kommen die SchülerInnen, die Eltern und die Kollegen, die vor allem als Informationsvermittler an die formelle Sanktionen verteilenden Stellen gefürchtet wurden. Die »Angepassten« berichteten sehr häufig von »internen Konflikten« oder »Gewissensbissen«, da ihnen durch persönliche Erfahrungen, Westverwandtschaft und den Konsum von »Westfernsehen« Wissen bezüglich der wirtschaftlichen, sozialen und ökologischen Probleme der »sozialistischen« Länder sowie bezüglich positiver Entwicklungen in »kapitalistischen« Ländern zur Verfügung stand und sie so die Einseitigkeit der Schulbuchdarstellungen wahrnahmen. Aufgrund ihres »Berufsethos« und ihrem »Fachverständnis« waren Motivationen vorhanden, dieses Wissen in den Unterricht einfließen zu lassen, denen aber nur in sehr begrenztem Umfang nachgegeben wurde, da die Angst vor den negativen Handlungsfolgen dominierte.

Die »Kritiker« zweifelten schon zur Unterrichtszeit in der DDR die Richtigkeit der Texte zur Ökonomischen Geographie an, hier vor allem Darstellungen zur Sowjetunion und zu positiven Entwicklungen der Wirtschaft in »sozialistischen« Ländern. Sie versuchten, gesellschaftskritische Informationen, die sie vorwiegend aus westlichen Medien entnahmen, in den Unterricht zu integrieren, ohne jedoch ihre Quellen offen zu legen. Zudem zeigten sie den SchülerInnen die Einseitigkeit der Schulbuchdarstellungen durch die Kontrastierung zwischen den positiven Darstellungen der Wirtschaft der DDR in den Geographieschulbüchern und ihren Alltags- oder Praktikumserfahrungen. Einzelne Textteile in den Schulbüchern zur Ökonomischen Geographie wurden zudem übersprungen oder nur oberflächlich behandelt. Kritische Diskussionen mit den Schülern wurden von Vertretern dieser Gruppe eher gewünscht als unterbunden. In dieser Gruppe waren aufgrund der politischen Überzeugungen, des »Berufsethos« und des »Fachverständnis« die Motivationen sehr hoch, ein »realistisches Bild« der Welt zu zeigen und die politisch-ideologische Erziehung nach dem Verständnis der Lehrpläne und Schulbücher zu vernachlässigen. Die Angst vor negativen Handlungsfolgen war bei dieser Gruppe gering, da sie sich vorrangig als »Nischenbewohner« klassifizierten, die sich in ihrem spezifischen Umfeld wenig bedroht fühlten.

Damit zeigt die Befragung, dass von einer vollständigen politischen Funktionalisierung der GeographielehrerInnen in der DDR nicht gesprochen werden kann und diese nicht pauschal als »systemnah« bezeichnet werden können, da sie ihre »politische Selbständigkeit« betonten und die engen Vorgaben der Lehrpläne »abgemildert« und »umgangen« haben. Allerdings muss ein differenzierteres Bild gezeichnet werden, da diese Aussagen nur auf die »Kritiker« und teilweise auf die »Angepassten« zutreffen.

Da Unterricht in der Interaktion von LehrerInnen und SchülerInnen entsteht, wurde im Folgenden der Blick auf die Lernenden gerichtet und analysiert, inwiefern sie die ideologische Erziehung im Geographieunterricht wahrgenommen haben, wie sie diese beurteilten und welche unterschiedlichen Handlungsentscheidungen sie unter Abwägung von möglichen negativen Handlungsfolgen und persönlichem Nutzen ableiteten.

Insgesamt sind sich die SchülerInnen relativ einig, dass der politisch-ideologische Anteil im Geographieunterricht im Vergleich mit anderen Fächern nur mittelmäßig bis gering gewesen sei. Allen Befragten war jedoch klar, welche Bewertungen der gesellschaftlichen Verhältnisse in »kapitalistischen« und »sozialistischen« Ländern von ihnen im Geographieunterricht erwartet wurden. Ein Großteil der Befragten gibt an, erst mit zunehmendem Alter und umfangreicherem Wissen die Vermittlung der politisch-ideologischen Inhalte im Geographieunterricht kritisch gesehen zu haben. Das Interesse und das Informationsbedürfnis bezüglich des »Westens« wurden bei vielen SchülerInnen im Geographieunterricht nur unzureichend befriedigt. Zudem widersprach die im Geographieunterricht häufig geforderte negative Beurteilung der Verhältnisse in »kapitalistischen« Ländern ihrem eigenen Wissen von dortigen Vorteilen und ihrer Begeisterung für westliche Musik und Konsumgüter. Zur Erreichung ihrer Ziele, wie »gute SchülerInnen zu sein« und Abitur machen zu dürfen, und zur Vermeidung von negativen Sanktionen, entschieden sich viele, politisch »korrekt« zu antworten und positive Aspekte der »kapitalistischen« Länder sowie negative Aspekte der »sozialistischen« Länder lediglich im Freundeskreis oder in der Familie zu erörtern.

Ein Großteil der befragten SchülerInnen scheint zumindest in höheren Klassen die Einseitigkeit der Schulbuchdarstellungen zu den wirtschaftlichen, sozialen und ökologischen Verhältnissen in »kapitalistischen« und »sozialistischen« Ländern durchschaut zu haben, was ebenfalls generell auf einen Großteil der befragten LehrerInnen zutraf. Beide Gruppen machten jedoch von diesem Wissen im Geographieunterricht nur sehr eingeschränkt Gebrauch. Damit erscheint die »sozialistische Erziehung« im Geographieunterricht häufig eine Farce, oder ein Spiel gewesen zu sein, bei dem beide Seiten wussten, wie sie sich zu verhalten hatten, um den Schein zu waren. Die Interpretation der politisch-ideologischen Erziehung im Geographieunterricht als harmloses Spiel ist natürlich nur für Fälle zutreffend, bei denen LehrerInnen, die dieser kritisch gegenüberstanden (»Angepasste« und »Kritiker«), auf gut informierte und kritische SchülerInnen trafen. Das »Spiel« war auch in dieser Konstellation nur solange »harmlos«, wie sich beide Seiten an die »Regeln« hielten. Versuchten SchülerInnen oder LehrerInnen dagegen, offen Gesellschaftskritik zu äußern, hatten sie unter zum Teil erheblichen Sanktionen zu leiden. Zu nennen sind auch die großen psychischen Belastungen einiger SchülerInnen sowie einiger LehrerInnen, die unter der fehlenden Offenheit im Unterricht und dem Gefühl der Zerrissenheit zwischen privatem und öffentlichem (Unterricht) Lebensbereich litten.

Während die ideologischen Erziehungsziele durch den Geographieunterricht größtenteils nicht erreicht wurden, überwogen die unintendierten negativen Effekte, wie die Erziehung zur »Unehrlichkeit«, das Lernen der Kinder, die eigenen Äußerungen zu kontrollieren und ihren Gesprächspartner, vor allem wenn es sich um LehrerInnen handelte, misstrauisch gegenüberzustehen.

Mit der politischen Wende 1989 verlor die politisch-ideologische Erziehung im Geographieunterricht zunehmend an Bedeutung, da die SchülerInnen durch sie ja auf das Leben in einem Staat vorbereitet werden sollten, den es ab 1990 nicht mehr gab. Es wurde untersucht, wie LehrerInnen und SchülerInnen auf die neuen Rahmenbedingungen im Geographieunterricht reagierten. Veränderungen, die in der Regel von allen Befragten genannt wurden, waren der Wegfall eines Großteils des Unterrichtsstoffes der Ökonomischen Geographie, welcher als besonders ideologisch »belastet« galt, die Konzentration auf die politisch neutraleren Inhalte der Physischen Geographie und der Topographie, die stärkere Behandlung der »westlichen« Länder, ein partnerschaftlicheres Lehrer-Schülerverhältnis und Experimente mit bisher selten praktizierten Unterrichtsmethoden wie Gruppenarbeit und ergebnisoffenen Diskussionen.

Während diese Veränderungen von den befragten SchülerInnen größtenteils begrüßt wurden, da sie nun eine größere Möglichkeit sahen, sich stärker als bisher in den Unterricht einzubringen und ihre Meinung zu äußern, waren die Reaktionen der LehrerInnen u. a. in Abhängigkeit von der Wertigkeit, die sie der ideologischen Erziehung im Geographieunterricht der DDR zugeschrieben hatten, unterschiedlich. Während ein Teil der Befragten sich freute, von dem »ideologischen Ballast« befreit zu sein, den sie nie als wichtiges Element ihres Unterrichts begriffen hatten (»Angepasste« und »Kritiker«) und enthusiastisch die neuen Möglichkeiten schilderten, den Unterricht nach ihren persönlichen Interessen und Vorstellungen zu gestalten, ohne von den als zu detailliert erlebten Vorgaben der DDR-Lehrpläne »eingeengt« zu werden, fühlten sich andere Befragte durch den politischen Umbruch verunsichert. Personen, die aus politischer Überzeugung die ideologische Erziehung im Geographieunterricht als einen Schwerpunkt ihrer Arbeit begriffen hatten (»Überzeugte«), sahen ihre Anschauungen und den bisherigen Unterricht in Frage gestellt. Der Wegfall der »sozialistischen Erziehungsziele« bedeutete für sie den Verlust an Orientierung, der häufig mit dem Begriff »Chaos« beschrieben wird.

Im letzten Teil der Arbeit wurden aktuelle Auswirkungen des DDR-Geographieunterrichts untersucht. Ein großer Teil der befragten, heute noch berufstätigen LehrerInnen betonte im Interview die Kontinuitäten zwischen ihrem aktuellen Geographieunterricht und demjenigen, den sie in der DDR gestaltet hätten. Insgesamt lässt sich die von den LehrerInnen beschriebene Rückorientierung an Inhalten und Unterrichtsmethoden, die schon im DDR-Unterricht eingesetzt wurden, dadurch erklären, dass ein Teil der LehrerInnen (»Überzeugte« und teilweise »Angepasste«) die politische Wende nicht gewollt hat und Änderungen ihres Unterrichts nicht für sinnvoll hielt. Für diese Personen ist der DDR-Lehrplan auch heute noch das anzustrebende Ideal, an dem die aktuellen Richtlinien gemessen werden und der die eigene Schwerpunktsetzung im Unterricht beeinflusst.

Bei anderen Personen ist ausschlaggebend, dass durch die Arbeit in der DDR und die politische Umbruchszeit ein Argwohn bezüglich humangeographischen Inhalten besteht, welche, wie die Befragten erlebt haben, leicht zur politischen Indoktrination genutzt werden können, und daher Schwerpunkte im Bereich der Physischen Geographie und der Topographie gesetzt werden. Relevant ist sicherlich auch, dass sich die GeographielehrerInnen aufgrund des Studiums in der DDR sicher sein können, zu den schon in der DDR unterrichteten Themengebieten über ausreichendes Wissen zu verfügen, was sie teilweise in Bezug auf die »neuen« Themen, die sie sich nach der politischen Wende teilweise selbst erarbeitet haben, nicht zweifelsfrei sagen können.

Besonders einflussreich waren auch die Fortbildungsveranstaltungen, welche die Befragten in der Wendezeit besuchten. Das teilweise arrogante Auftreten der Fortbildungsleiter aus den alten Bundesländern hat einige Befragte gekränkt und sie die vermittelten Inhalte nicht akzeptieren lassen. Diese Personen stellten sich häufig als unschuldige »Opfer« der Wiedervereinigung dar, da ihre fachliche Kompetenz plötzlich angezweifelt wurde und sie an gesellschaftlichem Ansehen verloren. Diesen Personen ist es wichtig, zur Bearbeitung dieser »Wendeverletzungen«, im Interview zu kommunizieren, dass ihre DDR-Ausbildung hervorragend und ihr Unterricht in der DDR sehr hochwertig gewesen sei. Nach einer Phase der Verunsicherung in der Wendezeit drücken sie heute ein »neues« Selbstwertgefühl aus, das u. a. auf ihrer beruflichen Vergangenheit und Erfahrung in der DDR fußt.

Andere Befragte haben in der Wendezeit einige neue Methoden in ihrem Unterricht ausprobiert, die sie jedoch aufgrund der als nicht ausreichend erachteten Wissensvermittlung in den folgenden Jahren nicht weiter praktizierten. Die Euphorie der Wendezeit ist bei einigen Befragten (»Kritiker«) der ernüchternden Erkenntnis gewichen, die schulischen Veränderungen nicht mitbestimmen zu können, was zu einem Erlahmen der Veränderungsbereitschaft im eigenen Unterricht geführt hat.

Abschließend ist noch zu relativieren, dass die in vielen Interviews mit LehrerInnen nachzuweisende Tendenz zu einer Rückbesinnung auf den DDR-Geographieunterricht nicht auf alle Interviewten zutrifft. Besonders die ehemaligen »Kritiker« sehen sich als Gewinner der Wiedervereinigung, da sie heute ihr Fach aufgrund ihrer eigenen Reiseerfahrungen in verschiedenen Ländern lebendiger als damals unterrichten können, offene Diskussionen im Unterricht zulassen können, ohne negative Sanktionen befürchten zu müssen, den Zugang zu verschiedensten Informationsquellen und Unterrichtsmedien nutzen und leichter als damals eigene Schwerpunkte im Unterricht setzen können.

In Bezug auf die SchülerInnen ist zu sagen, dass von einer einheitlichen Wirkung der ideologischen Erziehung im damaligen Geographieunterricht auf die Gruppe der SchülerInnen nicht zu sprechen ist, was einerseits an dem sehr unterschiedlichen Unterricht gelegen hat, den die Befragten erlebt haben und andererseits den unterschiedlichen Beurteilungen und getroffenen Handlungsentscheidungen durch die SchülerInnen zuzuschreiben ist.

Einem Großteil der Interviewten wurden die einseitigen und politisch manipulierten Darstellungen in dem von ihnen erlebten Geographieunterricht nach der Wende durch Erfahrungen in den »kapitalistischen« Ländern bewusst und sie konnten Wissenslücken sowie Defizite in der räumlichen Orientierung ausgleichen.

Es wurde offensichtlich, dass ihr Bild von der Geographie durch den erlebten Unterricht in der DDR und teilweise während der politischen Wende geprägt ist. So ist insgesamt erkennbar, dass dem Geographieunterricht die Hauptaufgaben zugesprochen werden, physisch-geographisches Grundlagenwissen zu vermitteln, politisch neutrale regionale Informationen sowie umfangreiches topographisches Wissen über die gesamte Erde bereitzustellen.

Dagegen werden globale gesellschaftliche Schlüsselprobleme (u. a. Umweltproblematik), Fähigkeiten , Räume als humangeographische Systeme zu erfassen (Themengebiete u. a. aus Tourismus-, Stadt- und Bevölkerungsgeographie), methodische oder soziale Kompetenzen von den Befragten nicht genannt, da es sich hier auf der Grundlage ihrer eigenen Unterrichtserfahrungen nicht um Inhalte und Kompetenzen handelt, die sie dem Geographieunterricht zuordnen.

Insgesamt scheint die Erziehung zu »sozialistischen Persönlichkeiten« im Geographieunterricht größtenteils nicht sehr erfolgreich gewesen zu sein, was man u. a. darauf zurückführen kann, dass der Konzeption von Lehrplänen, Schulbüchern und Unterrichtshilfen die Vorstellung zugrunde lag, man könne eine »ideale« Gesellschaft und Weltordnung dadurch schaffen, dass man sie u. a. im Geographieunterricht als bereits existierende Realität ausgebe. Die im Geographieunterricht verbreiteten strategischen Raumkonstruktionen waren offenbar nur zum Teil mit den außerschulischen Erfahrungen der LehrerInnen und SchülerInnen kompatibel und hatten außerhalb des Geographieunterrichts kaum Bedeutung. Der zweite Irrtum der Bildungspolitik lag vermutlich darin, dass man glaubte, den Unterricht u. a. durch die Auswahl und Schulung der LehrerInnen im Marxismus-Leninismus, der Vorgabe sehr detaillierter Lehrplananforderungen und deren Kontrolle vollständig, auch politisch determinieren zu können. Es hat sich gezeigt, dass Geographiestunden auch unter Bedingungen einer Diktatur, welche die politisch-ideologische Indoktrination anstrebte, nicht völlig politisch instrumentalisiert werden konnten, da die Akteure nicht nur Funktionsträger (LehrerInnen) und Erziehungsobjekte (SchülerInnen) waren, sondern Persönlichkeiten, die den ihnen zur Verfügung stehenden Handlungsspielraum gemäß ihrer persönlichen Ziele und Motivationen nutzten. Es konnte ein im Gegensatz zu dem in Presse und zuweilen auch Wissenschaft verbreiteten Täter-Opfer-Diskurs differenzierteres Bild gezeichnet werden.

Bezeichnet man das in der DDR verfolgte ideologische Erziehungsprojekt im Geographieunterricht als gescheitert, bedeutet dies allerdings nicht, dass es wirkungslos geblieben ist. Die Befragten sprachen von einer großen Anzahl unintendierter Nebenfolgen, die teilweise zu erheblicher psychischer Belastung führten. Zudem ist ihr Bild von Geographie und Geographieunterricht geformt worden, was Einfluss auf den heutigen Geographieunterricht und vermutlich auch auf das öffentliche Ansehen des Faches hat.

Abschließend ist auf die geäußerten Zweifel eines Interviewpartners, die dieser Zusammenfassung vorangestellt wurden, zu sagen, dass die Untersuchung bei allen Beteiligten dazu beigetragen hat, den Geographieunterricht in der DDR zu hinterfragen und zu verstehen sowie über die Bedeutung der damaligen ideologischen Erziehung für den aktuellen Unterricht und unser Fachverständnis nachzudenken.

8 Ausblick

Da die Aufarbeitung des Geographieunterrichts in der DDR nicht mit dieser Arbeit abgeschlossen sein sollte, werden im Folgenden noch einige interessante Möglichkeiten für anschließende Forschungsarbeiten angesprochen.

8.1 Quantitative Vertiefung

Die Analyseergebnisse der in dieser Arbeit verwendeten qualitativen Interviews mit ehemaligen SchülerInnen, LehrerInnen und Experten könnten durch weitergehende quantitative Erhebungen vertieft, überprüft und ergänzt werden. Zunächst wäre es möglich, diejenigen Faktoren, die in dieser Arbeit als relevante Erklärungsfaktoren für die Handlungsentscheidungen der LehrerInnen und SchülerInnen im Geographieunterricht identifiziert werden konnten (u.a. politische Überzeugungen, Fachverständnis, ideologische Kontrollinstanzen), in ihrer Quantität zu erfassen. Interessant wäre zudem, wie die quantitative Verteilung der in dieser Arbeit beschriebenen Lehrertypen aussieht. Sind es in einer größeren Stichprobe auch die »Angepassten«, die dominieren, wie dies bei unserer Untersuchung der Fall war? Desgleichen könnte in Bezug auf die SchülerInnen die Frage beantwortet werden, wie die in dieser Arbeit beschriebenen Handlungsmuster in Bezug auf die ideologische Erziehung verteilt sind.

Zudem könnten gesicherte Daten z.B. darüber erhalten werden, welche Personenmerkmale der LehrerInnen (SED-Mitgliedschaft, Alter, Unterrichtsfächer und/oder Geschlecht) und SchülerInnen (Alter, Wohnort und/oder Geschlecht vgl. 4.2.1.1) tatsächlich mit Handlungsentscheidungen im Bereich der ideologischen Erziehung im Geographieunterricht korrelieren.

8.2   Ideologische Erziehung im Systemvergleich

Bisher liegt nur eine Arbeit vor, welche die Darstellungen von »Deutschland und Deutscher Frage« in den geographischen Unterrichtswerken der BRD und der DDR miteinander vergleicht (Engel und Sperling, 1986). Zur Frage, inwiefern sich die ideologisch-politische Erziehung in Ost und West während des Kalten Kriegs glich und inwiefern sie sich unterschied, bietet daher noch großen Spielraum für weiterführende Untersuchungen auf der Grundlage der Ergebnisse dieser Arbeit, aus denen vielleicht auch grundsätzliche Aussagen über politisch-ideologische Erziehungen in Diktaturen und Demokratien abgeleitet werden können. Ausgegangen werden kann zudem von einigen bereits existierenden Arbeiten zur Darstellung der DDR in Schulbüchern der BRD, aus denen bereits ersichtlich ist, dass von einer durchgehenden Gesamtkonzeption der politischen Erziehung in der BRD, wo sich die Richtlinien, Schulbücher und sonstigen Unterrichtsmedien zum Geographieunterricht von Bundesland zu Bundesland stark unterscheiden, nicht gesprochen werden kann. Aber dennoch ist, ähnlich wie in der DDR, die Tendenz erkennbar, das »eigene« Land ausführlicher darzustellen und durch die verkürzte Darstellung der DDR, Klischees zu produzieren (Hoof, 1973, Sperling, 1983, Engel und Sperling, 1986, Kirchberg, 1990).

Interessant wären auch Vergleiche der ideologischen Erziehung im Geographieunterricht der DDR mit derjenigen des Nationalsozialismus oder während des italienischen Faschismus, um auf diese Weise Ähnlichkeiten der ideologisch-politischen Erziehung in Diktaturen zu identifizieren. In gleicher Hinsicht, wäre es möglich, die in dieser Arbeit beschriebenen Handlungsmuster der LehrerInnen und SchülerInnen mit jenen im Geographieunterricht unter anderen Diktaturen zu vergleichen, wodurch vermutlich generell die Grenzen der politisch-ideologischen Einflussnahme auf Unterricht aufgezeigt werden könnten.

8.3   Auswirkungen des DDR-Geographieunterrichts

Der letzte Teil der Arbeit hat sich der Frage nach den Auswirkungen des DDR-Geographieunterrichts gewidmet, zu denen sicherlich weiterführende Arbeiten sinnvoll wären. Aufschlussreich wäre z.B. die Untersuchung der heutigen Richtlinien und Schulbücher in den neuen Bundesländern mit der Frage, inwiefern inhaltliche Kontinuitäten zum DDR-Lehrplan und den damaligen Schulbüchern zu beobachten sind.

Unterrichtsbeobachtungen von Lehrkräften, die schon in der DDR im Dienst waren, könnten die Frage beantworten, wie diese nach den Erfahrungen der

politischen Wende mit dem Bereich der politischen Erziehung im Geographieunterricht umgehen. Wird die politische Meinungsbildung der SchülerInnen
eher gefördert oder eher vermieden?

9 Literaturverzeichnis

Adam, Horst (1970): Philosophisch-pädagogische Probleme des Freund-Feind-Bildes in der ideologischen Erziehung – In: Pädagogik. H. 7. S. 614 625.

Adam, Werner (1982): Untersuchungen zur effektiven Gestaltung des Geographieunterrichts durch den Einsatz von Unterrichtsmitteln, dargestellt am Stoffkomplex »Sozialistische Länder Europas« in Klasse 6. Potsdam. (unveröffentlichte Dissertation A).

Akademie der Pädagogischen Wissenschaften der DDR (Hrsg.; 1978): Methodik Geographieunterricht. Berlin.

Anweiler, Oskar (1994): Bildungspolitik in Deutschland 1945 – 1965. Aspekte und Probleme eines Vergleichs zwischen der Bundesrepublik Deutschland und der Deutschen Demokratischen Republik in historischer und aktueller Sicht. – In: Hoffmann, Dietrich und Neumann, Karl (Hrsg.): Erziehung und Erziehungswissenschaft in der BRD und der DDR. Bd. 1. Die Teilung der Pädagogik (1945 – 1965). Weinheim. S. 15 – 40.

Anweiler, Oskar (1990a): Auf dem Weg zur deutschen Bildungseinheit. – In: Bildung und Erziehung. Bd. 43. H. 3. S. 343 – 350.

Anweiler, Oskar (1990b): Ergebnisse und offene Fragen. – In: Bundesministerium für innerdeutsche Beziehungen (Hrsg.): Vergleich von Bildung und Erziehung in der Bundesrepublik Deutschland und in der Deutschen Demokratischen Republik. Köln. S. 685 – 706.

Anweiler, Oskar (1990c): Grundzüge der Bildungspolitik und der Entwicklung des Bildungswesens seit 1945. – In: Bundesministerium für innerdeutsche Beziehungen (Hrsg.): Vergleich von Bildung und Erziehung in der Bundesrepublik Deutschland und in der Deutschen Demokratischen Republik. Köln. S. 11 – 33.

Anweiler, Oskar (1990d): Methodische Probleme und thematische Auswahl. – In: Bundesministerium für innerdeutsche Beziehungen (Hrsg.): Vergleich von Bildung und Erziehung in der Bundesrepublik Deutschland und in der Deutschen Demokratischen Republik. Köln. S. 6 – 10.

Anweiler, Oskar (1990e): Ziele und Fragestellungen. – In: Bundesministerium für innerdeutsche Beziehungen (Hrsg.): Vergleich von Bildung und Erziehung in der Bundesrepublik Deutschland und in der Deutschen Demokratischen Republik. Köln. S. 1 – 5.

Anweiler, Oskar (Hrsg.; 1990 f): Neue Entwicklungen im Bildungs- und Erziehungswesen der DDR. Königswinter.

Anweiler, Oskar (1988): Schulpolitik und Schulsystem in der DDR. Opladen.

Anweiler, Oskar, Fuchs, Hans-Jürgen, Dorner, Martina und Petermann, Eberhard (Hrsg.;

1992): Bildungspolitik in Deutschland 1945–1990. Ein historisch-vergleichender Quellenband. Opladen.

Arendt, Hannah (1991): Elemente und Ursprünge totaler Herrschaft. (2. Aufl.). München.

Assmann, Aleida (2006): Wie wahr sind unsere Erinnerungen? – In: Welzer, Harald und Markowitsch, Hans J. (Hrsg.): Warum Menschen sich erinnern können. Fortschritte in der interdisziplinären Gedächtnisforschung. Stuttgart. S. 95–110.

Aufschnaiter, Stefan von (1998): Konstruktivistische Perspektiven zum Physikunterricht. – In: Pädagogik. H. 7–8. S. 52–57.

Aurada, Klaus D. (1988): Komplexe geographische Realität als Orientierung geographischer Forschung, Notwendigkeit volkswirtschaftlicher Entwicklung und Ziel sozialistischen Umweltbewußtseins. – In: Bethke, Artur (Hrsg.): Inhaltliche und methodische Gestaltung des fakultativen geographischen Unterrichts. XII. Greifswalder Geographisches Symposium (23.–25.10.1985). Greifswald. (Greifswalder Geographische Arbeiten 5). S. 10–20.

Bachmann, Bert (1993): Der Wandel der politischen Kultur in der ehemaligen DDR. Berlin. (Philosophische und Soziologische Veröffentlichungen. Bd. 26).

Baier, Thomas, Giesecke, Sabine und Schulze, Rüdiger (1982): Die wehrerzieherischen Potenzen der Geographieausbildung. Humboldt-Universität Berlin. (unveröffentlichte Diplomarbeit).

Barsch, Heinrich (1992): Physical Geography in East Germany, 1949–1989. – In: Ehlers, Eckart (Hrsg.): 40 Years After: German Geography. Developments, Trends und Prospects 1952–1992. A Report to the International Geographical Union. Bonn. (Applied Geography and Development). S. 127–144.

Barth, Ludwig (2005): Zur Lehrerbildung in der DDR. – In: Landesverband Sachsen im Verband Deutscher Schulgeographen e.V. (Hrsg.): 15 Jahre Landesverband Sachsen im Verband Deutscher Schulgeographen. Dresden. S. 10–22.

Barth, Ludwig (1990): Zur Behandlung von Ländern im Geographieunterricht der DDR. – In: Praxis Geographie. Jg. 21. S. 35–39.

Barth, Ludwig (1981): Unterrichtshilfen Geographie, Klasse 5. (7. Auflage). Berlin.

Barth, Ludwig (1980): Grundprobleme eines erziehungswirksamen Unterrichts – dargestellt am Beispiel des Faches Geographie. – In: Pädagogische Forschung. Berlin. Jg. 21. H. 1. S. 116–129.

Barth, Ludwig und Sowade, Anneliese (1978): Der Unterrichtsprozess im Fach Geographie. – In: Akademie der Pädagogischen Wissenschaften der DDR (Hrsg.): Methodik Geographieunterricht. Berlin. S. 117–220.

Barth, Ludwig (1970): Zur Planung des Geographieunterrichts unter dem Blickwinkel der Lehrplaninterpretation. – In: Zeitschrift für den Erdkundeunterricht. H. 4. S. 152–168.

Barth, Ludwig (1969a): Zur Systematisierung von Wissen im Geographieunterricht. Berlin.

Barth, Ludwig (1969b): Zur Theorie des Lehrplans für den Geographieunterricht in der DDR. – In: Wissenschaftliche Zeitschrift Pädagogische Hochschule Dresden. H. 2/3. S. 53–58.

Barth, Ludwig (1963): Bild und Karte im Erdkundeunterricht. Berlin.

Barth, Ludwig (1961): Stellt den Schüler vor echte Probleme! – In: Zeitschrift für den Erdkundeunterricht. H. 5. S. 177–186.

Baske, Siegfried (1998a): Allgemeinbildende Schulen. – In: Berg, Christa (Hrsg.): Handbuch der deutschen Bildungsgeschichte. Bd. 6. 1945 bis zur Gegenwart. Teilbd. 2. München. S. 159–201.

Baske, Siegfried (1998b): Einführung, Pädagogische Wissenschaft und Schulen und Hochschulen. – In: Führ, Christoph und Furck, Carl-Ludwig (Hrsg.): Handbuch der deutschen Bildungsgeschichte. Bd. 6. 1945 bis zur Gegenwart. München.

Baske, Siegfried (1990): Die Erweiterte Oberschule in der DDR. – In: Bundesministerium für innerdeutsche Beziehungen (Hrsg.): Vergleich von Bildung und Erziehung in der Bundesrepublik Deutschland und in der Deutschen Demokratischen Republik. Köln. S. 210–217.

Bauer, Babett (2006): Kontrolle und Repression. Individuelle Erfahrungen in der DDR (1971–1989). Historische Studie und methodologischer Beitrag zur Oral History. Göttingen.

Benner, Dietrich, Fischer, Gundel, Gatzemann, Thomas, Göstemeyer, Karl-Franz und Sladek, Horst (1996): Affirmative und reflektierende Lernzielnormierungen in Bildungs- und Lehrplänen der SBZ/DDR und BRD. – In: Benner, Dietrich, Merkens, Hans und Schmidt, Folker (Hrsg.): Bildung und Schule im Transformationsprozeß von SBZ, DDR und neuen Ländern – Untersuchungen zu Kontinuität und Wandel. Berlin. S. 59–80.

Benrath, Ruth Johanna (2005): Kontinuität im Wandel. Eine empirisch-qualitative Untersuchung zur Transformation des didaktischen Handelns von Geschichtslehrkräften aus der DDR. Idstein.

Berg, Christa (Hrsg.): Handbuch der deutschen Bildungsgeschichte. Bd. 6. 1945 bis zur Gegenwart. Teilbd. 2. München.

Berger, Peter L. und Luckmann, Thomas (2004): Die gesellschaftliche Konstruktion der Wirklichkeit. (20. Auflage). Frankfurt am Main.

Berger, Peter L. und Luckmann, Thomas (1969): Die gesellschaftliche Konstruktion der Wirklichkeit. Eine Theorie der Wissenssoziologie. Frankfurt am Main.

Berghahn, Cordula (2004): Das Afrikabild in ausgewählten Schulbüchern der Bundesrepublik Deutschland und der DDR. Ein Vergleich. – In: Schultz, Hans-Dietrich (Hrsg.): Beiträge zur Didaktik der Geographie und zur Geschichte des Geographieunterrichts. Berlin. (Arbeitsberichte Geographisches Institut HU Berlin. H. 92). S. 1–113.

Bertram, Hans, Leibfried, Stephan, Nickel, H. M., Niedermayer, O. und Trommsdorf, G. (Hrsg.): Schriftenreihe der Kommission für die Erforschung des sozialen Wandels in den neuen Bundesländern e.V. (KSPW). Opladen.

Billwitz, Konrad (1989): Prof. Dr. sc. phil. Paul Hauck 60 Jahre. – In: Richter, Peter (Hrsg.): Umwelterziehung im Geographieunterricht der DDR und ČSSR. Greifswald. (Greifswalder Geographische Arbeiten 7). S. 3.

Blacksell, Mark (2006): Political Geography. London, New York.

Boehnke, Klaus (1997): Fotodokumentation und Fotointerview. Eine qualitative Methode der Sozialberichterstattung in den Neuen Bundesländern. – In: Schmidt, Folker (Hrsg.): Methodische Probleme der Erziehungswissenschaft. Bertmannsweiler. S. 37–43.

Böhm, Andreas (2000): Theoretisches Codieren: Textanalyse in der Grounded Theory. – In: Flick, Uwe, Kardorff, Ernst von und Steinke, Ines (Hrsg.): Qualitative Forschung. Ein Handbuch. Reinbek bei Hamburg. S. 475–485.

Bönsch, Manfred (1994): Von der Unterrichtslehre zur wissenschaftlichen Didaktik und deren Ausdifferenzierung. – In: Hoffmann, Dietrich und Neumann, Karl (Hrsg.): Erziehung und Erziehungswissenschaft in der BRD und der DDR. Bd. 1. Die Teilung der Pädagogik (1945 – 1965). Weinheim. S. 197 – 220.

Böthling, Britta (2002): Das Deutschlandbild und Nationsverständnis im Geographieunterricht der DDR von 1945 – 1974 untersucht anhand der »Zeitschrift für den Erdkundeunterricht«. – In: Schultz, Hans-Dietrich (Hrsg.): Beiträge zur Geschichte des Geographieunterrichts. Berlin. (Arbeitsberichte Geographisches Institut HU Berlin. H. 72). S. 1 – 63.

Bohnsack, Ralf (2006): Bildinterpretation. – In: Bohnsack, Ralf u. a. (Hrsg.): Hauptbegriffe qualitativer Sozialforschung. Opladen. S. 18 – 22.

Bohnsack, Ralf und Nentwig-Gesemann, Iris (2006): Typenbildung. – In: Bohnsack, Ralf u. a. (Hrsg.): Hauptbegriffe qualitativer Sozialforschung. Opladen. S. 162 – 166.

Bouvier, Beatrix (2002): Die DDR – Ein Sozialstaat? Sozialpolitik in der Ära Honecker. Bonn.

Brämer, Rainer (1981): Kampfkraft Wissenschaft. Wehrerziehung im naturwissenschaftlichen Unterricht der DDR. Marburg.

Breetz, Egon (1984): Gestaltung und Nutzung geographischer Karten für den Schulunterricht als gleichrangige Hauptglieder der schulkartographischen Kommunikationskette in der Volksbildung der Deutschen Demokratischen Republik. Potsdam. (unveröffentlichte Dissertation B).

Breetz, Egon (1977): Zum Kartenverständnis im Heimatkunde- und Geographieunterricht. (2. Auflage). Berlin.

Brenner, Kurt (2003): Geheimhaltung und Verfälschung von Karten aus militärischen und politischen Gründen. – In: Unverhau, Dagmar (Hrsg.): Kartenverfälschung als Folge übermäßiger Geheimhaltung? Eine Annäherung an das Thema Einflussnahme der Staatssicherheit auf das Kartenwesen der DDR. Referate der Tagung der BStU vom 08.–09.03.2001 in Berlin. (2., durchgesehene Auflage). Münster. (Archiv zur DDR-Staatssicherheit. Bd. 5). S. 161 – 168.

Brogiato, Heinz Peter (1995): Die Schulgeographie im Spiegel der Deutschen Geographentage. – In: Geographische Rundschau. H. 9. S. 484 – 485.

Brüggemeier, Franz-Josef und Wierling, Dorothee (1986): Einführung in die Oral History. Kurseinheit 1: Alltag und Erinnerung. Hagen.

Bruner, Jerome (1960): The process of education. Cambridge.

Buchstab, Günter (Hrsg.; 1999): Geschichte der DDR und deutsche Einheit. Analyse von Lehrplänen und Unterrichtswerken für Geschichte und Sozialkunde. Schwalbach/Ts. (Studien zu Politik und Wissenschaft).

Budke, Alexandra (2007): Unterrichtsinhalte im Geographieunterricht der DDR – Ergebnisse einer Schulbuchanalyse. – In: Matthes, Eva und Heinze, Carsten (Hrsg.): Elementarisierung im Schulbuch. Bad Heilbrunn. S. 155 – 174.

Bühl, Walter L. (1988): Krisentheorien. Politik, Wirtschaft und Gesellschaft im Übergang. (2., unveränderte Auflage). Darmstadt.

Bundesministerium für Bildung, Wissenschaft, Forschung und Technologie (Hrsg.; 1997): Das Bild der Schule aus der Sicht von Schülern und Lehrern. Bonn.

Busch, Friedrich W., Rüther, Beate und Straube, Peter-Paul (1992): Der Erziehungsauftrag der Universitäten und Hochschulen in der Deutschen Demokratischen Republik. Eine bildungshistorische und bildungssoziologische Untersuchung. Teilprojekt I: Herleitung, Einführung und Kritik des universitären Erziehungsauftrages in der SBZ/DDR. Oldenburg.

Cejewski, Petra, Hähnle, Rena, Osnowski, Jana und Rönnfeldt, Heike, (1987): Zur Auswahl und Veranschaulichung erziehungswirksamen politisch-ökonomisch-geographischen Stoffes zu den kapitalistischen Ländern Europas – ein Beitrag zur Schaffung von Grundlagen der Erziehungsziele. HU Berlin. (unveröffentlichte Diplomarbeit).

Dalby, Simon (1998): Introduction: Environmental Geopolitics. – In: Tuathail, Gearóid Ó, Dalby, Simon und Routledge, Paul (Hrsg.): The Geopolitics Reader. S. 179–187.

Daum, Egbert (1991): Überlegungen zu einer »Geographie des eigenen Lebens«. – In: Hasse, Jürgen und Isenberg, Wolfgang (Hrsg.): Vielperspektivischer Geographieunterricht. Erweiterte Dokumentation einer Tagung in der Thomas-Morus-Akademie in Bensberg (12. und 13.11.1991). Osnabrück. (Osnabrücker Studien zur Geographie. Bd. 14). S. 65–70.

Daum, Egbert (1980): Plädoyer gegen Lernzielorientierung. – In: Schultze, Arnold (Hrsg.; 1996): 40 Texte zur Didaktik der Geographie. Gotha. S. 209–215.

Denzin, Norman K. (1978): The research act: a theoretical introduction to sociological methods. (2. Auflage). New York u. a.

Deutsches Pädagogisches Zentralinstitut (Hrsg.; 1964): Pädagogische Wissenschaft und Schule: Wissenschaftliche Veranstaltungen über Probleme des einheitlichen Bildungswesens anlässlich des fünfzehnjährigen Bestehens des Deutschen Pädagogischen Zentralinstituts zu Berlin vom 28. September bis 3. Oktober 1964. Konferenzbericht. Bd. 1. Berlin.

Dietz, Berthold (1965): Zielorientierung im Unterricht. Berlin.

Döbert, Hans (2003): Professionelle Anpassungsleistung oder Identitätskrise der Lehrerschaft in den neuen Bundesländern? Zu einigen empirischen Annäherungen an die Fragestellung. – In: Schäfer, Hans-Peter und Sroka, Wendelin (Hrsg.): Lehrerrolle und Lehrerbildung im Prozeß der gesellschaftlichen Transformation. Veränderungen in den neuen und alten Bundesländern. Berlin. S. 77–97.

Döbert, Hans, Rudolf, Roland und Seidel, Gerhard (1995): Lehrerberuf – Schule – Unterricht. Einstellungen, Meinungen und Urteile ostdeutscher Lehrerinnen und Lehrer. Forschungsbericht. Deutsches Institut für Internationale Pädagogische Forschung. Frankfurt am Main.

Domansky, Elisabeth und Welzer, Harald (1999): Die alltägliche Tradierung von Geschichte. – In: Domansky, Elisabeth und Welzer, Harald (Hrsg.): Eine offene Geschichte. Zur kommunikativen Tradierung der nationalsozialistischen Vergangenheit. Tübingen. (Studien zum Nationalsozialismus in der edition diskord. Bd. 4). S. 7–25.

Domansky, Elisabeth und Welzer, Harald (Hrsg.; 1999): Eine offene Geschichte. Zur kommunikativen Tradierung der nationalsozialistischen Vergangenheit. Tübingen. (Studien zum Nationalsozialismus in der edition diskord. Bd. 4).

Douglas, Mary (1991): Wie Institutionen denken. Frankfurt am Main.

Drewek, Peter (2001): Grenzen der Eigendynamik? Transformationen des Schulsystems in Berlin und Brandenburg im 20. Jahrhundert. – In: Drewek, Peter, Huschner, Anke und Ejury, René (Hrsg.): Politische Transformation und Eigendynamik des Schulsystems im 20. Jahrhundert. Regionale Schulentwicklung in Berlin und Brandenburg 1890–1990. Weinheim. S. 11–38.

Eagleton, Terry (1993): Ideologie. Eine Einführung. Stuttgart.

Eckert, Rainer (1995): Die Humboldt-Universität im Netz des MfS. – In: Voigt, Dieter und Mertens, Lothar (Hrsg.): DDR-Wissenschaft im Zwiespalt zwischen Forschung und Staatssicherheit. Berlin. (Schriftenreihe der Gesellschaft für Deutschlandforschung. Bd. 45). S. 169–186.

Eggert, Karl (1966): Die Erarbeitung von Grundlinien des physisch-geographischen Wissens und ihre Realisierung im Geographieunterricht der 5. Klasse. Berlin. (unveröffentlichte Dissertation A).

Ehlig, H., Filipiak, G., Groth, I., Jahn, W. und Köhler, H. (1969a): Zu den Leitlinien der ideologischen Erziehung im Geographieunterricht (1. Teil). – In: Zeitschrift für den Erdkundeunterricht. Jg. 21. H. 5. S. 171–187.

Ehlig, H., Filipiak, G., Groth, I., Jahn, W. und Köhler, H. (1969b): Zu den Leitlinien der ideologischen Erziehung im Geographieunterricht (2. Teil). – In: Zeitschrift für den Erdkundeunterricht. Jg. 21. H. 10. S. 372–393.

Engel, Joachim und Sperling, Walter (1986): Deutschland und Deutsche Frage in den geographischen Unterrichtswerken der Bundesrepublik Deutschland und der Deutschen Demokratischen Republik. – In: Jacobmeyer, Wolfgang (Hrsg.): Deutschlandbild und deutsche Frage in den historischen, geographischen und sozialwissenschaftlichen Unterrichtswerken der Bundesrepublik Deutschland und der Deutschen Demokratischen Republik von 1949 bis in die 80er Jahre. Braunschweig. (Studien zur internationalen Schulbuchforschung. Bd. 43). S. 373–430.

Eppelmann, Rainer, Müller, Horst, Nooke, Günter und Wilms, Dorothee (Hrsg.; 1997a): Lexikon des DDR-Sozialismus. Das Staats- und Gesellschaftssystem der Deutschen Demokratischen Republik. Bd. 1. (2., aktualisierte und erweiterte Auflage). Paderborn.

Eppelmann, Rainer, Müller, Horst, Nooke, Günter und Wilms, Dorothee (Hrsg.; 1997b): Lexikon des DDR-Sozialismus. Das Staats- und Gesellschaftssystem der Deutschen Demokratischen Republik. Bd. 2. (2., aktualisierte und erweiterte Auflage). Paderborn.

Esser, Hartmut (2000a): Soziologie. Spezielle Grundlagen. Bd. 4. Opportunitäten und Restriktionen. Frankfurt am Main.

Esser, Hartmut (2000b): Soziologie. Spezielle Grundlagen. Bd. 5. Institutionen. Frankfurt am Main.

Esser, Hartmut (1999): Soziologie. Spezielle Grundlagen. Bd. 1. Situationslogik und Handeln. Frankfurt am Main.

Ewerth, Frank, Schinkitz, Lutz und Werner, Ingolf (1985): Untersuchungen über ausgewähltes geographisches Vorwissen der Schüler, bezogen auf die Stoffeinheit 2 der Klasse 6 »Kapitalistische Länder Europas« – ein Beitrag zur Kennzeichnung wesentlichen geographischen Stoffes. HU Berlin. (unveröffentlichte Diplomarbeit).

Fachkommission Geographie an der Pädagogischen Hochschule Potsdam (Hrsg.; 1961): Quellenmaterial zur sozialistischen Erziehung im Erdkundeunterricht. Lehrbriefe für das Fernstudium der Lehrer. Beiheft zum Lehrbrief Geographie Methodik II. Weimar.

Fend, Helmut (1981): Theorie der Schule. (2., durchgesehene Auflage). München. (U & S Pädagogik).

Filipiak, Günther (1971): Methodische Grundsätze zur Entwicklung geistiger Fähigkeiten im ökonomisch-geographischen Bereich des Geographieunterrichtes. Leipzig. (unveröffentlichte Dissertation A).

Findeisen, Günter, Herrmann, Siegfried und Salzer, Fred (1969): Unterrichtshilfen Geographie. Klasse 8. Berlin.

Findeisen, Günter, Kißner, Karl-Heinz, Protze, Notburga, Raum, Bernd und Salzer, Fred (1983): Unterrichtshilfen Geographie. Klasse 8. Berlin.

Fischer, Bernd-Reiner (1997): Erziehung, politisch-ideologisch. – In: Eppelmann, Rainer u.a. (Hrsg.): Lexikon des DDR-Sozialismus. Das Staats- und Gesellschaftssystem der Deutschen Demokratischen Republik. Bd. 1. (2., aktualisierte und erweiterte Auflage). Paderborn. S. 253 – 257.

Flath, Martina (1985): Zur systematischen Könnensentwicklung im Fach Geographie der sozialistischen Schule in der Deutschen Demokratischen Republik. Dresden. (unveröffentlichte Dissertation B).

Flick, Uwe (2008): Triangulation. Eine Einführung. (2. Auflage). Wiesbaden. (Qualitative Sozialforschung. Bd. 12).

Flick, Uwe (2007): Qualitative Sozialforschung. Eine Einführung. (vollständig überarbeitete und erweiterte Neuausgabe). Reinbek bei Hamburg.

Flick, Uwe (2006): Triangulation. – In: Bohnsack, Ralf u.a. (Hrsg.): Hauptbegriffe qualitativer Sozialforschung. Opladen. S. 161 – 162.

Flick, Uwe (2000): Design und Prozess qualitativer Forschung. – In: Flick, Uwe, Kardorff, Ernst von und Steinke, Ines (Hrsg.): Qualitative Forschung. Ein Handbuch. Reinbek bei Hamburg. S. 252 – 265.

Flick, Uwe, Kardorff, Ernst von und Steinke, Ines (Hrsg.; 2000): Qualitative Forschung. Ein Handbuch. Reinbek bei Hamburg.

Foerster, Heinz von (1993): Mit den Augen des anderen. – In: Foerster, Heinz von: Wissen und Gewissen. Versuch einer Brücke. Frankfurt. S. 350 – 363.

Förster, Horst (1980): Das ideologische Werten und seine erzieherische Bedeutung im Geographieunterricht. – In: Zeitschrift für den Erdkundeunterricht. Berlin. Jg. 32. H. 3. S. 99 – 109.

Förster, Horst (1979): Untersuchungen zur Erhöhung der erzieherischen Wirksamkeit des ökonomisch-geographischen Unterrichts in der Polytechnischen Oberschule der DDR durch eine bessere Nutzung der Erziehungspotenzen des Unterrichtsstoffes. Berlin. (unveröffentlichte Dissertation A).

Freiwald, Helmut u.a. (1973): Das Deutschlandproblem in Schulbüchern der Bundesrepublik. Düsseldorf. (Studien zur Sozialwissenschaft 13).

Frey, Klaus (1985): Zur Analyse und Verallgemeinerung physisch-geographischer Sachverhalte im Geographieunterricht der sozialistischen Schule der DDR – dargestellt am Beispiel der Klasse 5. Dresden. (unveröffentlichte Dissertation A).

Friedrich, Carl und Brzezinski, Zbigniew K. (1957): Totalitäre Diktatur. Stuttgart.

Friedrich-Ebert-Stiftung (Hrsg.; 1989): Bildung und Erziehung in der DDR im Umbruch. Bonn.

Frisch, Bernd (1982): Untersuchungen zu den Unterrichtsmethoden der Zielorientierung und Motivierung im Geographieunterricht der Klassenstufen 5 und 10. Dresden. (unveröffentlichte Dissertation A).

Fuchs, Hans-Werner (1997): Bildung und Wissenschaft seit der Wende. Zur Transformation des ostdeutschen Bildungssystems. Opladen.

Gabriel, Oskar W. (1994): Politische Kultur aus der Sicht der empirischen Sozialforschung. – In: Niedermeyer, Oskar, Beyme, Klaus von (Hrsg.): Politische Kultur in Ost- und Westdeutschland. Schriftenreihe der Kommission für die Erforschung des sozialen und politischen Wandels in den neuen Bundesländern. Berlin. S. 22 – 42.

Gaffga, Peter (1987): Geographieunterricht in der Deutschen Demokratischen Republik –
   Literaturbericht für die Jahre 1984 bis 1986. – In: CLOß, Hans-Martin, Gaffga, Peter
   und Richter, Dieter (Hrsg.): Deutsche Demokratische Republik. Raumbezogene Prozesse und Strukturveränderungen. Mit ausgewählten Beiträgen des 20. Deutschen
   Schulgeographentages Braunschweig 1986. Trier. (Materialien zur Didaktik der Geographie. H. 10). S. 181 – 243.

Gebhardt, Hans, Reuber, Paul und Wolkersdorfer, Günter (Hrsg.; 2003): Kulturgeographie.
   Aktuelle Ansätze und Entwicklungen. Berlin, Heidelberg.

Gehrmann, Axel (1996): Schule in der Transformation. Eine empirisch-vergleichende
   Untersuchung an vier Gesamtschulen im Berliner Bezirk Treptow (1991 – 1993).
   Frankfurt am Main. (Europäische Hochschulschriften. Pädagogik Reihe XI. Bd. 690).

Geißler, Gert (2006): Genossen und Kollegen. Zur Verflechtung von staatlichen und par-
   teilichen Befugnissen in der Schule der DDR in den 1970er und 1980er Jahren. – In:
   Miller-Kipp, Gisela und Zymek, Bernd (Hrsg.): Politik in der Bildungsgeschichte –
   Befunde, Prozesse, Diskurse. Bad Heilbrunn. S. 183 – 198.

Geißler, Gert (1996): Pädagogik und Herrschaft in der DDR: die parteilichen, geheim-
   dienstlichen und vormilitärischen Erziehungsverhältnisse. Frankfurt am Main u. a.
   S. 152 – 160.

Geißler, Gert und Wiegmann, Ulrich (1998): Bildungshistorische Forschung zur SBZ/ DDR
   nach der »Wende«. – In: Berg; Christa (Hrsg.): Handbuch der deutschen Bildungsgeschichte. Bd. 6. 1945 bis zur Gegenwart. Teilbd. 2. München. S. 397 – 408.

Giddens, Anthony (1996): Introduction to Sociology. (2. Auflage). New York u. a.

Giesecke, Hermann (1997): Die pädagogische Beziehung. Pädagogische Professionalität
   und die Emanzipation des Kindes. Weinheim.

Giessmann, Barbara (1990): Die FDJ an den Schulen der DDR – Chancen und Grenzen der
   Funktionswahrnehmung. – In: Zeitschrift für Sozialisationsforschung und Erziehungssoziologie. 1. Beiheft. S. 91 – 104.

Glanz, Frieder (1988): Untersuchungen zu Wertungsprozessen im Geographieunterricht
   der sozialistischen Schule der Deutschen Demokratischen Republik aus der Sicht der
   Führungstätigkeit des Lehrers und der Schülertätigkeit. Pädagogische Hochschule
   Dresden. (unveröffentlichte Dissertation A).

Glöckel Hans (2003): Vom Unterricht. Lehrbuch der allgemeinen Didaktik. (4., durchgesehene und ergänzte Auflage). Bad Heilbrunn.

Goerner, Martin und Wilke, Manfred (1997): Sozialismus – In: Eppelmann, Rainer u. a.
   (Hrsg.): Lexikon des DDR-Sozialismus. Das Staats- und Gesellschaftssystem der
   Deutschen Demokratischen Republik. Bd. 2. (2., aktualisierte und erweiterte Auflage).
   Paderborn. S. 726 – 736.

Grammes, Tilman (1997): Staatsbürgerkunde zwischen Katechetik und Dialektik. Inter-
   pretationsrahmen zu einer Problemgeschichte von Fachunterricht in der DDR. – In:
   Häder, Sonja und Tenorth, Heinz-Elmar (Hrsg.): Bildungsgeschichte einer Diktatur.
   Bildung und Erziehung in SBZ und DDR im historisch-gesellschaftlichen Kontext.
   Weinheim. (Bibliothek für Bildungsforschung. Bd. 6). S. 155 – 182.

Grell, Jochen und Grell, Monika (1983): Unterrichtsrezepte. Weinheim.

Greve, Jens (2006): Logik der Situation, framing und Logik der Aggregation bei Esser und
   Luhmann. – In: Greshoff, Rainer und Schimank, Uwe (Hrsg.): Integrative Sozialtheorie? Esser – Luhmann – Weber. Wiesbaden. S. 13 – 38.

Häder, Sonja und Tenorth, Heinz-Elmar (1997): Bildungsgeschichte einer Diktatur – Probleme ihrer Analyse am Beispiel der DDR. – In: Häder, Sonja und Tenorth, Heinz-Elmar (Hrsg.): Bildungsgeschichte einer Diktatur. Bildung und Erziehung in SBZ und DDR im historisch-gesellschaftlichen Kontext. Weinheim. (Bibliothek für Bildungsforschung. Bd. 6). S. 9–22.

Halbwachs, Maurice (1985): Das kollektive Gedächtnis. Stuttgart.

Hähle, Rena, Lejewski, Petra, Osnowski, Jana und Rönnfeldt, Heike (1987): Zur Auswahl und Veranschaulichung erziehungswirksamen politisch-ökonomisch-geographischen Stoffes zu den kapitalistischen Ländern Europas – ein Beitrag zur Schaffung von Grundlagen zur Verwirklichung der Erziehungsziele. Berlin. (Diplomarbeit).

Händle, Christa (2003): »Vom Funktionär zum Pädagogen?« – Lehrerinnen und Lehrer im Transformationsprozess. – In: Keim, Wolfgang, Kirchhöfer, Dieter und Uhlig, Christa (Red.; 2003): Kritik der Transformation – Erziehungswissenschaft im vereinigten Deutschland. Frankfurt am Main. (Jahrbuch für Pädagogik 2002). S. 145–178.

Händle, Christa (1998): Lehrerinnen in System und Lebenswelt. Erkundungen ihrer doppelten Sozialisation. Opladen.

Händle, Christa, Nitsch, Wolfgang und Uhlig, Christa (1998): LehrerInnen und ErziehungswissenschaftlerInnen im Transformationsprozeß. Anhörungen in den neuen Bundesländern. Weinheim.

Hanke, Irma (1989): Heimat DDR. Heimat und Beheimatungsstrategien im anderen Teil Deutschlands. – In: Wehling, Hans-Georg (Hrsg.): Politische Kultur in der DDR. Stuttgart. (Landeszentrale für politische Bildung Baden Württemberg. Bd. 1089. Bürger im Staat). S. 180–193.

Hard, Gerhard (Hrsg.; 2003): Dimensionen geographischen Denkens. Aufsätze zur Theorie der Geographie. Bd. 2. Göttingen. (Osnabrücker Studien zur Geographie. Bd. 23).

Hard, Gerhard (2003 (zuerst 1979)): Die Disziplin der Weißwäscher. Über Genese und Funktionen des Opportunismus in der Geographie. – In: Hard, Gerhard (Hrsg.; 2003): Dimensionen geographischen Denkens. Aufsätze zur Theorie der Geographie. Bd. 2. Göttingen. (Osnabrücker Studien zur Geographie. Bd. 23). S. 133–172.

Hard, Gerhard (1982): Länderkunde. – In: Jader, Lothar u. a. (Hrsg.): Metzler Handbuch für den Geographieunterricht. Stuttgart. S. 144–159.

Hasse, Jürgen und Isenberg, Wolfgang (Hrsg.; 1991): Vielperspektivischer Geographieunterricht. Osnabrück. (Osnabrücker Studien zur Geographie. Bd. 14).

Hauck, Paul (1989): Die Aufgaben der Umwelterziehung bei der Weiterentwicklung des Geographieunterrichts im Lehrplanwerk 1989–91. – In: Richter, Peter (Hrsg.): Umwelterziehung im Geographieunterricht der DDR und ČSSR.. Greifswald. (Greifswalder Geographische Arbeiten 7). S. 4–21.

Hauck, Paul (1988): Der fakultative Unterricht »Analyse und Gestaltung der heimatlichen Landschaft« und »Struktur und Gestaltung des heimatlichen Wirtschaftsgebietes« als bedeutsames gesellschaftliches, gemeinsames Anliegen von Geographielehrern, Methodikern und Fachwissenschaftlern. – In: Bethke, Artur (Hrsg.): Inhaltliche und methodische Gestaltung des fakultativen geographischen Unterrichts. XII. Greifswalder Geographisches Symposium (23.–25.10.1985). Greifswald. (Greifswalder Geographische Arbeiten 5). S. 6–9.

Hauck, Paul (1979): Die Erziehung zur Vaterlandsliebe – eine wichtige Aufgabe unseres

Geographieunterrichts. – In: Zeitschrift für den Erdkundeunterricht. Jg. 31. H. 8/9. S. 339–349.

Hauck, Paul (1971): Unterrichtshilfen Geographie, Klasse 10. Berlin.

Hauck, Paul u. a. (Hrsg.; 1977): Kommunistische Erziehung im Geographieunterricht. Sonderheft 2 zur Mathematisch-Naturwissenschaftlichen Reihe der Wissenschaftlichen Zeitschrift. Greifswald.

Häuser, Iris: (1989): »Wir wollen immer artig sein, denn nur so hat man uns gern«. Jugendpolitik und das Verhältnis Jugendlicher zu Politik und Gesellschaft. – In: Wehling, Hans-Georg (Hrsg.): Politische Kultur in der DDR. Stuttgart. S. 129–146.

Heineken, Edgar und Ollesch, Heike (1992): Gesellschaftlich bedingte Verzerrungen kognitiver Landkarten. Topographie der ehemaligen DDR und BRD in der Vorstellung von Oberschülern aus ehemals Ost- und West-Berlin. – In: Internationale Schulbuchforschung: Zeitschrift des Georg-Eckert-Instituts für Internationale Schulbuchforschung. Bd. 14 (1992). S. 157–172.

Helwig, Gisela (1988a): »Solides Wissen und klassenmäßige Erziehung«. Zur Einführung in das Bildungssystem der DDR. – In: Helwig, Gisela (Hrsg.): Schule in der DDR. Köln. S. 5–36.

Helwig, Gisela (1988b): »Unerbittlicher Kampf gegen die Feinde des Fortschritts«. Zur weltanschaulichen Erziehung in den Schulen der DDR. – In: Helwig, Gisela (Hrsg.): Schule in der DDR. Köln. S. 90–110.

Helwig, Gisela (Hrsg.; 1988c): Schule in der DDR. Köln.

Hentschel, Kurt (1969): Zu Notwendigkeit und Möglichkeiten der Zielorientierung der Schüler im Geographieunterricht. – In: Zeitschrift für den Erdkundeunterricht. Jg. 21. H. 1. S. 14–22.

Herzog, Ingeborg und Krebs, Günter (1976): Untersuchungen zu Ziel und Inhalt der Behandlung der Beziehungen zwischen Gesellschaft und Natur im Geographieunterricht der allgemeinbildenden polytechnischen Oberschule – ein Beitrag zur marxistisch-leninistischen Fundierung des Faches. Berlin. (unveröffentlichte Dissertation A).

Heydemann, Günther und Oberreuter, Heinrich (Hrsg.; 2003): Diktaturen in Deutschland – Vergleichsaspekte. Bonn. (Schriftenreihe der Bundeszentrale für politische Bildung. Bd. 398).

Heydemann, Günther und Schmiechen-Ackermann, Detlef (2003): Zur Theorie und Methodologie vergleichender Diktaturforschung. – In: Heydemann, Günther und Oberreuter, Heinrich (Hrsg.): Diktaturen in Deutschland – Vergleichsaspekte. Bonn. (Schriftenreihe der Bundeszentrale für politische Bildung. Bd. 398). S. 9–56.

Hille, Barbara (1988): Jugend in der DDR. – In: Timmermann, Heiner (Hrsg.): Sozialstruktur und sozialer Wandel in der DDR. Saarbrücken. (Forum: Politik 4). S. 77–92.

Hoerning, Erika M. und Kupferberg, Feiwel (1999). Die anhaltende Loyalität der ostdeutschen Intelligenz. – In: Bios. Jg. 12. H. 1. S. 28–49.

Hoffmann, Achim und Chalupsky, Jutta (1991): Zwischen Apathie und Aufbruchseuphorie. Lehrerinnen der DDR in der Übergangszeit. Ergebnisse einer empirischen Untersuchung. – In: Pädagogik und Schule in Ost und West. Jg. 39. H. 2. S. 114–119.

Hoffmann, Dietrich (1994): Vergessene Unterschiede der Pädagogik in Ost- und Westdeutschland. – In: Hoffmann, Dietrich und Neumann, Karl (Hrsg.): Erziehung und Erziehungswissenschaft in der BRD und der DDR. Bd. 1. Die Teilung der Pädagogik (1945–1965). Weinheim. S. 343–354.

Hoffmann, Dietrich und Neumann, Karl (Hrsg.; 1994): Erziehung und Erziehungswissenschaft in der BRD und der DDR. Bd. 1. Die Teilung der Pädagogik (1945–1965). Weinheim.

Hoffmann, G. und Lembcke, A. (1977): Zur Auswahl von grundlegendem Wissen bei der Behandlung der Beziehungen zwischen Gesellschaft und Natur im Geographieunterricht der Allgemeinbildenden Polytechnischen Oberschulen am Beispiel von Erholungsgebieten der DDR. HU Berlin. (unveröffentlichte Diplomarbeit).

Holzweißig, Gunter (1996a): Die »führende Rolle« der Partei im SED-Staat. – In: Kurth, Eberhard (Hrsg.): Die SED-Herrschaft und ihr Zusammenbruch. Opladen. S. 29–50.

Holzweißig, Gunter (1996b): Medien und Medienlenkung. – In: Kurth, Eberhard (Hrsg.): Die SED-Herrschaft und ihr Zusammenbruch. Opladen. S. 51–82.

Honecker, Margot (1981): Der sozialistische Lehrer – wichtiger Mitgestalter unserer Revolution. – In: Deutsche Lehrerzeitung. Jg. 12. H. 9/10. S. 2–8.

Honecker, Margot (1968): Alles für die allseitig entwickelte sozialistische Persönlichkeit. – In: Pädagogik. H. 8, 9. S. 762–775.

Hoof, Dieter (1973): Das Deutschlandproblem in Erdkundebüchern. – In: Freiwald, Helmut u. a.: Das Deutschlandproblem in Schulbüchern der Bundesrepublik. Düsseldorf. (Studien zur Sozialwissenschaft 13). S. 163–197.

Hornung, Klaus (1997): Marxismus-Leninismus. – In: Eppelmann, Rainer u. a. (Hrsg.): Lexikon des DDR-Sozialismus. Das Staats- und Gesellschaftssystem der Deutschen Demokratischen Republik. Bd. 1. (2., aktualisierte und erweiterte Auflage). Paderborn. S. 528–535.

Hoyer, Hans-Dieter (1996): Lehrer im Transformationsprozeß. Berufliches Selbstverständnis, soziale und professionelle Kompetenz von ostdeutschen Pädagogen im Wechsel der Schulsysteme. Weinheim.

Ihde, Gustav (1981): Die Darstellung Deutschlands in Schulatlanten – eine fachdidaktische Bilanz nach 10 Jahren Grenzstreit. – In: Verband Deutscher Schulgeographen e.V. (Hrsg.): 2. Arbeitstagung (vom 23. bis 25. März 1981). »Zur Behandlung Deutschlands im Unterricht«. Berlin. S. 175–196.

Ittermann, Reinhard (1991): Die ehemalige DDR und das Geographie-Curriculum. – In: Becks, Friedrich und Feige, Wolfgang (Hrsg.): Geographie im Dienste von Schule und Erziehung. Festschrift für Herbert Büschenfeld und Karl Engelhard zum 65. Geburtstag. Nürnberg. (Geographiedidaktische Forschungen. Bd. 20). S. 122–142.

Ittermann, Reinhard (1989): Die DDR im Geographieunterricht der Bundesrepublik. – In: Pädagogik und Schule in Ost und West 37. H. 4. S. 218–226.

Jacobmeyer, Wolfgang (1986): Deutschlandbild und Deutsche Frage in den historischen, geographischen und sozialwissenschaftlichen Unterrichtswerken der Bundesrepublik Deutschland und der Deutschen Demokratischen Republik von 1949 bis in die 80er Jahre. Braunschweig. (Studien zur Internationalen Schulbuchforschung. Schriftenreihe des Georg-Eckert-Instituts für Internationale Schulbuchforschung. Bd. 43).

Jäger, Wolfgang (1996): Der Weg zur Wiedervereinigung. – In: Kurth, Eberhard (Hrsg.): Die SED-Herrschaft und ihr Zusammenbruch. Opladen. S. 349–378.

Jahn, Walter (1966): Möglichkeiten der weltanschaulichen und politisch-ideologischen Erziehung der Schüler im Geographieunterricht. – In: Zeitschrift für den Erdkundeunterricht. Berlin. H. 4. S. 134–143.

Jahn, Walter, Kühn, Joachim und Raulien, Ralf (1980): Unterrichtshilfen Geographie, Klasse 9. (5. Auflage). Berlin.

Jesse, Eckhard (1997): Totalitarismus. – In: Eppelmann, Rainer, Müller, Horst, Nooke, Günter und Wilms, Dorothee. (Hrsg.): Lexikon des DDR-Sozialismus. Das Staats- und Gesellschaftssystem der Deutschen Demokratischen Republik. Bd. 2. (2., aktualisierte und erweiterte Auflage). Paderborn. S. 851–859.

John, Bernd (1998): Ideologie und Pädagogik: zur Geschichte der Vergleichenden Pädagogik in der DDR. Frankfurt am Main. (Studien und Dokumentation zur vergleichenden Bildungsforschung. Bd. 78).

Judt, Matthias (Hrsg.; 1998a): DDR-Geschichte in Dokumenten. Beschlüsse, Berichte, interne Materialien und Alltagszeugnis. Berlin. (Schriftenreihe der Bundeszentrale für Politische Bildung. Bd. 350).

Judt, Matthias (1998b): Deutschlands doppelte Vergangenheit: Die DDR in der deutschen Geschichte. – In: Judt, Matthias (Hrsg.): DDR-Geschichte in Dokumenten. Beschlüsse, Berichte, interne Materialien und Alltagszeugnis. Berlin. (Schriftenreihe der Bundeszentrale für Politische Bildung. Bd. 350). S. 9–24.

Judt, Matthias (1998c): Deutschland- und Außenpolitik. – In: Judt, Matthias (Hrsg.): DDR-Geschichte in Dokumenten. Beschlüsse, Berichte, interne Materialien und Alltagszeugnis. Berlin. (Schriftenreihe der Bundeszentrale für Politische Bildung. Bd. 350). S. 493–558.

Judt, Matthias (1998d): Anhang. Chronik der SBZ- und DDR-Geschichte. – In: Judt, Matthias (Hrsg.): DDR-Geschichte in Dokumenten. Beschlüsse, Berichte, interne Materialien und Alltagszeugnis. Berlin. (Schriftenreihe der Bundeszentrale für Politische Bildung. Bd. 350). S. 559.

Kanther, Manfred (1996): Grußwort. – In: Kurth, Eberhard (Hrsg.): Die SED-Herrschaft und ihr Zusammenbruch. Opladen. S. 5–8.

Kanwischer, Detlef, Köhler, Peter, Oertel, Hannelore, Rhode-Jüchtern, Tilman und Uhlemann, Kerstin (2004): Der Lehrer ist das Curriculum!? Eine Studie zu Fortbildungsverhalten, Fachverständnis und Lehrstilen Thüringer Geographielehrer. Bad Berka. (Institut für Lehrerfortbildung, Lehrplanentwicklung und Meiden. H. 108. Materialien).

Kardorff, Ernst von (2000): Qualitative Evaluationsforschung. – In: Flick, Uwe, Kardorff, Ernst von und Steinke, Ines (Hrsg.): Qualitative Forschung. Ein Handbuch. Reinbek bei Hamburg. S. 238–250.

Keller, Gottfried (1971): Lehrplantheoretische Untersuchungen zu den Beziehungen zwischen allgemein- und regionalgeographischen Stoffen im Unterrichtsfach Geographie. Berlin. (unveröffentlichte Dissertation A).

Kinzel, Hella-Maria (1978a): Zum Verhältnis von Physisch- und Ökonomisch-Geographischem. – In: Akademie der Pädagogischen Wissenschaften der DDR (Hrsg.): Methodik Geographieunterricht. Berlin. S. 72–73.

Kinzel, Hella-Maria. (1978b): Unterrichtshilfen Geographie, Klasse 6. (2. Auflage). Berlin.

Kinzel, Hella-Maria (1976): Die Erziehung zu proletarischem Internationalismus, sozialistischem Patriotismus und Heimatliebe – ein wesentliches Anliegen im Geographieunterricht. – In: Geographische Berichte 21. H. 78. S. 30–37.

Kinzel, Hella-Maria (1959): Die Entwicklung des Geographieunterrichts in Deutschland. Bd. 1. bis 1850. Berlin. (unveröffentlichte Dissertation A).

Kirchberg, Günter (1990): Die Behandlung der DDR in den Geographieschulbüchern der Bundesrepublik Deutschland. – In: Internationale Schulbuchforschung: Zeitschrift des Georg-Eckert-Instituts für Internationale Schulbuchforschung. Bd. 12 (1990). H. 4. S. 379–391.

Klier, Freya (1990): Lüg Vaterland. Erziehung in der DDR. München.

Klüter, Helmut (1986): Raum als Element sozialer Kommunikation. Gießen. (Giessener Geographische Schriften. H. 60).

Kneer, Georg (2006): Zur Integration des Systembegriffs in Hartmut Essers erklärende Soziologie. – In: Greshoff, Rainer und Schimank, Uwe (Hrsg.): Integrative Sozialtheorie? Esser – Luhmann – Weber. Wiesbaden. S. 229–258.

König, Peter (1986): Untersuchungen zur Gestaltung von Lehrbuchkarten – dargestellt am Beispiel der physisch-geographischen Karten im Lehrbuch der Klasse 6. HU Berlin. (unveröffentlichte Diplomarbeit).

Kohl, Steffi und Sachs, Conrad (2000): Polytechnischer Unterricht in der DDR. Ansätze einer Dokumentation von Theorie und Praxis, Aus- und Weiterbildung. Hamburg.

Kohlmann, Reinhard (1966): Der Vergleich im ökonomisch-geographischen Unterricht der Klassen 9 und 10 der zehnklassigen allgemeinbildenden polytechnischen Oberschule unter besonderer Berücksichtigung seiner Verwendung in der selbstständigen Arbeit der Schüler. Leipzig. (unveröffentlichte Dissertation A).

Kohlmann, Reinhard und Sieber, Arnulf (1981): Unterrichtshilfen Geographie, Klasse 11. Berlin.

Kreikenborn, Henry und Stapelfeld, Maxi (1994): Steine auf dem Weg zum politischen Alltag. – In: Niedermeyer, Oskar und Beyme, Klaus von (Hrsg.): Politische Kultur in Ost und Westdeutschland. Schriftenreihe der Kommission für die Erforschung des sozialen und politischen Wandels in den neuen Bundesländern. Berlin. S. 162–183.

Krüger, H. und Rinderhagen, K. (1986): Die Bestimmung grundlegenden Wissens bei der Behandlung der kapitalistischen Länder in Klasse 10 unter besonderer Berücksichtigung der anzueignenden Begriffe. HU Berlin. (unveröffentlichte Diplomarbeit).

Kruse, M. und Tröger, M. (1978): Praxisanalytische Untersuchungen zur Behandlung von Wirtschaftsgebieten im Geographieunterricht der Klasse 6. Stoffeinheit: sozialistische Länder Europas (außer Sowjetunion). HU Berlin. (unveröffentlichte Diplomarbeit).

Kühnel, Wolfgang (1990): Der Lebenszusammenhang DDR-Jugendlicher im Spannungsfeld von institutioneller Verregelung und alltagskultureller Modernisierung. – In: Zeitschrift für Sozialisationsforschung und Erziehungssoziologie. 1. Beiheft. S. 105–113.

Kultusministerkonferenz (Hrsg.; 1981): Grundsätze für die Darstellung Deutschlands in Schulbüchern und kartographischen Werken für den Schulunterricht. (Beschluss vom 12.2.1981). (schulinternes Dokument).

Kurth, Eberhard (1996): Einführung. – In: Kurth, Eberhard (Hrsg.): Die SED-Herrschaft und ihr Zusammenbruch. Opladen. S. 9–28.

Kurth, Eberhard, Buck, Hannsjörg und Holzweißig, Gunter (Hrsg.; 1996): Die SED-Herrschaft und ihr Zusammenbruch. Opladen.

Lamnek, Siegfried (1995a): Qualitative Sozialforschung. Bd. 1: Methodologie. (3., korrigierte Auflage). München u. a.

Lamnek, Siegfried (1995b): Qualitative Sozialforschung. Bd. 2: Methoden und Techniken. (3., korrigierte Auflage). München u. a.

Lehmann, Ottokar, Mirus, Hans und Münchow, Horst (1982): Unterrichtshilfen Geographie, Klasse 7. (7., stark bearbeitete Auflage). Berlin.

Lemke, Christiane (1989): Eine politische Doppelkultur. Sozialisation im Zeichen konkurrierender Einflüsse. – In: Wehling, Hans-Georg (1989): Politische Kultur in der DDR. Stuttgart. S. 81 – 93.

Lossau, Julia (2001): Anderes Denken in der Politischen Geographie: Der Ansatz der Critical Geopolitics. – In: Reuber, Paul und Wolkersdorfer, Günter (Hrsg.): Politische Geographie: Handlungsorientierte Ansätze und Critical Geopolitics. Heidelberg. (Heidelberger Geographische Arbeiten. H. 112). S. 57 – 63.

Luhmann, Niklas (2006): Das Kind als Medium der Erziehung. Frankfurt am Main.

Luhmann, Niklas (2005): Einführung in die Theorie der Gesellschaft. Darmstadt.

Luhmann, Niklas (2002a): Das Erziehungssystem der Gesellschaft. Frankfurt am Main.

Luhmann, Niklas (2002b): Einführung in die Systemtheorie. Heidelberg.

Luhmann, Niklas (1996): Das Erziehungssystem und die Systeme seiner Umwelt. – In: Luhmann, Niklas und Schorr, Karl-Eberhard (Hrsg.): Zwischen System und Umwelt. Fragen an die Pädagogik. Frankfurt am Main. S. 14 – 52.

Luhmann, Niklas und Schorr, Karl-Eberhard (Hrsg.; 1996): Zwischen System und Umwelt. Fragen an die Pädagogik. Frankfurt am Main.

Mählert, Ulrich (1999): Kleine Geschichte der DDR. (2. Auflage). München.

Marcinek-Kinzel, Hella (1980): Zielorientierung – Funktion und Gestaltung im Geographieunterricht. – In: Zeitschrift für den Erdkundeunterricht. Jg. 32. H. 4/5. S. 201 – 209.

Marcinek-Kinzel, Hella (1979): Untersuchungen zur Auswahl und Struktur fachlicher Unterrichtsstoffe im Geographieunterricht der Klassen 5 bis 10 der allgemeinbildenden polytechnischen Oberschule der Deutschen Demokratischen Republik unter besonderer Berücksichtigung seiner grundlegenden Elemente. Berlin. (unveröffentlichte Dissertation A).

Margedant, Udo (1997a): Bildungswesen und Bildungspolitik. – In: Eppelmann, Rainer u. a. (Hrsg.): Lexikon des DDR-Sozialismus. Das Staats- und Gesellschaftssystem der Deutschen Demokratischen Republik. Bd. 1. (2., aktualisierte und erweiterte Auflage). Paderborn. S. 156 – 163.

Margedant, Udo (1997b): Sozialistische Persönlichkeit. – In: Eppelmann, Rainer u. a. (Hrsg.): Lexikon des DDR-Sozialismus. Das Staats- und Gesellschaftssystem der Deutschen Demokratischen Republik. Bd. 2. (2., aktualisierte und erweiterte Auflage). Paderborn. S. 760 – 763.

Margedant, Udo und Marquardt, Bernhard (1999): Partei und Herrschaft. – In: Buchstab, Günter (Hrsg.): Geschichte der DDR und deutsche Einheit. Analyse von Lehrplänen und Unterrichtswerken für Geschichte und Sozialkunde. Schwalbach/Ts. (Studien zu Politik und Wissenschaft). S. 67 – 121.

Markowitsch, Hans J. und Welzer, Harald (2005): Das autobiographische Gedächtnis. Hirnorganische Grundlagen und biosoziale Entwicklung. Stuttgart.

Marotzki, Winfried und Schäfer, Eva (2006): Film- und Videoarbeit. – In: Bohnsack, Ralf u. a. (Hrsg.): Hauptbegriffe qualitativer Sozialforschung. Opladen. S. 62 – 67.

Maser, Peter (1997): Sozialistische Einheitspartei Deutschlands: totalitäre Merkmale – In: Eppelmann, Rainer u. a. (Hrsg.): Lexikon des DDR-Sozialismus. Das Staats- und Gesellschaftssystem der Deutschen Demokratischen Republik. Bd. 2. (2., aktualisierte und erweiterte Auflage). Paderborn. S. 755 – 775.

Mätzing, Heike Christina (1999): Geschichte im Zeichen des historischen Materialismus. Untersuchungen zu Geschichtswissenschaft und Geschichtsunterricht in der DDR. Hannover. (Schriftenreihe des Georg-Eckert-Instituts für internationale Schulbuchforschung. Bd. 96).

Mätzing, Heike Christina und Radkau-Garcia, Verena (Hrsg.; 2000): Zehn Jahre nach der Wiedervereinigung – die DDR im Geschichtsbewusstsein der Deutschen. Hannover. (Internationale Schulbuchforschung. Jg. 22 (2000). H. 4).

Mayring, Philipp (1997): Qualitative Inhaltsanalyse. Grundlagen und Techniken. (6., durchgesehene Auflage). Weinheim.

Meincke, Rolf (1981): Untersuchungen zur Bestimmung und Gestaltung von Erziehungssituationen – eine wesentliche Voraussetzung für die Erhöhung der Erziehungswirksamkeit des Geographieunterrichts. Ernst-Moritz-Arndt Universität Greifswald. (unveröffentlichte Dissertation A).

Meincke, Rolf (1977): Zu einigen Bedingungen der Gestaltung eines erziehungswirksamen Geographieunterrichts. – In: Hauck, Paul u. a. (Hrsg.): Kommunistische Erziehung im Geographieunterricht. Sonderheft 2 zur Mathematisch-Naturwissenschaftlichen Reihe der Wissenschaftlichen Zeitschrift. Greifswald. S. 2 – 32.

Meincke, Rolf (1975): Ergebnisse und Probleme der Forschung zur Erhöhung der Erziehungswirksamkeit des Geographieunterrichts. – In: Geographische Berichte. Gotha. S. 294 – 312.

Meixner, Andreas (1979): Probleme der Wechselwirkung von Mensch, Gesellschaft und Umwelt sowie deren Behandlung bei der Ausbildung von Diplomlehrern für das Fach Geographie der allgemeinbildenden polytechnischen Oberschulen der DDR. Potsdam. (unveröffentlichte Dissertation A).

Mense-Petermann, Ursula (2001): Between System and Actor – An institutionalist Approach. – In: Dittrich, Eckhard (Hrsg.): Wandel, Wende, Wiederkehr. Transformation as Epochal Change in Central and Eastern Europe: Theoretical Concepts and Their Empirical Applicability. Würzburg. (Transformationen – Gesellschaften im Wandel. Bd. 2). S. 67 – 78.

Merkens, Hans (2000): Auswahlverfahren, Sampling, Fallkonstruktion. – In: Flick, Uwe, Kardorff, Ernst von und Steinke, Ines (Hrsg.): Qualitative Sozialforschung. Ein Handbuch. Reinbek bei Hamburg. S. 286 – 299.

Miebach, Bernhard (2006): Soziologische Handlungstheorie. Eine Einführung. (2., grundlegend überarbeitete und aktualisierte Auflage). Wiesbaden.

Mietzner, Ulrike (1998): Enteignung der Subjekte – Lehrer und Schule in der DDR. Eine Schule in Mecklenburg von 1945 bis zum Mauerfall. Opladen.

Mikk, Joan (2000): Textbook, Research and Writing. – In: Reinert, G.-B., Musteikiene, J. und Orn, J. (Hrsg.): Baltische Studien zur Erziehungs- und Sozialwissenschaft. Bd. 3.

Ministerium für Bildung, Jugend und Sport des Landes Brandenburg (Hrsg.; 1992): Vorläufiger Rahmenplan des Landes Brandenburg. Erdkunde. Gymnasiale Oberstufe. Sekundarstufe II. Potsdam.

Ministerium für Bildung, Jugend und Sport des Landes Brandenburg (Hrsg.; 1991): Vorläufiger Rahmenplan des Landes Brandenburg. Lernbereich »Gesellschaftslehre«. Erdkunde. Sekundarstufe I. Potsdam.

Ministerium für Volksbildung (MfV) (Hrsg.; 1987a): Schulbuch Geographie, Klasse 9. (4. Auflage). Berlin.

Ministerium für Volksbildung (Hrsg.; 1987b): Schulbuch Geographie, Klasse 8. (5. Auflage). Berlin.

Ministerium für Volksbildung (Hrsg.; 1983a): Schulbuch Geographie, Klasse 7. (2. Auflage). Berlin.

Ministerium für Volksbildung (Hrsg.; 1983b): Schulbuch Geographie, Klasse 11. (2. Auflage). Berlin.

Ministerium für Volksbildung (Hrsg.; 1982a): Schulbuch Geographie, Klasse 6. (8. Auflage). Berlin.

Ministerium für Volksbildung (Hrsg.; 1982b): Lehrplan Geographie, Klasse 8. Berlin.

Ministerium für Volksbildung (Hrsg.; 1982c): Schulbuch Geographie, Klasse 10. (5. Auflage). Berlin.

Ministerium für Volksbildung (Hrsg.; 1981a): Schulbuch Geographie, Klasse 5. (5. Auflage). Berlin.

Ministerium für Volksbildung (Hrsg.; 1981b): Lehrplan Geographie. Abiturstufe. Berlin.

Ministerium für Volksbildung (Hrsg.; 1980): Schulbuch Geographie, Klasse 5. (4. Auflage). Berlin.

Ministerium für Volksbildung (Hrsg.; 1979): Lehrplan Geographie, Klassen 5 bis 10. Berlin.

Ministerium für Volksbildung (Hrsg.; 1977): Schulbuch Geographie, Klasse 6. (3. Auflage). Berlin.

Ministerium für Volksbildung (Hrsg.; 1973): Schulbuch Geographie, Klasse 11. Berlin.

Ministerium für Volksbildung (Hrsg.; 1974): Schulbuch Geographie, Klasse 8. (7. Auflage). Berlin.

Ministerium für Volksbildung (Hrsg.; 1971): Schulbuch Geographie, Klasse 10. (3. Auflage). Berlin.

Ministerium für Volksbildung (Hrsg.; 1972): Lehrplan für Geographie. Erweiterte Oberschule, Klasse 11. Berlin.

Ministerium für Volksbildung (Hrsg.; 1970): Schulbuch Geographie, Klasse 9. Berlin.

Ministerium für Volksbildung (Hrsg.; 1968a): Schulbuch Geographie, Klasse 5. (3. Auflage). Berlin.

Ministerium für Volksbildung (Hrsg.; 1968b): Schulbuch Geographie, Klasse 7. Berlin.

Ministerium für Volksbildung (Hrsg.; 1967): Schulbuch Geographie, Klasse 6. Berlin.

Ministerium für Volksbildung (Hrsg.; 1966): Präsisierter Lehrplan für Geographie, Klasse 6. Berlin.

Mirus, Hans (1967): Untersuchungsmethoden und Ergebnisse einer Analyse über Ausstattungsstand und Nutzung geographischer Unterrichtsmittel. Berlin. (Schriftenreihe Unterrichtsmittel. H. 34).

Mitter, Wolfgang (1990): Politische Bildung und Erziehung. – In: Bundesministerium für innerdeutsche Beziehungen (Hrsg.): Vergleich von Bildung und Erziehung in der Bundesrepublik Deutschland und in der Deutschen Demokratischen Republik. Köln. S. 597 – 619.

Möbius, Siegfried (1976): Zur problemhaften Gestaltung des Geographieunterrichts. (Mit Hinweisen zur Behandlung der Stoffeinheit »Alpenländer« in Klasse 6). – In: Zeitschrift für den Erdkundeunterricht 2/3. S. 106 – 117.

Möller, Horst (1997): Der SED-Staat – die zweite Diktatur in Deutschland. – In: Eppelmann, Rainer, Möller, Horst, Nooke, Günter und Wilms, Dorothee (Hrsg.): Lexikon des

DDR-Sozialismus. Das Staats- und Gesellschaftssystem der Deutschen Demokratischen Republik. Band 1: A-M. (2., aktualisierte und erweiterte Auflage). Paderborn.

Monmonier, Mark (1996): Eins zu einer Million. Die Tricks und Lügen der Kartographen. Basel.

Neidhard, Karin (2004): Nationalsozialistische Gedanken in der Schweiz. Eine vergleichende Studie schweizerischer und deutscher Schulbücher zwischen 1900 und 1945. Frankfurt am Main. – In: Haumann, Heiko (Hrsg.): Menschen und Strukturen. Frankfurt am Main. (Historisch-sozialwissenschaftliche Studien. Bd. 13).

Neubert, Ehrhart (1998): Politische Verbrechen in der DDR. – In: Courtois, Stéphane, Werth, Nicolas, Panneé, Jean-Louis, Paczkowski, Andrzej, Bartosek, Karel und Margolin, Jean-Louis (Hrsg.): Das Schwarzbuch des Kommunismus. Unterdrückung, Verbrechen und Terror. (3. Auflage). München. S. 829–884.

Neuner, Gerhart (1994): Kontinuität und Transformation klassischer Bildungstheorie im DDR-Bildungswesen. – In: Hoffmann, Dietrich und Neumann, Karl (Hrsg.): Erziehung und Erziehungswissenschaft in der BRD und der DDR. Bd. 1. Die Teilung der Pädagogik (1945–1965). Weinheim. S. 173–196.

Neuner, Gerhart (1968): Die Schule – eine ideologische Institution. – In: Einheit. H. 12. S. 1494–1504.

Neuner, Gerhart (1964): Die Theorie der allseitigen Entwicklung und der neue Charakter der Allgemeinbildung im einheitlichen sozialistischen Bildungssystem – In: Pädagogische Wissenschaft und Schule. Konferenzbericht. Bd. 1. Berlin. S. 27–54.

Niedermayer, Oskar und Beyme, Klaus von (Hrsg.; 1994): Politische Kultur in Ost- und Westdeutschland. Berlin.

Niethammer, Lutz (1991): Glasnost privat 1987. – In: Niethammer, Lutz, Plato, Alexander von und Wieling, Dorothee: Die volkseigene Erfahrung. Eine Archäologie des Lebens in der Industrieprovinz der DDR. 30 biographische Eröffnungen. Berlin. S. 9–76.

Niethammer, Lutz (Hrsg.; 1985): Lebenserfahrung und kollektives Gedächtnis. Die Praxis der »Oral History«. Frankfurt am Main.

Niethammer, Lutz, Plato, Alexander von und Wieling, Dorothee (1991): Die volkseigene Erfahrung. Eine Archäologie des Lebens in der Industrieprovinz der DDR. 30 biographische Eröffnungen. Berlin.

Nohl, Arnd-Michael (2006): Interview und dokumentarische Methode. Anleitungen für die Forschungspraxis. Wiesbaden.

Ofenbach, Birgit (2006): Geschichte des pädagogischen Berufsethos. Realbedingungen für Lehrerhandeln von der Antike bis zum 21. Jahrhundert. Würzburg.

Oldenburg, Fred (1996): Das entgleiste Bündnis. Zum Verhältnis DDR – Sowjetunion im Zeichen von Perestroika und »neuem Denken«. – In: Kurth, Eberhard (Hrsg.): Die SED-Herrschaft und ihr Zusammenbruch. Opladen. S. 199–236.

Opp De Hipt, Manfred (1989): Deutsche Lust am Staat? Marxistisch-Leninistisches Staatsverständnis und realsozialistische Wirklichkeit in der DDR. – In: Wehling, Hans-Georg (1989): Politische Kultur in der DDR. Stuttgart. (Landeszentrale für politische Bildung Baden Württemberg. Kohlhammer Taschenbücher Bürger im Staat. Bd. 1089). S. 54–65.

Oßenbrügge, Jürgen (2001): Modernisierung der Belanglosigkeit oder Neubeginn einer kritischen Politischen Geographie? Anmerkungen zur wissenschaftlichen Lage und zum Start eines Arbeitskreises. – In: Reuber, Paul und Wolkersdorfer, Günter (Hrsg.):

Politische Geographie: Handlungsorientierte Ansätze und Critical Geopolitics. Heidelberg. (Heidelberger Geographische Arbeiten. H. 112). S. 177 – 184.

Pápay, Gyula (2003): Politik und Kartographie – In: Unverhau, Dagmar (Hrsg.): Kartenverfälschung als Folge übermäßiger Geheimhaltung? Eine Annäherung an das Thema Einflussnahme der Staatssicherheit auf das Kartenwesen der DDR. Referate der Tagung der BStU vom 08.–09. 03. 2001 in Berlin. (2. durchgesehene Aufl.). Münster. (Archiv zur DDR-Staatssicherheit. Bd. 5). S. 13 – 25.

Parsons, Talcott (1981): Sozialstruktur und Persönlichkeit. (4., unveränderte Auflage). Frankfurt am Main. (Reprints Psychologie. Bd. 7).

Pätzold, Horst (2004): Von Weimar bis zur Wende. Schulerlebnisse aus sechs Jahrzehnten. Beiträge des Dokumentationszentrums des Landes für die Opfer deutscher Diktaturen. Schwerin.

Pauen, Michael (2006): Das Gedächtnis der Freiheit. Autobiographische Erinnerung, Selbstkonzept und Selbstbestimmung. – In: Welzer, Harald und Markowitsch, Hans J. (Hrsg.): Warum Menschen sich erinnern können. Fortschritte in der interdisziplinären Gedächtnisforschung. Stuttgart. S. 167 – 186.

Pilarczy, Ulrike und Mietzner, Ulrike (2005): Das reflektierte Bild. Die seriell-ikonografische Fotoanalyse in den Erziehungs- und Sozialwissenschaften. Bad Heilbrunn.

Plato, Alexander von (2006): Oral history. – In: Bohnsack, Ralf u. a. (Hrsg.): Hauptbegriffe qualitativer Sozialforschung. Opladen. S. 130 – 132.

Popper, Karl R. (1977 (zuerst: 1945)): Die offene Gesellschaft und ihre Feinde. Bd. 2. Falsche Propheten. Hegel, Marx und die Folgen. (5. Auflage). S. 114 ff.

Pott, Andreas (2002): Objektive Hermeneutik. – In: Kanwischer, Detlef und Rhode-Jüchtern, Tilman (Hrsg.): Qualitative Forschungsmethoden in der Geographiedidaktik. Nürnberg. (Geographiedidaktische Forschungen. Bd. 35). S. 73 – 89.

Prosch, Bernhard und Abraham, Martin (2006): Gesellschaft, Sinn und Handeln: Webers Konzept des sozialen Handelns und das Frame-Modell. – In: Greshoff, Rainer und Schimank, Uwe (Hrsg.): Integrative Sozialtheorie? Esser – Luhmann – Weber. Wiesbaden. S. 87 – 109.

Quesel, Carsten (2005): Pädagogik und politische Kultur in England 1870 – 1945. Bern.

Raum, Bernd und Schlimme, Wolfgang (1981): Unterrichtshilfen Geographie, Klasse 10. (3. Auflage). Berlin.

Redepenning, Marc (2006): Wozu Raum? Systemtheorie, critical geopolitics und raumbezogene Semantiken. Leipzig. (Beiträge zur regionalen Geographie. Bd. 62).

Reuber, Paul (2001): Möglichkeiten und Grenzen einer Handlungsorientierten Politischen Geographie. – In: Reuber, Paul und Wolkersdorfer, Günter (Hrsg.): Politische Geographie: Handlungsorientierte Ansätze und Critical Geopolitics. Heidelberg. (Heidelberger Geographische Arbeiten. H. 112). S. 77 – 92.

Reuber, Paul und Wolkersdorfer, Günter (2003): Geopolitische Leitbilder und die Neuordnung der globalen Machtverhältnisse. – In: Gebhardt, Hans, Reuber, Paul und Wolkersdorfer, Günter (Hrsg.): Kulturgeographie. Aktuelle Ansätze und Entwicklungen. Berlin, Heidelberg. S. 47 – 66.

Reuber, Paul und Wolkersdorfer, Günter (2001): Die neuen Geographien des Politischen und die neue Politische Geographie – Eine Einführung. – In: Reuber, Paul und Wolkersdorfer, Günter (Hrsg.): Politische Geographie: Handlungsorientierte Ansätze und

Critical Geopolitics. Heidelberg. (Heidelberger Geographische Arbeiten. H. 112). S. 1 – 16.

Reuter, Lutz R. (1998): Rechtliche Grundlagen und Rahmenbedingungen. – In: Berg, Christa (Hrsg.): Handbuch der deutschen Bildungsgeschichte. Bd. 6. 1945 bis zur Gegenwart. Teilbd. 2. München. S. 26 – 36.

Rhode-Jüchtern, Tilman (1995): Raum als Text. Perspektiven einer Konstruktiven Erdkunde. Wien.

Richter, Dieter (1980): Deutsche Demokratische Republik. Gegenstand des Geographieunterrichts. – In: Praxis Geographie 10. H. 9. S. 370 – 374.

Riedel, Klaus, Griewatz, Martin, Leutert, Hans, Westphal, Jürgen (1994): Schule im Vereinigunsprozess. Probleme und Erfahrungen aus Lehrer- und Schülerperspektive. – In: Europäische Hochschulschriften. Reihe XI, Bd.573. Frankfurt am Main.

Ringel, Gudrun (1988): Untersuchungen zur Auswahl und Aneignung von Allgemeinbegriffen im Geographieunterricht der Klassen 5 bis 10 der allgemeinbildenden polytechnischen Oberschule in der DDR. Berlin. (unveröffentlichte Dissertation B).

Rolff, Hans-Günter, Bauer, Karl-Oswald, Klemm, Klaus und Pfeiffer, Hermann (Hrsg.; 1998): Jahrbuch der Schulentwicklung. Daten, Beispiele und Perspektiven. Bd. 10. Weinheim und München. S. 47 – 49.

Rolff, Hans-Günter, Bauer, Karl-Oswald, Klemm, Klaus und Pfeiffer, Hermann (Hrsg.; 1996): Jahrbuch der Schulentwicklung. Daten, Beispiele und Perspektiven. Bd. 9. Weinheim und München. S. 50 – 54.

Rolff, Hans-Günter, Bauer, Karl-Oswald, Klemm, Klaus, Pfeiffer, Hermann und Schulz-Zander, Renate (Hrsg.; 1994): Jahrbuch der Schulentwicklung. Daten, Beispiele und Perspektiven. Bd. 8. Weinheim und München.

Rolff, Hans-Günter, Bauer, Karl-Oswald, Klemm, Klaus und Pfeiffer, Hermann (Hrsg.; 1992): Jahrbuch der Schulentwicklung. Daten, Beispiele und Perspektiven. Bd. 7. Weinheim und München.

Routledge, Paul (1998): Introduction: Anti-Geopolitics. – In: Tuathail, Gearóid Ó, Dalby, Simon und Routledge, Paul (Hrsg.): The Geopolitics Reader. London u. a. S. 245 – 255.

Rudolf, Roland, Döbert, Hans, Weishaupt, Horst (1996): Empirische Lehrerforschung in der DDR. – In: Weishaupt, Horst, Zedler, Peter (Hrsg.): Erfurter Studie zur Entwicklung des Bildungswesens. Bd. 3. Erfurt.

Ruhloff, Jörg (1996): Pädagogik und anderes. Transzendalkritische Bemerkungen zu Niklas Luhmann. »Das Erziehungssystem und die Systeme seiner Umwelt«. – In: Luhmann, Niklas und Schorr, Karl-Eberhard (Hrsg.): Zwischen System und Umwelt. Fragen an die Pädagogik. Frankfurt am Main. S. 53 – 75.

Rytlewski, Ralf (1990a): Entwicklung und Struktur des Hochschulwesens in der DDR. – In: Bundesministerium für innerdeutsche Beziehungen (Hrsg.): Vergleich von Bildung und Erziehung in der Bundesrepublik Deutschland und in der Deutschen Demokratischen Republik. Köln. S. 414 – 424.

Rytlewski, Ralf (1990b): Studentenschaft in der DDR. – In: Bundesministerium für innerdeutsche Beziehungen (Hrsg.): Vergleich von Bildung und Erziehung in der Bundesrepublik Deutschland und in der Deutschen Demokratischen Republik. Köln. S. 465 – 473.

Rytlewski, Ralf (1990c): Studienorganisation in der DDR. – In: Bundesministerium für innerdeutsche Beziehungen (Hrsg.): Vergleich von Bildung und Erziehung in der

Bundesrepublik Deutschland und in der Deutschen Demokratischen Republik. Köln. S. 445 – 452.

Schäfer, Alfred (1996): Zur relativen Autonomie des pädagogischen Wirklichkeitszugangs. – In: Luhmann, Niklas und Schorr, Karl-Eberhard (Hrsg.): Zwischen System und Umwelt. Fragen an die Pädagogik. Frankfurt am Main. S. 75 – 109.

Schelhaas, Bruno (2000): Berufsgeographie in der DDR. – In: Standort – Zeitschrift für angewandte Geographie. H. 3/2000. S. 42 – 46.

Schepp, Heinz-Hermann (1994): Fortwirkende Elemente der Marxschen Bildungskonzeption. – In: Hoffmann, Dietrich und Neumann, Karl (Hrsg.): Erziehung und Erziehungswissenschaft in der BRD und der DDR. Bd. 1. Die Teilung der Pädagogik (1945 – 1965). Weinheim. S. 327 – 342.

Scheuch, Erwin (1997): Klassen und Klassenkampf. – In: Eppelmann, Rainer u. a. (Hrsg.): Lexikon des DDR-Sozialismus. Das Staats- und Gesellschaftssystem der Deutschen Demokratischen Republik. Bd. 1. (2. aktualisierte und erweiterte Auflage). Paderborn. S. 457 – 463.

Schimunek, Franz-Peter und Zedler, Peter (2005): »Die Flamme wurde immer kleiner« – Lehrer/innenbiographien aus der DDR. Erfurt. (Erfurter Studien zur Entwicklung des Bildungswesens. Bd. 16).

Schimunek, Franz-Peter (1996): Einstellungen zum Lehrberuf – Trend bei Lehrern und Lehrstudenten in der DDR und im neuen Bundesland Thüringen von 1975 – 1993. – In: Weishaupt, Horst, Zedler, Peter (Hrsg.): Empirische Lehrerforschung in der DDR. Erfurter Studien zur Entwicklung des Bildungswesens. Bd. 3. Erfurt. S. 185 – 201.

Schindler, K.-H. und Wachtel, F. (1974): Eine Untersuchung zu Zielen, Inhalt und Methoden des Geographieunterrichts in den USA unter besonderer Berücksichtigung des ›High School Geography Project‹ (HSGP) – eine kritische Auseinandersetzung mit neuen Forderungen des imperialistischen Schulwesens auf dem Gebiet des Geographieunterrichts. Teil 3b: Die Unterrichtsmittel im Geographieunterricht der USA – unter besonderer Berücksichtigung des ›High School Geography Project‹. HU Berlin. (unveröffentlichte Diplomarbeit).

Schlimme, Wolfgang (1989): Ideologische Erziehung im Geographieunterricht – ein Diskussionsbeitrag. – In: Zeitschrift für Erdkunde. Bd. 41. S. 1 – 13.

Schlimme, Wolfgang (1981): Zur Weiterentwicklung des Inhalts des Geographieunterrichts. Berlin.

Schlimme, Wolfgang (1978): Ziele und Gegenstand des Geographieunterrichts. – In: Akademie der Pädagogischen Wissenschaften der DDR (Hrsg.): Methodik Geographieunterricht. Berlin. S. 16 – 38.

Schlimme, Wolfgang (1974): Zur Struktur des Stoffes im Geographieunterricht. Ein Beitrag zur Erhöhung der Effektivität. Berlin.

Schlimme, Wolfgang (1969): Einige Bemerkungen zur Einführung des neuen Lehrplans für Geographie, Klasse 8. – In: Zeitschrift für den Erdkundeunterricht. H. 1. S. 1.

Schluß, Henning (2005): Negativität im Unterricht. – In: Zeitschrift für Pädagogik. 51. Jg. 49. Beiheft. S. 182 – 196.

Schmidt, Gerlind und Schulz, Dieter (1990): Zur Situation des Lehrers in beiden deutschen Staaten und Perspektiven. – In: Bildung und Erziehung. Bd. 43. H. 1. S. 57 – 78.

Schmidt, Helga und Richter, Hans (1995): Entwicklung der Politischen und Ökonomischen Geographie in der DDR. – In: Geographische Rundschau. H. 9. S. 506 – 512.

Schmithüsen, Friedrich (2002): Wandel des Erdkundeschulbuchs seit dem Kieler Geographentag. Auf dem Hintergrund fachdidaktischer Entwicklungen in der Sekundarstufe I, unter besonderer Berücksichtigung der Klassenstufen 5 und 6. Aachen. (Berichte aus der Pädagogik).

Schneider, Ute (2004): Die Macht der Karten: eine Geschichte der Kartographie vom Mittelalter bis heute. Darmstadt.

Schönemann, Bernd (1997): Historisches Lernen und Geschichtsmethodik in der SBZ/DDR als Gegenstand und Problem geschichtsdidaktischer Forschung. – In: Häder, Sonja und Tenorth, Heinz-Elmar (Hrsg.): Bildungsgeschichte einer Diktatur. Bildung und Erziehung in SBZ und DDR im historisch-gesellschaftlichen Kontext. Weinheim. (Bibliothek für Bildungsforschung. Bd. 6). S. 183 – 202.

Schreiner, Günter (1992): Demokratie-feindliche Schule dort, demokratie-freundliche Schule hier? Eine vergleichende Erkundung bei SchülerInnen der 11. Klassenstufe in Ost- und Westdeutschland. – In: Die Deutsche Schule. H. 3. S. 282 – 299.

Schröder, Harry (1990): Identität, Individualität und psychische Befindlichkeit des DDR-Bürgers im Umbruch. – In: Zeitschrift für Sozialisationsforschung und Erziehungssoziologie (ZSE). 1. Beiheft 1990. S. 163 – 176.

Schroeder, Klaus (1998): Der SED-Staat. Partei, Staat und Gesellschaft 1949 – 1990. München.

Schultheis, Klaudia (1992): Das Kind im Lehrer. Die Bedeutung der lebensgeschichtlichen Erfahrung für das pädagogische Handeln des Lehrers. In: Vierteljahresschrift für wissenschaftliche Pädagogik. H. 3. S. 311 ff.

Schultz, Hans-Dietrich (1999): Geographieunterricht und Gesellschaft. Kontinuitäten und Variationen am Beispiel der klassischen Länderkunde. – In: Köck, Helmuth (Hrsg.): Geographieunterricht und Gesellschaft. Nürnberg. (Geographiedidaktische Forschungen. Bd. 32). S. 35 – 47.

Schultze, Arnold (1970): Allgemeine Geographie statt Länderkunde! – In: Geographische Rundschau. S. 1 – 10.

Schulz, Hans-Jürgen (1979): Die Universitäten und Hochschulen. – In: Akademie der Pädagogischen Wissenschaften, des Zentralinstituts für Berufsbildung, des Instituts Für Fachschulwesen, des Instituts Für Hochschulbildung und der Humboldt-Universität (Hrsg.): Das Bildungswesen der Deutschen Demokratischen Republik. Berlin. S. 151 – 188.

Schulz, Siegesmund (2003): Aufgaben der Schulverwaltung (Schulaufsicht) und Freiheit des Lehrers in einem neuen Bundesland. – In: Schäfer, Hans-Peter und Sroka, Wendelin (Hrsg.): Lehrerrolle und Lehrerbildung im Prozeß der gesellschaftlichen Transformation. Veränderungen in den neuen und alten Bundesländern. Berlin. S. 27 – 44.

Segert, Astrid und Zierke, Irene (1998): Gesellschaft der DDR: Klassen – Schichten – Kollektive. – In: Judt, Matthias (Hrsg.): DDR-Geschichte in Dokumenten. Beschlüsse, Berichte, interne Materialien und Alltagszeugnis. Berlin. (Bundeszentrale für Politische Bildung. Schriftenreihe. Bd. 350). S. 165 – 224.

Siegel, Daniel J. (2006): Entwicklungspsychologische, interpersonelle und neurobiologische Dimensionen des Gedächtnisses. Ein Überblick. – In: Welzer, Harald und Markowitsch, Hans J. (Hrsg.): Warum Menschen sich erinnern können. Fortschritte in der interdisziplinären Gedächtnisforschung. Stuttgart. S. 19 – 49.

Solga, Heike (1997): Bildungschancen in der DDR – In: Häder, Sonja und Tenorth, Heinz-

Elmar (Hrsg.): Bildungsgeschichte einer Diktatur. Bildung und Erziehung in SBZ und DDR im historisch-gesellschaftlichen Kontext. Weinheim. Weinheim. (Bibliothek für Bildungsforschung. Bd. 6). S. 275 – 294.

Sperling. Walter (1987): Geographie und Geographieunterricht in der DDR – Literaturbericht für das Jahr 1984. – In: Cloß, Hans-Martin, Gaffga, Peter und Richter, Dieter (Hrsg.): Deutsche Demokratische Republik. Raumbezogene Prozesse und Strukturveränderungen. Mit ausgewählten Beiträgen des 20. Deutschen Schulgeographentages Braunschweig 1986. Trier. (Materialien zur Didaktik der Geographie. H. 10). S. 145 – 179.

Sperling, Walter (1983a): Regionale Geographie in der DDR. – In: Berichte zur deutschen Landeskunde. Bd. 57. H. 2. S. 235 – 260.

Sperling, Walter (1983b): Die DDR im Geographieunterricht. – In: Praxis Geographie 13. H. 6. S. 8 – 9.

Sperling, Walter (1981): Terminologisches und Semantisches zur geographischen Fachsprache in zwei Staaten in Deutschland. – In: Verband Deutscher Schulgeographen e.V. (Hrsg.): 2. Arbeitstagung (vom 23. bis 25. März 1981). »Zur Behandlung Deutschlands im Unterricht«. Berlin. S. 80 – 106.

Sperling, Walter (1977): Geographie und Geographieunterricht in der DDR. München.

Spitzer, Heinz (1969): Aktuelle ökonomische Karten als Hilfs- und Arbeitsmittel in der geographischen Lehrtätigkeit. – In: Zeitschrift für den Erdkundeunterricht. H. 5. S. 161.

Steinbach, Lothar (1985): Lebenslauf, Sozialisation und »erinnerte Geschichte«. – In: Niethammer, Lutz (Hrsg.; 1985): Lebenserfahrung und kollektives Gedächtnis. Die Praxis der »Oral History«. Frankfurt am Main. S. 393 – 435.

Studienanleitung Grundlagen des Marxismus-Leninismus an den Universitäten und Hochschulen der Deutschen Demokratischen Republik. Kurs Geschichte der Sozialistischen Einheitspartei Deutschlands. Studienjahr 1984/85.

Süß, Walter (1996): Die Durchdringung der Gesellschaft mittels MfS. Fallbeispiel: Jena im Jahre 1989. – In: Kurth, Eberhard (Hrsg.): Die SED-Herrschaft und ihr Zusammenbruch. Opladen. S. 115 – 142.

Sutter, Tilmann (2006): Emergenz und Konstitution, Kommunikation und soziales Handeln: Leistungsbeziehungen zwischen Essers methodologischem Individualismus und Luhmanns soziologischer Systemtheorie. – In: Greshoff, Rainer und Schimank, Uwe (Hrsg.): Integrative Sozialtheorie? Esser – Luhmann – Weber. Wiesbaden. S. 63 – 86.

Tenorth, Heinz-Elmar, Kudella, Sonja und Paetz, Andreas (1996): Politisierung im Schulalltag der DDR. Durchsetzung und Scheitern einer Erziehungsambition. Weinheim. (Bibliothek für Bildungsforschung 2).

Thiem, Wolfgang (2000): Weiter- und Fortbildung der Lehrer – wesentliche Voraussetzung und Bedingung einer inneren Schulreform – Resümee einer internationalen Tagung. – In: Universität Potsdam (Hrsg.): Weiter- und Fortbildung der Lehrer – wesentliche Voraussetzung und Bedingung einer inneren Schulreform. Bildungsreformen in der Folge politischer und gesellschaftlicher Transformationen in Belarus', Polen, Russland, der Tschechischen Republik, Ungarn und den neuen Bundesländern. Materialien einer wissenschaftlichen Tagung vom 11. bis zum 14. Oktober 1999 im Pädagogischen Landesinstitut Brandenburg in Ludwigsfelde-Struveshof. Potsdam. S. 10 – 32.

Thomas, Walter (2003): Das didaktische Vakuum: Über die Schwierigkeiten selbstverantwortlicher Unterrichtsplanung in einem neuen Bundesland. – In: Schäfer, Hans-Peter und Sroka, Wendelin (Hrsg.): Lehrerrolle und Lehrerbildung im Prozeß der gesellschaftlichen Transformation. Veränderungen in den neuen und alten Bundesländern. Berlin. S. 45–55.

Thonhauser, Josef (1995): Das Schulbuch im Spannungsfeld zwischen Wissenschaft und Ideologie. – In: Olechowski, Richard (Hrsg.): Schulbuchforschung. Frankfurt am Main. (Schule – Wissenschaft – Politik. Bd. 10). S. 175–194.

Tuathail, Gearóid Ó (1998a): Introduction. Thinking critically about Geopolitics. – In: Tuathail, Gearóid Ó, Dalby, Simon und Routledge, Paul (Hrsg.): The Geopolitics Reader. London u. a. S. 1–12.

Tuathail, Gearóid Ó (1998b): Introduction: Cold war Geopolitics. – In: Tuathail, Gearóid Ó, Dalby, Simon und Routledge, Paul (Hrsg.): The Geopolitics Reader. London u. a. S. 47–57.

Tuathail, Gearóid Ó (1998c): Introduction: Imperialist Geopolitics. – In: Tuathail, Gearóid Ó, Dalby, Simon und Routledge, Paul (Hrsg.): The Geopolitics Reader. S. 15–25.

Tuathail, Gearóid Ó (1998d): Introduction: New World Order Geopolitics. – In: Tuathail, Gearóid Ó, Dalby, Simon und Routledge, Paul (Hrsg.): The Geopolitics Reader. London u. a. S. 103–113.

Uhlenwinkel, Anke (1993): Kein Armutszeugnis bitte. Zum »Schlüsselfach« Geographie. – In: Geographische Rundschau. H. 3. S. 199–200.

Unverhau, Dagmar (Hrsg.; 2003): Kartenverfälschung als Folge übergroßer Geheimhaltung? Eine Annäherung an das Thema Einflußnahme der Staatssicherheit auf das Kartenwesen der DDR. Referate der Tagung der BStU vom 08.–09.03.2001 in Berlin. (2. durchgesehene Aufl.). Münster. (Archiv zur DDR-Staatssicherheit. Bd. 5).

Vester, Frederic (2002): Denken, Lernen, Vergessen. Was geht in unserem Kopf vor, wie lernt das Gehirn und wann lässt es uns im Stich? (29. Auflage). Stuttgart.

Vogler, Hans-Joachim (1997): Die Reformbemühungen der Akademie der Pädagogischen Wissenschaften der DDR vor und während der »Wende«. Berlin. (DFG-Forschergruppe).

Voigt, Dieter (1995): Zum wissenschaftlichen Stand von Doktorarbeiten und Habilitationsschriften in der DDR. – In: Voigt, Dieter und Mertens, Lothar (Hrsg.): DDR-Wissenschaft im Zwiespalt zwischen Forschung und Staatssicherheit. Berlin. (Schriftenreihe der Gesellschaft für Deutschlandforschung. Bd. 45). S. 45–99.

Vorländer, Herwart (Hrsg.; 1990): Oral Historie. Mündlich erfragte Geschichte. Göttingen.

Walther, Peter Th. (1998): Bildung und Wissenschaft. – In: Judt, Matthias (Hrsg.): DDR-Geschichte in Dokumenten. Beschlüsse, Berichte, interne Materialien und Alltagszeugnis. Berlin. (Schriftenreihe der Bundeszentrale für Politische Bildung. Bd. 350). S. 225–292.

Wardenga, Ute (1995): Geschichtsschreibung in der Geographie. – In: Geographische Rundschau. H. 9. S. 523–525.

Warmuth, Erika (1977): Untersuchungen zur Unterrichtsplanung im Fach Geographie der zehnklassigen allgemeinbildenden polytechnischen Oberschule der DDR. Dresden. (unveröffentlichte Dissertation A).

Waterkamp, Dietmar (1990): Erziehung in der Schule. – In: Bundesministerium für Innerdeutsche Beziehungen (Hrsg.): Vergleich von Bildung und Erziehung in der Bundesrepublik Deutschland und in der Deutschen Demokratischen Republik. Köln. S. 261 – 277.

Waterkamp, Dietmar (1987): Handbuch zum Bildungswesen der DDR. Berlin.

Wätzig, Paul (2002): So entstand die Mauer in den Köpfen: die Erziehung zum Sozialismus in der DDR oder Warum so viele Ostdeutsche die PDS wählten. Berlin.

Weber, Ralf-L. (1991): Der Rat für Gegenseitige Wirtschaftshilfe. Integrationsgasse ohne Perspektive. – In: Geographische Rundschau. H. 12. S. 697 – 701.

Weinbrenner, Peter (1995): Grundlagen und Methodenprobleme sozialwissenschaftlicher Schulbuchforschung. – In: Olechowski, Richard (Hrsg.): Schulbuchforschung. Frankfurt am Main. (Schule – Wissenschaft – Politik. Bd. 10). S. 21 – 45.

Weinbrenner, Peter (1992): Grundlagen und Methodenprobleme sozialwissenschaftlicher Schulbuchforschung. – In: Fritzsche, K. Peter: Schulbücher auf dem Prüfstand. Perspektiven der Schulbuchforschung und Schulbuchbeurteilung in Europa. Braunschweig. (Studien zur internationalen Schulbuchforschung. Bd. 75). S. 33 – 54.

Welzer, Harald (2006): Über Engramme und Exogramme. Die Sozialität des autobiographischen Gedächtnisses. – In: Welzer, Harald und Markowitsch, Hans J. (Hrsg.): Warum Menschen sich erinnern können. Fortschritte in der interdisziplinären Gedächtnisforschung. Stuttgart. S. 111 – 128.

Welzer, Harald (2005): Das kommunikative Gedächtnis. Eine Theorie der Erinnerung. München.

Welzer, Harald (1993): Transitionen. Zur Sozialpsychologie biographischer Wandlungsprozesse. Tübingen.

Welzer, Harald und Markowitsch, Hans J. (Hrsg.; 2006): Warum Menschen sich erinnern können. Fortschritte in der interdisziplinären Gedächtnisforschung. Stuttgart.

Welzer, Harald, Moller, Sabine und Tschuggnall, Karoline (2002): Opa war kein Nazi. Nationalsozialismus und Holocaust im Familiengedächtnis. Frankfurt am Main.

Werlen, Benno (1997): Sozialgeographie alltäglicher Regionalisierungen. Bd. 2. Globalisierung, Region und Regionalisierung. Stuttgart. (Erdkundliches Wissen. H. 119).

Wettig, Gerhard (1996): Niedergang, Krise und Zusammenbruch der DDR. – In: Kurth, Eberhard (Hrsg.): Die SED-Herrschaft und ihr Zusammenbruch. Opladen. S. 379 – 454.

Wieck, Willi (1971): Zur Planung und Gestaltung eines emotional wirksamen Geographieunterrichts. – In: Zeitschrift für den Erdkundeunterricht. H. 1. S. 8 – 17.

Wierling, Dorothee (1999): Nationalsozialismus und Krieg in den Lebens-Geschichten der ersten Nachkriegsgeneration der DDR. – In: Domansky, Elisabeth und Welzer, Harald (Hrsg.): Eine offene Geschichte. Zur kommunikativen Tradierung der nationalsozialistischen Vergangenheit. Tübingen. (Studien zum Nationalsozialismus in der edition diskord. Bd. 4). S. 35 – 56.

Wiesenthal, Helmut (1999): Die Transformation der DDR. Verfahren und Resultate. Gütersloh.

Wiesenthal, Helmut (1995): Die Transformation Ostdeutschlands: Ein (nicht ausschließlich) privilegierter Sonderfall der Bewältigung von Transformationsproblemen. – In: Wollmann, Hellmut, Wiesenthal, Helmut und Bönker, Frank (Hrsg.): Transformation sozialstischer Gesellschaften: Am Ende des Anfangs. Opladen. S. 134 – 162.

Wilde, Stephanie (2003): Secondary schools in eastern Germany. A study of teachers' perceptions in Brandenburg Gesamtschulen. München.

Will, Klaus (2006): Schnäuzer und Toupet. Bildfälschungen in der DDR. – In: Praxis Geschichte. H. 1. S. 33–37.

Willke, Helmut (1992): Ironie des Staates. Grundlinien einer Staatstheorie polyzentrischer Gesellschaft. Frankfurt am Main.

Wirtz, Rainer (1988): Vergangenheit in mündlicher Überlieferung. Einige Aspekte der Neueren Geschichte. – In: Ungern-Sternberg, Jürgen von und Reinau, Hansjörg (Hrsg.): Vergangenheit in mündlicher Überlieferung. Stuttgart. (Colloquium Rauricum. Bd. 1). S. 331–344.

Wolf, Christa (1989): Das haben wir nicht gelernt. – In: Wochenpost. Nr. 43. 21.10.1989. S. 3.

Wölfel, W. (1976): Bericht über das Symposium zum Thema »Zur weltanschaulichen Bildung und Erziehung der Schüler in der DDR. – In: Zeitschrift für den Erdkundeunterricht. Jg. 28. H. 8/9. S. 342–345.

Wolle, Stefan (1998): Die heile Welt der Diktatur. Alltag und Herrschaft in der DDR 1971 – 1989. (2., durchgesehene Auflage). Berlin.

Wood, Denis (1992): The Power of Maps. New York.

Wünsche, Konrad, Mietzner, Ulrike, Pilarczyk, Ulrike und Tenorth, Heinz-Elmar (1996): Umgang mit Indoktrination: Erziehungsintentionen, -formen und -wirkungen in deutschen »Erziehungsstaaten«. – In: Benner, Dietrich, Merkens, Hans und Schmidt, Folker (Hrsg.): Bildung und Schule im Transformationsprozeß von SBZ, DDR und neuen Ländern – Untersuchungen zu Kontinuität und Wandel. Berlin. S. 11–32.

10 Internet

Al-Fakhri, Mates: Schulsystem in der DDR. – In: http://ema.bonn.de/his/schule.htm (17.02.2006).

Angeleska, Meri, Bandov, Goran, Belshaku, Selma, Bittasi, Elena, Buzogány, Aron, Klever, Philip, Niggebrügge, Julia, Parrot, Nick, Rother, Tanja und SACHS, Hans (2004): Bildung als Instrument in gesellschaftlichen Transformationsprozessen: Schulbuchreform von Geschichtsbüchern. Universität Hamburg. In: http://www.akademisch esnetzwerk-soe.net/download/ Schulbuchreform_17-08-05.pdf (28.04.2006).

Borck, Karin (1999): "Der Micha vom Prenzlauer Berg". Prophetenbilder in Religionsbüchern der Sekundarstufe I Eine Schulbuchanalyse aus exegetischer Sicht. – In: http://www.diss.fu-berlin.de/2001/34/METHODIK.pdf (07.02. 2007).

Geuting, Manfred: Medienanalyse: Schwerpunkt Schulbuchanalyse. Variante B. – In: http://www.bildungsserver.de/inhalt/6.%20medeindidaktik_und_kommunikation/6. 4 %20didaktische_medienkompetenz/schulbuchanalyse_var_b.pdf (28.04.2006).

Heine, Heinrich (1855): Das Sklavenschiff. – In: http://www.heinrich-heine.net/sklaved. htm (07.07.2008).

Piwko, Rudolf (2002): Das Thema der Teilungen Polens in russischen und polnischen Schulgeschichtsbüchern in der ersten Hälfte des 20. Jahrhunderts. Schulhistorie zwischen Wissenschaft und Geschichtspolitik. – In: http://www.diss.fu-berlin.de/2002/82/ diss1.pdf. (28.04.2006). (Dissertation).

11 Anhang

11.1 Leitfaden für Interviews mit LehrerInnen

1.   Zur Person

Könnten Sie sich bitte kurz vorstellen?
(Alter, Fächer, Ausbildungsort, beruflicher Werdegang)

2.   Geographieunterricht in der DDR

Könnten Sie mir den Geographieunterricht in der DDR aus ihren Erfahrungen beschreiben?

2.1   Unterrichtsvorbereitungen

Wie bereiteten Sie sich auf Ihren Unterricht vor?

Welche Materialien verwendeten Sie zusätzlich zum Lehrbuch?

Nahmen Sie Unterrichtshilfen in Anspruch? Wenn ja in welchem Umfang?

Inwiefern flossen Schülerinteressen und Ihre eigenen in die Vorbereitung mit ein?

An welchen Themen/ Inhalten waren die Schüler besonders interessiert?

Wo setzten Sie Schwerpunkte?

Was bereitete Ihnen die meisten Probleme bei der Vorbereitung der Unterrichtsinhalte?

2.2   Unterricht

Welche Unterrichtsmethoden haben sie verwendet und warum haben Sie diese gewählt?

Auf welche Unterrichtsmedien griffen sie zurück?

Welche Erziehungsziele flossen in Ihren Unterricht ein?

Wie versuchten Sie diese Ziele zu erreichen?

Welchen Stellenwert hatte die Vermittlung der marxistischen-leninistischen Ideologie im Geographieunterricht?

Inwiefern haben Sie die ideologischen Inhalte vermittelt?

Gab es Diskussionen mit den Schülern darüber?

Inwieweit wurde Ihr Unterricht einer Kontrolle unterzogen?

Welche Konsequenzen hatten die Kontrollen?

3.   Alltag außerhalb des Unterrichts

Hatten Sie als Lehrer noch zusätzliche Aufgaben neben dem Unterricht?

Was war Ihre Motivation für diese Tätigkeiten?

Haben Sie Lehrerfortbildungen besucht? Wenn ja, welche Inhalte wurden dort vermittelt?

Empfanden Sie die Fortbildungen als sinnvoll?

Wie bewerteten Sie das »Parteilehrjahr«?

Existierten außer dem Parteilehrjahr weitere (überschulische) Fortbildungen? Wenn ja, welche? Wie bewerteten Sie diese?

Gab es Diskussionen mit Kollegen über die marxistisch-leninistische Ideologie bzw. die staatlichen Vorgaben in der Bildungspolitik?

Welche Rolle spielten die Eltern im Schulalltag?

4.   Während und nach der politischen Wende

Mit welchen Emotionen gingen Sie in der Wendezeit in die Klassen?

Wie haben die Schüler reagiert?

Wie hat sich das Fach Geographie in der Wendezeit verändert?

Hat sich Ihr Blick auf das Fach in der Wendezeit verändert?

Inwieweit hatten Ihre Kollegen Probleme bei der Umstellungen?

Wie erfolgte die Ersetzung der Lehrpläne durch die Rahmenpläne?

Welchen Einfluss hatten Lehrer auf die Erstellung der neuen Rahmenpläne?

Was war Ihnen persönlich besonders wichtig?

Wie empfanden Sie die Schulungen, die zur Wendezeit die Anpassung an das westliche Schulsystem forcieren sollten?

Inwiefern wenden Sie dort Gelerntes heute an?

5.   Fazit

Bitte vergleichen Sie aus Ihrer Sicht den heutigen Geographieunterricht mit dem der DDR!

Wie würden Sie die Vor- und Nachteile des DDR- Geographieunterrichts aus heutiger Sicht beurteilen?

11.2 Leitfaden für Interviews mit ehemaligen SchülerInnen

1.   Zur Person

Könnten Sie sich bitte kurz vorstellen?
(Alter, Beruf, Herkunftsort, besuchte Schultypen in der DDR)

2.   Geographieunterricht in der DDR

Können Sie mir den Geographieunterricht in der DDR aus Ihren Erfahrungen beschreiben?

Können Sie mir den Ablauf einer normalen Geographiestunde aus Ihrer Erfahrung beschreiben?

An welche Themen können Sie sich erinnern?

Welche Themen haben Sie im Fach Geographie am meisten interessiert? Welche nicht?
Können Sie begründen warum?

Welche Unterrichtsmethoden wurden im Geographieunterricht angewendet?

Auf welche Medien wurde hauptsächlich im Geographieunterricht zurückgegriffen?

Inwiefern wurde die Auswahl und Darstellung der Inhalte im Geographieunterricht durch die marxistisch-leninistische Ideologie bestimmt?

Wie groß war der ideologische Anteil im Geographieunterricht im Vergleich zu anderen Fächern? (Einordnung begründen lassen)

Falls ideologische Beeinflussung wahrgenommen wurde: Wie haben sie damals die marxistisch-leninistischen Anteile im Geographieunterricht bewertet?

Gab es dazu Diskussionen im Unterricht? Außerhalb des Unterrichts?

3.   Alltag außerhalb des Unterrichts

Welche Aufgaben übten Sie als SchülerIn an Ihrer Schule aus?

Waren Sie Mitglied der Pionierorganisation »Ernst Thälmann« oder der FDJ? Wenn ja, welche Veranstaltungen wurden von den Organisationen durchgeführt?

Wie groß war ihre Motivation zur Teilnahme an den Veranstaltungen?

4.   Während und nach der politischen Wende

Mit welchen Emotionen gingen Sie in der Wendezeit in die Schule?

Inwiefern hat sich das Fach Geographie in der Wendezeit verandert?

Wie haben Sie und Ihre Mitschüler auf die Veränderungen im Geographieunterricht reagiert?

Wurden bisherige Inhalte des Geographieunterrichts in Frage gestellt?

Inwiefern hatten die Lehrer Disziplinprobleme?

5.   Fazit

Wie bewerten sie ihren Geographieunterricht aus heutiger Sicht?

Wie relevant schätzen Sie die damals im Geographieunterricht erlernten Inhalte und Kompetenzen für ihr heutiges Leben ein?

Was bleibt im Ohr, wenn der Schlachtenlärm verklungen ist?

Maier, Robert (Hg.)
Akustisches Gedächtnis und Zweiter Weltkrieg
Eckert. Die Schriftenreihe, Band 126
Ca. 150 Seiten, kartoniert, ca. 27,90 EUR
ISBN 978-3-89971-585-9

Die Geschichtswissenschaft bewegt sie sich in einer weitgehend laut-
losen Sphäre. Töne und Geräusche werden bestenfalls zum untersucht,
nachdem sie in Schrift »übersetzt« worden sind.
Robert Maier fragt nach den Übersetzungsverlusten, nach der Differenz
zwischen dem, was die Menschen »im Ohr« haben, wenn sie sich an den
Zweiten Weltkrieg erinnern, und dem, was davon von der Geschichtsschreibung aufgegriffen wird. Unwillkürlich nähert sich der Band damit
der Frage nach dem akustischen Gedächtnis in seinen individuellen und
kollektiven Ausformungen. Fünfzehn Beiträge aus deutscher, russischer
und japanischer Feder befassen sich mit theoretischen Aspekten, Ton-
trägern, oral history, durchforsten Biographien auf Ton-Reminiszenzen,
nehmen literarische Bearbeitungen in den Blick, untersuchen die Wir-
kungsmächtigkeit und das didaktische Potential der akustischen Dimension von Geschichte. Schließlich wird die Entstehung eines Akustik-Clips
zum Zweiten Weltkrieg dokumentiert.

www.vr-unipress.de | Email: info@vr-unipress.de | Tel.: +49 (0)551 / 50 84-301 | Fax: +49 (0)551 / 50 84-333

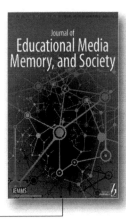